【历史的法学文丛】

主编 范忠信 陈景良

地缘社会解纷机制研究
——以中国明清两代为中心

陈会林 著

中国政法大学出版社

2009·北京

2008 年度司法部国家法治与法学理论研究项目"民间与国家解决纠纷的联接机制研究（08SFB2005）"成果之一

总序
General Preface

古代中国社会或传统中国社会，是一个非常不同于欧洲大陆的社会。古代中国社会有着自己特殊的政治机理。具体说来，古代中国社会有着特殊的多侧面、多层次的公共组织模式，有着特殊的公共政治事务处理模式，有着特殊的社会控制或治理模式。总而言之，有着特殊的社会秩序架构及其原理。

对于这一点，近代史以来的学者们，在学术研究的理论认识层面上，似乎都比较清楚，但是一到学术研究的实践操作层面上，大家似乎都模糊了。就是说，抽象地讲这些道理时，似乎谁都清楚，但一到具体分析、阐释古代中国的政治和社会时，就不是这么回事了。比如人们惯于用西方学者从西方社会发展史中总结出来的奴隶制、封建制、资本主义、殖民主义、商品经济、市场制度、市民社会、私人空间、公共权力、公共政治、民族国家、公法与私法、私有制等等一整套概念体系作为标准或尺度，去分析或阐释古代中国的政治和社会现象，结果就等于戴着有色眼镜看中国，不知不觉就歪曲了古代中国的政治和社会的本质。

基于这样一种"以西范中"、"以西解中"的衡量或解读，我们在过去的研究中，惯于觉得古代中国政治和社会的秩序（或体制）一无是处；特别是惯于认为古代中国的法律制度体系远远落后于西方，过于粗糙、野蛮、简陋。所以，近代史以来，特别是新中国成立以来，我们的中国法制史著作和教材常常可以写成控诉古代中国法制落后、腐朽、残酷、保守的控诉状。我们的史学界甚至还可以长期争论"中国封建社会为什么长期延续（或长期停滞）"、"中国为什么没有较早出现资本主义萌芽"这样的伪问题,我们的法学界也可以讨论"中国古代为什么没有民法典"、"中国古代法学为什么不发达"之类的伪问题。

从这样的判断出发,近代史以来中国政治和法律的改革构想,大多必然会走"以西化中"的道路。所以,在过去百余年里,我们才会全盘模仿大陆法系的法制和苏联革命法制,搞出一整套与中国传统法制几乎一刀两断的法制体系。基于这样的考虑或追求,我们的立法才不会认真考虑它在中国社会土壤中有没有根基或营养成分的问题,才不会正式考虑与传统中国的习惯、习俗或民间法的衔接问题,才会得意洋洋地以"在一张白纸上可以画最新、最美的图画"的心态来建章立制,才会仅仅以"注重世界最普通之法则"的心态来设计中国的法制。即使有人提出过"求最适于中国民情之法则"的主张,但最后几乎都是虚应故事。大规模的"民商事习惯调查"的结果也没有对近代化中国法制与民族传统根基的续接作出什么实质的贡献。这就是160多年来中国法制建设的实际取向——西方化取向的由来。

在这样的取向下设计出的法制,实际上是缺乏民族土壤和根基的法制。这一套法制在我们民族大众的心目中,在我们社会实际生活的土壤中,是没有根基的,至少是根基不牢的。这棵移植的大树,缺乏民族的土壤或养分。所以,近代以来,如何把这套法律"灌输"给普通百姓成了国家最头疼的事情。直到今天,我们仍屡屡要以大规模的"普法"运动或"送法下乡"、"送法进街巷"的运动向人民推销这一套法制,但实际上收效甚微。事实上,我们今天的政治和社会生活,是不是真的在按照这套人为设计的、从西方移植来的法制体系在运作?我们生活中的实际法制是不是我们的法律体系设计或规定的这一套法制?我们大家都心知肚明。其实,谁都不能否认,在显性的法制背后,我们实实在在有一整套隐性的法制。这一套隐性法制，是大家心知肚明、心照不宣的，常常是不便于说明白的。一旦说明白了，就有点像安徒生童话里的小孩儿直呼皇帝没有穿衣服一样。这些隐性的法制，当然正反两个方面的都有，绝对不仅仅是从贬义上讲的"潜规则"。可以说，近代以来，我们国家的政治和社会生活实际上主要还是按照我国民族习惯的方式和规则在进行，只不过其过程受到了人为设计或移植的显性法制一定程度的"干扰"或"影响"而已。即使仅仅就这些"干扰"或"影响"而言，我们也很难肯定地说都是正面的、进步的"干扰"或"影响"，很难说就一定是西方民主、自由、平等的法制及其精神对中国"封建传统"的挑战。当社会大众众目睽睽地看着"依法缺德"的人们得到法律的保护并获得各种"合法"利益而致使人心骇乱、是非模糊之时，我们就很难说这样的法制是中国社会应当有的良善法制。

基于这样的理解，我们近年来一直主张用"历史法学"的眼光阐释中国传统法制和建设新的中国法制。

近代德国法学家萨维尼认为，法律是民族精神的体现。"法律只能是土生土长和几乎是盲目地发展的，不能通过正式理性的立法手段来创建。""一个民族的法律制度，像艺术和音乐一样，都是他们的文化的自然体现，不能从外部强加给他们。""在任何地方，法律都是由内部的力量推动的，而不是由立法者的专断意志推动。"法律如同语言一样，没有绝对停息的时候，它同其他的民族意识一样，总是在运动和发展中。"法律随着民族的成长而成长，随着民族的壮大而壮大；当这一民族丧失其个性时，法便趋于消逝。"因此，法并不是立法者有意创制的，而是世代相传的"民族精神"的体现；只有"民族精神"或"民族共同意识"，才是实在法的真正创造者。"在所有每个人中同样地、生气勃勃地活动着的民族精神，是产生实定法的土壤。因此，对每个人的意识而言，实定法并不是偶然的，而是必然的，是一种同一的法。"法律的存在与民族的存在以及民族的特征是有机联系在一起的。"在人类历史的早期阶段,法律已经有了一个民族的固有的特征,就如同他们的语言、风俗和建筑有它自己的特征一样。不仅如此,这些现象也不是孤立存在的,它们不过是自然地、不可分割地联系在一起的、具有个性的个别民族的独特才能与意向。把它们连接为一体的是民族的共同信念和具有内在必然性的共同意识。"这种"共同意识和信念"必然导致一个民族的"同一的法"。立法者不能修改法律,正如他们不能修改语言和文法一样。立法者的任务只是帮助人们揭示了"民族精神",帮助发现了"民族意识"中已经存在的东西。法的最好来源不是立法,而是习惯;只有在人民中活着的法,才是唯一合理的法;习惯法是最有生命力的,其地位远远超过立法;只有习惯法最容易达到法律规范的固定性和明确性。它是体现民族意识的最好的法律。[1]

萨维尼对"历史法学"要旨和追求的这些出色阐发,这些年一直在震撼着我们的心灵。记得20世纪80年代初我们最早接触"历史法学"时,"历史法学"曾作为一个反面的角色被痛骂,被认为是"赞成维护封建秩序"、"对资产阶级革命成果的一种民族主义反动";其"反动的民族主义观点"甚至还"被德国法西斯所广泛利用"。[2]

此后二十多年里,因为一直在思考近代中国的法律移植问题,才发现"历史法学"的主张并不是简单地维护腐朽,不是那么简单地可以否定的。"历史法学"的基本判断——法律作为"民族精神"和"民族性格"的体现,真正的法律应该是一个民族"同一的法"的整理编纂而不是立法者刻意制定等等,实际都可以应用于中国。

---

[1] 参见何勤华:"历史法学派述评",载许章润主编:《萨维尼与历史法学派》,广西师范大学出版社2004年版。

[2] 上海社会科学院法学研究所编译:《法学流派与法学家》,知识出版社1981年版,第52~53页。

中国法学界应该以"历史法学"的眼光反省160年来中国法制近现代化即法制移植或法制西化的历史。这一反省，我们现在尚未有规模、有深度地进行过，盲目移植法制和人为创制法制的思路或取向仍然在占上风。

我们法律史学者的历史使命，可能就是主导这样的反省。反省过后，我们必须提出在西来法治主义背景下的法制本土化或中国化方案，使未来中国法制更具有民族个性、民族风格、民族精神，具有人们更加熟悉的民族形式，使其更能解决我们民族面临的特殊问题，并用更具有民族个性的途径、方式解决公共问题。这大概就是法律史学人应该作出的贡献。

本着这样的理解，我们的确要重新审视中国五千年的法律传统。

中国五千年的法律传统，用西方法制、法学的理念和眼光去看，的确是很难理解和阐明的。我非常同意我的导师俞荣根先生的观点：中国古代的法制体系，实际上是由"礼法"和"律法"两个层次构成的；我们不能只看到"律法"的法制史，而不注意"礼法"的法制史。俞老师的见解非常有启发意义。我认为，中国社会生活的所有层面、所有事宜，亦即国家的公共事务和民间事务的所有方面，都是由很早就形成并代代传承的"礼法"（习惯法，有时有正式编纂）来加以规范的。在"礼法"的统率下，尚有所谓的"律法"。"律法"是比"礼法"低一层次的规范体系，它主要是就国家和社会生活中的更加浅表或显著层面的事宜、更加紧迫的事宜、最低限度的治安秩序要求的事宜等作出准确无误的规定，以便制裁违规行为和解决纠纷。用西方法学的眼光来看，我们就只能看到"律法"有些像法律，殊不知在中国古代社会里更重要、更为根本、更起作用的社会生活强制规范是"礼法"。由"律、令、科、比"、"律、令、格、式"或"律例"、"则例"等构成的"律法"体系，甚至还包括唐六典、清会典之类，都只不过是"礼法"的"扈从"或"保镖"而已，其使命不过是保障"礼法"的遵行。

对这一套"礼法"体系的法学阐明，我们过去是做得很不够的。过去我们研究"礼"与"法"的关系过于注意考察某些"礼"被违反后的刑事、民事、行政性质的强制后果，以此判断"礼"中哪些是法律、哪些不是法律；似乎在没有看到这种显著的强制性后果时，与之相关的那些"礼"就不足以判定是法律。这其实也是"以西范中"、"以西解中"的结果。其实，"礼"是不是社会生活中的公共强制性行为规范[1]，并不一定要找到符合西方法概念的刑事、民事、行政强制后果作依据才能认定。中华民族有自己的公共强制力形式和强制模式，有时可能是西方的民事、刑事、行政等强制概念所难以比拟或概括的；古代中国的公共政治生活秩序正是在"礼"的强制下实现的。所以，如果一定要用西方法的理念去理解"礼"（"礼法"），当然只能得出"礼"主要是伦理规范、道德规范、礼仪习俗的结论。同样，用西方法的理念去理解古代中国的"法"（"律法"），也比较容易得出中国古代没有宪法（constitution）、没有民法、没有商法、没有行政法、没有诉讼法的结论。这无疑歪曲了我们民族法律传统的本质。因此，我们实在有必要站在"礼法"、"律法"为一个有机整体的视角来看待中国法律传统，来解读中国法律传统的特色和精神，来总结和认识我们不能不面对的历史遗留下来的中华民族"同一的法"。

为此，我们想特别倡导"历史法学"取向的中国法律史研究。

过去的中国法律史研究，就是通常所说的传统的法律史研究，我们大致可以分为三条路径。

第一条路径是法律史实的整理复原型研究。这种研究基本上是在整理和描述以往的法律活动及其结晶的历史事实。这些"事实"

---

[1] 我们把"法"理解为政治共同体中具有公共强制性的行为规范的总和。

描述包括三个方面：一是对历代法律制度事实的描述，包括对成文规范或惯例的描述等等；二是对历代法律制度的运作，如立法和执法活动过程的描述；三是对历代法律制度、法律思想实际功能和影响的描述。这三方面的描述，都是所谓"还历史本来面目"的研究。在这一条路径中，又可以分为两大支派：一派是法史考据型，就是对法律史的原始证据、原始信息、原始材料进行发现、发掘、训读、校勘、辨误（伪）、整理、注释的工作。这一工作相当于文物考古专家的工作——从各种隐蔽的处所发现历史上各种文明器物或其碎片，对这一物件的性质、作用、由来等做出最基本的考证和判断。另一派是制度整理派，就是通过前者考据的结果，通过无数零散的历史信息，从小到大逐渐理清（重新描述）历史上的制度和习惯的原貌、全貌，或大致还原历史上的法律生活过程的轮廓。这一工作，类似于依据考古资料和零星的历史文献记录来整理、重述或勾画历史上的社会结构、生活样式、价值标准等等的历史学家的工作。

第二条路径是历史上法律的功能价值评说型研究。这就是所谓的"总结历史的经验教训"、"发掘历史文化遗产"、"取其精华、去其糟粕"的工作。这一方面的研究，就其实质来说，正如同把中国过去数千年的法律文化遗产当作一大堆苹果，然后由我们这些"很懂行"的人去判断哪些是好苹果、哪些是坏苹果，特别是辨识出那些表面又红又亮而内部已经被虫蛀或已经发烂的苹果。然后告诉人们：好苹果还可以吃，还有营养；坏苹果不能吃，吃了有害；我们的社会生活中有事实表明还有人正在吃坏苹果等等。这类研究的判断标准，纯粹是今天的社会需要和是非观念。

第三条路径是历史上法制的文化分析或文化解释型的研究，就是对先前法律的遗物、遗迹进行"文化解释"。什么是法律的文化解释？顾名思义，文化解释就是从文化学的角度对法律遗物、遗迹进行解释，或对法律遗物、遗迹的文化涵义进行阐释，或者说是从文化的遗物、遗迹去破译一个族群的文化模式或文化构型的密码的工作。这样的研究要做的事情，第一是要对一个民族的成员们后天习得并以集体的行为习惯方式传承的、与强制性行为规则有关的一切进行研究，要对一个民族世世代代累积下来的一切与法律现象相关的人为创造物（包括无形之"物"）进行研究。第二是要研究一个民族的与法律最密切关联的生活或行为的样式或模式，要研究具有持久性地为一个民族的多数成员或一部分特定成员有意识或无意识地共享的法律生活或行动（含思维行动）的特有模式。第三是是要研究法律文化的核心即传统法律思想和体现在其中的民族法律价值理念。

"历史法学"式的中国法律史研究，当然也必须借助上述三种宗旨或路径的法律史研究，必须以那些研究的结晶为基础。但是，本着"历史法学"的原则，也应该与一般的法律史研究有重大的不同。这些不同体现在哪里呢？我们认为应该体现在以下几个方面。

第一，注重整理、阐述中华民族历史上"共同的法"或"同一的法"。不管是成文的还是不成文的，只要是在中国历史上较为长时段存在并支配族群社会生活的规范，就要格外留心、加以总结整理并试图阐述清楚。

第二，注重考察民族历史传统上的"共同的法"与民族性格、民族文化、地理环境之间的关系。就是说，考察这些"共同的法"所要解决的社会问题，以及它所依据的社会基础、资源、条件和背景等。

第三，以上述研究成果为镜鉴，反省近代以来中国法制变革在每一部门法中的利弊得失，说清其失误之缘由，并提出更为符合中华民族的"共同的法"的解决方案（包括具体的立法建议案）。就是说，在追求民主、法治的前提下，使未来中国法制更加合乎中华民族的传统或更具有中华民族的个性，更能准确地针对中国的特有问题以"对症下药"。

　　为此，我们拟聚集一批志同道合的学者投入这一工作。作为这一工作的准备性试探，我们先在自己指导的博士、硕士研究生中布置了一些"命题作文"。将来我们准备募集更多的研究资金，设定更加具体的"历史法学"性质的分支专题，召集相关同道共同完成。在出版这一文丛之外，我们还筹备编辑专题年刊，召集专题研讨会，主办专题网站，设立系列专题讲座，组织专题电视辩论或讲坛，编发立法建议简报，举办专题学术评奖……，以有声有色、卓有成效地推进这一有重大历史意义的工程。

　　为更好地完成这一工程，我们特别需要学术研究界同行的参与和支持，也特别需要律师界、工商界有识之士的资助。

　　感谢中国政法大学出版社独具慧眼看中了这一丛书的选题。感谢她给与我们这一工程的支持。

　　我们深知，更艰巨的工作在等待着我们。我们毕生精力大概只够提出工程设想和做出一点"试错"的工作而已。但即使如此，我们也不能因为胆怯而放弃，不能躲避历史赋予的责任。

　　我们坚信，真正有意义的事业，一定会有支持者，一定会有后继者。这，就是我们的动力所在。

范忠信[*]　　陈景良[**]
2009年7月20日

---

　　[*] 中南财经政法大学教授、法律文化研究院院长、博士生导师。
　　[**] 中南财经政法大学法学院教授、博士生导师。

序 Preface

我们是中国的法律史学者，我们肩负着用类似于"历史法学"的眼光重述和弘扬中华法律传统的历史责任。法律与一个民族的语言一样，是一个民族的特殊性格、特别精神的反映；法律不仅仅是创造的，更重要的是发现的；每个民族实际上都有潜存于民族心理和习惯中的"共同的法"，等待着我们去整理、阐述和弘扬。我们要在当代中国大众的心灵深处的共性中，总结、整理现存的根深蒂固的传统，以这些传统作为未来中国法制建设的资源、背景和土壤，让移植的法制与我们的民族传统、民族精神、民族习惯，以及民族的法制表达形式之间有更好的吻合，当然也包括以民主、自由、人权、平等、法治、博爱、正当程序等西方法制精神重述或校审中国法律传统，改造中国法律传统的某些遗传基因，制止传统法律文化的不良因素对当代中国的影响。我们坚信，在西方民主、自由、法治追求和价值与中国传统文化的伦理精神及人本主义价值之间，并没有水火不容的冲突（终极目标都是民族的安全、福利和自由）；它们能够在一代代妙手回春的"医师"面前珠联璧合、相得益彰。这就是我们法律史学人的责任，是历史法学性质的责任。

具有这样取向的法律史学研究，就是"历史法学"式的中国法律史研究。

这种取向的法史研究的主要动机，是阐明中华民族的"同一的法"，亦即阐明过去数千年形成的活生生的、作为民族性格体现的"法"；查清我们民族法制的近现代化工程所不能不面对的社会基础及可以发扬光大的民族资源。

我们的这一工程，与其他法律史学者进行的工程也许没有很大的不同，但我们特别强调阐发中华民族的"活法"并为移植法制中国化服务，这样的取向是有我们的个性的。我们目前注意考察的主要是两点：一是传统中国社会长期形成的比较有共同性的、一贯性的行为规范，二是具备这样属性的解决各类纠纷的理念、机制和方法。

本着推进"历史法学"式的中国法律史研究的宗旨，我这些年指导学生作博士、硕士学位论文，就有意引导他们趋向"历史法学"性格的研究。应该研究的题目范围虽广，但我们完全可以从小处入手，一点一滴地作。近年我指导的博士、硕士学位论文所做的研究，就是这一工程的预备或试探。我近年指导的硕士学位论文，如翟文喆的《论明清时期民众的法律观念——以白话小说为素材的考察》、尤陈俊的《明清日常生活中的讼学传播——以讼师秘本与日用类书为中心的考察》、孙晋坤的《秘密会党自治规约的民间法意义》、徐会超的《论古代中国死刑执行制度的亲伦考量》、李加好的《古代中国避讳制度的法律史考察》、弓伟的《乡饮酒礼及其政治法律功能》、崔兰琴的《义绝与中国传统婚姻法制的精神》、王清文的《"秋冬行刑"制度及其历史根由》等等，都是试图开始以总结、阐释"中华民族数千年社会生活中逐渐形成的特别法制"为特色的法史研究，都是试图从局部入手阐释我们民族的"同一的法"。自2004年我开始招收博士研究生以后，我又注意引导博士研究生们进行这样取向的研究，并已经初具规模。如陈会林的《明清地缘社会的纠纷解决机制研究》、黄东海的《传统中国商业社会纠纷解决机制研究——以商牙关系为中心的考察》、易江波的《近代中国江湖社会纠纷解决机制研究——以汉口码头为中心的考察》、李可的《唐宋宗教社会纠纷解决机制研究》等，均已经完成论文并通过答辩；已经选定题目正在写作中的还有张国安的《传统中国家族组织纠纷解决机制研究》、刘华政的《传统中国手工业社会纠纷解决机制研究》，都体现了同样的研究取向。

　　陈会林的博士学位论文正是这一工程的一部分。呈现在大家面前的这本书是以这篇博士学位论文为基础修改完善而成的。

　　会林是我指导的第一名博士生。作为历史学专业本科毕业生和法学专业硕士毕业生，他拥有法律史专业所需的较好的研究入门条件。在考入我校攻读博士学位之前，会林长期在湖北大学法学院从事法学理论、法律史等本科和研究生课程的教学与研究工作。并曾作为访问学者在我校研习法律史、法理等专业研究生课程，在南开大学学习计算机和文献学，在湖北大学从事文献检索教学与研究工作。这些经历又使他具备了从事法律史研究更好的学术基础。虽然早在2001年就已经被评为法学副教授并承担繁重的教学任务，但会林还执意报考我校法律史专业博士研究生，执意深入法律史学术的纵深地带作更加艰苦的研究。在三年的攻读学位生活中，会林把主要精力放在民间法律史料资源的调查和这篇博士学位论文的写作上，取得了出色的成绩。

　　这篇博士学位论文是我近几年指导完成的三届共四篇博士学位论文中花费心血最少的一篇，其资料运用、谋篇布局、逻辑性、学术归纳、语言表达等诸多方面，都较好地达到了我的预期，这是很不容易的。我自己虽不怎么会写大部头文字，但我对学生的论文的要求还是较为苛刻的。会林的论文较快通过了我的苛刻审读，我由衷感到欣慰。记得我在赴湖南大学讲学途中的车厢里读完他的论文初稿后就曾发短信给他："资料丰富、语言通畅、结构合理、逻辑清晰、归纳较为准确，比我估计的情形好多了。现在更要做的是准确提炼学术观点。"后来经过几次修改，又有了很大的改观。虽然尚未提炼出洪钟大吕般的振聋发聩的学术观点和诠释模式，但仍不失为一篇出色的法律史博士学位论文。

会林这篇论文所进行的研究，是对中国传统社会纠纷解决机制的一个侧面的宏观概括性阐述。这一研究，在从事考据性法史学研究的学者们看来也许是空疏了一些，但在我看来是总结、阐释中国传统社会或我们民族"同一的法"所必须的，是这一工程的一部分。这里研究的其实正是具有民族精神、民族性格的"同一的法"——民间纠纷的解决机制，包括理念、程序、方式和途径等。会林特别关注的是传统中国的"地缘社会"亦即靠居住地相同、相近这种地理纽带联系起来的社会共同体解决社会纠纷、恢复社会秩序的机制；他要研究的是在官府主导的解纷模式之外，由乡里、乡约、同乡会馆、乡间结社与集会组织等地缘社会群体带有自治性的纠纷解决机制。他关于传统地缘社会解纷机制的各个侧面——教化与维稳维权结合的解纷方式、息事宁人的解纷理念、妥协与自治的解纷原则、以社会生成法为主的解纷规则依据、多元权威互补的效力保障、与其它解纷途径的衔接等等方面的归纳和阐发，都是相当深刻的。这一研究对于我们深入认识在官方制度和信息构成的显性的"大传统"之下，由民间惯习和信息构成的隐性的"小传统"是特别有意义的。会林特别从传统中国基层社会的前民主意义上的社会自治的视角上对中国传统地缘社会纠纷解决机制的价值和意义进行了很好地归纳和阐释。我相信这一阐释相当程度上揭示了中国传统法律文化的特质和精神，相信对我们深入认识和把握体现中国"民族精神"、"民族性格"的民族法制有重要的启发意义。

会林的这篇论文受到了答辩委员会的重视。由中国社会科学院法学研究所研究员徐立志、武汉大学教授陈晓枫、山东师范大学教授程汉大、本校教授陈景良和郑祝君共五人组成的答辩委员会在指出了文章的不足（如对地缘社会解纷机制与其它种类社会组织解纷机制的异同讨论不足，长时段地缘社会的研究应该注意到明清时代中国所有主要地域以避免以偏概全等）的同时，给与这篇论文很高的评价，并推荐其为优秀博士论文。

中国政法大学出版社的领导们很有眼光。他们看到了这一研究课题的特别价值，决定将这篇博士论文纳入"历史的法学"文丛出版。作为导师，我很感激，也很欣慰。付梓之际，会林要我写个序言，我欣然应允。我想通过这篇序言让更多的朋友了解我的"历史法学"的研究取向和使命感，也为读者理解会林的这篇论文的主旨、内容和贡献作一个引介。匆匆草成，勉强为序。

范忠信
2009 年 7 月 28 日
于武昌南湖东岸三族斋

目录 Contents

总　序　　　　　　　　　　　　　　　　　　　Ⅰ
序　　　　　　　　　　　　　　　　　　　　　Ⅹ

导　论　　　　　　　　　　　　　　　　　　1

一、研究的问题及缘起　　　　　　　　　　　2
二、基本概念　　　　　　　　　　　　　　　9
三、相关问题的研究现状　　　　　　　　　　16
四、研究的思路、材料与方法　　　　　　　　40

第一章　明清时期的地缘社会　　　　　　　50

第一节　明清时期地缘社会的组织　　　　　　50
　　一、乡里组织　　　　　　　　　　　　　50
　　二、乡约组织　　　　　　　　　　　　　78
　　三、同乡社会组织　　　　　　　　　　　113
　　四、乡间结社组织　　　　　　　　　　　124
　　五、乡间集会组织　　　　　　　　　　　134
第二节　明清时期地缘社会的属性　　　　　　143
　　一、民间社会　　　　　　　　　　　　　143
　　二、乡土社会　　　　　　　　　　　　　146

　　　　　三、熟人社会　　　　　　　　　　　　　147
　　　　　四、人情社会　　　　　　　　　　　　　147
　　第三节　明清时期地缘社会的职能　　　　　　149
　　　　　一、完成职役　　　　　　　　　　　　　149
　　　　　二、治安管理　　　　　　　　　　　　　152
　　　　　三、公益经营　　　　　　　　　　　　　156
　　　　　四、解困赈灾　　　　　　　　　　　　　157
　　　　　五、和睦乡党　　　　　　　　　　　　　160
　　　　　六、教化与解纷　　　　　　　　　　　　161

第二章　明清时期的民间纠纷　　　　　　　　　167

　　第一节　纠纷发生的社会场域　　　　　　　　167
　　　　　一、家族关系　　　　　　　　　　　　　167
　　　　　二、乡党关系　　　　　　　　　　　　　168
　　　　　三、官民关系　　　　　　　　　　　　　169
　　第二节　纠纷增多的原因　　　　　　　　　　171
　　　　　一、纠纷总量增多的原因　　　　　　　　172
　　　　　二、同乡社会组织遭遇纠纷更多的原因　　173
　　第三节　纠纷的类型与性质　　　　　　　　　176
　　　　　一、纠纷的类型　　　　　　　　　　　　176
　　　　　二、"细故"与"利害"：官民不同的价值判断　178

第三章　乡里组织与民间纠纷的解决　　　　　182

　　第一节　乡里组织解纷的专门场所　　　　　　182
　　　　　一、申明亭的置废　　　　　　　　　　　183

二、申明亭的职能　　　　　　　　　　　185
　第二节　里甲组织与民间纠纷的解决　　　187
　　一、里老理讼解纷的国家授权　　　　　187
　　二、里老理讼解纷的范围　　　　　　　189
　　三、里老理讼解纷的地点　　　　　　　189
　　四、里老理讼解纷的原则　　　　　　　191
　　五、里老理讼解纷的方式与实践　　　　192
　　六、里老理讼解纷的性质与效力　　　　209
　第三节　保甲组织与民间纠纷的解决　　　212
　　一、保甲的解纷职能　　　　　　　　　212
　　二、保甲组织解纷的方式与实践　　　　215

第四章　乡约组织与民间纠纷的解决　　　227

　第一节　解纷的受案范围与主持者　　　　227
　　一、受案范围　　　　　　　　　　　　227
　　二、解决纠纷的主持人　　　　　　　　228
　第二节　定期集中解纷　　　　　　　　　231
　　一、集中解纷的地点　　　　　　　　　231
　　二、举善纠恶的含蓄解纷　　　　　　　234
　　三、"讼者平之"的直接解纷　　　　　240
　第三节　平时灵活解纷　　　　　　　　　241
　　一、纠纷不达官府的直接调解　　　　　241
　　二、官批民调　　　　　　　　　　　　245

第五章　同乡组织与民间纠纷的解决　248

第一节　解纷的职能与主持者　248
一、同乡会馆的解纷职能　248
二、同乡会馆解纷的主持者　250

第二节　解纷的方式与实践　252
一、调解纠纷　252
二、仲裁纠纷　254
三、与官府合作解决纠纷　254

第六章　乡间结社、集会组织与民间纠纷的解决　258

第一节　乡间结社、集会组织的解纷职能　258
一、乡间结社组织的解纷职能　258
二、乡间集会组织的解纷职能　259

第二节　"文会"与民间纠纷的解决　260
一、文会：中国古代的沙龙　261
二、文会对纠纷的解决　266

第三节　"吃讲茶"与民间纠纷的解决　268
一、解决纠纷的专场茶会　268
二、解决纠纷的程序　271
三、解纷机制的法理解析　275
四、弊端与衰落　279
五、解纷机制的现代元素　280

第七章　地缘社会解纷机制的内容　285

第一节　解纷主体：地缘社会组织的领袖　285
一、以乡绅为主体的社会精英　286
二、乡绅及地缘社会组织首领在民间解纷中的表现　298

第二节　解纷方式：教化与维权相结合的多元调处　303
一、调解　304
二、裁判　306
三、神判　308
四、混合方式　309

第三节　解纷理念：息事宁人　310
一、关于解纷理念　311
二、息事宁人　312
三、"和为贵"：中国人的表达与实践　316
四、与西方解纷理念的比较　320
五、与现代解纷理念的比较　323

第四节　解纷原则：妥协与自治　324
一、妥协原则　324
二、自治原则　325

第五节　适用规则：以社会生成法为主　326
一、社会生成法　327
二、规约或章程　333
三、乡俗与习惯　342
四、情理与信义　351
五、国家法律　359

第六节　效力保障：多元权威互辅　362
一、官府支持　362

　　　　二、乡贤保证 365
　　　　三、神灵威慑 370
　　　　四、社会生成法的权威 371
　　　　五、制裁机制 375
　　第七节　对外联接：与其它解纷机制的接轨 376
　　　　一、与血缘社会解纷的接轨 376
　　　　二、与国家司法的接轨 380

第八章　地缘社会组织解纷角色的历史成因 398

　　第一节　国家的鼓励或授权 399
　　　　一、皇帝谕示的要求 399
　　　　二、国家基本法典的规定 404
　　　　三、地方官府告示的规定 406
　　第二节　国家的基层司法体制和刑事政策的影响 412
　　　　一、基层司法体制导致解纷事务向民间分流 412
　　　　二、国家宽容"轻罪"、轻视"细故"的结果 414
　　第三节　官方"息讼"与民间"惧讼"的结果 415
　　　　一、官方对"息讼"的灌输和对"讼害"的
　　　　　　夸大宣传 416
　　　　二、民间的"惧讼"心态 420
　　　　三、诉讼成本高于民间解纷成本 423
　　第四节　民间纠纷更适合民间解决 430
　　　　一、耕织社会的纠纷解决更需要民间权威的
　　　　　　教化优势 430
　　　　二、熟人社会的纠纷更适合非讼方式解决 430
　　第五节　国家对民间解纷能进行干预 432
　　　　一、国家对视为违法的民间解纷的禁止性干预 432
　　　　二、国家对民间解纷的积极性控制 433

第九章　地缘社会解纷机制的法文化阐释　436

第一节　地缘社会解纷是社会自治的重要形式　436
一、中国传统社会自治的存在及其特征　436
二、中国传统地缘社会解纷与民间社会自治　445
三、中国传统社会自治与西方中世纪社会自治的比较　451
四、中国传统社会自治与近现代社会自治的比较　458

第二节　地缘社会解纷与国家司法　460
一、纠纷之地缘社会解决与司法解决区别的表现　461
二、社会解纷是司法解纷的"前置程序"　465
三、司法解纷是社会解纷的后盾和保障　466
四、联接国家司法与社会解纷的"第三领域"　467

第三节　明清地缘社会解纷机制与现代解纷机制　470
一、明清地缘社会解纷机制与ADR机制　470
二、明清地缘社会解纷机制与类法律式解纷机制　471
三、明清地缘社会解纷机制与解纷类型轴和准审判机制　472

结　论　475

一、明清地缘社会解纷机制研究的基本总结　475
二、明清地缘社会解纷机制的重大启示　477

后　记　490

表格目录

表1-1	明代惠安县乡里组织结构	65
表1-2	清代诸暨县乡里组织结构	66
表1-3	五种地缘社会组织形式的内容及其相互关系	142
表3-1	明代中叶福建惠安县乡里申明亭设置情况	184
表3-2	里甲组织"直接民调"的案例	195
表3-3	乡里组织"官批民调"的案例	201
表3-4	里甲组织裁判纠纷的案例	205
表3-5	保甲组织对纠纷的调解案例	218
表4-1	乡约组织调解纠纷的案例	243
表7-1	1760~1900年巴县、宝坻、淡新的民事纠纷案件统计	389
表7-2	乾隆时期地缘社会组织向官府报告纠纷恶化而成刑案的案例	390
表7-3	乾隆时期地缘社会组织参与或协助官府办案案例	394
表9-1	中英地方治理的组织与性质对比	454

图片目录

图3-1	江西省婺源县秋口镇李坑村申明亭	183
图4-1	明代万历年间《乡甲会图》	233
图4-2	康熙年间的《讲约图》	234
图7-1	黄岩诉讼档案诉状实例	386
图9-1	纠纷解决的类型轴	473

导 论

根据社会法学的"社会控制"理论,法律是文明社会之秩序控制的主要手段[1],"法治"与"和谐"是现代中国建设的两大使命。事实上,"法治"与"和谐"也是中国"旧邦新命"的基本表征。

法治的实现,依赖于法制的现代化,而法制现代化的历史起点和逻辑前提是对传统法律文化的梳理和咀华,所以"中国的法治之路必须注重利用中国本土的资源,注重中国法律文化的传统和实际。"[2] 然而,在西方中心主义影响下,中国传统法律文化因为缺乏西方语境下的民主、自由、平等等一系列重要理念,其在走向法治社会的历史进程中,所遭遇的批评之多,使人们极易忽略其应有的合理内核。只要我们给予其起码的注意,就不能否认:这种法律文化在一个以小农经济形态为基础、兼靠宗法维系的社会,能够支撑庞大的中华封建帝国持续运转数千年,必有其耀古烁今的特殊智慧与魅力因素;中华法系在历史上能够长期屹立于世界文明之林,对人类文明的贡献自有其独到之处。这里也许就有苏力先生所说的、历史传统给予我们"学术的'富矿'"[3]。就连

---

[1] 庞德说:"社会控制的主要手段是道德、宗教和法律。……在近代世界,法律成了社会控制的主要手段。"参见 [美] 庞德著,沈宗灵译:《通过法律的社会控制》,商务印书馆1984年版,第9~10页。

[2] 苏力:《法治及其本土资源》,中国政法大学出版社1996年版,第6页。

[3] 苏力先生在《法治及其本土资源》中曾说:"就过去的一百多年来说,中国无论在自然科学、社会科学还是人文科学(特别是前两个学科)都主要从外国、特别是从西方发达国家借用了大量的知识,甚至连这些科学划分本身也是进口的——尽管它现已成为我们无法摆脱、也不想摆脱的生活世界的一部分。然而,在借鉴了这一切之后,在经济发展的同时或之后,世界也许会发问,以理论、思想和学术表现出来的对于世界的解说,什么是你——中国——的贡献?……我们这一代学者完全有可能根据我们的经验做出我们的贡献。……(因为)我们的历史传统、我们的众多的人民(包括我们自己)给了我们一个学术的'富矿',提供了巨大的可能性。"参见苏力:《法治及其本土资源》,中国政法大学出版社2004年版,"自序"。

外国人庞德六十年前就忠告我们：中国在寻找"现代的"法律制度时不必放弃自己的遗产。[1]

和谐社会建设在中国已进行了数千年，于今尤盛。什么是和谐社会？用政治的话语说，和谐社会就是"民主法治、公平正义、诚信友爱、充满活力、安定有序、人与自然和谐相处"的社会；用法律的语言说，和谐社会就是权利主体处于相互协调状态、纠纷解决得比较好的社会。"纠纷解决是和谐社会的最重要的基础、最重要的要件。……和谐社会不是没有纠纷的社会，没有纠纷的社会是不存在的。和谐社会只是纠纷解决得比较好的社会。"[2] 中华民族不仅有追求社会和谐的特殊传统[3]，而且有实现这种和谐的智慧或手段，地缘社会的解纷机制就是这种智慧或手段的重要组成部分。

考察中国法文化传统，推动社会和谐进程，这就是本课题研究的动因，再进一步，既属于"传统"又是针对"和谐"的主题——明清地缘社会解决纠纷的机制，便是本课题的研究对象。

一、研究的问题及缘起

（一）研究的问题

本课题主要从法学的角度考察和解读中国明清时期（1368～1911年）各类地缘社会组织参与纠纷解决的历史实情，以期为健全当代中国的社会纠纷解决机制寻找新突破口和新思路，为当代中国的法治社会与和谐社会建设，以及地方自治的建设提供传统方面的借鉴思路和法制

---

〔1〕［美］庞德："作为中国法基础的比较法律与历史"，载《哈佛法律评论》1948年第61卷。

〔2〕范忠信："健全的纠纷解决机制决定和谐社会"，载《北方法学》2007年第2期。

〔3〕李约瑟说："古代中国人在整个自然界中寻求秩序与和谐，并将此视为一切人类关系的理想。"参见［英］李约瑟著，潘吉星主编，陈养正等译：《李约瑟文集：李约瑟博士有关中国科学技术史的论文和演讲集》，辽宁科学技术出版社1986年版，第338页。与西方相比尤其如此，因为"古代的西方和东方都崇尚和谐，然而彼此有别。西方所崇尚的主要是艺术上的和谐，对政治上、社会上乃至世界上的和谐殊少关注；东方的中国所崇尚的和谐则如气之充盈于天地之间，几乎无所不在。"参见张正明："和谐境界浅说"，载湖北省炎黄文化研究会编：《传统文化与和谐社会》，香港天马出版有限公司2005年版，第10页。

资源。

社会纠纷的解决是极为宽泛的话题，它"既是一个由法学及其他社会科学整合而成的研究领域，也是与每个社会成员的日常生活息息相关的社会现象。"[1] 费孝通曾警告吾辈学人："任何（企图）对于中国问题的（总体）讨论总难免流于空泛和偏执。空泛，因为中国具有这样长的历史和这样广的幅员，一切归纳出来的结论都有例外，都需要加以限度；偏执，因为当前的中国正在变迁的中程，部分的和片面的观察都不易得到应有的分寸。"[2] 为了减少乃至避免可能的空泛和偏执，本著试图以一个特殊时段的特殊主体——明清时期的地缘社会组织——作为中心，考察和梳理中国传统社会源远流长、蔚为大观的纠纷解决机制中的一个块面——明清地缘社会组织参与纠纷解决的机制。这里并非想建构一种什么特别的或另类的解纷机制。

本著的研究总体上仍属于宏观的考察分析。之所以是宏观的，原因有三：其一，"地缘社会"是一个内涵与外延均比较模糊的概念。这个概念是人们在反观自身生活环境的过程中提出的，我们对地缘社会本身的组成与结构很难作出精细的划分。其二，中国国土广袤、历史悠久，地缘社会的情况复杂。地缘社会不仅类型很多，而且不同类型之间、同一类型在不同时期不同地域的具体情况都往往有较大差异，正如常言所谓"千里不同风，百里不同俗，十里不同语"，探清古代中国哪怕是一两个朝代的地缘社会解纷情况已非易事，遑论全部历史时空或者说得出比较客观准确的结论了。其三，本著的选题决定了其研究材料主要是历史文献，没有、也不大可能进行广泛的田野调查。而且由于诸多主观的或客观的原因，我们寓目的资料可能只是真实历史的"雪泥鸿爪"而已，或者说，它们都可能只是真实历史的"片面"记载罢了，许多具体地方的具体解纷情况我们尚不是很清楚。基于以上原因，我们的研究只能是在宏观把握、高屋建瓴的基础上，选取明清时期主要的、有代表性的地缘社会组织进行点面结合或以点带面的考察与分析，搜集和整合零

---

[1] 范愉：《纠纷解决的理论与实践》，清华大学出版社2007年版，"绪论"。
[2] 费孝通：《乡土中国》，上海人民出版社2006年版，第115页。括号中的文字为引者所加。

星载述，建构对明清时期地缘社会解纷机制的整体认识，并尽可能得出接近历史真相的结论。

（二）研究的缘起

研究以明清两代为中心的地缘社会解纷机制的原因，主要在于这种研究具有重要价值并有创新的可能，其中的研究价值主要体现在以下几方面：

1. 为当代中国的法治社会与和谐社会建设提供优良传统资源。美国学者杰罗德·奥厄巴奇和博西格诺在《法律之门》中讲："纠纷解决的各种方式，以及任何文化中的社会制裁的选择，传达出人们所钟爱的理想，表达了他们对自己的看法，也反映了他们与他人关系的质量。它们显示出，人们是希望回避还是鼓励冲突，是压制还是温和地解决这一冲突。最终，社会最基本的价值观在纠纷解决过程中被揭示出来。"[1]明清地缘社会的纠纷解决机制在某种意义上就是中国传统和谐法律文化的反映与实践。不管当时的统治者出于什么动机，明清帝国中事实上存在着与国家司法解决纠纷并存相通的社会解决方式，尽管某些具体的地缘社会组织形式处于兴衰流变之中（如里甲、乡约组织），但它们为社会提供纠纷解决服务的功能与魅力不变，官方对这一职能的态度也是不离不弃。其间所蕴含的社会和谐精神，所构建的社会解决与司法解决并存的多元解纷模式，都是值得我们认真鉴别的传统资源。

还须指出的是，本课题的研究"丝毫没有'试图从中国传统或社会中寻找某些据说是具有现代性因素'的念头，也不是出自一种'我们先前曾富过'的阿Q精神"[2]，本课题的研究恰恰是出于对现实的忧患而对传统进行理性的反思。这种反思极为重要，一是因为"传统并不是一尊不动的石像，而是生命的流溢，有如一道洪流，离开它的源头愈远，

---

[1] [美]博西格诺等著，邓子滨译：《法律之门》，华夏出版社2002年版，第627页。

[2] 范忠信：《中西法文化的暗合与差异》，中国政法大学出版社2001年版，"我准备这样做贡献（自序）"。

它就膨胀得愈大"[1]，"随着社会的变革和时代的推移，传统也不断发生蜕变，但同时传统又不断影响着社会变革的方式和效果"[2]。传统对现实影响的有无是由不得人们选择的，人们所能选择的只是让传统如何影响自己。二是因为现实中的人们对待传统的非理性态度——要么数典忘祖[3]、要么听之任之——已给现实社会带来诸多不良后果。比方说，纠纷解决的国家诉讼单边主义[4]、村民自治中的有"治"无"自"[5]等等，都是导致某些社会纠纷恶化的主因。

本课题的研究可能有助于我们反省和解决当今纠纷解决思路日益狭隘化的问题，有助于中国未来纠纷解决机制的完善，再往大处往远处说，这种研究可能有助于我们反思中国整个民主制度设计的基本理念，反思法治社会的建构模式，为法治社会与和谐社会的建设寻求有益的借鉴思路和资源。

2. 丰富中国法文化传统研究的内容。传统社会的纠纷解决机制问题涉及法学、历史学、社会学、政治学、文化学等多学科多领域。本著取法文化向度，考察明清时期地缘社会的纠纷解决机制问题，探清中国传统社会纠纷之社会解决的主体多元性与方式多样性的特征与规律，探清中国传统社会纠纷解决中诉讼机制与非诉讼机制、制定法与非制定法（习惯法、自然法）各自的功能向度、相互关系、作用规律，从而拓展中国法文化传统研究的领域，丰富中国法文化传统研究的内容。

3. 明清两代是相对完整并具有代表性的历史时期。中国有四千多

---

[1] [德] 黑格尔著，北京大学哲学系外国哲学史教研室译：《哲学史讲演录》，三联书店1956年版，第8页。

[2] 季卫东："中国法文化的蜕变与内在矛盾"，载《比较法研究》1984年第4期。

[3] 张炽章（季鸾）八十五年前在《中华全国风俗志·序》中说："近代海通，竞言新化。好学青年，稍稍有所以知世界，尚矣。而本国之事，独不求知且鄙弃日甚。今之人，大抵能剧谈伦敦巴黎之风尚，或炫举希腊罗马之名词，而叩以各省情形，则反茫然。甚者且不知中国之在大与久。夫于其地其人，既毫无观念，又不辨共同之历史文化。"今天的情形虽没有这么严重，但法律文化中"媚洋贱中，是西非东"的倾向却是存在的。

[4] 参见本著最后的"结论"之二"明清地缘社会解纷机制的重大启示"。

[5] 牛铭实："从封建、郡县到自治：中国地方制度的演变"，载《开放时代》2005年第2期。

年的文明史，其中地缘社会积极参与纠纷解决的现象始终存在，本著为什么选择明清时期（1368～1911年）进行研究？其原因除了本人目前尚无能力对传统地缘社会的解纷机制进行整体研究之外，主要有以下三个方面：

（1）明清两代是有机整体性较强的历史时期。这至少体现在两个方面：

第一，明清两代共同构成中国历史进程中的一个"中时段"。根据法国学者费尔南·布罗代尔的"历史三时段论"[1]，如果说整个中国封建社会时期（公元前476年至公元1911年）属于"长时段"的历史时期，亦即中国封建社会"结构"存续不变的时期，或者说是中国的自然环境、传统、经济的"结构"长期持续决定历史进程的时期，那么明清两代（1368～1911年）长达五百多年的时期就属于"中时段"的历史时期，因为这一时期至少有三大"局势"变化直接决定着中国封建社会

---

[1] 法国史学家费尔南·布罗代尔（Fernand Braudel，1902～1985年）曾提出著名的"历史三时段论"：历史可分为三个时段：①长时段的"地理时间"或"结构"存在的时间。这期间自然环境、传统、经济的"结构"对历史起长期、决定作用；②中时段的"社会时间"或"局势"变化的时间。这期间周期性经济消长、社会（群体与团体）变动（局势变化）对历史进程起直接的推动作用；③短时段的"个体时间"或"事件"发生的时期。这期间革命、地震等突发事件对整个历史过程只起微小作用。三个时段的决定因素分别是"结构"、"局势"、"事件"。所谓"结构"是指长期不变或者变化极慢的，在历史上起经常、深刻作用的因素，如地理、气侯、生态环境、社会组织、思想传统等；所谓"局势"是指在较短时期（十年、二十年以至一二百年）内起伏兴衰、形成周期和节奏、对历史起重要作用的一些现象，如人口消长、物价升降、生产增减、工资变化等等；所谓"事件"是指一些突发事件如革命、缔约、地震等，这些事件转瞬即逝，对整个历史进程只起微小的作用。总之历史无非是三种时段的辨证作用结果。布鲁代尔的上述历史观一面世即在学界引起强列反响。支持者认为是史学方法论的重大创新。反对者主要来自两个方面：传统史学家不满于他贬低政治事件与人物，放弃系统的历史叙述，热衷于统计图表与奇异术语；马克思主义史学家批评他忽视生产力与生产关系的变化发展，抹煞阶级斗争的地位与作用。上述评论分歧存续至今。我们认为，这一理论对诸社会因素的历史价值判断是否科学，暂且不论，其对这些因素在历史发展中不同作用之差异的洞察，根据这些差异对历史时期明晰的层次划分，这种方法和结论是应该肯定的。参见张芝联："费尔南·布罗代尔的史学方法"，载［法］布罗代尔著，顾良、施康强译：《十五至十八世纪的物质文明、经济与资本主义》（第一卷），三联书店2002年版。

的末路进程：一是君主专制集权政体空前强化的同时，资本主义因素的萌芽在东南地区稀疏出现；二是地主统治阶级的官方哲学——理学笼罩全社会的同时，追求个性解放、抗议君主专制与封建独断论的文化启蒙潮流应运而起；三是外来的坚船利炮与"德赛先生"导致中国"五千年未有之变局"。上述"局势"体现了明清时期与封建社会其他时期不同的"质"，或者说这些"局势"引起了中国封建社会在这一时期发生了"量变"中的"质变"。

第二，明清两代的制度文化具有较强的"板块性"。中国传统文明的演进呈现出清晰的阶段性特征，这些阶段人们常称之为"先秦"、"汉唐"、"宋元"、"明清"等等，明清史是一个相对完整的文化板块。元朝以后的中国政法文化有一个明显的转向——由多元杂糅的文化系统回归汉文化主角更加突出的文化系统，这一转向开始于朱元璋对元朝某些政治法律制度的排斥，如洪武二十七年（1394年）三月十四日朱元璋"诰谕天下"："自胡元入主中国九十三年，华风倾颓，彝伦不叙，致有子烝父妾，弟收兄妻，兄收弟妇，甚者以弟为男，至于姑舅姊妹亦得成亲，以致中国人民，渐染成俗，亦有是为者。朕膺天命，代元为治，立纲陈纪，复我中国先王之教。"[1] 此外，这时地缘社会组织建设也发生较大变化。

清朝虽然是少数民族入主中原的朝代，但它对待前朝文化的态度与明朝对待元朝的态度不一样。比方说法制，清人入关前就说《明会典》"是好书"[2]，入关后又"详译明律，参以国制"，而实际上就是抄袭《大明律》，所谓"大清律即大明律改名"[3]，所以我们今天看到的《大清律例》中"律"这一部分内容与《大明律》基本相同。两朝共用一部法律，这在中国历史上似乎绝无仅有。再比方说，明朝的地缘社会组织（如保甲、乡约组织等）在清初也得到承袭，1840年以后的清代尽管政局波动对民间社会有所冲击，但民间社会在总体上没有根本

---

[1]《洪武永乐榜文》第三十六条。参见杨一凡、田涛主编：《中国珍稀法律典籍续编》（第三册），黑龙江人民出版社2002年版，第524页。
[2]《天聪臣工奏议》卷中"宁完我奏折"。
[3]（清）谈迁（1594~1658年）：《北游录·记闻》。

变化。

(2) 明清时期是中国社会纠纷空间增多,同时也是传统纠纷解决机制及其相关规律展示最为充分的时期。从宏观上讲,明清时期地缘社会的纠纷解决机制只是前代解纷机制的延续,但这种延续并非简单的历史重复,而是伴随有质的变化,比方说:

第一,社会纠纷发生的空间增大,纠纷解决的机制空前完善。明清时期人口急剧增长,乡土社区渐次变得拥挤起来,虽然乡民可以通过经济交易和婚姻关系超越乡土社会的狭隘范围[1],或者通过"湖广填四川"之类的移民途径[2]拓展生活和生产的活动空间,但这并未能根本改变人口密集与资源供给空前紧张的局面;此外,随着宋代以降社会经济的急剧变迁,土地交易日趋频繁,所谓"千年田,八百主"[3],其他商品交易在时间、空间、数量、价值上也迅速发展。这些因素导致乡民之间非常容易产生利益冲突,民间纠纷因此空前增多,纠纷解决的问题空前突出。与此相应,包括地缘社会解纷机制在内的整个社会纠纷解决机制也空前发达。

第二,明清两代是中国古代国家与"社会"、专制与"自治"相互作用之规律展示最为充分的时期。王日根说:"明清时期中央集权对社会基层控制的日益间接化,实际上不是中央集权减弱的标志,而是因为社会基层的各级组织集团多把中央王朝的大旨作为自己的宗旨,表面的自治实质上是社会秩序更加稳定的表现。时常发生基层组织与上层政治的矛盾斗争,也只能看作是二者相互关系的调适过程,有时是基层组织对上层政治腐败的抵抗,有时是基层组织对自我能力的过高估计而产生的异动,最后二者仍处于一个共同体中。"[4] 明清时期是中国封建社会的最后阶段,也是以上规律得以充分展示的时期。地缘社会是展示这一

---

〔1〕 关于"经济交易圈"的概括讨论,参见〔美〕施坚雅:"城市与地方体系层级",载〔美〕施坚雅主编,叶光庭等译:《中华帝国晚期的城市》,中华书局2000年版,第327～417页。关于婚姻圈的简要分析,参见郭松义:《伦理与生活——清代的婚姻关系》,商务印书馆2000年版,第142～179页。

〔2〕 参见葛剑雄主编:《中国移民史》(六卷本),福建人民出版社1997年版。

〔3〕 (清)杜文澜著,周绍良点校:《古谣谚》,中华书局1958年版,第418页。

〔4〕 王日根:《乡土之链:明清会馆与社会变迁》,天津人民出版社1995年版,"绪论"。

规律的重要平台，或者说，地缘社会纠纷解决机制就是这一规律的直接体现之一。

（3）明清两代是中国封建社会最后、离现今最近的阶段。明清两代继承和发展秦汉唐宋制度文明的主要成就，集中国封建制度之大成，形成了中国古代最为系统完善的政治法律制度。这种制度在维护社会运转、推动社会发展方面已达其命运极限之后，在西方文化的影响和冲击下开始了近代转型。从某种意义上说，今天的改革开放仍是这种转型的继续。在封建社会的各个阶段中，无论是以史为鉴还是古为今用，无论是经验还是教训，明清两代的制度建设对现实的启迪意义都是最强的。

二、基本概念

上述论题是基于"社会"、"地缘社会"、"纠纷"、"解纷机制"等基本概念而建构的，因而这里有必要对这几个概念进行简要的界定与梳理。

（一）社会

我们不能仅仅从社会关系、人际交往、公共生活的角度来理解"社会"（society）。"社会"的本义是结社和集会，原生态的"社会"就是以"结社"和"集会"的形式与活动构建起来的人类生活共同体[1]，

---

[1] 其他社会形式都由这两种形式发展而来。现今所用的"社会"有多种意义，主要是三种：①广义的社会，即人类存在形态意义上的社会，指与自然界相对应的人类生活共同体。马克思讲："生产关系总合起来就构成为所谓社会关系，构成为所谓社会，并且是构成为一个处于一定历史发展阶段上的社会，具有独特的特征的社会。"参见《马克思恩格斯选集》（第一卷），人民出版社1972年版，第363页。这种"社会"在马克思主义那里可以分为原始社会、封建社会、资本主义社会、共产主义社会（初级阶段是社会主义社会）等不同阶段或形态；西方资本主义主流政治学说认为广义的社会包括国家和市民社会（民间社会）两部分。②中义的社会，即与国家相对的民间组织或社团共同体，也就是因特定机缘而形成的、与国家或个人相对的民间生活共同体。这种"社会"概念源于西方的国家与社会二元对立观念。地缘社会、血缘社会、业缘社会、信缘社会等都是这种社会的具体形式。马克斯·韦伯社会分层理论中的"社会"，美国唐纳德·布莱克的法律运行理论中的"社会"，都是这种意义上的社会。③狭义或具体的"社会"，主要是中国民间与祭祀土地神相关的集会或结社组织。以上三种社会的外延依次形成整体与部分的关系，即人类生活共同体意义上的社会包括民间社会，民间社会又包括具体的社会。本文所用的"社会"，除了后面的乡间结社组织和乡间集会组织中用到上述具体的"社会"之外，其余地方都是中义的社会。

其要义是自由人的自由联合，是人民在国家机关以外自发组织起来满足自身特定需要的组织形态，或者说是一群具有自主权利的人通过特定机缘（血缘、地缘、业缘等）组成的、没有朝廷命官或国家权力不直接管束的各类生活共同体与民间公共关系载体。本课题研究中的所谓"社会"，除了在乡间结社组织、乡间集会组织研究中用到了一种与祭祀土地神相关的具体"社会"之外，都是指上述意义上的一般"社会"。

这种社会是与国家和个人相对应的民间组织形式，是以国家与社会二元对立的预设为前提的[1]。明清时期州县以下的乡里组织是这种社会的重要形式。这种"社会"有三大特征：一是民间性，它与国家相对，能够实行有限自治；二是因特定机缘（血缘、地缘、业缘等）而形成；三是有一定的组织形式[2]、共同的价值观念和行为规范。

根据其形成的主要机缘[3]不同，比较正式的社会大致可分为五大类：①血缘社会，即因血缘关系而形成的社会（组织），具体形式有宗族、宗亲会等；②地缘社会，即以地理因素为主要机缘而形成的社会（组织），具体形式将在下面专列；③业缘社会，即以相同职业或兴趣爱好为主要机缘而形成的社会（组织），如产业社会、生产社会、商业社会、职业社会、学术社会、行会、艺趣社会等。在某种意义上，传统的

---

[1] 也有学者不完全赞同传统中国有这种二元对立的结构，例如黄宗智认为明清时期"在国家与社会之间存在着一个第三空间"，此即"第三领域"。我们认为"第三领域"实际上仍是基于国家与社会二元对立的预设。参见本书第九章第二节。

[2] 这种组织形式可以是固定的、有形的，也可以是松散的、临时的，后者如"吃讲茶"所形成的"社会"。

[3] 形成社会的机缘往往是复合的，即有多根联结纽带。例如费孝通讲："在稳定的社会中，地缘不过是血缘的投影，不分离的。……世代间人口的繁殖，像一个根上长出的树苗，在地域上靠近在一伙。地域上的靠近可以说是血缘上亲疏的一种反映，区位是社会化了的空间。……血缘和地缘的合一是社区的原始状态。"参见费孝通：《乡土中国 生育制度》，北京大学出版社1998年版，第70页。在这里，血缘纽带与地缘纽带就是重合在一起的。但每一具体社会，其主要纽带只有一根，我们对社会的分类就是以这根主要纽带为依据的。

农村也是一种以农业为共同职业的业缘社会[1]；④信缘社会，即基于某种共同的信仰（政治信仰和宗教信仰等）而形成的社会（组织），包括政治社会（如复社、东林党）、宗教社会（如寺院、教会）等；⑤江湖社会，即通过"义气"、"结拜盟誓"或特定经济目的、生活目的为机缘形成的社会（组织），如帮会、会党以及部分民间艺人组织、部分秘密社会或黑社会等。上述五类社会里面，都有合法社会和非法社会之分。这些社会一般都参与社会纠纷的解决，而且古今皆然。上面提到的秘密社会或黑社会，我们认为是一种非正式的社会[2]，虽然也参与民间纠纷解决，但这是官方严厉禁止的。[3]

"社会"的结构，一般来说有三个层次：社会——组织（领导机构及社会的代表或首领）——成员（自然人）。也就是说，社会有组织，组织之下有自然人。社会之所以是生活共同体，就是因为它有结社、有集会、有组织，是一个有机体，而不是一帮自然人的乌合之众。各种社会的组织机关，特别是社会的代表或首领，是社会参加解决纠纷等实践活动的实际主体。这些代表或首领在中国传统地缘社会中，就是里老人、里长、甲长、保长、约正、会馆首事、会首或社长、中人、公道人，等等。正是因为社会的具体形式表现为某种组织，所以本著为了增强直观性，又将地缘社会称之为地缘社会组织，如将乡约称之为乡约组织。

（二）地缘社会

这里所谓地缘社会是指以地理因素（包括自然地理因素和人文地理

---

〔1〕 杨开道指出，中国古代的农村不同于一般的"共同社会"，而应称为以农业为主要职业的"地方共同社会"。参见杨开道：《农村社会学》，世界书局1929年版，第42～43页。

〔2〕 秘密社会或黑社会是一个非法暴力泛滥的世界，私人暴力成为最后的仲裁手段。

〔3〕 如《大清律例》"谋反"条例规定："凡异姓人但有歃血定盟、焚表结拜弟兄，不分为数多寡，照谋叛未行律，为首者拟绞监候。其无歃血盟誓焚表情事，止结拜弟兄，为首者，杖一百；为从者，各减一等。"连成立组织都当作"谋反"论处，遑论其解纷活动了。

因素）为主要机缘或纽带而形成的社会。[1] 它是由一群居住在相同地方的人民，因为生活或生产的需要，或是因彼此相近的生活形态，或因基层行政区划，在本地或异地逐渐形成的一种相对稳定的群体状态。形成地缘社会的主要纽带既包括自然地理因素也包括人文地理因素。自然地理因素在很大程度上直接表现为区域性，人文地理因素主要表现为行政区划。明代惠安县令叶春及说：中国历朝"皇制建府、置县、划乡、分里，以奠民庶，乃立耆老，以佐令敷政教"[2]，这里的"建府、置县、划乡、分里"就是人文地理因素，不过地缘社会一般不包括这里的府县，府县属于国家政务组织而不是社会组织。据笔者所知，学界在界定地缘社会时似乎一直都忽略了其中的人文地理因素。

在人类史上，地缘社会由血缘社会嬗变而来。台湾学者周宗贤说："通常一个社会整合凝聚最基本也是最直接的单位和准则是血缘，从很多的初期社会都建立在亲族团体之上就可以得到证明。不过当一个社会的成员日多，范围日广的情况时，由于经济上发生分工，社会功能亦发分化，如此，单靠血缘的关系已无法维系这个复杂的社会了。为了弥补这个缺陷，依据同籍关系的地缘性组织就会产生并被加强运用。"[3]

地缘社会的具体组织形式，在中国古代特别是明清时期主要有五类：乡里组织（如里甲、保甲）、乡约组织（如雄山乡约、沙堤乡约、南赣乡约、文堂陈氏乡约、徽州护林乡约等）、同乡社会组织（如同乡会、同乡会馆）、乡间结社组织（如义社、粮社、喜丧会、文会、桥会、

---

[1] "地缘社会"、"地方社会"、"民间社会"是三个相近而不完全相同的概念。其一，地缘社会不同于地方社会。地方社会是地缘社会的上位概念，地方社会中可以有地缘社会、血缘社会、业缘社会和信缘社会等。其二，地缘社会不能等同于民间社会。地缘社会是民间社会的一部分，民间社会并不都是地缘社会。其三，地缘社会组织是地缘社会的具体表现形式，不过本著中一般不加区别。

[2] （明）叶春及：《惠安政书》，福建人民出版社1987年版，第328页。

[3] （台）周宗贤：《血浓于水的会馆》，台湾"行政院"文化建设委员会1988年印行，第8页。

路会等)、乡间集会组织(如庙会、敛巧饭[1]、吃讲茶[2]、乡仕会等)。地缘社会的现代形式主要有社区、部落、村落、都市、同乡(会)、居民新村、大学城等等。其中社区是最典型最重要的形式[3]。"社区"的概念最早由德国人滕尼斯[4]提出,他认为社区的基本要素有:①有一定地域;②有一定的人群;③有一定的组织形式、共同的价值观念、行为规范及相应的管理机构;④有满足成员的物质和精神需求的各种生活服务设施。[5]中国学者吴文藻指出:"社区即指一地人民的实生生活而言,至少包括下列三个要素:①人民;②人民所居住的地域;③人民生活的方式,或是文化。"[6] 具体"社会"的组织形式可以是固定的、有形的,也可以是松散的、临时的,像乡间集会也是一种重要的地缘社会形式,对此过去人们似乎没有注意。

地缘社会的结构有三个层级元素:地缘社会、地缘社会组织和地缘社会成员。中国古代的里甲、保甲、乡约组织、同乡会馆、乡间结社组织、乡间集会组织等都是地缘社会的组织形式;乡民、约众、乡绅、社员等是地缘社会及其组织的成员。本书所述的地缘社会解决纠纷的实际解纷主体是各类地缘社会组织及其首领或代表人物。

---

〔1〕"敛巧饭"的内容参见本书第一章第一节"乡间集会组织"和"结论"之二。

〔2〕"吃讲茶"是清代民间为调处纠纷而举行的专场茶会,盛行于江南和川渝地区。其情形是:百姓在日常生活中发生了房屋、土地、水利、婚姻等纠纷,双方争持不下,既不愿私了又不愿打官司,但又想息事宁人、讨个公道,于是双方约定时间、茶馆和调处人,到时邀集各自的同行或亲友聚集在该茶馆吃茶评理,解决争端。"吃讲茶"的具体内容参见本书第六章第三节。

〔3〕有的学者直接用"社区"代表地缘社会,如黄宗智说"事实上(清代)大多数纠纷并未演变成诉讼案件而是由宗族和社区来调解的"。参见黄宗智:《清代的法律、社会与文化:民法的表达与实践》,上海书店出版社2007年版,第8页。这里的"宗族"代表血缘社会,"社区"代表地缘社会。

〔4〕滕尼斯(Ferdinand Tonnies, 1855~1936年),德国社会学家,认为社会学是从集体形式、规范、价值及其关系形式来考察人类共同生活的科学。

〔5〕《辞海》(缩印本),上海辞书出版社1999年版,第1910页。

〔6〕王同惠:《广西省象县东南乡花蓝瑶社会组织》,商务印书馆1936年版,"序言"。

(三) 纠纷

从法社会学的角度看，纠纷（dispute）是指社会主体之间的一种利益对抗，"是存在着多个关系人之间的利益对立，他们各自主张自己的利益，处于相互之间没有达成妥协的状态。"[1] 本著所谓纠纷是指民间纠纷，也就是古代的"细故"，今天的民事（纠纷）案件和轻微的违纪违法案件（包括轻微的刑事案件）。用明清时期的话语来讲，就是"户婚、田土、钱债、斗殴、赌博等细事"[2]，即"除谋反、叛逆、盗贼、人命及贪赃坏法等重情"以外的纠纷。从程序方面来说，主要是当时只能在法定"放告日"才可以起诉，其他时间当事人起诉，官府不受理的纠纷[3]。纠纷并非完全是人类生活方式多样性的消极表现形式，"纠纷不仅是人类社会的通则，而且，纠纷对于调整生活规则、促进社会发展、清醒人们的头脑，都有积极意义。"[4]

(四) 解纷机制

本著所谓解纷机制是指特定主体通过具体的方式、理念、规则和效力保障体制，有效化解纠纷，以维护社会和谐，促进社会发展的解纷范式。法社会学背景下的解纷机制是微观意义上的，旨在寻求具体纠纷的具体解决方法，其基本要素包括纠纷解决的主体（解决者）、方式、理念、原则、适用规则、效力保障、对外联接模式等。明清时期地缘社会解纷机制中的这些因素，我们将在后面进行具体考察和分析。这里先对一般意义上的解纷、解纷主体和解纷方式进行简要梳理。

1. 解纷或解决纠纷。解纷或解决纠纷是指通过特定方式消除、化解或平息纠纷的能动过程，相当于传统意义上的"排难解纷"。据学者们考证，中国"排难解纷"的出典，来自《史记·鲁中连传》中"所谓

---

〔1〕 [日] 高见泽磨著，何勤华等译：《现代中国的纠纷与法》，法律出版社2003年版，第10页。

〔2〕 《大清律例·刑律·诉讼》第三百三十二条"越诉"附例。

〔3〕 《大清律例》第三百三十四条"告状不受理"之《条例》规定："每年自四月初一日至七月三十日，时正农忙，一切民词，除谋反、叛逆、盗贼、人命及贪赃坏法等重情，并奸牙铺户骗劫客货，查有确据者，俱照常受理外，其一应户婚、田土等细事，一概不准受理；自八月初一日以后方许听断。若农忙期内，受理细事者，该督抚指名题参。"

〔4〕 何兵：《和谐社会与纠纷解决机制》，北京大学出版社2007年版，"序"。

贵于天下之士者，为人排患释难，解纷乱，而无取也。即有取，是商贾之事也"的记述。这一段话说的是公元前三世纪，赵国受到秦国攻击，齐国人鲁仲连说服梁国去救赵国，让秦国退兵的史事。

2. 解决纠纷的主体[1]。文明社会中的解纷主体历来都是多元的，除了诉讼中的法院之外，还"存在着各种不同的解决纠纷程序，它们由各种不同的团体参与，公共和与私人的、正式的与非正式的。"[2] 以范忠信教授为代表的国内学者，力倡从宏观上将解纷主体分为个人、国家和社会三大类。

（1）个人。个人对社会纠纷的解决包括个人以自己的力量直接解决纠纷（个人自力解决）和个人借助其它个人的力量来解决纠纷两种情形。社会上的很多纠纷实际上都是以个人的力量来解决的。如果没有个人的力量作为随时随地参与私人间纠纷解决的保证，社会恐怕会因为纠纷多得不可开交、政府即使三头六臂也忙不过来而完全瓦解。个人解决纠纷的方式主要有：①个人自力报复；②当众指斥，制造舆论，挑起道德审判；③法律上规定的正当防卫、紧急避险；④自助行为；⑤决斗和神判；⑥个人为国家特别授权以私力来解决纠纷。

（2）国家。国家解决纠纷有广义和狭义之分，广义的包括司法解决、政治解决、经济解决、军事解决、外交解决、文化解决等；狭义的仅指司法解决。这里主要指司法解决。国家在解决纠纷中的角色，大致在两个方面，或者说有两种形态：一是直接作为各阶级或利益集团之上的中立的协调人和裁判人，主要体现在民事诉讼案件和行政诉讼案件的审判中；二是作为整个社会共同利益的代表，主要体现在刑事诉讼的审判中，这时法庭被打扮成国家与犯罪嫌疑人对抗之外的第三方。

（3）社会。社会解决（社会自治解决）纠纷的途径也是多种多样的，如社会有自己的调解和仲裁机制，有自己的制裁机制，有与国家解决的联接机制，以及非法社会（如黑社会）进行的某些非法制裁，等等。社会本身有血缘社会、地缘社会、业缘社会、信缘社会和江湖社会

---

〔1〕 这一部分主要参考范忠信教授的"纠纷解决是和谐社会的第一要义"，载《湖北大学学报》2008 年第 6 期。

〔2〕 [美]马丁·P. 戈尔丁著，齐海滨译：《法律哲学》，三联书店 1987 年版，第 209 页。

之分，所以社会解决的主体本身也是多元的，地缘社会是其多元解纷主体之一，本著就是研究明清时期地缘社会解决纠纷的机制。

上述个人解决和社会解决的总和构成社会纠纷的民间解决。

3. 解决纠纷的方式。我们可以根据很多标准进行划分。上述纠纷的个人解决、国家解决、社会解决三大类或者说国家解决、民间解决两大类，主要是根据纠纷解决主体的不同对纠纷解决方式所作的宏观分类。

国外对解纷方式的分类五花八门。例如美国学者斯蒂芬·B.戈尔德堡等人在《纠纷解决》中分为谈判、调解、裁判（包括审判和仲裁）、混合的四种[1]；日本学者棚濑孝雄在《纠纷的解决与审判制度》中分为"根据合意的纠纷解决"（谈判、和解和调解）和"根据决定的纠纷解决"（审判和仲裁）两大类。[2] 不过国外当今最流行的分类方式是根据综合标准（包括解纷主体的不同、程序的不同和效力的不同等）将解纷方式分为诉讼方式和 ADR（非诉讼方式或替代纠纷解决程序）[3] 两大类。这种分法在不同学者的笔下有不同的表达方式，如早些时候的美国学者戈尔丁在《法律哲学》中分别称之为"法律式的解决纠纷"和"类法律式的解决纠纷"[4]（"类法律式的解决纠纷"又分为仲裁、调解和"治疗性整合"[5] 三种具体方式）。

本著采取中西合璧的标准，在最高层面将解纷方式分为国家解决和民间解决两大类。在次高层面，国家解纷方式主要是诉讼，民间解纷方式主要有调解、仲裁、神判、混合方式等。另外国家解纷与民间解纷之间还有特定的联接形式，如"送官究办"、"官批民调（裁）"等。

三、相关问题的研究现状

作为一项科学的研究，应该在前人研究的基础上有所突破和创新，

---

〔1〕［美］斯蒂芬·B.戈尔德堡等著，蔡彦敏等译：《纠纷解决》，中国政法大学出版社2004年版，第3～6页。

〔2〕［日］棚濑孝雄著，王亚新译：《纠纷的解决与审判制度》，中国政法大学出版社2004年版。

〔3〕参见本书第九章第三节对 ADR 的专门讨论。

〔4〕［美］戈尔丁著，齐海滨译：《法律哲学》，三联书店1987年版，第211、227页。

〔5〕有关"治疗性整合"理论参见本书第九章第三节。

所以我们有必要对地缘社会解决纠纷及相关问题的研究现状，也就是本课题研究的学术背景，作一个总体的考察与梳理，以便弄清本课题研究有无突破和创新的可能。

（一）国内研究情况

1. 对纠纷解决机制一般原理的研究。

（1）社会纠纷的本质、根源与解决。笔者所知见的代表性成果主要是顾培东著的《社会冲突与诉讼机制》[1]，该著从法哲学的深度和高度对"社会冲突"（社会纠纷）进行了专门考析，认为"（社会）冲突的法学本质应当是：主体的行为与社会既定秩序和制度及主流道德意识的不协调或对之的反叛"[2]。社会冲突根源于两大因素：一是主体个性，如权力扩张欲望，对一切情形作出逆反反应的冲动；二是主体生存的社会环境，如竞争与斗争，权力、财富与威望分配的变异与非连续性。社会冲突的解决是四层次主观效果的综合体，从高到低分别是：①化解和消除冲突，②实现合法权益和保证法定义务的履行，③法律或统治秩序的尊严与权威得以回复，④冲突主体放弃和改变对抗社会统治秩序和法律制度的心态，增强与社会的共容性，避免或减少冲突（至少是同类冲突）的重复出现。解决社会冲突的手段有自决、和解、仲裁、调解、诉讼，其中自决与和解是最原始最简单的形式，仲裁与调解是"类法律式"的手段。[3]

（2）纠纷的多元化解决机制和替代性（ADR或非诉讼）纠纷解决机制。代表性成果有范愉著《多元化纠纷解决机制》[4]、《非诉讼纠纷解决机制研究》[5]、《纠纷解决的理论与实践》[6]，沈恒斌主编《多元化纠纷解决机制原理与实务》[7]，洪更强的硕士论文《论替代性的纠纷

---

[1] 顾培东：《社会冲突与诉讼机制》，法律出版社2004年版。
[2] 顾培东：《社会冲突与诉讼机制》，法律出版社2004年版，第4页。
[3] 顾培东：《社会冲突与诉讼机制》，法律出版社2004年版，第6~35页。
[4] 范愉：《多元化纠纷解决机制》，厦门大学出版社2005年版。
[5] 范愉：《非诉讼纠纷解决机制研究》，中国人民大学出版社2000年版。
[6] 范愉：《纠纷解决的理论与实践》，清华大学出版社2007年版。
[7] 沈恒斌：《多元化纠纷解决机制原理与实务》，厦门大学出版社2005年版。

解决机制》[1]，谢宏滨的硕士论文《替代性争议解决模式（ADR）的理论与实际》[2]等。其中范愉的《非诉讼纠纷解决机制研究》系统探讨了现代法治条件下非诉讼纠纷解决方式的地位、功能、理论框架以及制度建构，对世界各国现行的、从民事诉讼制度到 ADR 所构成的多元化纠纷解决机制进行了分析比较，提出了建构我国多元化纠纷解决机制的设想和预测：在法治的前提下倡导社会成员自治；在注重公平的同时兼顾效益与效率；在弘扬依法维权意识的同时，提倡协商与双赢的精神；在健全民事诉讼制度的同时，重视发挥 ADR 的作用并使二者协调和互补。范愉的新著《纠纷解决的理论与实践》是作者近十年研究纠纷解决机制的结集性成果，深入阐释了纠纷解决及其机制的基本原理，系统考察了当代法治国家非诉讼纠纷解决机制的发展模式及其与司法的关系，使国内关于纠纷解决机制的研究达到了前所未有的境界。

（3）纠纷解决与社会和谐的关系。这是近几年研究的热点问题之一，代表性成果有范愉著《纠纷解决的理论与实践》、徐昕主编的《纠纷解决与和谐社会》[3]、何兵主编的《和谐社会与纠纷解决机制》[4]、范忠信的论文《纠纷解决是和谐社会的第一要义》[5]、宋明的论文《纠纷解决与和谐社会》[6]等。其中范愉在《纠纷解决的理论与实践》中提出多元化纠纷解决机制与社会和谐已经成为人类社会的共同追求。"中国乃至世界范围对于和谐以及和谐解决纠纷的价值认同和追求已经开始形成一种时代思潮。基于这种思潮，在现代法治社会中，为了保证社会的稳定和发展，一方面，必须建立健全能够及时妥善解决纠纷的机

---

[1] 洪更强著，王敬藩指导："论替代性的纠纷解决机制"，中国政法大学 2001 年硕士学位论文。

[2] 谢宏滨著，盛杰民指导："替代性争议解决模式（ADR）的理论与实际"，北京大学 2003 年博士学位论文。

[3] 徐昕：《纠纷解决与和谐社会》，法律出版社 2006 年版。

[4] 何兵：《和谐社会与纠纷解决机制》，北京大学出版社 2007 年版。

[5] 范忠信："纠纷解决是和谐社会的第一要义"，载《湖北大学学报》2008 年第 6 期。

[6] 宋明："纠纷解决与和谐社会"，载《行政与法》2006 年第 3 期。

制;另一方面,社会用于纠纷解决的成本应该控制在一个合理的限度之内。"[1] 范忠信在《纠纷解决是和谐社会的第一要义》中指出:"和谐社会的第一要义是人民纠纷得到及时解决,不至于恶化成灾";和谐社会"是利益有不同程度冲突的各色人等或各类群体和平共处、相得益彰的社会,是纠纷得到及时的、制度化的解决的社会,是纠纷解决机制健全有效的社会"。健全的纠纷解决机制应该是"多主体、多途径(形式)的",纠纷解决主体的多元性体现在国家、社会和个人都可以是解纷主体;纠纷解决途径的多样性体现在:国家解决,除司法解决之外,还有政治解决、经济解决、文化解决等方式;社会解决可以有自己的调解和仲裁机制、制裁机制和与国家联接的机制等,这里的"社会"有多种形态,如血缘社会、地缘社会、宗教社会、职业社会、商业社会、政治社会、学术社会等;个人解决可以有自力报复、制造舆论挑起道德审判、依法进行正当防卫和紧急避险等等。宏观反省人类历史上先后出现过的纠纷解决模式,我们可以得到四个方面的启示:其一,个人、社会自力解决是纠纷的最主要解决途径;其二,国家纠纷解决途径是不得已而为之的最后途径;其三,对纠纷的社会或个人解决途径的尊重,归根结底是对个人自主自由或独立人格的尊重;其四,不尊重社会,就无从言和谐社会。徐昕主编的《纠纷解决与和谐社会》和何兵主编的《和谐社会与纠纷解决机制》是两本论文集,分别以二十八篇和七篇论文的方阵,从社会学、人类学、经济学、历史法学、比较法学、理论法学等多角度探讨了和谐社会的纠纷解决机制构建问题。前书重实证研究,后书重理论分析,其中有一段话足以代言本课题研究的部分意义:"和谐社会并非是一个没有纠纷的桃花源,一个人们梦中的'太平'盛世。纠纷不仅是人类社会的通则,而且,纠纷对于调整生活规则、促进社会发展、清醒人们的头脑,都有积极意义。"[2]

综上所述,我们发现这些论著的研究在总体上属于译介和应用研究性质,理论创新的成份并不多。

2. 对传统纠纷解决机制的研究。

---

[1] 范愉:《纠纷解决的理论与实践》,清华大学出版社 2007 年版,第 105 页。
[2] 何兵:《和谐社会与纠纷解决机制》,北京大学出版社 2007 年版,"序"。

(1) 传统纠纷解决机制的综合研究。代表性成果有范忠信的《情理法与中国人》[1]、《健全的纠纷解决机制决定和谐社会——传统中国社会治理模式对我们的启示》[2]，梁凤荣的《中国传统民法理念与规范》[3]，田宝法的《传统社会私权纠纷解决的策略选择》[4]和《对传统社会秩序生成机制的现代性反思》[5]，朱丽雅的《合文化与多元化纠纷解决机制》[6]等。其中范忠信教授在《情理法与中国人——中国传统法律文化探微》的"民事篇"[7]中系统考察和分析了传统的纠纷解决机制，认为其基本特征是以"无讼"为理想，因而"贱讼"进而通过教化和调解来"息讼"，最后万不得已才提起诉讼，即使诉讼也是重"名分"轻"是非"的"辨讼"（审理）和依情理法多元标准的"决讼"（判决）；古代的调解有民间调解、官批民调、官府解决三种形式。范忠信教授的论文《健全的纠纷解决机制决定和谐社会》提出了传统纠纷解决机制在非司法和司法两个方面的现代启示性内容。其中非司法方面有道德教化、法律宣教、保甲什伍制度、奖励告奸制度、国家褒奖制度等；司法方面有小诉不受、官批结案、官批民调、禁讼期规定、州县自理词讼一审终审、送惩制度等。这些内容对我们有三大启示：一是"纠纷解决一定不要光指望政府，要调动社会上的一切因素、一切主体、一切形式来参与纠纷解决"；二是"纠纷有时不一定是用正义伸张的方式解决，'没有办法的办法'有时也是很好的解决办法"；三是"以宗法家长制为支撑是不可取的，但有些思考问题和解决问题的出发点、立

---

[1] 范忠信等：《情理法与中国人》，中国人民大学出版社1992年版。

[2] 范忠信："健全的纠纷解决机制决定和谐社会"，载《北方法学》2007年第2期。

[3] 梁凤荣：《中国传统民法理念与规范》，郑州大学出版社2003年版。

[4] 田宝法著，丁艳雅指导："传统社会私权纠纷解决的策略选择"，中山大学2007年硕士学位论文。

[5] 田宝法："对传统社会秩序生成机制的现代性反思"，载《社会科学研究》2006年第5期。

[6] 朱丽雅："合文化与多元化纠纷解决机制"，载《人民法院报》2005年11月14日，第6版。

[7] 该书由"法理篇"、"刑事篇"和"民事篇"三篇组成。

足点是可取的。"[1] 朱丽雅在《和合文化与多元化纠纷解决机制》中指出:"中国传统法文化是一种和合文化,追求无讼与息讼";"中国古代的纠纷多由乡规民约、家族法、民事习惯和儒家礼的规范来调处,通过调解而非诉讼来解决纠纷。……无论是民间调解还是地方官员的治理,在观念和制度上更多地倾向于主要运用道德教化来解决纠纷,以收到平息纷争的效果。……(由此)形成'长老'的民间调解和官吏的官府调解以实现'熟人社会'的治理。在追求无讼理念的支配下,调解成为古代社会解决纠纷的重要制度和手段,不仅促进了地方的自治,而且被官府广泛使用,成为代替审判和判决的主要方式。"田宝法在《对传统社会秩序生成机制的现代性反思》中提出:传统的社会秩序生成机制主要有两种:"第一种机制就是强化对公共价值体系的灌输,通过一极的权威来为社会树立一个价值体系,并借助权威的力量来推行它,期冀通过这种灌输达到对个体行为的指引性,这一机制的形成与我们的传统社会以"道德代宗教"的独特发展模式相契合";"另一种机制就是日常生活的权力化,将人与人之间的伦理亲情权力化,每个人都被镶嵌在由自己所编织起的网络中,公共空间隐匿在这种网络中,私人空间与公共空间的界线是模糊的,这种模糊性又被鲜有流动的传统社会结构所巩固。"

(2)传统社会纠纷解决方式的研究。在这方面,国内学界历来关注的重点都是国家司法层面的诉讼或审判制度,而对非诉讼方式的研究相对薄弱。研究审判制度的代表性成果有那思陆的《清代州县衙门审判制度》[2]、吴吉远的《清代地方政府的司法职能研究》[3]、卞利的《明代徽州的民事纠纷与民事诉讼》[4]、徐忠明的《传统中国乡民的法律意识与诉讼心态》[5]等等。非诉讼方式在近十年开始受到关注并有了许多

---

[1] 范忠信:"健全的纠纷解决机制决定和谐社会",载《北方法学》2007年第2期。
[2] 那思陆:《清代州县衙门审判制度》,中国政法大学出版社2006年版。
[3] 吴吉远:《清代地方政府的司法职能研究》,中国社会科学出版社1998年版。
[4] 卞利:"明代徽州的民事纠纷与民事诉讼",载《历史研究》2000年第1期。
[5] 徐忠明:"传统中国乡民的法律意识与诉讼心态",载《中国法学》2006年第6期。

重要成果,如王日根的《明清民间社会的秩序》[1]、韩秀桃的《明清徽州的民间纠纷及其解决》[2]、《教民榜文所见明初基层里老人理讼制度》[3]、胡旭晟、夏新华的《中国调解传统研究》[4]、左卫民等的《中国传统社会纠纷解决机制研究论纲》[5]、王彬、褚晓琳的《乡土社会秩序形态与调解变迁》[6]、梁凤荣的《论我国古代传统的司法调解制度》[7]、周绍泉的《退契与元明的乡村裁判》[8] 等等。胡旭晟在《中国调解传统研究》指出:调解是古代中国最具有文化代表性和最富于文化韵味的司法形式,其范围虽仅限于民事案件和轻微刑事案件,但均贯穿了"息讼"、"德化"以及"和谐"等原则与精神,是依法调解和依礼调解的互补,体现了中国传统诉讼文化的最高价值导向。调解有强大的理论体系和社会观念作基石,故而能踏入雅俗与共的主流文化之列,成为一种长久的文化传统。从上述成果来看,国内对传统非诉解纷方式的研究主要限于对调解的研究。

(3)明清时期的纠纷解决研究。代表性成果有梁凤荣的《中国传统民法理念与规范》[9]、左卫民《中国传统社会纠纷解决机制研究论纲》[10]、韩秀桃的《明清徽州的民间纠纷及其解决》[11] 等。其中梁凤

---

〔1〕 王日根:《明清民间社会的秩序》,岳麓书社2003年版。

〔2〕 韩秀桃:《明清徽州的民间纠纷及其解决》,安徽大学出版社2004年版。

〔3〕 韩秀桃:"《教民榜文》所见明初基层里老人理讼制度",载《法学研究》2000年第3期。

〔4〕 胡旭晟、夏新华:"中国调解传统研究",载《河南政法管理干部学院学报》2000年第4期。

〔5〕 左卫民等:"中国传统社会纠纷解决机制研究论纲",载《西南民族大学学报》2003年第6期、2004年第1期。

〔6〕 王彬、褚晓琳:"乡土社会秩序形态与调解变迁",载《湖南公安高等专科学校学报》2004年第4期。

〔7〕 梁凤荣:"论我国古代传统的司法调解制度",载《河南大学学报》2001年第4期。

〔8〕 周绍泉:"退契与元明的乡村裁判",载《中国史研究》2002年第2期。

〔9〕 梁凤荣:《中国传统民法理念与规范》,郑州大学出版社2003年版。

〔10〕 左卫民等:"中国传统社会纠纷解决机制研究论纲",载《西南民族大学学报》2003年第6期、2004年第1期。

〔11〕 韩秀桃:《明清徽州的民间纠纷及其解决》,安徽大学出版社2004年版。

荣考察了明清两代的民事调解与诉讼制度。左卫民考察了明清时期社会纠纷解决的具体运作与特征。其中具体运作主要包括民间解决（民间自行调处、官批民调）与官方解决（民刑案件的审理）两方面；特征主要有六方面：一是"国家解决与民间解决相结合，纠纷解决方式与解纷主体多元化"；二是"国家注重刑事案件的解决，刑事法律发达，刑事审判的仪式特征明显"；三是"案件审判的道德教化倾向明显"；四是"在案件的审理过程中重视情理的表达与实践"；五是"追求化解平息纠纷，以息讼为首选目标"；六是"官主民事案件兼用民刑手段解决，民事规范刑法化倾向明显"。[1]

（4）近代的纠纷解决研究。就专题研究而言，最具代表性的成果是田东奎的二文一书：二文是《水利碑刻与中国近代水权纠纷解决》[2]和《中国近代水权纠纷解决的启示》[3]，一书是《中国近代水权纠纷解决机制研究》。作者在上述系列论著中提出：水权纠纷解决机制是中西法律文化结合的产物，以调解机制为基础的民间解纷机制在中国近代水权纠纷解决机制中占有重要地位，以行政处理为主导的国家解决机制在这一机制中居于主要地位。

3. 对传统地缘社会组织的考察。就中国传统社会组织与制度研究而言，过去的研究者大都把重心放在州县以上行政机构与制度的探讨上，对地缘社会组织等民间社会组织少有关注[4]，但这并非说传统地缘社会组织研究是一片从未被开发的处女地，事实上，自上一世纪初至今，一些有识之士一直未间断对民间社会组织制度的探讨，并取得了不可忽视的成就。

---

[1] 左卫民等："中国传统社会纠纷解决机制研究论纲"，载《西南民族大学学报》2003年第6期、2004年第1期。

[2] 田东奎："水利碑刻与中国近代水权纠纷解决"，载《宝鸡文理学院学报》2006年第3期。

[3] 田东奎："中国近代水权纠纷解决的启示"，载《政法学刊》2006年第6期。

[4] 缺少这类关注的原因可能有三：一是民间社会组织具有随意性、零散性和实践性的特征；二是中国历代典章对民间社会的史料记载简略，获得有价值的资料异常困难；三是民间社会组织制度的研究起步晚、起点低，进行新的研究障碍重重。

(1) 对乡里组织的考察。代表性成果有：闻钧天的《中国保甲制度》[1]、江士杰的《里甲制度考略》[2]、赵秀玲的《中国乡里组织》[3]和《中国乡里制度研究及展望》[4]、仝晰纲的《中国古代乡里制度研究》[5]、杨国安的《明清两湖地区基层组织与乡村社会研究》[6]、王先明、常书红的《晚清保甲制的历史演变与乡村权力结构》[7]等。其中民国时期研究乡里组织的代表成果是《中国保甲制度》和《里甲制度考略》（1992年上海书店将二书合集影印出版），它们是近代研究中国古代乡里制度最早、后来所有乡里组织研究者都不可以绕过的著作。《中国保甲制度》首先对保甲组织及相关的理论问题进行了论述。作者首先讨论"何为保甲"、"保"和"甲"的界定、"古代保甲法制之旨趣"、"吾国自治之体制与保甲"四个基本问题，然后考察西周至民国的保甲组织（这种概括似有不妥，因为一般意义上的保甲组织始于宋朝）的沿革，梳理保甲组织产生、发展、演变和衰败的轨迹（其中对其嬗变规律的把握不甚明晰）。《里甲制度考略》探讨中国历代里甲制度自上而下发展演变的规律，失之简略，但条理清晰，"此制变迁与夫各成败之关键，均已包括无遗，堪称精致之作。"[8] 赵秀玲的《中国乡里组织》和仝晰纲的《中国古代乡里制度研究》是当代研究乡里组织的两部专著，前书以主题为纲，全方位、多角度对乡里制度（远古至1949

---

[1] 闻钧天：《中国保甲制度》，上海书店1992年版（据商务印书馆1935年版影印）。

[2] 江士杰：《里甲制度考略》，上海书店1992年版（据商务印书馆1944年版影印）。

[3] 赵秀玲：《中国乡里制度》，社会科学文献出版社1998年版。

[4] 赵秀玲："中国乡里制度研究及展望"，载《历史研究》1998年第4期。

[5] 仝晰纲：《中国古代乡里制度研究》，山东人民出版社1999年版。

[6] 杨国安：《明清两湖地区基层组织与乡村社会研究》，武汉大学出版社2004年版。

[7] 王先明、常书红："晚清保甲制的历史演变与乡村权力结构"，载《史学月刊》2000年第5期。

[8] 江士杰：《里甲制度考略》，上海书店1992年版（据商务印书馆1944年版影印）"萨序"。序言作者萨孟武（1897～1984年）曾先后担任中山大学和台湾大学法学院院长。

年)的起源与嬗变、乡里组织的管理模式、乡里组织领袖的类型、乡里制度与宗法、官僚、乡绅、农民的关系等一系列重大问题进行了全面考察与分析;后书以朝代为纲,系统考察先秦、秦汉、魏晋南北朝隋唐、宋元、明清五大历史阶段的乡里制度。其中明清时期的内容包括明代乡里的社会结构和经济结构、明代的黄册里甲制度、清代乡里组织的构成。

(2) 对乡约组织的考察。代表性著作有杨开道的《中国乡约制度》[1]、牛铭实的《中国历代乡约》[2]、张中秋的《乡约的诸属性及其文化原理认识》[3]、秦富平的《明清乡约研究述评》[4]等。其中著名的农村社会学家、当年燕京大学法学院院长杨开道(1899~1981年)的《中国乡约制度》是中国乡约制度研究的奠基之作,作者认为"乡约制度是中国古来昔贤先觉建设乡村的一种理想,一种试验"[5]。作者以从探寻中国农村自治的历史资源为宗旨,对中国乡约制度的起源、演变、实施及其同保甲组织的关系等问题进行了系统考察与研究,具体内容包括中国农村组织概论、乡约制度的起源、宋代吕氏乡约、明代乡约、乡约保甲的合用、清代乡约的宣讲与实施等。美籍华人学者牛铭实的《中国历代乡约》包括"乡约导读"和"制度节选"两部分内容,篇幅不大,但古今贯通,内容从古老的乡约组织一直讲到当代的村规民约。张中秋在《乡约的诸属性及其文化原理认识》中认为"乡约是乡民基于一定的地缘和血缘关系,为某种共同目的而设立的生活规则及组织。乡约在中国社会的秩序构造中发挥了重要的作用,是一项有特色的法律文化传统。……19世纪末以来,乡约在西方法律文化冲击和东亚社会的转型中趋于瓦解"[6];乡约的文化属性表现为时空性、法律性和价

---

[1] 杨开道:《中国乡约制度》,山东乡村训练服务处1937年刊本。
[2] 牛铭实:《中国历代乡约》,中国社会出版社2005年版。
[3] 张中秋:"乡约的诸属性及其文化原理认识",载《南京大学学报》2004年第5期。
[4] 秦富平:"明清乡约研究述评",载《山西大学学报》2006年第3期。
[5] 杨开道:《中国乡约制度》,山东乡村训练服务处1937年刊本,"自序"。
[6] 张中秋:"乡约的诸属性及其文化原理认识",载《南京大学学报》2004年第5期。

值性。时空性体现为：乡约源于周礼读法之典，起于北宋，盛于明代，变于清中期（以后趋于形式化），衰于近代；乡约植根于（部分）农村，主要分布在陕西关中、河南豫中、南赣及福建龙岩、安徽徽州、广东揭阳、浙中、楚中、湘中和台湾等地区的乡村。法律性体现为：乡约作为规则获得官方支持或认可，等于获得了某种合法性的授权，从而与国法有所联系，具有准法律的性质。价值性体现为：乡约主要表达了订约者教化和乡治的价值追求。

（3）对同乡社会组织的考察。同乡社会组织的形式在明清时期主要是同乡会馆，专门研究同乡会馆的代表性成果有窦季良的《同乡组织之研究》[1]、王日根的《乡土之链：明清会馆与社会变迁》[2]、何智亚的《重庆湖广会馆：历史与修复研究》[3]、范金民的《清代江南会馆公所的功能性质》[4]、黄友良的《四川同乡会馆的社区功能》[5]等。对各类会馆进行综合研究的成果有周宗贤的《血浓于水的会馆》[6]、刘正纲的《广东会馆论稿》[7]、冯筱才的《中国大陆最近之会馆史研究》[8]等。

在研究同乡会馆的成果中，民国学者窦季良的《同乡组织之研究》是研究同乡社会组织的奠基之作，内容包括"乡土观念"、"组织演化"、"集体象征"和"功能分析"。作者指出："我国同乡组织的渊源，推溯起来是相当悠远的。有人说，始于明朝的末叶，当时是以'会馆'或'公所'的形式出现的。经作者详加考订，认为大致不错，即以四川各县的同乡会馆而论，大都是起于康熙、乾隆时代；最早的似在明朝万

---

〔1〕 窦季良：《同乡组织之研究》，正中书局 1943 年版。
〔2〕 王日根：《乡土之链：明清会馆与社会变迁》，天津人民出版社 1996 年版。
〔3〕 何智亚：《重庆湖广会馆历史与修复研究》，重庆出版社 2006 年版。
〔4〕 范金民："清代江南会馆公所的功能性质"，载《清史研究》1999 年第 2 期。
〔5〕 黄友良："四川同乡会馆的社区功能"，载《中华文化论坛》2002 年第 3 期。
〔6〕 （台）周宗贤：《血浓于水的会馆》，台湾"行政院"文化建设委员会 1988 年印行。
〔7〕 刘正纲：《广东会馆论稿》，上海古籍出版社 2006 年版。
〔8〕 冯筱才："中国大陆最近之会馆史研究"，载中研院近史所编：《近代中国史研究通讯》2000 年 9 月第 30 期。

历年间。"[1] 当代学者王日根的《乡土之链：明清会馆与社会变迁》首先将同乡会馆界定为同籍人士在客居之地设立的社会组织，进而考察明清会馆形成的背景、发展的阶段性和地域差异性、会馆的不同表现形态与内部运作，最后揭示会馆的社会功能（内部整合、内外整合、中外整合）、文化内涵。今日何智亚先生的《重庆湖广会馆：历史与修复研究》是研究区域性同乡会馆的扛鼎之作，该著以丰富的资料描述了清代重庆会馆史，不仅广泛征引正史、族谱、档案等文献，而且有作者实地踏勘所得的第一手资料和亲自拍摄的珍贵照片。

对各类会馆进行综合研究的成果中，台湾学者周宗贤的《血浓于水的会馆》系统考察会馆的由来、沿革、范围、种类、经费、组织、事业和台湾的会馆。大陆学者刘正纲的《广东会馆论稿》全面考察遍布国内外的广东会馆（包括同乡会馆、行业会馆等）的建立、功能、活动等内容，其"前言"中有对会馆的界定："会馆是明清以来建立于通都大邑的地缘或业缘的社会组织，一般均拥有自己的建筑物，作为办公或联谊的场所。会馆，狭义是指同乡公建的建筑物，广义则是指以建筑物为活动中心的同乡组织。其功能，诚如北京的惠州会馆所云：'联乡乡情、敦睦桑梓。'"

（4）对乡间结社组织的考察。代表性成果有陈宝良的《中国的社与会》[2]、何宗美的《明末清初文人结社研究》[3] 和《明末清初文人结社研究续编》[4]、葛庆华的《徽州文会初探》[5]、罗来平的《解读＜潭川文会＞》[6]、施兴和和李琳琦的《明清徽州的书屋、文会及其教育功能》[7] 等。其中陈著的《中国的社与会》可能是迄今为止对中国传统结社组织考述最为系统的力作。该著所谓"会社"即与国家相对的"社会"，包括政治型会社、经济型会社、军事型会社、文化生活型会社

---

[1] 窦季良：《同乡组织之研究》，正中书局1943年版，第21页。
[2] 陈宝良：《中国的社与会》，台湾南天书局有限公司1998年版。
[3] 何宗美：《明末清初文人结社研究》，南开大学出版社2004年版。
[4] 何宗美：《明末清初文人结社研究续编》，中华书局2006年版。
[5] 葛庆华："徽州文会初探"，载《江淮论坛》1997年第4期。
[6] 罗来平："解读《潭川文会》"，载《合肥学院学报》2005年第3期。
[7] 施兴和、李琳琦："明清徽州的书屋、文会及其教育功能"，载《华东师东大学学报》（教科版）2000年第4期。

四大类，但作者只注重静态的考察，未专门涉及解决纠纷等动态内容。何著的《明末清初文人结社研究》的内容涵盖明代文人结社概况、晚明文人结社、复社、清初明朝遗民结社和东北流人结社等；何著的《续编》考察和探索了明代的怡老诗社、杭州西湖的诗社、南京的文人社集等。上述葛庆华、罗来平、施兴和等人的论文考察研究了中国古代乡村的沙龙"文会"的起源、组织、活动与功能。

(5) 对"乡土中国"的综合研究。有一本薄薄的小书，加上前言、后记也只有近六万字，但它的分量不轻，研究地缘社会乃至研究中国文化的人都"轻易绕不过去"，至今仍为中国社会学的经典，这就是费孝通写于六十多年前的《乡土中国》[1]。作者用通俗、简洁的语言对中国传统基层社会的主要特征进行了理论上的概述和分析，较为全面地展现了中国乡土社会的基本状貌。作者指出："这里讲的乡土中国，并不是具体的中国社会的素描，而是包含在具体的中国基层传统社会里的一种特具的体系，支配着生活的各个方面"[2]；"从基层上看去，中国社会是乡土性的。……从这基层上曾长出一层比较上和乡土基层不完全相同的社会，而且在近百年来更在东西方接触边缘上发生了一种很特殊的社会"[3]。其所谓"乡土"是指进行小农业生产的广大农村，作者认为中国的乡土社会是一个"熟人"社会和相对"静止"的社会，这种社会结构影响了置身其中的人的行为和人的文化，形成了特殊的制度——每个人拥有特定的身份，在处理家庭纠纷、解决社会困难的时候习惯于采用差序格局、长老统治、无为政治、无讼等礼治的方式。

4. 对地缘社会中纠纷的解决问题（不是地缘社会参与纠纷解决的问题）的研究。

(1) 与本研究课题最接近的两本专著。韩秀桃的博士后出站报告

---

〔1〕 该著初版于1947年，笔者目前知见再版版本有三个：《乡土中国》，三联书店1985年版；《乡土中国 生育制度》，北京大学出版社1998年版；《乡土中国》，上海人民出版社2006年版。

〔2〕 费孝通：《乡土中国 生育制度》，北京大学出版社1998年版，"乡土中国·重刊序言"。

〔3〕 费孝通：《乡土中国 生育制度》，北京大学出版社1998年版，第6页。

《明清徽州的民间纠纷及其解决》[1]和赵旭东的博士论文（修订版）《权力与公正——乡土社会的纠纷解决与权威多元》[2]这两本专著与本著的研究问题在形式上最为接近，但也仅仅是形式上接近，两书的研究对象和思想内容都与本著有重大差异。韩著的主题和旨趣均不在地缘社会，其考察的地域对象是文化性区域（徽州地区）而不是民间社会或民间"自治"意义上的地缘社会，其论述的纠纷解决方式，除"里老理讼制度"一章属于地缘社会组织解纷之外，其他都是国家解纷（民事诉讼）方式和宗族解纷方式。赵著与本著研究的差异更大，其一，它用见微知著的"社区研究法"对河北省赵县李村的纠纷解决及相关问题进行"人类学田野考察"，其考察对象仅限于乡村，而不涉及其他地缘社会组织；其二，其考察时间是现当代（1949年至二十世纪八十年代），而不是更早的明清时期；其三，其考察视角主要是一般社会学和人类学，而不是法社会学和法律文化史学。

（2）对传统地缘社会中纠纷之解决的整体研究。费孝通《乡土中国》中所讲的"乡土"是指地域性的农村，与本课题的地缘社会有重合但并不是一回事。该著直接涉及纠纷解决的篇目有《礼治秩序》、《无讼》、《长老统治》等。《礼治秩序》和《无讼》论述乡土社会解纷的规则与目标问题，作者认为：乡土社会是"礼治"社会，"礼是社会公认的合适的行为规范"（即社会习惯、公序良俗等），礼的维持力量与法不同，法依靠国家的权力来维持，而礼依靠的是传统的力量，所以在乡土社会中，"维持礼治秩序的理想手段是教化，而不是折狱"。《长老统治》考察和分析乡土社会中纠纷解决的主体与权威问题。该书还论

---

[1] 韩秀桃：《明清徽州的民间纠纷及其解决》，安徽大学出版社2004年版。
[2] 赵旭东：《权力与公正——乡土社会的纠纷解决与权威多元》，天津古籍出版社2003年版。

列了许多民间解纷的经典案例[1]。雷家宏的《中国古代的乡里生活》[2]介绍了乡间结社、乡里互助与互救、乡里争讼与械斗等内容。刘大可的《论传统客家村落的纷争处理程序》[3]以闽西武平县北部村落为例，探讨了传统客家村落纷争处理的形式、程序及其背景，认为传统客家村落的纷争处理程序反映出其社会管理主要是依靠民间组织的基层自治，其中宗族领袖、地方精英发挥着组织、协调作用，体现了村落社区内部高度的调控能力。

(3) 对明清时期地缘社会中纠纷解决的研究。王日根的《明清民间社会的秩序》[4]考察研究了明清时期福建乡里的械斗等纠纷解决内容、江南义田的乡治功能、地域性会馆对社会的整合作用、乡约的属性与变迁，以及民间社会秩序形成与变迁的基本状貌等。胡兴东的《生存范式：理性与传统——元明清时期南方民族法律变迁研究》[5]系统考察了元明清时期南方民族纠纷解决机制的变迁。韩秀桃的《〈教民榜

---

[1] 略举二例，例一："我曾在乡下参加过这类调解的集会。……负有调解责任的是一乡的长老。最有意思的是保长从不发言，因为他在乡里并没有社会地位，他只是个干事。调解是个新名词，旧名词是评理。差不多每次都由一位很会说话的乡绅开口。他的公式总是把那被调解的双方都骂一顿。'这简直是丢我们村子里脸的事！你们还不认了错，回家去。'接着教训了一番。有时竟拍起桌子来发一阵脾气。他依着他认为'应当'的告诉他们。这一阵却极有效，双方时常就'和解'了，有时还得罚他们请一次客。我那时常觉得象是在球场旁看裁判官吹哨子，罚球。"例二："某甲已上了年纪，抽大烟。长子为了全家的经济，很反对他父亲有这嗜好，但也不便干涉。次子不务正业，偷偷抽大烟，时常怂恿老父亲抽大烟，他可以分润一些。有一次给长子看见了，就痛打他的弟弟，这弟弟赖在老父身上。长子一时火起，骂了父亲。家里大闹起来，被人拉到乡公所来评理。那位乡绅，先例认为这是件全村的丑事。接着动用了整个伦理原则，小儿子是败类，看上去就不是好东西，最不好，应当赶出村子。大儿子骂了父亲，该罚。老父亲不知道管教儿子，还要抽大烟，受了一顿教训。这样，大家认了罚回家。那位乡绅回头和我发了一阵牢骚。一代不如一代，真是世风日下。"参见费孝通：《乡土中国 生育制度》，北京大学出版社1998年版，第56页。

[2] 雷家宏：《中国古代的乡里生活》，商务印书馆1997年版。

[3] 刘大可："论传统客家村落的纷争处理程序"，载《民族研究》2003年第6期。

[4] 王日根：《明清民间社会的秩序》，岳麓书社2003年版。

[5] 胡兴东：《生存范式：理性与传统——元明清时期南方民族法律变迁研究》，中国社会科学出版社2005年版。

文〉所见明初里老人理讼制度》[1] 根据洪武三十一年（1398年）《教民榜文》和明代徽州法律文书，探讨了明初里老人理讼制度的内容及其在基层社会的实践状况，认为里老人理讼制度的主旨是教民——劝民向善、使民和睦、尊上爱幼、敬老服德、和息无讼、互助互爱等；里老人理讼制度的性质不是一个基层司法裁判权制度的创建，而是一个融礼义法则为一体、道德说教与刑罚制裁相结合、国家司法权与乡里司法自治互为表里的基层乡里自律性裁判制度。上面所有这些内容都与本著的研究有较大相关度。

（4）对现代地缘社会中纠纷解决的研究。白志武的《非正式制度与乡村社会秩序——以黄村纠纷解决过程为对象分析》[2] 基于中国改革开放中乡村社会变迁的大背景，考察分析黄村的社会结构变迁，以及民间纠纷产生的原因、类型和多元解决机制。关于多元解纷机制，作者认为：一方面，由于国家权力在乡村的收缩使得国家公共权威弱化，加上国家司法制度本身存在成本高和在乡村实行难等原因，诉讼等正式解纷制度没有成为村民解决纠纷的主要选择。而另一方面，由于乡村权力结构的变迁以及各种新权力形式不断出现，各种非正式制度纷纷参与乡村社会纠纷的解决并且成为主要方式。[3] 这些研究成果对本课题的研究具有重大启示。

5. 对纠纷解决的国家与民间联接模式的研究。在这方面我们尚未见到系统研究的成果，零星的研究主要集中在"官批民调"这一形式上，相关成果在国内有范忠信的《情理法与中国人》[4]、那思陆的《清代州县衙门审判制度》[5]、左卫民的《中国传统社会纠纷解决机制研究

---

[1] 韩秀桃："《教民榜文》所见明初里老人理讼制度"，载《法学研究》2000年第3期。

[2] 白志武著，陈运飘指导："非正式制度与乡村社会秩序"，中山大学人类学系2003年硕士学位论文。

[3] 白志武著，陈运飘指导："非正式制度与乡村社会秩序"，中山大学人类学系2003年硕士学位论文。

[4] 范忠信等：《情理法与中国人》，中国人民大学出版社1992年版。

[5] 那思陆：《清代州县衙门审判制度》，中国政法大学出版社2006年版。

论纲》[1]、胡旭晟的《中国调解传统研究》[2]、程洁的《从黄岩诉讼档案看清代基层解决的适用》[3]等论著。如范忠信教授指出:"官批民调"是"法官接到诉状后,认为情节轻微,不值得传讯;或认为事关亲族关系,不便公开传讯,便在呈状上批道:'着乡保(或着族长、亲友)解决,勿使滋讼',将诉讼转到乡保、族长处理。后者接状后,立即召集原被告双方进行调解,最后要上呈状说明事情的真实原委及处理意见,请求批准销案。"[4]

(二) 国外研究情况

自20世纪中叶以来,国外对纠纷解决机制的研究可谓如火如荼,在美国至今仍被视有"朝阳领域"[5],但国外学界关注的重点主要是纠纷解决机制的一般理论问题和本乡本土的纠纷解决问题,对中国的纠纷解决问题,仅有日本、韩国的部分学者以及一些外籍华人学者比较关注,至于中国传统地缘社会参与纠纷解决的问题,异域似乎无人专门研究。

1. 关于纠纷解决机制的综合研究。笔者所知见的成果主要是两位美国学者和两位日本学者的著作。美国学者马丁·P. 戈尔丁在二十世纪七十年代出版的《法律哲学》[6]从法哲学的角度系统探讨了纠纷解决机制的原理、形式及其与正义的关系问题。美国学者斯蒂芬·B. 戈尔德堡等人的皇皇巨著《纠纷解决》[7]是一本教材,它从法社会学的角度在"法律和实践经验两个层面"对美国语境下的纠纷解决机制进行了比较深入的考察,其中"法律条款"和"案例分析与练习"是该书

---

[1] 左卫民等:"中国传统社会纠纷解决机制研究论纲",载《西南民族大学学报》2003年第6期、2004年第1期。

[2] 胡旭晟、夏新华:"中国调解传统研究",载《河南政法管理干部学院学报》2000年第4期。

[3] 程洁:"从黄岩诉讼档案看清代基层调处的适用",载田涛等主编:《黄岩诉讼档案及调查报告》(下卷),法律出版社2004年版。

[4] 范忠信等:《情理法与中国人》,中国人民大学出版社1992年版,第193页。

[5] [美]斯蒂芬·B. 戈尔德堡等著,蔡彦敏等译:《纠纷解决》,中国政法大学出版社2004年版,"前言"。

[6] [美]戈尔丁著,齐海滨译:《法律哲学》,三联书店1987年版。

[7] [美]斯蒂芬·B. 戈尔德堡等著,蔡彦敏等译:《纠纷解决》,中国政法大学出版社2004年版。

的主体内容，这使该书具有"法律诊所指南"的性质和特色。日本学者棚濑孝雄的《纠纷的解决与审判制度》[1]运用"以行为主体为中心的过程分析"——将审判视为过程，一种程序参加者相互作用的过程——的方法论，"把视野扩展到社会整体层次上，考察纠纷全体的正确解决"[2]，"目的是要使关于解决纠纷和审判的研究深入到个人行为的经验层次，同时为之提供一个统一的理论基础。"[3]小岛武司、伊藤真所编的《诉讼外纠纷解决法》[4]是研究ADR的专著，对"诉讼外纠纷解决"的制度史、方式与程序、机构、典型案例、相关理论等内容进行了百科全书式的考察与分析。这些著作对纠纷解决机制研究的理论内容主要集中在以下几方面：

（1）纠纷解决的形式及分类。异域的共识认为社会纠纷的解决形式应该是、事实上也是多元的，解纷形式的最基本分类是诉讼解决方式和非诉讼解决方式或替代性纠纷解决方式（Alternative Dispute Resolution，简称"ADR"，"替代"的对象是诉讼）。与此大同小异的分类理论有：戈尔丁把解纷形式分为"法律式的解决纠纷"（诉讼形式）和"类法律式的解决纠纷"（非诉讼形式）两大类；戈尔德堡等在《纠纷解决》中把解纷形式分为谈判、调解、裁判（包括仲裁和审判）、混合四种；棚濑孝雄采用两组对立的概念——合意性与决定性、状况性与规范性——作为分析的基轴，把复杂的纠纷解决方式分为"决定型纠纷处理"和"合意型纠纷处理"，亦即"审判解决纠纷的方式"和"诉讼外的纠纷解决方式"。

（2）诉讼外解纷的理念与目标。纠纷解决的理念主要是正义。戈尔丁分析了"正义在类法律解决纠纷中的作用"，其所谓"正义"主要是

---

[1][日]棚濑孝雄著，王亚新译：《纠纷的解决与审判制度》，中国政法大学出版社2004年版。

[2][日]棚濑孝雄著，王亚新译：《纠纷的解决与审判制度》，中国政法大学出版社2004年版，第2~3页。

[3]季卫东："当事人在法院内外的地位和作用"，载[日]棚濑孝雄著，王亚新译：《纠纷的解决与审判制度》，中国政法大学出版社2004年版，"代译序"。

[4][日]小岛武司、伊藤真著，丁婕译：《诉讼外纠纷解决法》，中国政法大学出版社2005年版。棚濑孝雄也是作者之一。

以实质正义为基础和前提的程序正义，戈尔丁认为"程序公正尤其对纠纷的审理和解决的实现有决定性影响，也对第三者接受和使用劝导性纠纷的材料有决定性影响"[1]；"一个争端可以无需适用任何实体法而得到解决；它可以用既非违反某一法律也非符合某一法律的方式得到解决，但程序正义在这种情况下仍有作用"[2]。小岛武司、伊藤真的《诉讼外纠纷的解决办法》认为贯穿于 ADR 的理念有两个，"一个是正义，一个是自律"。[3]戈尔德堡等在《纠纷解决》中总结了美国 ADR 运动的九大目标："减轻法院案件负荷和开支；减少当事人所耗费的开支和时间；迅速解决那些扰乱邻里关系和当事人家庭生活的纠纷；改善公众对司法系统的满意程度；鼓励那些符合当事人需要的解决方案；增加对解决方案的自觉遵守程度；恢复邻里和社区价值的影响及社会的凝聚力；为有纠纷的人们提供可以使用的用于公共讨论的场所；教导公众用比暴力和诉讼更有效的其他方法去解决纠纷。"[4]

（3）纠纷解决机制的发展趋势。异域各界的共识是认为非诉讼解决方式越来越重要。戈尔德堡等认为，随着二十世纪中期"替代性纠纷解决运动"——呼吁增加对调解、仲裁和其他相关纠纷解决方法的使用——的兴起和发展，"ADR 时代已经来临"，ADR 正在成为与诉讼解决平分秋色的解纷主渠道之一。[5]棚濑孝雄认为未来的纠纷解决机制应该"把民众的行为摆到主体位置，把国家的权威结构作为变革的对象"[6]。

---

[1] [美] 戈尔丁著，齐海滨译：《法律哲学》，三联书店 1987 年版，第 231～232 页。

[2] [美] 戈尔丁著，齐海滨译：《法律哲学》，三联书店 1987 年版，第 211 页。

[3] [日] 小岛武司、伊藤真著，丁婕译：《诉讼外纠纷解决法》，中国政法大学出版社 2005 年版，第 12 页。

[4] [美] 斯蒂芬·B. 戈尔德堡等著，蔡彦敏等译：《纠纷解决》，中国政法大学出版社 2004 年版，第 8 页。

[5] [美] 斯蒂芬·B. 戈尔德堡等著，蔡彦敏等译：《纠纷解决》，中国政法大学出版社 2004 年版，第 568 页。

[6] 季卫东："当事人在法院内外的地位和作用"，载 [日] 棚濑孝雄著，王亚新译：《纠纷的解决与审判制度》，中国政法大学出版社 2004 年版，"代译序"。

2. 纠纷解决方式与理念的中西比较研究。相关著作主要有法国艾斯卡拉（Jean Escarra，1885～1955年）的 Le Droit Chinois（《中国法》）[1] 和达维德（1906～1990）的 Introduction to the "Different Conceptions of the Law"，in：International Encyclopidea of Comparation Law、《当代主要法律体系》[2]，德国 K. 茨威格特（1911～）和 H. 克茨（1935～）的《比较法总论》[3]，日本大木雅夫的《比较法》[4] 和《东西方的法观念比较》[5]，等等。早一些的艾斯卡拉指出：古代中国以刑法形式表现出来的基本法典，使民事法律规范"与法形成表里关系的权利观念被抹去，法本身的生存空间也极为狭窄。……（所以）在中国没有依法成立的权利。君子（对于纠纷解决）的最高理想不是主张权利，而是通过和解和互让，即'礼仪的中庸'确定整体的均衡和谐。"[6] 后来的比较法学家或许是受到艾斯卡拉的影响，也表达了基本相同的观点，认为古代西方的纠纷解决首重维权和审判，而古代中国的纠纷解决首重和谐和调解。

3. 对中国传统地缘社会解纷机制的相关研究。这类研究成果主要集中在日本、韩国和美国。日本学者的著作有和田清的《中国地方自治

---

〔1〕 Jean Escarra（1885～1955年），亦译为爱师嘉拉、艾斯卡拉，20世纪前叶法国民商法和比较法学的巨擘，著名汉学家。1921～1939年来华出任中华民国政府法律顾问，并随后多次来华。Le Droit Chinois：Conception et Evolution，Institutions Legislatives et judiciaires，Science et Enseignement（《中国法：概念与沿革，立法与司法制度，法律学科与法学教育概况》，一般译为《中国法》）1936年在中国（北平）和法国（巴黎）同时以法文出版。

〔2〕 [法] 勒内·达维德著，漆竹生译：《当代主要法律体系》，上海译文出版社1984年版。

〔3〕 [德] K. 茨威格特、H. 克茨著，潘汉典等译：《比较法总论》，法律出版社2003年版。

〔4〕 [日] 大木雅夫著，范愉译：《比较法》，法律出版社1999年版。

〔5〕 [日] 大木雅夫著，范愉译：《东西方的法观念比较》，北京大学出版社2004年版。

〔6〕 [日] 大木雅夫著，范愉译：《东西方的法观念比较》，北京大学出版社2004年版，第10页。

发展史》[1]、松本善海的《中国村落制度史的研究》[2]、清水盛光的《中国乡村社会论》[3]、滋贺秀三的《明清时期的民事审判与民间契约》[4]、高见泽磨的《现代中国的纠纷与法》[5] 等；论文有佐竹靖彦的《县乡亭里制度》[6]、重田德的《乡绅统治的建立与结构》[7]、栗林宣夫的《清代前期的乡村管理》[8]、《里甲制の研究》[9]、《明代老人考》[10] 等。韩国学者的论文有权仁溶的《从祁门县"谢氏纷争"看明末徽州的土地丈量与里甲制》[11] 等。美国的研究成果主要是美籍华人黄宗智的《民事审判与民间调解：清代的表达与实践》[12] 及其修订版《清代的法律、社会与文化：民法的表达与实践》[13] 等等。下面三本著作与本著研究的关系非常密切，特加简介。

（1）黄宗智的《清代的法律、社会与文化：民法的表达与实践》。该书内容有两条线索：第一条线索是通过对清代大量乡村地方档案与实地调查资料的精细分析，揭示清代官方法律文书与民间实际司法操作之

---

[1]〔日〕和田清：《中国地方自治发展史》，东京汲古书院1939年版。

[2]〔日〕松本善海：《中国村落制度史的研究》，东京岩波书店1977年版。

[3]〔日〕清水盛光：《中国乡村社会论》，东京岩波书店1951年版。

[4]〔日〕滋贺秀三等著，王亚新等译：《明清时期的民事审判与民间契约》，法律出版社1998年版。

[5]〔日〕高见泽磨著，何勤华等译：《现代中国的纠纷与法》，法律出版社2003年版。

[6]〔日〕佐竹靖彦："县乡亭里制度"，载《都立大学人文学报》1988年第199期。

[7]〔日〕重田德："乡绅统治的建立与结构"，载《岩波讲座世界历史》第12期。

[8]〔日〕栗林宣夫："清代前期的乡村管理"，载《社会文化史学》1978年第5期。

[9]〔日〕栗林宣夫：《里甲制の研究》，文理书院1971年版。

[10]〔日〕栗林宣夫："明代老人考"，载《东洋史学论集》1954年第3期。

[11]〔韩〕权仁溶："从祁门县'谢氏纷争'看明末徽州的土地丈量与里甲制"，载《历史研究》2000年第1期。

[12]黄宗智：《民事审判与民间调解:清代的表达与实践》,中国社会科学出版社1998年版。

[13]黄宗智：《清代的法律、社会与文化:民法的表达与实践》,上海书店出版社2007年版。

间既联系又隔膜的逻辑关系、清代民法表达与实践之间的抱合与背离现象（所谓话语表达是一回事，司法实践是一回事，两者合起来又是另外一回事），展现清代法律、社会与文化间的复杂关系图景；第二条线索是对清代的纠纷解决制度的系统介绍，包括官方审判、民间调判以及介于两者之间的"第三领域"，向读者展示了清代法律生动具体的一面。作者将清代的纠纷解决制度描述为："民事调判制度是建立在两者的结合上的，即以判决为主的正式系统和以和解为主的非正式系统的结合。这套制度的运作取决于两者的相互配合以及两者之间相互作用的空间。社区调解的运作减轻了法庭裁判的负担，也降低了民事纠纷演变为诉讼案件的比例"[1]。

（2）滋贺秀三等人的《明清时期的民事审判与民间契约》。该书是中国人编的日本文集，收录日本学者的九篇论文，其中七篇与中国传统社会的纠纷解决问题直接相关，《明清时期法秩序中"约"的性质》（寺田浩明著）和《明清契约文书》（岸本美绪著）两篇与地缘社会解纷机制研究直接相关。《明清时期法秩序中"约"的性质》主要研究三方面的问题：一是法与约的关系；二是乡村层次上"约"的存在形态和内在结构；三是"约"与地域性秩序的关系。其中对"乡约"的解读、对民间结社中抗租盟约的考察、纠纷解决中"约"的存在方式与运作程序的分析等内容，对本课题研究的启示甚大。《明清契约文书》是对明清时期契约研究史的一般整理或述评，主要有四个方面的内容：一是梳理明清时期"契"或"契据"的概念；二是总结中日两国在20世纪收集整理明清契约文书的成就；三是研究明清契约的解读方法；四是分析支撑契约关系的秩序。对于最后一个问题，作者指出：旧中国私法上的关系并不由国家法律调整，而是听任民间自由地形成（民间个别缔结的大量契约自发地形成）。如果承认这一点的话，像旧中国这样大规模的复杂社会，究竟是什么样的机制支撑或维系着这种私法秩序并使其在一定程度上顺利运转的呢？这种机制主要在两方面：一是"中人"在契约中发挥重要作用；二是契约自身内容中包含着保障功能。上述论文不仅体

---

[1] 黄宗智：《清代的法律、社会与文化：民法的表达与实践》，上海书店出版社2007年版，第15页。

现了日本学界史料周详、考据缜密的学术传统，而且体现了运用中国原有的概念体系来再现当时社会图景的研究方法，该书编者王亚新说："在对外开放的时代背景下，如何解决引进、消化以及对抗西方文明影响的问题是我们关注的中心点之一。反过来看这又是怎样认识、估价和改造我们自己的文化传统这样一个问题。在这方面，日本学者的研究能够在许多具体的课题（例如解决纠纷的样式、支撑契约的秩序等）上提供有益的素材和启示。"[1] 这些话字字中的，引人深思。

（3）高见泽磨的《现代中国的纠纷与法》。本书的三个核心观点值得我们注意：其一，现代中国的纠纷解决机制，无论是诉讼手段还是非诉讼手段，都具有"调解性质"或"说理—心服"模式这一共同特征。其二，上述特征实际上是中国"固有法[2]时期"纠纷解决机制的自然延伸或现代表现，现代中国"纠纷解决中的所谓'说服—心理'方式，与中国固有法时期的情况是一样的"[3]。其三，中国传统纠纷解决机制有两大特征：一是民间纠纷大部分选择血缘社会组织领袖等民间社会精英解决而不是选择诉讼；二是民间解纷和司法审判都具有教谕性。他说："中国（古代）拥有精致的律令制度，拥有以皇帝为顶点的官僚制度，但人民有了纠纷，大部分不向官府起诉，而是通过地缘、血缘和同行业等关系中的头面人物的调解而获得解决。……在州县的审判与民间的纠纷解决之间存在着共同性。即在所谓教谕式的调解这一点上，无论是通过官府的审判，还是民间的纠纷解决，都是一样的。"[4] 对此观点中的前两种观点笔者都不完全赞同，对此我们将在全书的"结论"部分进行具体分析。

4. 纠纷解决的国家与民间联接模式研究。国外学者研究中国传统纠纷解决机制，大都比较重视国家解纷与民间解纷的联接过渡问题，只

---

[1] 王亚新：《明清时期的民事审判与民间契约》，法律出版社1998年版，"序"。

[2] 原作者在第2页注："清末法制改革以前的中国法，笔者称其为'固有法'"。

[3] [日] 高见泽磨著，何勤华等译：《现代中国的纠纷与法》，法律出版社2003年版，第2页。

[4] [日] 高见泽磨著，何勤华等译：《现代中国的纠纷与法》，法律出版社2003年版，第3~4页。

不过他们关注的对象仅在"官批民调"上面。这类研究的代表性成果主要是日本滋贺秀三等人的《明清时期的民事审判与民间契约》、美籍华人黄宗智的《清代的法律、社会与文化：民法的表达与实践》等。黄著可能是至今论述"官批民调"最为系统的著作，他把清代衙门处理纠纷时大量的纠纷不是"堂讯"而是"批回"民间解决，堂讯主要是直接断案而不是法庭调解（官方认为调解是民间的事情）看作是"民法表达与实践之差距"的重要表现，并且认为清代纠纷解决机制中存在一个介于民间调解与官方审判之间的"第三领域"——经过"官批"程序后由衙役、乡保所进行的半官半民的调解。

综上所述，关于明清时期地缘社会参与纠纷解决问题的相关研究，成果堪称累累，范围几乎涵盖整个中国传统纠纷解决机制，主要有：纠纷解决机制的一般原理、中国前现代（古代和近代）纠纷解决机制的一般情况、中国传统地缘社会组织的考察、中国地缘社会中纠纷的解决、纠纷解决方式与理念的中西比较、纠纷解决的国家与民间联接模式，等等。总体情况可以归纳为"六多六少"：①以纠纷解决方式切入的研究多，而从纠纷解决主体（血缘社会、地缘社会、业缘社会、信缘社会、江湖社会等）切入的研究少。②在纠纷解决方式的研究中对调解研究的多，对仲裁（裁决）、神判等其他解纷方式研究的少。比方说，杨一凡、田涛的《中国珍稀法律典籍续编》（第十册）中有大量的神判史料，但少见学者研究。③在有限的以解纷主体切入的研究中，研究血缘社会组织（家族）解纷的多，研究其他社会组织解纷的少。比方说江湖社会是如何解纷的，地缘社会中乡约组织是如何解纷的，民间结社组织（如文会）是如何解纷的，等等，这类研究少。④对解纷机制的静态研究（制度分析）多，对解纷的动态过程和真实效果研究的少。⑤全国视野的宏观研究多，小区域田野调查式的微观研究少。⑥通过民俗考察、进行历史还原性研究的多，通过法社会学考察、进行本土资源价值判断的研究的少。这六个方面中，"多"的地方有待于深入和升华；"少"的地方有待于充实完善乃至填补空白。

本著的研究就涉及到上述"少"的六个方面，就是要系统考察明清地缘社会组织，研究它是如何参与社会纠纷解决的，这种解决在整个国家的纠纷解决机制中起什么作用，有什么样的地位，对今天有何启示，等等。此课题的研究应该有较大的学术创新空间,笔者也正是抱着"法虽不善,犹愈于无法"[1],或者说是"处女地上好播种"的心态开始本课题研究的。当然,这种研究也是站在"巨人肩膀"上的。上述研究成果与此课题研究都有较大相关度,无论是材料的收集、方法的运用,还是思路的拓展、观点的确立,在本著面前它们都有奠基之功、滥觞之劳。特别要指出的是,本师范忠信教授的《情理法与中国人》[2]、《纠纷解决是和谐社会的第一要义》[3]、《健全的纠纷解决机制决定和谐社会》[4]等论著的一些基本观点构成了本课题研究的思想灵魂和研究方向。例如,"纠纷解决是社会和谐的第一要义,中国法律传统始终贯穿着注重和谐这一主线。中国传统法律文化在构建和谐社会方面的许多构思与实践,特别是中国传统社会的纠纷解决机制与社会治理模式,在今天仍有重要的借鉴意义。"[5]

四、研究的思路、材料与方法

(一) 研究思路

本课题拟主要从概念梳理、历史还原、文化解读三个大的块面展开研究。

1. 概念梳理。理清明清时期地缘社会和民间纠纷的基本情况(第一、二章)。首先梳理明清时期的地缘社会,包括地缘社会的组织形式、社会属性、主要职能等,其中组织形式主要有乡里组织、乡约组织、同乡社会组织(同乡会馆)、乡间结社组织、乡间集会组织五种。然后综合考察明清时期的民间纠纷,也就是上述各类地缘社会组织解纷的对象,包括纠纷发生的社会场域、纠纷增多的原因和纠纷的类型与性质。"概念梳理"部分是下面各章论述的逻辑起点。

---

[1] 《慎子·威德》。
[2] 范忠信等:《情理法与中国人》,中国人民大学出版社1992年版。
[3] 范忠信:"纠纷解决是和谐社会的第一要义",载《湖北大学学报》2008年第6期。
[4] 范忠信:"健全的纠纷解决机制决定和谐社会",载《北方法学》2007年第2期。
[5] 范忠信:"健全的纠纷解决机制决定和谐社会",载《北方法学》2007年第2期。

2. 历史还原。通过实证研究，探清明清时期五种地缘社会组织参与纠纷解决的实情（第三至六章），任务是陈述事实、再现真相，亦即通过整理史料，拼合历史碎片，大致理清真实情况，并以此管窥整个明清时期民间社会自治的概貌。

3. 文化解读。通过学理分析，从整体或宏观上揭示明清地缘社会解纷机制的内容、地缘社会组织解纷角色的历史成因、地缘社会解纷机制的法文化意义（第七至九章）。首先分析和总结各类地缘社会解纷共有模式的基本内容，包括解决纠纷的主持者、方式、理念、原则、适用规则、效力保障以及与其他解纷机制的联接模式等，然后对地缘社会广泛参与民间纠纷解决的历史原因进行分析，最后是对明清地缘社会解纷机制进行总体性的法文化阐释。"文化解读"部分的任务是价值判断、张扬传统。

最后是全书的结论，重点是在观今鉴古、反省现实的基础上，提出几点现代启示，理出明清地缘社会解纷机制中的智慧因素，指明其中可供现实借鉴参考的思路与资源。其中将特别注重分析、总结、阐明明清地缘社会解纷机制与现代和谐社会、法治社会理念并无根本矛盾因而堪称优秀遗产的内容，目的是从传统中寻找"本土资源"，使和谐社会、法治社会的理念和制度能够更好地在中国的土壤上生根、开花、结果。

（二）主要材料

明清时期的乡治乡约法律文献、契约文书、诉讼档案、州县其他档案、碑刻馆志、律典圣谕、风俗方志、公牍笔记八大类文献构成了本课题研究材料的主要部分。

1. 乡治乡约法律文献。主要有：①《古代乡约及乡治法律文献十种》（三册）[1]，收录代表性的古代乡约文献三种：宋代《吕氏乡约乡仪》，清雍正朝《上谕合律乡约全书》，清代《现行乡约》（各地重要乡

---

[1] 一凡藏书馆文献编委会编著：《古代乡约及乡治法律文献十种》（第三册），黑龙江人民出版社2005年版。

约汇编);收录乡村治理的地方法律文献七种:明代《教民榜文》[1]、《十家牌法》、《乡甲约》,清代《乡守辑要》、《保甲》、《保甲书》、《保甲章程》。②《中国珍稀法律典籍集成》(十四册)[2],其中收集了大量明清时期的榜文、告示。③《中国珍稀法律典籍续编》(十册)[3],其中收集有大量地方解决纠纷的司法文书和少数民族习惯法。

2. 契约文书。主要有:①徽州契约文书。[4] 本著所用的主要是中国社会科学院历史研究所和安徽省博物馆两处收藏的徽州契约文书。北京著录部分主要见于王钰钦、周良泉主编的《徽州千年契约文书》(四

---

[1]《教民榜文》是洪武三十一年(1397年)四月明太祖为处理民间细微争纷,减少民间词讼,特命户部制定和颁行的专门法律,堪称是我国历史上一部极有特色的民事和民事诉讼法规,集中体现了朱元璋精心设计的一套乡村治理制度,在明朝法律体系乃至整个中华法系中都占有一个特殊的地位。《教民榜文》的具体内容参见本书第八章第一节。《教民榜文》的标点本全文参见刘海年、杨一凡主编:《中国珍稀法律典籍集成》(乙编第一册),科学出版社1994年版,第635~645页。

[2] 刘海年、杨一凡:《中国珍稀法律典籍集成》,科学出版社1994年版。

[3] 杨一凡、田涛:《中国珍稀法律典籍续编》(第十册),黑龙江人民出版社2002年版。

[4] 徽州契约文书在广义上是指宋朝到民国徽州所属六县及与之相毗邻的遂安(今浙江淳安)等县遗存的契约文书。据说徽州古契约文书得以大量保存的原因有三:其一,徽州境内多山,"徽之为郡在山岭川谷崎岖之中"(顾炎武:《天下郡国利病书·凤宁徽》),地少人多,民鲜田畴,所以对地权尤为看重,非常注意保存作为地权证明的文书。其二,徽州宗族势力很强,非常重视祖先留下的家产,同时把这类文书视为祖先的文化遗产而加以收藏,借以维护家族财产。其三,徽州地理环境特殊,交通不便,险阻天成,兵革少到,大量契约文书得以保存下来。据初步估计,流传出来的徽州文书大约有十万件以上,藏于民间的文书更是不可估计。至二十世纪末已经出版的徽州文书资料有以下几种:①安徽省博物馆编辑:《明清徽州社会经济资料丛编》(第一辑),中国社会科学出版社1988年版。共收明、清两代徽州文书九百五十件。②中国社会科学院历史研究所编辑:《明清徽州社会经济资料丛编》(第二辑),中国社会科学出版社1990年版。共收宋元土地买卖文契十二件,明代土地买卖文契六百八十五件。③王钰钦、周良泉编辑:《徽州千年契约文书》,花山文艺出版社1991年版。该书为影印本,能显示出原资料形状,分上、下编,各二十卷。上编实收宋、元、明三代散件文书一千八百十一件,簿册五十七部。下编实收清、民国散件文书一千零十件,簿册三十三册。④张传玺主编:《中国历代契约会编考释》,北京大学出版社1996年版。该书所选录的宋、元、明、清文书绝大多数也是徽州文书。

十册）[1]，该书辑录明清契约文书三千余件，笔者从中检出地缘社会组织解决纠纷的典型案件共四十余件。安徽著录部分主要转引自韩秀桃著《明清徽州的民间纠纷及其解决》[2]一书所载明清徽州契约文书资料。②田涛所藏契约文书，主要是《田藏契约文书粹编》（三册）[3]，收录明清契约文书三百一十八件，笔者从中检出有关地缘社会组织解纷的典型契约共三十五件。

3. 诉讼档案。主要有：①《清代地租剥削形态》（上下册）[4]，收录乾隆时期有关地租的诉讼档案共八大类三百九十九件。这八大类是：劳役地租、实物地租、货币地租、押租制、永佃制、永佃权、转租、额外剥削等。②《清代的土地占有关系与佃农抗租斗争》（上下册）[5]，收录清代乾隆时期有关土地关系的诉讼档案共八大类二百七十九件。这八大类是：土地买卖、典当、土地强占、高利贷兼并土地、大土地占有，佃农要求减租、反抗增租，佃家反抗地主逼租，佃农反对夺佃，其他类。以上两书收录的诉讼档案主要来自"刑科题本"[6]，其中夹杂有大量的地缘社会组织解纷史料，其原因一方面是中国古代的许多案件本身就是"民刑不分"；另一方面是因为这些"刑事案件"基本上都是起于民事纠纷，最后才酿成刑案的。这些诉讼档案记录有大量的纠纷缘起、里长保长约正等地缘社会组织头目参与解纷过程的史料。③《黄岩诉讼档案及调查报告》（上下卷）[7]，收录整理了清代浙江省台州府黄岩县诉讼档案七十八件。

---

[1] 王钰钦、周良泉：《徽州千年契约文书》（四十册），花山文艺出版社1991年版。

[2] 韩秀桃：《明清徽州的民间纠纷及其解决》，安徽大学出版社2004年版。

[3] 田涛等：《田藏契约文书粹编》（第三册），中华书局2001年版。

[4] 中国第一历史档案馆等：《清代地租剥削形态》（上下册），中华书局1982年版。

[5] 中国第一历史档案馆等：《清代的土地占有关系与佃农抗租斗争》（上下册），中华书局1988年版。

[6] 题本是明清时期官府衙门处理日常政务的主要公文，由中央或地方向皇帝报告、请示处理，中经内阁票拟意见，供皇帝裁决参考，皇帝批示后下发执行。属于刑事的刑科题本数量浩繁。

[7] 田涛等：《黄岩诉讼档案及调查报告》（上下卷），法律出版社2004年版。

4. 州县其他档案。主要有：《清代乾嘉道巴县档案选编》[1]、《清代乾嘉道巴县档案选编》（下册）[2]、《清代巴县档案汇编》（乾隆卷）[3]。这些书选编了清朝乾隆至道光年间四川巴县县衙的各种契约、告示、批文、诉讼文书、军事咨文等各种文书档案，反映了当地的政治、经济、军事、社会风俗等诸方面的情况。

5. 碑刻馆志。主要有《明清以来北京工商会馆碑刻选编》[4]、《上海碑刻资料选辑》[5]、《明清佛山碑刻文献经济史料》[6]、《明清以来苏州社会史碑刻集》[7]、《明清苏州工商业碑刻集》[8]、《清代工商行业碑文集粹》[9]、《中国工商行会史料集》（上下册）[10]、《北京会馆档案史料》[11]、《重庆湖广会馆历史与修复研究》[12]等。

6. 律典、圣谕。主要有：①《大明律》，《大清律例》；②《圣谕广训》[13]，本书汇集了目前所能找到的各种阐释"圣谕"与《圣谕广训》的著述。

---

〔1〕 四川大学历史系、四川省档案馆：《清代乾嘉道巴县档案选编》，四川大学出版社1989年版。

〔2〕 四川省档案馆、四川大学历史系：《清代乾嘉道巴县档案选编》（下册），四川大学出版社1996年版。

〔3〕 四川省档案馆编：《清代巴县档案汇编》，档案出版社1991年版。

〔4〕 李华编：《明清以来北京工商会馆碑刻选编》，文物出版社1980年版。

〔5〕 上海博物馆：《上海碑刻资料选辑》，上海人民出版社1980年版。

〔6〕 广东省社会科学院等：《明清佛山碑刻文献经济史料》，广东人民出版社1987年版。

〔7〕 苏州历史博物馆：《明清苏州工商业碑刻集》，江苏人民出版社1981年版。

〔8〕 苏州历史博物馆：《明清苏州工商业碑刻集》，江苏人民出版社1981年版。

〔9〕 彭泽益：《清代工商行业碑文集粹》，中州古籍出版社1997年版。

〔10〕 彭泽益：《中国工商行会史料集》，中华书局1995年版。

〔11〕 北京市档案馆：《北京会馆档案史料》，北京出版社1997年版。

〔12〕 何智亚：《重庆湖广会馆历史与修复研究》，重庆出版社2006年版。

〔13〕 周振鹤撰集，顾美华点校：《圣谕广训：集解与研究》，上海书店出版社2006年版。

7. 民俗方志。主要有：①明代福建省泉州府惠安知县叶春及[1]所著的《惠安政书》[2]。这是一部体裁别具一格的地方志书，也是历史上罕见的县令施政笔记。由叶春及在知县任内实地调查，广泛征集并校复文献撰写而成，内容广泛，包括地理沿革、渔盐生产、户粮赋税、教育文化、风土人情、乡规民约等，数据多而详实，对考察明代地方乡里的组织形式、纠纷解决模式等问题具有重要参考价值。②今人丁世良、赵放主编的《中国地方志民俗资料汇编》（十册），包括：华东卷（上中下）、华北卷、东北卷、西北卷、中南卷（上下）、西南卷（上下），书目文献出版社（1996年以前）、北京图书馆出版社（1989~1997年）出版。③民国学者胡朴安（1878~1947）著《中华全国风俗志》[3]。作者从浩繁的典籍（正史、经书、政书、方志、笔记、游记、杂志、日报）中披拣撮录、摘抄整理有关风俗民情资料，汇为巨册，较为全面地记载了全国各地风俗民情。④前南京国民政府司法行政部主持编撰的《民事习惯调查报告录》（上下册）[4]。⑤地方志书，如弘治《黄州府志》[5]、光绪《保定府志》[6]、《中国地方志集成·乡镇志专辑》（三十二册）[7]等。

8. 公牍、笔记。主要有：郭成伟、田涛的《明清公牍秘本五种》[8]，沈德符的《万历野获编》[9]，胡祖德的《沪谚外编》[10]，徐珂

---

[1] 叶春及（1532~1593年），广东归山人，先后任福建闽清教谕、福建惠安知县、四川宾州知州、湖北郧阳府同知、户部员外郎、郎中等职。隆庆四年（1570年）至万历二年（1574年）任福建惠安知县。

[2] （明）叶春及：《惠安政书》，福建人民出版社1987年版。

[3] 胡朴安：《中华全国风俗志》，中州古籍出版社1990年版。

[4] 南京国民政府司法行政部：《民事习惯调查报告录》（上下册），中国政法大学出版社2000年版。

[5] 弘治《黄州府志》，上海古籍书店出版社1965年版。

[6] 李培祜等：《保定府志》（三十二册），光绪八年至十二年刻本。

[7] 《中国地方志集成·乡镇志专辑》（三十二册），上海书店、江苏古籍出版社、巴蜀书店1992年版。

[8] 郭成伟、田涛：《明清公牍秘本五种》，中国政法大学出版社1999年版。

[9] 沈德符：《万历野获编》，中华书局1959年版。

[10] 胡祖德：《沪谚外编》，上海古籍出版社1989年版。

的《清稗类钞》[1]，葛元煦、黄式权、池志澂的《沪游杂记·淞南梦影录·沪游梦影》[2]等。

明清社会的专制兼宗法形态，加上"天下治权始乎州县"的国家治理模式，使得官方历来较少关注民间性的地缘社会组织，历代正史、政书对社会制度的著录，几乎都是详中央、略地方而疏于民间基层，罕述州县以下"社会"的史实，更不用说载述地缘社会组织参与社会纠纷解决的问题了。比方说同乡会馆，它因是私立的，属于民间的自发性组织，故在"正史"中无人论及，即使是明清地方志也多有缺略。民国《上海县续志》说："会馆公所前志从略。因思贸易于斯，侨居于斯，或联同业之情，或叙同乡之谊，其集合团体之行为，与社会甚有关系，似未可阙而不书。至于或称会馆，或称公所，名虽异而义则不甚相悬，故不强为区分。"[3]该志的编纂者看到了会馆的社会整合作用，才执意要将其列入地方志之中。在四川、湖南、江西、东北、新疆等地的地方志中经常也有会馆的记载，但均语焉不详。针对这类情况，近代学者胡怀琛在《中华全国风俗志·跋》中说："中国之史，皆官家书也，于民间事无与焉。故谈……风土良窳、人情百薄，皆苦乏材料。"[4]史料的缺乏与零散，给本课题的研究带来一定困难。

(三) 研究方法

本课题的研究方法以法律社会学方法为主，辅之以解释学和比较研究的方法。

1. 法律社会学方法。本课题的大部分论述采用法律社会学的分析方法。法律社会学的主要任务是考察法律在社会化过程中与社会相互作用的方式和规律，其基本的研究方法是"在社会中研究法律，通过法律来研究社会"[5]。地缘社会的纠纷解决机制，包括了社会学领域的"地缘社会"和法律层面的"纠纷解决"两大元素，本课题研究的主要目

---

[1] 徐珂：《清稗类钞》，中华书局1986年版。
[2] 葛元煦等：《沪游杂记·淞南梦影录·沪游梦影》，上海古籍出版社1989年版。
[3] 民国《上海县续志》卷三《建置下》。
[4] 胡朴安：《中华全国风俗志》，中州古籍出版社1990年版。
[5] 赵震江：《法律社会学》，北京大学出版社1998年版，第43页。

的之一就是要考察法律在社会解决纠纷中的作用形式以及社会在纠纷解决中同时也创制法规范的规律，探清纠纷的社会解决方式与国家审判方式的相互关系，特别是探清二者的联接机制、调适方式及规律。法律社会学方法正好为这种研究提供了一把"金钥匙"。

本著对法律社会学方法的具体运用主要体现在四个方面：其一，运用法律的思维和原理构建全文的骨架内容，把解纷机制的结构分解为主体、方式、理念、原则、规则、保障、对外联接七大要素，其中解纷原则和适用规则相当于法律构成三要素中的法律原则和法律规则。其二，全书内容在法律与社会相互作用的语境下生成，特别是在纠纷的社会解决与司法解决相互作用的语境中生成。其三，运用制度分析法，把地缘社会的解纷机制置于国家总体制度安排下进行考察。其四，运用社会调查法中的文献调查法，从明清时期的四千余件契约文书、诉讼档案[1]中，间接了解当时地缘社会参与纠纷解决的实际情况。

2. 解释学方法。解释学是现代西方的一个哲学流派。作为一种方法论，解释学强调"解释"是人们认识事物的基本方式和形式。这种"解释"是人们利用某种理念作为工具（"前设"），从某个角度和观点（"前见"）以"文本"[2]为中介去理解事先已有的东西（"前有"）。在解释学看来，解释永远都只能表达现象而不可能到达本质（还原"前有"），但解释者的智慧就在于克服历史时间间距所造成的主观偏见与曲解，使解释结论尽可能接近客观的历史真实。本著在某种意义上就是以法治与和谐理念作为工具（"前设"），通过作者的考察和思考去"解释"明清时期地缘社会的解纷机制，并通过此"文本"（专著）展示其真相，揭示其法律文化信息。

3. 比较方法。本课题研究除了有几节是专门的对比研究之外，其它部分也大都贯穿着中西对比、古今对比的分析方法。运用比较方法，有

---

〔1〕 本文所考察和利用契约文书和诉讼档案主要有：《徽州千年契约文书》中三千余件，《田藏契约文书粹编》中三百一十八件，《清代土地占有关系与佃农抗租斗争》中二百七十九件，《清代地租剥削形态》中三百九十九件，《黄岩诉讼档案》中七十八件。

〔2〕 这里的"文本"可广泛地理解为一切以语言文字表达的人类交往形式，历史典籍是"文本"，本著也是"文本"。

着以下特别的意义或动机：第一，在中西对比中将明清地缘社会解纷机制切入人类法文化的主流。我们不能否认今天中国主流话语体系的西方背景，"就过去的一百多年来说，中国无论在自然科学、社会科学还是人文科学（特别是前两个学科）都主要从外国、特别是从西方发达国家借用了大量的知识，甚至连这些科学划分本身也是进口的——尽管它现已成为我们无法摆脱、也不想摆脱的生活世界的一部分。"[1] 所以对中国历史的关注离不开西方的话语体系，事实上，本课题对传统的诠释，都是或明或暗地以西方文化的各种概念（诸如社会自治、纠纷解决、国家与社会二元对立的预设，等等）为逻辑前提或起点的。第二，在古今对比中彰显明清地缘社会解纷机制的现代价值因素。这是基于学术与职业的双重考量。本师范忠信教授提醒我们，"法治不能过分悖逆民族传统"，就是基于传统的现代价值而言的，因为"法律智能就其解决人际纠纷的功能主义取向方面而言，必有其共同性，……中国古人面对生活和人生意义所作的法之思考以及由此而形成的法律智能，对现代中国人来说，在文化上仍具有传承和借鉴的意义"；业师陈景良教授也警告我们："考察历史状态下法学传统的特质，人们都无法摆脱在西方法学彰显下，中国法传统与现代法精神之间的内在张力及由这种紧张所带来的矛盾与焦虑之窘境。……（如果）说不清历史长河中先贤们在解决中国日常生活问题，处理纠纷时有哪些法律智能及这些以往的智能与现实的法之间还有无文化上的传承关系等，法史学者在现代法学中的处境将会进一步边缘化，乃至最后歇绝而不能复振。"[2]

此外，本课题研究的基本方法还有"论从史出"的史学方法和有"瑞士军刀"之誉的经济分析法学方法。其中历史学研究的终点就是社会学研究的起点，因为历史学考证确实的材料，正是社会学考察的对象，是社会学研究具备客观性与真实性的保证，有鉴于此，本著在最大程度上将历史学与社会学的研究方法有机对接。经济分析法学方法在本著中主要用来分析解纷的成本与效益问题。

---

〔1〕 苏力：《法治及其本土资源》，中国政法大学出版社1996年版，"自序"。
〔2〕 这两段话均参见陈景良："反思法律史研究中的'类型学'方法"，载《法商研究》2004年第5期。

总而言之，本课题将在前人研究成果的启迪之下，通过广泛搜求现存契约文书、诉讼档案等资料，运用法律社会学和解释学等方法，从法学（法制史学或法律文化学、法社会学）的角度，全面而纲要式地考察明清地缘社会参与社会纠纷解决的实情，进而解读明清地缘社会解纷机制的内容和制度定位，发掘潜藏于其中的法制资源以供时人参考与利用。

第一章

明清时期的地缘社会

地缘社会是以地理因素（包括自然地理因素和人文地理因素）为基本或主要纽带所形成的社会。本章主要梳理和解析明清时期地缘社会的组织形式、社会属性和基本职能，以为后面的论述奠定一个逻辑起点。

第一节 明清时期地缘社会的组织

在古代中国，哪怕是在国家专制主义中央集权逐渐走向极端的明清时期，帝国政治生态环境也并没有禁绝民间社会组织的存在。学者周绍泉指出："在中国（传统）社会中，在县以下存在着各种各样的'社会组织'，如以一个村庄和数个临近村庄组成的'乡约'、宗族与家族及其成员组成的'祠会'、由'进学'的人组成的'文会'、以修桥渡河而组成的'桥会'、'船会'、结合节气和风俗，以'游神赛会'为中心的由自然村落组成的'社会'。此外，还有书院、诗社、商会等各种各样的社会组织。它们都在古代社会中起着各自的作用。即在调节和裁处社会区域范围内的纷争与纠葛方面，有资料表明，它们也起着重要的作用。"[1] 这里所说的"乡约"、"文会"、"桥会"、"船会"等都是地缘社会组织。地缘社会作为一种特殊的社会类型在历朝历代都有，据笔者初步考察，明清时期地缘社会组织的具体形式主要有乡里组织、乡约组织、同乡组织、乡间结社组织、乡间集会组织五大类。

一、乡里组织

（一）乡里组织的界定与特征

1. 乡里组织的界定。中国古代的"乡里"是国家县级基层政权以

---

[1] 周绍泉："退契与元明的乡村裁判"，载《中国史研究》2002 年第 2 期。

下（所谓"以县统乡，以乡统里"[1]）、没有朝廷命官及其属吏直接治理的民间生活共同体形式，乡里组织表现为里甲、保甲、村社等社区形式，是因国家行政区划而形成的地缘行政性组织，是中国最传统也是最主要的地缘社会组织形式。"乡"、"里"原为地域概念，其中"里"为人的群居之地，是人们为了生产和生活方便而形成的共同体；"乡"原意为方向，后引申为具有某个方向的地域，其表示的地域概念较"里"更为广阔。后来它们被用作基层社会的单位。传说中黄帝时的基层社会单位是"里"，西周时是"乡"或"遂"，[2] 此后基层社会单位常在乡、里二者之间转换和演变。我们将这种社会统称为"乡里"[3]，既是为了行文上的方便，同时也是相沿成俗的习惯称名，更是古代中国基层社会的现实。乡和里是中国历史上存续时间最长、建制最稳定的地方社会组织形式。

　　明清时期乡里组织的情况比较复杂。一是形式多，有里甲、保甲、社学（民间启蒙教育机构）、社仓（民间荒政互助组织）等。[4] 清代台湾地区还有街庄（城镇中的汉族移民组织）、乡庄（农村中的汉族移民组织）、番社（原住民组织）、垦隘（街庄和番社之间的屯垦组织）等。[5] 二是变化大，上述具体组织形式在明清时期并非都是一以贯之

---

[1]（清）顾炎武著，黄汝成集释：《日知录集释》（中），上海古籍出版社2006年版，第1253页卷二二"乡里"。

[2] 周代乡制难以确知，如《周礼·地官·大司徒》载为五家为比，五比为闾，四闾为族，五族为党，五党为州，五州为乡。而《尚书大传》载为八家为邻，三邻为朋，三朋为里，五里为邑，十邑为都，十都为师，十有二师为州。也可能是各地情形有所差异。

[3]"乡里"在明清时期又称乡党。周制以五百家为"党"，一万二千五百家为"乡"，后以"乡党"泛指乡里。参见《周礼·地官·党正》。在历史文献中，乡、里的载述方式多有变化。乡里俱书者，如《史记》中有"老子，楚（国）苦县厉乡曲仁里人"、"樗里子室在昭王庙西，渭南阴乡樗里"等；书县里而不言乡者，如《史记》中有"高祖沛（县）丰邑（乡）中阳里人"、"淳于意师临淄（县）元里公乘阳庆"；书乡而不言里者，如《史记》中有"陈丞相平，阳武（县）户牖乡人"、"王翦，频阳（县）东乡人"等。参见顾炎武著《日知录集释·乡里》。

[4] 参见陈顾远：《中国法制史》，商务印书馆1959年版，第175~176页。

[5] 参见戴炎辉：《清代台湾之乡治》，台湾联经出版公司1979年版。

的始终存续。例如里甲在明代中期以前作为重要的差役组织兼自治组织，在明朝后期开始衰弱，其职能逐渐为保甲所取代；保甲在明代是与里甲并列的治安联防组织，到清代中后期职权变大，逐渐取代里甲，变成综合性乡治组织；属于里甲制度范畴的里老人制度在明代中后期开始衰落，此后作为一种制度的"里老"不再存在，但"里老"的角色仍以乡耆、里甲耆、约正等名目继续存在并发挥重要作用[1]。三是名称杂。仅里甲就有镇、保、都、庄、乡、村、里、图、甲、社、约、堡、寨等几十个名目，相对稳定或最重要的是里甲和保甲。

明清时期的"乡里"是今天"乡村"的根源所在，规模也大体相当，不同的是：其一，过去的"乡"主要是一种地理区域概念，并不总是像今天乡一样有乡政府之类的实际组织。其二，过去的乡里组织虽然有很强的行政色彩，但它实际上是民间自治组织，并不像现在的乡有国家基层政权组织存在。

2. 乡里组织是最主要的地缘社会组织形式。

（1）地理因素是乡里组织存续的主要纽带。这里的地理因素主要是乡村或自然村落。过去乡里人民无论是聚族而居还是分散杂处，其自给自足的小农经济形式导致他们所在的乡村往往都是封闭的，村民与外界很少有社会意义上的联系和往来。村子几乎成为村民们的整个世界，在这个世界里，"村民们完成了人生启蒙，完成了与亲戚朋友的交往，完成了婚姻大事，也完成了对整个世界的不完善的了解"[2]。在这种地缘关系基础上建立起来的邻里关系就成为他们主要的社会关系。在某种意义上，乡里组织就是通过地缘将一个个家庭和宗族凝聚在一起的区域性生活共同体。

（2）乡里组织中的地缘纽带又体现为人文地理因素。乡里组织在形式上往往直接表现为行政区划组织，或者说乡里组织本身是国家行政区

---

〔1〕 如《大清律例》第八十三条"禁革主保里长"规定："凡各处人民，每一百户内，议设里长一名，……其合设耆老，须由本乡年高、有德，众所推服人内选充。不许罢闲吏卒，及有过之人充应。违者，杖六十。当该官吏笞四十。"

〔2〕 周晓虹：《传统与变迁——江浙农民的社会心理及其近代以来的嬗变》，三联书店1998年版，第75页。

划的产物。周代的王者拥有"天下","天下"之下是"(诸侯)国","国"下是"乡"(王城之外百里以内)或"遂"(离王城百里到二百里);秦汉以后"建府、置县、划乡、分里"[1];即使明清时期按人户数量组建的里甲、保甲组织,实际上也是一种区划性组织,"乡在官方规定中并非保甲单位,但实际上保甲划分通常在乡区划的基础上进行"[2]。所以这里乡里组织中的地缘因素直接以行政区划的人文地理因素表现出来,只是这里的行政因素仍是以地域的存在为前提的,人们一说到某乡某里,首先想到的就是某个地理区域而不是行政区划,所以费孝通说"从基层上看去,中国社会是乡土性的"[3]。乡民们生于斯长于斯,几十年不变的生活,强化了这种地缘关系的神圣与稳定,乡民们对这些地缘性区域共同体的认同,要远远高于对本区域以外的国家体系的认同,地缘成为维系乡里的最强有力的纽带。

乡里组织是明清时期最主要的地缘社会组织,其他地缘社会组织都对乡里组织有不同程度的依附性。

3. 乡里作为地缘社会的特点。

(1) 行政色彩浓厚。乡里组织相对于其他地缘社会组织而言,具有比较浓厚的地方行政机构色彩。这种行政色彩不仅表现为乡里组织的行政区划性,而且表现为乡里组织的治理往往是"官治"延伸的形式。万历年间福建布政司泉州府惠安知县叶春及在《惠安政书》中说:"(明初)国家之法,十户为甲,甲有首。一百一十户为里,里有长。统以县、府、布政司,而达于部。"[4] 就是说里甲的治理向上一直可以通到中央的户部。清代保甲组织也先后隶属中央的兵部和户部。乡里组织被纳入国家的政务系统,相对于其他地缘社会组织来说,更多地受到国家政权的干预,以致在某种意义上表现为国家政权在乡里的延伸。朝廷虽不派品官到乡里组织,但并非完全放任乡治组织自由活动或发展,它对乡治组织始终坚持"积极引导、有效控制"的方针,这主要体现在

---

[1] (明)叶春及:《惠安政书》,福建人民出版社1987年版,第328页。
[2] 萧公权:《十九世纪之中国乡村》,华盛顿大学出版社1960年版,第29页。
[3] 费孝通:《乡土中国 生育制度》,北京大学出版社1998年版,第6页。
[4] (明)叶春及:《惠安政书》,福建人民出版社1987年版,第328页。

"襄助庶政"、行政指导和人事干预几方面。"襄助庶政"即协助官府处理诸多繁杂的事务；行政指导即国家对乡里组织经常发号施令；人事干预即地方政务机关干预乡里组织领导人的任免。有学者说乡里存在一个"虚拟"的政权："国家只在县一级设立衙门，常驻国家正式官员，并不意味着国家对于县以下的社会政治就不闻不问，实际上政权的触角还是会伸到下面，县太爷也会下乡走走，而胥吏下乡则是一种正常的业务，由于这些胥吏人数众多，而且频繁地在乡间露面，从某种意义上说，对于农民而言，他们体现着官府在乡村的存在。另外，审理诉讼实际上也是对农村政事的一种干预。"[1] 乡里组织的行政色彩并不能消解乡里组织的民间组织性质。陈顾远说："乡治在周必甚发达，……以两汉最盛，自隋而衰，明清虽有振作，实则含以特殊目的。"[2] 意思是说乡里组织的职能从周代到明清时期都是"乡治"（基层民间自治），明清时期则另有"特殊目的"，即通过乡治加强"宣谕王化"，通过官方的思想政治教育加强对民间的控制，所谓"教谕人民'各安生理，勿作非为'，故讲'乡约'必立洪武《钦定训谕》于正中；入社学必讲《谕制大诰》焉。"[3] 乡里组织中国家既不派正式官员也不拨财政经费，里甲长或保甲长主要是民间推举或乡民轮流担任的，"凡讼狱、师徒、户口、田数、徭役，一皆缘此而起"[4]。乡里组织是一个"运作完全靠当地居民自己，地方官只是监督其执行，而不以任何方式直接参与进来"的基层组织[5]，它是可以直接与国家基层县政权接轨或联接的，或者说是有国家授权或委托因素的民间自治性地缘社会组织。

（2）没有"集权"治理机构。与其他地缘社会组织相比，明清时期的乡里组织在总体上是一种组织松散、"权力"多元，没有集权治理机构的地缘社会组织。首先，乡里组织中的"乡"并不总是有实际组

---

[1] 张鸣："'虚拟'的乡村政权"，载 http://www.gongfa.com/xunixiangcunzhengquanzhangming.htm.

[2] 陈顾远：《中国法制史》，商务印书馆1959年版，第174页。

[3] 陈顾远：《中国法制史》，商务印书馆1959年版，第175~176页。

[4] 一凡藏书馆文献编委会编著：《古代乡约及乡治法律文献十种》（第二册），黑龙江人民出版社2005年版，第263页。

[5] 萧公权：《十九世纪之中国乡村》，华盛顿大学出版社1960年版，第45页。

织。明代的乡里组织主要是里（都）、甲（图）两级，里（都）相当于今天的村，甲（图）相当今天的组。如明初浙江省绍兴府诸暨县的乡里组织结构是"乡—都"两级，县下有二十五乡、八十五都（其中附都十三个）[1]；明代中叶福建省泉州府惠安县的乡里组织结构是"乡—都—图"三级，其中有四乡（文质乡、行满乡、忠恕乡、信义乡），这些乡并无统一的实体组织机构；有三十四都，都是县下真正的行政性实体组织，"都"统一编号，从"一都"到"三十四都"[2]。清代的乡里组织主要是保、甲两级，"保"则相当于今天的乡（镇），乡在这时又是有实体组织的。其次，明清时期乡村组织即使有组织机构，也往往是既无稳定的办事场所，又无统一和固定的负责人。"虽然封建国家通过它来延伸行政力量的愿望非常强烈，但显然既无力为它提供所需不菲的物质资源，也不可能为之单独提供或培育一个集权威载体与上下中介角色于一身的理想的附着体（办公衙门机关）。"[3]

（二）明清乡里组织的流变

乡里社会组织在明代主要是里甲，在清代主要是保甲，这是就其主流而言的，实际情形是非常复杂的。比方说，在明代，明初有里甲组织，中期始兴保甲组织，此后很长时期是里甲与保甲并存，明代保甲的性质是治安联防组织，与清代综合性乡治组织的保甲大不相同；在清代，清初乡里组织沿袭明代里甲与保甲并存的格局，至雍乾时期里甲制逐渐被保甲制取代，保甲演变成综合性的乡治组织。下面我们对明清乡里组织的流变情况作一简单梳理。

1. 明代乡里组织：里甲发展到里甲与保甲并存。农民出身的朱元璋为全国乡里规划的乡治蓝图有两大系统：一是贯彻政府法令、征敛税赋，由里甲长负责的役政系统，二是进行道德教化、解决纠纷，由里老人负责的乡治系统。所以广义的里甲制是里甲长与里老人并存的双轨

---

[1] 参见陈炳荣：《枫桥史志》，方志出版社 2005 年版，正文前彩页《明清时期乡都设置示意图》。

[2] （明）叶春及：《惠安政书》，福建人民出版社 1987 年版，第 66~67 页。

[3] 王先明、常书红："晚清保甲制的历史演变与乡村权力结构"，载《史学月刊》2000 年第 5 期。

制。明代初期是里甲长和里老人并存，中期里老制度衰落、保甲制度重建，此后很长时期是里甲与保甲并存，末年出现保甲取代里甲的趋势。对此陈顾远说："明（初）以百有十户为里，其中十户为长，丁粮多者当之；余百户为十甲。并选年高有德，众所信服者，使劝民为善，称为里老或老人，惟至宣德年间（1426~1435年）则废。……末年，改里甲为保甲，名异而质同也。"[1]

（1）明初的里甲。明初对元朝的社制进行改革，在乡里实行里甲制。"洪武十四年（1381年）诏天下编赋役黄册，以一百十户为一里，推丁粮多者十户为长，余百户为十甲，甲凡十人。岁役里长一人，甲首一人，董一里一甲之事。先后以丁粮多寡为序，凡十年一周，曰排年。……里编为册，册首总为一图。鳏寡孤独不任役者，附十甲后为畸零。"[2]依这一规定，一百一十户为里，从一百一十户中选出丁粮多的户长为里长，余一百户组成甲，甲设甲首，每甲十户。可见里甲主要是以人户数量为依据而不是主要以自然区域（村落）为依据划分形成的社会组织。里甲长主是职役组织负责人，主要负责赋役催征、征收祭祀费用等，解决纠纷是其次要职责。

明初在里甲长制度之外又辅以里老人制度。"（明初）又于里中，选高年有德、众所推服者充耆老，或三人，或五人，或十人，居申明亭，与里甲听一里之讼，不但果决是非，而以劝民为善。是即汉之三老，得与县令□□以事相教者，厥任重矣。"[3]里老人又称"老人"、"耆老"、"里老"等，是民众从乡里"年高有德者"中间推选的、主要负责本地自治事务（维持治安、教化解纷、主持乡饮酒礼等）的"乡官"。中国传统社会特别重视"长幼有序"的等级秩序，"老者自然尊贵"的思想由来已久。西汉时期选择一些年高有德的老人来辅助乡治，"老人"制度已经成为基层乡里社会一项正式的制度。洪武二十三年（1390年）朱元璋倡设老人制度，提出："若欲尽除民间祸患，无若乡里年高有德人等，或百人，或五六十人，或三五百人，或千余人，岁终

---

[1] 陈顾远：《中国法制史》，商务印书馆1959年版，第175~176页。
[2] 《明史·食货志一》。
[3] （明）叶春及：《惠安政书》，福建人民出版社1987年版，第328页。

议赴京师，面奏本境为民患者几人，造民福者几人，朕必凭其奏，善者旌之，恶者移之，甚至罪之。"朱元璋坚信：如果民间的耆民智人"肯依朕言，必举此行，即岁天下太平矣"[1]。《大明律》第八十九条"禁革主保里长"也规定："凡各处人民，每一百户内，议设里长一名，……其合设耆老，须由本乡年高、有德，众所推服人内选充。不许罢闲吏卒，及有过之人充应。违者，杖六十。当该官吏笞四十。"《大清律例》第八十三条"禁革主保里长"也有上述规定。这些规定就是要在里中设里长的同时，另设老人或耆老若干，以实现对乡里基层的管理。

仁宗、宣宗时，"里老之选轻而权亦替"[2]，里老人制度开始变质。洪熙元年（1425年）巡按四川监察御史、后来的吏部尚书何文渊（1385~1456年）在一份奏折中说："太祖高皇帝令天下州县设立老人，……使劝民为善，乡间争讼，亦使理断。下有益于民事，上有助于官司。比年（近年来）所用，多非其人。或出自隶仆，规避差科。县官不究年德如何，辄令充应，使得凭籍官府，妄张威福，肆虐闾阎。或遇上司官按临，巧进谗言，变乱黑白，挟制官吏。"[3] 宣德以后，"老人则名存而实亡，（申明）亭宇多废，善恶不书。小事不由里老，辄赴上司，狱讼之繁皆由于此。"[4] 至明末，"本朝（崇祯年间）之老人，则听役于官，而靡事不为，故稍知廉耻之人不肯为此，而愿为之者大抵皆奸猾之徒，欲倚势以陵百姓者也。其与太祖设立老人之初意悖矣。"[5] 老人制度至此走向了它初衷的反面。

到明中叶以后，不仅是里老人制度，而且整个里甲制度由于受到商

---

[1]（明）朱元璋：《明朝开国文献》（第一册），（明）朱元璋：《御制大诰》第五九《乡民除患》，台湾学生书局1966年版。

[2]（清）顾炎武著，黄汝成集释：《日知录集释》（上）卷八"乡亭之职"，上海古籍出版社2006年版，第475页。

[3]《明宣宗实录》卷四。

[4] 宣德七年（1432年）正月乙酉陕西按察佥事林时之言。参见顾炎武著，黄汝成集释：《日知录集释》，上海古籍出版社2006年版，第474页。

[5]（清）顾炎武著，黄汝成集释：《日知录集释》，上海古籍出版社2006年版，第475页。

品经济发展的冲击（以致出现了"一甲而寥寥数亩，一甲而积亩数千"[1]的情形）而逐渐衰落。

（2）保甲的重建。里甲的衰弱并不意味着乡里组织的全面瘫痪，此伏彼起的是保甲组织。早期保甲的性质是治安联防组织[2]，最初职能是"节节相制，彼此相保，共同担保，共同责任"[3]，其源头可以追溯到商鞅的"什伍连坐法"，但它作为一种正式的乡里组织始于北宋熙宁年间的王安石变法。熙宁三年（1070年）颁行的《保甲条例》规定：各地农村住户，不论主户客户均立保甲，"十家为保，有保长，五十家为大保，有大保长，……每一大保，夜轮五人警盗。凡告捕所获，以赏格从事。同保犯强盗杀人，强奸略人，传习妖教，造蓄谋蛊毒，知而不告，依律伍保法。"[4]此时保甲组织具有民兵组织和治安组织的双重性。明代前期的乡里治安管理由里甲长、里老人负责，有人曾建议组建保甲，但未引起中央和地方政府的兴趣。

保甲制在明代的重建始于王阳明在地方推行的"十家牌法"（又称"保甲法"）。正德十一年（1516年）王阳明由南京鸿胪寺卿升为都察院左佥都御史巡抚南赣、汀漳等处（"南赣"是江西布政司南安府和赣州府的合称，"汀漳"是福建布政司汀州府和漳州府的合称），南赣地连四省，境内山峦叠嶂、地鲜人稀，正德年间暴乱不断，"溪谷凶民，聚党为盗，视效虐动，肆无忌惮，凡在虔楚闽广接壤山泽，无非贼巢，大小有司，束手无策，皆谓终不可理。"[5] 王阳明莅赣之时，正是南赣山

---

[1]（清）李渔：《资治新书二集》卷一二《文告部》，载顾高言：《均田示》，浙江古籍出版社1991年版。

[2]"保"和"甲"都是户口编制单位。其中"保"的本意是负责、担保，因其包容连带责任而成为户籍编制单位。《周礼·地官·大司徒》："令五家为比，使之相保。"宋代实行保甲法的主旨是改革兵制，但起源于乡民之间的担保。王安石主政时实行"青苗法"，地方政府每年两次放款，听民户自愿请贷，借贷期限半年，出息二分，以解农民青黄不接的燃眉之急。但有些农户到期不还贷，于是政府把农户加以编制，十家为一保，五保为一大保，十大保为一都保，分别选取有"材勇"者充当保长、大保长和都保正，使各家相互担保，承担还贷的连带责任。维持治安是宋代保甲组织的后续功能。

[3] 黄强：《中国保甲实验新编》，正中书局1936年版，第15页。

[4] 参见《宋史纪事本末》卷三。

[5]《王文成全书》卷三八《附录七》，第9页。

民起义愈演愈烈之际,王阳明采用剿抚并施的战略,于正德十三年四月便获捷班师。军事上的得手,并未使王阳明沾沾自喜,南赣严峻的社会现实使王阳明深感"破山中贼易,破心中贼难"[1],于是着手推行乡治计划,其中首先推行"十家牌法",继而倡办乡约。"十家牌法"即每十家编为一牌,作为实物的牌上面开列各户籍贯、姓名、年貌、行业,该牌由同牌十家逐日轮流收掌,每日持牌到各家核查,每日沿门按牌审察,若某家有缺人或多人情形,必须盘查清楚,并将有关情况通报同牌各家;遇面生可疑之人,即报官究理,若有隐匿,十家连坐。十牌为一甲,十甲为一保,设保长,统率牌甲。[2] 此后,政府准许甚至鼓励或要求地方成立保甲组织,"十家牌法"被视为样板,各地依此把民众组编为一个个共同承担责任的小团体,让团体内的各家各户相互监视,相互制约,以期收到弭盗安民、守望相助之奇效。保甲与里甲一样,也主要是以人户数量为依据形成的社会组织,但保甲的规模一般比里甲要大。

（3）里甲和保甲的并存。随着保甲组织在各地的组建,明代中期的乡里出现了里甲与保甲并存的情形。此时的里甲与保甲同具社区形态,但彼此功能不同。里甲是赋役组织,以周知掌控里中人户的田粮资料为主;保甲是治安组织,以周知掌控一区的实际人口资料为主。明朝中叶以后,土地买卖与人口流动加剧,豪绅地主兼并土地、诡寄隐漏地亩户丁等舞弊行为渐趋猖獗,"一里之地满县分飞,满县之田皆无定处"[3],里甲单位与实际人户多不相符,里甲制度设计的社区自治法则遭到结构性破坏。保甲把包括地主、自耕农和佃户在内的住地人户组织成为一个社区的总体,保甲又与社区治安之事攸关,所以重要性和势力日益增强,渐而变成了社区的主导组织。[4]

---

〔1〕《王文成全书》卷四《与杨士德薛尚谦书》,第35页。

〔2〕"十家牌法告谕各府父老子弟",载（明）王守仁:《王阳明全集》（第一集）,红旗出版社1996年版,第154~155页;"申谕十家牌法"、"申谕十家牌法增立保长",载（明）王守仁:《王阳明全集》（第一集）,红旗出版社1996年版,第237~238页。

〔3〕吕坤:《实政录》卷四《民众》。

〔4〕朱鸿林:"明代嘉靖年间的增城沙堤乡约",载朱鸿林:《中国近世儒学实质的思辨与习学》,北京大学出版社2005年版,第298页。

2. 清代：从以里甲为主到以保甲为主。清代乡制，重在保甲，对于这一流变，陈顾远说："清初设有乡老（沿袭明代里甲系统），意在宣谕王化，乡村各自组合，亦多出于惯习。清代乡制，成为法定者，保甲制度是也。保甲重在警察作用，而收税户籍之事时亦附之。当清之初，令各乡村十家置一甲，百家置一总甲，稽查盗贼逃亡之事，而递报于州县；一家犯罪，九家甲长总甲不报者，俱以罪论。乾隆以后，改十家为牌，牌有牌头；十牌为甲，甲有甲长；十甲为保，保有保正。……其统辖保甲之事务，则设特别机关，如各省之保甲总、分局是也。然在末年，以奉行不力，亦渐归于废弛。最后因变法故，于光绪之末颁行《城镇乡地方自治章程》；宣统元年又颁行《府州县地方自治章程》，及《京师地方自治章程》，未及实行，清室已覆。"〔1〕这是说：清初是里甲与保甲并存，乾隆以后则统归保甲，清末又拟行州县地方自治，但未及实行，清室即亡。

（1）清初里甲与保甲的并存。清初乡里社会组织沿袭了明代里甲与保甲并存的格局。顺治十二年（1655年）谕令"各布政使严饬该道府，责令州县，查照旧册，著落里甲，逐一清厘"〔2〕。《大清律例》第八十三条"禁革主保里长"也规定："凡各处人民，每一百户内议设里长一名，甲首一十名，轮年应役，催办钱粮，勾摄公事。"附《条例》规定更详："直省各府、州、县编赋役册，以一百一十户为里，推丁多者十人为长，余百户为十甲。甲凡十人，岁役里长一人，管摄一里之事。……凡十年一周，先后则各以丁数之多寡为次。"

清初同时也实行保甲法。清政府入关之初下令推行"总甲法"（保甲法令）〔3〕，顺治元年（1644年）清廷又谕令："凡保甲之法，州县城乡十户立一牌头，十牌立一甲头，十甲立一保长。户给印牌，书其姓名丁口，出则注其所往，入则稽其所来"〔4〕。康熙四十七年（1708年）

---

〔1〕 陈顾远：《中国法制史》，商务印书馆1959年版，第176页。
〔2〕 《清世祖实录》卷八八，顺治十二年正月壬子。
〔3〕 台湾《"中央研究院"历史语言研究所现存清代内阁大库原藏明清档案》A1－90（1－1），B215。
〔4〕 《清朝文献通考》卷一九，《户口一》，《考五〇二四》。

重申保甲法，诏曰："弭盗良法，无如保甲，宜仿古法而用以变通。一州一县城关若干户，四乡村落若干户，户给印信纸牌一张，书写姓名、丁男口数于上。出则注明所往，入则稽其所来。面生可疑之人，非盘诘的确，不许容留。……无事递相稽查，有事互相救应。"[1] 自此以后，保甲作为基层组织形式而通令划一。

（2）乾隆以后乡里组织统归保甲。清代乡里组织在清初里甲与保甲并存的状况并未一直持续下去，雍乾时期里甲制即逐渐被保甲制所取代[2]。之所以出现如此变故，是因为里甲制度的问题到了清代更为严重，较为突出的是里甲组织中田产广狭不等，人户多寡不齐，以及由此造成的赋役不均。有些州县"一甲而寥寥数亩，一甲而积亩数千"[3]，"虽有里甲之名，其实多寡不一。多者每里或五六百顷，或三四百顷，少者每里止一二百顷，甚至或数十顷以至寥寥数顷者。"[4] 地方官吏不视里甲之大小，"均派使费，一无轻重"，"里甲无划一之规，小民多偏苦之累"[5]。专责赋役的里甲组织被主管户籍人口的保甲组织取代成为一种必然。

康熙、雍正时期，清政府开始实行一系列旨在让保甲"收编"里甲的改革，其中最关键的改革内容是"顺庄法"："如一人有数甲数都之田，分立数名者，并为一户；或原一户而实系数人之产，即分立的户花名；若田亩未卖，而移住他所者，于收粮时举报改正"[6]；"从前各图限定田数，立为十甲，分派值役。今按住居顺庄，不拘田数多寡。所有

---

〔1〕《清朝文献通考》卷二二，《职役二》。
〔2〕对这一过程的系统考察参见孙海泉："论清代从里甲到保甲的演变"，载《中国史研究》1994年第2期。
〔3〕（清）李渔：《资治新书二集》卷一二《文告部》，载顾高言：《均田示》，浙江古籍出版社1991年版。
〔4〕《皇朝经世文编》卷三三，《户政》，佟凤彩：《沿河民困四事疏》。
〔5〕台湾《"中央研究院"历史语言研究所现存清代内阁大库原藏明清档案》A31-83（4-1），B175。
〔6〕《清朝文献通考》卷三《田赋》。

原图十甲名色，尽行革除。"[1] 顺庄法要求以人户现居村庄为编查依据，散落各地的田亩，一概统归户主名下，登册纳粮。同时公开废除里甲组织十甲轮役的做法，革除粮长、现年等十甲名色。顺庄法打破了里甲组织对土地与人户的限制，使乡村居民的组织方式从原来的里甲组织转变为以自然村为基本单位的组织。顺庄法实行后，负责编查与管理人口的保甲组织地位日益上升，并取代里甲组织的赋役职能。此后，清代州县以下普遍实行的就是这种集赋税征收、社会治安与人户编查等职能于一体的保甲制度。

清代的保甲不仅在组织结构上不同于明代创立的里甲，而且它所执行的各种职能也突破了历代保甲的传统职能，从单纯的以维护社会治安为主要责任的组织，转变为执行地方各种公务，统治乡里，承应官府的综合乡治组织。这种建立于村庄之上、落实于人户之中的保甲制度，成为清代后期有力的乡村治理组织。对此闻钧天在《中国保甲制度》中总结说："乾嘉以前之里甲制，与乾嘉以后之保甲制，实为完成清代整个保甲制度之两个阶段。前后相互关系，固不可分离，且其性质与作用亦非绝然相反。盖在里甲制未行以前，固有总甲之制存在，在里甲制既废以后，亦复有图保甲里社之名称代兴，是乾隆以来，所申定之保甲法者，实不过仍旧制而加以整饬。"[2]

(3) 晚清团练的出现。至十九世纪下半叶，中国急剧变化的社会环境为乡村权力结构的变迁提供了新的动因[3]。保甲在组织形态、社会属性、角色地位、结构功能、权力意义等方面均发生显著变化，其中的变化之一就是出现了保甲和乡约的军事版本——团练。

团练原本是中国非常古老的民兵组织，源头可溯至周朝的什伍制

---

〔1〕（清）高国楣：《平湖县志》卷五《食货》，"顺庄规条永遵碑记"，乾隆十年（1745年）刻本。

〔2〕 闻钧天：《中国保甲制度》，上海书店1992年版，第205页。

〔3〕 十九世纪中期清朝统治陷入内外双重夹击之中：国内太平天国运动和捻军起义接踵而来，动乱步步升级；国外有西方列强虎视眈眈，先是向中国输入鸦片，后是以炮舰轰开中国门户，中国沦为半殖民地半封建社会的苦难历程从此开始。在此背景下，中国的乡村社会也受到了极大冲击，包括保甲在内的各种民间组织都遇到棘手的功能性障碍。在内乱冲击最严重的地方，如广东、湖南、贵州等省开始兴办团练。

度，清代以前主要是乡绅自行征集壮丁编制成团，施以军事训练，用以捍御盗匪、保卫乡土的民间武装。唐代设有团练使一职，类似自卫队队长。宋代置诸州团练使，苏轼就曾任湖北黄州的团练副使。十九世纪初爆发川楚教乱[1]，当时八旗军、绿营军严重腐化，扰民有余，御敌不足，四川省合州知州龚景瀚上奏《坚壁清野并招抚议》，建议设置团练，令地方绅士训练乡勇，清查保甲，坚壁清野，地方自保，经费自筹自用。清廷接受这一建议，谕令地方举办团练，但团练组织真正形成规模是在十九世纪中期太平天国革命爆发之后，咸丰三年（1853年）清王朝谕令各省普行团练，由"各省同乡京官各就本籍人员，无论何官及在京在籍，择其品行端方、才具明练者，每省公保数人"[2]，授之以兴办团练之任。兴办团练的一般办法为：先清保甲，次抽壮丁，团之以民，申之以练。团练从保甲组织中衍生而来，以保甲组织为基础，因此它与保甲组织在编制形态、基本职能等方面有一些相似甚至重合的地方。但团练绝不是保甲的简单翻版，它与保甲的最大不同之一是它在"团其身必先团其心"的思想指导下与乡约组织有机结合[3]，它对环境的适应能力及其对社会的整合强度不是保甲组织可以相比的。团练也因此很快发展成为乡里社会权力系统中的一支劲旅，当时的湘军、淮军都是以团练为基础建立起来的。团练的兴起使保甲出人意外地觅求到了一种借以度过一时难关的新形式，但也为后来的军阀割据埋下了伏笔。光绪二十四年（1898年）清廷命各省团练仿效西方国家训练民兵之法，以乡团为民兵，轮番编练，维持至清末。

（三）明清乡里组织的形式

1. 里甲。

（1）里甲的组织。明清时期里甲的标准组织结构是：以邻近地区的一百一十户为一里，从中推丁多田多的十户轮流充当里长，余一百户分

---

〔1〕 即川楚白莲教起义，清朝中期爆发于四川、陕西、河南和湖北边境地区的白莲教徒武装反抗政府的事件，川楚教乱标志着清朝走向衰落的开始。

〔2〕 汤成烈："屯练篇"，载（清）葛士浚辑：《皇朝经世文续编》，文海出版社影印本1979年版，第2318页。

〔3〕 本节下面的"团练"和"乡约组织"部分有专门讨论。

十甲，每甲十户，轮流充当甲长。每年由里长一个率领十甲甲首应役。值役的称"当年"，轮次的称"排年"。十年轮流一遍，期满后按各户人丁和田亩增减重新编排。里甲人户载于黄册，遇有差役凭册派充。鳏寡孤独和无田产不服役者代管于一百一十户之外，列在册后，叫"畸零"。里甲的重要特点是其划分以人户数量为标准，不完全以自然村为单位。里甲组织除设置里甲长外，另外还推举若干"老人"（又称"耆老"、"里老"或"里老人"）负责乡治，职责与里甲长主要负责催粮科差不同，但他们都有劝民息争和解决纠纷的责任，所谓"导民善、平乡里争讼"[1]。《教民榜文》规定："其老人，须令本里众人推举平日公直、人所敬服者，或三名、五名、十名，报名在官，令其剖决（词讼）。"[2]

明清时期的里甲组织，名称比较繁杂，有些地方"乡里日少而都图日多"[3]，也就是说有些地方后来称里、甲的越来越少，而称都、图的越来越多。如明代浙江省台州府黄岩县的乡里组织是"乡—都—图"三级，清代雍正时期全县有五十都、七十一图[4]；浙江省温清州府平阳县的乡里组织是"都—图—甲"三级组织，明中期有五十五都、二百五十二图，每甲辖地三百亩[5]。下面要讨论的沙堤乡约所在的沙坝（即沙堤）村，即属于广东增城县绥宁甘泉都。清代见之于方志等文献的里甲名称有镇、保、都、庄、乡、村、里、图、甲、社、约、堡、寨等几十个。民国学者杨开道在《中国乡约制度》里考列了清代一些地方的乡里组织名称：江阴县是镇、保；象山县是乡、都、村；尉氏县是甲、村；南通县是乡、都、里；杞县是社、庄（村）；宝山县是乡、都、图；临颖县是保、里；忻州县是乡、都、村（庄）；定州县是约、村；长城

---

[1]《明史·食货一》。

[2] 刘海年、杨一凡：《中国珍稀法律典籍集成》（乙编第一册），科学出版社 1994年版，第 635~645 页。

[3] 杨开道：《中国乡约制度》，山东乡村训练服务处 1937 年刊本，第 19 页。

[4] 田涛等：《黄岩诉讼档案及调查报告》（上卷），法律出版社 2004 年版，第 10 页。

[5] 江士杰：《里甲制度考略》，上海书店 1992 年版，第 39 页。

一带还有"堡"、"寨"之类。[1] 此外元朝社制[2]在某些地方仍然存在。如河北《雄县乡土志》说雄县某地在"明初分十二社、七屯,……社为土人,屯为迁民。嘉靖四十年知县鲁直另编十二社,而以七屯并入。每社十甲,分统本社各村里"。[3] 这就是说河北雄县的乡里组织在明初是社或屯,社是原住民组织,屯是移民组织,到明中叶土著与移民已经混杂起来,屯的建制已无必要,一律归并于社。"社"在这里相当于"里"。

例一:明代中期〔隆庆四年(1570年)至万历二年(1574年)〕福建省泉州府惠安县的乡里组织是"乡—里—都"三级区划。具体区划见下面表1-1。

表1-1 明代惠安县乡里组织结构[4]

乡(4个)	里(18个)	都(编号)(34个)
文质乡	平康里	1、2
	崇德里	5
	祥符里	28、29
	延寿里	30、31
	温陵里	32
	安仁里	33、34
行满乡	安民里	19、20
	长安里	21
	太康里	22、23、24
	守节里	25、26、27

---

[1] 杨开道:《中国乡约制度》,山东乡村训练服务处1937年刊本,第19页。
[2] 元世祖(忽必烈)至元七年(1270年)规定"县邑所属村庄,凡五十家立一社,择高年晓事者一个为之长。增至百家者,别设长一员。不及五十家者,与近村合为一社。地远人稀,不能相合,各自为社者听。其合为社者,仍择数村之中,立社长官司长以教督农民为事"。参见(元)王祯:《农书》卷三《锄治篇第七》。
[3] 刘崇本:《雄县乡土志》"地理"第十,光绪三十一年铅印本,第1页。
[4] 据(明)叶春及:《惠安政书》,福建人民出版社1987年版,第66~67页原表改制。

(续表)

乡（4个）	里（18个）	都（编号）（34个）
忠恕乡	德音里	6、7、8
	光德里	9、10
	待贤里	11
	民苏里	12、13
信义乡	归化里	3、4
	尊贤里	14、15
	同信里	16、17
	礼兴里	18

例二：清代浙江省绍兴府诸暨县的乡里组织是"乡—都—图"三级，每图包括一个或多个自然村，下表是具体的组织结构情况[1]：

表1-2 清代诸暨县乡里组织结构

乡（25个）	都（所辖都号，共85都）	图（图号）	自然村
紫岩乡	60、61、62、63	资料暂缺	资料暂缺
义安乡	8、9、附9		
概浦乡	10、11、12		
花山乡	3、4、5、6、7、附7		
灵泉乡	13、14、15、16		
开元乡	2、附2		
陶朱乡	1、附1		
诸山乡	7、8、9		
安俗乡	70、71、72		
金兴乡	31、32、33		

---

〔1〕 据陈炳荣：《枫桥史志》，方志出版社2005年版，正文前彩页《明清时期乡都设置示意图》改制。

(续表)

乡(25个)	都(所辖都号,共85都)	图(图号)	自然村
天稠乡	28、29、30、附30		
同山乡	20、21、22		
超越乡	25、26、27、附27		
长浦乡	23、24、附24		
花亭乡	45、46、47、附47		
龙泉乡	35、36、37		
孝义乡	41、42、43、44		
开化乡	38、39、40		
西安乡	64、65、66		
泰北乡	67、附67		
泰南乡	68、69、附69		
长宁乡[1]	48	一图	章坞、山蕉坞、邵家坞、岩畈等13个
		二图	王家宅、王村、牯牛堰、小坑等15个
	49	一图	顾家坞、陈昂、朱村、黄大畈等7个
		二图	溪东、石砩、大桑、栅里坞等12个
	50	一图	泂村、沿溪、大叶村、桥亭等21个
		二图	郭店、杨村、汤家山、俞村象山等7个
大部乡	51	一图	五显桥、孔家、邓家、蔡村等16个
	52	一图	江口、岗下、石头坑、护家洞等23个
	附52	一图	前畈、山口、桃岭、上杨、后畈等7个

---

〔1〕 以下四乡相当于今天枫桥区所辖的四乡。参见陈炳荣：《枫桥史志》,方志出版社2005年,第67~68页。

(续表)

乡(25个)	都(所辖都号,共85都)	图(图号)	自然村
长埠乡	53	一图	下彦1个
		二图	上金、下湖、后金、庐墓等10个
东安乡	54	一图	枫树、葡萄棚、四面厅、上下杨等11个
		二图	枫桥、会龙桥、柏树桥、大园等8个
	55	一图	大溪、石峡、水阁、石岭等29个
	56	共二图	屠家坞、杨坞、下村、下傅等34个
	57	一图	小泉桥、骆家桥、九里、上下张等14个
	58	一图	虞村、宜仁、古塘、下宣等13个附
	附58	一图	里外包村、李家、马湖、蔡村等12个
	59	一图	茶山、杜黄、珠塘、金龙桥等9个

（2）里甲长。里甲长的基本职能是负责征纳赋役、应付官差。《大明律》第八十九条、《大清律例》第八十三条规定："凡各处人民，每一百户内，议设里长一名，甲首一十名，轮年应役，催办钱粮，勾摄公事。"明代里甲长起初只担任传达公事，催征税粮，后来官府聚敛繁苛，凡祭祀、宴飨、营造、馈送等费，都要里甲供应，以致最后里甲因此形成明代三大徭役（里甲、均徭、杂泛）名称之一[1]。里甲长的次要职责是与里老人一起负责乡里的行政（包括治安）、教化、解纷等自

---

[1] 参见本书第一章第三节"明清时期地缘社会的职能"。

治事务。

（3）里老人。里老人是里中推举出来负责本地自治事务、年高有德有威望的耆老（老人或里老人），有点像英国中世纪郡守时期（十至十四世纪）的"治安法官"。[1]

第一，里老人的选任。里老人的人选由公众认定，一里中可以有多人，但其资格由法律规定。《教民榜文》第三条规定："其老人，须令本里众人推举平日公直、人所敬服者，或三名、五名、十名，报名在官。"第四条规定："年五十以上，平日在乡有德行、有见知，众所敬服者……有年虽高大，但见识短浅，不能辨别是非者，亦置老人之列，但不剖决事务。"《明会典》规定里老人必须是"年高有德"、"公正可任事者"、"众所信服者"。[2]《大明律》和《大清律例》的《户律·户役》规定耆老"须由本乡年高、有德，众所推服人内选充。不许罢闲吏卒，及有过之人充应。违者，杖六十。当该官吏笞四十。"由此可见，里老人选任的资格和程序都有一整套办法：其一，必须是本里中五十岁以上的年高者；其二，德行高尚，办事公道；其三，见多识广、办事能力强。由于里老人有审理民间纠纷的法定权力，所以国家特别规定对于那些没有见识、不能办事的人，即使列属老人之列，也不能参与纠纷的审理；对于那些有犯罪经历及行事不正、倚法为奸的老人即是有才能，也不能入里老之列，更不能出任诉讼及纠纷解决"委员会"的成员；其四，"每里各推"、"众所推服"，即为众人所推举；其五，"报名在官"，即经过官府备案和核准。

第二，里老人的职责。里老建制的目的是在民间建立起一个以里为单位的，能够自给自足的、秩序安定的社会组织形式。里老人作为"老人之役"这一特殊社会义工的应承者，其职责或义务非常宽泛，这些职责主要规定于《教民榜文》之中，主要有治安管理、普法宣教、旌善惩恶、理断纠纷、劝督农课、组织兴修水利、监督地方官吏等等。其中治安管理即纠查地方盗贼、逃军、逃囚及生事恶人，负责户口工作；旌善

---

[1] 参见本书第九章第一节。
[2] 《明会典》卷五一《民政二》。

惩恶、理断纠纷即《明史》所谓"导民善、平乡里争讼"[1]。"劝民为善"包括行使教化权和一定的制裁权,如行使申诫罚("书邑人之恶者以瘅之",即提出告诫和谴责)、行为罚(责令作为或不作为)、人身罚("许用竹篦荆条,量情决打")等处罚权力;"听一里之讼"包括"果决是非"的调解、仲裁、裁判等义务或权力。[2] 劝督农课即督促里众按时耕种、广种经济作物、养蚕等。《教民榜文》第二十九条规定:"百姓……各宜用心生理,以足衣食。每户务要照依号令,如法栽种桑株枣柿棉花。每岁养蚕,所得丝绵,可供衣服;枣柿丰年可以卖钞使用,遇俭年可当粮食。……里甲、老人如常提督点视。敢有违者,家迁化外。"对于不听老人劝督之人,老人有决责权。《教民榜文》第二十四条规定:"各该里中老人劝督。每村置鼓一面,凡遇农种时月,五更擂鼓,众人闻鼓下田,该管老人点闸。若有懒惰不下田者,许老人责决。务要严切督促,见丁着业,毋容惰夫游食。若是老人不肯劝督,农人穷窘为非,犯法到官,本乡老人有罪。"里老有组织里众兴修水利的职责,《教民榜文》第三十条规定:"民间或有某水可以灌溉田苗,某水为害可以提防,某河壅塞可以疏通,其当里老人会集踏看,丈量见数,计较合用人工,併如何修筑,如何疏通,定夺计策,画图贴记,赴京来奏,以凭为民兴利除害。"

(4) 里老人与里长的关系。里老人和里长同是里甲中的管理人员或主要负责人,但里长主要属于役政系统,老人主要属于狭义的乡治系统。两者的制度安排也有一些不同。首先是组成人数不同,里老是"委员会"制,每里的里老通常在三名以上十名以下,里长则只有一人;其次出任条件不同,里老(耆老)相对于里长等人来说,算是乡治的专职人员,所以出任条件较高,而里长的出任条件主要是一里中丁粮税最多的十户民户家长,年龄和道德品质并不是主要的要求。

里老人和里长在工作中是分工合作的关系。乡里事务由里甲长与里老人共同完成,二者的职责有重叠之处,如理剖词讼,里老在审理诉

---

[1]《明史·食货一》。

[2] 本节所引《教民榜文》均参见刘海年、杨一凡:《中国珍稀法律典籍集成》(乙编第一册),科学出版社1994年版,第635~645页。

讼、解决纠纷时，经常是二者联合办案，实行合议制度。现实中有时里长同时也可以出任里老。因为乡里年长有才有德有威望者，往往同时就是乡里丁粮多的富户家长，这些家长大多是乡绅。

里老人有监督里甲长的权力。《教民榜文》规定里老人有权不定期地向官府汇报里甲长在乡里的表现，而且凡里甲犯法，许"老人指实"，并绑缚"赴京具奏"[1]。朱元璋甚至时常把老人们请到京城（南京），向他们了解乡里社会状况。在朱元璋看来，里甲长容易贪蠹，而里老人则多能谨言慎行。

2. 保甲。明清时期的保甲经历了一个从"乡守"到"乡治"——从明代的治安联防组织（民兵组织或警察组织）到清代变成综合性的乡治组织——的性质变化。这里主要介绍作为综合乡治组织的保甲。

（1）保甲的组织。保甲制度是组织更加严密、高度排外的乡里组织。其标准结构是："十户立一牌，设一牌头；十牌立一甲，设一甲头；十甲立一保，设一保正。若村庄人少，户不及数，即就其少数编之"[2]；所有居民住户必须全部编入，"不论绅衿衙役，一体编入甲内，不得循庇隐漏"[3]。这里采用十进率三级制的编制形式，牌、甲、保的户数分别是十户、一百户、一千户的规模，首领分别是牌头或牌长、甲头或甲长、保正或保长。保甲与里甲一样，都是以人户数量为依据而不是以自然区域（村落）为依据而划分形成的社会组织，与里甲不同的是，保长等各级首领是民众推举而不是轮值的，而且"俱选庶民，'青衿'、'衙役'勿使充任"[4]。保甲组织的结构并未随性质或功能的变化而变化。

保甲不按自然地理区划编排，并且一般不让乡绅、衙役充任保甲长（这一规定在实践中并示被认真执行），这些制度安排的初衷是让保甲组

---

[1]（明）申时行等：万历《明会典》，台湾新文丰出版公司1976年版，第357页。
[2]《清世宗实录》卷四六。
[3]《光绪朝鱼台县志》，第2651页。
[4] 黄强：《中国保甲实验新编》，正中书局1936年版，第137页。"青衿"即青色交领的长衫，是古代学子和明清秀才的常服，这里借指在科举考试获得功名（生员、秀才、举人、贡士等）的乡绅。

织绕开乡村自然区位系统、摒斥乡村原有权威力量的干扰，同时不让保甲组织直接与国家官僚体制和政权系统衔接，从而赋予保甲组织一种特立独行的身份，使之成为平衡乡村权力的力量。官方的这种想法有不少空想因素，所以在实施保甲法的困难和阻力面前，清政府采取了许多变通举措，比方说打破十进制的编排规制，尽量与乡村的自然区划和行政分区靠近，所谓"编牌以十家为常，或多少参差，附近合编，亦不拘一"[1]。这样一来，保甲组织在形式上又更容易成为综合乡治组织。

保甲组织是一种强性控制机构，具有准军事组织的特征，这一特征表现为两个方面：首先，其主管机构[2]大体上都属于军事系统。保甲最初（顺治初年至乾隆三年）隶属于兵部，后（乾隆四年至嘉庆年间）移属于户部，其后（咸同间至光绪初年）又归属于步兵统领与兵马指挥使，最后（光绪中期）设立保甲局，仍成专一之系统[3]。至清末新政始，保甲局撤废，代之以近代政制意义的警察制。其次，其基本职能的支点始终是维持地方治安。与建立在调整居民利益关系基础之上、并以双向作用为特点的民间内生型权力组织（如里甲）不同，保甲组织建立在对于居民完全"猜疑"或敌视的基础之上，采取的是一种单向性的作用机制。

（2）保甲长。对保甲执事人员特别是保甲长的充任资格和选任办法国家有明确规定。其一，保甲长须是德才识兼备及家道富有者。乾隆二十二年《户部则例》第三条规定：保甲长由"士民公举诚实、识字及有身家者，报官点充"[4]；《刑部条例》第二条规定："编排保甲保正甲长牌头，须选勤慎练达之人点充，如豪横之徒，藉名武断，该管官严查究革，从重治罪"[5]。也就是说，保长、甲长、牌头，由所在地的居

---

[1] 张惠气："论保甲事例书"，载（清）贺长龄等：《皇朝经世文编》，文海出版社1972年版，第2650页。

[2] 保甲组织与中央主管机关的关系，大致相当于今天大陆民间社团与民政部的关系。

[3] 闻钧天：《中国保甲制度》，商务印书馆1936年版，第262页。

[4] 一凡藏书馆文献编委会编著：《古代乡约及乡治法律文献十种》（第二册），黑龙江人民出版社2005年版，第20页。

[5] 一凡藏书馆文献编委会编著：《古代乡约及乡治法律文献十种》（第二册），黑龙江人民出版社2005年版，第36页。

民"公举"本地德才识兼备及家道富有者担任，呈报地方官备案或任命。公举的权力属于每户，而不是每个村民；而"报官点充"则须由当地的士绅和乡贤共具"保结状"；本人具"认充状"，自述年岁、原籍、家室及生理；由厅置差役检验真伪上报；传被举人赴署当面验看答对；答对无误，即准认充，发给执照和印章。保甲长的任期也有专门规定，所谓"限年更代，以均劳逸"[1]，一般是牌长、甲长三年一届，保长一年一换。其二，"俱选庶民，'青衿'、'衙役'勿使充任。"[2]也就是说，牌长、甲长和保长都由普通百姓担任，在科举考试取得功名或学位的乡绅、衙门里的差役可以不担任。不过在实践中乡绅担任保甲长的并不鲜见。其三，保甲长的别称。保甲长有很多异称，如有的地方分别称保长和甲长为"里耆"和"甲耆"，"保董"和"甲董"，有些地方将他们通称为"地保"[3]、"乡保"等等。乾隆时浙江兰豁（今兰溪）知县王凤生在《保甲事宜》中将牌头、甲长和保长分别改称牌耆、甲耆和里耆。之所以改"长"为"耆"，是因为"长"在习惯的称呼中有卑贱之意，"里甲长名目已古，本系尊称第，近人每谓地保为保长，遂以此名为卑贱，今本县酌改长字为耆字。"[4]晚清江苏金山县《保甲章程》中将牌头、甲长和保长分别改称牌董、甲董和保董。第二条规定："牌长、甲长、保正，各名目近多有以鄙贱为不屑当者，今易其名曰牌董、甲董，特示优重。"[5]

（3）保甲的职能。保甲的职能在历史上始终处于变化之中。"安石

---

[1] 一凡藏书馆文献编委会编著：《古代乡约及乡治法律文献十种》（第二册），黑龙江人民出版社2005年版，第20页。

[2] 黄强：《中国保甲实验新编》，正中书局1936年版，第137页。

[3] 马克斯·韦伯说："这种自治官（地保）应当在上级政体与自治体之间建立联系，不管在哪里，只要这种制度发挥着职能，地保总要在县太爷府里呆上些时候，为的是给他通气。"参见［德］马克斯·韦伯著，王容芬译：《儒教与道教》，商务印书馆1995年版，第148页。

[4] 一凡藏书馆文献编委会编著：《古代乡约及乡治法律文献十种》（第二册），黑龙江人民出版社2005年版，第88～89页。

[5] 一凡藏书馆文献编委会编著：《古代乡约及乡治法律文献十种》（第三册），黑龙江人民出版社2005年版，第543页。

始创之制，为减募兵以为民兵而资守助。此所谓寓兵于民之义。……自此以后，其目的之存在，则依使用者之意识为转变，皆无一致之准则。"[1] 但总的变化趋势是从单一的治安功能向综合乡治功能演变。明清时期作为综合乡治组织的保甲，其职能可分为传统职能和新增职能两大部分。

保甲组织的传统职能是民间地方的治安联防。清代《刑部条例》规定："凡甲内有盗贼、邪教、赌博、赌具、窝逃、奸拐、私铸私销私盐西面、贩卖硝磺，并私立名目、敛钱聚会等事，及面生可疑、形迹诡秘之徒，责令司司（即保甲组织）查报，户口迁移登记并责随时报明，于门牌内改填，换给门牌"[2]，实际的任务并不止于此："一州一县城关各若干户，四乡村落各若干户，给印信纸牌一张，书写姓名、丁男、口数于上，出则注明所往，入则稽其所来。面生可疑之人，非盘诘的确，不许容留。……无事互相稽查，有事互相救应。保长、牌头不得借端鱼肉众户。客店立簿稽查，寺庙亦给纸牌。月底令保长出示无事甘结，报官备查，违者罪之。"[3] 保甲内部实行有条件连坐制度："十户之内有一户作奸犯法，九户即据实禀报，立即讯办，与九户无涉。倘敢徇情隐匿，一经发现，九户则照例连坐。"[4] 可见保甲之治安联防职能主要在两个方面：一是户口管理、人员控制，使高度分散的乡里居民整体上纳入国家控制体系之中，达到"制一人足以制一家，制一家亦足以制一乡一邑"[5] 的奇效，实现"稽其犯令作匿，以保安息之政"的目的；二是相互监视，共同担保，以"节节相制，彼此相保"[6] 的株连方式，强制平民百姓之间横向监视，保证各自遵纪守法。

保甲组织新增职能的发生，也就是保甲组织突破传统职能的过程是

---

[1] 闻钧天：《中国保甲制度》，上海书店1992年版，第27页。

[2] "皇朝政典类纂·刑部条例"，载沈云龙主编：《近代中国史料丛刊》，文海出版社1989年版（影印本），第21页。《清史稿·食货志一》中也有类似记载。

[3] 《清朝文献通考》卷二二，《职役考二》。

[4] 一凡藏书馆文献编委会编著：《古代乡约及乡治法律文献十种》（第三册），黑龙江人民出版社2005年版，第539~570页。

[5] 闻钧天：《中国保甲制度》，商务印书馆1936年版，第14页。

[6] 黄强：《中国保甲实验新编》，正中书局1936年版，第15页。

从谨慎介入和分割乡里事务开始的，最后成为可以总体处理乃至主宰乡里事务的综合性乡治组织，其职能也发生了重大变化："其在国家政治上认为有积极意义之任务者，即抽丁、纳粮、纠察、自卫、火盗、人口等事是也；其在教育上认为有重大意义之任务者，则为劝农、尚武、兴教等事是也。"[1] 这就是说除了治安管理之外，还有催征钱粮、地方役务、教化解纷等职能。清代地方官徐栋发出感慨："保甲法甚约，而治甚广。阳明先生谓循此而润色修举之，则一邑之治可以不劳而致。谅哉言乎议者，往往专以为弭盗设，盖亦未之思矣！"[2] 意思是说，保甲的制度简约，但功能强大，可惜很多人未能充分认识到这一点。

(4) 团练：保甲和乡约的军事版本。团练是清政府在突然发生的社会动荡面前，正规军队衰朽不堪、不足凭恃的情况下，仓促应急的产物。团练是保甲和乡约在特定时期的变种形式或军事化版本。寓团练于保甲，"由保甲而扩充团练，勒团练而无费保甲"[3] 始终是官方倡办团练所坚持的基本原则。乡约与团练的关系，我们将在下面的"乡约组织"部分专门讨论。这里我们先讨论保甲向团练演变的过程。

第一，团练的组织。团练的编制以保甲组织为基础。南方的城镇和乡村分别以坊和都图为基层单位。一般是十户为牌，十牌为甲，十甲为保，合二三保或数保为一团。各户皆出壮丁，平时训练，有事出战。团丁不脱离生产，经费由地方公摊。团练置团总一人，团副数人。团总由民众公选，实由乡绅把持。团练的编制往往因地而异。四川省梁山州、山西省大同府广灵县等地方的团练编制实行与保甲制相同的三级制[4]：牌（牌头或牌长）—甲（甲长）—保或团（保长或团长、团总）；湖北省施南府咸丰县徐鼐所办团练是四级编制[5]：牌（牌头）—甲（甲

---

[1] 闻钧天：《中国保甲制度》，上海书店1992年版，第27页。
[2] 一凡藏书馆文献编委会编著：《古代乡约及乡治法律文献十种》（第二册），黑龙江人民出版社2005年版，第13页。
[3] 邓华熙："寓团练与保甲谨陈大概办法疏"，载（清）王延熙等编：《皇朝道咸同光奏议》，上海久敬斋1902年版，第2839页。
[4] 分别参见《皇朝经世文编》卷八九、光绪《广灵县补志》卷六。
[5] 徐鼐：《未灰斋文集》，文海出版社1970年版，第271、282页。

长)—保(保正)—大团(团总);云贵总督丁振铎所办团练为五级编制[1]:牌(牌长)—甲(甲长)—保(保长)—团(团正)—团总。团练的组织与保甲有两大不同:一是团练的编制规模较保甲组织有所扩大;二是团练编制的数率原则打破了保甲采取的十进率三级制。

第二,团练的职能。与保甲组织一样,团练不仅有维护民间地方安全的重任,而且具有处理乡村治理一揽子事务的全权,这些事务包括:征集维护乡土安全和维持日常所需的人力、物力、财力资源;在保证安全的前提下,协调乡村其他事务的完成;确定乡村教化的内容并为其提供操作策略等等[2]。国家倡办团练的出发点不过是"辅兵力之不逮",应付一时的紧张局势,而绝非要通过它来取代保甲,并进而更新保甲的权力实质。但在事实上,随着团练对保甲的吞并,团练已经成为取代保甲的乡治组织,只不过二者的作用方式有重大区别。保甲的基本功能在于强制里族乡邻之间互相监视,所以其重心在"分",即"分之极其细而不紊"[3],以对个体的分而治之为出发点,强调以点带面、以面带体的策略塑造其整个功能系统,它要达到的实际效果就是化解乡里社会力量,所以保甲编联的起点是户,由户及牌,由牌及甲,由甲及保,层层向上延伸。而团练更看重"亲邻闾里,同患相恤,其赴救愈坚"的利用价值,更关注对乡村散在力量的归拢和聚集,所谓"聚中有散,分中有合,聚者其形,散者其势","聚其形而散其势,合其事而分其情"[4]正是团练的灵魂所在。与之相适应,团练在编联时,先划团界,因地制宜地确定各团练区域的大小和范围,然后再借助保甲组织向下加以逐层细化。

第三,控制力量。在现实中,团练和保甲均以乡绅作为保证其结构功能顺利发挥的基干力量,乡绅在其中都以政权与民户间的中介的身份

---

[1]《清朝续文献通考》卷二一六。

[2] 参见王先明、常书红:"晚清保甲制的历史演变与乡村权力结构",载《史学月刊》2000年第5期。

[3] 李光型:"保甲说",载(清)贺长龄等:《皇朝经世文编》,文海出版社1972年版,第2637页。

[4] 王应孚:"团练论上",载(清)葛士濬辑:《皇朝经世文续编》,文海出版社1979年版(影印本),第2277、2283页。

出现，但是乡绅在这两个权力链中的作用是不一样的。保甲制度中绅权受到官方的牵制更大，而团练的办团士绅虽由民众推举、中央简派，但团练的组织与运作基本上由士绅决定，他们往往建有自己的办公场所团练局，表面上是官总其权、绅董其事，实际上士绅往往有操纵团练的大权，官权的渗透力微乎其微，以致有些地方团练抓住一个盗匪送官后，团练说"杖之"，地方官便杖之，说"斩之"，地方官便斩之。[1] 一句话，保甲中是保甲控制乡绅，而团练中是乡绅控制团练。团练的这种变化"反映了清政府在当时历史情境下不得不在政权意义上承认士绅权威的无奈"[2]。

　　团练和保甲都是官督民办的民间基层组织。团练作为特定情况下乡土权力束聚的产物，更多地考虑地缘、血缘因素，忠实地代表乡土利益。团练的出现使国家与社会的关系发生了某些变化，这主要表现在国家在一定程度上向基层社会让渡了部分权力，国家对乡里社会的干涉和影响被大大地弱化了。保甲组织作为乡里视野中的权力实体之一，完成了其在近代乡村权力舞台上的第一次角色转换。

　　保甲法在行世时人们即毁誉不一。道光年间湖北省武昌府咸宁县县令李炜讲："世之言保甲者，非涉于迂阔即蹈于繁冗；而世之行保甲者，非苦于纠纷即嫌于遏抑。"[3] 意思是说，评价保甲制的人，对保甲制的评价往往不是显得迂腐而不切合实际，就是显得繁杂冗长而不得要领；而实施保甲制的人，在实践中不是苦于是非扰扰、无所适从，就是感到阻力重重、制肘压抑。但从历史实践来看，它在总体上仍是有效的乡治工具，对此道光时江苏省川沙厅同知何士祁说："保甲不但可弭盗也，稽田赋，则钱粮不能欠，田土之案无虚假矣。稽人口，则男女不能淆，婚姻之案无支饰矣。推之命案之邻佑有确凭，不致择肥拖累。服制之案

---

〔1〕 萧公权：《十九世纪之中国乡村》，华盛顿大学出版社1960年版，第301页。
〔2〕 王先明："晚清士绅基层社会地位的历史变动"，载《历史研究》1996年第1期。
〔3〕 一凡藏书馆文献编委会编著：《古代乡约及乡治法律文献十种》（第二册），黑龙江人民出版社2005年版，第6~7页。

有支派，不至平空捏造。而于办灾一事，稽查户口，尤有把持。"[1] 正是因为保甲的这些治世特效与魅力，才使得清政府在地方上"唯保甲是赖"，保甲组织也因此能存续至民国时期。[2]

（四）明清时期乡里组织的职能

明清时期乡里组织的职能在上面已有不少论述，本章第三节还将有所涉及，这里仅作概括说明。作为最重要的地缘社会组织，乡里组织于国家的功能是"如身之使手，干之总条"[3]，有"县令耳目股肱"[4]的作用。《清朝文献通考·职役》中说："（乡里组织）管内税粮完欠，田宅争辨，词讼曲直，盗贼生发，命案审理，一切皆与有责。遇有差役所需器物，责令催办。所有人夫，责令摄管。稍有违误，扑责立加，终岁奔走，稍有暇时。"[5] 可见其职能之广，几乎无所不为。解决民间纠纷是其主要职能之一。清代台湾地区很多街庄（城镇中的汉族移民组织）、乡庄（乡村中的移民组织）等乡里组织[6]的《庄规》规定："各庄总董庄正副责任大端，无非约束庄众、和睦乡邻之事。果能约束有方，所管庄内并无争斗、窃劫、抢掳，及占地、抗租、毁焚等事，一年以上给予功牌，三年以上给予匾额，以示奖励。"[7]

二、乡约组织

乡约组织的推行是中国传统民间自治的重要创新与实践。"（中国）

---

〔1〕 一凡藏书馆文献编委会编著：《古代乡约及乡治法律文献十种》（第二册），黑龙江人民出版社 2005 年版，第 312~313 页。

〔2〕 国民政府于 1932 年 8 月 1 日在河南、湖北、安徽三省颁布《各县编查保甲户口条例》规定："保甲之编组，以户为单位、户设户长，十户为一甲，甲设甲长，十甲为保；保设保长。"实行清查户口，监视居民言行；宣传反动教化；摊派苛捐杂税；强迫劳役，征抽壮丁等四项任务。简称"管、教、养、卫"。1934 年 11 月 7 日起又在它统治的各省市普遍推行。

〔3〕《魏书·食货志》。意思是如同身体指挥手臂，树干控制枝条。

〔4〕 一凡藏书馆文献编委会编著：《古代乡约及乡治法律文献十种》（第二册），黑龙江人民出版社 2005 年版，第 280 页。

〔5〕《清朝文献通考》卷二一《职役》。

〔6〕 参见戴炎辉：《清代台湾之乡治》，台湾联经出版公司 1979 年版。

〔7〕 张磊："清末台湾北部乡治组织的法律考察"，附录一"庄规四则"，中南财经政法大学 2007 年硕士学位论文。

不少朝代为实现对乡村的有效治理，曾制定了相应的法律，并在民间广泛推行以乡民自治、自律为特色的乡约制度"[1]；乡约"于君政官治之外别立乡人自治之团体，尤为空前之创制"[2]。乡约始于宋代，历经元明清，在民国昙花一现之后全面退出历史舞台，历史上存续近千年。

（一）乡约的定义、由来与特征

1. 乡约的定义。这里的"乡约"是中国传统社会中的乡民基于一定的地缘关系，在特定"规约"集结之下、为某种共同目的设立的社区自治组织，是地缘社会的组织形式之一。乡约组织不仅有规范意义上的"规约"作为联合机制，而且有特定的组织形式，如有相对固定的约众，有约正、约副等负责人员，有供定期集会用的约亭、约所等。日本学者寺田浩明说："所谓的'乡约'，一方面从'乡里之约'或'犯约'等语也可看出属于规定了一定范围内成员在伦理上相互督促和生活上相互扶助等义务的规范、规约；同时在另一方面，从'情愿入约'、'同约之人'和'出约'等关于成员资格的三种典型状态看来，乡约也指有领袖、有成员名单、有内外之分的一种具体组织。将两方面合起来看，则可以说乡约的实体就是由集结在一定的规范之下、愿意遵守该规范的人们所构成的一种集团或组织。"[3]

"乡约"一词在历史上的使用非常杂乱，除了上述乡村特别社区组织这种"社会"意义上乡约之外，往往还另有所指。为了消除可能的歧义，我们这里对其他几种"乡约"的意义及其与本著所谓"乡约"的关系稍加梳理和辨析。这些"乡约"主要有：其一，乡规民约[4]。这是规范意义上的乡约，是乡约的本义。"乡约"的字面意思就是"乡规

---

[1] 一凡藏书馆文献编委会编著：《古代乡约及乡治法律文献十种》（第一册），黑龙江人民出版社2005年版，"序言"。

[2] 萧公权：《中国政治思想史》（下册），台湾联经出版社1982年版，第570~571页。

[3] [日] 寺田浩明："明清时期法秩序中'约'的性质"，载 [日] 滋贺秀三等著，王亚新等译：《明清时期的民事审判与民间契约》，法律出版社1998年版。

[4] 关于"乡约"与"乡规民约"关系的专门讨论，参见董建辉："'乡约'不等于'乡规民约'"，载《厦门大学学报》2006年第2期。另外，牛铭实的《中国历代乡约》（中国社会出版社2005年版）中把"乡约"与"乡规民约"等同起来。

民约",即同乡同村的人共同制定、共同遵守的各种规约或公约,《辞海》、《中国大百科全书》之类工具书都把乡约解释为乡规民约[1]。乡规民约由乡民自主制定、自愿执行,只有道德舆论的裁判力而没有法律的约束力[2],它是支撑乡村社会秩序的重要行为规范,至今尚存[3]。"乡规民约"与作为社会组织的"乡约"不是同一个范畴的概念,前者是一种社会规范,后者是一种民间组织。此外,二者依存的地缘范围也不同,乡规民约以乡里组织为基础,而乡约则不一定以此为限。作为乡约之组织机制的"规约"是"乡规民约"的一部分,乡约组织是乡规民约发展到一定历史阶段的产物,最早见诸文献有成文"规约"的乡约组织出现于北宋[4],比乡规民约的出现要晚上千年[5]。其二,乡约组织的首领。这是职务意义上的"乡约"。历史文献中的"乡约"经常指代社区意义上之乡约的首领"约长"、"约正"等。例如《儒林外史》第六回:"族长严振先,乃城中十二都的乡约";《东莞县志》卷二十五:"各官排立□次,文左武右,行三拜九叩首礼毕,铺垫列坐地下,

---

[1] 《辞海》就只解释为"同乡的人共同遵守的规约"和"旧时奉官命在乡里中管事的人"两种意思。参见《辞海》(缩印本),上海辞书出版社1999年版,第115页。《中国大百科全书》将"乡规民约"解释为"中国基层社会组织中社会成员共同制订的一种社会行为规范,又称乡约。"参见《中国大百科全书·社会学》,中国大百科全书出版社1991年版,第434页。

[2] 这种乡约的制定,有时候也有官方干预。如果内容与法律规定一致,则产生法律效力。

[3] 中国现行宪法第二十四条:"国家通过普及理想教育、道德教育、文化教育、纪律和法制教育,通过在城乡不同范围的群众中制定和执行各种守则、公约,加强社会主义精神文明的建设。"《村民委员会组织法》(1998年制定)第二十条:"村民会议可以制定和修改村民自治章程、村规民约",惟其"不得与宪法、法律、法规和国家的政策相抵触,不得有侵犯村民的人身权利、民主权利和合法财产权利的内容。"

[4] 《宋史·吕大防传》:"(吕氏)尝为乡约曰:凡同约者,德业相劝,过失相规,礼俗相交,患难相恤。"

[5] 据有关学者考证,"乡规民约"意义上的乡约,其出现应在春秋战国与秦汉之间。1973年出土于河南偃师县的一方《汉侍廷里父老僤买田约束石券》,可能是已知最早的一份乡规民约原件。参见宁可:"关于《汉侍廷里父老僤买田约束石券》",载《文物》1982年第12期。

令乡约于十六条内挨次宣讲四条,讲解谛听"[1],这里的"乡约"都是指乡约组织首领。其三,乡约组织的固定集议场所。这是建筑意义上的"乡约"。有些文献把约众经常聚会集议的约亭、公所也称之为"乡约"[2]。上述各种"乡约"均可见于明清文献。鉴于"乡约"大多被后人约定俗成地理解为一种规范体系,即有意无意地将乡约等同于乡约之"规约",为了不生歧义,我们不妨把作为地缘社会组织的乡约称之为"乡约组织"。

2. 乡约的由来。学界一般认为乡约最早出现于古代中国千年之交的北宋熙宁时代[3]。神宗熙宁九年(1076年)京兆府蓝田县(今属陕西)儒士吕大钧(1031~1082年)和他的几个兄弟在本乡创建了一种以地缘为联结纽带、以规约为组织机制建立起来的新型民间自治组织,其规约和组织在后来都被称为"吕氏乡约"或"蓝田乡约"[4],并成为以后历代乡约的蓝本。研究乡约的早期学者、社会学家杨开道(1899~1981年)讲:"(吕氏乡约)由人民主动主持,人民起草法则,在中国历史上,吕氏乡约实在是破天荒第一遭。"[5]政治哲学家萧公权

---

〔1〕 宣统三年(1910年)《东莞县志》卷二五《经政略四》《典礼下·礼仪内宣讲篇》,转引自杨开道:《中国乡约制度》,山东乡村训练服务处1937年刊本,第293~294页。

〔2〕 曹国庆:"明代乡约研究",载《文史》第46辑,中华书局1999年版,第205页。

〔3〕 乡约起源的说法很多,异于本论的观点有:①可上溯到久远的上古时代,如汪毅夫以下史实为证:近年出土的泉州《重修溪亭约所碑记》所记:"古者乡党闾里各有董正之官、约束士民之所,凡以教孝、教悌,俾人知睦婣任恤之风,而无嚣凌诟谇之习也。是故,里则有门,每弟子旦出暮入,长老坐而课督之。唐宋以后,虽不如古,而城中约所之设犹是,三代教民遗意也。"参见汪毅夫:"明清乡约制度与闽台乡土社会",载《台湾研究集刊》2001年第3期。②乡约源于周礼的读法之典,州长、党正、族师咸以时属民而读邦法。参见曹国庆:"明代乡约研究",载《文史》第46辑,中华书局1999年版;张中秋:"乡约的诸属性及其文化原理认识",载《南京大学学报》2004年第5期。我们认为,上述所谓乡约并不是这里所谓组织意义上的乡约。

〔4〕 其规约《吕氏乡约》,参见陈俊民:《蓝田吕氏遗著辑校》,中华书局1993年版,第563~567页。

〔5〕 杨开道:《中国乡约制度》,山东省乡村建设研究院1937年刊本,第103~107页。

(1897~1981年)推崇吕氏乡约说:"吕氏乡约于君政官治之外别立乡人自治之团体,尤为空前之创制。此种组织不仅秦汉以来所未有,即明初'粮长'、'老人'制度之精神亦与之大异。"[1]

吕氏乡约作为民间自治组织,以乡邻互相劝勉、相助协济、解纷止争为使命,其组织有以下特点[2]:①以自然地缘区域为首要组织纽带。这一特点下面要专门讨论。②有成文"规约"。《吕氏乡约》共有"德业相劝"、"过失相规"、"礼俗相交"、"患难相恤"、"罚式"、"聚会"、"主事"七大部分,前面四部分是主要条款。《吕氏乡约》具有一般乡规民约的基本特征,它用通俗的语言规定处理乡党邻里之间关系的基本准则,规定乡民修身、立业、齐家、交游所应遵循的行为规范,包括过往送迎、婚丧嫁娶等社会活动的礼仪俗规,以及罚则。[3] 中国农村的成训习俗向来是世代相续,口耳相传,从未见之于成文规约,故吕氏乡约可谓创举。③有一套专门的组织机构。《吕氏乡约》规定:"约正一人或二人,众推正直不阿者为之。专主平决赏罚当否。直月一人,同约中不以高下、依长少轮次为之,一月一更,主约中杂事。"即约中需推举正直不阿者一、二人为"约正",负责决是非、定赏罚。每月再以长少为序,选一人为"直月",料理约中杂事。④定期集会。《吕氏乡约》规定"每月一聚,具食;每季一聚,具酒食",以聚会、解决纠纷、赏善罚恶等形式来淳厚风俗,使约众和睦亲爱。⑤公开赏善罚恶。所谓"遇聚会,则书其善恶,行其赏罚"。有善恶行为者,聚会时当众赏罚,并用记录在案的方法督促约民改恶向善,用开除约籍的方法惩罚不可救药者。⑥乡民自愿加入和退出,实行民主自治。《吕氏乡约》规定乡民进出乡约组织,"其来者亦不拒,去者亦不追";乡约领导由约众民主推

---

[1] 萧公权:《中国政治思想史》(下册),台湾联经出版社1982年版,第570~571页。

[2] 参见牛铭实:"从封建、郡县到自治:中国地方制度的演变",载《开放时代》2005年第2期。

[3] 张广修:"村规民约的历史演变",载《洛阳工学院学报》(社会科学版)2000年第2期。

选,约内事务民主协商,"若约有不便之事,共议更易"。[1] 以上特征表明,吕氏乡约组织是乡绅发起和领导、人民自动结合、旨在教育与组织乡民自律的乡村自治组织。明清乡约无不宣称以吕氏乡约为宗,所以"吕氏乡约"的特征也是明清时期乡约组织的基本特征。

吕氏乡约在关中推行没有多久,北宋即被金人所灭,昙花一现的乡约也被人遗忘。南宋朱熹发现了这个乡约之规约,并据此编写了《增损吕氏乡约》,使"吕氏乡约"在一百年后又声名远扬,以致许多地方乡绅效仿吕氏而组建乡约。例如咸淳年间徽州乡绅邱龙友、王英杰等在徽州歙县岩镇"尝立乡社,规以乡约"[2],咸淳六年(1270年)又具奏提请设立社坛,集众同祀,"庶春祀秋报有所因得,于时申明乡约,劝沮臧否,以保年谷丰登,以笃枌榆谊契,下期风俗之淳,上乐圣明之治"[3],结果得到朝廷的肯定与支持。但到了元朝,无论是官方还是民间都不曾重视乡约。明清时期乡约组织得以恢复和振兴。

3. 明清乡约组织是地缘社会组织。乡约,首先是"乡","乡"是地缘因素;然后才是"约","约"是规约。乡约组织是为了一个共同目的(御敌卫乡,劝善惩恶,保护山林,应付差徭等)、以地缘和规约为主要纽带形成的社区自治组织,其中地缘是首要纽带。如果说明代还有与家族组织交叉重叠的乡约组织(如徽州文堂乡约),那么到了清代,乡约则完全跨越族界,成为同居一处的乡民组成的纯粹以地缘关系为纽带的民间组织。乡约组织以自然地缘区域为组织范围,不以县乡行政区划为单位,旨地摆脱官府、自治自主。"从《吕氏乡约》最后规定的'在非同约者遭遇困难时设法伸出援手'这一点还可看出,在乡约集团的周围始终存在着没有进入约内的人们,所以不能说这种集团的范围与整个乡村的范围相重合。"[4] 乡约组织的地缘范围有时可能与乡里区域

---

[1] 以上三段所引《吕氏乡约》,参见陈俊民:《蓝田吕氏遗著辑校》,中华书局1993年版,第563~567页。

[2] 常建华:《明代宗族研究》,上海人民出版社2005年版,第200页。

[3] (清)佘华瑞:《岩镇草志》子集《艺文上》,载《中国地方志集成·乡镇志专辑》(第27册),江苏古籍出版社1992年版,第213~214页。

[4] [日]寺田浩明:"明清时期法秩序中'约'的性质",载[日]滋贺秀三等著,王亚新等译:《明清时期的民事审判与民间契约》,法律出版社1998年版。

重合，但这并非必然。香港学者朱鸿林指出："明代乡约（组织）的地理范围是必定的，虽然这范围的定义和大小都并不统一。中期的乡约，有的以一个行政性质的里作单位而包括若干个自然村落在内，有的则以一个地大人众的自然村（甚至乡镇）为单位而包括若干个行政性质的里在内。但每一个乡约都只计划在一个经过界定的地域内生效，它的地理社区性是鲜明的。"[1]

4. 乡约组织与乡里组织的关系。乡约组织与乡里组织同处于乡村，都是社区自治组织，以致有人常把乡约组织也当作乡里组织，其实二者是有重大区别的：①性质有差异。乡约组织是不以乡里区划为限、一般情况下由约众自愿组建的社区自治组织，而乡里组织是以乡里区划为界限、基层行政色彩较浓的组织。萧公权说："宋明（乡里组织）乡官、地保之职务不过辅官以治民，其选任由于政府，其组织出于命令，与乡约之自动自选自治者显不同科也。"[2] ②形成机制不同。除了共同的地缘因素之外，乡约组织是通过规约凝聚约众，由约众自发组建或官方倡导组建起来的，乡绅在其中起主要作用；而乡里组织是基于行政区划建立起来的，国家在其中起主要作用。③组织方式不同。乡约组织必然有规约，而乡里组织并非必然有乡规民约。④职能各有侧重。乡约组织的首要职能是搞好社区内部治理，所谓"乡人相约，免为小善"[3]，而乡里组织的首要职能是完成政府职役。以乡约与保甲的区别为例，乡约重感化教育，一般不插手保甲事务；保甲重刑律纠查，一般不干预乡约事务。"乡约原为劝民，保甲原为安民。劝善以化导为先，惩恶以究诘为重"[4]；"劝善惩恶，莫如乡约。缉奸弭盗，莫如保甲"[5]；明代苏州

---

[1] 朱鸿林：《中国近世儒学实质的思辨与习学》，北京大学出版社 2005 年版，第 297～298 页。

[2] 萧公权：《中国政治思想史》（下册），台湾联经出版社 1982 年版，第 570～571 页。

[3] 陈俊民：《蓝田吕氏遗著辑校》，中华书局 1993 年版，第 569 页。

[4] 闻钧天：《中国保甲制度》，上海书店 1992 年版，第 183 页。

[5] 一凡藏书馆文献编委会编著：《古代乡约及乡治法律文献十种》（第一册），黑龙江人民出版社 2005 年版，第 169～170 页。

推官周之夔指出:"乡约以训迪之,保甲以稽察之"[1]。雍正时宗人府臣任启运说:"乡约之设,远或数十里,近或数里。凡赌博盗之潜匿者,约长多不及周知,……若保甲之法则不然。……乡约废,则礼让少,而以势相使、以力相争。保甲废,则结报无人,而刁唆告讦之徒皆得以乘其隙"[2],保甲与乡约既有分工,就得各负其责。康熙时两江总督于成龙(1638~1700年)讲:"凡人命盗案勾摄人犯,惟保长地方是问。惟尔乡约,无事则鞠化愚民,有事则密禀"[3];江苏巡抚张伯行(1652~1725年)在《申饬乡约保甲示》中规定:"一切干办地方公事俱系保长责任,于汝(乡约)无涉,差役不得到门,汝彷佛师道,专司教化,努力竭诚,勿滋疑虑。"[4]总之二者构成基层治道系统的两极,对两者关系的经典概括是"牧师与警察"的关系、"相为表里"[5]的关系。⑤存续时间和状态不同。乡约组织可能是时有时无的,而乡里组织则总是有的,只要基层社会存在它就会存在。

乡约组织与乡里组织的分工是相对的(解决纠纷就是二者的共同职责),二者共存相得,共同构成相对完整的乡治组织。明末清初理学家陆世仪(1611~1672年)说:"今之为治者,劝行乡约、社仓、保甲、社学纷纷杂出,此不知为政之要也。乡约是纲,社仓、保甲、社学是目,乡约者,约一乡之人而共为社仓、保甲、社学也。社仓是足食事,保甲是足兵事,社学是民信事。"[6]在他看来,乡约与保甲是一个有机整体,乡约是纲,保甲是目(类似今天的党政关系)。事实上,明清时

---

[1] (明)周之夔:《弃草集》(第三册),江苏广陵古籍刻印社1997年版,第1373、1378页。

[2] 一凡藏书馆文献编委会编著:《古代乡约及乡治法律文献十种》(第二册),黑龙江人民出版社2005年版,第318~320页。

[3] 一凡藏书馆文献编委会编著:《古代乡约及乡治法律文献十种》(第二册),黑龙江人民出版社2005年版,第282页。

[4] 《正谊堂文集》卷三八"告示三",转引自周振鹤撰集、顾美华点校:《圣谕广训集解与研究》,上海书店出版社2006年版,第545页。

[5] 一凡藏书馆文献编委会编著:《古代乡约及乡治法律文献十种》(第二册),黑龙江人民出版社2005年版,第318~320页。

[6] 一凡藏书馆文献编委会编著:《古代乡约及乡治法律文献十种》(第二册),黑龙江人民出版社2005年版,第263~264页。

期的乡约组织与乡里组织除了在明朝初期有短暂的冲突之外，其他时期大都能分工协作、互为表里。明代中后期里甲组织衰落后，乡约一度取代里甲成为乡治组织。乡约与保甲因其较强的互补性而更是始终保持着阴阳互补般的亲密关系。明代中期地方官史桂芳的《题汝南乡约册》云："夫敷教同风莫善于乡约，禁奸止乱莫善于保甲。是二法者盖相表里，会而通之，实一法也。"[1] 从明后期开始，乡约组织渐渐与保甲制结合，以致出现"乡约保甲制"[2] 的新型乡里组织。顺治年间刊行的《歙志》中说："近制，每十家为一甲，十甲为保，十保为一约，约有正副"[3]，可见这里乡约与保甲有合一倾向。徽州有些地方志甚至把乡约一项放在保甲类，并称为"约保"[4]。到了晚清，乡约的规约与"团练"（保甲的军事版本）的关系更是发展成为灵魂与躯壳的关系。历史上曾有陆世仪（1611～1672年）等人设计乡甲完全合一的体制，不过，这一设计始终停留在乌托邦阶段，个中原因值得另行探讨。

（二）明清乡约的演变

明清时期的乡约组织，大致经历了一个从纯粹民办到官方干预与民办并存的变化过程，考察和研究这一过程的学术成果可谓汗牛充栋[5]，下面我们将这一过程分为五个阶段作一简单梳理。这五个阶段是：明代前期人民自发创办乡约，明朝中期地方官倡办乡约，明朝后期中央政府倡办乡约，清代前期（鸦片战争以前）官方督办乡约，清代后期（鸦片战争以后）部分地区乡约的军事化和区域性联合。

1. 明代前期，人民自发创办乡约。这里的前期是指正德十五年（1520年）王阳明公布《南赣乡约》，亦即官方正式插手乡约的创办之

---

[1]《古今图书集成·交谊典》第二八卷，《乡里部·艺文一》。

[2][日]寺田浩明："明清时期法秩序中'约'的性质"，载[日]滋贺秀三等著，王亚新等译：《明清时期的民事审判与民间契约》，法律出版社1998年版。

[3]《歙志》卷六《兵防志》。

[4]《康熙休宁县志》卷二《建置·约保》。

[5] 考察这一流变详细过程的代表性著论有杨开道：《中国乡约制度》，山东乡村训练处1937年刊本；曹国庆："明代乡约的阶段性考察"，载《江西社会科学》1993年第8期；胡庆钧："从蓝田乡约到呈贡乡约"，载《云南社会科学》2001年第3期；杨念群："基层教化的转型：乡约与晚清治道之变迁"，载《学人》1997年第11辑。

前。明初乡约在各地有所推行，如永乐年间泉州府就建有溪亭约所，说明溪亭这个地方曾建有乡约。[1] 但明初乡约总的来说比较稀疏，至正统年间才日渐增多。如福建潮州知府王源在正统三年（1438年）退居林下之时在邑中倡行乡约（比王阳明倡建乡约早八十二年），目的是"欲乡人皆入于礼"，邻近乡绅刘观、曾昂等人纷纷仿效。经过一段时间实践之后，人们开始接受这种"辅政补治"的举措。明初官方曾有过推行乡约的动议，如明太祖洪武二十一年（1388年）解缙建议"仿蓝田吕氏乡约及浦江郑氏家范"倡办乡约[2]，又明成祖将《蓝田吕氏乡约》列于《性理全书》"颁降天下，使诵行焉"[3]，但明初执政者的兴趣主要在推行里老制度，并没有全面推行乡约的打算，所以这期间乡约以民间自办为主。正德六年（1511年）山西潞州人仇楫为宿州吏目，与其弟创办乡约规范其俗（仇氏家族六世同居，隆庆初旌表为义门[4]），是为后人所称"雄山乡约"。"雄山乡约"成为这一时期民间自办乡约的代表。

这一时期的乡约作为民间自办乡约，其"规约"具有民间"社会契约"的性质，不仅制定者是约民，而且内容也是建立在他们相互合意的基础上，反映他们的真实意愿和利益。就与乡里组织的关系来说，此间乡约以乡里组织之外的"独立王国"面目出现，是对乡里组织的"否定"或"反动"。正统年间王源、刘观、曾昂等人创办乡约时，有人敏锐地认为这是在地方搞"独立王国"而屡向官府举报。曾昂遭蒙"居乡专制生杀"的骂名而差点被"纠论"[5]。不过乡约组织很快就与乡里组织"互为表里"了。

2. 明朝中期，地方官倡办乡约。这段时期主要是正德年间（1506～1521年），具体是正德十五年（1520年）王阳明倡办南赣乡约前后。王

---

[1]《重修溪亭约所碑记》，碑存于福建泉州闽台关系史博物馆。

[2]（明）解缙："大庖西室封事"，参见《御选明臣奏议》卷一。转引自牛铭实："从封建、郡县到自治：中国地方制度的演变"载《开放时代》2005年第2期。

[3]（明）王樵："金坛县保甲乡约记"，载《古今图书集成》"明伦编·交谊典·乡里部"卷二八。

[4]（清）黄虞稷：《千顷堂书目》卷十一，上海古籍出版社1990年版。

[5] 曹国庆："明代乡约推行的特点"，载《中国文化研究》1997年春之卷。

阳明倡办乡约开创了中国历史上乡约从上而下推行与人民自办并举的历程。

王阳明在任左佥都御使巡抚南赣、汀漳（"南赣"是江西布政司南安府和赣州府的合称，"汀漳"是福建布政司汀州和漳州府的合称）期间，为加强乡治，先是推行"十家牌法"（保甲法），后又"以为民虽格面，未知格心，乃举乡约"[1]。王阳明于正德十五年正月公布亲定的乡约方案《南赣乡约》，试图以乡约的组织形式和"蓬生麻中，不扶而直；白沙在泥，不染而黑"[2]的民间教化机制把乡民组织和约束起来。《南赣乡约》的最大特点是出自地方官员之手而官气十足。《南赣乡约》一开头就说"咨尔民"，"故今特为乡约，以协和尔民"，"尔等父老子弟毋念新民之旧恶而不与其善，彼一念而善，即善人矣；毋自恃为良民而不修其身，尔一念而恶，即恶人矣；人之善恶，由于一念之间，尔等慎思吾言，毋忽！"这完全是地方官"为民做主"口气。但依此建立起来的乡约——政府推动、民间兴办的新型地缘社会自治组织，继承和发展了宋代乡约传统，与明代社会和南赣地区具体情况相结合，具有创新价值。

南赣乡约与吕氏乡约相比，有以下差异。①吕氏乡约是人民自办，所谓"乡人相约，勉为小善"；南赣乡约是官倡民办。②吕氏乡约是乡民自由参加，覆盖局部。南赣乡约则有半强制性，覆盖全村。③吕氏乡约的工作班子只有二三人，南赣乡约增加到十七人[3]，而且职责也有所变化。约长、约副、约正等人在吕氏乡约中是道德感化角色的精神领袖，而在南赣乡约中还有劝令约众完粮纳税的任务。[4]

伴随乡约在南赣的成功，加上王阳明作为一代理学宗师的影响，王氏乡约模式迅速走红，从而开启了明中后期官倡民办乡约之盛局。与南

---

[1]（明）王守仁：《王阳明全集》（第四集），红旗出版社1996年版，第1593页。

[2]（明）王守仁：《王阳明全集》（第四集），红旗出版社1996年版，第228页。

[3]《南赣乡约》第一条规定："同约中，推年高有德为众所敬服者，一人为约长，二人为约副；又推公直果断者四人为约正，通达明察者四人为约史，精健廉干者四人为知约，礼仪习熟者二人为约赞。"

[4] 杨开道：《中国乡约制度》，山东省乡村建设研究院1937年刊本，第169~170页。

赣毗邻的龙岩县是明代乡约推行较早的地区，正统初年致仕还乡的前潮州知府王源在此倡行《吕氏乡约》[1]，嘉靖以后龙岩所行乡约便完全是南赣乡约模式了。万历年间的史桂芳（1518～1598年）于汝南推行乡约，称"昔明道先生令晋城，近阳明先生抚南赣，率用此法，其治效可睹也"[2]，其所行乡约显然受到《南赣乡约》的影响。[3] 嘉靖七年（1528年）王阳明卒于南安府青龙铺，守殓哭葬的人群中就有当地约长王秉言等人的身影[4]。嘉靖中叶，南赣各县俱立王阳明祠，乃以其"立乡约，遂为治境……江右之民为立生祠，匀时祝祭，民心不忘亦可见矣。"[5] 明代中后期乡约不仅数量大增，而且种类也日益纷繁复杂，出现所谓乡约式书院、家族式乡约，以及护林乡约、禁宰牛乡约、御倭乡约、御房乡约、御贼乡约、宗约、士约、乡兵约、会约等专业化乡约。[6]

论述乡约的著作在《南赣乡约》之后也大量出现，影响较大的有黄佐（1490～1566年）的《泰泉乡礼》、曾惟诚的《帝乡纪略》、章潢（1527～1608年）的《图书编》、吕坤（1536～1618年）的《实政录》、刘宗周（1578～1645年）的《乡保事宜》、陆世仪（1611～1672年）的《治乡三约》等，这些著作提出的乡约方案，主旨都是安民弭盗、息讼美俗，并且程度不一地把举乡约与举保甲相结合。[7]

官方介入乡约以后，乡约组织与乡里组织的关系有没有变化？如前所述，王阳明南赣乡约是和保甲法同时连带推行的，他在《南赣乡约》

---

〔1〕 汤相：《龙岩县志》卷下，"乡约"，第1页，嘉靖间刻本。
〔2〕 史桂芳："题汝南乡约册"，载《古今图书集成·明伦汇编·交谊典》卷二八第333册第19页，中华书局1940年版。这里的"明道先生令晋城"是指宋代吕氏兄弟根据理学家程灏（1032～1085年，世称明道先生）的思想在山西创办吕氏乡约。
〔3〕 参见曹国庆："王守仁的心学思想与他的乡约模式"，载《社会科学战线》1994年第6期。
〔4〕 《王文成全书》卷三七《丧纪》，第113页。
〔5〕 《王文成全书》卷三八《附录七》，第9页。
〔6〕 曹国庆："明代乡约推行的特点"，载《中国文化研究》1997年春之卷。
〔7〕 参见曹国庆："王守仁的心学思想与他的乡约模式"，载《社会科学战线》1994年第6期。

公布前一年的《告谕父老子弟》中说:"今特为保甲之法,以相警戒联属,父老其率子弟慎行之!务和尔邻里,齐尔姻族,道义相劝,过失相规,敦礼让之风,成淳厚之俗。"[1] 这实际上把乡约视为保甲的补充或辅助,这里的乡约与保甲和平共处、相得益彰。

3. 明朝后期中央政府倡办乡约。嘉靖(1522~1566年)时明廷开始在全国推广乡约,开创了明清时期国家开始全面倡办乡约时期,"嘉靖间,部檄天下,举行乡约,大抵增损王文成公之教"[2];隆庆元年(1567年)又"令郡邑各立乡约,率众讲演孝顺父母六谕"[3];万历元年(1573年)兵部又下令推行保甲乡约。[4] 在朝廷的号召和推动下,乡约的举行在全国范围内广泛展开,乡约发展进入空前的高潮阶段。倡行乡约成为地方官的自觉行动。嘉靖年间,徽州府绩溪县令郁兰"令城市坊里相近者为一乡约,村或一族一图为一乡约。举年高有德一人为约正、二人为副,通礼文数人为约赞,童子十余人歌诗。缙绅家居,请使主约"[5];湖广布政司辰州府(今属湖南省怀化市)程廷策"入境则兴学校,赡诸生,劝农桑,举乡约"[6];江西布政司抚州知府曾汝檀"行乡约法,岁时集郡邑弟子于拟岘台讲论邹鲁之业"[7];江西布政司南昌府奉新县知事黄奎壁"率六偶乡约百姓讲陈圣谕,敬礼贤士,谈义理,终日忘倦"[8];福建布政司泉州知府王士俊推行乡约,"以约正之名,委重于士夫",本地进士、前官刑部员外郎、浙江按察司佥事庄用宾亲任泉州青阳乡约之约正[9];泉州府安溪知县黄怿任上"举行明六谕,辑《吕氏乡约》、陈氏训词,附列教条为十四禁,以防民止汰,月

---

[1] (明)王守仁:《王阳明全集》(第一集),红旗出版社1996年版,第194页。
[2] (明)叶春及:《惠安政书》,福建人民出版社1987年版,第328页。
[3] 《休宁县志》卷二《建置·约保》,康熙二十九年刊本。
[4] 常建华:《明代宗族研究》,上海人民出版社2005年版,第220页。
[5] 乾隆:《绩溪县志》卷三《学校志·乡约附》。
[6] 汪道昆:"辰州守程廷策传",载焦竑:《献征录》卷八九,第43页。
[7] 童范俨:《临川县志》卷三五《名宦》,第17页,宣统元年刊本。
[8] 许应荣:《南昌府志》卷二六《名宦》,第66页,同治十二年刊本。
[9] 《青阳乡约记》碑,碑存泉州青阳石鼓庙。转引自汪毅夫:"明清乡约制度与闽台乡土社会",载《台湾研究集刊》2001年第3期。

立长、副董之,善有记、恶有书而考成焉"[1]。隆庆至万历年间福建布政司泉州府惠安知县叶春及推行乡约,并撰《惠安政书·乡约篇》,其中记述了自己推行乡约的过程和办法:"知县寡昧(作者叶春及谦语),参列圣之典,从简易之规,创亭以为约所。推择耆老为约正副,余咸属之。邑中长者,初引避不就,盖其习见近日,亦懼有司之蔑之也。招以谕文,加以束帛,明知知县愿与共治心,乃肯来会。置酒设礼,与之更始。"[2] 按叶春及的说法,这里连知县本人都列属于所在地乡约组织,成为约众之一。嘉靖、万历以降,有关乡约的记载在此期编修的地方志书中俯拾即是,如万历的《休宁县志》卷二载乡约所在城者四处,在乡者二百七十处;《平原县志》卷上《乡约》记"本县分居民为一百五十五约";《溧水县志》卷二谓该县十二乡各有乡约所一个。

明朝政府在全国推广乡约的原因大致有三:其一,申明亭[3]制度废弃,需要新制替补。明初乡里推行的申明亭或里老制度到宣德以后在一些地方开始废弛,申明亭毁乱失修,"小事不由里老则赴上司","(粮长)包揽词讼,把持官府,惟老人则名存而实亡"[4]。这样,朝廷转而推行新的可替代制度——"乡约"制度。其二,这时部分地方的民风由淳朴转趋奢靡,乡里社会"逾制"日多,争讼为奸越来越严重,不开创新制不足以稳定地方社会秩序。其三,有些乡约已在社会上产生示范效应。如王阳明南赣乡约推行的效果显著,受到朝廷的肯定与重视。

这期间代表性的官倡民办乡约有嘉靖四年(1525年)关中理学家吕柟推行于山西的解州乡约、嘉靖十三年(1534年)吕柟门人余光推行于解州运城的河东乡约、嘉靖十八年(1539年)吕柟门人张良知推行于河南许州的许昌乡约等。由于人存政举、人亡政息的原因,官倡民办乡约的命运一般都不长,像吕柟、余光、张良知所推行的乡约都在他们到任后的次年举行,随着他们的任期结束,乡约的有效期也随之终结

---

[1] 《安溪县志》卷五,清乾隆刊本。
[2] (明)叶春及:《惠安政书》,福建人民出版社1987年版,第328页。
[3] 申明亭制度的介绍参见本书第三章第一节。
[4] (清)顾炎武著,黄汝成集释:《日知录集释》,岳麓书社1994年版,第87页。

（一般都是三年）。

　　乡约在国家全面倡办时期，其功能、活动、组织等方面都发生了重大变化，对此寺田浩明总结说："首先作为乡约中心的伦理规定为《太祖六谕》等皇帝下达的谕旨所取代，其次讲解宣传这种谕旨的仪式逐渐成为乡约集会的中心内容。在组织主体方面，地方官主导型的乡约更为多见，与此相关，乡约的组织本身渐渐与保甲制结合，所谓'乡约保甲制'成为主流。"[1] 这些变化主要在三个方面：其一，乡约的规约中加入并突出"圣谕"的内容。此圣谕即太祖制订和颁布《太祖六谕》（又称《圣谕六言》、《教民六谕》），其内容是"孝顺父母，恭敬长上，和睦乡里，教训子孙，各安生理，毋作非为"。其二，乡约的活动突出讲"圣谕"。南赣乡约讲王阳明自己的谕令，嘉靖万历年间开始规定"举行乡约，诵读圣谕六言"[2]。从此定期集会"讲圣谕"被课定为乡约组织的一项特殊政治任务。其三，乡约组织与保甲、社学、社仓的关系日益密切，并且在乡村社会中逐渐居于主导地位。嘉靖万历年间刑部侍郎吕坤（1536～1618年）拟订了新的乡约方案《乡甲约》[3]，《乡甲约》继承《南赣乡约》从上而下推行的方式，又主张乡约与保甲的结合，主张"将乡约保甲，总以条编"，具体办法是在城镇村落每百家、二百家，各选约正、约副、约讲、约史，以办一约之事。另在"十家内选九家所推者一人为甲长"，有事由甲长转告于约正。[4] 乡约从此与保甲结下不解之缘。《乡甲约》在吕坤巡抚山西时用"奉谕申定"的方式宣告下来，随后一度通行全国。

　　中央全面倡办乡约时期，乡约组织与乡里组织的关系也发生了变化。其一，乡约与保甲的联系更为密切，二者之牧师与警察的关系更为

---

〔1〕 [日] 寺田浩明："明清时期法秩序中'约'的性质"，载 [日] 滋贺秀三等著，王亚新等译：《明清时期的民事审判与民间契约》，法律出版社1998年版。

〔2〕 （明）章潢：《图书编》卷九二，上海古籍出版社1992年版，第17页。《圣谕六言》的内容是"孝顺父母，恭敬长上，和睦乡里，教训子孙，各安生理，毋作非为。"

〔3〕 一凡藏书馆文献编委会编著：《古代乡约及乡治法律文献十种》（第一册），黑龙江人民出版社2005年版，第163～262页。

〔4〕 一凡藏书馆文献编委会编著：《古代乡约及乡治法律文献十种》（第一册），黑龙江人民出版社2005年版，第168～170页。

突出，乃至出现二者联姻的"乡约保甲制"。[1] 从福建省泉州府惠安知县叶春及"推择耆老为约正副，余咸属之"[2]，以及吕坤"有事由（保甲）甲长转告于约正"[3] 等载述来看，这一时期乡约的地位与南赣乡约时期有所不同，即乡约不再处于保甲的辅助地位，而是居于主导地位。其二，乡约的作用一度取代里甲的功能。"（里甲、里老制度）至宣德年间（1426～1435年）则废。凡里，各有'乡约'之规定，揭于乡约亭中。……秩序整齐，号称极盛。"[4] 万历年间叶春及《惠安政书》中有两处说到这一变化。一是在"自序"中说"高皇帝（明太祖）以户口率置三老亭，决一里之讼，各率其意导民。（现在）有司不务谨守，诞章徒见，阘茸辈不足与计事。一切灾祸自治，致复出正副二约，束之于民间。"二是《乡约篇》中说"（里甲之里老人）法废，各里亭尽堙没，县□徒存。所谓老人，率阘茸辈，不过督办勘委，以取刀锥之利，拜揖送迎，事官长为仪耳，有司遂蔑视之。嘉靖间，部檄天下，举行乡约。大抵增损王文成公之教，有约赞、知约等名，其说甚具，实与申明（指里老人制度）之意无异，直所行稍殊耳。"[5] 依叶春及的记述，明朝前期的乡里组织并行里甲和里老（申明亭）组织，嘉靖以后里老（申明亭）制度遭破坏，全国各地普建的乡约组织的作用实际上取代了过去里老组织的功能，约正、约副一干人的作用取代了原来的里老一帮人的职能，乡约所的作用取代了过去申明亭的职能。

4. 清代前期（鸦片战争以前）官方督办乡约。乡约在清代的情况，社会学家杨开道在《中国乡约制度》中讲："（清代前期）乡约、保甲、社仓、社学都能积极提倡。虽然是各自为政，有一种支离破碎的毛病，然而也有相当的成绩。"[6] 清政府对乡约的重视程度在总体上超过明

---

[1] [日] 寺田浩明："明清时期法秩序中'约'的性质"，载 [日] 滋贺秀三等著，王亚新等译：《明清时期的民事审判与民间契约》，法律出版社1998年版。

[2] （明）叶春及：《惠安政书》，福建人民出版社1987年版，第328页。

[3] 一凡藏书馆文献编委会编著：《古代乡约及乡治法律文献十种》（第一册），黑龙江人民出版社2005年版，第168～170页。

[4] 陈顾远：《中国法制史》，商务印书馆1959年版，第175～176页。

[5] （明）叶春及：《惠安政书》，福建人民出版社1987年版，第328页。

[6] 杨开道：《中国乡约制度》，山东乡村训练服务处1937年刊本，第31页。

朝，其推行乡约的手段是比倡办介入程度更深更强的督办形式。

　　清初帝国统治者刻意在基层恢复明代乡约制度。顺治十六年（1659年）清廷正式宣布全国实行乡约制度，规定乡约设约正、约副，由乡人公举六十岁以上"行履无过"、"德业素著"的生员（秀才或相公）担任；若无生员，即以素有德望、年龄相当的平民担任。每个乡村设立乡约所，约众每月朔望日聚集约所开展以宣讲"圣训六谕"及钦定律条为中心内容的讲"乡约"活动。这里的"圣训六谕"实际上就是明太祖的《圣谕六言》。"圣训六谕"在康熙九年（1670年）被演绎成"上谕十六条"颁行天下。

　　清代前期督办乡约主要是通过督促"讲乡约"的方式进行的。所谓"讲乡约"就是宣讲以圣谕、律令为重要内容的乡约之规约的活动，目的是要大家共同遵守、身体力行。"讲乡约"是明清时期一种社会性的文化道德教育兼普法教育活动。清政府在全国掀起"讲乡约"运动。康熙二十四年（1685年）广东省巡抚李士桢在广东大力推行讲乡约，他会集省司道府厅县各官并绅衿、耆老人等共同酌议具体方案，于东西南北四处查有宽敞的庵观寺庙或空闲房屋设立乡约所，命令全省教育官员选择德行兼优、学问渊博的生员（秀才或相公）担任专门宣讲员；各乡选举"齿德并茂、不愧月旦之评者"担任约长；每月初二、十六两日集会恭听讲约。司讲生员要将"上谕十六条"逐条逐句逐字讲解，而且要旁征博引、譬喻贯通，"务使贤愚共晓，正人心而厚风俗"。[1] 康熙的儿子雍正皇帝担心"上谕十六条"实行日久，乡民疲怠，于是又寻绎其义，推衍其文，撰成洋洋万言的《圣谕广训》，"刊刻颁行，分发府州县乡村，令生童诵读。每月朔望地方官聚集（乡约）公所，逐条宣讲，兵民皆得恭听。"[2]

　　清初"讲乡约"的运动比起明代倡行乡约的规模更大、来势更猛，但实际上，清代乡约所继承的只是明代乡约的组织形式，与明代乡约相比，其性质和职能都发生了重大变化。①乡约与官方的联系更加紧密。与保甲（先后隶属兵部、户部、步兵统领与兵马指挥使管辖）一样，清

---

〔1〕 李士桢：《抚粤政略》卷四《符檄》。

〔2〕 清代《福建通志》卷一四《乡约》。

代乡约也有中央行政部门（礼部）管辖。有些地方的乡约约正上任还须县令批准，如巴县档案中有一则材料就是乾隆三十三年（1768年）乡约请求县令批准其公举之约正的"恳准"书，其中说："（巴邑）陶家场铺户约二百余家，只有场头客长（对外地移民的基层管理人员，相当于同乡会馆首事）[1]，缺少乡约，……今伊等场众公举熊孔文为人老成，家道颇殷，言谈如似苏秦之舌，逢事排解，心存拆丝改网之念，堪充乡约。恳□给照，给与孔熊文，以便约束斯地顽民。"县正堂批："着孔熊文具到投充，当堂验看夺。"[2] 这时推行乡约甚至被作为一种政绩和美德记录在地方官员的墓志铭中。如清末湖广佥都御史冯应京的墓志铭中就记载："以厚民生兴教化为务，首举乡约、保甲、社仓三事。"[3]

②乡约从民间自治组织变成一种职能相对简化的社区教化组织。清代乡约之规约的核心内容是各种圣谕、圣训，乡约活动的主体内容是"讲乡约"，乡约组织变成贯通州县至一村一族的多层次教化机器。当然，这里的教化一如今天的思想政治工作，几乎可以涵盖纠纷的预防与解决等民间自治的所有内容。总之，"进入清代之后，……乡约成了地方官指导下覆盖所有地区的国家制度。虽然同以'乡约'冠之，在此名目下举行的活动却已演化为每月两次在乡村的公共场所召集民众进行《圣谕广训》的讲解宣传，即类似于钦定道德的宣讲会。至此，乡约已逐渐失去了明代中叶那种有具体的规约并包括一定范围成员的集团性质。而且，在这样的宣讲会上同时也进行律的解释宣传，乡约的实际存在形态也更接近地方官单方面发布告示或向民众进行法制宣传的情况。"[4]

5.清代后期（鸦片战争以后）部分地区乡约的军事化和区域性联合。晚清动荡的政局使官方在军事之外无暇顾及其他，乡约因此一度衰落。但随着外患内乱加剧，清政府接下来又掀起"振兴乡约"运动。这

---

[1] 梁勇："清代四川客长制研究"，载《史学月刊》2007年第3期。

[2] 四川省档案馆：《清代巴县档案汇编》（乾隆卷），档案出版社1991年版，第199页。

[3] 《仰节堂集》卷五《湖广按察使司佥事慕冈冯公墓志铭》。

[4] [日]寺田浩明："明清时期法秩序中'约'的性质"，载[日]滋贺秀三等著，王亚新等译：《明清时期的民事审判与民间契约》，法律出版社1998年版。

时的乡约有两大新变化：一是部分地区乡约功能的军事化，即在"团其身必先团其心"的思想指导下与团练结合；二是机构组织联合与扩大，出现了数个乡约乃至全县乡约合组的乡约局或乡约总局。

(1) 晚清乡约的军事化：乡约成为民兵组织。早些时候有些乡约曾有自己的武装，如明朝嘉靖二十三年（1544年）徽州府歙县岩镇乡约"规约"中说："众谋金同，群策毕举。一镇分为十八个管，有纪有纲。每管各集数十人，一心一德。毋小勇而大怯，毋有初而鲜终，毋生事而败盟，毋见利而忘义。理直气壮，强暴知所警而潜消。力协心孚，良善有所恃而无恐。庶患难相恤之义，复敦而仁厚相成之俗益振。"[1] 可见岩镇乡约的组织形式是把一镇划分为十八个管理区（"管"），每"管"集中几十个精壮乡民习武练兵，负责稽查、巡逻，保护约众的生命财产和社会秩序。但这里所说的乡约军事化并不是指这种少数情况，而是说它与团练结合，部分地区乡约的整体军事化倾向。

美国汉学家孔飞力（Philp A. Kuhn）曾说，外界压力加剧到一定的程度，往往会使区域性的基层社会组织逐步趋于"军事化"（militarization）[2]。晚清时期四川、两湖、两广等地区是白莲教起义和太平天国革命活动的核心地区，正是这种战乱"压力的加剧"复兴了中国古老的团练组织，而团练的出现带动了这些地区保甲组织和乡约的军事化。乡约的这种变化在湖南和岭南地区最为突出。以湘军名将王鑫（1824~1857年）前后两次举办乡约的变化为例。道光二十五年（1845年）二十一岁的湖南省长沙府湘乡县乡绅王鑫在家乡"为乡约十条"，"行于里中"[3]，此即"洙津区乡约"。洙津乡约的创办目的是"诚欲其代宣对化，变浇风为纯俗"，活动内容包括讲乡约、勤稼穑、戒嬉游、尚节俭、敬长老、睦乡里等，"讲乡约"的程式仍恪守旧规，首言"圣谕十

---

[1]（清）佘华瑞：《岩镇草志》贞集《岩镇乡约叙》，载《中国地方志集成·乡镇志专辑》（第27册），江苏古籍出版社1992年版。

[2] 杨念群："基层教化的转型：乡约与晚清治道之变迁"，载《学人》1997年第11辑。

[3] 罗正钧：《王壮武公年谱》上卷。

六条尽善尽美，普天下共懔然于大哉王言矣"。[1] 咸丰元年（1851年）广西金田起义爆发，湘乡人举师响应，一介儒生王鑫投身团练事宜，"日夕奔走"，募勇千人，由此起家，南征北战，终成湘军骁将。九年之后，已是湘军高级将领的王鑫在湖北省武昌府通城县再举乡约，情况就不同了。"（王鑫）至通城檄训导沈玉田权知县事，分其乡为二百八十团，设乡约二十条，留张运兰督行之。"[2] 王鑫要求"每三五日一次在本都本郡传齐团众，勉以忠直，激其义愤，每次宣讲《圣谕广训》一二条，使吾民咸知孝弟忠信礼义廉耻之不可缺一。"[3] 这里的乡约已纳入团练的体制之内，与王鑫在家乡推行的洙津乡约已不可同日而语了。

这一时期乡约的演变过程实际上是与团练或乡勇日益结合的过程。在某种意义上说，乡约训谕是团练的灵魂，团练是乡约的外在或延伸组织形式。乡约之规约与团练形成灵魂与躯壳的关系。正如江苏江阴乡绅郑经所说："因言团其身必团其心，练其力必练其气。……若仅讲团练，不以文教治之，练丁即有勇，奚能知方。……若与宣讲乡约，练丁则忠义明而果敢气作矣，愚顽则孝弟敦而守望志坚矣。"[4]

晚清乡约的军事化并不是意味着乡约教化功能的丧失。一方面，并非全国所有乡约都变成了团练形式，如道光年间福建省泉州府南安县陈氏乡约之规约内容就主要是陈宏谋辑录的《训俗遗规》（道光十年新刊本），此书收《陈宏谋序》（乾隆七年撰）、《司马温公居家杂仪》、《朱子增损吕氏乡约》、《陆稜山居家正本制用篇》、《倪文节公经鉏堂杂志》、《陈希夷心相篇》、《袁氏世范》等文[5]；另一方面，即使军事化的乡约组织乃至团练也仍有其教化功能，只是这些功能处于较次要的地位。这一点我们从下面介绍的浙江海宁乡约中可以看到。

（2）乡约局。咸丰年间，各地乡约的机构组织出现联合扩大化趋

---

[1] 王诗正、罗正钧编：《王壮武公遗集》卷二四，文海出版社1968年版，第12页，《洙津区乡约》，光绪十八年湘乡王氏家刻本。

[2] 罗正钧：《王壮武公年谱》下卷。

[3] 《王壮武公遗集》卷二四，文海出版社1968年版，《团练说》，光绪十八年湘乡王氏家刻本。

[4] 郑经："现行乡约"，载卢思诚等修：《江阴县志》卷五，光绪四年刻本。

[5] 这些书藏于福建泉州市闽台关系史博物馆。

势,在江南和四川等地区出现各乡乡约或一县乡约联合组建而成的乡约局或乡约总局。如江苏省常州府的无锡、金匮二县的乡约合设一局,称为"锡金乡约局";常州府的江阴、苏州府的常熟等县在县中心设乡约总局。

乡约(总)局"选举公正绅董,捐集经费,专办化导事宜,以作四乡表率"[1],"局中另聘公正诚笃之士二人或四人,各为约正,分值四乡,会同各乡图董振兴乡约。……每乡有乡约长一人,主持各乡乡约。"[2]乡约局由地方绅董总主持,约正辅佐分管各乡约;各乡乡约有约长负责,在乡各图设乡约所一处。可见乡约局只是邻近各乡约的联合机构。乡约局的组建由官吏提倡,有的乡约局还有官方经费接济,但它仍属自治组织,不仅"直接继承古代乡治传统。除了清政府的圣谕外,直接追溯蓝田乡约、王阳明的南赣乡约以及其他自治性组织",而且"它突破了死扣圣谕的宣讲内容,而是把它尽量扩大到有益民生的一些具体事情上。"[3]

以上是我们对明清时期乡约组织演变情况的宏观梳理,最后我们还要作三点特别说明:其一,官方介入乡约之后,民间自办乡约仍存在。如正德六年(1511年)创建的山西潞州雄山乡约,嘉靖二十三年(1544年)创建的广州沙堤乡约[4],徽州府歙县岩镇乡约,隆庆六年(1572年)创办的徽州祁门文堂[陈氏]乡约,嘉靖年间王阳明门人聂豹、邹守益、罗洪先等在吉安府属县所行的乡约,等等。民办乡约由于主持者的土著性之故,一般有效时间比较长。如雄山乡约的有效存续时间长达六十多年,并且成效卓著。清代中期徽州祁门的侯潭乡约也持续二十多年,徽州的某些护林乡约存续更久。明清时期的乡约除了明初是人民自办之外,大部分时期都是官方倡办督办与人民自办并举。其二,官方的介入并未改变乡约的性质和解纷功能。官方的介入使乡约的创建方式表面上变成从上而下、"为民做主"的推行方式,但我们认为,这里实质上走

---

[1]《江阴县乡约》(同治六年重刊),转引自牛铭实:《中国历代乡约》,中国社会出版社2005年版,第73页。

[2] 牛铭实:《中国历代乡约》,中国社会出版社2005年版,第73页。

[3] 牛铭实:《中国历代乡约》,中国社会出版社2005年版,第74页。

[4] 朱鸿林:《中国近世儒学实质的思辨与习学》,北京大学出版社2005年版,第259~311页。

的是从基层着手的"民本制度"建设路线。官方插手乡约使乡约的功能发生很大变化，但乡约的民间社区自治组织的性质没有变，抑恶扬善、解决纠纷等教化功能没有变。其三，乡约在民国时期曾昙花一现。民国"村政建设"盛行之时，梁漱溟从1929年开始历经十年在山东邹平等十七县，以北宋吕氏乡约为范本，从事乡村建设运动，"本古人乡约之意来组织乡村"[1]，希冀借此重建中国乡村社会的乡约自治传统。但由于当时所处的政治环境特殊，梁漱溟等人所导的乡村建设运动并未能够长期、全面地实行，他们力图恢复的乡约制度也在昙花一现之后，很快退出历史舞台。

（三）明清乡约的种类

明清乡约的种类繁杂。根据创建形式不同，可分为民间自办乡约和官方倡办督办乡约，前者如雄山乡约、沙堤乡约、文堂陈氏乡约、徽州护林乡约、抗倭乡约等，后者如南赣乡约、惠安乡约、海宁乡约、岭南团练乡约等；根据功能的不同，可分为综合性乡约和和专门乡约，前者如雄山乡约、沙堤乡约、岩镇乡约、文堂陈氏乡约等，后者如徽州护林乡约、抗倭乡约[2]、湖南的团练乡约、岭南大埔乡约等等。下面我们以综合乡约、专门乡约为一级分类，以民间自办乡约、官方倡办督办乡约为二级分类，对明清时期具有代表性的乡约进行简要归类和介绍。

1. 综合性乡约。

（1）人民自办的乡约。

第一，山西雄山乡约。明朝正德六年（1511年）山西布政司潞州（今长治市）潞州雄山人仇楫与其兄弟仇森、仇桓、仇栏等，以吕氏乡约为蓝本，辅之以仇氏家范，在家乡推行乡约，使家乡百姓"居家有家范，居乡有乡约，修身齐家以化乎乡人"[3]。雄山乡约开始入约者有二百六十余家，最多时超过三百家，最少时也有一百七十六家。[4] 仇氏

---

[1] 梁漱溟：《乡村建设理论》，上海书店1992年版，第201页。

[2] 明中后期东南还有"抗倭卫乡"乡约。参见陈柯云："略论明清徽州的乡约"，载《中国史研究》1990年第4期。

[3] （明）何瑭：《柏斋集》卷十《宿州吏目仇公墓志铭》，第13页。

[4] 朱鸿林：《中国近世儒学实质的思辨与习学》，北京大学出版社2005年版，第289页。

兄弟在乡约中兴办义学，敦请先生教育宗族子弟和乡党童蒙，为贫病乡民提供医药、义冢，"自冠婚丧祭及事物细微、训后齐家之则，靡有阙遗"[1]。雄山乡约推行六十余年，有相当的成效和知名度，受其影响而成立的乡约，本乡有四个，邻近州县有两个。[2] 雄山乡约推行到三十年时，潞州知府置酒表彰，向主约者仇朴"请益"（请求指教），"诸约至者千余人"。万历二年（1574年）仇氏因六世同居获朝廷表彰，旌其门曰"高义"[3]。遗憾的是关于雄山乡约的组织建构情况，相关史籍都缺乏明确记载。

第二，广东沙堤乡约（又名沙堤圣训约）。明代退休官员湛若水和伍克刚师生二人于嘉靖二十三年（1544年）在广东布政司广州府增城县绥宁乡甘泉都沙贝村（又名沙堤村）创建。湛若水（1466~1560年）是明代著名理学家，王阳明的好友，官至南京礼、吏、兵三部尚书。伍克刚是正德五年（1510年）举人，致仕前是湖广布政司岳州府通判（知府的副职）。湛氏退休后"归天关，行乡约，申明圣训，立约亭于光华里"[4]。这个乡约的情况现在见于一本题作《圣训约》的罕见明代书籍。[5] 沙堤乡约的创办意图是教化正俗，"非为诸老娱乐而设，实所

---

[1] （明）何瑭：《柏斋集》卷十《宿州吏目仇公墓志铭》，第13页。

[2] 朱鸿林：《中国近世儒学实质的思辨与习学》，北京大学出版社2005年版，第289页。

[3] 朱鸿林：《中国近世儒学实质的思辨与习学》，北京大学出版社2005年版，第289页。

[4] （明）湛若水：《湛甘泉先生文集》卷三二《外集》洪垣撰湛若水《墓志铭》，载《四库全书存目丛书》（康熙二十年黄楷刻本），台湾庄严文化事业有限公司1997年版，第11页。

[5] 《圣训约》不分卷，明嘉靖二十三年刻本，台湾国立"中央图书馆"藏经部礼类杂礼俗之属善本书。全书二册，共八十七页，依次为嘉靖甲辰（二十三年）五月望日伍克刚序，伍万春序，同年四月二十九日伍克刚《请起乡约启》，目录，约众姓氏（职位），正文（含约文、仪注、绘图六页、讲章），附录（同年六月帖子、状子各一），同年五月望后汤禹跋、五月望日黄云淡跋、同月周荣朱跋、大约同时阙名跋。按，最后阙名跋，题作《沙堤圣训约后序》，序文终于第八十六页，有脱逸文，原册有仿抄第八十七页，故知原书共八十七页。本文《圣训约》内容均转引自朱鸿林：《中国近世儒学实质的思辨与习学》，北京大学出版社2005年版。

以正人心、表风俗","会诸老,立条约,以教一乡之子弟;一乡子弟入于善,则风俗厚矣。"[1]主要的组织和成员,《圣训约》列有三类六十五人,第一类是主持人,共五人,他们是主约湛若水、副主约伍克刚、约正伍万春、约副湛瀚、乡正伍祖惠;第二类是"乡约宾"共有三十五人;第三类是"乡约执事"共二十五人。[2]沙堤乡约的"规约"共五条:"尚礼义"、"恤患难"、"立臧否"、"行保甲"、"躬巡省"。其中"躬巡省"(即乡约组织的领导定期视察地方)的规定似乎还不曾见于其他乡约。沙堤乡约的活动主要是聚会和巡省。"以独冈书院为约所,移待四方诸十余谷,置酒以宴之,略仿古乡饮之遗意而损益焉。每季一会。……会之日,礼生相礼,以齿序坐,宣读乡约,间以歌诗。……从容之中,其仪不忒,传示四方,孝弟之心,油然而生矣。"[3]聚会每年四次,每季仲月望日,即二月、五月、八月、十一月十五日,在约所——沙贝村的独冈书院举行;巡行在聚会之外的八个月份的望日进行。这样,这个乡约组织每月都有集体活动。

第三,徽州文堂乡约。文堂乡约又称文堂陈氏乡约,是家族式乡约的代表。文堂位于徽州祁门县仙桂乡二十都,文堂乡约创建于明中期隆庆六年(1572年)。今可见《文堂乡约家法》一书,其序言说:"祁阊之西乡文堂,陈氏世居之。编里为二十,为户二百有奇,口数千。鼎立约会则自今兹始。"[4]文堂陈氏乡约是既依地缘关系又依血缘关系组成的,在组织上与宗族结合在一起,将本宗十七甲排年分贴为十二轮,一月一轮,一年轮完。户大人众者自管一轮,户小人少者合并管一轮。择户中"年稍长有行检者"为约正,又择"年壮贤能者"为约副。文堂陈氏乡约的规约中有许多关于宗法的规条。如关于拜奠祖先祭扫坟墓,规定:"本宗新正拜奠仪节悉依定式,毋许繁简不一乖乱礼文";"各处

---

[1]《圣训约》,明嘉靖二十三年刻本,台湾"国立中央图书馆"藏经部礼类杂礼俗之属,第9~12页。

[2] 朱鸿林:《中国近世儒学实质的思辨与习学》,北京大学出版社2005年版,第275~276页。

[3]《圣训约》,明嘉靖二十三年刻本,台湾"国立中央图书馆"藏经部礼类杂礼俗之属,第9~12页。

[4]《隆庆[祁门]文堂乡约家法》,明隆庆六年刊本,原件藏于安徽省图书馆。

祖坟，为首人须约聚斯文如礼祭扫。遇有崩坏堆塞即时修理，毋得因循"等等。关于风水山祭田祠产，规定："本里宅墓来龙朝山水口，皆祖宗血脉，山川形胜所关，各家宜戒谕长养林木以卫形胜。毋得泥为已业，掘损盗砍。犯者公同重罚理治"；"各户祖坟山场祭祀田租，须严守旧约，毋得因贪变卖，以致祭享废缺。如违，各户长即行告理，准不孝论无词"等等。[1] 此外，规条中还掺杂着保护山林、缴纳赋税等内容。由此可见，文堂陈氏乡约是一个综合了讲乡约、宗族组织、保护山林、缴纳赋税等多种职能的乡约。

第四，徽州侯潭乡约。乾隆五十四年（1789年）徽州府祁门县塔坊乡侯潭村十二家自动联合成立。今天我们可以看到这一乡约留下的珍贵史料《侯潭约会十二家收支簿》[2]，从《收支簿》的流水账中可以看出，侯潭乡约除了劝善规过与和睦邻里的活动以外，主要做了五种工作：一是讲乡约。《收支簿》记载嘉庆元年"支元银三两八钱七分"用于"讲约费"，又"支钱四文"用于"讲约差费"；嘉庆九年"支银三两六钱"用于"马老师讲约礼"，又"支银一两四钱六分"用于"讲约供给费"；嘉庆十二年"支银三两六钱"用于"本年儒学讲约费"等等。二是支持文教和科举事业。《收支簿》记载从嘉庆十年至十五年四次向梅城书院捐银共八十两，嘉庆二年"为童生事赴学议事"用银五钱七分六厘，嘉庆六年"送贺国裕入泮（指学宫）之喜"支银二两零六分。三是应付差徭。《收支簿》记载嘉庆六年"差雇粮札费"支银一钱五分，嘉庆二十年"张公（大约是本县县主张邑尊）亲催裕手（"裕手"为地方俗语，意为津贴、补贴或人情礼钱）"支银四两九钱五分，道光元年"为户口事用"支钱三千六百文，道光七年"图差常规两年"支钱二百文。四是利用乡约的"公基金"运营赢利（具体情况将在后面介绍）。五是置买田地。《收支簿》记载从嘉庆九年到道光七年的二十几年间，乡约前后十二次买田，共用银一千二百五十七两。[3]

---

〔1〕《隆庆〔祁门〕文堂乡约家法》，明隆庆六年刊本，原件藏于安徽省图书馆。
〔2〕原件藏于中国社科院历史所，藏契号：1000304。
〔3〕参见陈柯云："略论明清徽州的乡约"，载《中国史研究》1990年第4期。

(2) 官倡官督民办的乡约。

第一，江西南赣乡约。南赣乡约是官倡民办乡约的代表。正德十五年（1520年）王阳明巡抚南赣（"南赣"是江西布政司南安府和赣州府的合称）时，针对当地山民频繁动乱、社会秩序遭到严重破坏的社会现实，倡行乡约，亲撰《南赣乡约》洋洋洒洒三千余字。《南赣乡约》又称《阳明先生乡约法》，既是南赣地区乡约的具体创办方案又是南赣乡约之规约的蓝本，包括谕民文告（序言）和具体规条（正文）两大部分[1]。谕民文告（序言）主要说明立约的目的和总体要求，其中讲到："往者新民盖常弃其宗族，畔其乡里，四出而为暴，岂独其性之异、其人之罪哉？亦由我有司治之无道，教之无方。……往者不可及，来者犹可追。故今特为乡约，以协和尔民，自今凡尔同约之民，皆宜孝尔父母，敬尔兄长，教训尔子孙，和顺尔乡里，死丧相助，患难相恤，善相劝勉，恶相告戒，息讼罢争，讲信修睦，务为良善之民，共成仁厚之俗。"[2] 正文十五条，主要内容有三部分：一是关于乡约组织的规定（第一至第四条）。内容包括乡约的人员构成、文簿的设置、入约的会费、聚会的日期和约所的选择等。如关于文簿的设置，第一条规定："置文簿三扇：其一扇备写同约姓名，及日逐出入所为，知约司之；其二扇一书彰善，一书纠过，约长司之。"二是关于乡约职能和约众权利义务的规定（第五至第十四条）。如第五条规定："通约之人，凡有危疑难处之事，皆须约长会同约之人与之裁处区画，必当于理济于事而后已；不得坐视推托，陷入于恶，罪坐约长约正诸人。"三是关于定期集会教化程序的规定。主要规定读约仪式和举善纠恶的乡饮酒仪式。第十五条规定："当会前一日，知约预于约所洒扫张具于堂，设告谕牌及香案南向。当会日，同约毕至，约赞鸣鼓三，众皆诣香案前序立，北面跪听约正读告谕毕；约长合众扬言曰：'自今以后，凡我同约之人，祗奉戒谕，齐心合德，同归于善；若有二三其心，阳善阴恶者，神明诛殛。'众皆曰：'若有二三其心，阳善阴恶者，神明诛殛。'皆再拜，兴，以次

---

〔1〕 本文所引《南赣乡约》内容均见（明）王守仁：《王阳明全集》（第一集），红旗出版社1996年版，第228～232页。

〔2〕 （明）王守仁：《王阳明全集》（第四集），红旗出版社1996年版，第228页。

出会所。"《南赣乡约》的内容集实体与程序于一体，简直就是一部微型"民间法典"。

第二，福建惠安乡约。明代嘉靖举人叶春及于隆庆四年（1570年）至万历二年（1574年）任福建惠安知县期间，自撰特别志书《惠安政书》，其中的"乡约篇"不是具体的乡约之规约，而是一县乡约的总体方案，反映了惠安县乡约组织建设的基本情况。《乡约篇》的内容包括总论、规约、仪节三大部分。总论部分的内容有：乡约建立的目的和过程，乡约解决纠纷的法律依据（主要是《教民榜文》）、受案范围、解决方式、解决原因。如关于乡约的建立过程，《乡约篇》说："嘉靖间，部檄天下，举行乡约，大抵增损王文成公之教，有约赞、知约等名，其说甚具。"〔1〕规约部分篇幅最大，主要有"六谕"（因"诸臣多解，不录"）、"四礼"（冠四条、昏十二条、丧八条、祭五条）、"明伦五条"、"禁邪七条"、"务本三条"、"节用二条"。仪节主要是对乡约定期集会的内容、仪式、程序的具体规定。〔2〕

第三，浙江海宁乡约。康熙十二年至十五年（1673～1676年），浙江省杭州府海宁县县令许三礼（1625～1691年）推行乡约，为全县制颁《讲约规条》〔3〕五条，作为民间举办乡约的指南。从中可洞察清代中期乡约的基本情况：其一，乡约设立约所作为办公集会场所，每月初一、十五定期集会。《讲约规条》第二条规定："各乡村镇俱择宽广寺观为讲约所，每逢朔望日乡耆传集居民，无分长幼齐赴约所，……其中仕宦，或见任归省，或养高家食，或文学宿儒，俱敦请临会，以正约礼。"其二，定期集会的活动内容主要是讲读圣谕和解决纠纷。圣谕主要是顺治帝的"圣训六谕"和康熙帝的"圣谕十六条"，以前者为主。《讲约规条》第二条规定："（定期集会时）设立六谕牌案，推逊善讲者二人演谕。"第五条是宣讲圣谕程序的规定，大致与《南赣乡约》的规定相同。乡约以和睦乡里为宗旨之一，解决纠纷是乡约及其约众的基本

---

〔1〕（明）叶春及：《惠安政书》，福建人民出版社1987年版，第328页。

〔2〕（明）叶春及：《惠安政书》，福建人民出版社1987年版，第328～342页。

〔3〕参见周振鹤撰集，顾美华点校：《圣谕广训集解与研究》，上海书店出版社2006年版，第533～534页。

义务,也是乡约定期集会的重要活动议程。《讲约规条》第三条规定:"同约父兄、子弟各须仰体圣谕,敦孝友、务和睦,士农工商各勤职业,旧染污俗咸共一新。间有户婚、争斗一切小忿,互相劝释,或闻知乡耆从公剖辨,侵犯者归正,失误者谢过,心平气和,以杜争竞。其或有暧昧不明,迹无指证,止可敷陈礼法,微言讽解,毋得轻发阴私以开隙,毋得擅行决罚以滋武断。"第五条规定:"(集会讲读圣谕完毕后)在约诸人仍以次揖,诸尊长倘各约有争斗犯约者,即时具白解和,各相揖让,不许置酒食,如无事解和即散。"其三,乡约有协助保甲维护地方治安、办理地方公务公益事业的义务。《讲约规条》第一条规定:"保甲十家牌,每图村落挨门填注丁口若干、作何事业,伍保造册汇簿送查,乡耆虽不与事,亦当不时觉察,如有隐匿等弊许指实密禀。"第四条规定:"居安思危、积谷防饥之不可已也。本县申行保甲置备枪棍,一村有寇互相救援,告令谆谆矣。其积谷之事,乡耆劝输,各照贫富出谷登簿,收贮公所,报县印簿,以备凶荒,即于本图内散给饥户,并无胥役查扰。"

2. 专门乡约。

(1) 徽州护林乡约。这是民办的专门乡约。徽州是一个"山有一丘皆种木,野无寸土不成田"的山区,嘉靖二十六年(1547年)祁门三四都侯潭、桃墅、灵山口、楚溪、柯里[岭]等村的村民订立了《嘉靖祁门三四都护林乡约会议约合同》[1],成立了护林乡约组织。这一"合同"的主要内容有:①将各村人户编为十二甲,甲立一总。置立簿约十二扇,交付各处约总收掌。一年四季月终集会,将本季内某人故犯、理罚若干备载于簿。②每人发给打上记号的木担一条,如果使用没有记号的木担上山砍柴斫木,俱作盗砍,要告官理罚。每盗砍树木一根,大者计价倍罚,小者罚银一钱公用。所罚之物众贮公用。③各家编篱笆,只许采荆棘杂柴黄荻杂竹,不许砍苗木。采薪也只许砍拔无碍杂柴,不许挤砍松杉等木,也不许折毁芽枝。如果故意放火延烧苗木,务

---

[1] 《嘉靖祁门三四都护林乡约会议约合同》,原件藏于中国社会科学院历史研究所,藏契号:0003793。此段内容参见陈柯云:"略论明清徽州的乡约",载《中国史研究》1990年第4期。

令备价赔还。④各处木业店铺，除明买成材树木及杂柴外，不许收买木椿及松彬等苗。这些议约规条，由大家联名具状赴县陈告，由知县告示印钤，张挂在人烟辏集之处，使人人知晓，自觉遵守。

(2) 岭南团练乡约。这是官督民办的准军事性乡约。光绪年间广东省嘉应州（今梅州市）的《团练乡约章程》[1]（下面简称《章程》）反应了当时岭南团练乡约的情况。《章程》标题中虽然"团练"与"乡约"并提，但通篇阐述的是如何设置"乡约"，以及"乡约"在设立族长、严禁械斗、预储勇壮、互相救助方面如何运作等内容。而且《章程》认为一旦"乡约"组织完全呈军事化或准军事化的状态，"如此则不必有团练之名，而自有团练之实"，意思是说，"乡约"完全有可能在和平时期以"隐形团练"的形式而存在，遇有事警时，再凸显其军事化的职能。《章程》反映的当地团练乡约的基本情况如下：①每一个乡约的规模在丁口三千左右，设约正、约副主持乡约事务。《章程》第二条规定："每乡约计其丁口在三千丁以上者举正长一人，副长二人，即于该乡适中之处，择宫庙稍宽敞者为公集公所。该乡有事，各乡（约）长会集公所商议办理。"②此乡约是团练的初级组织。《章程》第一条规定："救治不务速效，理乱尤贵静镇，此时举行团练仓猝召募，不独费用浩繁，一时难以措办，亦恐隍惑民心。应请通谕各乡先设乡约……使乡自为守，民自为卫，且使乡相救援，民相卫护，然后可戢暴安良。"③乡约负责抽抓壮丁、组织乡勇。《章程》规定："（各约须）查明约内自十八岁以上，五十岁以下丁壮多少，除病弱及士人不计外，约三人选一人。择有技艺胆力者充勇壮，将姓名年貌另立一册，缮二本。一本存约长，一本存乡长。"④负责本身的保安事务和抗击匪徒（起义军）袭击。《章程》第二条规定："无论绅耆士庶，但有廉明正直素为乡中所信服者，开列名姓，注明某乡某约人，送总局查访的确，再行请给谕贴，俾为乡约长，管理该乡约保安事务。""（乡勇）无事则各安其业，有警则会，各执所习器械奋力向前，擒拿贼匪。""若遇外来压徒如人数无多，则约长一面先集邻近丁壮出御，一面飞报乡长齐集勇壮，令素有

---

〔1〕"团练乡约章程"，参见饶集蓉等辑：《光绪嘉应州志》卷一五《兵防》。

勇略者统率擒拿。若匪徒众多，一方不能猝制，一面令勇壮先行把截；一面传签飞催四乡，带领男壮助拿。四乡闻报亦即齐集勇壮，分一半赴援；分一半把截路径，或伏守险要，毋使贼匪有一人得以逃遁。"⑤负责教化正俗和解决纠纷。《章程》"议重申礼教"条规定："各乡长每月议期三日，齐集公所。有事，为乡人排难解纷以息事安人；无事，则合乡中子弟为之称说礼义，教之孝弟为田，以消其强暴之气。"从上述内容可看出，岭南的团练乡约无论是组织形态还是活动内容，都与传统乡约相去甚远，但是乡约的本职——教化和解纷功能仍然存在，只是这一职能已被列于比较次要的地位。"议重申礼教"一条就被置于《章程》的最后，"乡约"的大部分职责均有强烈的军事化色彩。

（四）明清乡约的组织机制

明清时期的乡约作为一种民间社区自治组织，有一整套特定组织机构或运行机制，其要素包括人员组成、全体约众共同遵守的规约、供定期集会用的约亭或约所，以及必要的活动经费等。

1. 人员组成。一般主要有主持人、工作人员、约众代表、约众等。例如：明代南赣乡约设约长、约副、约正、约史、知约、约赞等职位的工作人员共十七人，他们各有分工，均选德高望重的人担任。[1]《（沙堤）圣训约》列载姓名的约中人物，共有六十五名，分成主持人、"乡约宾"和"乡约执事"三类。[2] 把这三类人物的姓氏合并来看，沙堤乡约的成员包括沙贝村内所有宗族，而聚会场地和职员实际上则由一个人口最多的湛氏宗族负责。

（1）乡约的主持：约长（约正）和约副等。约长（约正）和约副是乡约组织的正副首领，都由约众公举产生，有时还要报官府备案或批准，"朝廷设立乡约，慎选年高有德，给以冠带，待以礼貌。"[3] 约长

---

[1] 王阳明："南赣乡约"，载（明）王守仁：《王阳明全集》（第一集），红旗出版社1996年版，第228~232页。

[2] 参见朱鸿林：《中国近世儒学实质的思辨与习学》，北京大学出版社2005年版，第265~266页。

[3] 《古代乡约及乡治法律文献十种》（第二册），黑龙江人民出版社2005年版，第285~286页。

或约正，有的地方直接称"乡约"，有的地方称"乡保"、"董事"。[1]
"乡保"常见于清代，名称因地而异，如在宝坻常称做"乡约"，在巴县常称作"地约"，在台湾淡水—新竹称"总理"或"总保"。乡保具体所指也比较复杂，有些地方指乡约约正，有些地方是取代原来分为两职的乡约和地保的乡官，有些地方则是约正和保长的总称。《大清律例》中的"乡保"当指后者。如《大清律例》第三百三十四条"告状不受理"条例规定："民间词讼细事，如田亩之界址沟洫，亲属之远近亲疏，许令乡保查明，呈报该州县官。"《大清律例》第三百三十四条"犯奸"条例规定："凡调奸图奸未成者，经本妇告知亲族乡保，实时禀明该地方官审讯。"约长或约正的副职称"约副"、"副正"等，一般为两人。晚清出现的乡约局由公举的地方乡绅（绅董）总主持，各乡约的约正辅佐绅董分管各乡约，实际上仍是所在乡约的负责人。

约正、约副负责裁处约内大事，诸如主持聚会、调解纠纷、彰善纠恶、率众鸣官等。其任职资格通常要求是高年有德、众所推服者，但家道殷实往往是必不可少的。在笔者所知见的乡约中，明代广东省广州府增城县沙堤乡约的领导班子可能是人数最多、规模最大的。共有主约、副主约、约正、约副和乡正五人：主约湛若水，七十九岁；副主约伍克刚，六十一岁以上；约正伍万春（伍克刚的弟弟），六十一岁；约副湛瀚，六十五岁；乡正伍祖惠，年龄不详。从约文的仪节来看，主约、副主约是此约的"董事"；约正、约副是"理事"，是实际负责人；乡正伍祖惠的身份比较特殊，既像"专员"，又像里老人之类的地方职役头人，反正由他代表乡约直接和当地的保甲系统打交道。在这些主持人中，只有湛若水和伍克刚有功名和当过官，湛若水是进士，曾官至南京礼、吏、兵三部尚书，伍克刚是举人，退休前是湖广布政司岳州府通判，二人是师生关系；伍万春是伍克刚之弟，也是湛若水的学生；湛瀚和他们的关系不详，但肯定是湛氏宗族中人。

（2）乡约的专门工作人员（乡约执事），常见的名目有"直月"、"约讲"、"约史"、"知约"、"约赞"、"执事"、"通赞"等，他们一般

---

[1] 黄宗智：《清代的法律、社会与文化：民法的表达与实践》，上海书店出版社2007年版，第104~105页。

负责讲演乡约约规、书写善恶簿、维持集会秩序及其他日常杂务等，也都要求由知书达理、通晓礼文而又朴实本分的人充任。明代南赣乡约的工作人员有约史、知约、约赞等，"同约中……推通达明察者四人为约史，精健廉干者为知约，礼仪习熟者二人为约赞"[1]。沙堤乡约中的专职工作人员称"乡约执事"，名目有通赞、摈、介、读圣训、读乡约、供香案、讲案、讲书、歌工、司钟磬、司鼓、举酒、司籍等，共二十五人。[2] 清代乡约重视"讲乡约"，所以"约讲"一职最重，所谓"讲乡约，必择年高有德为众所服者为之约讲。约讲有正副，谓之讲正、讲副。"[3]

（3）约众代表（乡约宾）。乡约中的这类人，笔者仅见于明代广东省广州府增城县的沙堤乡约，该乡约的约众代表共三十五人，各依年龄列名，他们的姓氏和人数如下：湛姓十人，伍姓、温姓各四人，黄姓三人，何姓、区姓、姚姓、熊姓各二人，莫姓、招姓、林姓、梁姓、钟姓、洪姓各一人。这十四姓三十五人的年龄最高九十二岁，最低六十岁。九十岁以上二人，八十至八十九岁十人，七十至七十九岁十四人，六十至六十九岁九人。他们之中没有官员，都是沙贝村各个宗族中的老年人，也可能有来自和沙贝村邻近的绥宁乡其他村落的老年人。

（4）约众。这是乡约的基本群众，乡约有相对固定的约众，人数随乡约规模的大小不同而不同。象明朝山西布政司潞州（今长治市）仇氏"雄山乡约"入约者最多时超过三百家。[4] 一般来说乡民可自愿加入和退出，但也有"汲汲乎强人以从约"的乡约。[5]

2. 规约。规约（或直接称"乡约"）是乡约组织的组织要件之一，

---

[1] 王阳明："南赣乡约"，载（明）王守仁：《王阳明全集》（第一集），红旗出版社1996年版，第228～232页。

[2] 参见朱鸿林：《中国近世儒学实质的思辨与习学》，北京大学出版社2005年版，第265～266页。

[3]（清）黄六鸿：《福惠全书》卷二五《教养部》。

[4] 朱鸿林：《中国近世儒学实质的思辨与习学》，北京大学出版社2005年版，第289页。

[5]（明）章懋："答罗一峰书"，载《枫山集》，第2页。

所谓"凡我同约,当取以为法"[1]。寺田浩明指出:"乡里的民众汇集在一起,就乡村的日常生活相互约定立下一些具体的规则或罚则(会众议约),同时通过这种行动达到共有某种规范的状态,有时还形成较为紧密巩固的组织。"[2] 明初有人向明太祖指出:"古者善恶乡邻必记。今虽有申明、旌善之举,而无党庠乡学之规、互知之法,虽严训告之,方未备。臣欲求古人治家之礼、睦邻之法,若古蓝田吕氏之乡约、今义门郑氏之家范,布之天下。"[3] 此段话点明了乡约组织的要害:乡约有了规约,就使约众既是客体又是主体,约众不仅受到规约的约束,而且还可以约束他人(即约众自约和互约),从而保障乡约全体成员的共同生活秩序。这也是乡约组织建立的初衷和乡约制度的本义。乡约之规约规定约众的共同行为规则,一般由乡民自发制定,共同遵守,内容涉及治安、经济、社会、教育、礼俗等,是典型的民间法。官方介入乡约组织,约规中有了法定的政治性内容,主要是皇帝的"圣谕"、"圣训",例如明代太祖的"圣谕六言"(《教民六谕》)、清代康熙帝的"圣谕十六条"等。

我国最早的成文乡约的约规是宋代陕西蓝田吕大钧(1031~1082年)制定的《吕氏乡约》。明清时期著名的乡约"约规"有:明代正德年间的《南赣乡约》、嘉靖年间沙堤乡约的"规约"(《圣训约》)、嘉靖年间徽州府《祁门三四都护林乡约会议约合同》、康熙年间海宁乡约的《讲约规条》、光绪年间嘉应州的《团练乡约章程》等。这些"规约"的具体内容,我们将在第四章中介绍。

3. 乡约所。乡约所或乡约亭、约亭,是乡约组织固定的活动场所,也是乡约组织的要件之一。明朝嘉靖年间徽州府绩溪县的乡约"择寺观祠舍为约所,上奉圣谕碑,立迁善改过簿。至期,设香案,约正率约人各整衣冠,赴所肃班。行礼毕,设坐,童子歌诗鸣鼓,宣讲孝顺父母六

---

[1] 正德十三年(1518年)王守仁亲手起草制定《南赣乡约》,以约法的形式把人民组织起来。这里的"南赣"指江西省的南安府和赣州府。

[2] [日]寺田浩明:"明清时期法秩序中'约'的性质",载[日]滋贺秀三等著,王亚新等译:《明清时期的民事审判与民间契约》,法律出版社1998年版。

[3] 《明史》卷一四七《解缙传》。

条。有善过彰闻者,约正、副举而书之,以示劝惩。"[1] 康熙年间的浙江海宁乡约规定:"各乡村镇俱择宽广寺观为讲约所,每逢朔望日乡耆传集居民,无分长幼齐赴约所,设立六谕牌案,推逊善讲者二人演谕。"[2] 光绪年间广东省嘉应州(今梅州市)的团练乡约"于该乡适中之处,择宫庙稍宽敞者为公集公所。该乡有事,各乡(约)长会集公所商议办理。"[3] 晚清乡约局也要求各乡乡约在乡各图设乡约所一处[4]。

4. 活动经费。明清时期的乡约除了晚清乡约局有官费接济之外[5],一般情况下是没有政府财政拨款的。乡约的聚餐和日常开支等费用从何而来?根据我们的考察,乡约的活动经费来源主要有三种:①约众缴纳的会费。如《南赣乡约》规定,同约各人每月出银三分,作为会议聚餐费用。"同约之人每一会,人出银三分,送知约,具饮食。"[6] ②公益性经营收入。乾隆年间徽州府祁门县的侯潭乡约,就有运营"公基金"的赢利;道光年间河南省河南府偃师县安驾滩乡约享有当地煤的买卖经营权[7]。③赡田或义仓的收入。沙堤乡约的《圣训约》记载,其活动经费"皆出白石赡田义仓"[8]。白石是清湖都的一个墟(村落)[9],这里的赡田、义仓是沙堤乡约集会谷米和费用的来源地。

乡约活动的开支大都比较节省。如《南赣乡约》规定聚餐不得奢

---

[1] 乾隆《绩溪县志》卷三《学校志·乡约附》。
[2] 这部分内容参见周振鹤撰集,顾美华点校:《圣谕广训集解与研究》,上海书店出版社2006年版,第533~534页。
[3] "团练乡约章程",载饶集蓉等辑:《光绪嘉应州志》卷一五《兵防》。
[4] 参见牛铭实:《中国历代乡约》,中国社会出版社2005年版,第74页。
[5] 参见牛铭实:《中国历代乡约》,中国社会出版社2005年版,第72页。
[6] (明)王阳明:"南赣乡约",载(明)王守仁:《王阳明全集》(第一集),红旗出版社1996年版,第228~232页。
[7] 《偃邑安驾滩合村公议禁止赌博牧放碑记》,现藏于偃师商城博物馆。
[8] 《圣训约》,明嘉靖二十三年刻本,台湾"国立中央图书馆"藏经部礼类杂礼俗之属,第19页。
[9] 嘉靖《增城县志》卷二《地理志·墟市类》,第5页。

侈,"毋大奢,取免饥渴而已"[1]。沙堤乡约的经费,从集会宴饮的规模来看也是不太多的[2]。照规划,一般集会参与列席饮食的人数,预设最多是五十人,但实际的"乡约席品"列明:每会"设桌二十张,稍仿合食之数而加之。每桌果碟三,菜碟二,馔肴四,酒一镡"[3],这里实际上只为主、宾四十人设席。

(五)明清乡约的职能

乡约是能够实行有限自治的民间社会组织。一般认为,受到官方干预的乡约组织主要作为一种区域性的基层教化组织形式而存在,但这里的"教化"是一个外延极宽的概念,几乎可以包含所有的乡治内容。明代嘉靖年间御史黄彦士说:"乡约之法即古比闾族党遗意,牧民者万善之根本也。……此法行,户口于是乎取焉,田亩于是乎取焉。是故可以稽逃亡,可以清赋税,可以别淑慝,可以靖盗贼,可以恤贫困,可以移风俗,故曰万善之本也。"[4] 乡约作为"万善之本",不仅具有"教化"职能,而且兼有"吏治"功能。晚清规定乡约局在工作中要准备各种记事册簿,"一册采访节孝事略,一册记地方风俗,一册书各乡见闻善恶报应,一册记出入细致,一册记讲约生赴乡宣讲功课,一册记奖励善类,一册记惩戒凶恶,一册记示谕文书底稿,一册登记收捐,一册记乡董到局会叙轮流日期,一册记刻印各种善书,散布细目。"[5] 从这些册簿中我们也可以看出乡约的职能之广泛。可以说,凡是乡里社会的事务,只要是乡里组织无法解决的,都需要乡约承担起来,包括宣讲乡约(包括圣谕和法律)、定期集会、教化正俗、维护治安、社会监督、应付差徭、公益经营、参与地方事务、亲睦邻里和解决纠纷,等等。这些职能的具体情况将在本章第三节和后面第四章论述。

---

[1] (明)王阳明:《南赣乡约》,载(明)王守仁:《王阳明全集》(第一集),红旗出版社1996年版,第228~232页。

[2] 参见朱鸿林:《中国近世儒学实质的思辨与习学》,北京大学出版社2005年版,第266页。

[3] 《圣训约》,明嘉靖二十三年刻本,台湾"国立中央图书馆"藏经部礼类杂礼俗之属,第19页。

[4] 《古今图书集成·交谊典》卷二八《乡里部·艺文一》。

[5] 牛铭实:《中国历代乡约》,中国社会出版社2005年版,第73页。

三、同乡社会组织

同乡社会是比较特别的地缘社会形式，这就是它是一种"流动"或"异地"的地缘社会组织。

（一）同乡社会组织的界定、形式与特征

1. 同乡社会组织的界定。同乡社会是指同乡人在异地因乡缘这一特殊的地缘形式所形成地缘社会。简言之，同乡社会就是同乡人在他乡所形成的地缘社会。同乡社会以同籍为载体，以同乡会馆或同乡会为阵地，以乡土神灵或乡土情愫为精神纽带。这里的地缘因素既有有形的乡土籍贯，又有无形的乡情乡谊、地缘文化。

2. 明清同乡社会组织的形式主要是同乡会馆。传统的同乡社会组织在明清时期主要是同乡会馆，民国以后主要是同乡会。从某种意义上说，只有有了同乡会馆或同乡会，同乡社会才成其为"社会"，所以本著将明清同乡会馆等同于明清同乡社会组织。会馆又称"公所"，就原义来说，"会"是聚会，"馆"是宾客聚居的房舍，"会馆"就是集会之馆舍。[1] 就社会意义来说，会馆一般是指明清以来建立于通都大邑的地缘或业缘的社会组织，一般均拥有自己的建筑物，作为办公或联谊的场所。[2] 同乡会馆是会馆的一种，是异籍同乡人在客居地以地缘为纽带或依据建立的同乡组织——一种特殊的地缘社会组织，一般以同乡地域名为称谓，如湖广同乡人的会馆称"湖广会馆"，彰州同乡人的会馆称"彰州会馆"。

台湾学者周宗贤指出："（同乡）会馆的含义有二：狭义的（同乡）会馆单指同乡人士所公立的硬体建筑；广义的自然是指软体的同乡组织

---

[1] 有人认为"会馆"是因开始服务于会试而得名。如近代法律史学家程树德说："京师之有会馆，肇自有明，其始专为便于公车而设，为士子会试之用，故称会馆。自清季科举停罢，遂专为乡人旅京者杂居之地，其制已稍异于前矣。"李景铭：《闽中会馆志》卷首《程树德序》。清人陈宗藩也说："会馆之设，始自明代，或曰会馆，或曰试馆。盖平时则以聚乡人，联旧谊，大比之岁，则为乡中试子来京假馆之所，恤寒畯而启后进也。"李景铭：《闽中会馆志》卷首《陈宗藩》。我们认为把"试馆"等同于"会馆"的观念失之偏颇，从我们考察的情况来看，"试馆"只是"会馆"中的一种，本著下面将另有论述。

[2] 刘正纲：《广东会馆论稿》，上海古籍出版社2006年版。

与其功能了。"[1] 我们这里所说的同乡会馆是"软体"和"硬体"兼具的东西，是以同乡公建的建筑物为活动中心的同乡社会组织，是异乡人在客地以同乡因素为主要机缘而建立的同籍人地缘社会组织形式。同乡会馆的建筑是同乡社会组织的"硬件"，同乡的地缘纽带是同乡社会组织的"软件"。"（同乡）会馆的最基本特征在于它的同乡籍性和基层社会的自我管理组织性。其主要功能就在于为同乡籍的流移者提供服务，实现管理。"[2] 近人徐珂（1869～1928年）说："各省人士，侨寓京都，设馆舍以为联络乡谊之地，谓之'会馆'，或省设一所，或府设一所，或县设一所，大都视各地京官之多寡贫富而建设之，大小凡四百余所。"[3] 同乡会馆的成立一般都要报请官府备案。会馆因其性质特殊，官府管理一般较为严格。

3. 同乡社会是流动的地缘社会。首先，同乡会馆是地缘社会组织。傅衣凌说："（会馆）不那么单纯只是代表工商业者的利益，而更多的是代表着地缘乡缘的联系。"[4] 以同乡关系表现出来的地缘关系是同乡会馆或同乡社会的基本纽带。"同乡关系使中国的城市与农村的关系一直颇为密切地联系着，官僚、衙门、科举、商业（包括市场信息的传递、货物的发送、金钱的贷款以及经济特产）都把同乡关系作为主要的联系纽带。"[5] 在同乡会馆中，地缘纽带或同乡关系超越血缘关系等其他纽带。"先住人对于他乡人很容易滋生各种的排斥和嫉视的心态，甚至虐待侮辱的事也是常见的了。人们为了保护生命财产以及解决思乡之痛苦，他乡人便会依同乡之谊组织相互济助的团体，这个时候，乡亲与

---

〔1〕（台）周宗贤：《血浓于水的会馆》，台湾"行政院"文化建设委员会1988年印行，第12页。

〔2〕王日根：《乡土之链：明清会馆与社会变迁》，天津人民出版社1996年版，第4页。

〔3〕徐珂：《清稗类钞》，转引自王熹、杨帆：《会馆》，北京出版社2006年版，第38页。

〔4〕傅衣凌："明清封建各阶级的社会构成"，载《中国社会经济史研究》1982年第1期。

〔5〕[美]施坚雅著，王旭等译：《中国封建晚期城市研究》，吉林教育出版社1989年版，第109页。

共同的家乡守护神所凝聚的力量,已超越了松弛的同姓血缘关系了。"[1] 联结同乡社会或同乡会馆的地缘因素以两种形式表现出来:一是有形的同乡地域、乡土籍贯;二是无形的乡情乡谊、地缘文化。这种纽带确实存在但有时显得模糊。正如窦建良所言:"乡土的自然环境,是没有清晰的边缘的,我们只意识着我们的家乡是在水一方,是在山一丛,是在周原□□[2]的上面。至于什么地带以外便不算是家乡,在乡土的自然环境上看来,这意识是颇为模糊的。而乡土的社会关系更在于没有边缘的乡土里,只有庐墓的所在,家人父子聚居的所在,是乡土社会关系的中心点,但寻不出比较清晰的限界。"[3]

其次,同乡会馆是流动的社会组织。同乡会馆是客居、流寓外乡的官吏、商人或移民群体在异地自发建立的"模拟乡土社会"组织,它是流动社会的有效整合工具,是对家族组织的超越和对社会变迁形势的适应与创造,体现了社会的进步及其限度。正如有的学者所指出的:"人口流动意味着走向陌生的环境,向外发展则标志着分占别人的资源,这其间势必导致诸多矛盾,如何保存自己,如何协调矛盾,如何求得长久的彼此相安、相助、相利乃至相长,都要求有一种务实的解决途径。由此,(同乡)会馆这种民间的自发性的社会组织应运而生,它以乡土为纽带,以传统优良的道德观、价值观为指导,以相互定期与不定期的聚会、娱乐及彼此的互律为活动方式,力图建立起一种和谐稳定,能以不变应政治、经济、文化发展之万变的社会秩序,从而程度不同地实现了商品经济与道德建设、社会变迁与秩序稳定的平衡发展。"[4]

4. 同乡会馆不同于行业会馆。依形成和功能的不同,会馆可分为同乡会馆和行业会馆两大类。历史上最早(明朝)出现的是同乡会馆。行业会馆是以纯粹行帮同业为纽带形成的业缘社会组织,以行业为称谓。

---

[1] (台)周宗贤:《血浓于水的会馆》,台湾"行政院"文化建设委员会1988年印行,第9页。

[2] 本文所用该书是国家图书馆的缩微文献,此处二字非常模糊,无法认清。

[3] 窦季良:《同乡组织之研究》,正中书局1943年版,第8页。

[4] 王日根:《乡土之链:明清会馆与社会变迁》,天津人民出版社1996年版,第1~2页。

如重庆的盐邦公所、纸邦公所、绸帮公所、书帮公所、扣帮公所等；我国台湾的书行之文昌会馆，玉器行之长昌会馆，颜料行之颜料会馆，药行之药行会馆；北京的钱业会馆、木业会馆、盐业会馆等。行业会馆由同乡会馆发展而来，是会馆从"联络乡谊，相顾而相恤"发展成"为同业汇议之所"[1]的产物。从明清时期会馆的出现、发展和演变的过程来看，古代的会馆以同乡会馆为主；近代的会馆则以行业会馆为主。

(二) 明清会馆的产生与发展

会馆是明清时期特定历史条件的产物[2]，明代始有"会馆"之名[3]。明清商品经济的蓬勃发展、科举制度的兴盛和人口流动，促成了会馆的诞生和发展。

1. 最先出现的会馆是同乡会馆。从文献记载来看，历史上最早的会馆是明代永乐年间，安徽芜湖籍人、工部主事俞谟在北京设置的芜湖会馆。民国时期《芜湖县志》说："京师芜湖会馆在前门外长巷上三条胡同。明永乐间邑人俞谟捐资购屋数椽并基地一块创建。"[4] "俞谟，字克端，永乐元年选贡，任南京户部主事，转北京工部主事。在京师前门外置旅舍数椽并基地一块，买自路姓者，归里时付同邑京官晋俭等为芜湖会馆。正统间路姓后人构讼争地，谟子日升持契入质，归芜湖会馆。

---

〔1〕 王支援等："晋商文化与潞泽会馆"，载陈义初主编：《根在河洛：第四届河洛文化国际研讨会论文集》，大象出版社 2004 年版。

〔2〕 学界有不少人认为会馆渊源于汉朝的"邸舍"，甚至战国时期的"馆"，我们认为它们实际上与会馆并不是一回事。战国时期的"馆"纯属住宿场所。《左传》的记载已证实战国时期有"馆"。如《左传》载："（隐公十一年）十一月，公祭钟巫，齐（斋）于社圃，馆（住宿）于寪氏"；"（庄公元年）秋，筑王姬之馆于外"等，汉代的"邸舍"实际上是各郡驻京的办事处，是官设机构。参见《汉书·朱买臣传》和《后汉书·史弼传》。而明以后的会馆则纯属私设，是民间自发集结的联谊性、商业性组织机构。明代朱国桢在《涌幢小品》中说："汉时郡国守相置邸长安，唐有进奏院，宋有朝集院，国朝无之。惟私立会馆，然止供乡绅之用，其迁除应朝者皆不堪居也。"

〔3〕 如周宗贤说："会馆两字的出现则迟至明永乐年间芜湖人俞谟在京师前门外长巷上三条胡同所建的'芜湖会馆'。"（台）周宗贤：《血浓于水的会馆》，台湾"行政院"文化建设委员会1988年印行，第12页。

〔4〕 民国《芜湖县志》卷一三《建置》。

至今公车谒选胥攸赖焉。"[1] 这里，俞谟作为京官买地建造旅舍，或许是作亲朋寓居之所，或者可看作官吏涉足商业活动的开始。当他辞官归里时把这份产业交给同乡京官晋俭作为芜湖会馆，成为芜湖乡人聚会的场所。据此可见最先出现的会馆是同乡会馆。

2. 明清同乡会馆的发展。明代中叶至清代咸丰、同治时期是同乡会馆的兴盛时期。北京芜湖会馆出现后的数十年间，各省在京师兴建会馆成为时尚。明万历时人沈德符说到这一变化时说："京师五方所聚，其乡各有会馆，为初至居停，相沿甚便，惟吾乡无之，先人在史局时，首议兴创，会假归未成。予再入都（1606年），则巍然华构矣。"[2] 这些会馆的基础功能是寓所，大体有三类：一是为官绅乔寓之馆；二是既为官绅又为科举士子住居的馆所；三是专门为科考士子提供的住读之所。第一、二两类在北京内城，第三类建在京师外城。而官绅、科举兼顾的会馆尤其昌盛。

明清时期同乡会馆次发达的地区要算以重庆为中心的巴蜀地区了。现存最大的明清会馆群就在重庆。明清时期四川境内同乡会馆数量之多、分布之广，会馆建筑之密集与豪华，在全国名列前茅。其原因与历史上著名的"湖广填四川"移民大潮[3]有关。大规模移民入川之后，为了与地方势力争夺资源，广泛建立以原籍地缘关系为纽带的民间互助组织——同乡会馆（袍哥码头也是在这种背景下形成）。据当年国民政府社会部研究员窦建良考证，重庆的会馆多半创于康熙年间，兴于乾隆时期，盛于咸丰、同治之间。[4]

---

〔1〕 民国《芜湖县志》卷四八《人物志宦绩》。

〔2〕 沈德符：《万历野获编》（中册）卷二十四《畿辅·会馆》，中华书局1959年版，第608页。

〔3〕 从明朝天启元年（1621年）九月四川永宁（今叙永、筠连、古蔺等县）宣抚使奢崇明发动叛乱，到康熙二十年（1681年）清朝平定"三藩之乱"，六十年的战乱以及战乱带来的饥荒、瘟疫，造成四川人口锐减，"明末兵燹之后，采菖迁徙，丁口稀若晨星。"参见《（雍正）四川通志》。清初在大半个中国推行"移民填川"政策，顺治末年到嘉庆初年的一百多年中，有十几个省份的移民被卷入这次移民浪潮，移民以"湖广籍"最多，因而这事件被史学家和民间命名为"湖广填四川"。"湖广"指湖北、湖南两地。

〔4〕 窦建良：《同乡组织之研究》，中正书局1943年版，第76页。

重庆的湖广会馆是当时客居重庆的湖广移民建立的、办理同乡公益的民间社会组织，包括九个省级会馆："八省会馆"和云贵会所。"八省会馆"是湖广会馆、江西会馆、福建会馆、陕西会馆、浙江会馆、江南会馆、广东会馆、山西会馆。今天所称的"重庆湖广会馆"是对这八省会馆的统称，湖广会馆因"湖广"地域较广，会馆规模最大、常列于各馆之首，故成为八省会馆代称。[1] 八省会馆为参加各种公共事务，互相给予帮助的需要，成立了"八省公所"，后来改为"八省公益协进会"。"八省会馆"旧址至今犹存。云贵公所由于人数少、势单力薄，一般不参与公共事务。此外重庆还有一些府州县的地区性会馆，一般都附属在省级会馆中。如黄州会馆（齐安公所，湖北黄州府会馆）、濂溪祠（湖南永州府会馆）、长沙公所（湖南长沙府会馆）都设在湖广会馆内；临江公所（江西临江府会馆）、石阳馆（江西吉安府同乡会馆）设在江西会馆内。县级会馆如衡州（今衡阳）公所、咸邑公所（湖北咸丰会馆）、江西泰和县会馆等等也都属设在相应的省级会馆中。

清代咸丰、同治以后的时期是会馆的蜕变分化时期。1840年的鸦片战争改变了中国历史的进程，会馆也在社会变迁中不断增益自己的新功能，逐步从以地缘性为主的同乡会馆转变到以商业性为主的行业会馆，以至最后自然而然地融入商会组织中。[2]

民国初年，根据《中华民国临时约法》，人民有集会结社的权利，同乡会馆在大陆蝶化新生，同乡会开始兴起。但在海外华人社会中，同乡会馆仍以中华会馆的形式得以传承和衍化，并且勃兴不衰。所谓"会馆，聚同乡，联旧谊，把乡井文化带到都会京师，甚至海外；也带给乡

---

〔1〕 具体的湖广会馆包括禹王庙、禹王宫、三楚公所，由康熙年间两湖士商集资所建。"湖广"最早指元代设立的湖广行中书省，辖地包括今湖南、广西全省，以及湖北、广东、贵州的部分地区。明初有所调整，辖湖北、湖南两全省。清康熙三年（1664年）将湖广行省分为湖北、湖南二省，析置湖北、湖南布政使司，但习惯上仍称两省为湖广省，会馆亦称湖广会馆。

〔2〕 参见王日根：《乡土之链：明清会馆与社会变迁》，天津人民出版社1996年版，第5页。

人团结的精神、开放的意识、长远的目光、博大的胸怀。"[1]

（三）同乡会馆的类型

明清时期的同乡会馆可以按多种标准进行分类。[2]

1. 按会馆所代表的行政区划级别大小不同分类，主要有六大类：①以县为单位的同乡会馆。由同属一县之人组建，如我国台湾的湘乡会馆、武进会馆、浯江会馆等。②以府为单位的同乡会馆。由同属一府之人组建。如清代湖北省黄州府在重庆建立的齐安公所，广州府、宁波府、福州府、汀州府、绍兴府分别在台湾建立的岭南会馆、四明公所、三山会馆、汀州会馆、绍兴会馆等。③文化、习惯相近的毗邻数府合办的同乡会馆。如广州、肇庆二府同乡在台湾组建的广肇会馆，潮州、惠州二府同乡在台湾组建的潮惠会馆，潮州、汕头同乡在台湾组建的潮汕会馆。④以省为单位的同乡会馆。明清时期省是地方最大的政务单位，各以总督巡抚治理，省籍同乡观念非常发达。这类会馆如重庆的湖广会馆、福建会馆等"八省会馆"，台湾的广东会馆、四川会馆、浙江会馆等。⑤由毗邻数省合建的同乡会馆。如重庆的江南会馆、云贵公所；台湾的云贵会馆、湖广会馆（湖南湖北两省同乡合组）、两广会馆、闽粤会馆。⑥海外中华会馆。在海外，中国人不论其出生地异同而合组的会馆，一般通称"中华会馆"。

2. 按会馆功能或活动内容不同分类，主要有两大类：①纯同乡会馆。仅因同乡同籍而组建的会馆，只要是同乡人士，无论从事什么行当都可以加入。如官绅试子会馆、移民会馆等。这类会馆到近代演化成"同乡会"。②同乡同行会馆。即同乡兼工商业（行业）会馆。这类会馆有的仅以乡籍相称，如重庆的齐安公所，既是湖北黄州府籍人士的同乡会馆，又是黄白花客帮（棉花帮）的行业公所；有的将乡籍与业名兼

---

〔1〕 王日根：《乡土之链：明清会馆与社会变迁》，天津人民出版社1996年版，封底。

〔2〕 如还有以下分类法：①士绅会馆、商业会馆、移民会馆。参见王日根：《乡土之链：明清会馆与社会变迁》，天津人民出版社1996年版，第325页。②同乡会馆、科举会馆、商业会馆、行业会馆。参见何智亚：《重庆湖广会馆历史与修复研究》，重庆出版社2006年版，第62页。③文人试馆、工商会馆、行业会馆、殡葬会馆。参见王熹、杨帆：《会馆》，北京出版社2006年版，第34页。

称,如北京的延邵纸商会馆,台湾的泉郊[1]会馆、厦郊会馆、台厦郊会馆。这类会馆在组建时,除了考虑同乡人的乡籍相同外,还要考虑同乡人所从事的工商行业相同。它以同乡地缘纽带为主,以业缘纽带为辅;既是同乡会,又是本籍同业商会或帮会,属同乡与业缘复合纽带联结的地缘社会组织,体现了同乡与同业双重组合的结构特征。这类会馆将同乡与同行这两条人际纽带交织在一起,把移民的乡土情感和经济利益联系在一起。同乡兼同行会馆大量涌现的原因主要有二:其一,新来的同乡人往往会在一定程度上依附于先来的老乡,于是他们很自然地倾向于经营同一种营生;其二,在传统行业内,同业会馆必然在其内部保持议价、交割等方面的优先权和统一规定,以便通过同乡同业垄断某一行业,求得商业经营的主动性与不败地位,这也为会馆的存在和扩大提供了进一步的保障。

以上两种同乡会馆,从数量上来说,纯同乡会馆居多。"清朝北京的四百四十五所会馆,有百分之九十三以上基本与工商业无关,纯属同乡会馆,只要是同乡旅京人士,均可到会馆聚会和居住,而每三年一次的科举考试时,这些会馆都必须接待同乡士子住宿,故有人概称之为试馆。"[2] 这里所谓"与工商业无关"未免绝对,大多数京师会馆应该是多功能会馆。从作用上来说,同乡同行会馆的作用更大,对社会的影响也最深。本著所谓同乡会馆主要是指同乡同行会馆这一类。

(四) 同乡会馆的组织机制

明清同乡会馆的组织机制在不同时期、同一时期的不同地方都有较大差异,就主流来说,其完善和固定的时期大约是在清中叶至咸丰、同治年间(十八世纪中期至十九世纪中期),这些组织机制我们大致可以从人员组成、会规、乡土神、会产和会费等几个方面进行考察。

1. 同乡会馆的人员组成。同乡会馆的基本成员有会员、会首、工作人员等。①会员。一般来讲,只要与会馆同籍贯的人都可以是会馆的会员。与行会有关的同乡会馆,因牵涉到事业的独占性和原有会员利益的

---

〔1〕 "郊"又叫"行郊"或"郊行",是闽南及台湾对行商独用的俗称。
〔2〕 吕作燮:"试论明清时期会馆的性质和作用",载南京大学历史系明清史研究室编:《中国资本主义萌芽问题论文集》,江苏人民出版社1983年版。

保护问题，对于新加入的会员有些附加条件，最主要的是要求捐赠，如重庆江南会馆的《会规条目》规定："同乡查系前辈或本已出有厘金，上有会银者，始得入会"[1]；光绪十八年（1892年）重庆海关税务司郝博逊（H. E. Hobson）在《重庆海关1891年调查报告》中记载了会馆对会员的要求："候补会员们应当证明确属该省籍贯，并且在原籍已列于某种行业。他们必须交纳应当归入会馆基金的入会费和会馆祭日办会应交的份金。捐赠土地或款项使会馆基金扩大者得为世袭终身会员。"[2] ②会馆首事或会首。或称董事、总理、馆长、首事、客长、总管、客总、会董、司事、值年、值月等，是主持会馆业务的负责人。会馆内部组织大都采取"会首"制，有的是由各位会首轮流值年。有的是在会首中推举一人为总会首，其余会首轮流值年，任期满后再次公推。湖南攸县长沙会馆的《会馆合约》规定："忠义之人，托为总管，并遴选二人助理，三年一交，邀众公同核实。三年出入账项若经理得法，再行留管主持。或有不合者，无论一周两载，另行择人接管。……每县每年各派一人值年，相为办理公务，一年一轮；期满将该年用费簿据交与总会首收讫，另授来岁值年承办。"[3] ③会馆工作人员。会馆还有其他雇员，如长班、馆役、馆丁、总务、保管、登记、勤杂等，他们负责会馆内的收发、卫生、传达、接待等杂役工作。

2. 同乡会馆的章程和乡土神。会馆有会规或馆规，也就是各会馆订立的"章程"和"条例"，它是对该会馆所代表的同乡社会的所有成员有约束力的基本行为规范，是民间法。乡土神是同乡共同信仰或祭奉的神灵，是同乡会馆的精神支柱和象征。会馆与神庙合一乃各地同乡会馆的共同特征，在会馆的建筑中设置神灵祀奉之所是同乡会馆建成的首要条件。这种神灵崇拜经历了一个从单一乡土神到众神兼祀的发展过程。最初大多是一神，有的是一邑之神，如湖北麻城的帝主；有的是一省之神，如江西的许真君；有的是两省以上乃至全国通祀之神，如关圣、林

---

[1] 转引自黄友良："四川同乡会馆的社区功能"，载《中华文化论坛》2002年第3期。
[2] 何智亚：《重庆湖广会馆历史与修复研究》，重庆出版社2006年版，第66页。
[3] 何智亚：《重庆湖广会馆历史与修复研究》，重庆出版社2006年版，第66页。

妃、神禹等。后来很多会馆是一馆多神，如京师的会馆或奉祀财神，或奉祀福禄神、关帝、乡先贤及其他乡土神；有些会馆既奉祀乡土神又奉祀行业神；而移民集中区域的祀奉对象以乡土神为主又不断包容其他诸神。同乡会馆所供奉的这些神灵总体上可以分为乡土神、乡先贤和福禄财神三大类。其中乡土神是最基本的崇祀对象，如江西人奉祀许逊为"吾乡福主旌阳许真君"(许真人)，福建人奉林默娘为天后圣母，山西人奉关羽为关圣大帝，湖广人祀大禹，浙江人奉伍员、钱镠为列圣，云贵人奉南霁云为黑神，广东人奉慧能为南华六祖，江南人祀准提，湖北麻城人奉"帝主"，湖南长沙人奉"李真人"，等等。乡先贤主要是有功于会馆的董事或倡捐人以及同乡的先辈们，如江西人之于文天祥、谢枋得，潮汕人之于韩文公，台南的潮汕会馆不但供奉三山国王，也设有韩文公祠，并供奉广东巡抚和两广总督之社位。

3. 会产和会费。同乡会馆一般都有自己的产业，这份产业是同乡的共同财产，是同乡组织正常开展各种活动的物质保证。筹集并管理会馆产业一般由会首负责。同乡会馆的经费一般有三种来源：一是会员交纳的入会费；二是"乐捐"，包括同乡人士或商店等的捐送，也包括达官商贾的捐助。有捐钱的，也有捐神灯、神桌、香炉和米谷衣物的；三是略带强制性的赋科。如收房租，向同乡的商人抽取货物税。天津的闽粤会馆规定，凡闽粤商船货物运于天津，缴收税款若干，纳于会馆，充春秋两祭之用。台湾的同乡会馆则向茶商抽税并按船只大小等级抽取船税。当然，这项工作是要先报请官府批准的。

(五) 同乡会馆的职能

同乡会馆作为一种同乡人在异乡的地缘社会组织，具有多方面的功能，清代有人概括为"祀神、合乐、义举、公约"四项[1]，"祀神"为会馆树立集体象征和精神纽带；"合乐"为流寓人士提供聚会与娱乐的空间，人们会在节日期间"一堂谈笑，皆作乡音，雍雍如也"[2]；"义举"则不仅使生者在身处逆境时得到解脱，更注重给死者创造暂居、归

---

〔1〕 上海博物馆图书资料室编：《上海碑刻资料选辑》，上海人民出版社1984年版，第359页。

〔2〕 李景铭：《闽中会馆志·郭则云序》。

葬的条件;"公约"则要求会员遵循规章制度,维护集体利益,从而维护社会秩序的安定。今人总结明清时期重庆的湖广会馆有四大功能:功能一:同乡救助站。湖广会馆设有厢楼,凡同乡客商来渝就住在里面,无论有钱无钱,厢楼都可以无限期免费住,甚至还可以拿到回家的路费。若是病了,还有看病、吃药的补贴。从功能上来讲,它有点类似于今天的救助站,不过它是民办的。而会馆的运行经费,都是同乡友好(主要是做生意的人)捐赠的。功能二:商务会谈处。也有在会馆中谈生意的,其形式有点像今天的"商务会谈",谈完后,拍拍肩膀,就一起去后面戏楼听戏,大小生意都可以这样谈。功能三:仲裁机构。会馆的会首在同乡中有很高的威望,同乡之间遇到商业纠纷、家庭、邻里矛盾,都会出面协调。功能四:信息中心。出入的经商者、探亲者、考生、官绅、游子甚至流浪者,都在各籍会馆里吃、住、娱乐,会馆也是当时的信息中心。[1]

　　事实上,同乡会馆的职能有一个从简单到发达的发展过程。其最初的职能主要是为出门在外经商办事、进城赶考的同乡提供行旅居停的方便、为外地同乡提供祭奉乡土神灵之所,后来其功能不断发展,具有了制定行业规定、维护同乡客商利益、协调与外地客商的纠纷、沟通与当地官府之间的关系、办理慈善事业和社会公益事业等诸多职能。光绪十八年(1892年)重庆海关税务司郝博逊(H. E. Hobson)在《重庆海关1891年调查报告》中说:会馆"原意是在保护各省间往来贩运商人和远离家乡寄居外省人员的一般权益。逐渐地,会馆的地位发展到政治、宗教、社会各方面都至关重要而有力量,——在重庆,常是这'八省首事'与地方官在公务上常相联系,如当地税捐征收、消防、团练、重大债务清理、赈济款项的筹措和发放、孤儿院、养老院的管理,以及相类的慈善事业,等等。"[2]一个完善的同乡会馆,既作为同乡在外埠寄居的客房,也作为举办宗教活动、娱乐活动、经济活动、社会活动的场所。"迎神麻、联嘉谊、襄义举、笃乡情",开展各种活动。

---

〔1〕 李鹏、王静:"湖广会馆前世与今生",载《重庆日报》2005年9月29日。
〔2〕 何智亚:《重庆湖广会馆历史与修复研究》,重庆出版社2006年版,第98~99页。

归纳起来，同乡会馆的职能主要有七项：①同乡联谊。诚如近代书画家叶恭绰（1881～1968年）为北京的惠州会馆题词所云："联乡乡情、敦睦桑梓。"[1]②提供住宿。同乡会馆最早的功能之一就是为同乡人提供、厢房客室供乡人寄宿。③宗教祭祀。主要是祭祀乡土神。④慈善与救助。同乡会馆可以说是乡人在外的避难所，对于同乡人一般的灾变，会馆都会给予援助。⑤筹集并管理会馆产业。⑥参加地方事务。⑦解决纠纷。这些职能我们将在本章第三节和后面的第五章中展开论述。

四、乡间结社组织

明清时期无论南方还是北方，乡里民众普遍都有结社的习惯。如徽州府乡村的会社组织特别发达，祁门县善和村在清代创建有三十三个会社组织，婺源县庆源村康熙年间活跃的会社有近十个，而休宁县十三都三图的祝圣会（祭祀组织）自明末至民国延续近三百年。[2] 乡民们在日常生活中结成"会"或"社"来展开各种各样互助关系及联谊活动，其重要性，旗田魏氏指出："村落里普遍存在着由于农民共同生活的需要而产生的'会'或'社'。这种团体是农民们在从事如农作物的看守、庙里的祭礼、节令的种种庆事、金融、娱乐以及村庄事务的处理、还有生活方面各种共同活动时，根据不同需要而形成的结合，也是他们集体生活的一般存在形式。"[3]

（一）乡间结社组织的界定、性质与特征

1. 乡间结社组织的界定。这里所谓"乡间结社组织"是指乡村民众为互助互济或丰富文化生活等特定目的而结集的地缘社会组织，有日本学者称之为"村落共同体"[4]。中国传统民间的结社组织起源很早，

---

[1] 叶恭绰（1881～1968年）题词，载《北京岭南文物志》，北京广东省会馆财产管理委员会1954年编印。

[2] 参见卞利："明清徽州乡（村）规民约论纲"，载《中国农史》2004年第4期。

[3] [日]旗田魏氏："华北村落里以庙祭为中心的会"，转引自[日]滋贺秀三等著，王亚新等译：《明清时期的民事审判与民间契约》，法律出版社1998年版，第182页。

[4] [日]滋贺秀三等著，王亚新等译：《明清时期的民事审判与民间契约》，法律出版社1998年版，第182页。

汉代侍廷里的"父老僤"就是早期比较典型的民间结社组织[1]，到明清时期民间结社更加普遍。

明清时期的乡间结社组织大都以"会"、"社"或"会社"[2]的名目或形式现世，如"土地会"、"钱会"、"粮社"、"兴建会社"、"婚嫁会社"、"丧葬会社"等等，所以要想界定清楚"乡间结社组织"，必须先弄清什么是"社会"。

我们在"导论"中说"社会"有广义、中义和狭义之分，本著一

---

[1] 1973年在河南偃师县出土一方《汉侍廷里父老僤买田约束石券》，券文内容如下："建初二年（公元77年）正月十五日，侍廷里父老僤祭尊 于季、主疏左巨等廿五人共为约束石券里治中以永平十年六月中造起僤，敛钱共有六万一千五百，买田八十二亩。僤中其有訾次当给与里父老者，共以容田借与，得收田上毛物谷粮自给。即訾下不中还田，转与当为父老者。传后子孙以为常。其有物故，得传后代户者一人。即僤中皆訾下不中父老，季、巨等共假赁田。它如约束。单侯、单子阳、伊伯通、锜中都、周平、周兰、□□、周传、于中山、于中程、于季、于孝卿、于程、于伯先、于孝、左巨、单力、于稚、锜初卿、左中孝、尹思、锜季卿、尹太孙、于伯和、尹明功。"汉代基层组织是乡、里两级，"侍廷里"位于洛阳周边；"父老"是负责民间教化的"三老"一类的民间领袖，由里中"年五十以上，有修行，能帅众为善"的老者或家道殷实者担任。里父老的职责繁杂，包括教化百姓、维持治安、督促农耕、主持祭祀等，这些活动都需要花费，而且父老有时还要负责因部分里民破产而无法支付的社祭费用，以及在与官吏接触时受到搜括。但是里父老没有俸禄，为了能使里父老正常开展活动，侍廷里中上述二十五人作为居民代表，集资买田八十二亩作为对里父老破费的补偿。参加集资买田的二十五人形成了一个民间互组组织，叫做"僤"，"僤"是一种民间组织形式，犹如今天的"社"、"协会"等。从券文看，造僤的目的是集资买田，买田的目的是给里父老提供一份可供"自给"的土地（借与里父老使用），以解决其活动经费来源或补偿其经济损失。这块土地具有公有（集体所有）和私有二重性质，所有权归僤，使用权归里父老，集资户主（即僤的成员）的后代对这份土地的使用权有继承权，在里父老缺职的情况下，可租赁该田地，租额应交与僤作为里的公共活动经费。"父老僤"虽然与里有密切关系，但并不是里组织的部分，它是"在生产和生活互组的职能已逐渐被排除在作为基层政权的里的职能之外，私人之间出于生产和生活互助的需要而组织的私社"。侍廷里父老僤是为集资买地以解决里父老经费而组建的民间组织（其宗旨是协作互助），更准确地说，是因合伙人签订合伙合同而形成的合伙组织。参见宁可："关于《汉侍廷里父老僤买田约束石券》"，载《文物》1982年第12期；林兴龙："东汉《侍廷里父老僤买田约束石券》相关问题研究"，载《云南师范大学学报》2007年第4期。

[2] "会社"在日语中是"公司"的意思，但汉语中主要指民间结社组织的形式，如秘密会社。

般所谓"社会"是指中义的社会，即人民在国家机关之外自发组织起来满足自身特定需要的生活共同体。狭义的社会是传统意义上的具体社会，也就是我们现在讨论的结社组织和集会组织。"社"原指土地神或土地庙[1]，只是到了后来才趋于人格化和偶像化；"会"的本义是"合"，表示聚合、集会。传统的社会包括集会意义上的"社会"和结社意义上的"社会"。①集会意义上的"社会"是指中国民间与祭祀土地神（逢春秋祀日迎赛社神）相关的集会或集会形成的组织。唐柳棠《答杨尚书》诗说："未向燕台逢厚礼，幸因社会接余欢。"这里的"社会"就是集会意义上的。②结社意义上的"社会"指结社组织，即由志趣相投者结合而成的组织或团体。《金瓶梅词话》第三十八回说："观境内所属州郡，各立社会，行结巢表籴之法。"《醒世恒言·郑节使立功神臂弓》中讲："原来大张员外在日，起这个社会，朋友十人，近来死了一两个人，不成社会。"这里的"社会"是结社意义上的社会。

狭义或传统意义上的"社会"——结社组织和集会组织，既是中义"社会"的具体表现形式或组成部分，又是中义"社会"的活水源头。"社会"一词，顾名思义就是结社和集会，原生态的这种"社会"就是以"结社"和"集会"的基本形式与实践活动构建起来的人类生活共同体，其他社会形式都由这两种形式发展而来。

我们这里先考察明清时期的"乡间结社组织"，稍后再考察"乡间

---

[1]"社"主要有三义：第一，土地神。《说文解字》："社，地主也。"又引申为祭祀社神之处所或行为。《白虎通·社稷》："封土立社，示有土也。"明代惠安县令叶春及亲撰《惠安政书》中有"里社篇"，其中说："惟皇340治，建府置县，划分乡里，以奠民庶；乃立社稷，以教民事鬼神。社，土神也；稷，谷神也。"参见（明）叶春及：《惠安政书》，福建人民出版社1987年版，第343页。里社是明代一里（地方基层组织）中专门祭祀土地神（社）和谷神（稷）的地方。第二，基层社会组织单位，不同时期的规模大小不一，主要有：①二十五家为社。《周礼》："二十五家为社，各树其土所宜之木。"《隋书·礼仪志二》："百姓则以二十五家为一社，其旧社会及人稀者，不限其家。"②方六里为社。《管子·乘马》："方六里，名之曰社。"③五十家为社。《元史·食货志一·农桑》："县邑所属村疃，凡五十家立一社，择高年晓农事者一人为之长。"元代之社相当于明清之"里"。第三，某些集体组织或团体。《正字通·示部》："社，团结共事者。"顾炎武《日知录》卷二二："二十五家为社，后人聚徒结会亦谓之社。"《红楼梦》第三十七回："秋爽斋偶结海棠社。"这里"结社"之"社"即此义。

集会组织"。

2. 乡间结社组织是地缘社会组织。"社"本身除了指神庙以外，还有地理区域的意义，明清时期的江南一带，"社"作为一种区域名称，指某地的土地神或土地庙所被祭祀的辐射区域范围。社戏就是"社"中每年所演的"年规戏"。我们下面要讨论"起议团社、齐心吞租"的抗租结社组织，其中所说的"社"就是当地以土地庙为中心而形成的地缘组织。所谓"团社"并不只是同道者的结盟，而更接近于这种地缘关系中全体居民的统合行动。"村推一长，籍罗姓名"或"连圩接甲"等例子，都使人想像到在"团社"之前存在某种地缘性的社会结合。[1]

不过，这里说乡间结社组织是地缘社会组织，主要原因还在于"乡间"所体现的地缘性。这也意味着同时还存在着非地缘性结社组织，如清代山东省曹州府单县人刘佐臣在家乡创建的"收元教"[2]属于宗教性信缘社会组织，明代的东林党、明末清初的复社[3]、清代的天地会属于政治性信缘社会组织，王阳明早年与李梦阳组织的"浮峰诗社"[4]等文人结社[5]基本上属于业缘社会组织[6]。对上述不同的结社组织，官方的态度也不一样。一般来说，官方对信仰性结社采取镇压或取缔的

---

〔1〕〔日〕寺田浩明："明清时期法秩序中'约'的性质"，载〔日〕滋贺秀三等著，王亚新等译：《明清时期的民事审判与民间契约》，法律出版社 1998 年版。

〔2〕参见曹新宇等：《中国秘密社会》第三卷《清代教门·收元教》，福建人民出版社 2002 年版。

〔3〕崇祯初年太仓人张溥和张采等合并应社、畿社等江南文社建立学术与政治结社组织，称为复社。以"兴复古学"、"务为有用"为指导思想，弘扬忠臣义士、关心民瘼气节。清军南下，复社武装抗清。顺治九年（1652 年）被清政府取缔。复社录成员最多达二千二百多人，分布于十三个省、六十余府、八十多个县，先后举行过十来次大型集会活动。其人数之众、分布区域之广、活动声势之浩大、持续时间之久，在中国古代绝无仅有。"复社"既是江南士大夫的学术集团，又是江南士大夫的政治集团，顾炎武、黄宗羲、侯方域都是复社成员。

〔4〕（明）王阳明：《王阳明全集》（第二集）卷二〇《寄浮峰诗社》，红旗出版社 1996 年版，第 655 页。

〔5〕参见何宗美：《明末清初文人结社研究》，南开大学出版社 2003 年版。

〔6〕"业缘社会"中的"业"一般是指谋生的职业，文人结社成员中有以写作谋生的人，但也有仅因志趣相投而参与的人。

态度，而对文人结社和乡间结社不太干预。

此外，结社不同于结拜和帮会。结拜是通过特定的跪拜盟誓等仪式拜结金兰或会盟，一般规模小，而且主要以情感而不是以地缘为联结纽带。帮派一般是由结拜兄弟发展而来的秘密会社，是结拜中拉帮结伙的扩大。如明清时期南方的天地会，长江中上游地区的哥老会，二者后来被称为"红帮"，与长江中下游和山东地区的"青帮"构成明清时期势力最大的两个帮会组织。

3. 乡间结社组织与乡约组织的区别。在某种意义上，乡约组织其实也是一种乡间结社组织。但一般而言，二者还是有重大区别的。①乡间结社组织并非必然有规约，乡约则是必然有规约的，没有规约就没有乡约。乡间结社组织虽然一般来说都有"会规"、"社规"，但并非像乡约组织所必需。②建立的目的不同。结社组织，比方说"钱会"、"父母会"，聚众成社总是有具体而特定的目的，"钱会"是为了集资借贷，"父母会"是为了丧葬互助。而乡约创建的目的一般是为了完成内部及相关的多项事务，除非是专门乡约。③成员组织的方式不同。明清结社组织成立之后，一般来说成员相对比较固定，即使有成员的更替也不考虑招纳新人加入，而且往往在达到当初目的后即行解散[1]。乡约组织则不同，乡约尽管在具体时间点上的成员也是相对固定的，但从较长的时间段来看，乡约都有一种扩大自身范围的倾向或感化、吸引外部力量的动机。也就是说，乡约的约众并不以发起时的参加者为限，相反，它总是希望通过同约之人的善行或表率作用吸引尽可能多的"愿入约者"入约，约众多多益善。[2]

（二）明清时期乡间结社组织的类型

对于传统结社组织，有学者分为经济救助型和文化娱乐型两大

---

〔1〕 即使是本来以长期持续存在为原则的"合股"等结合形式，现实中往往也具有一种短期内就清算解散的倾向。参见［日］村松祐次：《中国经济的社会态制》，东洋经济新报社1949年版。

〔2〕 ［日］寺田浩明："明清时期法秩序中'约'的性质"，载［日］滋贺秀三等著，王亚新等译：《明清时期的民事审判与民间契约》，法律出版社1998年版。

类[1]，有的学者分为政治型（如政党、秘密会社）、经济型（如合会、善会、商会）、军事型（如义会、民团）、文化型（如诗文社、讲学会、宗教结社）四大类。[2] 根据我们的考察，明清时期乡间结社组织根据结社目的不同，可以分为经济救助结社组织、完粮与抗租结社组织、完成乡里公务的结社组织、文化娱乐性结社组织四大类。

1. 经济救助会社。中国传统民间一直沿袭男耕女织的小农生活模式，抵御自然灾害的能力非常弱小，即使是摆脱一般生产生活的困境，很多农户也往往力不从心，于是大家自发组织起来结成会社，开展比较固定的互助互救活动。这类会社就是经济救助会社。明清时期的经济救助性结社又称为"结会"或"打会"。经济救助性会社是相对长久、固定的乡村互助组织，村民入退自由。会社内部有一定的组织领导和纪律约束。一般要推举一人为会首，一人或数人掌管财务，一人负责监督等。

明清时期的经济救助会社主要有以下几种：

（1）集资借贷类会社。一般是乡里毗邻而居的里邻亲友自愿结成，规模从几户至十几户、数十户不等，公推一人为会首，每月每户出同等数额的钱物，储存在会首处，按期（如一月、一年等）轮流集中周济一户会众。见之于各地的具体形式主要有：①"义社"。清代河南许昌地区的义社规定："不论贫富，愿与者月朔望各出资，以谨愿者一人掌之。"[3] 会众领取会钱的次序，一般由拈阄决定。若有天灾人祸等特殊情况，则提前周济，其他各户顺延。②"合会"。"（乡民）贫乏需财，则醵金于亲友，曰合会。""合会"多见于明清时期江苏省苏州府昆山、新阳等县，昆山县巴城乡的合会"有总有脚，订章按期，以骰卜色，点胜者得会，大率以七年为满。"[4] 也就是说，发起人称"总"，后入助

---

[1] 参见雷家宏：《中国古代的乡里生活》，商务印书馆国际有限公司1997年版，第54~58页。
[2] 陈宝良：《中国的社与会》，台湾南天书局有限公司1998年版。
[3] 道光《许州志》卷一。
[4] 《巴溪志》，民国二十四年铅印本。转引自丁世良、赵放主编：《中国地方志民俗资料汇编·华东卷》（上），书目文献出版社1995年版，第410页。

之者为"脚",事先约定好运作办法和周期,以掷骰子的办法决定会员取钱的顺序。一般以七年为一个周期。③"钱会"。四川省顺庆府广安县的"钱会"大多在秋收之后组织,发起称"请会",附议参与称"集会",乡人皆助首会纳钱称"上会",逐年按簿还钱称"填会",十一年一个大周期。④"打会"。在四川省泸州直隶州合江县,"打会者,需款者集若干人,依例醵金(凑钱、集资),分年合本息递偿余人。而余人按年收会,其已收者亦分年合本息偿于余人,均有余利可享者也。"⑤"田园会"。见于四川、云南等地,因参加人户不等而分别称为三庄田园会、四庄田园会、六庄田园会等。"田园会者须以田产作抵,数较巨,人较多,组织较复杂,颇合于经济互助原理。"[1] ⑥其他集资借贷会社,名目有"六子会"、"七贤会"、"八仙会"、"苏公会"、"苏半节会"、"龙头会"、"鳌头会"等,"各有会谱,载会众姓名及逐年会金数目,准此进行。"[2]

(2)婚嫁丧葬会社。这类会社有各自独立的婚嫁会社与丧葬会社,也有集婚嫁、丧葬互助于一体的会社。独立的婚嫁会社是专为子女完婚互助的结社组织,独立的丧葬会社是专为"老亲之后事"互助的结社组织。见之于各地的具体形式主要有:①"拟司会"。属丧葬会社,因为会内法度整肃,"拟于有司",故名。在顺天府顺义县,乡民或二三十人,多寡不等,各为一朋,推选年尊者三人为长,另外推选一人为主事,主管会钱出纳,大家都听从他们的约束和安排。与会者各出一定数量的银钱,由主事者收掌,"遇各人及亲识有丧,则约齐于晡日往吊,量出会钱以为奠赙。"[3] 在宣化府宣化县,"多约姻党友朋数十人共为一会,立会长、司正各一人,每朔望轮流会茶或会酒食,每人仍各出银若干付会长收贮,会中遇有丧事助之。"[4] ②丧社。山东省济南府贫穷

---

[1]《合江县志》,民国十八年铅印本。转引自丁世良、赵放主编:《中国地方志民俗资料汇编·西南卷》(上),书目文献出版社1991年版,第165页。

[2]《合江县志》,民国十八年铅印本。转引自丁世良、赵放主编:《中国地方志民俗资料汇编·西南卷》(上),书目文献出版社1991年版,第165页。

[3] 光绪《顺天府志》卷三一引《顺义县志》。

[4]《古今图书集成·职方典》卷一五五。

乡民"白衣素冠,持幡前导,号曰丧社","其社条之严,凛如官法。"[1]③"父母会"。台湾的丧葬会社,"澎人有所谓父母会者,或数人,或数十人,各得其类立约。何人丁忧,则会中人助理丧事,各赒以资,视所约多寡,不得短少。尤睦姻任恤之遗意。"[2]④"清明会"。四川省重庆府巴县乡间的丧葬会社。乾隆四十七年(1782年)朱太常等八人结成"清明会"[3]。⑤"喜丧会"。婚葬合一的互助会社,在清代陕西省同州府华州乡村,"喜丧会"的会费在社会上募集,由公推的会首管理。会内购置有花轿、凤冠、棺罩、抬杠等大型红白喜事用件及碗、碟、盆、筷等食具,廉价供村民租赁使用。

(3)兴建会社。为造房、筑堰、修桥、修路、打井而建立的修造性结社,它使一家一户难以办到的事情,在大家的共同协助下就非常容易办成。兴建会社在浙江乡间较为流行。见之于各地的具体形式主要有:①"路会"。以修建道路为宗旨。路会一般由各乡村崇尚慈善公益事业的人自行组织,会员联合出资置办一些不动产,部分工具则由会众自己置办。逢大面积塌方造成道路受阻,所有会众都要集中力量连日修筑,直至竣工。这期间只供饮食,不付工钱。有的路会在组建时推选出负责人,由负责人组织发动集资,集资得到的钱,除了修筑损毁的道路外,还用它买"路会田",其田租收入可供修路开支使用。②"桥会"。以管理维修桥梁为宗旨。在山区和多溪地带,木板桥、竹桥和石板桥比较多,往往容易被溪水或洪水冲击而毁损,桥会即为管理修复这些桥梁而设。桥会的规模视桥的大小及受益范围而定。有一村或桥两岸数村组织的桥会,有全乡或数乡联合组织的桥会。会中置有资产。需要出工的时候,会员都要参加,一起架设或修复桥面、桥墩、桥桩等。

2. 完粮与抗租会社。完粮纳税是古代乡民生活中的大事,明清时期与完粮纳税相关的结社组织主要有两种,一是为保证按期足额缴纳租税

----

〔1〕《古今图书集成·职方典》卷一九九。

〔2〕《澎湖厅志》卷九。转引自戴炎辉:《清代台湾之乡治》,台湾联经出版事业公司1980年版,第341页。

〔3〕四川省档案馆:《清代乾嘉道巴县档案选编》,四川大学出版社1989年版,第252页。

而结成的粮社;二是为了抗粮逃税而结成的抗租会社。二者结社的目的正好相反。

(1)粮社。为了保证按期缴纳租税,许多地区的乡民组成粮社。山东省兖州府的乡民组成"粮社",由乡民"醵金生息,以供租税,出一岁之息,岁岁用之。"[1] 参加粮社的乡民得以按时完税。河南省一些地区的粮社叫做"告助",村朋乡友因"征逋追负而贫不能办,则为草具,召诸友善者各助以数十百而脱之。"[2]

(2)抗租会社。见之于各地的具体形式主要有:①"诅盟歃结"结社。明末崇祯年间黄中坚的《征租议》云:"今乡曲佃民,无不据金演剧,诅盟歃结,以抗田主者。虽屡蒙各宪晓谕,而略不知惧。间间有一二良佃愿输租者,则众且群起而攻之,甚至沉其舟,散其米,毁其家,盖比比然也。……诸绅士有田业者,皆恐犯众怒,不敢发言。刁风之可畏如此。"[3] 从"诅盟歃结"等语可看出,佃民们饮血向神佛发誓、相互结"盟"以成组织。结盟的民众对试图交租的佃户采取了沉舟毁家等暴力阻止行动。②"刑牲誓神"结社。明末江苏布政司苏州府吴县"横金镇奸恶唐左耕……,借蝗灾为由,讹言倡众,纠合沿湖三十余村,刑牲誓神,村推一长,籍罗姓名,约佃农勿输租业主。"[4] 这就是说,缔结盟约时推举的一村之长把全村佃农的姓名掌握起来,要求他们不得输租。③演剧立券结社。乾隆年间浙江布政司嘉兴府桐乡县的乌镇和青镇,"小旱涉涝,动辄连圩结甲,私议纳数。或演剧以齐众心,或立券以为信约。侦有溢额者,黠者遂众噪其家,责以抗众,否则阴中以祸。"[5] ④"起议团社"。咸丰年间浙江省嘉兴府平湖县的当湖乡,

---

[1] 《古今国书集成·职方典》卷二三〇。

[2] 王士性:《广志绎》卷三《江北四省》。

[3] 黄中坚:《征租议》,转引自[日]滋贺秀三等著,王亚新等译:《明清时期的民事审判与民间契约》,法律出版社1998年版,第155页。

[4] 崇祯《吴县志》卷一一,转引自[日]滋贺秀三等著,王亚新等译:《明清时期的民事审判与民间契约》,法律出版社1998年版,第155页。

[5] 乾隆《乌青镇志》卷二,转引自[日]滋贺秀三等著,王亚新等译:《明清时期的民事审判与民间契约》,法律出版社1998年版,第155页。

"金邑沈掌得，起议团社，齐心吞租，有不从者，辄殴击之。"[1] 团社成员对不愿"团社吞租"的人进行暴力攻击。对于以上四条史料所反映的结社情形，我们认为这里既有"起议"或"讹言倡众"的人物，又有参加者的"诅盟歃结""刑牲誓神"等"团社"活动，所以我们说这里存在着某种抗租结社组织。[2]

3. 完成乡里公务的结社组织。我们在检读有关文献时，发现咸丰三年（1853年）广东的《悟洞三股乡约碑记》中记载了一种类似于汉代"父老僤"、为完成乡里公务而结社的组织，名为"乡约社"。《悟洞三股乡约碑记》载述的主要内容就是这一"乡约社"的"合约"：属于同一宗教圈的"各村衿耆父老"为了减轻三年一轮的保正公务负担，"联一乡约社，捐资财、置田产"，并使用其产生的利息雇人来承担保正业务。碑文末尾有"前人碑内有名者，累代子孙，无庸均派保甲公费。但与伊兄弟叔侄无涉"的记载，表明这个乡约社并不覆盖整个村落。此处"悟洞"可能是一宗教团体，"三股"可能是此社人员在这一团体中的序列号。整个"合约"的核心内容是："乡里以保正为归，下情乃可上达。……而保正公务，则三年轮值一届，上以应官府之追呼，下以平桑梓之争讼，任虽卑而责甚重，习惯者充之，可以养家；而不愿者当此，每致荡产。我洞中风俗敦庞，人心憘憙，雅不愿以公事干涉，遗累子孙。爰集各村衿耆父老，联一乡约社，捐赀财、置田产，轮值之年，则将公产出息，倩人充当。倘有强横侵欺，贼盗滋扰，仍议公费帮扶。计自今子子孙孙，士横经农秉耒，咸安四民事业，共乐大千世界。"[3]

4. 文化娱乐性结社组织。明清时期的各地乡村普遍盛行文化娱乐性结社，这类结社在有些地方称为"文会"，如徽州府歙县东乡各村的"文会"。文会由本乡本土士子组成，入会者都心意相投，气质相合，结

---

[1] 咸丰《当湖外志》，转引自［日］滋贺秀三等著，王亚新等译：《明清时期的民事审判与民间契约》，法律出版社1998年版，第155页。

[2] 参见［日］寺田浩明："明清时期法秩序中'约'的性质"，载［日］滋贺秀三等著，王亚新等译：《明清时期的民事审判与民间契约》，法律出版社1998年版。

[3] 王庆成、庄建平主编：《太平天国文献史料集》，中国社会科学出版社1982年版，第348～349页。

社的宗旨或主要功能除了聚饮、会文、赋诗之外，也为乡里民众排忧解难、解决纠纷。有关文会的情况我们将在第六章第二节专门介绍。

五、乡间集会组织

中国传统社会没有现代意义上的"集会"、"游行"、"示威"之类概念，但各类乡间集会并不少，如祭祀土地神、五谷神的"社会"，祀神兼贸易的庙会，庆祝端午节的赛神会，"天狗吃月亮"时乡民相聚赶天狗的集会，南方的墟、北方的集，乡绅的集会，长江流域的"吃讲茶"，四川袍哥在茶馆解纷的聚会，北京怀柔乡村的"敛巧饭"[1]，等等。乡间集会组织是非常活跃、极为重要的地缘社会组织形式，但过去人们似乎不曾特别关注乡间集会与地缘社会的关系。

（一）乡间集会组织的界定、属性与特征

1. 乡间集会组织的界定。这里所谓乡间集会组织是指乡间民众因经常性集会而形成的地缘社会组织。单从集会组织的向度而言，今天的"人民代表大会"、"中国法学会"等都是集会组织。乡间集会既是这一地缘社会组织的形成原因、方式或组织形式，又是这一地缘社会组织的基本活动内容。换句话说，乡间集会组织的主要作用是通过乡间集会表现出来的，因此乡间集会组织有时也直接被简称为"乡间集会"。乡间集会组织的典型实例是中国南北各地一年两次（春祈秋报）集会祭祀土地神而形成的"社会"组织，这种"社会"中有"会首"、有"助会"、有"醵金"（为筹集活动经费而进行的集资活动）。乡间集会组织有时是先有组织后有集会，有时是在集会中形成组织，有时是在与集会的互动中形成（比方说"吃讲茶"）。

对于明清时期乡间集会组织的组织构成，寺田浩明说："庙祭等村落的集体活动中，（存在）其费用向全村'照田科派'的情况（史料表明存在着从大家都'乐捐'一直到众人对拒绝承担者实施攻击的例子）"，"在讨论明清时期社会的结合或集体的形成时，……在设想首先确定集团的外延再考虑其组织内部的规范内容或经济负担分配情况的同时，也有必要设想另一种理解集团或社会结合的框架。即首先从少数核

---

[1] 关于"敛巧饭"，参见本书"结论"之二。

心向人们提示规范或要求他人承受经济上的负担开始,然后由接受了规范或负担要求的人们构成集团本身。"[1] 根据我们的理解,这些令人费解的话是想说明乡间集会组织一般有三大要素:一是活动经费,即被"科派"或"乐捐"的费用;二是发起者或主持人,即撰写"规范"(活动规约)和要求他人捐款的"少数核心"人物;三是组织成员,即"接受了规范或负担要求的人们"。

2. 乡间集会组织是地缘社会组织。这种地缘性在两个方面体现出来:①"乡间"体现出它的自然地域性。乡间集会组织的地域范围可以是一乡一里一村,但并不局限于此。有的以自然村落为单位,有的以包括多个村落或多家民户的特定区域为单位。如祭祀土地神的"社会"就可能是"百户区"。明初规定地方"立社稷,以教民事鬼神",每里一百户内设立社坛一所,礼祀五土五谷之神[2],所以一百户的区域即相当于一"社会"。不过这种"社会"的活动范围一般是以某地土地庙被朝拜的辐射区域为限。"社会"、赛神会等集会既有信缘因素也有地缘因素,但首要因素是地缘因素——特定地域的乡土性。有些"集团的范围始终是不清晰的",但不清晰并不意味着没有特定地域性。[3] ②这里的集会不是官方组织的,而是民间自发举行的。它们要么是乡俗习惯,要么是为了地方事务(如某地乡绅们为反对此地加税而集会)。有些集会有官员参与,比方说明代一些地方的庙会,地方官员不仅不禁止,而且还"张帷以观",甚至赏钱赐酒,以示与民同乐,不过这时他们不是代表官方而是以一介乡绅的身份参与的。总之,乡间集会组织是一种特别的地缘社会组织。

3. 乡间集会组织的特征。与其它地缘社会组织相比,乡间集会组织有两大特征:①组织形态更加多样化。乡间集会可以是经常性的,也可以是临时性的,甚至可以是一事一聚的,所以表现出来的组织性也更加

---

〔1〕[日]寺田浩明:"明清时期法秩序中'约'的性质",注31,载[日]滋贺秀三等著,王亚新等译:《明清时期的民事审判与民间契约》,法律出版社1998年版。

〔2〕陈宝良:《明代社会生活史》,中国社会科学出版社2004年版,第548页。

〔3〕[日]寺田浩明:"明清时期法秩序中'约'的性质",注31,载[日]滋贺秀三等著,王亚新等译:《明清时期的民事审判与民间契约》,法律出版社1998年版。

多样化，既有固定或严格的形态，也有松散或临时的形态，甚至是半有半无的形态。②乡间集会组织有类似于同乡社会组织（同乡会馆）的动态性。不同的是，乡间集会组织的动态性是相对于本地其它地缘社会组织（如乡里组织、乡约组织）而言的不稳定性，而同乡社会组织的动态性是相对于本乡本土而言的异地性。与第二个特征相联系，乡间集会组织最引人关注的是"集会"而不是"组织"。乡间集会组织对纠纷的解决大都是在其集会活动过程中完成的，有些乡间集会如"吃讲茶"本身就是民间解决纠纷的方式，所以本著重点关注的是乡间集会活动，而不是乡间集会所形成的静态组织。这种研究旨趣不同于对其它地缘社会组织的研究。

4. 官方对乡间集会组织的态度。一般来说，大部分乡间集会官方都是"睁只眼、闭只眼"默许的，但也有官方特别禁止的乡间集会和官方特别允许的乡间集会，如《大明律》第一百八十一条和《大清律例》第一百六十二条"禁止师巫邪术"均规定："若军民装扮神像，鸣锣击鼓，迎神赛会者，杖一百。罪坐为首之人。里长知而不首者，各笞四十。其民间春秋义社（以行祈报者）不在此限。"这里就禁止"迎神赛会"，允许"春秋义社"（祭祀土地神的春秋两次"社会"）。在民间，"迎神赛会"实际上是一种禁而不止的庙会，是乡民为纪念神灵或祈福消灾（如久旱不雨，迎龙王求雨）而将神像抬出庙门巡行的大型乡间集会。迎神赛会公推"会首"，募集资金，举行团体表演。由于规模较大，有时一村力量不足，需邻近村坊协办。清代地方官田文镜（1662～1732年）曾根据《大清律例》"禁止师巫邪术"条发布《严禁迎神赛会以正风俗事》的告示，其中说："小民每于秋收无事之时，以及春二三月共为神会，挨户敛钱，或扎搭高台演唱啰戏，或装扮故事鼓乐迎神，引诱附近男女，招集远方匪类，初则假托三皇释门清茶等名色，以鼓惑愚民，经旬浃月聚而不散，遂成党羽。"[1] 这里所描述的正是迎神赛会组织的形成过程。尽管官方不分青红皂白地把所有迎神赛会妖魔化而严

---

[1]（清）田文镜：《严禁迎神赛会以正风俗事》，载徐栋辑：《牧令书》卷一六。

禁,但民间的实情却是禁而不止,甚至还有地方官员张帷以观、赏钱赐酒。[1]迎神赛会的禁而不止再次显示了民俗"活法"的力量。

(二)明清时期乡间集会组织的形式

明清时期具有代表性的具体乡间集会组织,主要有祭祀土地神的"社会"、祀神兼贸易的"庙会"、"乡仕会"、专门的解纷集会组织等,下面分别予以简要介绍。

1. 祭祀土地神的"社会"[2]。中国传统社会是农耕社会,对土地神从来都是顶礼膜拜,一如工商社会的金钱崇拜。民间社日祭祀土地神的"社会"是当时国家法律特别允许的乡间集会,有些地方(如江苏省扬州府邗江县的瓜洲乡)直接称之为"土地会"。"社"即土地神,有些地方称五谷神;"社日"是人们祭祀土地神的日子,即立春、立秋后的第五个戊日,春秋两祭称为春社和秋社,所谓"春祈秋报"。这种"社会"作为地缘性集会组织不仅要举行各种祭奉、宴饮、庆典活动,而且还有"会首"、"会员"、"会分"(会费)等组织元素。在浙江杭州府,"是月(二月),村墟里落,各醵金(集资)为社,祠五谷神。祠,奏乐征歌,散则饮福,少长咸集,尽欢而罢"[3];在江苏省扬州府邗江县瓜洲乡,"神诞二月初二日,士民于宅内糕果供奉行礼,乡则于神庙悬灯、音乐,牲醴祭祀,祭毕饮福。入会者,各出会分若干,轮值会首。"[4]

明代学者王稚登(1535~1612年)所著《吴社编》[5]一书,为今人留下了详细了解明代苏州府一带"社会"的资料。根据他的记载,结合其他材料,可知当时"社会"的大致情况如下:首先,"社会"的组

---

[1] 万历《漳州府志》卷一〇,引陈淳著《上赵寺丞论淫祀》,参见陈宝良:《明代社会生活史》,中国社会科学出版社2004年版,第553页。

[2] 明代"社会"的详细情况,参见陈宝良:《明代社会生活史》,中国社会科学出版社2004年版,第544~558页。

[3] 《杭州府志》卷七六《风俗六》。

[4] 《瓜洲续志》卷二八,民国十六年瓜洲于氏凝晖堂铅印本。转引自丁世良、赵放主编:《中国地方志民俗资料汇编·华东卷》(上),书目文献出版社1995年版,第499页。

[5] (明)王稚登:《订正吴社编一卷》,齐鲁书社1995年版。《吴社编》又载于(明)杨循吉等著,陈其弟点校:《吴中小志丛刊》,广陵书社2004年版,第168~173页。

织方面有"会首"、"助会"。①"会首"。明初规定社中每年由一户轮当会首，负责春秋二祭的具体组织工作。但《吴社编》所记明代苏州一代"社会"的会首并非轮当，而是公举以下两类人担任：一是"富人有力者"。他们有能力为会事提供财力支持，甚至供应乘骑、珍宝，雇请妓乐、帮工；二是"里豪市侠"。他们凭借声望势力，招来帮忙人员，出面向民间募集经费。会首确定以后，提前数月筹办、经营会务。"社会"之日，会首"骑马市中，插花鬓畔，执鞭张盖，往来指麾而已。"[1] ②"助会"。在一些荒隅小市、城阴井落之间的乡村办不起"社会"，或者偏门曲局，只能办"一部半伍"，无奈只好将自己之"小会"并入邻近的"大会"，这叫"助会"。其次，"社会"的活动主要是祭祀土谷神、会饮、游行和娱乐，其中游行的内容，据《吴社编》记载，有"打会"、"妆会"、"走会"、"舍会"等程序。①"打会"。即每当赛会队伍出行之时，必有数十勇武者前驱开道，以示威武气势。"凡豪家之阻折，暴市之侵陵，悉出是辈。与之角胜争雄，酣斗猛击，旁观之人，无不罢市掩扉，夺魄丧气。"[2] ②"妆会"。即入会之人为示美瞻，必须进行适当的修饰与装扮。打扮往往是裙襦衫帻，衣冠楚楚，红殷翠鲜，香熏粉傅，雪丝红艳，翩翩可观。③"走会"。即徒行跟在队伍之中。"走会"之人分两种：一种是普通百姓，白袍乌帽，头插花枝，手捧香炉；另一种是击磬谈经的道人。④"舍会"。大概是一种叫"抬阁"的舞蹈形式[3]，其装扮者为孩童，"兰芽棘心，鹓雏璧树，白皙清扬之子，锦带悬髦之婴"，角色有皂隶、衙兵、舍人、掾吏、健儿、旗手、苍头等。《吴社编》记载

---

[1] （明）杨循吉等著，陈其弟点校：《吴中小志丛刊》，广陵书社 2004 年版，第 170 页。

[2] （明）杨循吉等著，陈其弟点校：《吴中小志丛刊》，广陵书社 2004 年版，第 171 页。

[3] "抬阁"又称"扮故事"、"芯子"、"高台"、"背棍"、"飘色"，是汉族民间舞蹈形式之一，多在节日舞队行进中演出。将高数米的铁杆立于桌上，或竖于车上，或绑缚于人的肩背上。由数名幼童扮成戏曲故事人的人物，绑缚于铁杆上，一般分两三层，再用衣饰和各种道具将铁杆隐饰起来，上层表演者似立于下层表演者所持的尖伞、扇沿、花瓶等上面。演员轻轻舞动，徒刑生动精巧，表演惊险玄妙。参见辞海编辑委员会：《辞海》，上海辞书出版社 1999 年版，第 834 页。

的苏州一带"社会"仪式中"金钱玉帛川委云输,百戏罗列,威仪杂遝","优伶伎乐粉墨绮缟,角觝鱼龙之属缤纷陆离,靡不毕陈",各种乐扮和演出有傀儡、竿木、刀门、马戏、弄伞、广东狮子(舞狮)等。杂剧有《虎牢关》、《曲江池》、《楚霸王》、《单刀会》、《游赤壁》、《刘知远》、《水晶宫》、《劝农丞》、《采桑娘》、《三顾草庐》、《八仙庆寿》。[1]

2. 祀神兼贸易的"庙会"[2]。庙会源于古老的祭祀活动,明清庙会与祭祀的"社会"相比,活动内容更为广泛、活动次数更为频繁。庙会大多在当地的神庙及其附近举行,以祭祀神庙中的神灵偶像为活动中心,故又称"神会"。同时又因庙会有市集,故又称"庙市"。

庙会有一定组织形式。福建漳州府的庙会有"签都劝缘"、"劝首"、"会干"等职事者张罗其事。"签都劝缘"一职一般由地方有名望者(如乡秩之尊者)为之,"劝首"一职由宗室为之,而"会干"多为"豪猾胥吏"充任。[3] 福建福宁府寿宁县乡村为祭祀马仙(俗传六月十六日为马仙诞辰)的庙会,专设一人负责称"仙首",其余职事者有"社首"、"元帅"等名目。冯梦龙记马仙庙庙会其事云:"自十日迎之出宫,一日两斋,午斋则轮家供养,晚斋则架台于街次,鼓吹彻夜。如此三日,城中已遍,则往乡,又二日乃还宫。各乡也有社首,或于八月收成行之。其部下名有元帅者,乃有牲醴。"[4]

庙会活动内容一般有两大项:一是祭神及附带的娱乐活动,二是集市贸易活动。明朝河南布政司开封府尉氏县,三月十六、十七、十八三天,"庙中盛设祭品,张乐,男女杂剧,宴赏亦盛。"[5] 明代北直隶广

---

[1](明)杨循吉等著,陈其弟点校:《吴中小志丛刊》,广陵书社2004年版,第171~172页。

[2] 明代"庙会"的详细情况,参见陈宝良:《明代社会生活史》,中国社会科学出版社2004年版,第544~558页。

[3] 陈宝良:《明代社会生活史》,中国社会科学出版社2004年版,第553页。

[4] 屈大钧:《广东新语》卷一二《粤歌》,第358页。转引自陈宝良:《明代社会生活史》,中国社会科学出版社2004年版,第554页。

[5] 嘉靖《尉氏县志》卷一《岁时》。转引自陈宝良:《明代社会生活史》,中国社会科学出版社2004年版,第554页。

平府永年县，每当庙会时，"先期货物果集，酒肆罗列，男女入庙烧香，以求福利。"[1]而"京师隆福寺，每月九日，百货云集，谓之庙会。"[2]南方的福建泉州府崇武所庙会，"涂面作鬼蜮之状，结巾穿红绿之衣，锣鼓喧天，烟火沸地，本是以神为戏，实乃以逐役为名。"[3]

3. 乡绅集会——"乡仕会"。乡绅，顾名思义，是乡里的士绅，是民间社会中的特别群体。明清时期的乡绅主要是两类人：一类是曾经做过官的人，包括致仕、卸任、坐废的回乡官员；一类是将要做官的人，包括府州县学的生员（秀才或相公）、国子监的监生（国子监肄业者，相当于秀才），以及在乡试、会试中及第的举人和进士。[4]这两类人都与"官"有密切的联系。

乡绅在地方上的活动，究竟只有个人行为还是也有集团组织性的社会行为，过去的论者似乎注意不够。根据我们的考察，乡绅有时也有集会，即乡绅的某种联合，乡绅集会或盟会带有结社的性质，但它并不是完全意义上的结社，它主要只是一种集会，一种临时性的地缘社会组织形式。明清时期佛山碑刻中有一块立于明代天启七年（1627年）的石碑，题为"乡仕会馆记"，其中写到："夫士君子负有用之才，当世之用，出而抒素蕴之奇抱，处而垂不朽之令名，讵非盛事耶？乡之诸先生由衡门而奋迹鹏程，抑何彬彬盛耶！考试而通籍藩臬监司则有公会，以纪姓氏，以序名齿，继而院司考成，荐上留部，谒选都门，皆有会馆以联梓雅，以纪除授，视前人之轨辙，为后学之范型，则兹会不为不重也。独吾乡会无专馆，前诸先生几经议创，而落落难合，竟作道旁舍。凡有公会咸至止灵应祠。旋聚旋散，率无成规。俾前辈高风遐轨，世远渐湮，后人虽竟勤仰之思，未免望洋之叹。迨天启改元，值舜孺李公、完素梁公，并奉予告解绶还里，倡议于灵应词之右，扩隙地而新其垣

---

[1] 嘉靖《广平府志》卷一六《风俗志》。转引自陈宝良：《明代社会生活史》，中国社会科学出版社2004年，第553页。

[2]《北平风俗类征·市肆》引《妙香室丛话》。转引自辞海编辑委员会：《辞海》，上海辞书出版社1999年版，第1030页。

[3]《崇武所志·岁时》。转引自陈宝良：《明代社会生活史》，中国社会科学出版社2004年版，第554页。

[4] 参见本书第七章第一节中的"明清时期的乡绅"部分。

堵，饬以涂垩。大中丞李公颜其堂曰：嘉会。而诸先生冠盖毕集，车驷如簇，奈门径纤曲，庭除湫隘，每厌视之，辄谋改迁，蔑有应者。二公乃慨然力主鼎建之议，遍阅而斯地适符其胜，首捐资售地以为诸仗义者倡。毓劭李公、完赤梁公、锦湾黎公，力赞襄之，陈玉京等八人共协成之。二公亲身经画，不辞劳瘁，聚材鸠工，庀费计庸，甫数月而门庭堂奥焕然改观，规模宏远矣！"[1] 这里的"乡仕"即乡绅，"乡会"即乡绅集会。碑文主要记述广州府南海县佛山乡仕会馆嘉会堂的筹建经过。嘉会堂是乡绅的集会场所，碑文实际记载了当地乡绅"公会"——为处理民间地方事宜而集会——的基本情况。乡绅们先是"凡有公会咸至止灵应祠。旋聚旋散，率无成规"，也就是说佛山乡绅早年集会没有专门地方，只好借用祖庙灵应祠，而且"旋聚旋散"。后来"告解绶还里"（辞官还乡）的李舜孺、梁完素两位乡绅倡议在灵应祠右边扩建一堂馆，建成后由大中丞李公题写堂名为"嘉会"，一时"诸先生冠盖毕集，车驷如簇"。但由于"门径纤曲，庭除湫隘"，地方太小，乡绅集会的规模和活动受到限制，所以李舜孺、梁完素二人又另觅新址重建嘉会堂，并且带头捐资，李毓劭、梁完赤、黎锦湾、陈玉京等人积极响应，"甫数月而门庭堂奥焕然改观，规模宏远"。从此以后"乡事由斯会集议决，地方公益其款亦从是拨出"。[2] 佛山的这个以嘉会堂为固定集会场所的乡绅集会组织，成为"议决乡事"的民间自治组织。

4. 专门的解纷集会组织。上述乡间集会（组织）都有解决纠纷的职能，但并非专为解决纠纷而设。明清时期长江流域的"吃讲茶"习俗则是专门为解决纠纷举行的茶会[3]，其功能与目的只是为了解决纠纷而不及其它。对"吃讲茶"的专门讨论我们将在第六章第三节进行。

上面我们梳理了明清时期五种地缘社会组织的基本情况，这些情况的内容及其五种地缘社会组织的相互关系，我们可以用下表加以归纳：

---

[1] 广东省社会科学院等：《明清佛山碑刻文献经济资料》，广东人民出版社1987年版，第10～11页。

[2] 民国《佛山忠义乡志》卷三《建置》。

[3] "吃讲茶"的内容参见本书第六章第三节。

表 1-3 五种地缘社会组织形式的内容及其相互关系

地缘社会组织形式		地域分布	存在状态	主要纽带	与国家关系
乡里组织	里甲、保甲	本地	静态	人文地理	国家干预
乡约组织	雄山乡约、沙堤乡约、南赣乡约、徽州护林乡约等	本地	静态	自然地理	自我组织
同乡社会组织	同乡会、同乡会馆	外地	流动		
乡间结社组织	义社、粮社、喜丧会、文会、桥会、路会等	本地	静态		
乡间集会组织	庙会、敛巧饭、吃讲茶、乡仕会等动态	本地	动态		

在上表中，我们实际上又将明清地缘社会组织作了另外两种分类。一是分为本地社会和外地社会，前者包括乡里组织、乡约结社组织、乡间集会组织，后者的主要是同乡社会组织（同乡会馆）；二是分为静态社会和动态社会，前者包括乡里组织、乡约组织、乡间结社组织，后者包括同乡社会组织（同乡会馆）和乡间集会（组织）。

这五种地缘社会组织构成了明清时期相对完整的地缘社会图景。对于这种"完整性"，时贤们已经有所认识，例如明末清初理学家陆世仪说："乡约是纲，社仓、保甲、社学是目。乡约者，约一乡之人而共为社仓、保甲、社学也。社仓是足食事，保甲是足兵事，社学是民信事。"[1] 又《清朝文献通考·职役》中说："凡一州县分地若干，一地方管村庄若干。其管内税粮完欠，田宅争辨，词讼曲直，盗贼生发，命案审理，一切皆与有责。遇有差役所需器物，责令催办。所有人夫，责令摄管。稍有违误，扑责立加，终岁奔走，稍有暇时。乡约、里长、甲长、保长，各省责成轻重不同。凡在民之役大略如此。"[2] 这里虽然都

---

[1] 一凡藏书馆文献编委会编著：《古代乡约及乡治法律文献十种》（第二册），黑龙江人民出版社 2005 年版，第 263～264 页。

[2] 《清朝文献通考》卷二一《职役》。

是说的乡约组织与乡里组织的关系，而且是从国家治理角度讲的，但它反映了当时人们对地缘社会组织完整性认识的思考方向。

第二节　明清时期地缘社会的属性

明清时期地缘社会的基本属性是民间社会、乡土社会、熟人社会和人情社会。

一、民间社会

这里所谓"民间社会"是指国家政权不直接治理，或者说朝廷不直接任命"品官"治理的人类生活共同体。它与本著"导论"中所说的中义的"社会"是可以等同的，也就是说本著一般所称"社会"实际上就是这里的民间社会。明清地缘社会的民间性主要在以下两方面体现出来。

（一）地缘社会组织的存续空间在民间

民间社会的空间范围并不以某种行政区划范围为限。血缘社会中的宗亲会、业缘社会中的行会都可能横跨数县乃至数省，信缘社会中的教会组织则可能超越国界。地缘社会在理论上讲也是这样，具体情况有两种：其一，乡里组织、乡约组织、乡间结社组织、乡间集会组织和部分同乡社会组织的活动范围都是在州县以下的基层民间社会；其二，部分位于城市的同乡社会组织或同乡会馆，属于都市中的民间社会。这里我们主要看第一种情况。

中国传统地方政务体系是所谓"天下治权始乎州县"[1]。明清时期的地方政务体系结构主要是"省—府（直隶州）—县（属州）"三级，州县是初级或最基层的政务单位[2]。国家正式官员有九品十八级，最低品级的官员大都在州县，知县（知州）是正七品，属官中县丞正八品，主簿正九品，职能部门的负责人如县学的训导、巡检司的巡检、税科司的大使等则为最低级的从九品。[3] 进士任官要求从最基层做起，

---

〔1〕（清）贺长龄：《皇朝经世文编》卷二三，上海广百宋斋民国三十六年（1947年）版。

〔2〕明清时期的"州"分直隶州和属州两种，"属州视县，直隶州视府"。

〔3〕《明史·职官四》。

所以一般是出任州县级长官。总之州县以下便没有"品官"了，清人徐栋在《牧令书·自序》中说："天下事莫不起于州县，州县理则天下无不理"；清代《皇朝经世文编》中说："虽曰国非可以一人兴也，非可以一人仁也，而其所兴亡必自于县令"[1]；类似的说法还见于汪辉祖的《学治臆说》："天下者，州县之所积也。自州县而上至督抚大吏为国家布治者，职孔庶矣。然亲民之治，实惟州县；州县而上皆以整饬州县之治为治而已。"[2] 这些话都反映出一个意思：钦命品官或国家权力只到州县这一级，国家对地方的直接治理也只到这一级。中国古代"正式的皇家行政，事实上只限于市区和市辖区的行政。……城市是没有自治的品官所在地，乡村则是没有品官的自治区！"[3] 马克斯·韦伯的这些话比较准确地反映了中国明清时期基层社会的治理实情。

"天高皇帝远"的州县以下基层民间地方既是民间社会的重要形式，又是众多具体社会组织的现实载体或活动舞台。例如明清时期徽州府（明朝属南直隶，清代属安徽省）六县（歙县、休宁、婺源、祁门、黟县、绩溪）之下的基层民间地方，承载着当地除同乡社会组织以外的各类地缘社会组织，这些组织的活动范围大都没有超出六县以下的基层民间地方。

（二）地缘社会与国家在总体上具有二元分工的结构关系

在西方或近现代中国的政治观念或学说中，与"国家"形成二元对立的东西实际上是"市民社会"（Civil Society）。"市民社会"在西方原本指城邦文明的生活状态，到了中世纪便成为对抗中央专制集权的政治形式，近代启蒙思想家们的契约理论认为市民社会先于国家并决定国家，社会权利先于并决定国家权力，根本矛头直指当时的专制国家。这种市民社会理论成为资产阶级革命的理论武器和思想先导。现代西方虽然赋予了市民社会以私人领域、公共领域、志愿社团、社会运动等结构

---

[1]（清）贺长龄：《皇朝经世文编》卷二一，上海广百宋斋民国三十六年（1947年）版。

[2]（清）汪辉祖：《学治臆说》，"自序"。

[3]［德］马克斯·韦伯著，王容芬译：《儒教与道教》，商务印书馆1995年版，第145页。

要素和个人主义、多元主义、民主参与、法治原则等价值取向[1]，注重国家与社会的互动而不是对立，但国家与社会作为人类生活共同体的二元结构要素的基本思路并未发生本质变化。

关于社会与国家的关系，中国明清时期的情况与西方中世纪的情况不大一样。其一，西方所言的那种与国家分享政治权利的市民社会在中国明清时期并不存在，中国只有国家政权不直接管及的民间社会，中国当时在形式上相当于或接近于市民社会的就是民间社会[2]。其二，明清帝国与民间社会的关系，并非如同西方中世纪国家与市民社会那样对抗或紧张。中国"民间社会"虽然比"市民社会"更具有本土情怀和"民"对"官"的指向性，但民间社会本身并不是作为抵御国家权力渗透的力量而存在的，在这里皇权与"民权"有时不仅没有紧张的对抗关系，而且还有某种分工合作的互补关系，此即所谓民间社会"自治兼辅佐官治"的功能，民间社会与国家在总体上具有二元分工的结构关系。这一问题我们还将在第九章第一节专门讨论。

明清地缘社会是作为当时民间社会的组成部分或具体形式，它与国家的非对抗关系首先表现在这里没有直接的政权因素存在，尽管可能存在国家政权的影子，如里长、保长的举任有时候需要官方批准，部分乡约组织由官方倡办或督办，赋税征纳、谕律宣教等事务更是国家行政的

---

〔1〕 参见何增科：《公民社会与第三部门》，社会科学文献出版社2000年版，"导论"。

〔2〕 把民间社会视为市民社会现在已经成为中国学界的传统或共识。其中"市民社会"在台湾更多地被直接表述为"民间社会"。这不仅是个翻译的问题，而且有其更复杂的背景因素，"提出民间社会理论，并不是一味翻版西方最新学说，而是基于我们对过去历史实践的反省，以及对理论在实践中的种种偏异、异化，乃致形成'非人化'的'真理政权'的失望与觉悟。"参见马长山："'民间社会'与'市民社会'的不同旨趣及其对法治进程的影响"，载谢晖、陈金钊主编：《民间法》第六卷，山东人民出版社2007年版；江讯、木鱼："为民间社会辩护"，载《南方》1987年第10期。笔者对这种"背景因素"的理解是：随着1949年中国政权的裂变，中华传统出现了两种走势：一是大陆的全面抵制或清算，二是台湾在反思中的秉承。台湾市民社会即民间社会的理论与实践，是其将传统与现代结合得比较好的典型事例。西方汉学家如魏菲德、罗威廉、黄宗智等对中国市民社会的实证研究，也往往是立足于明清时期的"民间社会"来考察的。参见黄宗智主编：《中国研究的范式问题讨论》，社会科学文献出版社2003年版。

附属或延伸，但是这里不存在纯粹的国家政权因素。其次，地缘社会的活动大都是国家授权或默许的，与国家具有某种分工合作的关系。比方说，地缘社会组织对社会纠纷解决的参与，在某种意义上就是通过分割国家司法权力而表现出来的分工合作方式。

二、乡土社会

这里所谓"乡土社会"是广义的，既包括地理位置位于乡村的社会，也包括精神上总体具有乡土气质的社会。明清地缘社会中的乡里组织、乡约组织、乡间结社组织、乡间集会组织和部分位于乡村的同乡社会组织属于前者，部分位于都市中的同乡社会组织属于后者。

大部分地缘社会组织都位于乡村，也就是处在基层民间社会。中国传统的基层民间社会与乡土社会是相通的，费孝通的《乡土中国》第一篇《乡土本色》的第一句话就说："从基层上看去，中国社会是乡土性的。"[1] 黄宗智也说：中国的社会分野主要是城乡之间的分野，存在着一个相对独立于国家的基层社会或"乡土社会"[2]。

部分位于都市中的同乡会馆何以也是乡土社会呢？这主要是从精神气质方面而言的。同乡会馆是同乡社会的组织形式，它即使建在都市，但它所代表的仍是同乡社会。窦建良说："乡土观念是支持同乡组织的一种精神力量，它是孕育于乡土自然环境，根源于乡土社会关系，陶冶于乡土文化，渐成于乡土政治地域区域的历史传统，而被乡土以外的事物所激荡成功的一种内在反应。"[3] "乡土的自然环境，是没有清晰的边缘的，我们只意识着我们的家乡是在水一方，是在山一丛，……至于什么地带以外便不算是家乡，在乡土的自然环境上看来，这意识是颇为模糊的。而乡土的社会关系更在于没有远缘的乡土里，只有庐墓的所在，家人父子聚居的所在，是乡土社会关系的中心点，但寻不出比较清晰的限界。"[4] 同乡会馆或同乡社会，就是要建立一个拟制的"家乡"社会，所以有的会馆不惜千里迢迢从家乡运来建筑材料，延请家乡的建

---

[1] 费孝通：《乡土中国 生育制度》，北京大学出版社1998年版，第6页。
[2] 黄宗智：《华北的小农经济与社会变迁》，中华书局2000年版，第247～252页。
[3] 窦季良：《同乡组织之研究》，正中书局1943年版，第1页。
[4] 窦季良：《同乡组织之研究》，正中书局1943年版，第8页。

筑匠人，按家乡的建筑风格，在客地构建一个乡土的环境。

三、熟人社会

熟人社会是与生人社会相对的社会状态。明清时期的地缘社会属于熟人社会，这也是由其乡土社会属性所决定的。因为中国传统的乡土社会就是熟人社会，用鲁迅的话说，乡土社会是一种"彼此连心肝都了然"的社会；用费孝通的话讲，"乡土社会是个面对面的社会"[1]，"乡土社会是先靠亲密和长期的共同生活来配合各个人的相互行为，社会的联系是长成的，是熟习的，到某种程度使人感觉到是自动的。"[2] 乡土社会中的绝大多数的居民，他们依附土地，自给自足，安身立命，按照"布谷屋檐唤早耕，农夫惊起多叹声"的节奏自发形成田园生产和生活习惯，人与人之间非亲即故，非友即邻。这种社会不同于现代"陌生人社会"。

明清地缘社会是上述熟人社会的具体形式和表现。明代《教民榜文》说："乡里人民，住居相近，田土相邻，父祖以来，非亲即识。其年老者，有是父祖辈行，有是伯叔辈行，有是兄辈行者，虽不是亲，也是同乡，朝夕相见，与亲一般。"[3] 保甲组织本能地排斥生人组织[4]，更反映出乡里组织保持熟人社会状态的本性。乡约组织、同乡社会组织、乡间结社组织、乡间集会组织也无不体现熟人社会的特性。

四、人情社会

"天理—国法—人情"是传统中国的总体社会规范模式[5]，其中的

---

[1] 费孝通：《乡土中国 生育制度》，北京大学出版社1998年版，第18页。

[2] 费孝通：《乡土中国 生育制度》，北京大学出版社1998年版，第44页。

[3] 刘海年、杨一凡：《中国珍稀法律典籍集成》（乙编第一册），科学出版社1994年版，第635~645页。

[4] 如清代康熙时《保甲法》规定："（甲民）出则注明所往，入则稽其所来。面生可疑之人，非盘诘的确，不许容留。"参见《清朝文献通考》卷二二《职役二》。乾隆时期《户部（保甲）则例》第一十九条规定："倘有不安本分及来历不明者，报官究治。"参见一凡藏书馆文献编委会编著：《古代乡约及乡治法律文献十种》（第二册），黑龙江人民出版社2005年版，第19~33页。

[5] 今天保存完好的山西平遥县县衙和河南内乡县县衙的大堂屏门上面都还保留着"天理—国法—人情"的大牌匾。

"人情"是指人之常情常理，一般包括伦理之情和乡土之情[1]（关于"人情"的详细解释，参见第七章第五节之"社会生成法"部分）。从维持日常运作的规范来看，明清时期地缘社会是人情社会，或者说是关系社会或礼俗社会，而非法理社会。这也是由其乡土社会或熟人社会的属性所决定的。

对传统乡土社会人际关系的特征，清人曾有非常出色的概括："万岁爷（因为宣讲《圣谕广训》，所以用此语气）意思说：从古以来就有个乡党，怎么叫做'乡党'？就如各村各堡儿街坊邻舍家便是。古来的圣人常常教人和睦乡党，但是这一村一堡儿里头的人，一日一日渐渐的多了，挨门逐户，开眼便相见，不是拉拉扯扯的亲戚，就是时常在一块儿的朋友，有喜庆的事便大家都来庆贺，有死丧的事便大家都来祭吊，没事的时候，你看那一个不亲热呢？因为朝暮相见，唇齿相连，便从好里头生出不好来了。或者因为娃娃们搬嘴斗气，或者因为鸡儿狗儿有什么骚扰的去处，或者因为茶前酒后言差语错，或者因为借贷不遂衔怨成仇，或者因为要债不还合气打架，或者因为盖房买田不曾尽让通知，以致结成嫌疑，种种的事体也难细说。"[2] 这种"乡党"社会，实际上指称的就是乡土社会。这里乡民之间的"田地相连，房屋相接，出入相见，鸡犬相闻，婚姻相亲，水火盗贼相救"[3]，可谓关系至密。正是这种紧密而又长期"拉拉扯扯"的交往形成了"唇齿相连"的亲热关系，一旦发生矛盾，彼此不愿意或不好意思撕破脸皮，而希望继续维持"情面宜留，族间相济"[4]的关系。明清地缘社会组织就是根植于这种社会关系之中的社会组织。

熟人社会易于形成"情浓于水"的社会关系，人们在日常生活情境中，看重的是人情的远近，热衷的是尚齿与叙情。民谚"买卖不成人情

---

[1] 参见本书第七章第五节之"情理与信义"。
[2] 周振鹤撰集，顾美华点校：《圣谕广训集解与研究》，上海书店出版社2006年版，第209页。
[3] 周振鹤撰集，顾美华点校：《圣谕广训集解与研究》，上海书店出版社2006年版，第210页。
[4] 周振鹤撰集，顾美华点校：《圣谕广训集解与研究》，上海书店出版社2006年版，第225页。

在"、"红契不如人气"[1]、"官大不压乡邻"[2] 所表达的就是这种意思。人情社会并不是没有规范的社会,只是这种规范不是以国家法律为主,而是以礼俗或者说"社会生成法"为主,在这个意义上,它与现代"法理社会"形成对比。[3]

上述四种属性,其实也是明清时期地缘社会的四种特征。这些属性或特征决定了地缘社会组织的解纷机制必然也具有相应的特征。

第三节 明清时期地缘社会的职能

对明清地缘社会组织职能的最简要概括就是"自治兼辅佐官治",其这种职能所涉及的内容几乎包括地缘社会乃至整个民间社会的全部事务,"税粮完欠,田宅争辨,词讼曲直,盗贼生发,命案审理,一切皆与有责"[4];"凡讼狱、师徒、户口、田数、徭役,一皆缘此而起"[5];"上以应官府之追呼,下以平桑梓之争讼,任虽卑而责甚重"[6];"一里之中,一年之内,所有追征钱粮,勾摄公事,与夫祭祀鬼神,接应宾旅,官府有所征求,民间有所争斗,皆在见役者所司。"[7] 归纳起来,这些职能可分为完成国家职役、治理民间社会、公益经营、解困赈灾、和睦乡党、教化与解纷六个方面。

一、完成职役

完成这一职能的主要是乡里组织,其次是乡约组织,其它地缘社会组织如同乡会馆偶尔也参与进来。地缘社会承担这一职责是中国传统的

---

[1] 丁世良、赵放主编:《中国地方志民俗资料汇编·华北卷》,北京图书馆出版社1989年版,第216页。

[2] 温瑞政等编著:《中国谚语大全》,上海辞书出版社2004年版,第1595页。

[3] 参见徐忠明:"传统中国乡民的法律意识与诉讼心态",载《中国法学》2006年第6期。

[4] 《清朝文献通考》卷二一《职役》。

[5] 一凡藏书馆文献编委会编著:《古代乡约及乡治法律文献十种》(第二册),黑龙江人民出版社2005年版,第263页。

[6] 王庆成、庄建平主编:《太平天国文献史料集》,中国社会科学出版社1982年版,第348~349页。

[7] (明)丘濬:《大学衍义补》卷三一《治国平天下之要·制国用》。

地方政务体制所决定的。明清时期县或属州是最基层的政务单位，完全依靠一位州县官和衙门中为数不多的公职人员是无力管理州县全部事务的，而且朝廷往往不鼓励官员随便深入乡村基层（参见第九章第一节）。这样地方政府就必须尽可能地利用包括地缘社会组织在内的各种民间力量来实施对民间社会的国家管理。正如有学者指出的："鉴于国家资源的约束（稀缺），维持州县之下的乡里社会的相对自治，而这主要依靠乡绅群体与半官半民的乡官来落实，并与帝国衙门进行必要的交涉。"[1] 完成国家职役之"职"意味着明清地缘社会拥有国家所赋予的部分权力，扮演着国家管治民间社会之代理人的角色；"役"意味着必须向国家承担义务，这是完成国家职役的主要方面。国家职役的具体内容主要是案比户口和催征赋役。

（一）案比户口，呈报上级

户口是封建国家课取赋税、调发力役、组织军旅的最基本依据，因而人户控制成为历朝治国理民的头等大事。国家控制人户的工作起自乡里，案比户口、呈报上级成为地缘社会组织特别是乡里组织的重要职能。

明代的户口核查由里甲负责，基本程序是先由各甲长将所管十户造册报送里长，各里长再将本里各甲人户汇总造册报送州县，依此类推，一直报送中央。具体办法是：凡里甲人户，皆开载于赋役黄册内，每里编为一册，册首总为一图，每年一小造，五年或十年一大造。查报时，人户将本户人丁事产，依事开写，交给本管甲首，甲首将本户并十户造具文册，送各该里长，里长各将甲首所造文册，攒造一处，送赴本县。本县官吏将比照原册查算，另造总册呈府，府再造呈省，省再造呈户部。[2]

清代前期沿袭明制。清代中后期里甲制度废弛后，由保甲负责户口核查工作，《户部（保甲）则例》第九条规定："各直省州县编审保甲，每年造具，各乡甲长保正及各户姓名，每户若干口，清册呈送臬司稽

―――――――――――
[1] 徐忠明："传统中国乡民的法律意识与诉讼心态"，载《中国法学》2006年第6期。
[2] 江士杰：《里甲制度考略》，上海书店1992年版，第42页。

核，如有外来雇工伙计杂项人等，亦将姓名籍贯实于本户下注明，仍由枭司移行道府抽查，年终覆核具奏。倘造册陈漏，该枭司禀请督先指名参处。"[1]

（二）催征赋税，摊派力役

这主要由乡里组织负责完成，其它地缘社会组织只是参与其中。其中催征赋税即"替政府征集，为人民转输"[2]，乡里组织因此有了"最基层的国家税务助理机构"之称。江士杰说："有明赋重，县令催科难遍，分编'里甲'，而以黄册及鱼鳞册统之，集历代赋役制度之大成，……清代因之。"[3] 明代徭役有里甲、均徭、杂泛三类，以户计的称"里甲"，以丁计的称"均徭"，其它不定时的公家差遣统称"杂泛"或"杂役"。可见里甲之职役原本是当时徭役之一种，并为一切役法之主干。明代小说《石点头》第三回"王本立天涯求父"中有关于里甲催办钱粮之"累穷"的描述："里甲一役，立法之初，原要推择老成富厚人户充当，以为一乡表率，替国家催办钱粮。乡里敬重，遵依输纳，不敢后期。官府也优目委任，并不用差役下乡骚扰。或有事到于公庭，必降颜倾听，即有差误处，亦不过正言戒谕。为此百姓不苦于里役，官府不难于催科。那知相沿到后，日久弊生，将其祖宗良法美意，尽皆变坏"[4]；"说这北直隶文安县，……王珣因有这几亩薄产，报充了里役，民间从来唤做累穷病。何以谓之累穷病？假如常年管办本甲钱粮，甲内或有板荒田地，逃亡人丁，或有绝户，产去粮存，俱要里长赔补，这常流苦尚可支持。若轮到见年，地方中或遇失火失盗，人命干连，开浚盘剥，做夫当夜，事件多端，不胜数计，俱要烦累几年。"[5]

清代中期保甲组织取代里甲组织成为综合乡治组织之后，催办赋役工作由保甲组织负责。乾隆元年江西巡抚俞兆岳在上奏中说："将花户

---

[1] 一凡藏书馆文献编委会编著：《古代乡约及乡治法律文献十种》（第二册），黑龙江人民出版社2005年版，第23页。

[2] 江士杰：《里甲制度考略》，上海书店1992年版，第5页。

[3] 江士杰：《里甲制度考略》，上海书店1992年版，第6页。

[4] （明）天然痴叟：《石点头》（一），内蒙古人民出版社2003年版，第56页。

[5] （明）天然痴叟：《石点头》（一），内蒙古人民出版社2003年版，第55页。

完粮额数填注门牌，县官分出，就便吊取，一览周知。……即寓催科于编甲之中。"[1]保甲负责催科是保甲在地方主要事务上代替里甲的标志之一。"保甲长为完成催粮催税的任务，经常需要与图差、里书人等相互配合。所谓图差，即县衙门分派到各个乡村的差役，专管某一区域钱粮上纳之事；所谓里书，则是旧日里甲遗留下来的专管钱粮图册书算之人。"[2]保甲组织还承担各种地方公务。所谓"传集征召，不用公差；查报拘催，勿烦牌票。悉听保甲之自为承禀"[3]；"身充保甲，即属在官人役。其所辖村庄一切事件，地方官悉惟该役是问。"[4]保甲组织也承办州县官府的飞差杂役。摊丁入地以后，里甲徭役被废除，但各地方的杂差杂役仍不断取派民间，这些杂差杂役通过保甲组织落实于农户头上。乾隆时期官僚陈宏谋说："承应官府，原系乡地保甲之事。"[5]"其当役之年，凡图中盗贼、斗殴、人命、匪类、逃人、私盐、漏税、撩浅作坝、修筑烟墩、营房、桥梁、马路、……开造烟户与夫浮尸无著，命盗案死无棺木者，一一地总是问"[6]，保甲役务之繁重并不亚于明代的里甲。

同乡会馆偶尔也参加地方事务，如修路、救灾、税收、消防、团练等。清代《云贵会馆章程》规定："重庆原有八省会馆首事，遇有地方公事当互相协助办理。"[7]

二、治安管理

这是所有地缘社会组织共有的"行政"职能，具体内容主要有户籍

---

[1] 中国第一历史档案馆馆藏档案：《朱批奏折·内政·保警》，乾隆元年三月二十八日俞兆岳奏，中华书局1995年版。

[2] 华立："清代保甲制度简论"，载中国人民大学清史研究所编：《清史研究集》，光明日报出版社1988年版，第107页。

[3] "一件再饬力行保甲以绝盗源以安地方事"，载（清）戴兆佳：《天台治略》卷一《详文》。

[4] 中国第一历史档案馆馆藏档案：《朱批奏折·内政·保警》，乾隆二十二年十月二十七日方观承奏，中华书局1995年。

[5]（清）陈宏谋：《培远堂偶存稿》卷一四《文檄》，"再饬选举族正族约檄"。

[6]（清）贺长龄：《皇朝经世文编》卷三三《户政》，赵锡孝：《徭役议》。

[7] 何智亚：《重庆湖广会馆历史与修复研究》，重庆出版社2006年版，第67页。

管理、维持治安、上报和协办刑事案件等。

(一) 户籍管理

这是保甲组织的法定职责。乾隆时期《户部(保甲)则例》[1]的第一条规定:"京城内外,编查保甲,分别造册,居民铺户造立循环簿,按年更换。客店车行,庵观寺院,设立清册,两月更换一次。围观居楼,优伶寓所,另立专册,一月更换一次。"第八条规定:"凡客民在地方开张贸易或置有产业者,与土著一例顺编。其往来无定商贾,责令客长查察。……若无事时陈忽,有事时故纵者,各治以罪。"对各类特殊人户的编查管理,涉及寺观僧道(第十一条)、外来流丐(第十二条)、沿海商船(第十五条)、山居棚民(第十六条)、盐场井矿(第十七条)、边区番户、海岛渔户、少数民族居民等等。规定中充斥下类语言:"倘有不安本分及来历不明者,报官究治"(第十九条),"稽查约束。倘有生事犯法,不行举报,分别定罪"(第三十条)。乾隆时期《刑部(保甲)条例》[2]也有规定。第一条:"户给印牌一张,书写姓名丁数,出则注明所往,入则稽其所来,其客店亦令各立一簿,每夜宿客姓名几人,行李、牲口几何,作何生理,往来何处,逐一登记明白。"对特别地区或人户治安管理与处罚。主要由第六至八条规定,分别涉及京城、蒙古地方、广东"穷民"、闽浙赣"棚民"等。

地方法规的规定更为详尽。清代《保甲章程》(又名《金山县保甲章程》)[3]第五条规定了门牌制度:"每户给门牌一张,书明姓名、年岁,户内丁口若干,如有父兄、叔伯,均以家长出名注册,不得以卑幼子弟率行填写。……悬挂大门。"第六条是人口异动登记规定:"牌内如有搬去迁来,并添丁病故各情,统限十日内告甲董、保董。"第七条是外来人口管理:"外来种地及买卖贸易佣工之人,一体编入牌甲,并于

---

〔1〕 一凡藏书馆文献编委会编著:《古代乡约及乡治法律文献十种》(第二册),黑龙江人民出版社2005年版,第19~33页。

〔2〕 (清)徐栋:《保甲书》卷一,载一凡藏书馆文献编委会编著:《古代乡约及乡治法律文献十种》(第二册),黑龙江人民出版社2005年版,第35~42页。正文共八条,附《乡约律》。

〔3〕 一凡藏书馆文献编委会编著:《古代乡约及乡治法律文献十种》(第三册),黑龙江人民出版社2005年版,第539~570页。

册内门牌内注明原籍某省、某府、某州县人,不得隐瞒。"第八条是客寓饭铺管理:"饭铺烟馆……每处客寓,今特给颁发印簿两本,名曰'循环簿'。限令按日寓各几人、姓名籍贯、来自何方、往向何处或何公干生理,有无携带刀械什物,尽数登记。"

(二) 维持治安

维持地方治安,藉以防患于未然,安定民间社会秩序,是所有地缘社会组织的义务,但以保甲为主,乡约次之。

1. 保甲组织对民间治安的维持。维持治安原本是保甲组织的传统职能,所谓"弭盗安民莫良于保甲法"[1],"画野分郊,按籍计户,肃政劝教,察奸安民,乃其(保甲组织)一贯精旨也。综论明代保甲之制,其精神所在,且具有功效者,皆在于弭盗一端。"[2] 乾隆时期《户部(保甲)则例》[3]的所有条款几乎都涉及地方治安,如第三条规定:"凡甲内有盗窃邪教、赌博赌具、窝逃奸拐、私铸私销、私盐采曲、贩卖硝磺,并私立名色敛钱聚会等事及面生可疑、形迹诡秘之徒,责令专司查报。户口迁移登记并责随时报明。"第十条专门规定了保甲长的义务:"如有来历不明,形迹可疑者,责令保长[4]甲长等立时首报,如无均令出具,连名互保甘结。倘取保之人曾经作奸犯科,一经查出,将出结之,里长(保长)等按律连坐。"《刑部(保甲)条例》[5]也有明确规定,如第二条规定:"(保甲长)果实力查,访盗贼,据实举报,照捕役,获盗过半以上,例按名给赏。倘知有为盗窝窃之人,瞻徇隐匿者,杖八十。如系窃盗,分别贼情,轻重惩警。若牌头于保正甲长处举

---

[1] 一凡藏书馆文献编委会编著:《古代乡约及乡治法律文献十种》(第二册),黑龙江人民出版社2005年版,第360页。

[2] 闻钧天:《中国保甲制度》,上海书店1992年版,第193页。

[3] 一凡藏书馆文献编委会编著:《古代乡约及乡治法律文献十种》(第二册),黑龙江人民出版社2005年版,第19~33页。

[4] 徐栋《保甲书》中原文为"里长"。《户部则例》中只有此条中出现"里长",另参比王阳明《互保法》、《刑部(保甲)条例》有关规定,笔者以为这里的"里长"疑为"保长"之误。此条最后一句中的"里长"亦如此。

[5] 一凡藏书馆文献编委会编著:《古代乡约及乡治法律文献十种》(第二册),黑龙江人民出版社2005年版,第35~42页。

报而不行转报者，甲长照牌头减一等，保正减二等发落。"第三条规定："牌头所管内有为盗之人，虽不知情而失察，坐以不应轻律，笞四十。甲长保正递减科罪。"

嘉庆时湖南布政使叶佩荪发布《饬行保甲》，其中第五条"禁奸之法"规定："凡一村聚有匪徒，民亦愿报官惩儆，但恐官不究办，转致招惹怨仇，此良民所以饮恨、奸民所以横行也。……窝家至于赌棍、讼师、逋逃、奸拐、霸占、把持，尤难瞒乡邻之耳目。此等干犯禁例牌甲，知情不举，律有罪名，该州县即摘叙应禁各条，每村给与简明告示，专责牌甲邻佑，据实举首，立刻严拿讯办。"[1]

2. 乡约组织对社区治安的维持。乡约与保甲的功能区别大致像警察与牧师的关系，乡约组织主要以特有的教化方式参与民间治安的维持。《南赣乡约》第九条规定："（同约成员中）军民人等若有阳为良善，阴通贼情，贩买牛马，走传消息，归利一己，殃及万民者，约长等率同约诸人指实劝戒，不悛，呈官究治。"[2] 又清代康熙年间浙江海宁乡约《讲约规条》规定："保甲十家牌，每图村落挨门填注丁口若干、作何事业，伍保造册汇簿送查，乡耆（约正）虽不与事，亦当不时觉察，如有隐匿等弊许指实密禀。……本县申行保甲置备枪棍，一村有寇互相救援，告令谆谆矣。"[3]

（三）上报和协办刑事案件

处理司法诉讼案件，负责上报和与官府协办刑事案件，是乡里组织的法定义务。明代《教民榜文》第十条规定："乡里中，凡有奸、盗、诈伪、人命重事，许（当事人或里老人）赴本管官司陈告。其官吏明知此等不系老人、里甲理断，一概推调不理者，治以重罪。"[4]《大明律》第二百九十九条"发冢"、《大清律例》第二百七十六条"发冢"都规

---

[1] 一凡藏书馆文献编委会编著：《古代乡约及乡治法律文献十种》（第二册），黑龙江人民出版社2005年版，第53～54页。叶佩荪为乾隆年间进士、嘉庆时湖南布政使。

[2] （明）王守仁《王阳明全集·知行录》，红旗出版社1996年版，第230页。

[3] 周振鹤撰集，顾美华点校：《圣谕广训集解与研究》，上海书店出版社2006年版，第533～534页。

[4] 刘海年、杨一凡：《中国珍稀法律典籍集成》（乙编第一册），科学出版社1994年版，第635～645页。

定:"若地界内有死人,里长、地邻不申报官司检验,而辄移他处及埋藏者,杖八十。"乡里民众凡发现有人非正常死亡或有"不靖之讼",都要向里长里正报告,里正不能做主的案子,就要上报县府。"里正有时还要亲自押送罪犯到县里去。有些直接告到县府的案子,县府认为非至关重大之事,往往又下转里正处理。"[1] 有关这方面的问题我们还将在第七章第七节进行专门讨论。

三、公益经营

从事公益经营活动是所有地缘社会组织的共同职能。公益经营活动的目的是筹集活动经费或扶贫济困、救难赈灾所需的资金。我们这里主要考察乡约组织和同乡社会组织的公益经营的情况。

（一）乡约组织的公益经营

乾隆五十四年（1789年）徽州府祁门县塔坊乡侯潭（村）十二家人成立"侯潭乡约",反映其活动情况的珍贵史料《侯潭约会十二家收支簿》[2] "序言"说:"约会之设自古有之,所以备官役于不时,养人心于浑穆,有振兴孝弟之功,有相与友助之益。事不甚费,利莫大焉。吾约十二家,……差摇〔徭〕繁多,支持弗易。且各户贫富不等,凡遇公事,甚费周张。于乾隆五十四年大众相商,公立一会。每户输银二两,共二十四两。又劝谕各户绅士量力捐输银三十八两七钱,二共凑银六十二两七钱。每轮派二户经管其银,择约内殷实之家承领生息。订期每年十月十五日齐集经营之家眼同清彝（当面结算清楚）,备酌款待。……伏愿自今以往愈积愈丰,家给户足,人康物阜、俗美风醇。"从这里可以看出侯潭乡约创办的目的主要是为了"相与友助"、应付差徭、亲睦邻里。为了完成这些使命,所需经费主要靠约众集资捐款,建立基金,然后运营"公基金"赢利。《收支簿》记载,乾隆五十四年乡约共凑成六十二两七钱的公基金,"择约内殷实之家承领生息",承领去的公基金如何运营,没有具体记载,但也不外乎经商与放贷。刚开始仅是个别大户承领运营,如乾隆五十五年（1790年）由汪启濂领去运营,

---

〔1〕 雷家宏:《中国古代的乡里生活》,商务印书馆国际有限公司1997年版,第12～13页。

〔2〕《侯潭约会十二家收支簿》。原件藏于中国社科院历史所,藏契号：1000304。

后来承领运营者渐渐多起来。嘉庆十八年（1813年）以后一般有五人左右承领运营。公基金越滚越多，嘉庆九年达四百六十两余，嘉庆十八年为九百一十三两余，嘉庆二十一年高达一千零七十两余。[1]

道光年间河南省河南府偃师县安驾滩乡约经营当地煤炭买卖。道光十年（1830年）安驾滩村立有《合村公议禁止赌博牧放碑》，内容除了赌博禁规和牧放禁规之外，还规定当地煤炭的买卖经营权由当地乡约享有：“本村向无煤行，今同合村公议，嗣后，买卖煤□单，许乡约地方经营，不许他人参与。”[2]

（二）同乡会馆的公益经营

同乡会馆一般都有自己的产业，这些产业是同乡社会的共同财产，是同乡组织正常开展各种活动的物质保证。会馆产业一般由会首或馆长负责管理和经营。顺治十八年（1661年）北京的福建漳州会馆《漳州会馆规约》规定：“馆长收银不用银，馆副用银不收银，其有积余交馆长收贮，不得徇情挪借分厘，只可置房。士夫不堪居处者，庶几有赁值之例，无占住之虞。”"会馆设收支二簿，会副司之。遇有出纳，白（告诉）馆长开支登记数目，或置器物等项，皆细记之，仍于左壁编出纳数目以明会长副（即馆长和副馆长）心迹，右壁编约束条款以一会长副事权。新入京者送录一本，使共知之。"[3] 清代《云贵会馆章程》规定："会馆财产及义地所有收益须按数拨为祭祀办会费用，有余应妥慎蓄积，存放同乡商家按定率生息。会馆收入微小，欢迎两省同乡捐助，希望集腋成裘，作为基金。"“会馆首事，负责照料会馆公务，经管账目等。任满一年，两位首事应将经管账目稽核确实，移交继任首事。”"非在重庆常住之官商，不得管理会馆及会馆款项。"[4]

四、解困赈灾

在百姓生产生活发生困难或遭遇天灾人祸时，由地缘社会组织头领代表本组织直接予以扶助，或者组织民众自救或者相互帮助，解困赈

---

〔1〕 参见陈柯云：“略论明清徽州的乡约”，载《中国史研究》1990年第4期。
〔2〕 《偃邑安驾滩合村公议禁止赌博牧放碑记》，现藏于偃师商城博物馆。
〔3〕 光绪《漳郡会馆录》卷一《漳州会馆规约》。
〔4〕 何智亚：《重庆湖广会馆历史与修复研究》，重庆出版社2006年版，第67页。

灾，共度难关。这种制度实际上是传统民间的"社会保障"制度。这一任务是所有地缘社会组织的共同职能，但乡里组织、同乡会馆和乡间结社组织做得最有成效。下面主要考察乡里组织和同乡会馆解困赈灾的情况。

(一) 乡里组织解困赈灾

关于里甲组织解困赈灾的职能，明初《教民榜文》第二十五条规定："乡里人民，贫富不等，婚姻、死丧、吉凶等事，谁家无之？今后本里人户，凡遇此等，互相赒给。且如某家子弟婚姻，某家贫窘，一时难办，一里人户，每户或出钞一贯，人户一百，便是百贯；每户五贯，便是五百贯。如此资助，岂不成就？日后某家婚姻，亦依此法轮流赒给。又如某家，或父或母死丧在地，各家或出钞若干，或出米若干资助，本家或棺椁，或僧道修设善缘等事，皆可了济。日后某家倘有此事，亦如前法，互相赒给，虽是贫家些小钱米，亦可措办。如此，则众轻易举，行之日久，乡里自然亲爱。"[1]明代还有专门的乡里婚丧资助制度。英宗天顺年间（1457~1464年）国家规定：凡男女年三十以上而又无力备办聘礼者，由里老人出面组织，筹集钱物，民众"量出所有，互相资助，以成婚配"[2]。义仓（设于市镇）和社仓（设于乡村）是明清乡里盛行的救助性借贷形式，对救济贫困乡民的生活发挥过重要作用。清代康熙年间社仓的具体救助办法是：奖劝民间自行输纳社仓本钱；乡民每年四月上旬依例支贷，十月上旬收获后归还。按谷收息，石收一斗。其中七升归仓，三升作为仓库修建开支以及社仓负责人和杂役工食的费用。荒歉年份，谷息或减或免。如果无人借贷，而积谷量多，为了免遭腐烂虫蛀，可在夏秋之际减价平粜，秋收后按市价及时籴买归还。乡里公推正副社长管理借贷事务，三年一换，接受州县官府监督。

清代中后期里甲组织衰落，乡里组织赈济灾荒、安置难民等职能主要由保甲组织完成。雍正初年云南巡抚沈廷正奏请"借给仓粮，必须按

---

[1] 刘海年、杨一凡:《中国珍稀法律典籍集成》（乙编第一册），科学出版社1994年版，第635~645页。

[2]《明英宗实录》卷二七七。

照保甲烟户册内上、中、下户口,查其实在贫民,地方官面为借给。"[1] 乾隆元年河南巡抚富德奏请"令各该地方官每于冬间春初,点查保甲,即将逐户男妇大小名口填注册内。设遇赈济,自无脱漏。"[2] 浙江省嘉兴府平湖县规定,"遇灾歉或须放赈平粜等事,地方官邀集乡、里耆,转令各甲耆,将该甲内实在贫民秉公查踏分晰"[3],这里所讲的乡耆、里耆、甲耆,都是保甲组织各级首事的职名。晚清《金山县保甲章程》规定:"人无远虑,必有近忧,……牌甲中是宜分设义仓,公举殷实之户经手收管。如能源源捐输,俾成盛举,本县定以捐数多寡给与花红匾额,如捐数至巨,再禀请上宪从优奖励。"[4] 保甲组织执行赈灾任务的关键是对人户确切情况的掌握,这是实行户丁编审制的里甲不易做到的。

(二)同乡会馆扶危济困、帮助同乡

同乡会馆从某种意义上说就是异地同乡社会的互助组织,就是同乡人在外的避难所,所以同乡会馆的日常工作之一就是对老乡开展扶危济困、举办义学(相当于今天的打工子弟学校)、助办丧葬等义举活动。同乡会馆最传统的职能,对老乡来说也是最实惠的帮助,这就是提供住宿。重庆的广东会馆就是从为同乡提供方便的客栈发展而来的。同乡会馆一般都置有厢房客室供乡人寄宿。为了防止同乡人长期霸宿,会馆都订有公约,不许长住或据为己有,也不可私租他人。顺治十八年(1661年)北京的福建漳州会馆《漳州会馆规约》规定:"会馆为下马暂住之所,久住毋得过十日,毋得寄私物填塞公所,非乡会之期,有闲房许照规税住,如携眷亦不许税住,以妨后至。"[5] 清代《云贵会馆章程》规定:"两省同乡途经重庆未带家眷者,无论官商,凡曾对本会馆捐助款项之人,经通知首事后,可在会馆房舍住居一个月;但此等官商必须自

---

〔1〕《宫中档雍正朝奏折》第一〇辑,雍正六年七月十六日沈廷正奏。
〔2〕《清高宗实录》卷一二,乾隆元年六月壬辰。
〔3〕(清)王凤生:《浙江平湖查编保甲事宜》。
〔4〕一凡藏书馆文献编委会编著:《古代乡约及乡治法律文献十种》(第三册),黑龙江人民出版社2005年版,第559页。
〔5〕光绪《漳郡会馆录》卷一《漳州会馆规约》。

备伙食，在住居期间，遇有会馆会议时须回避。"[1]

五、和睦乡党

建设和谐社会是明清时期官方对所有民间社会组织的政治要求，明代《教民六谕》(《圣谕六言》)中的一谕就是"和睦乡里"，清代《圣谕十六条》中的一条就是"和乡党以息争讼"。明代特别法律《教民榜文》规定："年幼子弟……敢有轻薄不循教诲者，许里甲、老人量情责罚。若年长者不以礼导后生，倚恃年老生事罗织者，亦治以罪。务要邻里和睦，长幼相爱。如此，则日久自无争讼，岂不优游田里，安享太平！"[2]

当时的所有地缘社会组织都自我宣称要"和睦乡党"。清代台湾地区的乡庄（汉族移民在农村的组织）和街庄（汉族移民在城镇的组织）是当地保甲之外的乡治组织，某庄《庄规》规定："各庄总董庄正副责任大端，无非约束庄众、和睦乡邻之事。果能约束有方，所管庄内并无争斗、窃劫、抢掳，及占地、抗租、毁焚等事，一年以上给予功牌，三年以上给予匾额，以示奖励。"[3] 明代南直隶徽州府祁门县仙桂乡二十都的"文堂乡约"的约规规定："父子相亲，兄弟相友，长幼相爱，夫妇相敬，朋友相信；有恩相亲，有礼相接与凡父坐子立，夫妇如宾，兄先弟随之类。……凡遇冬年节，则同甲之人，各相往来拜贺，有婚嫁丧葬，皆宜相吊相助，以尽其情。"[4] 同乡社会组织或同乡会馆的亲睦同乡功能更为突出，近代书画家叶恭绰（1881～1968年）为北京的惠州会馆题词云："联乡乡情、敦睦桑梓。"[5] 同乡会馆本来是以相同的籍贯为凝聚力并加上相同的神灵信仰而结合的组织，定期祭祀乡土神是增进桑梓之谊的最主要最传统的方式，而在神诞、祭日或其他吉庆日的演

---

〔1〕 何智亚：《重庆湖广会馆历史与修复研究》，重庆出版社2006年版，第67页。

〔2〕 刘海年、杨一凡：《中国珍稀法律典籍集成》（乙编第一册），科学出版社1994年版，第635~645页。

〔3〕 张磊："清末台湾北部乡治组织的法律考察"，附录一"庄规四则"，中南财经政法大学2007年硕士学位论文。

〔4〕《隆庆〔祁门〕文堂乡约家法》，明隆庆刻本，原件藏于安徽省图书馆。

〔5〕 叶恭绰（1881~1968年）题词，载《北京岭南文物志》，北京广东省会馆财产管理委员会1954年编印。

戏酬神、庙会灯会、团拜会、戏剧演出等各种联谊活动，既为同乡人提供在异域欣赏家乡戏音乐的乐趣，又联络了同乡感情，解除同乡人思乡之苦。

六、教化与解纷

教化正俗，兼理解纷，这是所有地缘社会组织的共同职能，也是其最为古老的职能。这个问题是本著的主题，我们将在后面几章进行专门论述，这里仅作简要说明。

（一）民间教化

传统的教化犹如今天的"思想政治工作"，外延极广，而且还可以向其他任何领域无限延伸，以致可以涵盖民间社会的全部事务，但其核心内容有二：一是道德与法律的宣教，二是举善纠恶。相对而言，乡里组织和乡约组织是地缘社会组织中履行这一职能的主要角色。

1. 乡里组织的教化职能。乡里组织进行道德与法律宣教的典型事例之一是明初里甲组织的宣教活动。明初《教民榜文》规定："每乡每里，各置木铎[1]一个。于本里内选年老或残疾不能生理之人，或瞽目者，令小儿牵引，持铎循行本里。……俱令直言叫唤，使众闻知，劝其为善，毋犯刑宪。其词曰：'孝顺父母，尊敬长上，和睦乡里，教训子孙，各安生理，毋作非为。'如此者，每月六次。"[2]

清代中后期保甲组织取代里甲组织成为主要乡里组织之后，保甲组织承担起禁恶劝善等乡治任务。清代《保甲章程》规定的禁恶内容主要

---

[1] 一种木舌铜身的摇铃。古代施行政教、传布命令时用以振鸣惊众。《周礼·天官·小宰》："正岁，帅治官之属而观治象之法，巡以木铎曰：'不用法者，国有常刑。'"意思是说，每到年初掌刑罚的小宰率天官（大宰）属下的官员去观看大宰（即冢宰，"百官之长"，相当于后来的宰相）悬挂的治法，并摇着木铎巡行天官各官府，警告说："如果不依法行事，国家有既定的刑罚来处罚。"又《周礼·天官·宫正》："（宫正）春秋以木铎修火禁。"意思是说，掌王宫戒令、纠禁的宫正春秋两季摇着木铎提醒宫中注意火烛。《教民榜文》第十九条自注："木铎式。以铜为之，中悬木舌。"顾炎武："金铎所以令军中，木铎所以令国中，此先王仁义之用也。一器之微而刚柔别焉，其可以识治民之道也软？"载顾炎武著，黄汝成集释：《日知录集释》，上海古籍出版社2006年版，第275页。

[2] 刘海年、杨一凡：《中国珍稀法律典籍集成》（乙编第一册），科学出版社1994年版，第638页。

有：禁抢孀恶习（第十二条）、禁拔人勒赎（第十三条）、禁赌害（第十四条）、禁烟害（第十五条）、禁斗殴（第十六条）、禁争讼（第十七条）、禁图产争继（第十八条）、禁赛会演戏（第十九条）、禁私宰耕牛（第二十条）、禁习邪教（第二十一条）。这些规定大部分也都有一定的纠纷预防作用。如"禁赌害"说："（赌徒赌输之后）一掷倾囊，空空两手，其遇懦者，即经赌负，思无面目以见父老，因此轻生者有之。若桀黠不驯之徒，则既丧巨资，必致流为匪类，或拔人以勒赎，或叙盗以刬赃，一经拿捕，身遭五等之刑，殊可悯也。""禁赛会演戏"说："每演戏一台，游人动至数百，男女混杂，昼夜喧哗，每至诱人赌博，公然设局酗酒打架，无所不为。"[1]

2. 乡约组织的教化职能。乡约组织以教化功能见长。明朝中期江西布政司南赣地区（"南赣"是南安府和赣州府的合称）的乡约组织，被要求主要做好两大教化正俗工作：一是婚事新办。《南赣乡约》第十三条规定："男女长成，各宜及时嫁娶；往往女家责聘礼不充，男家责嫁妆不丰，遂致愆期；约长等其各省谕诸人，自今其称家之有无，随时婚嫁。"二是丧事从简。第十四条规定："父母丧葬，衣衾棺椁，但尽诚孝，称家有无而行；此外或大作佛事，或盛设宴乐，倾家费财，俱于死者无益；约长等其各省谕约内之人，一遵礼制；有仍蹈前非者，即与纠恶簿内书以不孝。"[2]

乡约组织从事教化活动的重要形式之一是定期集会，这种集会有肃穆庄严的仪式，主要议程有四：①宣讲乡约、圣谕和法律，其内容大都以和睦乡里为主，如清代《圣谕十六条》是："敦孝弟以重人伦，笃宗族以昭雍睦，和乡党以息争讼，重农桑以足衣食，尚节俭以息财用，隆学校以端士习，黜异端以崇正学，讲法律以警愚顽，明礼让以厚风俗，务本业以定民志，训子弟以禁非为，息诬告以全良善，戒匿逃以免株

---

〔1〕 一凡藏书馆文献编委会编著：《古代乡约及乡治法律文献十种》（第三册），黑龙江人民出版社 2005 年版，第 541~562 页。

〔2〕 （明）王守仁：《王阳明全集》（第四集），红旗出版社 1996 年版，第 228~232 页。

连,完钱粮以省催科、联保甲以防盗贼、解仇忿以重身命。"[1] ②举行燕(宴)礼[2],即全体约众大会餐。实际上是以酒为媒,"整体上使乡约所及地区民众在道德提升和文化融合方面提高"[3] ③分置"善簿"、"恶簿"、"和薄"等,以记载约民之善端、恶行及邻里关系情况,以导民向善,以和为贵。④解决纠纷,所谓"讼者平之,相揖而退"[4]。

3. 其它地缘社会组织的教化职能。同乡会馆的教化以"崇乡谊,敦信义"为主要内容,以会馆的碑刻、门楣等为载体,以奉祀乡土神、举办各种文娱活动等为主要方式。乡间结社组织和乡间集会组织则以自身活动的特定内容与形式,增进人们之间的社会交往,同时淳化乡俗民风。

(二) 解决纠纷

在各类地缘社会组织的解纷活动中,乡里组织的"听讼"处于基础地位。明代《教民榜文》赋予里老人、里甲长、保甲长们"法定"的民间司法权,负责处理本乡本里的户婚、田宅、斗殴之类案件。同乡会馆的基本使命之一就是解决纠纷,保护同乡人利益,防范异乡人的欺凌,其解决纠纷的特色在于它的解纷对象主要是异地同乡人的内外纠纷。明清乡约规约的蓝本《吕氏乡约》说:"之所赖于邻里乡党者,犹身有手足,家有兄弟,善恶利害皆与之同,不可一日而无之。不然,则秦越其视,何与于我哉! 大忠素病于此,且不能勉,愿与乡人共行斯道。惧德未信,动或取咎,敢举其目,先求同志,苟以为可,愿书其诺,成吾里仁之美,有望于众君子焉。"[5] 此后的乡约组织继承这一传统,无不把解决纠纷宣示为自己的一项重要职能。下面我们主要考察明清乡约组织对解决纠纷职能的宣示。

---

〔1〕 康熙《圣谕十六条》,《圣祖实录》康熙九年十月癸巳。
〔2〕 明清时期乡里组织举行的"乡饮酒礼"与乡约组织定期集会举行的"燕(宴)礼",在两种组织并存的地方往往是重合的,如明代中期惠安县就是这样。但也有各自举行、互不相干的情形。参见(明)叶春及:《惠安政书·乡约篇》。
〔3〕 朱鸿林:《中国近世儒学实质的思辨与习学》,北京大学出版社2005年版,第285页。
〔4〕 (明)叶春及:《惠安政书》,福建人民出版社1987年版,第341~342页。
〔5〕 陈俊民辑校:《蓝田吕氏遗著辑校》,中华书局1993年版,第567页。

1. 民间自办乡约的宣示。以《沙堤乡约》为例。明代嘉靖二十三年（1544年）创办的《沙堤乡约》，其所冀望实现的目标就是建立一种友助亲睦的乡村社区共同体。约正伍万春在《圣训约序》中说："是故宣以圣谕，不忘君也，忠也；宴饮以序齿，不恃贵也，逊也；……申以训词，教民睦也，顺也。"[1]《沙堤乡约》的五条规约所展现的是一种乡里各阶层都能和平共处的社会场景，一种谦虚礼让的文化品质，一种邻里互助、共恤患难和同保乡里免于外来势力干扰的习俗。其中有三条（"尚礼义"、"立臧否"、"行保甲"）直接说到了纠纷解决，如"行保甲"条规定："甲内互相保察，互相亲睦，相勉为善，不许为非。……若小有言语，则同甲之人，互相和解，不复斗讼。"[2] 其讲乡约的仪程规定，讲乡约除讲约法以外，还要讲读《孟子·滕文公》"死徙无出乡"章，强化出入相友、守望相助、疾病相扶、百姓亲睦的精神。[3]

2. 官倡民办乡约的宣示。明代正德年间王阳明倡行乡约时就"告谕各府父老子弟"："父慈子孝，兄友弟恭，夫和妇从，长惠幼顺，勤俭以守家业，谦和以处乡里，心要平怒，毋怀险谲，事贵含忍，毋轻斗争。父老子弟曾见有温良逊让、卑己尊人而人不敬爱者乎？曾见有凶狠贪暴、利己侵人而人不疾怨者乎？夫嚣讼之人争利而未必得利，求伸而未必能伸，外见疾于官府，内破败其家业，上辱父祖，下累儿孙，何苦而为此乎？"[4]《南赣乡约》序言宣称立约的目的是："协和尔民，……和顺尔乡里，死丧相助，患难相恤，善相劝勉，恶相告戒，息讼罢争，讲信修睦，务为良善之民，共成仁厚之俗。"[5]《南赣乡约》对纠纷解

---

〔1〕《圣训约》，明嘉靖二十三年刻本，台湾"国立中央图书馆"藏经部礼类杂礼俗之属，第5页。

〔2〕《圣训约》，明嘉靖二十三年刻本，台湾"国立中央图书馆"藏经部礼类杂礼俗之属，第50~67页。

〔3〕 原文："死徙无出乡，乡田同井，出入相友，守望相助，疾病相扶持，则百姓亲睦。"

〔4〕（明）王阳明："告谕各府父老子弟"，载（明）王守仁：《王阳明全集》（第一集），红旗出版社1996年版，第157页。

〔5〕（明）王阳明："南赣乡约"，载（明）王守仁：《王阳明全集》（第一集），红旗出版社1996年版，第228~232页。

决的总体要求和目标是：通过对善恶行为的记录、公开表扬和劝诫，以及乡约主持人对纠纷的解决，使社区约众的日常生活趋于平和无争；通过对逃税人户和高利贷者的检控，对下乡骚扰的吏役的究治，对归顺新民自我约束的警告，使社区约众经济生活趋于公平和安定。

万历年间地方官洪富[1]在《青阳乡约记》中记载福建庄用宾[2]创办《青阳乡约》时说："每岁庄姓偕诸巨姓各二人，分董其事，务在相劝、相规、相友、相恤，有善者与众扬之，虽微不弃；有犯者与众罚之，虽亲不贷。抑强而扶弱，除奸而御盗，解纷而息争，由是众子弟以礼相轨，僮仆以法相检，乡族赖以睦，鸡犬赖以宁，百谷果木赖以蕃，沟渠水利赖以疏。"[3]这里似乎把"解纷而息争"确定为《青阳乡约》的核心职能。

3. 官督民办乡约的宣示。清代官督民办乡约对解纷的宣示，首先体现在其宣讲的各种"圣谕"之中。顺治《六谕民》（《六谕卧碑文》）包括了明太祖《圣谕六言》的全部内容，康熙《圣谕十六条》中的一半都是在说解决纠纷的事情。其次体现在各乡约的规约之中。如浙江省海宁县《乡约》（《讲约规条》）第三条规定："同约父兄、子弟各须仰体圣谕，敦孝友、务和睦，士农工商各勤职业，旧染污俗咸共一新。间有户婚、争斗一切小忿，互相劝释，或闻知乡耆从公剖辨，侵犯者归正，失误者谢过，心平气和，以杜争竞。其或有暧昧不明，迹无指证，止可敷陈礼法，微言讽解，毋得轻发阴私以开衅隙，毋得擅行决罚以滋武断。""（集会讲读圣谕完毕后）在约诸人仍以次揖，诸尊长倘各约有

---

[1] 洪富（1488～1560年），字国昌，号新斋，福建泉州府晋江县青阳乡永福里二十七都人。嘉靖进士，历官至浙江转运盐使司运使、四川布政使司参政，清正廉明，史称名宦。晚年回乡深居简出，以诗书自娱，修水利、植松柏，以德义教诲乡人，为褒扬青阳乡绅庄用宾主持乡约撰写的《青阳乡约记》碑，至今仍立在青阳乡贤祠中。

[2] 庄用宾（1504～1578年），字君采，号方塘，福建泉州府晋江县青阳乡永福里二十七都人。嘉靖进士，累官刑部员外郎、浙江按察司佥事。晚年退居乡里，举平生之廉名，主办青阳乡约，使过去械斗盛行之乡呈现一片和谐乐群的好风气。

[3] 《青阳乡约记》，转引自汪毅夫："明清乡约制度与闽台乡土社会"，载《台湾研究集刊》2001年第3期。

争斗犯约者,即时具白解和,各相揖让,不许置酒食,如无事解和即散。"[1]

本章小结:本章是对明清时期地缘社会组织基本情况的一个总体梳理,主要内容有:地缘社会是指以地理因素为主要机缘而形成的社会;明清地缘社会的主要形式有五种:乡里组织、乡约组织、同乡社会组织(同乡会馆)、乡间结社组织、乡间集会组织。地缘社会的社会属性或特征是民间性、乡土性、熟人性、人情性;明清地缘社会主要有六大职能:完成职役、治安管理、公益经营、解困赈灾、和睦乡党、民间教化与解决纠纷。

---

[1] 周振鹤撰集,顾美华点校:《圣谕广训:集解与研究》,上海书店出版社2006年版,第533页。

第二章

明清时期的民间纠纷

民间纠纷是地缘社会解纷的对象，明清时期民间纠纷的基本情况我们可以从三个方面予以考察：其一，纠纷发生的社会场域；其二，有关纠纷情况的原因分析；其三，纠纷的类型与性质。

第一节　纠纷发生的社会场域

明清地缘社会参与解纷时，面临的是一种怎么样的社会环境或背景？这些纠纷发生在一种什么样的社会基础之上？这些问题直接影响到解纷方式与策略的选择。从理论上说，地缘社会组织所遭遇的社会纠纷基本上都发生在民间社会，其中的基本社会关系主要在以下三个方面：

一、家族关系

日本学者寺田浩明曾这样描述明清时期民间纠纷发生的原因："以男性家长为核心，家庭成员们构成一个个'同居共财'的小家。这些家既是日常消费生活和财产归属的基本单位，同时也往往是进行生产经营的基本单位。……社会秩序的实质性部分是由这些不得不单独谋生的一个个小小的家通过在彼此之间缔结契约关系来承担的。……这里出现的是一个由无数主体构成，且在他们之间充满了个别的不同利益主张和利益冲突的竞争社会。由此，主体间的纠纷自然会不断发生。"[1] 聚族而居是这时民间社会中民众的基本居住形态，一个村落通常就是一个强宗大族的聚居地，正所谓"相逢哪用通姓名，但问高居何处村"[2]。宗族制度是明清时期民间社会最基本的组织制度，每一村落或社区几乎都按

---

[1] [日] 寺田浩明："权利与冤抑——清代听讼和民众的民事法秩序"，载 [日] 滋贺秀三等著，王亚新等译：《明清时期的民事审判与民间契约》，法律出版社1998年版。
[2] （清）方西畴："新安竹枝词"，载同治《黟县三志》卷七《艺文志·政事类》。

照姓氏的不同构成不同的血缘和地缘共同体。明清时期宗族组织的基本结构是：族—房—家。"族"的首领是族长或族正、宗长，通常由家族内辈分最高、年龄最大而且最好是有权有势的人担任，族长总管全族事务，主持制定宗规族约，有全权处理族内纠纷并根据宗规族约制裁违犯族规的人；"房"是家族的分支，首领是房长，房长按血缘关系由该房辈分最高、年龄最大者担任；"家"是房的分支，负责人是家长或户长。宗族有全族人祀奉或集会的祠堂，祠堂原为祭拜祖先之所，后来功能增多，成为族人的交际舞台、立法场所、宗族法庭，成为宗族的宗教、社会、政治和经济的中心，是整族的集合表象。

家族关系的基本载体是家庭。由于私人空间的逼仄与经济资源的匮乏，尽管亲情浓郁，家庭和家族成员之间也难免产生纠葛和摩擦。家庭纠纷的一个重要特点是很少通过诉讼途径解决，所谓"清官难断家务事"[1]。这其中的原因有三：其一，家庭成员之间有着说不清道不明的情感联系和利益纠葛，纠纷事实的认定比较困难；其二，家庭内部的是非曲直，外人难以知晓和分剖，也不便介入；其三，当时的法律基本上不干预家庭内部的日常生活，在法律依据上，司法官感到无所适从。总之，通过诉讼来解决家庭纠纷，结果难以确定。这样一来，像地缘社会组织这样的民间社会组织在解决家庭纠纷方面就有了用武之地。

二、乡党关系

乡党关系就是邻里关系[2]，是民间社会最为主要的社会关系之一。乡党关系主要通过地缘关系表现出来，既可以是毗邻而居的近邻关系，也可以是相距较远的同乡关系。乡党关系基本上是一种彼此朝夕相处，"低头不见抬头见"的熟人关系。无论是法律文献中的"老人、里甲与

---

[1] 丁世良、赵放主编：《中国地方志民俗资料汇编·华北卷》，北京图书馆出版社1989年版，第61页。

[2] 《论语·雍世》中有"邻里乡党"一词："原思为之宰，与之粟九百，辞。子曰：'毋！以与你邻里乡党乎！'"意思是：原思做孔子的家臣，孔子送给他九百（斤）米，原思推辞不受。孔子说："不要推辞，（如果有多的）就给你的乡亲们吧！""邻里乡党"泛称同乡邻里的人。

邻里人民，住居相接，田土相邻，平日是非善恶，无不知晓"[1]，还是民谚中的"一家有事，四邻不安"[2]，"千金买邻，八百买舍"[3]，"远亲不如近邻，近邻不如对门"，"乡邻无事三分福"[4] 等话语，都充分表达了乡党关系中休戚与共、出入相助和守望相救的情形。但这并不意味着乡党中不会发生纠纷。邻居也有好歹，歹邻居也会殃及好邻居，邻居也有潜在危险，乡民之间也容易发生"鼠牙雀角"之争。

三、官民关系

明清时期，官府（主要是州县衙门）与百姓的关系呈现出比较复杂的图景。一般而言，官民之间的直接关系，主要发生在纳税服役和打官司两方面。现今福建省武平县湘湖村的"德川公祠"门柱上贴有一副对联："瓜瓞义门昌世族，柏台仁里冠平川。"[5] 意思是：湘湖村这个地方子孙兴旺、仁义亲睦，是昌盛发达的名门望族；这里的祠堂像宫殿一样，堪称天下第一村。这副对联由乾隆时期武平县知县何近珠书写。何知县何以写这副对联？据说这里有一个故事：湘湖村的刘庆芹、刘庆芳兄弟两人是全村的"关脑公"（即保长、约正之类的地方首领），有一次知县何近珠率兵丁前来收税，事先与两兄弟商量，兄弟俩告知在湘湖村只能收到钱粮若干，而后来实际收到的与他俩估计的相差无多。何近珠疑其有诈，准备带他们回县城法办。庆芳、庆芹兄弟俩便设法叫妇女用尿布砸打兵丁，将知县和兵丁赶出湘湖村地界。何近珠心想，好汉不吃眼前亏，你偌大一个村落，总要来县衙打官司，到时新账、老账我和你们一起算！但事情过去

---

[1] 刘海年、杨一凡：《中国珍稀法律典籍集成》（乙编第一册），科学出版社1994年版，第635页。

[2] 《民国续修莱芜县志》卷一四《礼乐·风俗》，第325页。转引自赵世瑜："谣谚与新史学"，载《历史研究》2002年第5期。

[3] 周振鹤撰集，顾美华点校：《圣谕广训集解与研究》，上海书店出版社2006年版，第218页。

[4] 丁世良、赵放主编：《中国地方志民俗资料汇编·中南卷》（上），北京图书馆出版社1989年版，第105页。

[5] 瓞（dié）：小瓜。"瓜瓞"多用作祝颂子孙昌盛之辞。"柏台"泛指宫殿。汉御史府中植有柏树，后来御史台、按察使（臬台）因此别称"柏台"；又汉武帝在长安城筑台，以香柏为梁，"帝置酒其上，诏群臣和诗"，称"柏梁台"，也简称"柏台"。

了三年多,湘湖村一直没人到县衙打官司,何近珠十分奇怪。当他再次到湘湖村,看到刘氏总祠的设施与县府衙门相似时才恍然大悟,原来湘湖村人有纠纷都是自己解决,祠堂就是宗族的大堂。于是,他感慨万千地写下了这副对联。这个故事虽是传说(据学者考证,乾隆时期武平县并无名叫何近珠的知县)[1],但它能反映当时官民关系的某些要害:"百姓交了粮,好比自在王","一辈子不见官,仿佛活神仙"[2]。

明清帝国"人民"的主体是所谓"编户齐民"——被国家编入户籍,既受国家管束又对国家承担租税、徭役、兵役等义务的老百姓。在"天下之治始于州县"的政务体制之下,老百姓直接面对的是一座小小的州县衙门,他们对帝国权力的感受基本上来自州县衙门及其官员[3]。而州县衙门及其官员的形象在乡民们的心目中是非常复杂的。一方面,州县官员被称为"亲民官",部分官员"当官不为民做主,不如回家卖红薯"和"秦镜高悬赤子苍生咸感戴,董狐再世贪官污吏尽魂飞"[4]之类的政治情操打动过民心,但是老百姓心目中的官员形象并非全然如此。"只许州官放火,不许百姓点灯"、"八字衙门朝南开,有理无钱莫进来"、"三年清知府,十万雪花银"等民谚,便是民间对州县官蛮横专断、徇私枉法一面的生动刻画。总之州县官在民间有天使与魔鬼的两面性,有应然的期待与实然的无奈,官民关系及其纠纷就是在这种背景下发生的。

从明清帝国的总体制度安排来看,当时的民间社会有较强的自理或自治功能[5],普通百姓很少直接与官府发生关系,上述湘湖村村民多

---

[1] 参见刘大可:"论传统客家村落的纷争处理程序",载《民族研究》2003年第6期。

[2] 丁世良、赵放主编:《中国地方志民俗资料汇编·华北卷》,北京图书馆出版社1989年版,第162~163页。

[3] 关于明清州县衙门与百姓的关系,参见徐炳宪:《清代知县职掌之研究》,台北东吴大学1974年版;郭建:《帝国缩影——中国历史上的衙门》,上海学林出版社1999年版;柏桦:《明清州县官群体》,天津人民出版社2003年版;《明代州县政治体制研究》,中国社会科学出版社2003年版;瞿同祖:《清代地方政府》,中国政法大学出版社2003年版。

[4] 浙江民俗学会编:《浙江简志·浙江风俗简志》,浙江人民出版社1986年版。

[5] 传统民间社会的自治问题,将在本书第九章第一节专门讨论。

年不打官司就是例子。为什么会这样？原因很多，比方说，国家反对州县官随便直接接触基层扰民，如明代前期圣谕："（州县）官吏敢有以催办为由，辄自下乡科敛害民者，许里老具实赴京面奏，处以重罪！"[1] 即使有官民交涉，也有包括各类地缘社会组织在内的民间组织首领在那里顶着，轮不到普通百姓出面。但是，不打官司并不意味着老百姓就可以成为独立于国家权力控制之外的"化外之民"，一般而言，官民之间发生直接关系至少在纳税服役和打官司两方面是难免的。上述何知县与湘湖村民之间的纠纷就是知县在税收"执法"过程中发生。

以上三种关系同时存在于民间社会，其逻辑结构有点像三个同心圆，家庭关系是圆心，乡党关系在中间，官民关系在外边。家庭或家族关系是核心与基础，其他社会关系可谓家庭关系的拟制与扩展。例如，乡党关系中的同姓乡邻中，隔辈的是叔侄的拟制，同辈的以兄弟相称；异姓乡邻也是兄弟的扩展，所谓"四海之内皆兄弟"（这种延伸范围几乎没有限制）；师生是父子的拟制，所谓"一日为师，终身为父"。官民关系中，君臣如同父子，州县官被称作"父母官"。所有这些关系都主要靠伦理来维持，所以梁漱溟把传统中国视为"伦理本位"的社会。[2] 明清时期的绝大部分纠纷都是因为这些关系失和而引起的。

第二节 纠纷增多的原因

明清时期的民间社会尽管有"无讼"的教化，有"息讼"的措施，有"惧讼"的情结，但纠纷仍然不断发生[3]，正如知县崔述[4]所言："自有生民以来，莫不有讼。讼也者，事势之所，必趋人情之所断，不

---

〔1〕《明太宗实录》卷二三六。

〔2〕 参见梁漱溟：《中国文化要义》，学林出版社1987年版，第77～94页。此段内容参考徐忠明："传统中国乡民的法律意识与诉讼心态"，载《中国法学》2006年第6期。

〔3〕 参见本书第八章第三节。

〔4〕 崔述（1740～1816年），字武承，号东壁，直隶大名府魏县（今属河北）人。乾隆举人，清朝著名的辨伪学家，曾任福建省罗源、上杭等县知县，后以病乞休，著述终老。著作由门人陈履和汇刻为《东壁遗书》，内以《考信录》三十二卷最令学者注目。

能免者也"[1]；亦如方志所载："朋友结纳，亲爱兄弟。偶为资财瓜葛，两不相让，而口角微嫌，凶终隙末者有之。"[2] 不惟如此，这时的纠纷还有增多趋势。本节简要考察和分析明清社会有关两种纠纷情况变化的原因。

一、纠纷总量增多的原因

日本学者寺田浩明说："明清时代的社会并非处于人们只要不做坏事，现存的秩序就可以照原样无限延续下去的静止状态。相反，那里呈现的是一幅变动不居的图景：因诸子均分的家产分割制度，家庭财产不断地化整为零；一个个孤立的家庭必须设法在此条件下维持家计或尽力争取上升，在它们之间随着其经济地位的沉浮，土地财产极为频繁地转移；人们为了谋求经济上或生活保障方面的相互帮助，还不得不与他人结成各种各样的社会性关系。"[3] 这段话不仅揭示了明清时期社会纠纷发生的社会场域，而且点明了明清时期社会纠纷发生并增加的大致原因。

1. 人口的急剧增长[4]。宋代以降，尤其是明清时期人口急剧增长，民间社区变得拥挤起来。以徽州府的人口变化为例：徽州府在北宋崇宁年间（1102～1106年）有16.7万人，元朝至顺元年（1330年）有82.43万人，明代洪武二十九年（1396年）有59.2万人，明末约80万人，清康熙五十年（1711年）217.4万人，乾隆七年（1742年）220万

---

〔1〕 崔述：《无闻集》卷二《讼论》，载顾颉刚编订：《崔东壁遗书》，上海古籍出版社1983年版，第701~702页。

〔2〕《川沙县志》（二十四卷），民国二十六年上海国光书局铅印本。转引自丁世良、赵放主编：《中国地方志民俗资料汇编·华东卷》（上），书目文献出版社1995年版，第25~26页。

〔3〕[日] 滋贺秀三等著，王亚新等译：《明清时期的民事审判与民间契约》，法律出版社1998年版，第140页。

〔4〕 有关中国人口史的代表性著作有梁方仲：《中国历代户口、土地、田赋统计》，上海人民出版社1980年版；[美] 何炳棣：《1368~1953中国人口研究》，上海古籍出版社1989年版；葛剑雄主编：《中国人口史》（六卷），复旦大学出版社2000~2003年版；陈胜利：《中国人口研究》，吉林人民出版社1990年版。

人，嘉庆年间（1796～1820年）206.2万人。[1] 徽州府自北宋宣和三年（1121年）建制至民国初年，一府六县的行政区划与面积基本未变，但人口增加了13倍。又如福建省建宁府建安、瓯宁二县（今建瓯县）的人口密度（人/平方公里）变化为：北宋元丰三年（1080年）是16.02，南宋嘉定十六年（1223年）是25.40，清代嘉庆二十五年（1820年）是73.90。建安、瓯宁二县地域面积自宋至清也基本未变，人口密度增加了4倍。[2] 人口剧增导致纠纷增加的情形使我们想起韩非的话："人民众而货财寡，事力劳而供养薄，故民争，虽倍赏累罚而不免于乱。"[3]

2. 商品交易（特别是土地交易）日趋频繁。宋代以降社会经济急剧变迁，土地交易日趋频繁，所谓"千年田，八百主"[4] 就是对土地频繁移手的概括；其他商品交易在时间、空间、数量、价值上也迅速发展，这些情况已是公认的历史事实，兹不赘述。

上述两个方面情况的合力造成了民间社会生活空间的拥挤与资源的相对匮乏。虽然人们可以通过经济交易和婚姻关系来超越乡土社会的狭隘范围[5]，或者通过"湖广填四川"之类的移民途径[6]来拓展生活和生产空间，但这并不能根本改变人口密度与资源供给关系日益紧张的局面，摩擦、冲突和纠纷的问题因而空前突出。

二、同乡社会组织遭遇纠纷更多的原因

在明清各种地缘社会组织遭遇的纠纷中，同乡社会组织或同乡会馆所遭遇的纠纷可能是最多的。雍正年间四川布政使管承泽一到任，就被

---

[1] "历史上的徽州人口"，载 http://www.newconcept.com/huizhou/viewtopic.php?p=222008-0728.

[2] 潘渭水、黄芝生主编：《建瓯县志》，中华书局1943年版，第738页。

[3] 《韩非子·五蠹》。

[4] 杜文澜著，周绍良点校：《古谣谚》，中华书局1958年版，第418页。

[5] 关于"经济交易圈"的概括讨论，参见［美］施坚雅："城市与地方体系层级"，载施坚雅主编，叶光庭等译：《中华帝国晚期的城市》，中华书局2000年版，第327～417页。关于婚姻圈的简要分析，参见郭松义：《伦理与生活——清代的婚姻关系》，商务印书馆2000年版，第142～179页。

[6] 参见葛剑雄主编：《中国移民史》（六卷），福建人民出版社1997年版。

由"土客"矛盾、"客客"矛盾而成讼的案件所纠缠，埋怨移民政策所带来的争讼激增后果。他说："彼时州县惟恐招之不来，不行清查，遂因循至今，致日与土著人民互相争讼，又或当时朋名伙垦，原未各分界址，今欲各自立户而互相争讼，甚至始而为人佃种，久之窥间主人荒余田地，私行报垦，交相控告。"[1] 一般来说，异地的同乡社会遇到的纠纷可能比其它地缘社会更多，因为这里更容易发生纠纷。这些纠纷主要来自两个方面：一是内部纠纷，即同乡人之间的纠纷；二是外部纠纷，包括同乡与非同乡人（外乡人或原住民）之间的纠纷、本会馆与他乡会馆之间的纠纷。这两类纠纷中，内部纠纷相对较少，而且比较好解决，外部纠纷较多，且不易解决。

同乡社会组织遭遇纠纷更多的原因可能主要在以下几个方面：①这里存在着土著与客籍之间的利益冲突。同乡组织存在的地方必有土著与客籍两大群体，某些地方的流寓人口甚至超过土著人，这两大群体势必会围绕社会资源的开发利用展开竞争或争夺，从而发生冲突。甚至可以说同乡会馆本身就是这种冲突的产物。重庆的"湖宁公所"（又名"浙江馆"）就是乾隆以前湖州瓷器帮和宁波药材帮联合抵制当地行商的打压而建立起来的。同乡会馆作为客籍人的利益代表者，有时会引起土著人中恶人的觊觎，起而滋事。②异地同乡群体本身的情况比较复杂。这里存在着行业的多重性、人员的流动性、文化的复杂性、规模的庞大性。在商品经济影响下，同乡社会的这些特性更加显著。"夫京师者，四会五达之庄也，阛阓周通，肆廛错列。车则毂击，人则肩摩。水陆于是乎会同，货财于是乎偕集。"[2] 来京师者"其世家巨族，读书而务实学，而其次者则商贾江湖，以阜其财，而其又次者则操奇赢，权子母，以博三倍之利。逐所便易，则不惮涉山川，背乡井，往远至数十年而不

---

[1]《宫中档雍正朝奏折》（雍正四年四月）。转引自王日根：《乡土之链：明清会馆与社会变迁》，天津人民出版社1996年版，第162页。

[2] 仁井田陞：《北京工商ギルド资料集》（第二册），东京大学东洋文化研究所1976年刊行，第412页。

返。"[1] 这里表明，迁移者的身份很复杂，有穷人，有富人；有思入仕者，有思经商或放高利贷者。总之，求利、求富、求名，成为驱动人们离籍他徙的主要目标。于是"游手纷于镇集，技业散于江湖，交驰横骛，而上之人不得问焉"[2]，这种功利的追求者在传统熟人监督机制失灵，而新机制又来不及建立的时候，就容易跨越礼仪、道德、法规的禁限，使社会变得无序甚至动荡。③异乡的社会环境复杂。同乡会馆所处之地要么是"天下熙熙，皆为利来；天下壤壤（攘攘），皆为利往"[3]的商贾云集之地，要么是"趋于华靡，月异日新"的都丽恢宏之所。置身其中，即使贤者也难免耳濡目染、斤斤自好。乾隆二十七年（1762年）苏州《新修陕西会馆记》说："吾乡土厚水深，风醇俗朴，人多质直慷爽，词无旁枝，不侵为然诺，意所不可，不难面折人非，而胸中朗朗，无几微芥蒂，以故四方之士，乐其易与而谅其心。然局于闻见，斤斤自好，不克振拔者亦所时有。吴门为泰伯端委地，有季札、梁伯鸾遗风，现以财赋雄东南，人情日趋于华靡，月异日新矣。吾乡人耳濡目染，得无有是效者乎！夫习俗移人，贤者不免。"[4] ④身在异地的人相对地缺乏规范意识。梁漱溟讲："离开家族的人们没有公共观念、纪律习惯、组织能力和法治精神"[5]，这话说得有点绝对，但传统的"四民"规制和道德规范确实会因人员的流动与阶层的模糊，而在同乡社会中失去效用。此外在市场经济的背景前面，人们更容易对传统伦理弃而不顾、肆意妄为。⑤国家对同乡社会的管治缺位。正如有学者指出的："如果说土著适合于用家族用里甲保甲来实施管理的话，那么对于流寓，就不是里甲保甲等的管理所能收效的。"[6] 当时专门管理机构的缺位，

---

[1] "正乙祠碑记"，载李华：《明清以来北京工商会馆碑刻选编》，文物出版社1980年版，第10页。

[2] （清）张海珊：《小安乐窝文集》卷一八《聚民论》。

[3] 司马迁：《史记·货殖列传》。

[4] "新修陕西会馆碑记"，载苏州历史博物馆编：《明清苏州工商业碑刻集》，江苏人民出版社1981年版，第331～332页。

[5] 梁漱溟：《中国文化要义》，学林出版社1987年版，第80页。

[6] 王日根：《乡土之链：明清会馆与社会变迁》，天津人民出版社1996年版，第317页。

也是重要原因。以上五个方面的情况可能是其它地缘社会组织不存在的，或者存在但并不突出并不严重的。

第三节　纠纷的类型与性质

明清地缘社会组织可能遇到哪些纠纷？官方和民间又是如何看待这些纠纷的？这些问题都会直接影响到解纷的方式选择或机制建构。

一、纠纷的类型

对于明清时期民间纠纷的类型，时人与今人都曾作过分类。明初《教民榜文》把乡里组织可以受理的纠纷分为二十类："户婚、田土、斗殴、争占、失火、窃盗、买卖、骂詈、钱债、赌博、擅食田园瓜果等、私宰耕牛、弃毁器物稼穑等、畜产咬杀人、卑幼私擅用财、亵渎神明、子孙违犯教令、师巫邪术、六畜践食禾稼等、均分水利。"[1] 这一规定在明代中叶的某些地方（如福建惠安县）仍得到重申并实施。[2] 嘉靖年间（1522～1567年）订立的《乡甲约》规定的"应和事件"有：婚姻不明；土地不明；骂詈斗殴；牲畜食践田禾；放债三年以上，本利交还不与者；钱到取赎房地力不能回者；买卖货物不公，亏损人者；地界不明者；收留走失人口牲畜，具令各还本主者。[3] 今人萧公权将传统民间纠纷归纳为七大类：①乡民之间的纠纷。他们可能会为任何一件想像得到的事情进行争执与打斗——从农作物被偷盗到灌溉的利用，从微不足道的人身侮辱到对个别家庭或家族声望的损害。②社会组织之间的纠纷，如家族之间或社区之间的纠纷。③不同地区或种族群体之间的居民之间的纠纷，如"土著"与"客户"或"客籍"之间的对立。④不同民族团体之间的纠纷。⑤不同经济地位或不同职业的人物之间的纠纷，例如佃农与地主之间的纠纷，放贷者与借贷者之间的纠纷。⑥不同政治身份的人之间因非物质利益引起的权利冲突或地方上的争斗，譬

---

〔1〕 刘海年、杨一凡：《中国珍稀法律典籍集成》（乙编第一册），科学出版社1994年版，第636页。

〔2〕 （明）叶春及：《惠安政书》，福建人民出版社1987年版，第328～329页。

〔3〕 《乡甲约》。参见范愉：《纠纷的理论与实践》，清华大学出版社2007年版，第601页注1。

如维护旧特权的人阻止从事卑贱职业的人侵入他们世袭的社会地盘,取得绅士阶层所享有的特权。⑦居民与官长之间的纠纷。这种纠纷对帝国统治的威胁可能最为严重。[1]

整合上述各种分类,我们这里将明清时期的民间纠纷归纳为九类:

1. 户类纠纷。主要是与完粮纳税有关的纠纷。如光绪十一年(1885年)浙江省台州府黄岩县东乡四十六都一图王镇求将祖田一丘卖与同村人林均照,土地契约五十五年来都未行过割,导致缴纳粮税迟延,从而引起的纠纷。[2]

2. 婚姻家庭类纠纷。主要是关于结婚离婚、婚外奸情、婆媳矛盾、继承、分析家产等家庭关系的纠纷。如光绪八年(1882年)浙江省台州府黄岩县南乡二十八都一图燕寰庄于周氏丈夫亡故,其亡夫胞兄于张富企图霸占弟弟遗产,故意让自己的妻弟调戏于周氏,以逼于周氏改嫁,于周氏不允,于张富将弟媳于周氏卖至外地,于周氏准备告官发生的纠纷。[3]

3. 田宅类纠纷。主要是关于耕地和房屋宅基买卖、租佃等土地纠纷,以合同纠纷与侵权纠纷为主。这类纠纷在古代很重要,乡民"刁而健讼,其风大半起于田土"[4]。如乾隆七年(1742年)直隶三河县朱大德在本村北山坡陆续垦零星砂石地十余亩,至乾隆十二年间始有收获,这时同村村民任朝举硬说这山坡原是他家祖业,不让朱大德继续耕种。是年朱大德准备告官,经同村杨守全等人讲和而息争。[5]

4. 钱债类纠纷。如明末徽州府歙县程元政之弟程淑政与刘应祯一同在玉山做生意,程淑政在归路中病故,留有遗言二纸。程元政向刘应

---

[1] 萧公权:"调争解纷——帝制时代中国社会的和解",载刘梦溪主编:《中国现代学术经典 萧公权卷》,河北教育出版社1999年版,第872页。

[2] 田涛等:《黄岩诉讼档案及调查报告》(上卷),法律出版社2004年版,第329页。

[3] 田涛等:《黄岩诉讼档案及调查报告》(上卷),法律出版社2004年版,第280~281页。

[4] 《古今图书集成·职方典》卷六七六《苏州府部》。

[5] 中国第一历史档案馆等:《清代土地占有关系与佃农抗租斗争》(上册),中华书局1988年版,第68~69页。

祯索要弟弟账本和遗金，刘应祯以用于运柩费用而拒绝，双方发生纠纷。[1]

5. 山林水利类纠纷。如嘉靖十六年（1537年）徽州府祁门县十五都郑产等人盗砍郑仕平家山场中松木五十根，郑仕平请里长勘察并解决的纠纷。[2] 又如晚清徽州府桐城县西乡，有人为了养鱼和农田灌溉，在乡中重要河流的上游筑堤壅水，导致该河旱闭涝泄"为下流毒"，上游乡民与下游乡民之间发生纠纷。[3]

6. 主仆租佃纠纷。如万历十二年（1584年）徽州府祁门县许毛、许三保为洪家仆役，二人不应主役，被洪主具告到县。许毛、许三保等自知理亏，自愿托凭本管里长从中说合，退求息讼。[4]

7. 行业类纠纷。如按明清时期行规，建房的长木工不许做圆木（木桶、木盆等），做家具的短木工不能做农具，违反此规发生的纠纷。

8. 轻微人身伤害纠纷。如光绪十一年（1885年）浙江省台州府黄岩县南乡三十八都二图南栅庄村民张汝嘉经营点心、米饭生意，毗邻饭店老板王加标认为张汝嘉占了他生意，一直对张汝嘉怀恨在心。这天张汝嘉见王加标的儿子与另一小孩在门外"两相扭殴"，为免偏护之嫌，张汝嘉拉请一个熟人劝阻。但王加标仍以为张汝嘉是在"偏护外人"，趁机纠集地痞流氓打伤张汝嘉及其家人，抢去首饰衣物，砸毁店面。[5]

9. 其它纠纷。盗窃、招领报失、灾难事故等等。

二、"细故"与"利害"：官民不同的价值判断

上述各类纠纷，在今天看来，主要是民事纠纷案件和轻微的违纪违

---

[1] 韩秀桃：《明清徽州的民间纠纷及其解决》，安徽大学出版社2004年版，第149页。

[2] 韩秀桃：《明清徽州的民间纠纷及其解决》，安徽大学出版社2004年版，第53页。

[3] 道光《桐城续修县志》卷一一。此类纠纷参见张崇旺："明清江淮的水事纠纷"，载《光明日报》2006年4月11日。

[4] 叶显恩：《明清徽州农村社会与佃仆·附录》，安徽人民出版社1983年版。

[5] 田涛等：《黄岩诉讼档案及调查报告》（上卷），法律出版社2004年版，第301～302页。

法案件，包括轻微的刑事案件[1]。民事纠纷又被称为"钱谷"案件，轻微刑事案件又被列入"刑名"案件。明清时期官方和民间对待这些纠纷的态度是不一样的[2]，咸丰年间湖北省襄阳知县方大湜说："户婚田土钱债偷窃等案，自衙门内视之，皆细故也。自百姓视之，则利害切己，故并不细。"[3] 官方把这些"纠纷"视为"细故"或"细事"。《大清律例》第三百三十二条"越诉"条例有"户婚、田土、钱债、斗殴、赌博等细事，即于事犯地方告理"，第三百四十一条"军民约会词讼"条例、第四百一十一条"有司决囚等第"条例等都把上述纠纷称为"细故"。所谓"细故"就是细小而不值得计较的事情。在官方看来，此类纠纷无非是起因于一些箪食豆羹和鼠牙雀角之类的琐事，一般说来既不会引起社会的动荡与国家的危亡，也不会严重威胁人身与生命的安全。视社会纠纷为"细故"充分说明专制集权统治者对百姓私权的漠视。

"细故"或"细事"是与"重案"相对的，"重案"即"人命盗逃案件"。"细故"包括"重案"之外的一切案件或纠纷，包括"钱谷"

---

〔1〕 这里有三点需要说明：第一，中国古代并没有部门法的概念，自然也没有今天民事法律行为、刑事法律行为等行为性质的区分，今天我们说古代有"民事纠纷"、"刑事犯罪"，是以今释古的结果。但中国古代在司法实践中把违法犯罪行为分为"细故"和"重案"两类。"细故"大致相当于今天的民事纠纷、民事案件，也就是"户婚、田土、钱债、斗殴、赌博等细事"；"重案"乃"谋反、叛逆、盗贼、人命及贪赃坏法等重情"，也就是重大刑事案件。第二，在古代（东西方皆如此）违法与犯罪之间并无明确的界限，二者只是对行为违法程度的划分，违法是轻微的犯罪，犯罪是严重的违法。近现代（西方近代罪刑法定主义确立以后）中西方在对"犯罪"的理解和界定则有所不同。如1810年的《法国刑法典》第一条规定："法律以违警刑所处罚之犯罪，称为违警罪；法律以惩治刑所处罚之犯罪，称为轻罪；法律以身体刑所处罚之犯罪，称为重罪。"而中国并没有这种"违警罪"、"轻罪"和"重罪"的分类规定。这里的"违警罪"相当于我们的违反治安管理的行为。第三，与第二点相关联，中国古代没有起诉案件由司法机关审理、非起诉案件由其它机关或组织处理的严格划分。就一般情况来说，最轻的违法犯罪行为由宗族内部处理，较轻的违法犯罪行为由乡里组织处理，严重的违法犯罪行为由国家司法机关处理。各级解纷主体对案件轻重的认识也不同，如乡里组织在处理民间纠纷的时候，也许他们并不认为这仅仅是个"民间细故"，他们很可能认为这是一个相当严重的事情。

〔2〕 参见本书第八章第二节中的"国家宽容'轻罪'、轻视'细故'的结果"。

〔3〕 （清）方大湜：《平平言》"勿忽细故"。

案件和部分"刑名"案件。在国家法律中,"细事"与"重案"之间其实也没有质的区别,它们同是对社会秩序的触犯,两者皆应受罚,差别只在受罚程度不同而已。但在理论和实践中,"钱谷"(民事案件)与"刑名"(刑事案件)、"细事"与"重案"的区别却是存在的。[1] 18世纪乾隆中叶刑名专家王又槐对"钱谷"与"刑名"作了概念和制度上的判别:"刑钱交涉事件,每多分晰不清,以致争竞。夫刑钱之分,须视其告者来意,为着何事。如意在争田房、索钱债、交易税契等类,内有一二语牵涉斗殴无伤、赌博无据,以及别项不法之事,并干连坟山争地者,皆归钱谷。若告斗殴、奸伪、坟山、争继、婚姻,及有关纲常名教一切重事,词内有钱债应追、田产不清等类,应归刑名。"[2] 这就是说凡涉及"细事"的属"钱谷",归户房处理,凡涉及纲常名教的属"刑名",归刑房处理。官场箴规或为官手册[3]中也有相关经验总结或操作指南。例如清初黄六鸿《福惠全书》[4]中说:"报升(指升迁官职)之后,其人命盗逃重案,自应照常准理。其余雀角细事,以及户婚田土,或可片言剖决者,即与剖决;或有牵连,即批令乡地亲友从公处释。"[5] 在晚清台湾新竹县,"凡借贷、田土、婚姻等案即(由门房)移送钱谷幕友;窃盗、殴打、赌博等即移送刑名幕友审阅。"[6] 清末修律引进西方法律概念和术语之后,中国摒弃细事与重案之别,代之以民

---

[1] 黄宗智:《清代的法律、社会与文化:民法的表达与实践》,上海书店出版社2007年版,第八章中的"'细事'与'民事'"一节对此有专门考察。

[2] (清)王又槐:《办案要略》,群众出版社1987年版。

[3] 如徐栋的《牧令书》,汪辉祖的《佐治药言》、《学治臆说》、《学治说赘》,王又槐的《办案要略》,黄六鸿的《福惠全书》,方大湜的《平平言》等。

[4] 《福惠全书》是一部关于仕宦箴规和官场指南的著作,是作者在总结本人仕宦经验基础上撰写的官场教科书。内容主要是地方州县官的为官之道、处事之方以及用人治民之术。作者黄六鸿,江西新昌人,曾任山东郯城知县、直隶东光知县、工科给事中。在他看来,保甲制度是维护乡村秩序的重要工具,厉行保甲是知县的重要职责。该书记载了有关保甲的设立、丁壮的选训、日常的管理以及如何以奖惩为手段推行保甲制度的法律措施。参见一凡藏书馆文献编委会编著:《古代乡约及乡治法律文献十种》(第一册),黑龙江人民出版社2005年版,"序言"第7页。

[5] (清)黄六鸿:《福惠全书》卷三二《升迁部·简词讼》。

[6] 诸家编著:《新竹县志》,台湾大通书局1957年版,第307页。

事与刑事之分。

官方视社会纠纷为"细故"的观点,落实在解纷机制上,就是尽量阻挠这类纠纷进入诉讼程序,不是设置种种制度加以阻隔(如规定不经乡里组织理断不得告官的里老人制度、"放告日"制度等),就是以种种理由不予受理。即使受理也是事实上的一审终审制。

与官方看法不同的是,民间认为大量存在的纠纷关系到百姓的切身利益,是不可轻忽的大事、要事,所谓"自百姓视之,则利害切己,故并不细。"[1] 正是因为这样,老百姓们才有对解纷的执着。官方的轻视与民间的重视,使得地缘社会组织在社会解纷舞台上有了大显身手的际遇。

本章小结:明清时期纠纷发生之社会中的基本关系是家族关系、乡党关系和官民关系。明清时期纠纷数量在总体上增加的主要原因是人口急剧增长和商品交易日趋频繁。同乡社会组织一般来说比其它地缘社会组织遭遇到的纠纷更多,主要原因在于它所处的社会环境更为复杂。明清时期社会纠纷的内容可以分为户类纠纷、婚姻家庭类纠纷、田宅类纠纷、钱债类纠纷、山林水利类纠纷、主仆租佃纠纷、行业类纠纷、轻微人身伤害纠纷、盗窃和招领报失等其它纠纷九大类;对这些纠纷官方视为"细故"或"细事",而民间视为"利害切己"的大事,两种不同态度直接影响了整个社会纠纷解决机制的建构,同时也使包括地缘社会组织在内的民间力量在纠纷解决方面有了用武之地。

---

[1] (清)方大湜:《平平言》"勿忽细故"。

第三章

乡里组织与民间纠纷的解决

从本章开始，我们将用四章的篇幅来分别考察和分析明清时期五种地缘社会组织参与民间解纷的基本情况。对于明清时期乡里组织（里甲和保甲）参与解纷的情况，法学家陈顾远曾说："明（初）以百有十户为里，……选年高有德，众所信服者，使劝民为善，称为里老或老人。……或则置有申明亭，里民不孝不悌，或犯奸盗者，榜示姓名于上，发其羞恶之心，而改过自新者则去之；里老于婚户田土等细故，许其于申明亭劝导而解决之。……秩序整齐，号称极盛。"[1] 这里虽然说的是里甲解纷情况，但实际上是整个乡里组织解纷的写照，其核心内容有两点：一是乡里建有民间司法的专门场所申明亭；二是乡里组织对民间纠纷的解决是积极参与的。本章将首先考察乡里组织专门解纷场所的情况，然后考察里甲组织和保甲组织参与解纷的情况。考察的时空指向明清两代和全国地区。[2]

第一节 乡里组织解纷的专门场所

旌善亭与申明亭是里甲组织从事教化与解纷的专门场所，二亭的设立是明清乡里组织建设中最有创意、最具代表性的内容。旌善亭是"举善"之所，主要用来表扬乡里好人好事；申明亭是"罚恶"之所，主要用来理讼解纷和制裁恶人。二者是乡里组织解纷权的象征。

---

[1] 陈顾远：《中国法制史》，商务印书馆1959年版，第175~176页。

[2] 韩秀桃："《教民榜文》所见明初里老人理讼制度"，载《法学研究》2000年第3期。该文根据明初《教民榜文》和明代徽州法律文书，考察明初里老人理讼制度的内容及其在徽州地区的实践状况，史实翔实，分析精微，是这方面的代表作。我们这里在梳理里老人参与民间纠纷解决的情况时借鉴了其部分思路和观点，但我们将考察的时空尽可能扩大到整个明清和全国。

一、申明亭的置废

明初规定全国的每个里都要设申明亭和旌善亭各一座作为抑恶扬善、解决纠纷之所。"洪武中，天下邑里皆置申明、旌善二亭，民有善恶则书之，以示劝惩。凡户婚田土斗殴常事，里老于此剖决。"[1] 太祖朱元璋在洪武五年（1372年）特令"有司于内外府州县及乡之里社皆立申明亭"[2]，国家基本法典《大明律》也规定"各州县设立申明亭"（"拆毁申明亭"条）。对此黄仁宇描绘说："这时候每个村庄依照朝廷的指示……构筑'申明亭'和'旌善亭'各一座，村民之有善行及劣迹者，其姓名由父老查明公布。此外，村民因为遗传、婚姻、财产交割，及殴斗而发生纠纷者，也由父老在这两座建筑物前评判分解。"[3] 在今天我们所见的当时地图中，很多都特别标明各乡各里二亭的位置所在[4]，可见两亭制度在明代盛极一时。下图是江西省婺源县秋口镇李坑村的申明亭，现今保存完好。

图3-1　江西省婺源县秋口镇李坑村申明亭

注：中间红色牌匾文字：申明亭。
廊柱对联：亭号申明就此聚议公断，台供演戏借它鉴古观今。

---

[1]（清）顾炎武著，黄汝成集释：《日知录集释》（上），上海古籍出版社2006年版，第474页。
[2]（清）沈家本：《沈寄簃先生遗书》之"申明亭"，中国书店1990年版。
[3] 黄仁宇：《中国大历史》，三联书店2002年版，第191~192页。
[4] 参见（明）叶春及：《惠安政书》，福建人民出版社1987年版。

明代中期惠安县知县叶春及的施政笔记《惠安政书》中说，鉴于当地旌善亭、申明亭多有废坏，所以要求乡里复建。[1]《惠安政书》中登列了惠安境内下埔、盘龙、琼田、下浯等四十三个乡村置建的申明亭。下表是其分布情况。其中申明亭分为"今申明"、"旧申明"和"申明"三类。"今申明"指新建申明亭，"旧申明"指原有的旧亭，"申明"是何性质，不得而知。

表3-1　明代中叶福建惠安县乡里申明亭设置情况

	乡	里	村	申明亭类型		乡	里	村	申明亭类型
01		平康	盘龙	旧申明	17		归化	下浯	申明
02			下埔	申明	18		同信	袁晋	申明
03			田边	申明	19	信义		吴厝	旧申明
04		崇德	承天	旧申明	20		礼兴	洛阳	申明亭
05			下江	申明	21			驿坂	旧申明
06		祥符	许塘	申明	22		德音	前黄	申明
07			乌石	旧申明	23			前塗	旧申明
08	文质		仓边	今申明	24			上郭	申明
09			赤厝	旧申明	25	忠恕		尹厝	申明
10		延寿	许山头	旧申明	26			举厚	申明
11			刘厝	申明	27		光德	峰前	申明
12			张坑	旧申明 今申明	28			沙格	申明
					29			后郑	旧申明
13		温陵	大吴	旧申明	30		民苏	东张	申明
14			坑北	申明	31	行满	安民	前塘	申明亭
15		安仁	前庄	申明	32			象浦	旧申明
16			上庄	申明	33		长安	许内	旧申明

---

〔1〕（明）叶春及：《惠安政书》二《地里考》，福建人民出版社1987年版，第35页。

（续表）

	乡	里	村	申明亭类型
34	行满	太康	前头	申明
35			梁山兜	申明
36			白崎	旧申明
37			里春	申明
38			下安	申明

	乡	里	村	申明亭类型
39	行满	守节	大柘	旧申明
40			杨宅	申明
41			黄田	旧申明
42			苏坑	旧申明、今申明
43			凤洋	申明

说明：此表据叶春及《惠安政书》（福建人民出版社1987年版）第64~327页各表综合改制。表中内容所在的具体时间是隆庆四年（1570年）至万历二年（1574年）。

申明亭和旌善亭受到法律保护。明初礼部规定："有私毁亭舍，涂抹姓名者，监察御史、按、察司官以时按规，罪如律，制可。"[1]也就是说，有私毁亭舍或除所悬法令及涂抹姓名者，监察御史、按察司官员应即时纠治，按律论罪。《大明律》和《大清律例》"拆毁申明亭"条都规定"凡拆毁申明亭房屋及毁板榜者，杖一百，流三千里。仍各令修立。"

申明亭和旌善亭之制行用既久，一些地方官玩忽职守，亭宇不修，剥克老人，加上少数里老人公道不昭，贞邪莫辨，甚至以权谋私，贪恋酒食，明中叶以后两亭废多存少。其间虽有海瑞（嘉靖年间浙江严州府淳安县知县）、叶春及（隆庆万历之际福建泉州府惠安县知县）等地方官忠于职守、热心亭事，但也是人亡政息，无补于整个制度的振兴，明后期亭事几乎完全败坠。清代有严加保护申明亭的规定，但实为具文。不过二亭香火未绝，后来取而代之的是乡约的约亭或约所。

二、申明亭的职能

"申明"寓公布法律、惩戒过犯之意。申明亭的功能主要有三：

1. 张贴朝廷文告。张挂板榜，定期张贴朝廷文告。《大清律例》"拆毁申明亭"条"条例"规定："凡钦奉教民敕谕，该督抚率属员缮写刊刻，敬谨悬挂于申明亭，并将旧有一切条约悉行刊刻木榜晓谕。"

---

[1]（清）薛允升：《唐明律合编》卷二六《杂律上·拆毁申明亭》，法律出版社1999年版，第693页。

2. 公布居民恶行。主要是公布本地犯有罪错人员的姓名及其罪错内容。洪武十五年（1382年）礼部规定凡犯十恶、奸盗、诈伪、干名犯义、有伤风俗及犯贼至徒者，方书于亭，其余杂犯公犯过误，无伤风化者，不必于亭中公布，以开启自新之路。"凡境内之民有犯者，书其过，名榜于亭上，使人有所惩戒"[1]；"里民有不孝不悌，犯盗犯奸，一应为恶之人，姓名事迹，俱书于板榜，以示惩戒，而发其羞恶之心，能改过自新则去之。"[2] "洪武十八年（1385年）四月辛丑，（太祖）命刑部录内外诸司官之犯法罪状明著者，书之申明亭。"[3]

3. 审理纠纷。乡里组织的"干部"里老人、里甲长在此主持理断民间纠纷。《教民榜文》第三条规定："凡老人、里甲剖决民讼，许于各里申明亭议决。"[4] 明代福建省惠安知县叶春及所撰《惠安政书》记载了当时乡里组织理讼的情形："凡老人、里甲（长），于申明亭议决。坐，先老人，次里长，次甲首，论齿序坐。如里长长于老人，坐于老人之上。事干别里，须会该里老人、里甲（长）。本里有难决事，或子弟亲戚有犯，须会东西南北邻里，老人里甲，公同议决。许用竹篦荆条，量情决打，不许拘集。"[5] 由此可见申明亭是集教化与解纷于一体的民间特别法庭，它有点像今天的乡镇派出法庭，但它不是正式的审判场所；也很像中世纪英国的百户区法庭[6]。中国明代的"县—里—甲"与中世纪英国的"郡—百户—十户（村）"的结构及其性质相同。百户区规模与中国的"里"大致相当，"百户区法庭"是百户区自己的法

---

[1] （清）沈家本：《沈寄簃先生遗书》之"申明亭"。

[2] （清）薛允升：《唐明律合编》卷二六《杂律上·拆毁申明亭》，法律出版社1999年版，第692页。

[3] （清）薛允升：《唐明律合编》卷二六《杂律上·拆毁申明亭》，法律出版社1999年版，第693页。

[4] 刘海年、杨一凡：《中国珍稀法律典籍集成》（乙编第一册），科学出版社1994年版，第635～645页。

[5] （明）叶春及：《惠安政书》九《乡约篇》，福建人民出版社1987年版，第329页。

[6] 参见本书第九章第一节中的"中国传统社会自治与中世纪西方社会自治之比较"。

庭，由百户长召集和主持百户区法庭的审判大会[1]，审理较小的民事案件，其审理活动带有部落群众集会裁决纠纷的性质。申明亭解纷也有类似作用，马克斯·韦伯说："'庙宇'（申明亭）拥有小官司诉讼的裁判权，并且往往独揽了各式各样的诉讼。只有牵涉到国家利益时，政府才会加以干涉。人民信赖的是庙宇的裁判，而不是国家官方的法庭。……由于有庙宇，村落无论在法律上或事实上都具有地方自治团体的行动能力。"[2]

第二节 里甲组织与民间纠纷的解决

明代创设里甲制度的主要目的之一是"导民之善，平乡里争讼"[3]。所谓"凡事要得清问四邻，要得好问三老"，"三个老人当一名官，有事领教莫起讼端"等明清民谚[4]所反映的就是乡里组织中里老人在民间解纷中的突出作用。除里老人之外，里长、甲长也是代表乡里组织参与民间解纷的主角，有些疑难纠纷则需里老人、里甲长联合共同解决。这里我们主要考察和分析里老理讼解纷的情况。这里所谓"里老理讼解纷"，是指乡里组织中的里老人主持、里甲长参与和配合，依法处理、裁判民间词讼或纠纷的活动。

一、里老理讼解纷的国家授权

这主要体现在两个方面：其一，《教民榜文》的规定。洪武三十一年（1398年）四月明太祖发布特别民事诉讼法规《教民榜文》，对乡里组织的解纷权作了具体而系统的规定："民间户婚、田土、斗打、相争一切小事，不许辄赴告官，务要经由本管里甲老人理断。若不经由者，不问虚实，先将告人杖断六十，仍由里甲老人理断。"（第一条）"凡民

---

〔1〕百户法庭由百户长召集，郡守主持。每四周的星期日集会一次，出席者有百户区内的地主、神父、各村的四名代表，不到者处以罚金。参见马克垚：《英国封建社会研究》，北京大学出版社2005年版，第9、90页。

〔2〕[德]马克斯·韦伯著，（台）康乐、简惠美译：《中国的宗教 宗教与世界》，广西师范大学出版社2004年版，第148页。

〔3〕《明史·食货一》。

〔4〕丁世良、赵放主编：《中国地方志民俗资料汇编·西南卷》（上），书目文献出版社1991年版，第379页。

有陈诉者，（老人、里甲长）即须会议，从公剖断。许用竹篦荆条，量情决打。"（第二条）"凡老人、里甲剖决民讼，许于各里申明亭议决。其老人，须令本里众人，推举平日公直、人所敬服者，或三名、五名、十名，报名在官，令其剖决。"（第三条）"老人理词讼，不问曾朝觐、未曾朝觐，但年五十之上，平日在乡有德行、有见识、众所敬服者，俱令剖决事务，辨别是非。"（第四条）"凡理讼老人有事闻奏，凭此赴京，不须文引。所在关隘去处，毋得阻挡。余人不许。如有假作老人名目，赍此赴京言事者，治以重罪。"（第四十一条）[1] 其二，《大明律》的规定。《大明律》"越诉"条规定："凡军民词讼，皆须自下而上陈告。若越本管官司，辄赴上司称诉者，笞五十。"结合《教民榜文》上述诉讼管辖规定来看，这里的"越诉"包括不经乡里解决而直告官府的行为。顾炎武在《日知录》中说："今（指作者生活的明末清初）人谓不经县官而上诉司府，谓之'越诉'，是不然。《太祖实录》'明洪武二十七年四月壬午，命有司择高年老人公正可任事者，理其乡之词讼，……若不由里老处分，而径诉州县者，此之谓越诉也。'"[2]

明代也许是中国古代对乡里组织解决纠纷的法律规定最为完整、赋予权限最大的王朝。这是为什么？除了实施"轻其所轻，重其所重"[3]的治国方略之需要外，还与朱元璋的自身经历有关。朱元璋生于贫穷农家，曾亲历官吏在司法诉讼中的种种不公。《教民榜文》前言就说："奈何所任之官多出民间，一时贤否难知。儒非真儒，吏皆猾吏，往往贪赃坏法，倒持仁义，殃害良善，致令民间词讼皆赴京来，如是连年不已"，这表现出朱元璋对地方官吏的不信任。《教民榜文》前言紧接着又说里老制的好处，"老人里甲与乡里人民住居相接，田土相邻，平日是非善恶无不周知"，让这些人来处理民间纠纷，既省时又能避免官吏的不公和掠夺。

---

〔1〕 刘海年、杨一凡：《中国珍稀法律典籍集成》（乙编第一册），科学出版社1994年版，第635~645页。

〔2〕 （清）顾炎武著，黄汝成集释：《日知录集释》（上）卷八《乡亭之职》，上海古籍出版社2006年版，第474页。

〔3〕 参见本书第八章第二节。

二、里老理讼解纷的范围

从案件的地域管辖来讲，里老人主要受理本里案件，如果"事干别里，须会该里老人、里甲（长）"共同解决[1]；从案件的级别管辖来讲，里老人只能受理民事纠纷和一些轻微的违纪、违法案件，包括轻微的刑事犯罪案件。《教民榜文》规定了二十类案件："老人、里甲合理词讼：户婚、田土、斗殴、争占、失火、窃盗、买卖、骂詈、钱债、赌博、擅食田园瓜果等、私宰耕牛、弃毁器物稼穑等、畜产咬杀人、卑幼私擅用财、亵渎神明、子孙违犯教令、师巫邪术、六畜践食禾稼等、均分水利。"[2] 十恶、奸盗、诈伪、人命等案件，里老人不得受理。《教民榜文》又规定："乡里中，凡有奸、盗、诈伪、人命重事，许赴本管官司陈告。其官吏明知此等不系老人、里甲理断，一概推调不理者，治以重罪。"不过，对于非十恶、非强盗杀人案件，如果当事人不愿告官，愿意"私了"，里老人也可以决断。"非十恶、非强盗杀人者，本乡本里内自能含忍省事，不愿告官系累受苦，被告伏状，亦免致身遭刑祸，止于老人处决断者，听其所以。老人不许推调不理。"[3]

三、里老理讼解纷的地点

里甲长和里老人解决纠纷可以随时随地进行，但明代制度同时又安排有专门的解纷场所——申明亭。申明亭很有一点乡里专门法庭或特别法庭的意思。《教民榜文》规定："凡老人、里甲剖决民讼，许于各里申明亭议决。""民间词讼，除犯十恶强盗及杀人外，其户婚田土等事，许老人里甲在亭剖决。"[4] 顾炎武也说："老人居申明亭……听一里之

---

[1]（明）叶春及：《惠安政书》九《乡约篇》，福建人民出版社1987年版，第329页。

[2] 刘海年、杨一凡：《中国珍稀法律典籍集成》（乙编第一册），科学出版社1994年版，第636页。

[3] 刘海年、杨一凡：《中国珍稀法律典籍集成》（乙编第一册），科学出版社1994年版，第635~637页。

[4]（清）薛允升：《唐明律合编》卷二六《杂律上·拆毁申明亭》，法律出版社1999年版，第692页。

讼"[1]；"凡户婚、田土、斗殴常事，里老于此（申明亭）剖决。"[2] 里老人在申明亭中理讼解纷的情形，明代中期福建省惠安知县叶春及在所撰《惠安政书》中说："老人、里甲（长）于申明亭议决（纠纷）。坐，先老人，次里长，次甲首，论齿序坐。如里长长于老人，坐于老人之上。事干别里，须会该里老人、里甲（长）。本里有难决事，或子弟亲戚有犯，须会东西南北邻里，老人里甲，公同议决。"[3] 除此之外，我们手上暂时尚无其它材料可作更具体的说明。

从文献记载来看，申明亭理讼制度在明代后期还在实施。万历三十七年（1609年）刊刻的《类聚三台万用正宗》（日常百科全书）卷五《体式门类》有一则"禁盗田园果菜蔬约"规定"再有仍前偷盗者，即许被告之人缉过擒拿赴亭，从公审治"[4]，这里的"亭"就是申明亭。稍后的《新刻天下四民便览三台万用正宗》"民用门"下有一则"禁六畜竹践禾苗约"规定"倘有无籍之徒，恃强之辈，出首言争，即投申明亭上从公断治"[5]。这些材料表明万历年间的乡规民约中大都有发生纠纷要赴申明亭审治的规定，进而反映出当时民间纠纷解决的里老人制度背景。

申明亭不是正式的审判场所，但申明亭理讼制度具有基层民间解纷制度的性质，带有地方基层司法组织的色彩。"这种基层司法体制是精英治理下的广泛民主参与的纠纷解决模式，它与西方语境中的近现代司法有着本质的不同，但也存在诸如法官产生、陪审机理、判决公示、成本考量、简易程序以及舆论监督等等内在的相通和契合。"[6]

---

[1]（清）顾炎武：《天下郡国利病书》（四部丛刊三编本）卷九九《广东三》，商务印书馆1935年版。

[2]（清）顾炎武著，黄汝成集释：《日知录集释》（上）卷八《乡亭之职》，上海古籍出版社2006年版，第474页。

[3]（明）叶春及：《惠安政书》九《乡约篇》，福建人民出版社1987年版，第329页。

[4]《类聚三台万用正宗》卷五《体式门类》，万历三十七年刊本。转引自陈学文："明代契约文书考释选辑"，载《明史论丛》1997年第10期。

[5]（明）余象斗：《新刻天下四民便览三台万用正宗》，明万历双峰堂刊本。

[6] 倪洪涛："'申明亭'与司法大众化"，载北大法律信息网：http://article.chinalawinfo.com/article/user/article_display.asp? ArticleID=43830,最后访问日期：2008年9月10日。

四、里老理讼解纷的原则

1. 自诉原则。里老人处理纠纷必须以当事人提出来为前提。《教民榜文》规定:"里甲、老人,凡本管人民有事,自来陈告,方许办理。若民些小词讼,本人自能含忍不愿告诉,若里甲、老人风闻寻趁,勾引生事者,杖六十;有赃者,以赃论。"明代中叶《惠安政书》重申这一原则[1]。

2. 合议原则。这一原则包括三种情形:其一,一般案件由里老人、里长、甲首合议。所谓"老人、里甲合理词讼"(《教民榜文》第二条)。其二,本里的疑难案件和与里老人的子弟亲戚有关的纠纷,必须与相邻里老人组成更大的"审判委员会"共同审理。《教民榜文》规定:"本里老人,遇有难决事务,或子弟亲戚有犯相干,须会东西南北四邻里分,或三里五里众老人、里甲剖决。如此(裁决),则有见识多者,是非自然明白。"其三,"事干别里"的案件必须由本里与别里的里老人、里长、甲首会同审理。《教民榜文》规定:"若事干别里,须会该里老人、里甲(长)公同剖决。其坐次,先老人,次里长,次甲首,论齿序坐。如里长年长于老人者,坐于老人之上。如此剖判,民讼抑,长幼有序,老者自然尊贵。"上述原则,在明代中期福建省惠安知县叶春及所撰《惠安政书》中有具体记载[2]。

3. 适用调解原则。里老人理讼的最大特色就是以教化和调解为主。《教民榜文》强调:"老人、里甲不但与民果决是非,务要劝民为善。"第十三条关于里老人理讼时不准拘禁关押,只可"昼理夜放"的规定,实际上也是教化调解原则的体现。《惠安政书》记载当时里老人理断纠纷时也是"小事不平,父老同众劝戒"[3]。

4. 独立办案原则。里老人对所管辖的案件有独立理断权,地方官吏不得干扰。《教民榜文》规定:"老人、里甲剖决词讼,本以便益官府,其不才官吏,敢有生事罗织者,罪之。"第七条规定:"(老人)若有犯重者,亦须会审明白,具由送所在有司,解送京来,不许有司擅自拿问。若有司擅自拿问者,许老人具由来奏,罪及有司。"这些规定是对

---

[1] (明)叶春及:《惠安政书》,福建人民出版社1987年版,第329页。
[2] (明)叶春及:《惠安政书》,福建人民出版社1987年版,第329页。
[3] (明)叶春及:《惠安政书》,福建人民出版社1987年版,第342页。

里老人理讼行为的司法保障。

  5. 错案责任追究原则。里老人的司法权限很大，如在处罚权限上"许用竹篦荆条，量情决打"，但里老人的理讼权也受到限制，如不能设置牢狱，不能拘禁当事人，白天不能解决的案件，晚上放回当事人，第二天接着审理。里老人、里甲长在行使职权时若有违法情形，要追求其相应的法律责任。这些情形主要有：①该断不断，循情作弊。"若不能决断，致令百姓赴官絮烦者，其里甲、老人亦各仗六十；年七十以上者不打，依律罚赎，仍着落果断。若里甲、老人循情作弊、颠倒是非者，依出入人罪论。"②不行正事，倚法为奸。"老人中有等不行正事，倚法为奸，不依众人公论，搅扰坏事者，许众老人拿赴京来。"③不当本等差役。"老人毋得指以断决为由，挟制里甲，把持官府，不当本等差役。违者，家迁化外。"里老人等犯有上述罪责，轻者由其他老人和里甲长公同审断就地处理；重者送官，押送京城。"老人有犯罪责，许众老人、里甲公同会议，审察所犯真实，轻者就便剖决，再不许与众老人同列理讼。若有犯重者，亦须会审明白，具由送所在有司，解送京来。"[1]

五、里老理讼解纷的方式与实践

  里老人、里甲长理讼解纷的方式很难像现在的 ADR 可以分出调解、仲裁等具体形式[2]，更多的可能是有调解夹杂其间的民间裁决，这种情况被有些学者笼统地称为"乡村裁判"[3]。不过，对于一些具体案例或契约文书所反映的情形，我们仍可大致分出哪些以调解为主，哪些以裁决或神判为主。这里所说的契约文书（如明清时期的徽州契约文书），相当一部分是调解协议书或仲裁裁决书，一般都记载了纠纷的来龙去脉及其解决经过。在我们所接触的明清解纷材料中，有相当一部直接记载了调处人是里老人、里长和甲长。另有更多的"中人"也是依据双方情词进行调解或裁处的关键人物，他们是否一定就是里长、老人，有些材料中没有说明，笔者现在手上也尚无资料确切可证，但他们中有相当一

---

  [1] 此段所引均见《教民榜文》。

  [2] 美国的 ADR 包括法院采用的替代程序和民间的替代程序，后者包括调解和仲裁。参见何家弘：《当代美国法律》，社会科学文献出版社 2001 年版，第 392~393 页。

  [3] 参见周绍泉："退契与元明的乡村裁判"，载《中国史研究》2002 年第 2 期。

部分人是里长和老人应该是没有问题的。透过这些契约文书，我们可以发现其背后常常隐藏着大量的而且非常真实的纠纷解决内容。下面我们分调解、裁决、神判三种情况来管窥当时里老人、里甲长理讼解纷的方式与实践情形。

（一）调解

调解是中国民间处理纠纷的最主要方式，根据学者们的研究[1]和我们掌握的史料来看，这类调解主要有纠纷不达官府的"直接民调"和官府转回民间解决的"官批民调"两大类。

1. 纠纷不达官府的"直接民调"。纠纷发生后，当事人先找里老人、里长、甲长等乡里组织代表解决，不达官府；或者有一方已告官，乡里等抢先调处成功，请求销案。

案例一：里老人谢志道调解方添进、谢孟辉、谢能静三人山地买卖纠纷案。《徽州千年契约文书》中载有一则《正统八年（1443年）祁门方寿原退还重复买山地契约》[2]，现将原契内容迻录于下：

> 十西都方寿原，有父方添进存日，永乐二十二年间，作祖方咪名目买到本都谢孟辉名下七保土名方二公坞山一片，系经理唐字三百八十七号，计山壹拾亩。有本都谢能静先于永乐十八年间用价买受谢孟辉前项山地，已行雇人拨种，栽养山苗在山。是父添进将山地拨去一弯，致被能静状告老人谢志道，蒙索出二家文契参看，系干重复。今寿原凭亲眷李振祖等言说，自情愿将前项山地悔还先买人谢能静，照依先买文契，永远管业，本家再无言说。所有原价并收足讫。未悔之先，即不曾与家、外人重复交易，如有一切不明，并是寿原承当，不及能静之事。所是原买文契，与别产相连，不及缴付，日后赍出，不再行用。今恐无凭，立此退还文契为用。

---

〔1〕 参见范忠信：《情理法与中国人》，中国人民大学出版社1992年版，第191～194页。

〔2〕 王钰欣、周绍泉主编：《徽州千年契约文书·宋元明编》卷一，花山文艺出版社1991年版，第139页。

正统八年十二月初八日退契人方寿原（押）契

见人李振祖（押）

方安得（押）

依□代书人邵志宗（押）

从这个"契约"中，我们可知其中纠纷及其解决的大致情形是：明代徽州府祁门县十西都方寿原的父亲方添进，在世时买了本都谢孟辉的十亩山地。而这块山地早在四年前就被本都另一村民谢能静买下，并且已栽种了树苗。方添进气愤不过，将山上的树苗拨去一部分。谢能静到里老人谢志道那里投诉，请求保护自己的山地所有权。谢志道在要求双方各自拿出山地买卖文契查验之后，发现是谢孟辉重复卖地，经过一番调解，现在方添进的儿子方寿原自愿将这块山地"悔还"给先买人谢能静，照依先买文契永远管业，同时收回原买契价。从"（谢）能静状告老人谢志道"、"今寿原凭亲眷李振祖等言说，自情愿将前项山地悔还先买人谢能静"等语判断，此纠纷的解决方式是由里老人谢志道主持、众亲邻参与的调解，这里的"契约"实际上是调解协议书。

案例二：里长胡大受、胡允中调解叶寄护、丁荣鸾山林纠纷案。《徽州千年契约文书》中载有《万历二十四年（1596年）叶寄护退契》[1]，现将原契内容迻录于下：

十二都叶寄护等，原父买受同都丁（荣）鸾、丁再、丁福保、丁得名下山五号，俱坐落本都九保，土名小源口，系李公伏、胡廷石、胡文仲、叶伯贵、桂云名目。今因管业不便，凭中退与丁荣鸾等前去照旧管业。所有原价，当即收讫。所有原卖契四纸，随即缴付，即无异言。今恐无凭，立此为照。

再批：□□、李公伏名目山力分，仍是叶记（寄）互（护）名下。日后砍木，听自三股相分。允中批。

万历二十四年四月初九日立退契人叶寄护（押）

里长胡大受（押）胡允中（押）

――――――

〔1〕参见王钰欣、周绍泉主编：《徽州千年契约文书·宋元明编》卷三，花山文艺出版社1991年版，第280页。

此契中有里长胡大受、胡允中的押署和批文。从胡允中所批"李公伏名目山力分，仍是叶记（寄）互（护）名下"来看，该山场仍由叶寄护"拨作"，可知契中所言叶寄护"管业不便"全系虚词。这张退契是一场争执妥协的结果便不言自明了，其中调解的主持人就是两位里长。[1]

上述两例都是里老人、里甲长对田土重复交易纠纷的调解。这类纠纷是一块田土先后卖给两个买主而引起的，一般的调解结果是后买之人立"退契"（调解协议书）将该田土退给原卖主，后买之人同时收回原买契价。乡里组织当然也调解其它纠纷，例如嘉靖十六年（1537年）徽州府祁门县十五都郑玄右、郑新应、郑优应等盗砍了村邻郑德良家山场中的松木二十余根，郑德良告状到里长那里。里长郑符、郑珠从中调解，双方表示不愿絮繁，托凭里长立下文书，由盗砍人倍还前木价格。双方当事人和里长分别在调解协议书上签字。[2]

下面表3-2是里甲组织"直接民调"的部分案例。

表3-2 里甲组织"直接民调"的案例

调解协议的名称及资料来源	双方关系纠纷原因	纠纷情况	处理方式与结果
《成化二十年（1484年）谢忠等分山立界合同》《千年契约》A卷一224	同村乡邻地界不明	坐落于十一都六保的老芦坞山系谢忠、谢深两家所有，因边界不明两家屡因吹斫山上树木发生纠纷。谢忠、谢深仰里老中人方□安、吴斯胜、吴景乐等到山踏勘和调解。	里老人吴景乐、李唤远、汪庆祯、黄福受、汪宪等往山查勘，立定界至，调解纠纷。两家议立合同，各所得实，免致絮繁构讼，"各照此文永远管业，不得有悔"。

---

[1] 参见周绍泉：《退契与元明的乡村裁判》，载《中国史研究》2002年第2期。
[2] 参见韩秀桃：《明清徽州的民间纠纷及其解决》，安徽大学出版社2004年版，第53页。

（续表）

调解协议的名称及资料来源	双方关系纠纷原因	纠纷情况	处理方式与结果
《弘治十一年（1498年）歙县火典吴福祖等服役文书》《佃仆·附录》	主佃 佃不应主役	徽州府歙县三十三都九图吴福祖祖上投到黄姓宗族为佃仆，住主屋、佃主屋、葬主山。因祭祀之日吴福祖自行逃躲，不去伺侯，黄姓族人状告到县。吴福祖自知理亏，请求撤案，自愿托里长、老人从中说合。	里长洪永贵、里老人黄堂显联合出面调解和息，吴福祖立下服役文书，承诺自第二年开始所有黄姓祭祀之物用、劳力皆由吴姓负担。如违，甘罚白米五石入祠，卖猪羊祭祖坟，愿自受责八十。
《嘉靖元年（1522年）祁门谢思志等误认坟茔戒约》《千年契约》A卷二5	同都近邻 地界不明	徽州府祁门县十西都的谢思志将祖产本都七保马栏坞口山地尽数立契卖给同都谢能静，"本家即无存留"，但后来谢思志仍上山砍伐耕处，谢能静"状投里老"。	老人李克绍调处，谢思志情愿立还文书，承诺今后不再入山暗地侵害，如违，听自理治。
《嘉靖十三年（1534年）祁门李帅保、李渭立还文约》《解决》53	姻亲村邻 山界不明 盗砍林木	李帅保外祖母早年买受郑氏山地安葬其夫。后来李帅保又将自己的姐姐李子彬安葬在此山上，并且时常上山砍树，郑界认为李帅保越界偷伐，"状投里老"。	里长胡元勘明山界、调停纠纷，李帅保承认违约侵权，"立还文书"，如违，罚银十两。

第三章　乡里组织与民间纠纷的解决　197

（续表）

调解协议的名称及资料来源	双方关系纠纷原因	纠纷情况	处理方式与结果
《嘉靖三十二年（1553年）谢和、邵明等息讼合同》《解决》54	村邻租价纠纷	谢和与邵明的祖上订有山地租约，后来又重订"租银合同"，嘉靖三十年两家子孙为"租银"和砍伐竹木产生纠纷。	里老人凌璋出面调停，两家自愿订立息讼合同，保证日后子孙各不相犯，遵守原订合同文书。
《万历九年（1581年）祁门汪天护等立甘罚文约》《解决》55	主佃盗伐林木	徽州府祁门县五都的汪天护、汪将恕看护洪家山地，私自入山砍伐苗木，被洪家得知，准备状告到官。	汪天护、汪将恕害怕见官，托甲长毕隆保从中说合（调解），两汪自立甘罚文约，罚银三钱。甲长、中见人分别签押。
《万历十一年（1583年）胡乞保立还文书》《解决》56	主仆盗葬	胡乞保为洪姓庄仆，先祖葬在洪姓山上。万历十年胡乞保未经主人同意，私自将母柩盗葬于洪山，洪家状告到县。	胡乞保自知理亏，请求洪家撤诉，托里长洪坚、里老人谢福说合，枢移它处，并立约保证日后绝不"私自盗葬，如违，听自呈官理治"。
《万历十二年（1584年）祁门许毛、许三保等服役文约》《佃仆·附录》	主仆仆不应主役	祁门县许毛、许三保等原系谢廷松的庄仆，后被卖予洪姓为仆，许毛等不应主役，被洪主具告到县。许毛、许三保等自知理亏，自愿托凭本管里长从中说合，退求息讼。	里长调解；在本管里长谢学甫的中见下，许毛等二十四名许氏族人立下文约，保证子孙永远应役，如违，听自本主呈官治理，甘罚无词。

（续表）

调解协议的名称及资料来源	双方关系 纠纷原因	纠纷情况	处理方式与结果
《万历十三年（1585年）祁门汪社等立还文书》《解决》57	主仆 仆不应主役	洪家备银五十两送汪社等八位庄仆学习鼓乐，立约规定八人学成后要随时伺侯房主。但后来汪社等人屡次拒绝主人分派，洪家准备状告到县，追讨所出的银两和递年稻谷。	汪社等自知理亏，情愿托里老人说合，重立文约，保证"仍就在家不时应付，不得违文背主"，如违，听房东赍文告理，甘罚无词。
《万历十五年（1587年）祁门谢桐等立合同》《千年契约》A卷三182	同都乡邻 重复卖山	徽州府祁门县十西都李景昌原来将右溪山地的一半缴赎于谢铁，后来又卖给谢桐。谢铁执契状告谢铁。	里老人谢文凤、谢明宣、谢大生和里长谢承恩劝谕双方达成协议，"自立合同之后，各宜遵守毋致生情争论，如违，悉听遵文人赍□告理，□罚白银拾两入官公用，仍依契文为准"。
《万历十八年（1590年）凌姓争山约》[1]《千年契约》B卷十一486	乡邻 山界不明	一都凌应光家在枫树坞的山地与三十四都凌奇祥的山地南北毗连，两家山界"理论"不明，时常发生纠纷。	双方托里长汪天奎、金尚仁调解。里长验契踏勘，埋石为界，促成双方议定合同，规定以后二家子孙各照合同管业，不许移界侵占，如违，甘罚白银三两公用，仍依此文为凭。

---

〔1〕 这里的题目为笔者所定。原题为《嘉庆祁门凌氏眷契簿》之一○四《一一○号枫树坞与县里凌姓争山约》。

（续表）

调解协议的名称及资料来源	双方关系纠纷原因	纠纷情况	处理方式与结果
《万历三十二年（1604年）胡汪两家山界合同》[1]《千年契约》B卷十一—282	同村乡邻山界不明	胡文铎家的经源山与汪典家山地相连，两家常因地界不明、砍木不清起纠纷。两家今托里长踏勘调处。	里长方求盛、汪志真踏勘调处，双方订立合同，规定两家山地以中垄山脊为界，流水向东归汪家砍木管业，流水向西听胡家砍木管业。二家自议后，各不得生端异言。
《康熙五十六年（1717年）广西罗城县何扶反佃垦贾扶吾荒山每年照交猪酒银钱》《形态》上21~22	义兄义弟产权分歧	贾扶吾有祖遗荒地十二坪，向不纳粮，念义弟何扶反穷苦，让他垦田二垞。何扶反得寸进尺，反客为主，竟复招外人同垦十二坪。贾扶吾恐被外人占业，与扶反发生纠纷。	贾扶吾屡邀里老人与何扶反理论，兄弟双方议以何扶反每年送贾扶吾猪一头、酒一缸，并垦户每家送贾扶吾银一钱。

材料来源：《徽州千年契约文书》[2]（简称《千年契约》，A代表"宋元明编"，B代表"清民国编"）、《明清徽州的民间纠纷及其解决》[3]（简称《解

---

〔1〕 此名为笔者所定，原件名《六十三号土名经源合同》，是《嘉庆二十二年祁门凌氏立"合同文约誊契簿"》之九十。

〔2〕 王钰欣、周绍泉主编：《徽州千年契约文书》，花山文艺出版社1991年版。

〔3〕 韩秀桃：《明清徽州的民间纠纷及其解决》，安徽大学出版社2004年版。

决》)、《明清徽州农村社会与佃仆》[1]（简称《佃仆》）、《清代地租剥削形态》（简称《形态》）。各材料名称后面的数字表示页码。

2. "官批民调"。官批民调通常是州县官接到诉状后，认为情节轻微不值得传讯，或事关亲族邻里关系不便公开传讯，或发现原告所控不实或情节支离，"蒙批里老查处"。也有的是当事人告官后，在里长、保甲长劝谕下撤诉，再由里甲长调处达成协议。

案例一：里老人叶文辉调解叶材等四家争财案。《徽州千年契约文书》收录有《成化二年（1466年）祁门叶材等互争财产贴文》[2]，主要内容是：徽州府祁门县十八都的叶材、叶荣、叶敬诚、叶大□等互争田产家财，诉至官府，里老人叶文辉等保回调处。叶文辉会同亲族叶汝功、陈邦道等召集各方调解，最后四家和释，达成协议，"今既和议，将田产阄分明白，……给贴备照，为此合帖文。……仰各告照依帖文内事理，永远管业，以绝后争，毋得构词惹罪"，违者扭送到官。

案例二：里老人李满会同里长调解李汪两家户籍纠纷案。《徽州千年契约文书》收录《嘉靖四十一年（1562年）祁门李长互等确定李云寄等承继合同》，其反映的案情和调解情况是：徽州府祁门县十西都的李兴（又名李长互）将儿子李四保"出继"给同都的汪周付为婿，目的是为汪周付养老。李四保在生了儿子李云寄，为儿子填写户口时，"朦胧将云寄名目填注李兴"，也就是没有填在汪家户内，于是引起户籍纠纷，汪家将李家告至县衙，"本县蒙批里老查处"。里老人李满会同里长谢银、谢公□人调处，双方达成调解协议，李云寄仍承汪周付户籍，奉祀继产当差。"自立合同之后，二家各毋悔异，如违，听官理治，无词仍依此文为始。"[3]

---

〔1〕 叶显恩：《明清徽州农村社会与佃仆·附录》，安徽人民出版社1983年版，"附录"。

〔2〕 王钰欣、周绍泉主编：《徽州千年契约文书·宋元明编》卷一，花山文艺出版社1991年版，第183页。

〔3〕 王钰欣、周绍泉主编：《徽州千年契约文书·宋元明编》卷二，花山文艺出版社1991年版，第320页。

下面表 3-3 是明朝里甲组织"官批民调"的部分案例。

表 3-3 乡里组织"官批民调"的案例

调解协议的名称及资料来源	双方关系纠纷原因	纠纷情况	处理方式与结果
《天顺三年（1459年）郑德宽、郑德勋等立保祖坟合同文约》《解决》50	同族村邻侵越坟地	郑德宽与郑思广共有一块山地，山上葬有祖坟，郑德宽屡次侵越地界，被郑思广状告到县。	知县批词，委托里老人现场勘验调息。郑德宽在比都老人、排年老人共十六人的调解和见证下，立下文约，保证不再越界管业。如违，罚银二十两入官公用。
《成化五年（1469年）祁门程济民程安民重立文约》《解决》50	同族村邻重复卖山	程济民程安民兄弟将祖传山地卖给本都郑仕美。成化四年村民郑厚将亡妻葬于此山上，郑仕美将郑厚状告到县。	知县批转里老人勘验调处。郑厚出具了洪熙元年从程济民的叔祖程爽手中买受此山的文契，证明自己的买地行为在程济民卖山之前，程济民是重复卖山。程济民程安民兄弟与郑厚重立文约，规定除山上祖坟外，皆听郑厚管业，并将此重立文书交给郑厚执照。

（续表）

调解协议的名称及资料来源	双方关系 纠纷原因	纠纷情况	处理方式与结果
《成化十九年（1483年）祁门汪芹批约》《解决》51	村邻 买卖山地	汪芹于成化十八年购买五都洪景福的一块山地，洪景福卖地未经洪氏族人同意而被告到县衙。	知县批转乡里调解。现任或历任里长周正、谢友政、谢友珍、谢芳、谢以清出面"说合"（调解），双方约定汪芹退还山地，洪景福退还价银。里长签名画押。
《弘治元年（1488年）祁门黄富等三人重立山界合同》《千年契约》A卷一240	同村乡邻 地界不明	徽州府祁门县三、四都黄富、金缘保、胡胜宗三家互争三都八保塘坞山。	知县批转里老踏勘调处。里老人饶秉立、王大成、汪景馀、王大贵等往山查勘，立定界至，三家议立合同，保证以不再混争。
《弘治九年（1496年）祁门县因李溥霸占风水贴文》《千年契约》A卷一276	乡邻 地界不明	徽州府祁门县十一都和三十三都的邻界有一块风水很好的"墓林"被十一都李溥霸占，三十三都李齐状告到县。	县衙批词"委公正老人前诣踏勘，分断明白"。里老人踏勘后提出调处意见，县府依其制发"贴文"认可，赋予法律效力。

（续表）

调解协议的名称及资料来源	双方关系 纠纷原因	纠纷情况	处理方式与结果
《万历四年（1576年）汪必祯等合同文约》《千年契约》A卷三25	同都乡邻 误砍树木	十五都汪必祯的汪贵弯山、胡荣的方契山、康尚教的方朝山，三山边界毗连，各自蓄木庇坟。万历四年正月间康尚教"未审来历"，误砍胡汪二家树木，被状告到县。	县府姚爷台批转乡里组织"勘明劝谕"。里老人汪宗润、王应魁、胡纹、胡汝明，会同甲长汪孔孚、汪孔奇共同调处，三家写立合同，保证各家各照承租金业名目栽养树木，毋许侵犯。如违，依文告理。

材料来源：《徽州千年契约文书》（简称《千年契约》，A 代表"宋元明编"，B 代表"清民国编"）、《明清徽州的民间纠纷及其解决》（简称《解决》）。材料名称后的数字表示页码。

（二）裁判

按照明清时期国家对里老人制度的设计，里老人有裁判或裁决纠纷的准司法权。这种"裁判"是里老人在当事人双方难以妥协的情况下依据国法或地方习俗、乡规民约甚至家法族规对纠纷的强制性处断。这种裁判类似州县司法审判，但仍属于民间裁决的性质。它与调解接近而与法庭判决不同，正如黄宗智所指出的："调解并不总是双方的妥协。如果是非对错显而易见，调解可能像是判决，使对的一方得到明确的'胜诉'。但是，与法庭的判决不同，在这样的情况下，败诉的一方可以保留一点面子，因为在表达上这……不是正式的裁决。正义得到了伸张，但又给犯错的一方留下了余地使他的面子多少得到保全。"[1] 这里的裁

---

[1] 黄宗智：《清代的法律、社会与文化:民法的表达与实践》，上海书店出版社2007年版，第54页。

判与调解只是一个相对的区分。我们判断里老人解纷的方式是裁判而不是调解，主要依据两点：其一，调处中的用辞或语气，诸如"理判"、"剖判"、"着令"、"令"，等等；其二，纠纷当事人中一方有明显过错，理应受到一定的制裁。

我们来看一个实例：宣德年间（1427年）里老人谢尹奋裁判谢荣祥退还重复卖山价银案。《徽州千年契约文书》中载有《宣德年间（1427年）祁门谢应祥等为重复卖山具结》[1]，现将原契内容迻录于下：

> 十西都谢应祥、永祥、胜员等，曾于永乐二十年及二十二年间月日不等，二契将承祖本都七保吴坑口，系经理唐字一千九百五十八号山地三亩三角，东至降，西、北（至）溪，南至竭头，立契出卖与谢则成名下，收价了毕。后有兄谢荣祥复将前项山地内取一半，卖与本都谢希升名下。今有谢则成男谢振安得知，具词投告本都老人□□谢处，蒙拘出二家文契参看，果系重复，蒙老人着令谢荣祥等出备原价，于后买人谢希升名下取赎前项山地。其希升除当将原买荣祥等文契扯毁外，写还退契乙纸，付与荣祥转付振安照证外，荣祥曾将祖景荣、景华原买谢岩友、杰友、谢则成名目上手文契二纸，缴与希升，今希升写还退契，当将前项岩友、则成名目老契二纸，俱各废毁无存，不及缴付。日后倘有遗漏契字，荣祥、希升等及他人赍出，不再行用。自今凭众议写文书，付与谢振安照证之后，一听振安照依伊父谢则成永乐二十年、二十二年二契原买前项山地，永远管业为始。荣祥、应祥等即无异言争竞，如有异言争竞，一听赍此文赴官理治，仍依此文为始。今恐无凭，立此文书为用。
>
> 宣德二年丁未岁九月初六日
> （当事人）谢荣祥（号）　文书 谢应祥（号）
> 　　　　　谢祯祥（号）　　　 谢永祥（号）

---

[1] 王钰欣、周绍泉主编：《徽州千年契约文书·宋元明编》卷一，花山文艺出版社1991年版，第111页。

```
                    谢胜员（号）
       见人  谢从政（号）         谢思政（号）
              谢能静（号）         谢能迁（号）李宗益（号）
       理判老人 谢尹奋（号）
```

"具结"原指承担责任的保证书，这里实际上是当事人接受里老人裁决以后，所有参与人具名画押的证明文书。之所以说这里解决纠纷的方式是裁决，主要是从"蒙老人着令谢荣祥等"等语来判断的。从这分具结可知，谢应祥、谢永祥、谢胜员于永乐二十年和永乐二十二年，将十西都七保经理唐字一九五八号山地三亩三角卖给谢则成。后来谢应祥之兄谢荣祥又将上述土地的一半卖给本都谢希升，原买主谢则成之子谢振安得知此事，"具词投告本都老人"谢尹奋，谢尹奋"拘出二家文契参看，果系重复"，"着令谢荣祥等出备原价，于后买人谢希升名下取赎前项山地。其希升除当将原买荣祥等文契扯毁外，写还退契乙纸，付与荣祥转付振安照证"，并规定"自今凭众议写文书，付与谢振安照证之后，一听振安照依伊父谢则成永乐二十年、二十二年二契原买前项山地，永远管业"，谢荣祥、谢希升"如有异言争竞，一听赉此文赴官理治，仍依此文为始"。显然，这是一桩由"理判老人"为主、有许多在乡里很有影响的人参加的即所谓"众议"的乡村裁判。[1]

明清时期里甲组织裁判纠纷的其它案例，我们选列于下表：

表3-4 里甲组织裁判纠纷的案例

裁决书的名称及资料来源	双方关系纠纷原因	纠纷情况	处理方式与结果
《嘉靖十六年（1537年）祁门郑豪立还文书》《解决》53	同族村邻盗砍林木	村民郑豪盗砍乡邻郑德良家山场中的松木，郑德良拿获后交由里长处置。	里长郑符、郑珠裁决：郑豪赔银七钱，保证日后不得进山砍树。里长在文书上签字。

---

〔1〕参见周绍泉："退契与元明的乡村裁判"，载《中国史研究》2002年第2期。

（续表）

裁决书的名称及资料来源	双方关系纠纷原因	纠纷情况	处理方式与结果
《嘉靖十六年（1537年）祁门郑油立还文书》《解决》54	同族村邻盗砍林木	祁门县十五都郑油等盗砍郑德良家山场中的松木。郑德良拿获后交由里长处置。	里长郑符、郑珠裁决：郑油赔银七钱（当时赔付六钱），保证日后不得进山砍树。里长在文书上签字。
《嘉靖三十六年（1557年）祁门十四都冯初保同男冯得儿立服役文约》《千年契约》A卷二260	主仆背主逃走	祁门县十四都冯得儿是谢采的家仆。嘉靖三十五年冯得儿背主逃到碗窑（地名），因无法生活，又回到原主家。谢采将冯得儿状告到里长谢香处。	里长理判：冯得儿的父亲冯初保备礼还付谢采，并立下服役文约，保证冯得儿应主使唤。
《万历二十六年（1598年）祁门郑秋保甘罚文约》《解决》58	主仆盗窃祭谷	祁门县十五都佃仆郑秋保，盗窃房主祭谷，被房主状投里长。	里长"剖判"：郑秋保立还文约，赔偿主人损失，保证以后再不为非分之事。
《乙酉年（1645年）朱老寿立甘罚约》《千年契约》B卷一11	主仆仆犯主人	地仆朱老寿与家主不合，被胡清、汪端、时贵三人引诱入寨，聚众劫掳，并砍伐家主坟山荫木。家主拟将朱老寿送官惩治。	朱老寿请里长汪文玘说合。里长理判：朱老寿祈主原情宽恕，甘立罚约，如果复蹈前非，送官重处。

(续表)

裁决书的名称及资料来源	双方关系纠纷原因	纠纷情况	处理方式与结果
《顺治二年（1645年）王三一等立甘罚约》《千年契约》B卷一12	主仆仆犯主人	地仆王三一、朱良成、倪七用、王冬九四人被胡清、汪端、时贵三人引诱入寨，聚众劫掳，并砍伐家主坟山荫木数十根，被家主拿获，口供实情，家主交由里长处置。	现年里长汪文玘理判：王三一等误入贼伙，宜求家主原情宽恕，并甘立罚约，保证以后不敢复蹈前非，否则送官重处。

材料来源：《徽州千年契约文书》（简称《千年契约》，A代表"宋元明编"，B代表"清民国编"）、《明清徽州的民间纠纷及其解决》（简称《解决》）。材料名称后的数字表示页码。

（三）神判

神判是一种特别的裁判方式，是世界各民族在一定历史条件下都曾普遍实行过的裁判方法。一般是在案件无法弄清事实真相或是非曲直的时候（如某家失盗或某人被暗杀，怀疑是某人所干但又没有足够的证据），就祈求神灵来裁判人间是非纠纷。我们在撰于明代中叶的《惠安政书·里社篇》中看到了乡里组织利用这种方式解决疑难案件的情况。该书的"有疑则誓"篇说："父老听一乡之讼，如户婚、田土、财货、交易等不肯输服，与凡疑难之事，皆要质于社而誓。凡誓，鸣鼓七响，社祝唱：跪。誓者皆跪。社祝宣誓词曰：'某人为某事，若有某情，敬誓于神，甘受天殃，惟神其照察之！'誓毕，誓者三顿首而退。"[1]这里的"社"是土地神，这里的调处实际上是一种神判方式。

我们所掌握的乡里组织通过神判解决纠纷的直接材料不多，而且所

---

[1]（明）叶春及：《惠安政书》，福建人民出版社1987年版，第349页。

看到的大都是晚清甚至二十世纪少数民族地区的神判材料。《中国珍稀法律典籍续编》等文献收集、考证、整理了大量的有关这方面的神判习惯法和裁判书，如第十册"神判书悔过书"载有一则《神判书》，是光绪六年（1880年）二月初二广西某地方"头甲"（相当于里老人、里甲长）主持神判毛呈上寨廖贵等人与毛呈田寨的山界纠纷案，纠纷双方接受神判裁决的承诺书[1]，现迻录如下：

> 立甘愿入庙社后字人，毛呈上寨众等廖贵、廖珍、廖照、廖杨冈、廖良铁、廖仁红等。尝思世人不平则鸣，圣人以无讼为贵。况吾等因与毛呈田寨为地争竞，土名枫木漕一共五槽、五□，原系吾等公山，伊称伊地，请中理论，头甲人等亥豕难分。窃思官山府海，各有分别，土产山业，岂无其主。一比心甘祷神，何人若作亏心事，举头三尺，有神明瞒昧己，一动一静，神明鉴察，毫发不爽。而我等各缘庚帖，甘愿入庙祈神。
>
> 各大神圣座前鉴察报应，谁是谁非，神明本是无私，分明究治。倘若我等何人风云不测，命入黄泉，实是诈骗欺夺，其班牌钱项尽属田寨。而我等并族邻不得说长道短，倚命而让祸端。如有悔言，自甘其罪。恐口无凭，立甘愿字，付与地方执照为据。
>
> 甘愿立字人上寨众等廖杨冈、廖铁福、胜仁贤。
>
> 头甲执字人廖金书、潘金旺、陈景章。
>
> 地方证人廖秀荣、元华、金成、光清、仁盘、玉连、日映、贵发、福金、仁礼、学继、美昌、仕美、潘美仁、玉贤、陈福贞、学茂、永义。
>
> 依□代笔人潘廷范请笔五百文。

《中国珍稀法律典籍续编》第十册"怒族习惯法"中载录了云南怒族地区的神判习惯法，其中由头人（相当于里老人、里甲长）主持的神判方式主要有三种：一是开水锅里捞石头。即在广场上架一口锅，锅里

---

[1] 杨一凡、田涛：《中国珍稀法律典籍续编》（第十册），黑龙江人民出版社2002年版，第790~791页。

盛满水（井水、江水、河水合在一起），用柴火将水烧开（男的烧九背柴，女的烧七背柴）。先由巫师举行仪式，然后嫌疑者对天发誓，随即伸手去捞锅里的石头，捞出以后，还要用三碗谷子来搓手。如手未被烫伤，并且三天之内不起泡糜烂，就认为他是清白的。如捞不出石头来，或手被烫伤，就确认他是罪犯。二是拔火椿。椿是烧烫的石柱。办法大体上与以上相同。将一条约二尺长的石柱，一半埋入土中，周围架起柴火来烧，也是男的烧九背柴，女的烧七背柴。嫌疑者对天发誓以后，即赤手去拔那根烧透了的石柱。如拔出来了，并且手未被灼伤，则被认为是清白的。如石头被烧断了，也算是嫌疑者无罪。三是喝血酒。先由巫师念经，然后杀一只公鸡，将鸡血和入酒里，让嫌疑者喝下。如三年以内，喝血酒的人不害大病，不死亡，就认为他是清白的。"举行神判的时候，由头人作裁判，当事双方的亲戚邻居都要到场，当事双方要以若干头牛或其他财物作为赌注，它们多半是双方的亲戚捐助的，因为一人受辱，就被认为是集体的耻辱。神判结果，如嫌疑者被认为是冤枉的，则当场恢复名誉，赌注也全部归他所得。如被确认是罪犯，赌注则归对方所有。"[1] 这些材料虽然是1956年4月至9月的调查资料，但应该能间接反映明清时期的情况。

六、里老理讼解纷的性质与效力

（一）里老理讼是乡里组织的自治性裁判

里老人、里甲长解决民间纠纷的性质是什么？是单纯的民间解纷，还是属于国家诉讼的一部分？对此我们基本上认同韩秀桃的观点："里老人理讼制度的性质不是一个基层司法裁判权制度的创建，而是一个融礼义法则为一体、道德说教与刑罚制裁相结合、国家司法权与乡里司法自治互为表里的基层乡里自律性裁判制度。"[2] 这里所谓"自律性裁判"，从乡里组织的自治性质来说，也许称之为"自治性裁判"更为精当。这里之所以将纠纷解决称为"理讼"，除了《教民榜文》等当时的

---

〔1〕 杨一凡、田涛：《中国珍稀法律典籍续编》（第十册），黑龙江人民出版社2002年版，第422~423页。

〔2〕 韩秀桃："《教民榜文》所见明初里老人理讼制度"，载《法学研究》2000年第3期。

法律文书使用这一术语以外[1]，主要是因为它包容了教化与诉讼两大内容与特征。

里老理讼虽然得到国家的正式授权，但它与国家正式诉讼还是有区别的，比方说里老人对当事人没有拘禁关押等强制权。《教民榜文》规定："老人、里甲剖决民讼，毋得置立牢狱。不问男子妇人犯事，不许拘禁。昼则会问，晚则放回；事若未了，次日再来听问。敢有监禁生事者，治以重罪。"[2]但是我们也必须注意到，明代将部分民事诉讼的审理权授予民间基层组织处理，这些民间理讼在事实上成为国家司法诉讼制度的组成部分。周绍泉说："老人制度，即在乡村举年高德劭者为里老人，主管一里词讼，建立了由里老人审判这种别于官府听讼的司法体系。明初的里老人审判意在减少地方官特别是胥吏、衙役等擅权弄法的机会，将官吏一手执掌的业务由编户齐民自己来进行。"[3]

(二) 里老理讼是向州县提起诉讼的前置程序

关于里老人裁决的效力，韩秀桃认为："《教民榜文》从维护里老人理讼的权威出发，规定不论裁决是否准确，概不许当事人向上陈告，亦不许官司受理"；"不论裁决好坏与否，皆不得向上陈告于州县官司"[4]，也就是"一裁终局"。我们考察的实际情况似乎并不是这样，里老理讼只是向州县提起诉讼的前置程序，而不是"一裁终局"。《教民榜文》第十条规定："若里甲、老人合理之事，顽民故违号令，径直告官，其当该官吏不即挟断，发与断理，因而稽留作弊，诈取财物者，亦治以重罪。"这里的"合理"是"依法应该受理"的意思，这里的

---

[1] 《教民榜文》中对里老人调处纠纷行为的称名很多，如总论中称"断决"（"民间户婚、田土、斗殴相争一切小事，须要经由本里老人、里甲断决"），第一条称"理断"（"务要经由本管里甲、老人理断"），第二条称"剖断"、"理讼"（"凡民有陈诉者，即须会议，从公剖断"；"老人、里甲合理词讼"），第三条称"剖决民讼"（"凡老人、里甲剖决民讼"），等等，都是民间受权审理决断纠纷的意思。

[2] 刘海年、杨一凡：《中国珍稀法律典籍集成》（乙编第一册），科学出版社1994年版，第637页。

[3] 周绍泉："退契与元明的乡村裁判"，载《中国史研究》2002年第2期。

[4] 韩秀桃："《教民榜文》所见明初里老人理讼制度"，载《法学研究》2000年第3期。

"挟断"是阻止的意思。这是说,凡是应该由里甲长、里老人受理的纠纷,"顽民"不经里甲长和里老人理讼而直接告官的,如果该官不加阻止而受理,要治罪。又第十一条规定:"若里、老人等,已行剖断发落,其刁顽之徒,事不干己,生事诉告搅扰,有司官吏生事罗织,以图贿赂者,俱治以罪。"这是说,里老人等理讼完毕的案件,如果另有与案件无关的"刁顽之徒"就同一案件告官,该官吏受理的,要治罪。这两条实际上就是明清法典中禁止与案件无关者起诉的规定[1]。又第十二条规定:"民间词讼,已经老人、里甲处置停当,其顽民不服,辗转告官,捏词诬陷者,正身处以极刑,家迁化外。"这里禁止的是"捏词诬陷"而不是有正当理由的"告官"。第二十三条规定:"若顽民不遵榜谕,不听老人告诫,辄赴官府告状,或径赴京越诉,许老人擒拿问罪。"这条说得更明白,只有不经老人理讼而直接告官的才问罪。总之《教民榜文》中相关规定中没有任何一条是说里老人理讼是一裁终局的。此外,"一裁终局"说也与禁止"越诉"的规定[2]相矛盾。禁止"越诉"的前提是可以告官,如果里老人理讼是"一裁终局",那这个前提就不存在了,也就无所谓禁止越诉了。

里老之理讼结果对双方当事人有法律约束力,但并不是不可以再提起诉讼的。当时法律禁止的是直接告官、事不干己者告官、诬告,以及当事人以同样的理由和同一事实告官。经里老人理讼的纠纷,如果当事人不服又有正当理由,还是可以向州县衙门提起诉讼的。这正如今人尤韶华在《明代司法初考》中说的:"县以下的乡、保等基层组织有时也因得到授权而受理民事案件,乡诉讼甚至是明代户婚、田土、斗殴等项诉讼的必经程序。"[3]

明初制定的里老理讼制度,在以后不断得到重申。宣宗洪熙元年(1425年)七月四川巡按何文渊上奏提醒宣宗朱瞻基说:"太祖高皇帝令天下州县设立老人,必选年高有德、众所信服者,使劝民为善,乡间

---

〔1〕 如《大清律例》"越诉"条的"条例"规定禁止"讼不干己事"。

〔2〕 《教民榜文》第三十八条:"民间词讼,已令自下而上陈告,越诉者有罪。"《大明律》和《大清律例》"越诉"条也有这样的规定。

〔3〕 尤韶华:《明代司法初考》,厦门大学出版社1998年版,第62页。

争讼，亦使理断"，于是宣宗诏谕户部："必申明洪武旧制，选年高有德者充，违者并有司皆置诸法"[1]。代宗景泰四年（1453年）诏曰："民有怠惰不务生理者，许里老依《教民榜例》（《教民榜文》）惩治。"[2]地方文献对里老理讼制度的实施情况也多有载述。如明代万历年间《惠安政书》说："于里中选高年有德、众所推服者充耆老，……居申明亭，与里甲听一里之讼。"[3]；万历年间的《闽书》载："老人之役：凡在坊在乡，每里各推年高有德一人，坐申明亭，为小民平户婚、田土、斗殴、赌盗一切小事，此正役也。"[4] 清代福建澎湖通判胡建伟《澎湖纪略》记载："旧志称，澎民聚居，推年大者为长。至今澳中凡有大小事件，悉听乡老处分。以故，鼠牙雀角，旋即消息。"[5]

虽然里老人理讼制度在明太祖以后继续存在，但执行得可能不是很严格，《英宗实录》（英宗1436~1448年在位）记载："松江知府赵豫和易近民，凡有词讼，属老人之公正者剖断，有忿争不已者则己为之和解，故民以老人目之。"[6] 这里的知府可以直接理讼民间词讼，而这在明初是不允许的。

第三节　保甲组织与民间纠纷的解决

一、保甲的解纷职能

我们在当时的保甲法令中很少看到直接授权保甲（长）解决乡里纠纷的规定，倒是有不少不许保甲参与解纷的禁令，例如明代《十家牌法》规定："各乡村推选才行为众信服者一人为保长，专一防御盗贼。

---

[1]《明宣宗实录》卷四。

[2]（清）顾炎武著，黄汝成集释：《日知录集释》，上海古籍出版社2006年版，第474页。

[3]（明）叶春及：《惠安政书》，福建人民出版社1987年版，第329页。

[4]（明）何侨远：《闽书》（明代福建省志），福建人民出版社1994年版。

[5]（清）胡建伟：《澎湖纪略》，转引自汪毅夫："明清乡约制度与闽台乡土社会"，载《台湾研究集刊》2001年第3期。

[6]（清）顾炎武著，黄汝成集释：《日知录集释》，上海古籍出版社2006年版，第474页。

平时各甲词讼,悉照牌谕,不许保长于与,因而武断乡曲。"[1] 清代《户部(保甲)则例》和《刑部(保甲)条例》强调保甲长不得处理民间一般民事纠纷,"其一切户婚田土不得问及保甲,惟人命重情,取问地邻保甲"[2]。这与鼓励和授权里甲长、里老人解决民间纠纷的里甲里老制度恰成鲜明对比。

但这并不意味着保甲组织真的没有参与解纷。从我们考察的情况来看,保甲在事实上始终是乡里纠纷解决的积极参与者,特别在清代中期保甲成为综合乡治组织以后更是如此。这首先在地方或民间文献中得到反映,在广东发现的咸丰三年(1853年)"悟洞三股乡约碑记"中记载:"乡里以保正为归,下情乃可上达。……而保正公务,则三年轮值一届,上以应官府之追呼,下以平桑梓之争讼,任虽卑而责甚重。"[3] 保甲组织参与纠纷解决的具体情况,下面我们会有一些案例分析。现在先来分析一下为什么会出现"有法不依"——保甲组织不顾禁令而参与民间纠纷解决——的情况?我们认为这里可能的原因有四种:

第一,地方官员们对保甲作用的认识不一致。正如闻钧天所说:"(保甲)目的之存在,则依使用者之意识为转变,皆无一致之准则。"[4] 王阳明等人不让保甲参与词讼,我们推测主要原因是不希望保甲首领有太大的权力。因为保甲组织本来就兼有公安执法和地方武装的职权,如果再让其有司法权力,那就有可能对官方构成重大威胁,所以官方不能不加以限制,"勿予士绅重柄,致抗官司"。但是保甲作为乡里组织,其活动渗透于人民生活的方方面面,只要它是有权威的,就不可能不涉及民间纠纷的解决。其他地方官员"不一定像王守仁那样做出明确限制,甚至不少官员希望保甲首领在解决民间纠纷时发挥积极作

---

[1] (明)王守仁:《王阳明全集》(第一集),红旗出版社1996年版,第238~239页。

[2] 《保甲书》卷一《定例·刑部条例》,载一凡藏书馆文献编委会编著:《古代乡约及乡治法律文献十种》(第二册),黑龙江人民出版社2005年版,第37页。

[3] 王庆成、庄建平主编:《太平天国文献史料集》,中国社会科学出版社1982年版,第348~349页。

[4] 闻钧天:《中国保甲制度》,上海书店1992年版,第27页。

用"[1]。乾嘉时期湖南布政使叶佩孙在《饬行保甲》[2]规定了"缮造之法"、"牌册之法"、"循环之法"、"稽查之法"、"禁奸之法"、"劝善之法"之六法，不仅扩大保甲职能，规定保甲组织有教化、解纷之责，而且说"不得以谨守簿书，遂谓别无吏课也"[3]，意思是说在执行保甲政策时不能太死板，不能仅以文本规定为限，不能说保甲在"专一防御盗贼"之外就没事了。

　　第二，保甲组织解纷有其不同于乡里组织的特别机制，这就是保甲法强调内部解决或集体连带责任，即发生了纠纷由保甲内部的甲民通过相互劝解、和解、调解等方式解决，不必要闹到保甲长那里去，更不能酿成词讼，否则治罪。王阳明《申谕十家牌法》规定："十家之内，但有争讼等事，同甲即时劝释。如有不听劝解，恃强凌弱，及诬告他人者，同甲相率禀官，官府当时量加责治省发，不必收监淹滞。凡遇问理词状，但涉诬告者，仍要查究同甲不行劝禀之罪。又每日各家照牌，互相劝谕，务令讲信修睦，息讼罢争，日渐开导，如此，则小民益知争斗之非，而词讼亦可简矣。"[4]又明代湛若水在参赞南京机务时推行保甲制度，专门规定了保甲解纷方案："每二十五家编为一甲，共立粉牌一面，备书二十五家姓名、户籍、丁口及某为士、某为农、某为工、某为商。其牌轮流收管。收牌之人，每日询访二十四家出入动静。如某家行某事善，则率二十四家共赞成之；某家行某事不善，则率二十四家共沮止之。或懒惰不务生理，及因争田地相攘闹斗讼，则率二十四家共解释之，不听，则必继之以泣，务致欢乐如初可也。凡二十五家，出入相友，守望相助，疾病相扶持，二十五家之人，宛如一家父子兄弟之爱，则百姓睦矣。其有肆为不善，游手好闲者，及赌博者，与夫不务同心联

---

〔1〕 万明：《晚明社会变迁问题与研究》，商务印书馆2005年版，第275页。

〔2〕 一凡藏书馆文献编委会编著：《古代乡约及乡治法律文献十种》（第二册），黑龙江人民出版社2005年版，第45~60页。

〔3〕 一凡藏书馆文献编委会编著：《古代乡约及乡治法律文献十种》（第二册），黑龙江人民出版社2005年版，第55页。

〔4〕 （明）王守仁：《王阳明全集》（第一集），红旗出版社1996年版，第238页；王阳明："十家牌法·申谕十家牌法"，载一凡藏书馆文献编委会编著：《古代乡约及乡治法律文献十种》（第一册），黑龙江人民出版社2005年版，第143~144页。

属者，二十四家故纵不肯即时举正者，乡正呈官连坐责罚之。"[1]

第三，保甲政策在明清前期与后期情况有很大不同。清代中后期保甲成为综合性乡治组织之后，解决纠纷成为保甲组织不得不履行的职责。江苏省金山县《保甲章程》就直接赋予保甲组织解纷义务。如第十七条规定："牌甲中凡有户婚、田土、口角微嫌，可邀牌董、甲董及乡耆邻佑平心理论。……至于教唆词讼，大干法纪，如有播弄乡愚，滋生事端，致令讹控不休者，一律访拿究办"[2]该章程二十六条，分为治安管理（保卫闾阎）和劝禁解纷（劝禁条款）两大部分，作为章程主体部分的"劝禁条约"是清初专门规定保甲组织职权的《户部则例》和《刑部条例》所完全没有的。

第四，上有政策，下有对策，此即所谓"官以具文求，民以具文应"[3]。保甲组织在事实上很难完全按照官方的理想设计来运行，民间社会就在自己的乡规民约中规定保甲解纷制度。例如清代贵州惠水地区的某些乡规民约就有各种纠纷须由保甲先行处理的规定："议处世持身，安本分。须微口角要忍耐为佳。忍住能消去无理之事，亦见甘棠之爱。如甲内有不平之事，当凭甲长理明说息。万一不了，再（诉）及总甲公断。"[4]这里的"总甲"就是保长之类。

二、保甲组织解纷的方式与实践

保甲组织解决民间纠纷的方式与里甲组织相似，主要是调解、裁判两种。

---

[1]《圣训约》，明嘉靖二十三年刻本，台湾"国立中央图书馆"藏经部礼类杂礼俗之属，第33~35页。转引自朱鸿林：《中国近世儒学实质的思辨与习学》，北京大学出版社2005年版，第285页。

[2] 一凡藏书馆文献编委会编著：《古代乡约及乡治法律文献十种》（第三册），黑龙江人民出版社2005年版，第550~551页。

[3] 一凡藏书馆文献编委会编著：《古代乡约及乡治法律文献十种》（第二册），黑龙江人民出版社2005年版，第198页。

[4] 参见何积金等："惠水县摆金区苗族村寨今昔乡规民约状况调查"，载贵州省民族研究学会、贵州省民族研究所编：《贵州民族调查》（之四），《贵族民族研究》编辑部1986年版，第201~203页。

（一）调解

与里甲组织一样，保甲长（又称"地保"，保长与约正合称"乡保"）代表保甲组织调解纠纷，也有不达官府的"直接调解"和达官府的"官批民调"两种情形。他们与里老人、里甲长一样，在解决纠纷时，有时也兼作协议的证人、代书人等角色。

1. 直接调解。案例一：保长姚全中调解村民黄添服与张文盛田地典卖纠纷案。湖北省京山县村民黄添服的先祖在乾隆四年（1739年）把一块山田典卖给同村张文盛的先祖。当地有典卖产业允许原业主"找价"的俗例[1]，"找价"即典卖人无力回赎典物而愿意绝卖时，可以委托中人将典物卖与典权人（承典人），改典契为卖契，同时有权要求典权人将典物的实际价值与典价的差价的全部或部分"找回"（比方说该产业在典卖时的典价是一万元，而凭中公断，其实际价值或现在可售价格是一万五千元，那么这中间的五千元差额，典卖人在绝卖时，有权要求典权人"找回"给自己。五十多年以后，即乾隆五十六年（1791年）黄添服家道贫难，无力回赎先祖典卖的田产，于是请保长（百甲）姚全中作为中人说服张文盛"找价"。姚全中应允但多日没有回复，家中揭不开锅的黄添服怀疑张文盛不肯"找价"，就把他家的耕牛赶回，要他找了田价始还牛。张文盛又找保长姚全中理论。姚全中会同乡邻从中调解，双方达成协议：张文盛找给黄添服六千文钱，黄添服还牛，双方另立"加补字据"（绝卖文书）。[2]

---

〔1〕 典卖是业主通过让渡物的使用权，收取部分利益并保留回赎权的交易方式，在规定的期限内可以赎回原物。如逾期不回赎原物，典主即可自行处置，所以典价要比卖价低得多。明清法律规定："如约未载'绝卖'字样，或注定年限回赎者，并听回赎。若卖主（到期）无力回赎，许凭中公估，找贴一次，另立绝卖契纸。"参见《大清律例》第九十五条"典卖田宅"所附"条例"。此案中所说的"找价"就是上述规定中的"找贴"，也就是当典卖人无力回赎典物而愿意绝卖之时，可以委托中人将典物卖与典权人（承典人），改典契为卖契，但有权要求典权人将典物的实际价值与典价的差价找回。这一规定有利于保护出典人的利益，在一定程度上体现了法律的公平、合理性。详细内容参见第七章第六节。

〔2〕 中国第一历史档案馆等：《清代土地占有关系与佃农抗租斗争》（下册），中华书局1988年版，第574页。

案例二：保长程列三等调解堰塘界址不明纠纷案。《徽州千年契约文书》中载录有一份《嘉庆十三年（1808年）程、方、胡等姓立公议合同》[1]，从中可知以下纠纷解决情况：徽州府的临河、溪南、芝黄三村共有土名"雷堰"的大堰塘，由于各村所有的界限不清，管护人员程八祥、方春寿、程玉山等人常为管护范围发生纠纷。加上临堰居住的村民胡忠敬等修缮房屋，也影响堰堤的安全，每年"挑堰"（清理淤泥等）也导致临堰居民房墙受损，总之"村邻诘怨非是"日益严重，四周乡邻关系非常紧张，"若不商杜远计，恐久复前生妄又误"，引发大规模的械斗。保长程列三、程天元等六人召集程宇和等各族族长、堰堤值司（管护人员）等相关人员进行总调解，并勘明雷堰各村所属的界址，"公议合同，各村分执"。一场积怨既深且久的纠纷得以化解。

下表（表3-5）中第1~14条是保甲组织直接调解纠纷的部分案例。

2. "官批民调"。这里的"官批民调"是指州县官接到诉状后，批转保甲组织（保甲长）调解。下面我们通过一些案例来看有关情况。

案例一：保长李君益、甲长谢祖调解乡邻山地界址纠纷。《徽州千年契约文书》载有一份《崇祯四年（1631年）黄记秋、谢孟义息讼清业合同》[2]，从中可知有以下纠纷解决情况：徽州府休宁县的黄记秋先祖曾买谢孟义家一块土名叫"程二坞山"的山地，因这块山地的界址不清，双方经常发生纠纷，现在谢孟义告官，官府命双方当事人找保甲解决。保长李君益、甲长谢祖、里长李德寿等一干人，前往告争山处踏勘，查明山地四至，同时进行"劝谕"调解，谢孟义撤诉，双方订立上述协议书，其中写到："荒山小忿，不愿终讼，……自立合同之后，各管各业，永远遵守，毋得悔异。"

案例二：地保陈士法处理轻微违法乱纪事件。《黄岩诉讼档案及调查报告》载有一份光绪二年（1876年）的诉讼档案《王金山等呈为劝

---

[1] 王钰欣、周绍泉主编：《徽州千年契约文书·清民国编》卷二，花山文艺出版社1991年版，第168页。

[2] 王钰欣、周绍泉主编：《徽州千年契约文书·宋元明编》卷四，花山文艺出版社1991年版，第306页。

诚不听存案杜累事》[1]，其反映的纠纷处理情况是：浙江省台州府黄岩县后章村的村民赵国有，不务正业，游赌闯祸，坑蒙拐骗，邻村前浦西庄的王金山、缪江耀等六人"劝之不听、诫之无益"，王金山等人认为这样下去难保不酿成事祸、贻害地方，"与其临时鸣迟之责，不如行事呈明"。于是呈告县衙，请求官府收容管教。县太爷批："着随时投保查禁，不必立案。"这里的"保"即地保陈士法。地保陈士法是如何管教赵国有的，效果如何，因上述诉讼档案没有记载，我们无从知晓。

下表（表3-5）第15、16条是保甲组织"官批民调"的部分案例。

表3-5 保甲组织对纠纷的调解案例

编号	案例名称和资料来源	双方关系纠纷原因	纠纷情况	处理方式与结果
1	《乾隆十二年（1747年）浙江临海县徐成耀租种杜阿选地亩议定做工抵租》《形态》上1	主佃田地租佃	浙江省台州府临海县徐成耀租种杜阿选田地，议定做工抵租。乾隆十二年五月杜阿选唤徐成耀作工，徐成耀以农忙无暇未去，杜阿选欲收佃自种，双方发生纠纷并打斗，徐妻侯氏受伤。	徐成耀叫来乡总[2]丁子孚验伤劝处，丁子孚令杜阿选向侯氏服礼。

---

[1] 田涛等：《黄岩诉讼档案及调查报告》（上卷），法律出版社2004年版，第240~241页。

[2] 或是乡耆、保甲一类。参见王凤生："保甲事宜"，载一凡藏书馆文献编委会编著：《古代乡约及乡治法律文献十种》（第二册），黑龙江人民出版社2005年版，第77~177页。

（续表）

编号	案例名称和资料来源	双方关系纠纷原因	纠纷情况	处理方式与结果
2	《乾隆十四年（1749年）四川涪州杨榜卖田其两兄俱得画字银钱》《斗争》上386	同胞兄弟田地买卖	乾隆十四年四川省重庆府涪州杨榜卖田，两个哥哥杨椿和杨显各得"画字银"九两，杨椿另得"写契银"一两。杨显亦欲再得一两，以与杨椿所得一样多，杨仁荣不给，杨显强割其田内稻谷，双方发生打斗。	杨仕荣请甲长陈睿士、约邻张全德"理论"。解决中杨显将张全德殴伤致死。
2	《乾隆十九年（1754年）江西彭泽县阳有谟出"承佃银"批耕卖出的土地》《形态》下400	同族远亲田地租佃	江西省九江府彭泽县的阳虞万在康熙六十年购买了阳有谟四亩五分田地，仍由阳有谟耕种，阳有谟出承佃银十二两，按年交租。乾隆十九年阳虞万欲将田收回，阳有谟不肯退佃。	阳虞万邀地保阳永蓁"理论"，调处过程中两家女主人斗打互伤，地保拉劝各散，阳有谟母亲阳饶氏次日殒命。地保报官。

（续表）

编号	案例名称和资料来源	双方关系 纠纷原因	纠纷情况	处理方式与结果
4	《乾隆二十一年（1756年）广东阳江县监生[1]王廷佐冒认他人垦地》《斗争》上 81~82	同村村民 权属不清	广东省阳江县区金玉在土名"高坡"的无税官地内开垦秧地参丘，同村监生王廷佐见此地与自家"湖头墩"田地接连，遂认为己业，同堂姪王瑞文、王瑞隆前往播种，黄有清不允。	王廷佐往投地保关荣调处，在地保调处中双方对骂互打，王瑞文被殴致死。地保案报官。
5	《乾隆二十二年（1757年）安徽怀宁县杨廷荣贱价绝卖土地后四次向买主找价》《斗争》下 436	同村村民 田地买卖	安徽省安庆府怀宁县刘万纪家于雍正年间购买杨廷荣家田地，契载绝卖。而杨家屡次索要"找价"。乾隆二十二年十二月刘万纪与杨廷荣因"找价"分歧发生打斗致伤。	刘家请保长丁畅玉验伤评理，调处未结，刘万纪身亡。保长报官。

---

[1] 参见本书第七章第一节中的"明清时期的乡绅"部分。

（续表）

编号	案例名称和资料来源	双方关系 纠纷原因	纠纷情况	处理方式与结果
6	《乾隆二十四年（1759年）湖南常宁县谢宗永因批字定有年限反对地主李之进增租》《斗争》下689	主佃 田地租佃	乾隆二十四年湖南省衡州府常宁县谢宗永佃租李之进荒地垦种，立约载明十五年以前每年纳租银一钱三分，十五年以后每年纳租三石。九年后李之进见收成渐好，要求增租，谢宗永不肯，双方发生争执。	李之进央保正李白通劝说，谢宗永总不应允。
7	《乾隆二十九年（1764年）浙江长兴县李九思重利掯诈债户王其三田产》《斗争》上165	同村村民 钱债	浙江省湖州府长兴县村民王其三借李九思银钱，久借不还。李九思前往索讨，讵王其三手执砖头砸伤李九思。	地保沈应元前去验明调处，但李九思四天后死亡。地保报官。
8	《乾隆三十三年（1768年）广东高要县何廷也喝阻地主苏斐行抢割田谷抵算欠租》《斗争》下628~629	主佃 欠租	乾隆年间广东省肇庆府高要县苏斐行佃耕何廷也田地，因欠租被控追[1]，官差同地保何明也割其田谷还租，苏斐行也去抢割，何廷也抱着孙女何容姑赶去喝阻，厮打中何容姑受伤。	何廷也找来地保何明也验伤理论，地保将众人劝散，各自回家。

[1]"控追"指在佃户欠租后，田主向官府控告佃户欠租，寻求官府帮助追租的行为。

（续表）

编号	案例名称和资料来源	双方关系纠纷原因	纠纷情况	处理方式与结果
9	《乾隆三十四年（1769年）广东新兴县邓霁胜因收割未齐不肯交租》《斗争》下631	主佃欠租	广东省肇庆府新兴县村民邓霁胜佃耕叶邦怀田二丘，议定递年输纳租谷二石，分两季交收。乾隆三十四年早稻收割后，邓霁胜因口粮短缺，将谷食用，叶邦怀前往讨租，致生争执。	地保郑元清出面调处，将二人劝散。
10	《乾隆四十二年（1777年）广西郁林州张槐柏典进田地每千文每年利谷五斗五升》《斗争》上273~274	同村乡邻田地典卖	广西省郁林州陈孔相将鸭掌窝田三丘、塘肚田一丘、穿垅田二丘立契典与张槐柏。七月陈孔相办足当钱与中人一同前去收赎。张槐柏匿契不与，屡询屡延。陈孔相投鸣村保。	保正出面调处，双方未能达成协议。一月后张槐柏抢割田禾，陈孔相劝阻，被殴致死。保正报官。
11	《乾隆五十二年（1787年）湖南湘乡县彭验外已卖之田亩被人转卖按乡例向索画字钱》《斗争》下559~560	同村村民田地买卖	湖南省长沙府湘乡县彭宗位早年将八亩田卖给彭行健，彭行健又转卖给彭邑陵，彭邑陵又卖给彭体谦。彭宗位的儿子彭验外按当地俗例向彭邑陵索补"画字钱"，彭邑陵不肯补给，于强牵彭邑陵家耕牛。	彭邑陵请保正彭逢济理论，保正拿出一千文钱给与彭验外，要求彭验外把牛退还彭邑陵。

（续表）

编号	案例名称和资料来源	双方关系纠纷原因	纠纷情况	处理方式与结果
12	《乾隆五十五年（1790年）安徽泾县监生王家昌占王双喜等公地》《斗争》上130	同村村民产权不明	安徽省宁国府泾县监生王家昌开垦自家田边一片无人经管的塝地肆亩八分，兴种杂粮，邻人王双喜争说是他家祖遗塝地，要监生认他租课，监生不肯。	王双喜投鸣甲长王□理论，甲长调处："地形冲变，界址难清，劝监生出肆拾千钱，将双喜们塝地一总承买，省得争执。"
13	《道光五年（1825年）凌、黄、胡各姓划分回来寺地界协议》[1]《千年契约》B卷十一366~367	同村乡邻地界不清	徽州府回来寺所在山地由凌荣、胡荣富、黄记寿、黄日升等多家共有，因地界不清，经常因砍伐树木致争。	各家央请保长黄从先调处，保长验看各家契簿并踏勘定界，促成各方订立协议，保证日后各管各业，不得横争所有。
14	《光绪六年（1880年）祁门吴振茂等立议遵中调处约》《千年契约》B卷三112	乡邻侵损墓地	吴振茂等侵损位于三四都三保"下田□"这个地方的公共祖坟地，依律当罪。	族众托地保洪得兴等人理论，吴振茂自知理亏，地保处令完租二秤整，以服众心。

---

［1］ 此名为笔者所定，原件名《一一二号黄姓砍斫横争回来寺地原情录后》，是《嘉庆二十二年祁门凌氏立"合同文约誊契簿"》之一七五。

（续表）

编号	案例名称和资料来源	双方关系纠纷原因	纠纷情况	处理方式与结果
15	《乾隆二年（1737年）广东惠来县曾桂兴反抗地主温荣睦将欠租算取高利》《斗争》下652	主佃欠租	广东省潮州府惠来县曾桂兴佃耕温荣睦田地，欠租谷三石九斗。温荣睦将曾桂兴告到县衙。	官府批转保正黄捷调处。保正要曾桂兴买酒备肉与温荣睦清算租谷，曾桂兴愿出一千文，余欠请求减免，温荣睦坚拒，调处失败。
16	《乾隆十年（1745年）广东兴宁县蔡廷献佃种所卖之田三易田主因欠租而被夺佃》《斗争》上347~348	主佃欠租	广东省嘉应州兴宁县蔡廷献拖欠曾任伸租谷，曾任伸欲取田自处，并状告县衙追租。	知县批转地保林清桂查实调处。地保令廷献继续佃耕，早冬二季收割清租。

材料来源：《徽州千年契约文书》（简称《千年契约》，A代表"宋元明编"，B代表"清民国编"）、《清代地租剥削形态》（简称《形态》）、《清代土地占有关系与佃农抗租斗争》（简称《斗争》），各材料名称后面的数字表示页码。

（二）裁判

这里的"裁判"是指保甲长解决纠纷时，在双方当事人难以妥协的情况下对纠纷的强制性处断。[1] 下面来看一些案例。

案例一：保长汪尚仁裁判主仆纠纷案。崇祯八年（1635年）徽州府的胡四郎身为"雇工人"（家仆），但经常酗酒闹事，触犯主人，家主欲行"鸣公理治"，扭送官府发落，这可是非常严重的事情，因为根

---

[1] 参见本书第七章第二节关于"裁判"的论述。

据《大明律》的规定，"雇工人骂家长者，杖八十，徒二年"[1]；"雇工人殴家长，杖一百，徒三年，伤者，杖一百，流三千里"[2]。胡四郎自知情亏，恳求家主宽宥，不要告官，同时请保长"理判"。保长汪尚仁会同里长王文玘，召集主仆双方，裁断胡四郎过错在先，必须认错并"写立戒约"，保证安分悔过，不再放肆，倘有再犯，闻官法治。[3]

案例二：保长汪长林、江祥裁判看山人周加林监守自盗案。徽州府的长生口这个地方的祖茔山场一直由村民周加林看守，山主每年给看守钱一两。但周加林盗砍山上树木，在光绪十四年（1888年）被山主人拿获，准备告官。周加林自揣情亏，央恳保长汪长林、江祥等作中解决。保长裁决：按乡规议罚，在出祭封山时，请酒赔礼道歉，并包养山上的部分树木。保长等人登山点定大小树三百九十八株，罚归周加林看守并包养。周加林写下保证书，保证不得重蹈前辙，如有此情，"听从山主送官究治"。此可谓之从轻发落。[4]

也有保甲长裁判不成功的情况。有时在保甲长裁判之后，当事人不服，纠纷恶化成刑案。例如甲长徐护周理判涂斐章与胡景三债务纠纷案。雍正十三年（1735年）湖北省汉阳府黄陂县胡景三欲将三十五亩田佃给同村涂斐章耕种，涂斐章没有立即答应，说等来年再说。当年六月间胡景三"做会"（祭祖）要购买食物，携银至斐章家托其往汉口镇买购，并说如果差钱，请先垫出，抵作来年租田时的"批田银"[5]（佃户向田主交纳的租赁手续费）。涂斐章随往汉口镇，垫银五钱四分买就食物交给胡景三。一个月后涂斐章设酒相邀，准备与胡景三正式办理租佃手续，不料胡景三以"批田银"太少不肯出佃。接下来数日涂斐章向胡景三索要垫银不成，于是强牵胡景三家的耕牛，找甲长徐护周"理论"。徐护周裁定涂斐章先还牛，胡景三马上"清偿"涂斐章所垫付银

---

[1]《大明律》"奴婢骂家长"条。
[2]《大明律》"奴婢殴家长"条。
[3] "崇祯八年（1635年）胡四郎戒约"，载王钰欣、周绍泉主编：《徽州千年契约文书·宋元明编》卷四，花山文艺出版社1991年版，第382页。
[4] "光绪十四年（1888年）周加林立包养树木字号"，载王钰欣、周绍泉主编：《徽州千年契约文书·宋元明篇》卷三，花山文艺出版社1991年版，第171页。
[5] 参见本书第七章第五节中"乡俗与习惯"之"'寄庄钱'和'写田礼银'"。

两。可惜双方未能彻底心服，后来双方发生打斗，胡景三受伤殒命。甲长徐护周报官。[1] 又例如，保正周廷章裁判王北辉、丰文祥、王江三人租佃纠纷案。江西上饶县有一王姓人家有祀田十八石，佃给多家轮值耕种，每年交纳公租供祭。乾隆十五年轮值王北辉耕种，王北辉将祀田又佃与丰文祥耕种，得受"脱肩钱"（押租）八千文，契约载明"还田清钱"。次年轮应王江值祀，王江起田自种，也就是算是丰文祥还田了。而王北辉未将"脱肩钱"还给丰文祥，丰文祥于是赴田割禾。王江找到保正周廷章理论。周廷章"令王江止收谷八石五斗，余谷给王北辉抵还丰文祥脱肩钱文"。但王北辉将谷收回食用，仍未清偿丰文祥之钱，丰文祥屡取不给。乾隆十八年九月初三日丰文祥复赴田内割禾，王江往阻，双方斗打，丰文祥受伤，逾时殒命。保正报官。[2]

本章小结：明清时期乡里组织中的里甲和保甲都积极参与了民间纠纷的解决。代表里甲组织出面解纷的主要是里老人和里甲长，他们得到国家的直接授权，其解决方式主要有调解、裁判和神判，这种解纷在明清时期乃至整个中国古代都具有鲜明特色和重要地位。保甲在清代中后期取代里甲成为综合性的乡治组织，代表保甲组织出面解纷的主要是保甲长，解纷的具体方式主要是调解和裁判。明清时期乡里组织解纷在所有地缘社会组织解纷中处于基础地位。

---

[1] "湖北黄陂县涂斐章批佃胡景三田亩因'批周礼银'贵未耕"，载中国第一历史档案馆等：《清代地租剥削形态》（下册），中华书局1982年版，第347页。

[2] "江西上饶县丰文祥佃种王姓祀田出有'脱肩钱'约载'还田清钱'"，载中国第一历史档案馆等：《清代地租剥削形态》（下册），中华书局1982年版，第389～390页。

第四章

乡约组织与民间纠纷的解决

明清时期乡约组织的情况比较复杂，其形态、性质和作用在不同时期不同地方都不尽相同，但其解纷职能没有根本变化，而且始终是民间解纷的重要参与者。代表乡约组织解纷的主要是约长（约正）、约副等人。本章将从解纷的受案范围与主持者、定期集会解纷、平时的灵活解纷三个方面来考察和分析明清乡约组织解纷的具体情况。

第一节 解纷的受案范围与主持者

一、受案范围

明清乡约组织受理纠纷案件的范围与乡里组织的受案范围基本相同，主要是民事纠纷和轻微刑事犯罪案件，不得直接解决命盗案件。这除了在国家基本法典《大明律》和《大清律例》有原则性、间接性规定之外，还在一些方志或地方官文告中反映出来。明代中叶福建惠安知县叶春及撰《惠安政书·乡约篇》载述明代乡约组织受理纠纷的范围："（乡约）以十有九章听民讼：一曰户婚；二曰田土；三曰斗殴；四曰争占；五曰失火；六曰窃盗；七曰骂詈；八曰钱债；九曰赌博；十曰擅食园林瓜果；十有一曰私宰耕牛；十有二曰弃毁器物稼穑；十有三曰畜产咬杀人；十有四曰卑幼私擅用财；十有五曰亵渎神明；十有六曰子孙违犯教令；十有七曰师巫邪术；十有八曰六畜践食禾稼；十有九曰均分水利。奸盗、诈伪、人命重事，方许赴官陈告。"[1] 这里列举的受案范

---

[1]（明）叶春及：《惠安政书》，福建人民出版社1987年版，第328~329页。从原著看，这些受案范围似乎也是先前里老申明亭的受案范围。或者说，由于现在的乡约"实与申明之意无异，直所行稍殊"，所以二者的受案范围基本相同。叶春及在《惠安政书·乡约篇》中将里甲（里老）与乡约一体对待。

围与明初《教民榜文》规定的范围基本相同。清代中叶王凤生在《约正劝惩条约》中规定:"凡乡集甲者,该地方有命案,不得干连传讯;盗贼案不得责成缉捕,以杜扰累。各该者亦不得干预";"倘因熟识衙门,借此包揽钱粮词讼及插身帮讼情事,除立即斥退外,仍照例究办。"[1]

二、解决纠纷的主持人

(一) 由乡约组织的首领主持

乡约组织解纷一般都是由其首领约正、约副主持,这里约正副就是"法官",约众均要听从约正副的劝导和裁断。在定期集会解纷时,"领导班子"的其他成员予以协助或"陪审"。《南赣乡约》第八条规定:"今后一应斗殴不平之事,鸣之约长等公论是非;或约长闻之,即与晓谕解释;敢有仍前妄为者,率诸同约呈官诛殄。"又第五条规定:"凡有危疑难处之事,皆须约长会同约之人与之裁处区画,必当于理济于事而后已;不得坐视推托,陷人于恶,罪坐约长约正诸人。"[2] 清代中叶地方官王凤生制定的《公举约正条规》规定:"乡集者如遇地方些小口角忿争事情,代为调和劝解,须立一簿,将某人为某事经众如何调处缘由,按月逐一登簿,每于季终赴县换册时,携簿呈官查核。即以该地方之安静与否,及有无窃贼窝留,以办乡集者优劣。所有乡甲已和事件,非经复控,有司不得再行提讯滋扰。"[3]

"乡保"、"董事"是清代(主要是后期)某些地方对乡约约正的别称,黄宗智说:"乡保作为经衙门认定、由村庄社区首事提名的人选,既是衙门的代理人,又是村社的代表。他与衙役共同负责任,把衙门的意见、传票、逮捕状送达诉讼当事人以及村社成员。……有时,他还会间接促成或直接卷入调解过程。……有时乡保独自担当调解。"[4] 经常

---

[1] 一凡藏书馆文献编委会编著:《古代乡约及乡治法律文献十种》(第二册),黑龙江人民出版社2005年版,第162页。

[2] (明)王守仁:《王阳明全集》(第一集),红旗出版社1996年版,第228~232页。

[3] 一凡藏书馆文献编委会编著:《古代乡约及乡治法律文献十种》(第二册),黑龙江人民出版社2005年版,第159~161页。

[4] 黄宗智:《清代的法律、社会与文化:民法的表达与实践》,上海书店出版社2007年版,第104~105页。

出现在契约和诉讼中的"约邻"包括乡保（乡约）和戚邻（族邻）两重含义。

（二）约正、约副必须是公正殷实之人

1. 关于约正、约副的资质。一般来说，负责具体解纠的人应该是公正或权威的象征，所以约长等一干人须有相当资质。在素质上要求约长是"高年德望众所推服者"，约副是"才猷练达者"；在程序上要求公举产生（有时也由官府举荐）。此外，由于他们一般没有劳务报酬，这就要求他们还必须是"家道殷实"者。

约正、约副的资质，首先是在乡约组织的规约中有规定。明代《南赣乡约》规定：约长、约副须是"同约中推年高有德为众所敬服者"，约正须是"公直果断者"。[1] 康熙四十四年广东省连山乡约之规约《圣谕宣讲乡保条约》中有专门的"信誓"，也就是约正约副们宣誓就职时的誓词，内容如下："某等身为官役，职司训督，今誓于神，务秉公正。如有善行登记不周，或湮没不彰、或谕扬过实者，天地神明阴施诛殛。人有恶行查访不实，或饰词遮掩、或驾词陷害者，天地神明丧其身家。调和处事不度情理，或偏憎偏爱、或市恩市利者，天地神明降施灾祸。人肯悔过不亟表扬，或微词讥刺、或隐言败毁者，天地神明减其福算。"既毕又三叩首，方据四簿禀报圣谕牌前，异日公同送县以凭查核施行。[2] 其次是国家法律有规定。乾隆年间《刑部条例》要求约正、约副之选设比照耆老之规定，此即《乡约律》，内容是："凡各处人民合设耆老（包括乡约），须于本乡年高有德、众所推服人内选充，不许罢闲吏卒及有过之人充应，违者杖六十。革退；当该官吏笞四十。若受财枉法从重论。"[3]

为了提高约正等人的素质和乡约工作效率，有些地方官还对乡约领导班子一干人进行专门培训。嘉靖四年吕柟在山西推行解州乡约，对乡

---

〔1〕（明）王守仁：《王阳明全集》（第一集），红旗出版社1996年版，第228页。

〔2〕 周振鹤撰集，顾美华点校：《圣谕广训：集解与研究》，上海书店出版社2006年版，第537页。

〔3〕 一凡藏书馆文献编委会编著：《古代乡约及乡治法律文献十种》（第二册），黑龙江人民出版社2005年版，第42页。

约主持及在约从事"读律诰、课农桑、正婚姻、均市渠"等工作的耆老进行专门训练。办法是受训者先在解梁书院四个书斋分别接受理论和方法训练,然后下乡实践。"朔望要到书院听讲,次日还要报告化过人数和有过不改的人名,以便吕柟量行劝惩。"嘉靖十三年吕柟门人余光(嘉靖十一年进士)行于解州运城的河东乡约、嘉靖十八年吕柟门人张良知(嘉靖七年举人)行于河南许州的许昌乡约,都曾模仿吕柟的做法。[1]

2. 约正(约长)的任职程序。约正任职的核心程序是约众推举,有些约正还须由官方颁发"委任牌"。康熙年间江苏巡抚张伯行在《申饬乡约保甲示》中规定:"严檄遴乡约长,今查得某处某某恒产恒心,兢持素履,年高德邵,足为一方羽仪,合行给牌委任。"[2]清代巴县档案中有一则乾隆三十三年(1768年)乡约请求县令批准其公举之约正的"恳准"书,其中说:"(巴邑)陶家场铺户约二百余家,只有场头客长(管理外地移民的基层管理人员)[3],缺少乡约,每逢场期赶场民集,又兼大路要道,东通南川、綦江、西达江津、璧山,往来客商络绎不绝,屡次凶闹,无有乡约理难化奸。今伊等场众公举熊孔文……充乡约。恳□给照,给与孔熊文,以便约束斯地顽民。""县正堂批:着孔熊文具到投充,当堂验看夺。"[4]

3. 对约正约副的奖惩。清代某些地方的约正、直月有一点象征性的报酬,如广东东莞县乡约的约正每年廪膳银六两,直月三两六钱。[5]但一般来说,乡约约长(约正)、约副等人的工作都是义务的,没有俸禄。为了使这些人无生活压迫,能专心工作,无论是乡约自己还是官府,都规定了奖惩措施。清代地方官王凤生制定的《约正劝惩条约》规定:"乡集耆如能劝化地方息争安分,并无倚势偏徇、被控情事,并实

---

[1] 朱鸿林:《中国近世儒学实质的思辨与习学》,北京大学出版社 2005 年版,第 289~290 页。

[2] (清)张伯行:《正谊堂文集》卷三八《告示三》。

[3] 梁勇:"清代四川客长制研究",载《史学月刊》2007 年第 3 期。

[4] 四川省档案馆:《清代巴县档案汇编》(乾隆卷),档案出版社 1991 年版,第 199 页。

[5] 宣统《东莞县志》卷二五《经政略四》"典礼下·礼仪内宣讲篇"。

力稽查奸匪著有成效者，一年由地方官给予花红，三年送给匾额，五年详请大宪优加奖励。……乡集甲耆承值之后，倘因熟识衙门，借此包揽钱粮词讼及插身帮讼情事，除立即斥退外，仍照例究办。"[1]康熙年间江苏巡抚张伯行的《申饬乡约保甲示》也规定："如周年有功无过，准免杂差，注名纪善簿；三年有功无过，准给匾旌扬，比于乡饮大宾，仍登名旌善亭，永垂芳誉。万一变移素行，违义狥私，查出即注纪恶簿，并罚银四两，以存该地备赈之用。"[2]

第二节　定期集中解纷

明清乡约一般都规定定期解决纠纷，例如《南赣乡约》规定"约正"、"约副"及"约史"、"知约"、"约赞"等工作人员每半月主持一次内部纠纷的调解，但并不限制其它时间随时解决纠纷。定期集中解纷是乡约组织解纷的主要的和正式的形式。这种在特定时间与场所，由专门人员进行的解纷，很有一种民间审判的味道。

一、集中解纷的地点

在乡约制度中，乡约组织没有官府配建的办公设施，但一般都有一个相对固定的公共活动场所，这就是"约所"或"乡约所"，一如里甲有申明亭、宗族有祠堂和同乡组织有会馆。乡约组织在约所进行纠纷解决时，约所就承担了民间法庭的角色。

（一）约所的设立

约所由乡约组织自寻或自建。有的约所是专门兴建的，如万历五年顺天府庠生[3]刘景富等人兴建密云乡约所[4]，但大部分约所都是借用当地原有的公共建筑，如寺庙、道观、书院、公馆、社学、祠堂等，尤其以寺庙和书院为多。这与早先"里"中专门配建申明亭的情况不同。

---

[1]　一凡藏书馆文献编委会编著：《古代乡约及乡治法律文献十种》（第二册），黑龙江人民出版社2005年版，第161～162页。

[2]　（清）张伯行：《正谊堂文集》卷三八《告示三》。

[3]　科举考试中府州县学的生员的别称。

[4]　王兰荫："明代之乡约与民众教育"，载《师大月刊》1935年第21期，第109页。

1. 以寺庙为约所。明代南赣乡约的约所"以道里均平之处，择寺观宽大者为之"[1]；（福建）惠安地区"行乡约，多栖佛老之宫、丛祠之宇"[2]。万历年间地方官洪富《青阳乡约记》记载："吾乡有石鼓庙，旧宇倾圮。庄子捐已赀而一新之，于是崇明黜幽，迁佛像于其东西傍，而中为众会之所。"[3] 黄六鸿在《福惠全书·教养部》中说："每乡宜设一讲约所，或合乡共讲，或就宽大寺院庵观，亦可知每村每族俱宜专设，或就村之寺宇，族之祠堂，但须洁净可奉龙牌，宽敞可容听众。"[4] 清代乾隆年间《安溪县志》卷十《寺观》记载："显应庙，在县南厚安村。……康熙三年重修，邑人余克济记。即今之乡约所也。"又载："狮子宫，在龙山下，即今乡约所"；"官桥宫，为宣讲乡约所"；"科名庵，里中讲约所"[5]。

2. 在书院设立约所。明代嘉靖二十三年（1544年）创行于广东增城县的沙贝（当地俗称沙堤）村的沙堤乡约，约所位于沙贝村里的独冈书院。这个书院由乡约创办人湛若水兴建和维持。[6]

（二）约所的摆设与布局

从我们的考察来看，明清乡约约所内部的摆设一如现在的法庭，样式特定，庄严气派。以沙堤乡约约所为例：该约所由礼堂和约亭两部分建筑组成。礼堂呈东西向长方形，"堂上中央靠外地带用来摆放（用后移开）讲案（讲台）和读乡约案（大课桌）。讲案用时，上放书册。座位均靠边，面向堂中。约宾座位，一列在堂北，二列在堂西，还有一些在堂下西阶之后。约正、约副、乡正座位，在堂西宾位之前，靠近西阶；约正靠近堂内，乡正靠近西阶。主约、副主约座位在堂东中间，主

---

[1]（明）王阳明：《南赣乡约》，载（明）王守仁：《王阳明全集》（第一集），红旗出版社1996年版，第228~232页。

[2]（明）叶春及：《惠安政书》，福建人民出版社1987年版，第16页。

[3] "青阳乡约记"，转引自汪毅夫："明清乡约制度与闽台乡土社会"，载《台湾研究集刊》2001年第3期。

[4]（清）黄六鸿：《福惠全书》卷二五《教养部》。

[5] 乾隆《安溪县志》卷十《寺观》，安溪县今属福建省泉州市。

[6] 朱鸿林：《中国近世儒学实质的思辨与习学》，北京大学出版社2005年版，第260页。

约座位靠内。副主约左边是诸执事者位置，执事者位前放鼓、钟、磬，执事者位后放讲鼓、蹲司。堂下两阶中间，是歌工四人的位置。"[1] 约亭位于堂外西北方，亭中设有香案，案上放香炉一、烛台和花瓶各二。

明代万历年间《乡甲约》中有《乡甲会图》（见图4-1），显示了当时乡约组织集会时约所中的一般布局：屋内前后摆放两张大桌（香案），前面桌上放置"圣谕牌"和"和事牌"，圣谕牌上写着太祖《圣谕六言》，和事牌上写着"天地神明纪纲法度"；前桌两边分设约正、约讲和约副、约史肃立之位。后面桌上摆放善恶薄之类，两边是约众肃立之位，各分三班（排）。后桌的后面是发生纠纷的"善人"、"恶人"、"四邻"、"和事人"（调处人）与"甲长"、"白事"（禀告案情、陈述缘由的人）的"跪位"，他们分为两排跪在第二张香案后面。

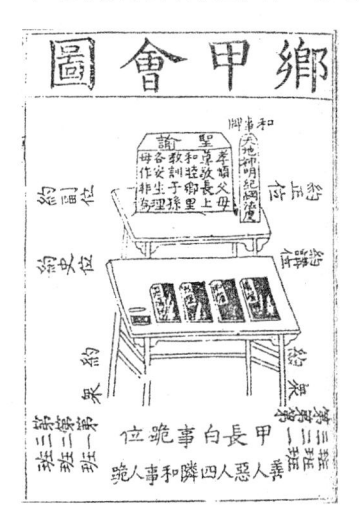

图4-1　明代万历年间《乡甲会图》

图片来源：《古代乡约及乡治法律文献十种》（第一册）[2] 第201页。

---

〔1〕　参见朱鸿林：《中国近世儒学实质的思辨与习学》，北京大学出版社2005年版，第273页。

〔2〕　一凡藏书馆文献编委会编著：《古代乡约及乡治法律文献十种》（第一册），黑龙江人民出版社2005年版，第201页。

清代有《讲约图》（见图4-2），描绘的大致是乡约组织集会时约所内的情景，布局与明代《乡甲会图》基本相同，只是明太祖的《圣谕六言》变成了康熙帝的《圣谕十六条》。

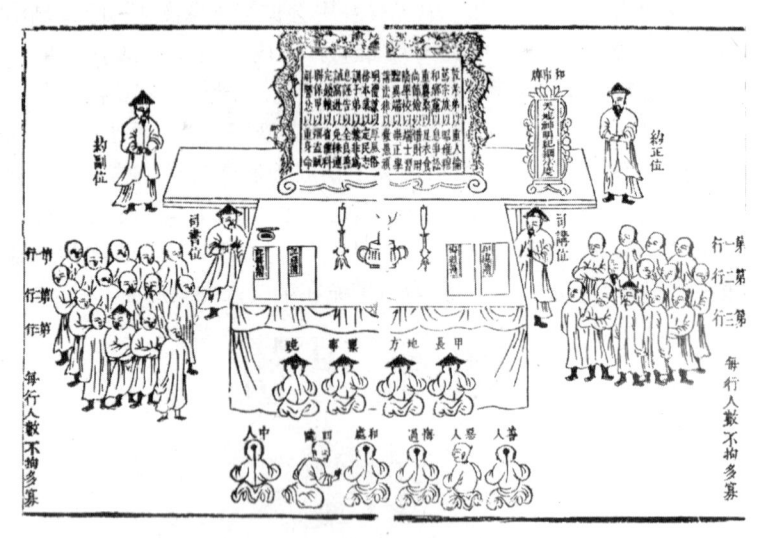

图4-2　康熙年间的《讲约图》

图片来源：《〈圣谕广训〉集解与研究》[1]正文前面的画页。

二、举善纠恶的含蓄解纷

乡约组织定期集会中一般都有一个"举善纠恶"的重要议程。在维权意识不强的传统思维中，"和"具有独立的善价值，"争"具有独立的恶价值，举善纠恶本身就是表彰息讼、制裁争讼的行为，因而是一种含蓄的解纷行为，这是举善纠恶与解决纠纷之关系的要害所在。明清时期乡约组织举善纠恶、解决纠纷的情况，文献有大量载述。明代叶春及在《惠安政书·乡约篇》中讲："国朝旌善亭，榜书民之善恶，即《周礼》属民读法，考其德行道艺而劝之，纠其过恶而戒之意。而近行乡

---

〔1〕周振鹤撰集，顾美华点校：《圣谕广训：集解与研究》，上海书店出版社2006年版。

约,置记善记过簿,亦此意也。今日登簿,积之不已,则登于亭,可不畏哉,可不勖哉!"[1] 清代《东莞县志》记载:"讲毕,于此乡内有善者众推之,有过者直月纠之,约正询其状,众无异词,乃命直月分列书之,直月遂读记善籍一遍,其记过籍呈约正及耆老里长默视一遍,皆付直月收之。事毕众揖而退,岁终则考校其善过,汇册报于县官,设为劝惩之法,有能改过者一体奖励,使之鼓舞不倦。"[2] 黄六鸿在《福惠全书·教养部》中说:"每讲读毕,约讲与在事人及首领绅衿长老各举某人行某孝行,某弟作某善事,拯救某人患难,周恤某人贫苦,或妇人女子某为节,某为烈,俱要实迹,公同开载劝善簿内","如某人行某忤逆不孝,某人行某悖乱不悌,作某恶事,欺凌某人,强占某人财物,及奸宄不法事,俱要实迹,公开开载纠恶簿内。"[3] 下面我们再看两个实例:

(一)《南赣乡约》的"彰善纠过"与纠纷解决

《南赣乡约》规定了彰善纠过的具体程序:

1. 彰善。①设彰善位、陈彰善簿。"(同约)各以次就位,少者各酌酒于长者三行,知约起,设彰善位于堂上,南向置笔砚,陈彰善簿。"②提名并民主通过。"约赞鸣鼓三,众皆起,约赞唱:'请举善!'众曰:'是在约史。'约史出就彰善位,扬言曰:'某有某善,某能改某过,请书之,以为同约劝。'约正遍质于众曰:'如何?'众曰:'约史举甚当!'约正乃揖善者进彰善位,东西立,约史复谓众曰:'某所举止是,请各举所知!'众有所知即举,无则曰:'约史所举是矣!'"③书于善簿,公开表彰。"约长副正皆出就彰善位,约史书簿毕。约长举杯扬言曰:'某能为某善,某能改某过,是能修其身也;某能使某族人为某善,改某过,是能齐其家也;使人人若此,风俗焉有不厚?凡我同约,当取以为法!'遂属于其善者;善者亦酌酒酬约长曰:'此岂足为善,乃劳长者过奖,某诚惶怍,敢不益加砥砺,期无负长者之教。'皆饮毕,再拜会约长,约长答拜,兴。"

---

[1] (明)叶春及:《惠安政书》,福建人民出版社1987年版,第341页。
[2] 宣统《东莞县志》卷二五《经政略四》"典礼下·礼仪内宣讲篇"。
[3] (清)黄六鸿:《福惠全书》卷二五《教养部》。

2. 纠过。①设纠过位、陈纠过簿。"（同约）各就位，知约撤彰善之席，酒复三行，知约起，设纠过位于阶下，北向置笔砚，陈纠过簿。"②提名并听证、通过。"约赞鸣鼓三，众皆起，约赞唱：'请纠过！'众曰：'是在约史。'约史就纠过位，扬言曰：'闻某有某过，未敢以为然，姑书之，以俟后图，如何？'约正遍质于众曰：'如何？'众皆曰：'约史必有见。'约正乃揖过者出就纠过位，北向立，约史复遍谓众曰：'某所闻止是，请各言所闻！'众有闻即言，无则曰：'约史所闻是矣！'"③书于善簿，当场教诲。"约长副正皆出就纠过位，东西立，约史书簿毕，约长谓过者曰：'虽然姑无行罚，惟速改！'过者跪请曰：'某敢不服罪！'自起酌酒跪而饮曰：'敢不速改，重为长者忧！'约正、副、史皆曰：'某等不能早劝谕，使子陷于此，亦安得无罪！'皆酌自罚。过者复跪而请曰：'某既知罪，长者又自以为罚，某敢不即就戮，若许其得以自改，则请长者无饮，某之幸也！'趋后酌酒自罚。约正副咸曰：'子能勇于受责如此，是能迁于善也，某等亦可免于罪矣！'乃释爵。过者再拜，约长揖之，兴，各就位，知约撤纠过席，酒复二行，遂饭。"

3. 申戒。"饭毕，约赞起，鸣鼓三，唱：'申戒！'众起，约正中堂立，扬言曰：'呜呼！凡我同约之人，明听申戒，人孰无善，亦孰无恶；为善虽人不知，积之既久，自然善积而不可掩；为恶若不知改，积之既久，必至恶积而不可赦。今有善而为人所彰，固可喜；苟遂以为善而自恃，将日入于恶矣！有恶而为人所纠，固可愧；苟能悔其恶而自改，将日进于善矣！然则今日之善者，未可自恃以为善；而今日之恶者，亦岂遂终于恶哉？凡我同约之人，盍共勉之！'众重曰：'敢不勉。'乃出席，以次东西序立，交拜，兴，遂退。"

（二）广东连山乡约的"月旦公评"与纠纷解决

康熙年间的广东连山县乡约之规约《圣谕宣讲乡保条约》中讲："照得教训不严则民俗易即为非，彰瘅未备则民心无由思奋。……各立记善、记恶、和处、悔过四簿，将一切所管灶丁逐户填入各簿。……凡约中所为，从实直书，使良善之行虽微必录，奸险之状即隐亦彰。务有实事可查、邻证可据，方称月旦公评，……遵行之久，自然民各兴行，道一风齐,使连山小邑犹存三古遗风。"[1] 这是说,乡约组织设立记善、记恶、和处、悔过四种记录册,记下约众的有关行为表现,在每月(月旦)集会时进行"公评"。《乡保条约》示列了四簿的簿式[2],简介如下:

1. 记善簿式。共十七条,与"圣谕十六条"相对应,多出的一条是因为把第一条"明孝弟"分为"惇孝"、"悌弟"两条。十七条分别是:"惇孝"、"悌弟"、"笃宗族"、"和乡党"、"重农桑"、"尚节俭"、"隆学校"、"黜异端"、"讲法律"、"明礼让"、"务本业"、"训子弟"、"息诬告"、"诫窝逃"、"完钱粮"、"联保甲"、"解仇忿"。其中涉及纠纷解决的有七条,与纠纷解决直接相关的有五条,这五条是:①"某人仰遵圣谕'和乡党'一条,平日果能奉养里老,周恤同乡,记为上善;排难解纷,有无相通,记为中善;各守本分,不至乖张,记为下善。"②"某人仰遵圣谕'讲法律'一条,平日果能恪循规矩,尽所当为,记为上善;遵守法度,惟恐违背,记为中善;亦能畏惧,不至放肆,记为下善。"③"某人仰遵圣谕'明礼让'一条,平日果能型仁讲让,亲逊成风,记为上善;卑以自牧,犯而不较,记为中善;恐至失礼,毋敢亵慢,记为下善。"④"某人仰遵圣谕'息诬告'一条,平日果能以礼律身,使人敬爱,记为上善;吃亏忍耻,不至相讼,记为中善;据情理诉,辨明即止,记为下善。"⑤"某人仰遵圣谕'解仇忿'一条,平日果能宽和处众,使人相爱,记为上善;解冤释结,过而即忘,记为中善;偶有论辩,不至争斗,记为下善。"

2. 记恶簿式。也是十七条,其中涉及纠纷解决的有五条:①"某人于圣谕'和乡党'一条不能仰遵,平日武断乡曲,打骂街巷,记为首恶;好兴词讼,挟制邻舍,记为次恶;凡事专恣,不和乡党,记为小恶。"②"某人于圣谕'讲法律'一条不能仰遵,平日败纲乱常,违条犯法,记为首恶;明知故犯,希图侥幸,记为次恶;见人犯法,不即劝

---

[1] 周振鹤撰集,顾美华点校:《圣谕广训:集解与研究》,上海书店出版社2006年版,第536~538页。

[2] 周振鹤撰集,顾美华点校:《圣谕广训:集解与研究》,上海书店出版社2006年版,第538~542页。

改，记为小恶。"③"某人于圣谕'明礼让'一条不能仰遵，平日越礼犯分，败纲乱俗，记为首恶；踞傲不恭，律身无礼，记为次恶；急气凌人，周旋失节，记为小恶。"④"某人于圣谕'息诬告'一条不能仰遵，平日捏条造款，谋害性命，记为首恶；遇事风生，逞其刁诈，记为次恶；喜人有事，不行劝解，记为小恶。"⑤"某人于圣谕'解仇忿'一条不能仰遵，平日蓄谋结党，构怨害命，记为首恶；记念旧仇，必图报复，记为次恶；遇事争竞，不肯和忍，记为小恶。"

3. 和处簿式。"和处"即和睦相处，共十六条，与"圣谕十六条"相对应，全部涉及纠纷解决，迻录如下：①"某人先曾家庭不睦，日相吵闹，今既恭聆圣谕'惇孝弟'一条，听凭族众调处，孝父恭兄，各尽伦理。"②"某人先曾同姓不睦，等于路人，今既恭聆圣谕'笃宗族'一条，听凭家长调处，亲疏相爱，各念一本。"③"某人先曾邻里乖张，日逐争竞，今既恭聆圣谕'和乡党'一条，听凭保练和处，各目谨饬，相安无事。又，某人先曾损人利己，纵畜食人苗稼，今既恭聆圣谕'和乡党'一条，听从邻保调处，用心收养，不致累人。又，某人先曾纵酒撒泼，打骂街邻，今既恭聆圣谕'和乡党'一条，听凭里老和处，戒酒忍性，各安本分。④"某人先曾游手好闲，平空生事，今既恭聆圣谕'重农桑'一条，听凭头保调处，寻地耕种，尽力守分。"⑤"某人先曾不知省约，举债致斗，今既恭聆圣谕'尚节俭'一条，听凭中保和处，清楚旧欠，不复妄揭。"⑥"某人先曾出入衙门，好兴词讼，今既恭聆圣谕'隆学校'一条，听凭斋长和处，退身诵读，谨守学规。"⑦"某人先曾误信邪教，以致牵连，今既恭聆圣谕'黜异端'一条，听凭头保议处，一概斥绝，永断后患。"⑧"某人先曾恃强妄行，争斗告状，今既恭聆圣谕'讲法律'一条，听凭头地处息，循礼守法，毋敢放恣。"⑨"某人先曾凶傲自恣，凌辱同类，今既恭聆圣谕'明礼让'一条，听凭头地和处，认罪服礼，言归于好。"⑩"某人先曾东奔西逐，妒绝手艺，今既恭聆圣谕'务本业'一条，听凭同行和处，各揽各业，不致钻营。"⑪"某人先曾纵容子弟，惹事致讼，今既恭聆圣谕'训子弟'一条，听凭头地和处，自行约束，永禁再犯。"⑫"某人先曾惯兴词讼，诬告行奸，今既恭聆圣谕'息诬告'一条，听凭同事和处，自行引咎，永不挟仇。"⑬"某人先曾潜留匪类，株连到官，今既恭聆圣谕

'诫窝逃'一条,听凭头地议处,自行稽查,毋敢纵容。"⑭"某人先曾欠粮躲差,致烦勾摄,今既恭聆圣谕'完钱粮'一条,听凭里老调处,照众承务,按限急公。"⑮"某人先曾守望不勤,致烦查究,今既恭聆圣谕'联保甲'一条,听凭头地议处,自后加谨,不敢怠情。"⑯"某人先曾念旧逞凶,因攘大祸,今既恭聆圣谕'解仇忿'一条,听凭邻佑调处,消释解散,永无争论。"

4. 悔过簿式。共十六条,与"圣谕十六条"相对应,涉及纠纷调处的有七条:①"某人向曾抵触父兄,今经宣讲圣谕'惇孝弟'一条,自行悔过,亲爱顿生,家庭无违。"②"某人向曾亵慢宗族,今经宣讲圣谕'笃宗族'一条,自行悔过,追念一本,敦睦无违。"③"某人向曾踞傲邻邑,今经宣讲圣谕'和乡党'一条,自行悔过,谦逊自持,和顺无违。"④"某人向曾违条犯律,今经宣讲圣谕'讲法律'一条,自行悔过,畏议怀刑,谨饬无违。"⑤"某人向曾越礼犯法,今经宣讲圣谕'明礼让'一条,自行悔过,小心敬恤,言动无违。"⑥"某人向曾诬害平民,今经宣讲圣谕'息诬告'一条,自行悔过,公正和平,安静无违。"⑦"某人向曾结仇报怨,今经宣讲圣谕'解仇忿'一条,自行悔过,强恕持平,安静无违。"

关于通过举善纠恶方式解决纠纷的问题,我们有以下分析和结论:其一,举善纠恶以解决纠纷为直接目的之一,所谓"使良善之行虽微必录,奸险之状即隐亦彰",劝善戒恶,臻淳化事。其二,举善纠恶是一种比较间接和含蓄的解纷方式。它既解决纠纷,增进和睦,又不伤情面,导人向善,寓教化于解纷之中,化解纷为教化之方。《南赣乡约》中的"彰善纠恶"程序是在类似于乡饮酒或燕礼的活动中进行的,处理纠纷的方式比较含蓄,据说实践效果甚佳。一些好斗喜争之徒往往"急向其家父母族长服罪,改行而后敢入","其感发人心而兴起教化"的功能十分显著。[1]其三,对好争者或过错方可以采取灵活多样的制裁方式,这些制裁主要有三种:一是当场申戒。此即南赣乡约集会中,"约正乃揖过者出就纠过位,北向立,约长副正皆出纠过位,东西立,

---

[1] 王日根:"论明清乡约属性与职能的变迁",载《厦门大学学报》2003年第2期。

约史书簿毕，约长谓过者曰：'虽然姑无行罚，惟速改！'"二是事后惩罚。如东莞乡约是"事毕众揖而退，岁终则考校其善过，汇册报于县官，设为劝惩之法"；连山乡约是请官府代为惩罚，"每于本县临村宣讲时，该头保率领灶丁并将前项四簿当官投递，本县查阅簿内善多者给赏花红，恶多者谅加责惩"。三是"登于（约）亭"，公开曝光。此即惠安乡约所谓"今日登簿，积之不已，则登于亭，可不畏哉，可不劝哉！"

三、"讼者平之"的直接解纷

现场直接解决纠纷是乡约组织定期集会的重要活动内容，并且大都在规约中加以明确规定。明朝叶春及《惠安政书·乡约篇》记载惠安县乡约组织定期集会的活动主要有五项议程："赞宣圣谕"、"赞读诰律"、"讲解四礼条件"、"举善纠恶"、"讼者平之"。后两项议程的内容是："有善者，众推之；有过者，直月（当月轮值的工作人员）纠之，询其实状无异词，乃命直月书之（记入善薄和恶薄）。……讼者平之，相揖而退。"[1]"讼者平之"就是解决纠纷。清代浙江省海宁县县令许三礼为全县制颁《讲约规条》五条，最后一条就是乡约集会直接解决纠纷的程序："遇约期已刻约众升堂，俱端肃立班，候齐集，赞者唱：'排班。'班齐，复唱：'宣圣谕十六条。'复宣'孝顺父母'六句，……礼毕。在约诸人仍以次揖，诸尊长倘各约有争斗犯约者，即时具白解和，各相揖让，不许置酒食，如无事解和即散。"[2]又光绪年间岭南嘉应乡约的《团练乡约章程》规定："饬各乡长每月议期三日，齐集公所。有事，为乡人排难解纷以息事安人；无事，则合乡中子弟为之称说礼义，教之孝弟为田，以消其强暴之气。"[3]

广东沙堤乡约的定期集会程序中，没有其它乡约的最后一项重要议程——现场直接解决纠纷，但是领导班子中有"乡正"一职，据有的学者考证，"乡正"的角色就是地方社会中的民事诉讼裁判者，与明初里

---

[1] （明）叶春及：《惠安政书》，福建人民出版社1987年版，第341~342页。

[2] 周振鹤撰集，顾美华点校：《圣谕广训集解与研究》，上海书店出版社2006年版，第533~534页。

[3] "团练乡约章程"，载饶集蓉等辑：《光绪嘉应州志》卷一五《兵防》。

老人的职务相似。[1]《隋书》卷四二《李德林传》载,开皇年间,苏威"奏置五百家乡正,即令理民间辞讼"。我们再与沙堤乡约中的"甲内一人为非,九家(或)二十四家举呈乡正,(通过他)闻官究治"等规定联系起来看,沙堤乡约组织的集会中有纠纷解决活动应该是没有问题的。

第三节 平时灵活解纷

乡约组织解纷除了在定期集会中解纷之外,平时也是可以随时随地进行的。明代徽州府祁门县的《文堂乡约家法》规定:约正副有帅人之责,约中有大事,可以"不拘常期率众赴祠堂议处"[2]。一旦出现斗殴不平之事,都要由约长出面"公论是非",不听约长裁决而"投贼复仇,残害良善,酿成大患"者,约长率诸同约成员报告官府处置。乡约组织解纷大致有调解和裁判两种方式。其中"裁判"是指乡约的约正、约副解决纠纷时,在双方难以妥协的情况下依地方习俗、乡规民约或族法对纠纷的强制性处断。[3] 比方说,清代弘光元年(1645年)村民汪礼典、陈朋、麻三、光青、廖有寿等因搭桥短缺材料,私砍他人山上树木数根,有人状投约保。约正倪思爱、倪思谅、倪宗□理判汪礼典等归还所盗砍树木,并写立承诺书,保证以后再毋得盗砍,如违,听凭呈治。[4] 乡约组织的解纷方式以调解为主。

一、纠纷不达官府的直接调解

明朝乡约约正钟远鸣调解陈余两家山地纠纷案。福建省武平县桃溪乡小澜村的陈、余二姓《族谱》中载有一则《陈余二姓争执山业公立合约》[5],这一《合约》实际上是一份调解协议书,现将这份《合约》

---

[1] 朱鸿林:《中国近世儒学实质的思辨与习学》,北京大学出版社2005年版,第284页。
[2] 《隆庆〔祁门〕文堂乡约家法》,明隆庆刻本,原件藏于安徽省图书馆。
[3] 参见本书第七章第二节关于"裁判"的说明。
[4] "弘光元年(1645年)汪礼兴等立还文约",载王钰欣、周绍泉主编:《徽州千年契约文书·清民国编》(卷一),花山文艺出版社1991年版,第9页。
[5] 武平县桃溪乡小澜村的陈、余二姓《族谱》。转引自刘大可:"小澜客家的宗族社会与神明信仰",载郑赤琰编:《客家与东南亚》,香港三联书店2002年版,第99~100页。

迻录如下：

陈余二姓争执山业公立合约

立合同人：陈禄华、余得清

今有小澜本乡四周山岗地业等处，陈余二姓人丁甚众，必争强弱。强者得多，弱者无口。纵虽山岗地业有主，亦如之无主矣！故二家各存祖德之隆，毋贻后人之悔，于是因争黄埔冈地一所，经投乡日公亲面踏均分，二姓不得紊争。今将地名开列一事，下屋坝、乱葬岗二家随阁坐落，上陈下余。陈家对面岗属陈，铺尾岗属余。峰下田、头壁背、田山子、陈背山、伯公凹、偏复坑、黄狮坑、伯公撑，随河右还至长头天水流至河属陈。大兰圆至十二排、牛栏岗、白下、大瑞坑、山子凹，云溪渡起泉坑背、落雨岭、下过溪流止，由至南畲坑尾，右至天弓岌天水流入泉坑背，随河左右，南边至小溪口、圳头坑、琉璃坑至泉坑子、赤金坑尾，右至巫坊大岌亦属陈家管业。泉坑背右边至泉坑口随大河上龙骨荇，牛头顶周围至下屋坑天水至溪泉坑桥起，并汉坑、大坪山、苏坛示下山内至大山豆地窝，叶竹坑天水流入，又月光山峰背、黄沙潭、黄锦坝、酒缸湖、庵场湾、张坑、登坑、虎额头天水流入，又上迳山子凹、乌石而过溪渡起，并袁子山、金牌石、篾冷坑、白竹坡至腾头坑寨天水流入在左，至葫炉冈、天缸岌为界天水流至鹿石坑属余一业。上还杨梅溪起左右山冈至本乡并坡头坑里、碓公坑、银珠坑、大鱼泽、小炉坑、石门坑、山羊紫、天水流入赤金坑尾左，至巫坊大岌亦属余家管业，蜡坑石、粗石坑亦属余家管业。余、陈二姓经公目从分之后，界趾面分明，各执合同依照管一后，日暗无天日家不敢有违，如违许，公目禀官究治。今恐口无凭用，立合同二家一样为照。

一批陈家有坟在余家山中，上坟下龙，左右留遮证明。余家有坟在陈家山中，亦照议批家。两家合同各执一纸同样存照。

乡约：钟远鸣（押）
在场见证人：黄龙（押）夏日辉（押）
本县生员：李如珠（押）周云瑞（押）
钟文庆（押）黄太寿（押）
大明正统十年三月初十日立合同人 陈禄华（押）余得清（押）

从这一《合约》可知，明朝正统十年（1445年）福建省汀州府武平县桃溪乡小澜村的陈、余二姓为争夺山林、田地发生纠纷，在乡约约正钟远鸣等人的调解下，达成调解协议《陈余二姓争执山业公立合约》。参与调解的除了约正之外，还有"在场见证人"黄龙、夏日辉，"本县生员[1]"李如珠、周云瑞、钟文庆、黄太寿。

下面表4-1是乡约组织直接调解纠纷的部分案例。

表4-1 乡约组织调解纠纷的案例

调解协议名称或资料来源	双方关系纠纷原因	纠纷情况	处理方式与结果
《万历二十二年（1594年）休宁黄以恩等分单合同》《千年契约》宋元明三272~273	同族各家重分房产	（合同正文内容字迹非常模糊，但仍可大致看出是黄氏家族在重新调整房屋田产过程中，黄以恩、黄以恕、黄□瑞等各家的纠纷。）	保长和约长黄嘉瓒、黄蘷、黄潭、黄□□、黄禅等出面调处，各方达成协议："各房子孙须念父祖一脉，……解纷息争，均产奉祀。如有故违，怀奸滋（扰）等情，执此经公理治，仍依此文为据。"

---

[1] 生员是科举考试中通过最低一级考试（府州院试）的秀才或相公。

（续表）

调解协议名称或资料来源	双方关系纠纷原因	纠纷情况	处理方式与结果
《乾隆十年（1745年）江西崇义县何乾州租山种杉照乡例主二佃八抽分》《形态》上48页	山主与佃管财产纠纷	江西省南安府崇义县何乾州佃管刘佐廷山场，砍卖杉木得钱一千四百文。依照二八抽分的乡例，何乾州给刘佐廷二百八十文，刘佐廷嫌少，认为何乾州贱卖杉木，发生纠纷。	刘佐廷请来乡约约长刘仲发理论。约长令何乾州加钱七百文，何乾州不允，双方未能达成协议。
《乾隆二十六年（1761年）贵州大定府余尚德求赎其父先典后卖之田产》《斗争》下445~446	同村乡邻田地买卖	贵州省大定府郝文耀家早年凭中购买余尚德家田亩，二十多天后余尚德要求"找价"[1]，郝文耀不理，双方发生打斗，郝文耀受伤。	郝家人请乡约验伤调处，未及调处结束，郝文耀即身亡。乡约报官。
《乾隆二十七年（1762年）福建武平县钟乘龙家绝卖棉田后违例索找田价》《斗争》下457~458	同村乡邻田地买卖	福建省汀州府武平县钟乘龙将五秤棉花田绝卖给舒科伯，舒科伯又绝卖给苏荣山。钟乘龙来到苏家要求"找价"。苏家不肯找给。双方发生打斗，钟乘龙受伤。	苏家人找来约正陈良富理论。苏家坚持田不是向他买来的，又是卖断的产业，不肯找价。未及调处结束，钟乘龙即告身亡。乡约报官。

---

[1] 参见本书第七章第六节。

（续表）

调解协议名称或资料来源	双方关系纠纷原因	纠纷情况	处理方式与结果
《乾隆三十五年（1770年）江苏六合县何宪章私允土牙经办土地买卖分受牙用》《斗争》上493~494	同村乡邻田地买卖	江苏省江宁府六合县何宪章以"土牙"[1]为业。侯德臣卖田未给何宪章"牙用"，何宪章索讨，两人争论并打斗。	侯德臣请保正许聚昌和乡约凌宽睿和息此事。侯家在保正家备酒，侯德臣向何宪章赔礼道歉，大家饮酒散回。
《乾隆三十九年（1774年）湖北襄阳县杜士俊购置军地及民田一百余亩引起争产》《斗争》下册510~511	同胞兄弟争夺田产	湖北省襄阳府襄阳县杜瑞典好逸恶劳，怀疑父亲杜士俊偏心帮贴哥哥杜瑞忠，两兄弟屡次吵闹并打斗。	父亲杜士俊请乡约对两兄弟劝说理论，两兄弟当面和息。不料晚上杜瑞忠自缢身亡。乡约报官。

材料来源：《徽州千年契约文书》（简称《千年契约》）、《清代地租剥削形态》（简称《形态》）、《清代土地占有关系与佃农抗租斗争》（简称《斗争》）。材料名称后面的数字表示页码。

二、官批民调

案例一：清朝乡约局绅董调解辛光来与丁彭大四房屋纠纷案[2]

浙江省台州府黄岩县南乡二十七都一图沿桥庄的村民辛光来在院桥街有东西两箱店屋，西箱店出押给亲戚陈崇厚，陈崇厚的儿子陈顺官又

---

[1]"土牙"即"私牙"，相对于"官牙"而言。"牙"是中国旧时为买卖双方说合交易并收佣金的居间人。"官牙"由政府指定，"私牙"一般来说须政府批准并取得印信文簿后始得执业。

[2]"光绪十一年（1885年）辛光来呈为投理莫理粘求吊讯事"，载田涛等：《黄岩诉讼档案及调查报告》（上卷），法律出版社2004年版，第282~284页。

私自卖与当地一个叫"丁彭大四"的地痞流氓。丁彭大四并不以此为满足，唆使侄子王阿三、王阿根"霸殴"（强占）了辛光来的东箱店。辛光来与王阿三、王阿根理论，陈顺官、丁彭大四、王阿三等人用木棍石块将辛光来、辛光为兄弟打伤。辛光来、辛光为先投地保（保甲长）理论，但"讵恶横行不睬"。辛光来又呈告县衙，县令批道："尔如果仅将西厢店屋出押陈崇厚为业，现在陈崇厚转押丁彭大四居住，若被其霸管东边店屋，尽可邀同陈崇厚妥理清楚。事息径直，不必涉讼。"也就是拒不受理。辛光为又告，县太爷批："控词含糊，供词牵混，似其中别有唆弄之人。究竟是何胶葛，即着持批投告院桥局绅杨旦查理理处，毋得混渎取咎。"即转批当事人所在地院桥街"局绅"杨旦处理。这里的"局绅"指晚清乡约局的绅董（总主持）。此案后来的调解结果如何，因诉讼档案没有记载，我们无从知晓。

案例二：清朝乡约局绅董调解张汝嘉与王加标纠纷案。

浙江省台州府黄岩县南乡三十八都二图南栅庄村民张汝嘉经营点心、米饭小本生意，毗邻饭店王加标因张汝嘉占了他生意而一直怀恨在心。一天张汝嘉见王加标的儿子与另一小孩在门外"两相扭殴"，自己不好出面，就拉请一人劝阻。但王加标认为张汝嘉是在"偏护外人"，借机纠集地否流氓炳扬等人殴打张汝嘉及其家人，抢去首饰衣物，砸毁店面。张汝嘉投请局绅（晚清乡约局的绅董，即总主持）调解，王加标"既理复翻"，根本不买账，张汝嘉呈告县衙。县太爷批："同业王加标之子在尔门前与人争斗，同系幼孩，尔既避犹挽人排解，何又向斥？情词自相矛盾。所称王加标同行嫉妒，事或有之，然何致因此纠人向尔斥骂，甚至不容分剖辄行扭殴？恐无如此情理。惟既投局理处，着仍自邀理可也，毋庸涉讼。"即仍着当理局绅调处。[1] 局绅调解结果如何，因诉讼档案没有记载，我们无从知晓。

本章小结：乡约组织是民间解纷的重要角色，代表乡约组织出面主持解纷的主要是约长（约正）、约副（晚清还有乡约

---

[1] "光绪十一年（1885年）张汝嘉呈为忿理毁殴求提讯究事"，载田涛等：《黄岩诉讼档案及调查报告》（上卷），法律出版社2004年版，第301~302页。

局的"局绅")等,具体的解纷有定期集中解决和平时灵活及时解决两种情况。定期集中解纷主要是在定期(一般在每月朔望)集会时进行,由约正副在乡约亭乡约所主持,包括举善纠恶的含蓄解纷和"讼者平之"的直接解纷;平时的灵活解纷随时随地都可以进行,主要有调解和裁判两种形式。无论明清社会如何变迁,乡约组织本身如何嬗变兴衰,官方介入乡约的情形多么严重,乡约组织的解纷职能都在渴望和谐生活的人们那里得到了相当程度的落实。

第五章

同乡组织与民间纠纷的解决

同乡社会是同乡人在异地因乡缘所形成的地缘社会形式,其组织在明清时期主要是同乡会馆。本著所谓同乡组织解纷主要是指同乡会馆解纷。本章从解纷的职能与主持者、解决纠纷的方式与实践两大方面来考察同乡社会组织参与解纷的基本情况。

第一节 解纷的职能与主持者

一、同乡会馆的解纷职能

相对于其它地缘社会组织来说,异地的同乡社会遇到的纠纷可能更多,因为这里更容易发生纠纷。[1] 解决这些纠纷是同乡会馆维护同乡权益、保持社会和谐的主要方式,也是其基本职能之一。同乡会馆解决的纠纷既包括同乡人之间的纠纷(包括经济及家庭纠纷),又包括同乡人与异乡人之间的纠纷。对后者的解决尤其重要,这时的同乡会馆主要是代表同乡与外籍人交涉,协调不同地区乡人之间的利益和冲突,为会员代办冤狱、伸张正义,直到以集体力量谋求官府出面保护等等。

吴大澂[2]在上海的"潮惠会馆迁建记"中这样表述会馆的功能:"会馆之建,非第春秋伏腊为旅人联樽酒之欢,叙敬梓恭桑之谊,相与乐其乐也,亦以懋迁货居,受廛列肆,云合星聚,群萃一方,讵免睚眦,致生报复,非赖耆旧,曷由排解?重以时势交迫,津梁多故,横征私敛,吹毛索瘢,隐倚神丛,动成疮痏。虽与全局无预,而偶遭株累,皇皇若有大害,踵乎厥后。既同井邑,宜援陷阱,凡此皆当忧其所忧者

---

〔1〕 参见本书第二章第二节。
〔2〕 吴大澂(1835~1902年),字止敬,又字清卿,江苏吴县人,著名金石考古学家,官至湖南巡抚。

也。纵他族好行其德者，亦能代为捍卫，而终不若出于会馆，事从公论，众有同心，临以神明，盟之息壤，俾消衅隙，用济艰难，保全实多，关系殊重。推之拯乏给贫，散财发粟，寻常善举，均可余力及之，无烦类数，此会馆之建，所不容缓也。"[1] 这里是说，会馆的设置不仅仅是为了同乡人"相与乐其乐"，更重要的是对付各种苛索骚扰势力，"代为捍卫"同乡人的权益，化解纠纷，所谓"盟之息壤，俾消衅隙"。

康熙五十四年（1715 年）北京的广州仙城会馆首事李兆图等所立之"创建黄皮胡同仙城会馆碑"中，有都察院左佥都御史张德桂撰《创建黄皮胡同仙城会馆记》，张德桂说："始里之辐辏京师者，则有若挟锦绮者，纨绔者，绢縠哆罗苎葛者，莫不曰：吾侪乃寄动息于牙行，今安得萃处如姑苏也？既而裹珠贝者，玻璃翡翠珊瑚诸珍错者，莫不曰：吾侪久寄动息于牙行，今安得萃处如湘潭也？既而荤药之若桂若椒者，果核之若槟若荔者，香之若沈若速若檀若美人选若鹧鸪斑者，莫不曰：吾侪终寄动息于牙行，今安得萃处如吴城也？凡数十年，是图会馆也。……中设关帝像祀焉……里人升堂，奠位凝肃，瞻仰神明，若见若语。桑梓之谊，群聚而笃。"[2] 从这块碑记可知，康熙时期京师牙行[3]多欺侮外乡商人，是会馆成为流寓客商的后盾，才使他们得以共同对抗牙行，实施自我管理和自我约束，一如在家乡活动。

今人总结明清时期重庆的湖广会馆有四大功能，功能之一就是仲裁纠纷[4]。如重庆的江西会馆是重庆药材市场纠纷的重要调解或仲裁机关。江西省临江府清江县的樟树镇，在乾隆时期成为全国著名的药材集散地，后来"临帮"（临江人）到重庆经营药材，并投资修建江西会馆，临帮之间发生纠纷都要到该会馆接受调解，所有药商开业须得到该

---

[1] 上海博物馆图书资料室编：《上海碑刻资料选辑》，上海人民出版社 1980 年版，第 331 页。

[2] 李明：《明清以来北京工商会馆碑刻选编》，文物出版社 1980 年版，第 15 页。

[3] 牙行即牙商的商行。牙商是中国旧时为买卖双方说合交易并收佣金的居间商。明清时期规定牙行设立须经官府批准，所领凭证名牙贴；领贴缴贴费，每年缴税银，称牙税。

[4] 另三大功能是同乡救助、商务会谈、信息中心。参见李鹏、王静："湖广会馆前世与今生"，载《重庆日报》2005 年 9 月 29 日。

会馆同意,甚至连药号用的秤也要由该会馆发放或校核方为有效。[1]

二、同乡会馆解纷的主持者

同乡会馆解纷的主持者一般是会首或首事等会馆负责人,也有一些同乡会馆设有专职解纷人员。

(一)同乡会馆负责人主持解纷

会馆作为一种社会组织,为了能够推动各项事业发展,更好地服务同乡人,必须有人主持会馆的各项工作,这一主持者就是首事、董事或理事。明清会馆负责人的称名很多,计有会首、首事、馆长、客长、总管、客总、会董、值年等。他们都是荣誉职,不受薪,但可从会馆支取若干车马费。清代后期和民国时期,同乡会馆大多嬗变为同乡或同业公会,并设置理事会、监事会、董事会等,负责人称董事长、董事、理事、监事等。

乾隆四十九年(1784年)《潮州会馆碑记》中载:"吾郡七邑,首海阳,次澄海、次潮阳、次饶平、次惠来、次普宁、次揭阳,议定规条,将历置房产设立册簿,所有现带租银征收,以供祭祀,余充修葺诸款动用,并襄义举。延请董事经理,三年一更,七邑轮举。一应存馆契卷,递交董事收执。先后更替,照簿点交,永为定例。所以敦请董事,必择才具贤能、心术公正之人,综理巨务,其责郑重。"[2]一般来说,会首的对内职责是监理会馆的一般事务,如章程的制订、祭祀的主持、银钱的收支、馆产的管理、内部纠纷的调处等等;对外的职责是代表会馆去跟官府或其他团体交涉谈判等。内外两方面都包括解决纠纷,"有同乡人相互间发生纠纷,则例由会馆董事仲裁。有些会馆在同乡人和外界人士发生争执时,也会为之出面处理,以免同乡人孤单软弱被人欺负。"[3]清代《云贵会馆章程》规定:"凡来重庆经商之两省同乡,受

---

[1] 何智亚:《重庆湖广会馆历史与修复研究》,重庆出版社2006年版,第67页。

[2] "潮州会馆碑记",载苏州历史博物馆编:《明清苏州工商业碑刻集》,江苏人民出版社1981年版,第340~341页。

[3] (台)周宗贤:《血浓于水的会馆》,台湾"行政院"文化建设委员会1988年印行,第31页。

本地铺户欺诈者，可向首事说明经过，首事定为主张公道。"[1]可见无论是家庭邻里矛盾，还是商业纠纷，凡与同乡有关的冲突，会首都会出面协调解决。

同乡会馆会首扮演着法官、经理等多重角色，任务艰巨，职责重大，所以在举任方面也形成了一套习惯法则。①在任职资格上，会首必须是同乡中德高望重、热心能干、办事公道、有财有势的头面人物，通常是得过功名的绅衿士商。窦建良在《同乡组织之研究》中指出："被推为会首的似乎必须具备了某种资格或地位才算有分。被推为会首的资格，除须为人'年高公正'而外，有的是对于会馆财务有相当的贡献或劳绩，有的是在同乡区域里面有代表某一个地方的资格，有的或是在当时有着荣显的头衔。"[2]清代《云贵会馆章程》规定："每年由云南、贵州各推选诚实干练会员一位充任会馆首事，负责照料会馆公务，经管账目等。……料理会馆公务，应尽心竭诚，如处家事。"[3]②在产生程序上，先由会众（同乡人）公推，然后报官备案。这里的公推实际上是公认。会馆的会首制和会首被选的资格，使我们有民主意味的联想，但绝不像现代民主原则的法治化和个人本位化。会首的产生虽说是由于会众公推而来，但这种'公推'，还不如说是'公认'。因为会众都是面对面的彼此素相习狎，今有'年高公正'之人，对于会馆财务有相当贡献或劳绩，或是足以代表同乡区域内的某一地方，或是在社会上有着荣显的地位，便成为自然领袖了。[4]③履职实行轮流值守制。会首任期多数为一年，也有三四年的，甚至没有连任之限制。有的会馆一次选出若干会首，按年递次担任实际工作，称为"值年制"。如重庆的湖广会馆由湖广十府士商共建，每府都推举会首一人。上面所说的潮州会馆则是"三年一更，七邑轮举"。④为了避免出现寡头专权，会馆一如其他

---

[1] 何智亚：《重庆湖广会馆历史与修复研究》，重庆出版社2006年版，第67页。
[2] 窦季良：《同乡组织之研究》，正中书局1943年版，第25页。
[3] 海关执行总长、英国人赫宁斯·华生（W. C. Haines Watson）的《重庆海关十年报告（1892~1901年）》附件中有云贵会馆章程。参见何智亚：《重庆湖广会馆历史与修复研究》，重庆出版社2006年版，第67页。
[4] 窦季良：《同乡组织之研究》，正中书局1943年版，第28~29页。

法人,设立有数名副职(副董事)。副职对会首或董事既有辅助义务也有监督职责。

(二) 另设专职人员负责解纷

清代台湾的泉郊会馆负责解纷的既有"签首",又有专门人员。"签首"是会馆的馆首或馆长,由同乡人公举,一月一任。"诸同人务须到馆,定签首,以主一月事务,期满一易,苦乐相承,自上而下,上流下接,不得藉口乏暇,致废公事,违者罚银六元,以充公费不贷。"会馆同时又另设专门的解纷人员。会馆章程规定:"(会馆)延师协办公务,主断街衢口角是非,应择品行端方,闻众公举,年满一易,签首不得徇私自便请留,我同人亦不得硬荐,臻废公事,合应声明。"[1] 这里的"延师"可能是指延请讼师或律师之类的职业法律人或熟悉法律与诉讼的人,形同今天聘请法律顾问。该专职人员的主要职责是解决纠纷,即"主断街衢口角是非";在素质上要求"品行端方";在选任程序上要求公开选举,同乡人"不得硬荐";在任期上"一年一任","签首不得徇私自便请留"。

第二节 解纷的方式与实践

从我们考察的情况来看,明清同乡会馆解纷的方式主要有调解、仲裁以及谋求与官府共同解纷三大类。

一、调解纠纷

同乡社会组织很多是以同乡商人为主体的组织,商业上的互助合作与同乡社会的事业发展有切身利害关系,否则不足以对抗本地同行,也无以与他帮竞争,所以清代重庆的会馆对于商务纠纷,一向坚持自己"以凭究办,决不姑宽"的原则。嘉庆十四年(1809年)六月初六日重庆八省客长(会馆首事)暨总理首事刊立《永定章程》碑记,其中记载了重庆湖广会馆调解商业纠纷的作用:重庆陕、楚商帮向以经营棉业为主,"由外省贩运棉花,投渝城千厮、朝天两门,凭行发售。其价固听时市高下,而秤自有一定成规。自乾隆三十六年(1771年)始置针

---

[1] (台) 周宗贤:《血浓于水的会馆》,台湾"行政院"文化建设委员会1988年印行,第50页。

秤，以十六两成斤。迄至五十年外，货物倍多，一遇行情疲钝，买者贪贱，卖者求速，以致行户图销客货，其秤不惟不以对针为度，且额外推叫数斤，遂废旧规。是以于五十八年（1793年）请凭八省客首将推叫之数斤情愿加入秤内，比较花秤砰码，以一千七百二十八两为一百，铸有铁制，以冀永远无紊。"后以"年久弊生，较前尤甚，故买卖争竞"。嘉庆十四年正月（1810年），陕、楚商民"仍请八省客首选照五十八年旧规，定以对针为准，无叫无推，另铸铁制，计重一百二十斤，分给各行，并议程规，已行数月，买卖公允"。嗣后并禀准巴县知事，示谕各行，"倘行户胆敢故违，混乱不遵者，许尔各商民等据实指名具禀"，"以凭究办，决不姑宽"。[1] 2004年12月到2005年4月，在重庆湖广会馆修复的施工现场挖出一块涉及纠纷解决的石碑《永远管业凭约碑》，碑文内容如下[2]：

> 至王姓塝田之字捐下河一直上人行路，抵大松树，分中直止杉树林，念抵至王姓大山，至何姓后山堡顶为界。四界业经踩踏分明，并无紊乱。至于吕氏家族当已立有坟界，嗣后吕姓亲族不得借口随意进至界内，佃户不得侵犯，禁步之外任由买主开垦，其中并无包价虚买虚卖，亦无任何以货物准折等情，自卖之后，认之花帮招佃耕种，拨册轮交吕姓亲族已到来到人等，日后不得异言，如有异言，来泰兄弟叔侄承当，不得连及买主，此系二家心悦意服，并无逼勒套哄等情，今欲证凭，特立卖约一纸存据。实计实值田市价净街市玖伍色银贰千壹百捌拾两整。原业书画包价内酒水在外。
>
> 韩味经、孙鲁堂（以下三十三人姓名略。疑是买方"花帮"众人名——引者注）。
>
> 道光四年四月十六日立，置田地房屋人林炭峒，约人吕□泰□霖同姓吕□

---

〔1〕 窦季良：《同乡组织之研究》，正中书局1943年版，第70页。
〔2〕 何智亚：《重庆湖广会馆历史与修复研究》，重庆出版社2006年版，第257页。

从碑文看，此碑可能是当地吕氏家族在齐安公所见证下，将自家的一块田地卖给湖北黄州"花帮"所立下的契约碑。据碑文的口气，实际的立碑人可能是齐安公所。

在晚清特定的社会环境中，同乡会馆还参与外交纠纷的解决。咸丰八年（1858年），重庆的法国天主教看中了重庆城长安寺地盘，向清政府索要此地拟改建天主教堂，北京的译署（外事机构）表示同意。由于长安寺地处重庆脊梁，地势显要，并且是八省会馆会首办公场所所在地，所以民众聚众抗议，砸毁了法国在重庆的天主教堂，引起外交纠纷。为妥善协调解决此事，八省会首出面向法方赔款二十万，法国主教范若瑟同意议和结案。最后八省会馆筹资修复长安寺作为会馆产业。[1]

二、仲裁纠纷

同乡会馆遇到该受理的纠纷可以依馆规约、行规或地方习俗对纠纷当事人进行强制处断。晚清会馆的惯例是："同业议者，则以会馆董事为仲裁。若会馆董事无强制之力，则当事者终无服从之义务。况同业中以小愤而攘莫大之祸者，比比皆是。故会馆董事必施强制之手段，方中息其争端也。"[2]可见至少是在同业中，同乡会馆的首事对纠纷是有仲裁权的。清代苏州的东越会馆有物价纠纷的裁决权："为同业公定时价，毋许私加私扣。如遇不公正等事，邀集董司诣会馆整理，议立条规，藉以约束。"[3]严格实行"同业公定时价"的制度，不许私自涨价或减价。违反者，将按条规予以惩罚。

三、与官府合作解决纠纷

同乡社会遇到的纠纷，有些需要借助官府的力量才能更好地解决。当然，反过来也是这样，官府办案有时候也需要与同乡会馆联手。光绪十八年（1892年）九月，重庆海关税务司郝博逊（H. E. Hobson）在

---

〔1〕何智亚：《重庆湖广会馆历史与修复研究》，重庆出版社2006年版，第101页。

〔2〕此规定见于日本东亚同文会馆编、1907~1908年出版的《中国经济全书·会馆及公所》第七章"会馆之事业"第二节"保护同业之利益"第二项"仲裁同业者之纷议"。此书根据当时"实际情况写成"，这一规定应是当时的实情。参见彭泽益编：《中国工商行会史料集》（上卷），中华书局1995年版，第109页。

〔3〕张晓旭：《苏州碑刻》，苏州大学出版社2000年版，第267页。

《重庆海关1891年调查报告》中讲：在重庆的会馆中，"县衙和帮会处理地方事务，若没有八省客长（会馆首事）许可，也难以办妥。同时移民客长权威十分重要，凡有命案重件，客长权柄最大，胥吏往拿案犯，非客长同去不能得手。"[1] 清代《云贵会馆章程》第十四条记载："本会馆曾有几位绸商被债主连续控告，会馆垫银二千余两为之偿债。几位绸商呈请官府愿将自有地产付给会馆。呈件经黎道台批准，因之此项地产现属会馆所有。现经公议，决定该地产原业主等途经重庆时得被邀请参加会馆举行之一切宴会，只须先期二日通知首事即可。凡愿放弃此项酬劳原业主之权者，可以听之，另由会馆基金拨银三两相送。冒名骗取此款者定予送官究办。"[2] 此条规定虽是关于会馆财产管理的，但也分明记载了会馆参与了本乡"几位绸商"债务纠纷解决的事实，其解决纠纷办法是会馆先为同乡偿债，了却官司，然后再由同乡"将自有地产付给会馆"。当然这一切都是要经官府同意的。

2004年12月到2005年4月，在重庆湖广会馆修复的施工现场挖出十五块清代石碑，其中涉及纠纷解决的三块之一是《巴县正堂[3]示谕碑》，该碑碑文记载了同治癸亥二年（1863年）四月，官府会同会首协商解决市场争端的情况。当时因为有几家门面同时开张，商家经常因争脚力而发生争执，讼端由此不息。经官府和会首协调，几家门面按协商的规定办理，争执和讼诉遂结束。碑文摘要如下[4]：

> 正堂张为示禁事：案据长沙府首事职员谭霁云、马双荣，监生谭凌芳、李芳廷、阳炳臣，禀称情：长沙府茶陵州公举职等，历年首事办公。近因四门同乡新开行面，每每互相争执脚力，以强凌弱，讼端由此不息。拨厥从来皆缘新开行面毫无定规所致。今军务未靖，公事浩繁，四门难以支持。职等邀集四

---

〔1〕 何智亚：《重庆湖广会馆历史与修复研究》，重庆出版社2006年版，第101页。
〔2〕 何智亚：《重庆湖广会馆历史与修复研究》，重庆出版社2006年版，第67页。
〔3〕 "正堂"即官府治事的大堂，明清用来指称知府、知县，以别于佐贰官而言。
〔4〕 何智亚：《重庆湖广会馆历史与修复研究》，重庆出版社2006年版，第256～257页。

门同乡秉公酌议：嗣后，凡有新开行面，脚力生意，归公办公，俾办公有着。其原日开过行面者，如果实有合约字样，此行脚力生意仍归有字样者管理，别人不敢争竞。职等虽有此议，未敢擅专，禀乞示禁等情。据此，除禀示外，合行示禁。为此，示仰长郡茶州及行店人等知悉：其原日开过行店，实有合约字样，仍归有合约字样者做，照旧章管理。如有新开行店，将此行脚力生意入长郡茶州办公，别人无得争竞。倘敢违示不遵，许谈首事等，指名禀究，决不姑宽。毋违。特示！

右谕通知。

同治癸亥二年四月十二日 实贴晓谕勿损！

此碑于2005年4月23日出土于禹王庙大门前水沟内。碑上还刻有篆字及满文官防方印一枚，其文有"巴县之印"字样。碑上的内容是巴县知县发布的告示，但立碑人显然不是县衙，疑是此处会馆所立。碑文分为两部分，第一部分是有关"钦宪大差过境"差役事宜的规定；第二部分即上述所引内容，是关于外乡人在渝经商使用"脚力"的"定规"。出此规定的起因是长沙等地的外乡人在渝经商时"争执脚力"，"讼端由此不息"。为平息或避免此类纠纷，当地政府出面"邀集四门同乡秉公酌议"，确立"定规"，强制执行，"倘敢违示不遵，许谈首事等，指名禀究，决不姑宽。"乾隆四十一年（1776年）《吴县永禁官府占用钱江会馆碑》记载：清乾隆三十九年苏州府吴县县令孙某在苏州的钱江会馆借住一个月，次年十月间苏州督粮厅刘某携眷上任，复来借用房屋三十余间作为公馆，并家眷同住。会馆不但储货无所，而且议事办公也无地点，屡求迁移，交还无日。会馆首事将此事告官。吴县令裁决："查会馆为商贾贸易之所，……商贾捐资建设会馆，所以便往还而通贸易。或货存于斯，或客栖于斯，诚为集商经营交易时不可缺之所。若借做公馆，使客货反无依归，势必另为觅地安顿，良多未便，甚非恤商之道。准其请求，勒石禁止。"[1] 不仅把会馆彰扬一番，而且判令刘

---

[1] 苏州历史博物馆：《明清苏州工商业碑刻集》，江苏人民出版社1981年版，第22页。

某搬离会馆。会馆通过官府力量维护了自己的权益。

本章小结：解决纠纷是明清同乡会馆的重要职能，主要是在会馆首事主持下，通过调解、仲裁和与官府合作解决等方式来完成的。由于同乡会馆所承载的同乡社会是"异地"的、"流动"的社会形式，所以同乡会馆对民间纠纷的解决，不仅具有鲜明的特色，而且把地缘社会解纷提升了一个档次。

第六章

乡间结社、集会组织与民间纠纷的解决

乡间结社组织和乡间集会组织是民间解纷非常活跃、极为重要的参与者,但过去人们似乎不曾特别关注。本章考察这两大地缘社会组织参与民间纠纷解决的情况。

第一节 乡间结社、集会组织的解纷职能

一、乡间结社组织的解纷职能

结社立会在中国古已有之。文人相聚以诗,志士相会以义。扶危救困,道义相续;教化解纷,靖乡睦里;因缘而起,缘尽而散。根据社会学中的帕森斯[1]行为理论,结社组织有四大功能:一是适应环境(adaptation,对外的手段);二是达到目标(goal-attainment,对外的目的);三是联合成员(integration,对内的目的);四是维持潜在面貌(latency,对内的手段,即消除紧张状态)。这里的"适应环境"和"联合成员"都包括了解纷功能。"适应环境"意味着结社组织必须确保内外关系和谐,及时化解结社组织与外部环境的纠纷;"联合成员"要求制定规则,调处内部纠纷,使"社会"成员形成一个整体。[2] 学者陈宝良在《中国的社与会》中将上述理论运用于中国实际,认为中国传统结社组织("会社")有六大功能:一是维护结社组织行为固有的模式,

---

[1] 塔尔科特·帕森斯(Talcott Parsons,1902~1979年),美国现代社会学的奠基人。其主要著作有《社会行动的结构》、《社会系统》、《经济与社会》和《关于行动的一般理论》。早期的主要理论倾向是建构关于社会价值如何引导个人行动的志愿行动论,后期逐渐关注个人、社会与文化三个系统的整合问题,转向更为宏观的社会系统论。

[2] [日]横山宁夫著,毛良鸿译:《社会学概论》,上海译文出版社1983年版,第110~112页。

即维持一个"社会"的传统或行之甚久而有效的文化;二是维持结社组织系统的整合;三是达成结社组织所树立的目标;四是促进结社组织的适应能力;五是打破传统的血缘、身份纽带,改变人们的生活方式,扩大人们的交往范围;六是结社组织的互动。这里的第二、第四、第六大功能都涉及纠纷的解决,它们分别要求结社组织履行预防或解纷职能以保持三个向度的和谐:一是结社组织内部的和谐,通过"维持结社组织系统的整合"实现,这种"整合"就是通过"会社团体行动所产生的社会制裁,或'社会'整合力量"来消除内部的紧张关系;二是结社组织与外部关系和谐,通过"促进结社组织的适应能力"来实现;三是结社组织之间的和谐,通过"结社组织互动"来实现。[1]

明清时期乡间结社组织的职能因其结社目的的不同而有所差异,但一般都直接或间接地宣示有解纷功能,如明代弘治年间泉州晋江县乡绅顾美、蔡观慧等十四人结社创建的乡间救助组织"逸乐会"。《会规》规定:"凡我在会之人,有善相劝,有过相规,有疑事则相质,其有忧患,亦相与为力也。"[2] 代表乡间结社组织履行解纷职能的主要是其负责人,这些负责人的名目有"盟主"、"社长"、"会首"或"监史"等。如明朝天启七年(1627年)陆世仪约同里盛圣传、钱蕃侯、陈瑚等人成立文会,"立科条,设监史,严赏罚"[3]。

明清时期乡间结社组织参与民间解纷的情况是多姿多彩的,但由于载述这类情况的文献比较缺乏,我们无从全面考察其详,仅在下一节中以"文会"解纷为例进行以点带面、管窥其斑的实证研究。

二、乡间集会组织的解纷职能

乡间集会组织是乡间因经常性集会而形成的一种乡间地缘社会组织,这一组织的主要作用通过乡间集会表现出来,乡间集会组织参与民间解纷,实际上就是乡间集会解纷,所以我们这里考察的重心是"集会"而非"组织"。

乡间集会组织是民间解纷的积极参与者,祀神"社会"、乡绅集会、

---

[1] 陈宝良:《中国的社与会》,台湾南天书局有限公司1998年版,第501~505页。
[2] (明)蔡清:《虚斋蔡先生文集》卷四《逸乐会记》,文海出版社1970年版。
[3] 陈瑚:《尊道先生陆君行状》,《陆子遗书》本。

"吃讲茶"乃是这方面的代表。"社祀时的聚会,其仲裁机构大多由当地高年龄的族长、老人、大户人家的家长、村塾的老师以及一些有声望的乡绅组成,遇到村民或里民中有在言语及行为上严重违背善良风俗时,就采取行动,加以纠正与惩罚。"[1] 乡绅集会的重要活动之一就是"劝诱德业,纠绳愆过"。乡绅们生于斯、长于斯,乡绅集会历来都是要干预地方民间事务的。比方说为了当地某种公益,地方乡绅联合起来要求罢免某知县,要求免除某种捐税,解决民间纠纷等等。马克斯·韦伯不无夸张地说:"在(中国古代)乡村内部,有一个同乡村(中代表官府的权力)对峙的磐石般团结的地方乡绅阶层委员会。不管你想做什么,比方说提高传统的租税,不管你想进行什么变革,都必须同这种委员会达成协议,才能做点实事。不然的话,你这个知县就会遇到顽强的抵抗。"[2] 在纠纷解决中,当事人大都只找本地乡绅,而不找外地的乡绅,除了就近方便、降低脚力成本之外,主要是乡情观念在起作用。前面说到广东佛山的乡绅们经常集会并结成以嘉会堂为固定场所的乡绅集会组织(参见第一章第一节)。这些乡绅们集会都做些什么呢?"乡仕会馆记"碑文在记述了嘉会堂筹建经过之后,接着说:"嘉会之义不可思乎?按易文言云:嘉会足以合礼。盖礼以忠信为质,毋徒周旋揖让以饰弥文,斯其会为可嘉也。今而后,务矢合簪之谊。岁有会,会有规,劝诱德业,纠绳愆过,所以风励流俗,维持世教,厥功诚伟,将俎豆而尸祝之无愧矣!"[3] 从这里可以看出,佛山乡绅集会一项重要任务就是"劝诱德业,纠绳愆过",通过举善抑恶,化解纠纷。下面(第三节)将专门考察"吃讲茶"这一特别乡间集会解纷的情况。

第二节 "文会"与民间纠纷的解决

"文会"是明清时期乡村的文化娱乐性结社组织。本节主要考察徽

---

[1] 陈宝良:《中国的社与会》,台湾南天书局有限公司1998年版,第502页。
[2] [德]马克斯·韦伯著,王容芬译:《儒教与道教》,商务印书馆1995年版,第149页。
[3] 广东省社会科学院等:《明清佛山碑刻文献经济资料》,广东人民出版社1987年版,第10~11页。

州府"文会"参与民间解纷的情况,初衷是以点带面地介绍明清乡间结社组织参与解纷的具体实情。

一、文会:中国古代的沙龙

中国的文会类似于西欧十六世纪源于法国的"沙龙",是有一定经济实力、有固定活动场所、有规章制度、有相当声誉的结社组织。古代徽州乡村的文会组织很发达,名称有"文社"、"文会所"、"文会馆"、"会馆"等;它们源于文人结社或研讨诗文的聚会,但活动并不限于诗文,其功能的重要方面就是文会的首领或成员出面解纷,文会也因此成为构筑农村和谐社会的重要自治组织。

(一)"君子以文会友"

早在春秋时代就已出现了文人聚会,《论语·颜渊》中有"君子以文会友"一语,后人因此把文人聚会谈艺称为"会文"。随着文人交往的增多、聚会的频繁,一定规制的出现,"会文"遂演变为一种社会组织,称为"文会"。南北朝时期的顾越,"以世路未平,无心仕进,因归乡,栖隐于武丘山,与吴兴沈炯、同郡张种、会稽孔奂等,每为文会"[1];元朝泰定年间(1324~1327年)徽州歙县儒士凌庆四建于沙溪村的"北园文会"已建有会馆。但文会作为一种制度化的民间自治组织则始于明朝中后期。[2]徽州是明清时期全国文会最为发达的地区之一。明朝正德、嘉靖年间歙县岩镇即有斗山、呆山、玉泉、南山诸文会,而且"均开讲席,立讲师,彬雅之宗,自成坛坫"[3];祁门县北乡六都有中子文会、兰英文会,西乡有集成文会、桃源文会、育英文会,东乡洪村有兴贤文会,南乡有间刚文会等。明中叶直至清末,徽州的文会一直保持着繁盛的局面,"都之六邑,轮有岁会"[4],"城市乡镇,各立文会"[5],且有大量遗迹至今尚存,如徽州区的唐模村唐模文会、历溪文会等。

---

[1]《南史》卷七一《顾越传》。
[2] 施兴和:"明清徽州的书屋、文会及其教育功能",载《华东师范大学学报》(教科版)2000年第4期。
[3] 民国《歙县志》卷一六《杂志·拾遗》。
[4] 乾隆《婺源县志》卷三四《艺文志》。
[5] 江登云:《橙阳散志》卷一一《艺文》。

根据创立者的不同，徽州文会可分为以下几类：①文人自发结成的文会。如集贤馆、道存书院、文会所、慕川书屋等。祁门县的"集贤馆"由"邑太学生公建为文会所"[1]；道存书院建于明末，乾隆年间贡生叶之堪等重修，为五都士子会文之所[2]。②官僚士大夫、社会名流创建的文会。如北园文会、郡城文会、南山文会等。北园文会由名士凌庆四创建；郡城文会（即斗山书院）在"嘉靖十年知府冯世雍葺为精舍，万历间改为书院，邑人大学士许国、按察史凌瑄重建，清顺治间毁，康熙九年，知府曹鼎重建，嗣后随时修葺"[3]。③家族创建的文会。如萃升文会、阜山文会、云谷文会、檀干园、南溪别墅、兴贤会馆、川上草堂、双溪书屋和云门书屋等。川上草堂是"尚书游应乾为族人会艺所建"[4]，阜山文会是"乾隆间潘宗硕倡族同建"[5]。

文会的创建与发展情况，我们可以从呈坎文会的创建与发展过程管窥其斑。曾被朱熹赞为"江南第一村"的徽州府歙县呈坎村，是目前中国保存最完好的明代古村落。整个村落按《易经》"阴（坎）阳（呈）二气统一，天人合一"的八卦风水理论选址布局。呈坎文会在明代的基本情况可从一本名为《潨川文会》的文献得以了解。潨川文会即呈坎文会，因呈坎村有潨川河流过而得名。《潨川文会》的内容包括《（潨川文会）序》（四个）、《会规》、《潨川文会名录》三大部分，其中《名录》相当于会员登记簿，于明崇祯十三年（1640 年）装订成册、历代文会会长登记书写，共记录明代到民国末年文会会员五百二十四人。《潨川文会》所反映的呈坎村文会创建与发展情况大致如下[6]：①初创阶段。这时既没有组织名称又没有固定活动场所，仅为"以文会友"的科举考试考前训练班。嘉靖年间（约 1535 年前后）呈坎村的有志青年罗琼宗、罗佐二人组织在歙县县庠（学馆）求学的十几个呈坎籍学子进

---

〔1〕 康熙《休宁县志》卷二《学校》。
〔2〕 民国《歙县志》卷一《舆地志·古迹》。
〔3〕 民国《歙县志》卷一《舆地志·古迹》。
〔4〕 道光《婺源县志》卷九《宫室》。
〔5〕 民国《歙县志》卷一《舆地志·古迹》。
〔6〕 参见罗来平："解读《潨川文会》"，载《合肥学院学报》2005 年第 3 期。

行考前训练，一个松散的文人聚会组织由此诞生。三年之后这些人都在科举考试中获得功名并出任国家公职，如罗琼宗出任兵马指挥使（相当于今天首都公安局分局局长、武警总队下的支队长），罗佐任浙江省安吉州训导（相当于今天地市州教育局下属的教育处处长）。后来父业子继，罗琼宗的儿子罗必达又组织呈坎学子罗应鹤、罗静泉等人进行科考训练，同样相继登第，出入官府。这一考前训练班的斐然成就赢得了父老乡亲的赞誉和支持，有乡邻捐献田产财物，以作学子纸笔和交往费用。②"求益轩文会"阶段。万历十年（1582年）罗应鹤辞官返乡，主持呈坎村文会，与其他乡绅倡修"求益轩"作为文会的固定活动场所，同时呈坎村的文会组织正式成立命名为"求益轩文会"，罗应鹤担任会长，制定会规，强调"永坚墨守，毋得徇情"。③"潨川文会"阶段。崇祯三年（1630年）九十一岁的罗应鹤仙逝，呈坎文会一度萧条。崇祯十三年（1640年）罗所蕴出面主持文会工作，整顿文会，革除陋习，制订新规二十九条，并将求益轩文会易名为潨川文会，意为呈坎文会像穿村而过的潨川河水一样，源远流长，永远昌盛。该文会历代相传，直至民国。会馆（求益轩）遗址至"大跃进"中尽毁。

（二）文会的组织

明清时期的乡村文会长盛不衰，得益于其组织严密，分工细致，且有物质保障。

1. 乡绅主持。文会是文化档次较高的民间组织，其成员大多是知书达理的地方文人或士绅。万历年间徽州府歙县呈坎文会（求益轩文会）会规规定入会人员必须是进士、举人、贡生三种正途出身者，以及监生、生员、受封封君和武科功名获得者，当然他们都是致仕或退休回乡的。文会一般有众多工作人员，明代天启元年（1621年）徽州府歙县江村人江学海在《重兴聚星文社序》中说："问谁执耳挥尘？则有别驾；问谁主席刑鸡？则有司丞从事；问谁执铎镇喧？则区区。鄙各愿奉周旋所不辞焉。"[1] 这里的"别驾"、"司丞从事"、"区区"，可能是文会的专门工作人员。文会的日常事务设有专人管理，这种管理一般采到

─────────
[1] 江登云：《橙阳散志》卷一一《艺文志下》；民国《黟县四志》卷三《风俗》。

两种方式：一是轮班负责制。如歙县沙溪文会，"每岁轮三人班值焉，周而复始，如环之无端。"[1] 二是专人负责制。如黟县江光裕"经理文会多年"；婺源县詹振瑚倡兴毓英文会，"经理弗懈"[2]。这些主持文会的管理人员或"会首"，大都是地方社会名流，一般是致仕或退休回乡的官员、举人、秀才。比方说早年"毕业"于徽州府歙县呈坎文会、万历十年（1582年）四十三岁时又辞官返乡主持呈坎文会的罗应鹤，就曾担任右佥都御史（大约相当于今天的国家监察部副部长）和大理寺丞（相当于今天的司法部副部长）等职，深得明神宗宠信。

2. 文会馆。明清徽州乡村文会皆用固定的活动场所——文会馆，所谓"文会以会文事也，正其名，宜有其地"[3]。文会馆或专门建置，或借用宗族祠堂、文昌阁、书院等原有建筑。著名文会馆有黟县黄陂汪氏文会的云门书屋，绩溪宅坦胡氏文会的惹云书屋，歙县岩镇的"友善会馆"、祁门太学生公建的"集贤馆"，等等，更多的文会馆则直接以某某文会（社）冠名，如绩溪县的云谷文会、萃升文会，黟县的雉山文会、集益文社、萃英文社、集成文会，婺源县的毓英文会、炳蔚文社、志成文社、登瀛文社，歙县江村的聚星文社、蟾扶文社等。康熙年间徽州唐模村唐模文会的活动场所"许氏文会馆"（又名"檀干园"）门前楹联为民国总统黎元洪撰句："文章唯读周秦汉，儒术兼通天地人。"[4]

3. 会规。文会各有"章程"，即"会约"（如紫阳书院）、"规条"（如颖滨书院和聚星文社）、"会例"（如南山文会）等。据佘端华《岩镇志草》记载，南山文会会例规定："凡本籍新文学，入会则用彩旗鼓吹前导至南山亭，祝史执香作乐迎于道左。"[5] 反映了文人结社、集会热烈而浓重，在古代徽州受到宗族和社会的高度重视。歙县雄村的"文

---

[1] 凌应秋：《沙溪集略》卷七《艺文》。
[2] 同治《黟县三志》卷七《人物志·尚义志》；光绪《婺源县志》卷三三《人物志十·义行五》。
[3] 凌应秋：《沙溪集略》卷七《艺文》。
[4] 清康熙年间旌表该村许承宣、许承家兄弟而立有"同胞翰林"石牌坊。
[5] 佘华瑞：《岩镇志草·逸事》。

会条约"碑刻、呈坎村的文会名册至今尚存。[1]

4. 活动经费。文会的活动经费大致有两种来源[2]：一是公共基金，主要源自会田、店面收入。例如婺源县紫阳文会的会田，雍正十二年（1734年）由知县郑国宾购置二十亩，乾隆七年（1742年）由知县张槚又购置四十亩，这些田产的收入"为生儒讲学会文之费"[3]；丰南的文会馆，在附近建店"若干楹，村司香者耿租，又议墓田若干亩，于近地以膳之，且将诸所置，欣然入众，俟下册并为一户，悉归文会。"[4]二是捐赠。一般是文人捐献田产、财物。在萃升文会，曹雅范首先捐田入会，后曹天治又开垦"书田"数十亩赠予文会[5]；南山文会的"劳费"由主要由方尚锦负担[6]。这些公共基金和个人捐赠为文会的"永完而美"、"愈炽而昌"提供了经济保证。

（三）文会的功能

明清文会特别是徽州文会的功能，前贤与时人多有考察和总结，例如清代文人吴吉祐说徽州府歙县西溪南镇的丰南文会"置会田，建义仓，立义塾，举乡约，以曰大文会"[7]，可见徽州文会已不是单纯的文人聚集组织，而是较多地参与地方社会事务。日本学者涩谷裕子认为文会有"科举考试预备班"和"亲善民间"两大职能[8]。从《潭川文会会规》（下面有详细介绍）来看，徽州文会的活动内容除了内部的会员组织、财务管理之外，还包括对科考及第者和官府下乡人员迎来送往、支助生活困难的会员、参与村中基本建设的决策、维护本村公共利益、教育村民讲信修睦、参与解决民间纠纷，等等，这样的文会实际上已成

---

[1] 参见"徽州古村'文会'"，载http：//www.jixiyouyou.com/xgxx/JKG1E4DF4D-GB550I7F87.html 2008-1-29。

[2] 参见葛庆华："徽州文会初探"，载《江淮论坛》1997年第4期。

[3] 乾隆《婺源县志》卷八《建置志》。

[4] 吴吉祐：《丰南志》卷九《艺文志》。

[5] 《黟县志》卷一五《艺文志》。

[6] 道光《徽州府志》卷三《营建志·学校》。

[7] 吴吉祐：《丰南志》卷九《艺文志》。

[8] [日]涩谷裕子："明清徽州农村的'会'组织"，载周绍泉、赵华富主编：《95国际徽学学术讨论会论文集》，安徽大学出版社1997年版。

为集教化、治理、解纷功能于一体,成为超越宗族组织、乡里组织和乡约组织的另一类综合性乡治组织。

明清文会的社会功能主要在教育、乡治、解纷三个方面。首先,教育功能,这是文会的基本职能或传统职能,包括两个方面,一是"会课制艺",即科举考试考前的研讨、切磋、培训,旨在增强科考竞争力。清初杨如绪在黟县《聚奎文公序》中说:"盖地近则友易集,而会数则文日工,此通经能文之士所由设文会也。"[1]二是谈诗论文。如请"斯文主"命题作文,然后加以评论。聚星文社于明朝万历十一年(1583年)冬建成后,以"金、宗二老为斯文主,二老慨然以造就来学为己任,命题秉笔,寒燠靡倦",学子们"欣欣乐就正焉"[2]。清朝嘉庆五年(1780年)黟县五都所建的集诚文会,也是"月逢孟春日诹望,八礼馈陈帛至奠先贤,标题作文"[3]。其次,参与乡治事务。如对村庄规划、基本建设、聘请老师等事务提供决策咨询。[4]最后,参与民间解纷,这一点我们下面专门介绍。

二、文会对纠纷的解决

(一)文会的解纷职能

明清时期文会的另一个重要作用是解决民间纠纷。清代乾隆年间徽州府歙县盐商和诗人方西畴在他的《新安竹枝词》中写道:"雀角何须强斗争,是非曲直有乡评;不投保长投文会,省却官差免下城。"[5]这里的"雀角"(鼠牙雀角)即民间纠纷;"不投保长投文会",说明当地的"文会"具有堪与保甲组织相提并论的纠纷解决职能。这一职能就是"凡遇诸大礼节,即便邀请绅衿,折衷斟酌,此文会之役,有裨祠事"[6]。万历十年(1582年)右金都御史(大约相当于今天国家监察

---

[1] 同治《黟县三志》卷七《艺文志·政事类》。
[2] 江登云:《橙阳散志》卷一一《艺文志下》;民国《黟县四志》卷三《风俗》。
[3] 邹杰:"集诚文会序",载同治《黟县三志》卷末《艺文志·补遗》。
[4] 参见罗来平:"解读《潭川文会》",载《合肥学院学报》2005年第3期。
[5] (清)方西畴:"新安竹枝词",载同治《黟县三志》卷七《艺文志·政事类》。
[6] 吴吉祜:《丰南志》卷九《艺文志》。

部副部长）罗应鹤带着"开府仪同三司"[1] 最高荣衔辞官返乡主持歙县呈坎村文会，他充分利用朝廷赋予自己的特权，组织文会在乡里开展民事纠纷的调解和仲裁活动，使"呈坎文会被办成了学龄儿童的学校、科举人才的摇篮、乡绅和文化人士的乐园、教化村民的课堂以及仲裁民事纠纷的法院"[2]。

乾隆年间徽州府歙县江村人江依濂在《橙阳散志·歙风俗礼教考》中说："（歙县）各村自为文会，以名教相砥砺。乡有争竞，始则鸣族，不能决则诉于文会，听约束焉。再不然，然后讼于官，比经文会公论者，而官籍以得其款要过半矣，故其讼易解。若里约坊保，绝无权焉，不若他处之持唆使之纷纷也。"[3] 从这段话来看，当地的民间纠纷如果是家族内部纠纷，先在族内解决。族中不能解决的纠纷，或者说不同家族之间发生的纠纷，往往不是由里甲长、保甲长或约正来解决，而是求助于文会进行调处。文会不能解决，最后再诉之于官府，而官府又往往把文会的"公论"视为解决争讼的重要依据。可见文会对纠纷的调处得到官府的认可和支持，其权威一时超过宗族、乡里组织和乡约组织。

（二）文会解纷的实例

徽州府休宁县孚溪镇文会调解江氏与吴氏坟山纠纷案。《休宁茗州吴氏家族记》卷十《社会记》中记载，嘉靖八年（1529年）秋，休宁县浯潭村的江氏宗族看中了茗州村吴氏宗族后山的一眼"吉穴"（适于墓葬的风水宝地），"江氏扬言：于清明日至我后山葬柩。（吴氏宗族）集百人剑挺至门上，族子弟亦肆以待。会孚溪李质先、王源、谢文学

---

[1] "开府仪同三司"并非实官，而只是相当于一品文散官之最高级别的荣誉或礼仪待遇。始设于魏晋南北朝时期，后世相沿而置。"三司"即三公（司空、司马、司徒），是传统的皇帝高级顾问，后来成为没有实际职权的最高荣衔。"三公"名额少，不能满足需求，因而产生了与之相比拟的荣誉虚衔，"开府仪同三司"即属此类。"开府"即开设衙门、配置僚属，"仪"即礼仪。"开府仪同三司"就是开府辟官可以享受皇帝顾问的礼仪待遇。在这里，辞官归里的罗应鹤没有开府辟官之权，但仍享有"仪同三司"之仪。

[2] 罗来平："解读《潨川文会》"，载《合肥学院学报》2005年第3期。

[3] （清）江爱山（登云）、江依濂（绍莲）：《橙阳散志》。此段话又见于清朝翰林、近代著名诗人、方志学家，徽州唐模村人许承尧（1874～1946年）所撰《歙事闲谭》第18册《歙风俗礼教考》。

(前去)为讲解。"这里所说的是茗州村吴氏与浯潭村江氏之间坟山纠纷的解决情况,由于祁门县孚溪镇的文会主持李质先和成员王源、谢文学等人的调解,方使这起即将发生的宗族械斗得以避免。

呈坎文会解决呈坎村与水谷碓村土地纠纷案。万历年间徽州府歙县呈坎村与邻近水谷碓村的土地纠纷由来已久,始终未得解决,呈坎文会会长罗应鹤代表文会出面调处,在水谷碓村口大路边,建置一个路亭以示赔礼道歉(这就是"官赔亭"的由来),问题很快得以解决。"(罗应鹤)几十年如一日,苦口婆心地劝诫乡亲不要打架斗殴,不要进城打官司;家庭矛盾、邻里纠纷、宗族间矛盾、村与村之间发生的利益冲突,都请到文会调解;罗应鹤同文会一班人,用一颗仁爱之心,晓之以理,动之以情,化干戈为玉帛,使矛盾化解。"[1]

(三)民间解纷"不投保长投文会"的原因

文会解纷的权威和效力为何高于与国家权力相连的"里约坊保"?我们认为最主要的原因是,文会成员都是"一乡之俊彦",是被挑选出来的"贤者"[2],而且多有缙绅士大夫。这些知识精英和地方名流,在一般人眼里,知书明理,和官府有着千丝万缕的联系,是公正的代表、礼教的化身、权威的象征,深受民众尊崇,其举动言行都能起到教化、感召和凝聚作用,所以当一些纠纷在家族内部解决不了时,就由文会来"乡评"解决。

第三节 "吃讲茶"与民间纠纷的解决

明清时期民间习俗"吃讲茶"是一种特别的乡间集会,一种专门的解纷集会,其解纷机制是乡间集会解纷机制的典型与代表。

一、解决纠纷的专场茶会

(一)载籍中的"吃讲茶"

"吃讲茶"习俗源于何时何地,似已无从查考。现在所知见的有关载籍主要是清末民初的民俗汇编和清人笔记、小说。如胡祖德《沪谚外编》中说:"'吃讲茶':因事争论,双方往茶肆中,将事由宣之于众,

---

[1] 罗来平:"解读《潭川文会》",载《合肥学院学报》2005年第3期。
[2] 民国《黟县四志》卷三《风俗》。

孰是孰非，听凭公论。"[1] 徐珂《清稗类钞》记载："吃讲茶者，下等社会之人每有事，辄就茶肆以判曲直也。凡肆中所有之茶，皆由负者代偿其资，不仅两造之茶钱也。"[2] 郁慕侠的史料笔记《上海鳞爪》记载："下层社会中的群众们，双方每逢口角细故发生，必邀集许多朋友到茶馆里去吃讲茶。怎样叫'吃讲茶'呢？就是双方的曲直是非，全凭一张桌子上面去审判。倘结果能和平解决，由一和事老者将红绿茶混合倒入茶杯，奉敬双方的当事人一饮而尽，作为一种调和的表示。"[3]

"吃讲茶"习俗也在民国时期的一些小说中反映出来，如李劼人《暴风雨前》[4] 这样描述长江上游川渝地区的"吃讲茶"情形："假使你与人有了口角是非，必要分个曲直，争个面子，而又不喜欢打官司，或是作为打官司的初步，那你尽可邀约些人，自然韩信点将，多多益善，——你的对方自然也一样的。相约到茶铺来。……大家声势汹汹地吵一阵，由所谓中间人两面敷衍一阵，再把势弱的一方数说一阵，就算他的理输了，……将两方几桌或十几桌的茶钱一并开销了事。"[5]

今人考察和转相介绍"吃讲茶"习俗的文献可谓汗牛充栋。笔者所知见的主要有《中国文化要义》、《街头文化：成都公共空间、下层民众与地方政治，1870～1930年》、《The Teahouse：Small Business, Everyday Culture, and Public Politics in Chengdu, 1900～1950年》、《天下四川人》、《太湖茶俗》、《茶艺百科知识手册》、《常熟地方小掌故续编》、《趣谈中国茶具》、《茶趣》、《近代上海黑社会研究》、《旧上海黑幕》、

---

[1] 胡祖德：《沪谚外编》，上海古籍出版社1989年版，第67页。
[2] （清）徐珂：《清稗类钞》（第十一册），中华书局1986年版，第5389页。
[3] 郁慕侠：《上海鳞爪》，上海书店出版社1998年版，第114页。
[4] 李劼人（1891～1962年）著《暴风雨前》，本书初版于1936年，由中华书局印行，后来多次修订再版。
[5] 李劼人：《暴风雨前》，人民文学出版社1982年版，第55页。

《流氓的历史》以及日本人千鹤大师的《茶与悟》等等。[1] 梁漱溟在《中国文化要义》中说:"(中国)民间纠纷(民事的乃至刑事的),民间自了。或由亲友说合,或取当众评理公断方式,于各市镇茶肆中随时行之,谓之'吃讲茶'。"[2] 陈世松《天下四川人》中说:"四川俗语说:'一张桌子四只脚,说得脱来走得脱。'当民间在房屋、土地、水利、山林、婚姻等方面发生纠纷,争执不下时,便由双方当事人出面,共同邀请地方上的头面人物作为主持人,通过在茶馆说理,以调解和处理纠纷。这就是在旧时四川民间流行最广的一种勾兑方式——'吃讲茶'。"[3]

有意思的是,我们还在文献中看到西方的黑手党也有类似中国"吃讲茶"的纠纷解决方式。如美国作家约瑟夫·皮斯顿、理查·伍德利著的《虎穴探秘——黑手党纪实》中的第十七章标题就是"吃讲茶",讲到纽约的意大利移民区王子街二十号波南诺家族斯蒂夫·坎诺内所开的交谊俱乐部,就是黑手党"吃讲茶"的常驻"茶馆"。[4] 这似乎是显示了这一机制的某种普适性。

(二)"吃讲茶"是解决纠纷的专场茶会

综合上述材料,可知"吃讲茶"实际上是民间专门为解决纠纷而举行的一种专场茶会,这一茶会以茶馆为纠纷解决场所、以"中人"或

---

[1] 梁漱溟:《中国文化要义》,上海人民出版社2005年版;王笛:《街头文化:成都公共空间、下层民众与地方政治,1870~1930》,中国人民大学出版社2006年版;The Teahouse: Small Business, Everyday Culture, and Public Politics in Chengdu, 1900~1950(《茶馆:成都的小商业、日常文化与公共政治,1900~1950》),将由斯坦福大学出版社出版;陈世松:《天下四川人》,四川人民出版社1999年版;朱年:《太湖茶俗》,苏州大学出版社2006年版;王建荣等:《茶艺百科知识手册》,山东科学技术出版社2002年版;政协常熟市委员会文史咨编:《常熟地方小掌故续编》,1985年;罗文华:《趣谈中国茶具》,百花文艺出版社2005年版;王从仁:《茶趣》,学林出版社2002年版;苏智良、陈丽菲:《近代上海黑社会研究》,浙江人民出版社1991年版;远博:《旧上海黑幕》,远方出版社1998年版;高秀清、张立鹏:《流氓的历史》,中国文史出版社2005年版;[日]千鹤大师著,张桂华编译:《茶与悟》,中国长安出版社2004年版。

[2] 梁漱溟:《中国文化要义》,上海人民出版社2005年版,第176页。

[3] 陈世松:《天下四川人》,四川人民出版社1999年版,第211页。

[4] [美]理查·伍德利著,薛庄人等译:《虎穴探秘——黑手党纪实》,新华出版社1991年版。

"中间人"、"公道人"（下面统称"中人"）或茶客为纠纷解决主体。其发生的一般情形是：平民百姓在日常生活中发生纠纷，双方争执不下，既不想私了，又不想对簿公堂，但又愿意尽早平息争端或讨个"说法"，于是双方约定时间和茶馆，邀请"地方上的头面人物"（作"中人"）和各自的亲邻或同行（似作陪审团），到时聚集在选定的茶馆里吃茶评理，解决争端。一般是"蓄谋已久，有备而来"，但也不排除随事而起、临时进行。

"吃讲茶"至少在清代、民国时期的长江流域，特别是川渝、江南等地区比较盛行。不同地方的"吃讲茶"，称名也不同，如在江南地区又称"闩人头"，在川渝地区又称"勾兑"方式[1]，在旧上海又称为"斩人头"。"吃讲茶"的兴盛有诸多原因，除了它本身在正常情况下不失为一种有效解纷机制之外，还有一些社会原因，如江南地区"绍兴出师爷"[2]。师爷是当时官府的幕友，也就是专业顾问，如"刑名师爷"相当于法律顾问，"钱谷师爷"相当于财政顾问。师爷回籍以后，在地方上颇有影响力，加上他们精通法律，是现成的"中人"阶层，有了他们的感召，"吃讲茶"自然盛行。此外江南、四川一带流行"吃讲茶"与这里的黑社会组织发达有密切关系[3]，如浙沪有青红帮、四川有袍哥（哥老会）。这些帮会或自用或参与"吃讲茶"，对"吃讲茶"的流行起了推波助澜的作用。

二、解决纠纷的程序

"吃讲茶"的程序在不同地方、不同时期是有差异的，综合有关文献记载[4]，其约定俗成的程序的大致情形如下：

---

[1] "勾兑"原本是酿酒工序，即将不同酒窖、不同时间酿出的白酒进行统一调制，以协调香味、平衡酒体。川渝等地区将与对方谈天论地，协调双方兴趣，以拉近关系、增进友谊的行为也称为"勾兑"。

[2] 罗文华：《趣谈中国茶具》，百花文艺出版社2005年版，第159页。

[3] 王从仁：《茶趣》，学林出版社2002年版，第262页。

[4] 相关内容主要集中在以下文献：朱年：《太湖茶俗》，苏州大学出版社2006年版，第90~92页；[日]千鹤大师著，张桂华编译：《茶与悟》，中国长安出版社2004年版，第329~330页；罗文华：《趣谈中国茶具》，百花文艺出版社2005年版，第156~160页；王从仁：《茶趣》，学林出版社2002年版，第260~263页。

(一)"吃讲茶"前的准备

当事人双方启动"吃讲茶"的准备活动主要有约定日期、选定茶馆茶楼、邀好"中人"和"亲友团"、通知茶馆。选定的茶馆档次一般要高一点,像绍兴布业会馆中的"适庐"、宝珠桥头的"第一楼",上海四马路的绮虹楼、豫园的春风得意楼、东新桥的聚宝茶楼[1]等茶馆都是四方闻名的"吃讲茶"地方。"中人"一定要是双方都信得过、办事公道、德高望重乃至家道殷实的族长、绅士等地方知名人士。"亲友团"可以是左邻右舍、亲朋好友,也可以是知情人士。所有这些事项,当事人都应该事先通知茶馆,不过也可以临时通知。茶馆有义务接待"吃讲茶",茶馆一旦接到通知,便不能拒绝,这是地方风俗或当时通行的规矩。虽然个别茶馆老板为预防惹是生非而事先打出"禁止讲茶"的招牌,但要真是"碰到吃讲茶的朋友来了,这'禁止讲茶'的效力就等于零了"[2],如果强行拒之门外,不仅会被同业中人耻笑,而且被广大茶客视为"不讲义气"而以后不再到该茶馆吃茶。

(二)"吃讲茶"现场的布置

茶馆被选定"吃讲茶"后,会为双方当事人安排好座位。一般要在显眼的桌上放置两把茶壶,壶嘴相对,表示双方意见不合,同时示意有人在此"吃讲茶"。茶馆左手上方摆有专门的雅座[3],江南地区则是在靠近店门口账桌的地方安排一对成双的"马头桌"(有"唯其马首是瞻"的意思)。雅座或"马头桌"专供担当主持或"批判"的"中人"或德高望重的老茶客落座。另有一些地方是"中人"居中而坐,当事人双方各坐两边。有的茶馆为表示对"中人"的尊重,会单独给他们沏上一壶茶,让其独饮,当然茶叶往往是上好的龙井、碧螺春之类。

(三)当事人陈述原委、申述理由

既然叫"吃讲茶",就要既吃茶又讲话,而且关键是"讲",讲什

---

〔1〕 参见苏智良、陈丽菲:《近代上海黑社会研究》,浙江人民出版社1991年版,第135页。

〔2〕 郁慕侠:《上海鳞爪》,上海书店出版社1998年版,第114页。

〔3〕 兰兰:"名茶、茶风与茶馆往事",载 http://dqnews.zjol.com.cn/gb/node2/node9/node73/userobject1ai46083.html。

么?讲道理、讲"斤头"(方言,讲条件、讨价还价)、讲面子。首先是当事人双方"讲",然后是众茶客和中人"讲"。

当被邀集的所有人坐定后,纠纷双方当事人(有的地方是堂倌或茶博士)给大家逐一沏上"焖碗茶",并客气地请大家"随便说说"、"胡吃海侃",目的是融洽气氛。当茶倌或茶博士上第二壶开水时,"中人"将手中茶壶往桌上重重一放,有如惊堂木拍案或法槌击台,全场肃静,"庭审"正式开始。先请双方当事人当着众多茶客的面,各自陈述纠纷的前因后果,同时表明态度、申述理由。有时还要提供证据,包括证人、证物等等。其间往往难免唇枪舌剑,激烈争论。但因有双方特邀的"中人"和其他茶客在场,双方一般都会注意分寸,语气尽量平和。

(四)茶客和"中人"的评议与调解

参加"吃讲茶"的茶客,可以是事先被当事人邀请的亲友,也可以是自由参加的路人或喜欢凑热闹的人,可以是熟人也可以是生人,可以是本地人也可以是外乡人。"吃讲"过程允许旁听,并且允许旁观者讲话。有些传闻已广、群众关心的纠纷,围观的人数很多,里三层、外三层,非常热闹。[1] 在当事人陈述之中或之后,茶客中的知情人根据当事人的陈述情况和自己的耳闻目睹,发表个人意见,或作分析判断,或作和好劝导。其中即有劝解双方大事化小、小事化了的"和事佬",也有分析开导、循循善诱、以理服人者。若遇有一方自恃势大,态度横蛮,威胁要挟,通常会有人出来主持公道,你一言、我一语地谴责。如谴责无效,还会有一些人起哄,弄得当事人(蛮横者)十分难堪,被迫收敛。倘若评议中有人摔杯砸碗,"中人"和茶店老板会要求理亏者全数照价赔偿,"这时堂倌便忙了,架在楼上的破板凳,也赶快偷搬下来了,藏在柜房桶里的陈年破烂茶碗,也赶快偷拿出来了,如数照赔。所以差不多的茶铺,很高兴常有人来评理。"[2]

对于茶客的评议或劝解,双方当事人一般都会作出一定的反应,表示同意与不同意;或者说"中人"会见机行事,适时出场,在强调或综合某些观点之后,将其转述给当事人定夺。如果此时当事人能接受某种

---

〔1〕 "吃讲茶",载 http://www.foodqs.com/news/jkys14/20031121172 20.htm.
〔2〕 李劼人:《暴风雨前》,人民文学出版社1982年版,第55页。

意见，解纷任务就算完成，"吃讲茶"到此为止。

伴随调解过程的，往往还有一套特别的仪式：由"中人"把两只茶壶的壶嘴相交，表示和好，由理亏一方向另一方赔礼道歉，另一方则不计前嫌，双方握手言和。如果一方仍有异议，此方还可将自己的茶壶向后拉开，再行"叙理"，某项调解意见或"中人"的评判被认可后，又把双方茶壶拉到一起。可见这里的调解是一个可以反复进行的过程。

（五）"中人"裁判

如果茶客评议或劝解仍不能解决问题，"中人"就会综合各方陈述，阐述个人见解，判断谁是谁非，提出"公断"意见。一旦"中人"说"就这么定了"，终局裁定便告完成，当事人必须接受。此时由败诉方付清全部茶费（有时是对半开），所谓"凡肆中所有之茶，皆由负者代偿其资"[1]，此费在江南一带称为"满堂红"[2]，四川等地则因此直接将"吃讲茶"称为"付茶钱"[3]。这里的"买单"是象征性的，如实泡三十壶，可能要付五十至一百壶的茶钱。

"中人"最后的裁决过程也有一套特别仪式。在四川，当事人双方起身握手表示服从裁决时，茶博士会不失时机地过来，将当事人饮用过的茶壶壶嘴相交，表示纠纷得到圆满解决；同时"中人"或茶博士将红、绿两种茶混在一起，泡上一壶由红、绿茶叶混合的"和解茶"（以示共同认可裁决），由"中人"亲自向双方当事人的茶碗中斟茶，争执双方当着众人的面，各自将混合茶一饮而尽，以示冰释前嫌。[4] 在江南，若"中人"判一方理亏，则把该方的壶盖掀开反扣，茶资由该方支付。当然，对方也可显示大度，把自己的壶盖也反扣过来，那茶资就由双方"二一添作五"，一人交一半了。[5] 这些仪式的意义正如棚濑孝雄所讲的："在某种社会里，友好关系的恢复被作为准审判过程最重要的

---

[1] （清）徐珂：《清稗类钞》（第十一册）"棍骗类·上海地棍之吃讲茶"，中华书局 1986 年版，第 5389 页。

[2] 政协常熟市委员会文史资料研究委员会编：《常熟地方小掌故续编》，1985 年，第 102 页。

[3] 王建荣等：《茶艺百科知识手册》，山东科学技术出版社 2002 年版，第 51 页。

[4] 高秀清、张立鹏：《流氓的历史》，中国文史出版社 2005 年版，第 61 页。

[5] 罗文华：《趣谈中国茶具》，百花文艺出版社 2005 年版，第 156 页。

目的。通常在纠纷解决后,作为友好关系恢复的象征要举行一定的仪式。"[1]

(六) 调判结果的执行

"吃讲茶"调判结果的执行具有一定的强制效力,即不执行调解或裁决就要承担一定的制裁后果。凡通过"吃讲茶"定案的纠纷,当事人不得翻悔和"赖皮",而且不能"告官",否则要受到舆论的谴责,在乡邻之间就难以立足之地。[2] 在江南地区,纠纷解决一旦选择了"吃讲茶"解决,哪怕是"吃讲茶"过程中动武,武斗的败方给胜方"烧路头"(高烧红烛,燃放鞭炮,请"路头菩萨"来作和事佬,有时还要请酒数席[3],以示服理认输,赔罪道歉),也决不能告官,否则就会被视为"不吃硬"的败类,在社会上永远抬不起头来。[4] 受到舆论谴责、被视为出尔反尔的不仁不义之辈,在乡邻中"难以立足",在社会上"抬不起头",这在"田地相连,房屋相接,出入相见,鸡犬相闻,婚姻相亲,水火盗贼相救"[5] 的熟人社会中,是一种非常严重的制裁。

三、解纷机制的法理解析

从上面的考察与分析可知,"吃讲茶"解决纠纷有一整套特别的机制,其要素有:①自愿发起。发起者是纠纷当事人,一如自诉。②以茶为媒。不仅解纷地点在茶馆这一重要的公共休闲和舆论场所,而且整个过程都以喝茶为重要载体。③众人参与。参加者除当事人外,主要是包括"中人"在内的众茶客,他们或是被邀请的亲友,或是自愿参加者。④权威人士主导调解或裁决。以"中人"为主要组织者和调处人。他们通常是本地权威人士,如族中长辈或地方乡绅,可以由纠纷双方事先邀

---

[1] [日] 棚濑孝雄著,王亚新译:《纠纷的解决与审判制度》,中国政法大学出版社2004年版,第29~30页。

[2] 兰兰:"名茶、茶风与茶馆往事",载 http://dqnews.zjol.com.cn/gb/node2/node9/node73/userobject1ai46083.html。

[3] 政协常熟市委员会文史资料研究委员会编:《常熟地方小掌故续编》,1985年,第102页。

[4] 高秀清、张立鹏:《流氓的历史》,中国文史出版社2005年版,第62页。

[5] 周振鹤撰集,顾美华点校:《圣谕广训集解与研究》,上海书店出版社2006年版,第210页。

请,也可以现场临时指定或推选,但无论通过什么程序产生,"中人"通常是社会上有名望、办事公道,特别是双方都信任的人。⑤程序大致严明。"吃讲茶"的核心程序是:先由当事人双方分别向茶客陈述纠纷的前因后果并表明态度,然后请茶客评议兼调解,如果仍不能达成协议,最后由"中人"作出裁决。⑥强制效力。主要体现在"吃讲茶"调判结果的执行过程中。当然,这种强执力是民间意义上的,与今天法治语境下的强制力有所不同。

"吃讲茶"的上述解纷机制是什么性质的机制?下面我们运用现代解纷理论略作分析。现在的法学理论一般把纠纷解决机制分为诉讼机制和非诉讼机制(ADR)[1]两大类,前者的解纷主体是国家,解纷方式是司法审判;后者的解纷主体以民间社会组织为主,但也可以是国家和个人,解纷方式是避免法院判决的当事人自主解决纠纷,具体的方式主要有和解(协商)、调解、仲裁、混合四种。[2]

"吃讲茶"的解纷机制属于非诉讼机制(ADR)这是没有问题的,但这一机制中的解纷主体是个人还是社会组织?具体的解决方式属于哪一种?这些问题并非一目了然,或者说已有的看法分歧很大,所以有具体分析的必要。

(一)"吃讲茶"是一种社会解决纠纷的方式

这里的"社会"是指因特定机缘而形成的、没有朝廷命官或国家权力不直接管及的各类民间生活共同体,一群具有自主权利的人的公共关系载体,也就是与国家和个人相对应的民间社会。从解纷主体来看,"吃讲茶"表面上是个人解决的情形[3],即纠纷双方当事人自己邀约具体的调处人——"中人"——进行调处。但是,这里当事人并非是邀约调处者个人调处纠纷就完事了,他还要邀请"亲友团"并且允许其他乡

---

〔1〕 参见本书第九章第三节。

〔2〕 这是国内外通行的分类。国内如《劳动法》第七十七条规定:"用人单位与劳动者发生劳动争议,当事人可以依法申请调解、仲裁、提起诉讼,也可以协商解决。"这里就说到了上述四种方式。

〔3〕 个人对纠纷的解决包括个人以自己的力量直接解决纠纷(如当事人双方自己进行谈判或协商)和个人借助其他个人的力量(如请第三者进行调解和仲裁)来解决纠纷等两种情形,"吃讲茶"显然属于后一种。

邻乃至路人参与。在真正调处时实际形成了一个有组织的临时集会,或者说通过集会形成了一种临时的社会组织。这一社会组织是专为解决纠纷而形成的有机体,它有代表或头领(中人),有组织(被邀请或允许,集中于茶馆),有成员(众茶客或参与者),有场所(茶所),有活动程序(约定俗成的程序),而不是一帮乌合之众。"吃讲茶"的解纷主体实际上是由"中人"代表或主导临时集会组织而不是"中人"个人,"中人"的调处是代表这个临时集会组织进行的。"吃讲茶"的本质就是公众参与、公开调处的社会解纷方式。

(二)"吃讲茶"的解纷方式是有调解程序夹杂其间的民间审判

对于"吃讲茶"的具体解决方式,目前人们的看法有很大分歧。这些看法大体上可归结为两类:第一类认为"吃讲茶"是民间和解、民间调解、民间仲裁或民间审判(街头法庭审判)[1]等诸方式中的一种;第二类笼统地认为是"和解或调解"[2],抑或和解、调解、仲裁、审判全部都是[3]。后一类显然违反了研究范式,没有讨论的必要。这里看前一类。笔者认为这些看法都不恰当。其一,"吃讲茶"不是和解。因为真正的和解是无需第三方正式参与的,而"吃讲茶"主要是靠"中人"解决纠纷的。其二,"吃讲茶"不是民间仲裁。因为真正的仲裁一般不公开进行,而"吃讲茶"的主要特点之一就是追求公开,越公开越好,靠公开解决增加其解纷效力。其三,"吃讲茶"不是单纯的民间调解。这个可以从两方面来看:一方面,"吃讲茶"过程中虽有调解情节,但这一过程最后往往要进入裁断环节;另一方面,即使调解阶段使纠纷得到解决,这里的调解因其协议(一般是口头的)具有一定的强制力而

---

[1] 有"街头法庭审判"提法的文献有日本千鹤大师的《茶与悟》(中国长安出版社2004年版,第329页)、罗文华的《趣谈中国茶具》(百花文艺出版社2005年版,第156页)等。

[2] 朱年:《太湖茶俗》,苏州大学出版社2006年版,第90页。

[3] 罗文华:《趣谈中国茶具》,百花文艺出版社2005年版,第156页。

不同于一般的或单纯的民间调解。[1] 其四,"吃讲茶"不是单纯的民间审判。"吃讲茶"的过程实际上是可简可繁的,如果在茶客或旁听者的评议、劝解环节实现了和解,"吃讲茶"的使命就告完成,此时就没有裁断的成分了。

那么"吃讲茶"的解纷方式是什么呢?显然,它是属于混合型的,具体来说,属于有调解程序夹杂其间的民间法庭裁决或街头法庭审判。其基本性质是民间审判,但有调解方式夹杂其间,这在形式上有点类似于今天的民事诉讼[2],只不过这里的一切都是民间意义上的。

我们可以从"吃讲茶"的程序、过程与效力三方面来看。其一,从程序上看,"吃讲茶"酷似法庭裁决。"吃讲茶"几乎具备了法庭审判的所有程序要素(这里的法庭裁决当然是民间的)。如"吃讲茶"前的准备相当于起诉和受理,"吃讲茶"现场的布置相当于审理前的准备,当事人陈述原委、申述理由相当于法庭调查和法庭辩论,茶客和"中人"评议、调解相当于法庭调解,"中人"的裁决相当于判决和裁定。此外,"吃讲茶"中的茶馆、"中人"、茶客、茶壶、茶资等也相当于正式的诉讼审判元素:茶馆相当于"法庭","中人"相当于"法官",茶客(公众)相当于"陪审团","中人"面前的茶壶相当于"法槌"(重放茶壶表示"吃讲茶"正式开始,两只茶壶嘴相交表示裁判成功),理亏一方所付茶资相当于"诉讼费"。其二,从过程来看,"吃讲茶"的关键程序中有调有裁或先调后裁。这一点前面已经论述。其三,从效力来看,"吃讲茶"的调解协议或裁决结果具有与法庭裁决近似的强制

---

〔1〕 此处所谓"强制力"即强制执行力,是指不执行调解协议或裁决结果就要承担一定的制裁性后果的效力。在现代法理上,单纯的民间调解是不能对当事人进行制裁的。如我国《人民调解委员会组织条例》规定人民调解委员会调解纠纷"不得侮辱、处罚当事人"(第十二条);台湾"乡镇市调解条例"规定"调解事件,对于当事人不得为任何处罚"(第十九条)。而诉讼内的调解就不一样了,如我国《民事诉讼法》第八十九条规定:法院调解,"调解达成协议,人民法院应当制作调解书。……调解书经双方当事人签收后,即具有法律效力。"这里"吃讲茶"中的调解,也具有民间审判意义上的"诉讼内调解"性质。

〔2〕《民事诉讼法》第九条规定:"人民法院审理民事案件,应当根据自愿和合法的原则进行调解;调解不成的,应当及时判决。"

效力。这也在上面作了论述。"吃讲茶"这种近似正式法庭调解或裁决一样的强制力来自于"吃讲茶"中约定俗成的规矩,来自于事理、社会舆论、社会公德标准,来自于"中人"的威望。英国女社会学家斯普林克尔指出:"在中国,和谐具有极高的价值,对原则的坚持往往被视为搅乱和谐的行为而遭人厌弃。所以,对方已作出了让步的姿态,仍固执地主张自己权利的当事者在这个社会里就冒着与舆论为敌的危险。"[1] 当然,"吃讲茶"作为一种民间的、非正规的秩序恢复机制,其合法性是通过"法不禁止即允许"的方式取得的,或者说是从官方放任、默许,"睁只眼闭只眼"、"民不告官不管"的态度中获得的,其裁决无法得到国家司法执行体制的制度性保障,这一点甚至与明清时期乡里组织调处纠纷也无法相比[2]。所以其裁决的强制力与国家司法审判的强制力只是可以相提而不能并论。正因为如此,我们才说它是"民间法庭裁决"。

四、弊端与衰落

正常情况下的"吃讲茶"形式灵活、成本低廉,既不伤情面又化解矛盾,不失为一种有效的民间解纷模式。但是,"吃讲茶"本身即有难以克服的弊端,而且这一弊端是致命的。

"吃讲茶"属于民间自发的临时集会,缺乏有效的硬性约束机制,易于演变为恶化纠纷的机制。一方面,"吃讲茶"的对象除了乡里良民之外,也包括地痞流氓乃至黑帮组织(袍哥、青红帮之类)在内。"上海地棍之吃讲茶,未必直者果胜,曲者果负也。而两方面之胜负,又各视其人之多寡以为衡,甚且有以一言不合而决裂用武者。"[3] 另一方面,"吃讲茶"主要依据公共道德、乡俗和习惯来解决纠纷,有时当事人之间无理可讲时,要么全凭"中人"自由裁量,要么全依"丛林规则"由当事人各方武斗决定胜负,所谓"谈判不能解决,结果或许诉诸

---

〔1〕 Sybille van der Sprenkel, *Legal Institutions in Manchu China: A Sociologcal Analysis*, London: University of London, Athlone Press, 1962, p. 114.

〔2〕 乡间结社组织与乡里组织同处于民间社会,但后者解纷有国家法规直接的规定或授权。参见本书第八章第一节。

〔3〕 (清)徐珂:《清稗类钞》(第十一册)"棍骗类·上海地棍之吃讲茶",中华书局1986年版,第5389页。

武力,以茶馆为战场,以坐凳茶碗作武器"[1];所谓"引类呼朋,纷争不息,甚至掷碎碗盏,毁坏门窗,流血满面扭至捕房"[2];所谓"若两方势均力敌,而都不愿认输,则中间人便也不说话,让你们吵,吵到不能下台,让你们打,打的武器,先之以茶碗,继之以板凳,必待见了血,必待惊动了街坊怕打出人命,受拖累,而后街差啦,总爷啦,保正啦,才跑了来,才狠住吃亏的一方,先赔茶铺损失"[3]。这时"吃讲茶"的后果就走向其初衷的反面,轻者异化为颠倒黑白、混淆是非的活动,重者酿成血腥凶斗,旧仇未了新仇又生,不仅没有解决纠纷,反而扩大或恶化纠纷,造成对社会秩序的更大破坏。

正因为如此,"官中皆深嫉之"[4],乃至官府"奉宪谕禁止,犯则科罚店主"[5],特别是清末民初,即将倒台的清王朝,刚刚上台的民国政府,一个个都是"太上老君急急如敕令"[6],明令禁止"吃讲茶",所以四川、上海的许多茶馆都曾狐假虎威,在醒目之处挂出"奉谕严禁讲茶"的木牌。"吃讲茶"约在二十世纪三四十年代便风光不再,在解放后渐渐淡出民间社会。"吃讲茶"衰亡的原因除了官府的限禁之外,更重要的是社会进步、制度递嬗的结果,即随着社会的发展,"吃讲茶"逐渐被人民调解、仲裁,以及乡镇派出法庭的司法诉讼所取代。

五、解纷机制的现代元素

传统文化习俗的复兴已成为当今和谐社会的时代特征之一,这类习俗诸如打麻将、赛龙舟、接财神[7],包括也有解纷功能的"敛巧

---

[1] 郁慕侠:《上海鳞爪》,上海书店出版社1998年版,第114页。
[2] (清)葛元煦等:《沪游杂记·淞南梦影录·沪游梦影》,上海古籍出版社1989年版,第110页。
[3] 李劼人:《暴风雨前》,人民文学出版社1982年版,第55页。
[4] (清)徐珂:《清稗类钞》(第十一册)"棍骗类·上海地棍之吃讲茶",中华书局1986年版,第5389页。
[5] (清)葛元煦等:《沪游杂记·淞南梦影录·沪游梦影》,上海古籍出版社1989年版,第110页。
[6] 王从仁:《茶趣》,学林出版社2002年版,第263页。
[7] 民间传说正月初五是财神的生日,所以过了年初一,接下来最重要的活动就是接财神——在财神生日到来的前一天晚上,各家置办酒席,为财神贺辰,以求全年财运兴旺。

饭"[1] 等等，更不用说"鞭炮轮回"[2]、婚丧习俗和年节习俗了。那么"吃讲茶"有没有复兴的可能或必要？笔者以为，作为一种习俗整体，"吃讲茶"没有复兴的可能和必要。一方面，"吃讲茶"的制度机制存在难以克服的弊端；而另一方面，在今天走向法治的社会中，"吃讲茶"有了很多新的替代形式。总之，这一习俗在总体上基本上可以说是真的过时了。

但是，去芜存菁，取精用弘，"吃讲茶"的解纷机制中仍有很多有价值的因素值得我们好好总结和转换利用。比方说：

（一）走多元化解纷道路

这体现在"吃讲茶"外在和内在两个方面。

1. 外在方面："吃讲茶"在当时是作为民间解纷习俗嵌入整个社会解决机制中的，以今观昔，它是非诉讼机制（ADR）中的一种，属于国家司法解决纠纷和个人自力解决纠纷以外的民间组织解决纠纷形式。"吃讲茶"习俗是多元化解纷道路的体现，是纠纷解决机制中多元主体精神的载体。

2. 内在方面：①解纷主体多元。以"中人"为代表的地方权威人士起主导作用，但所有茶客、亲友或路人都可参与，一如庞大的陪审团队伍。②解纷方式多元。即将民间调解与民间裁判有机结合、灵活运用，充分让双方当事人摆事实讲道理，间或杂以旁人的评议来化解矛盾，最后以民间裁判来保障纠纷的解决。③效力保障多元。一是民间权威人士的保障；二是众人参与、公开调处的舆论或民意保障；三是适用（在民间具有较高权威性和公信力的）习惯法或道德规范的规则保障。

（二）利用民间和谐文化元素

这在"吃讲茶"中的具体内容就是利用茶文化。"吃讲茶"以茶为媒，而茶文化具有有利于化解纠纷的和谐效应。

---

〔1〕 "敛巧饭"的内容参见全书"结论"部分。
〔2〕 在年节和办红白喜事时燃放鞭炮以示吉祥喜庆或镇妖辟邪，是中国历史悠久的传统习俗。但自二十世纪九十年代以来，出于环境与安全的考虑，中国各大中城市大都开始通过行政手段严厉"禁鞭"，十多年后，"禁放令"由"禁"改"限"，实际上开始逐步取消。

1. 茶性平和。"吃讲茶"为什么吃茶而不喝酒？一种最可能的原因是，茶与酒不同，酒性热烈，使人兴奋激动，喝多了扰乱思想，容易言语失度，仪态失检，不利于息争解纷；而茶性相对平和，不伤脾胃，喝茶能解渴除烦，醒脑提神，使人冷静理智，心平气和，所以遇到纠纷需要化解的时候，吃茶比喝酒更合适。

2. 喝茶是一种礼仪。喝茶不仅满足茶客生理上的享受，而且还是表征廉俭、雅静与友善的礼仪，它能改善品茗者的精神生活，为人际交往渲染和谐气氛。例如商人会聚于茶馆，一边饮茶，一边谈生意。虽说商贸如商战，但茶能润滑他们之间的关系，所谓"买卖不成情谊在"。

总之，茶道进入社交领域和精神领域，便形成一种颇具民间特色的和谐文化，从而有利于"和为贵"传统对纠纷当事人产生积极的心理暗示。

（三）利用民间重要的公共舆论场所

这在"吃讲茶"中的具体内容就是利用茶馆。李劼人在《暴风雨前》中说："茶铺，在成都人的生活上具有三种作用：一种是各业交易的市场。……一种是集会和评理的场所。不管是固定的神会、善会，或是几个人几十个人商量甚么好事或歹事的临时约会，大抵都约在一家茶铺里，可以彰明较著地讨论、商议、乃至争执；要说秘密话，只管用内行术语或者切口，也没人来过问。……另一种是普遍地作为中等以下人家的客厅或休息室。"[1]"社会大世界，茶馆小天地"，茶馆是社会的一个缩影，利于纠纷解决。一方面，有"公众"才会有"公理"。茶馆是个社交场所，三教九流、芸芸众生汇集在此，对于发生纠纷的各方，凡态度诚恳、善于退让的一方常常会赢得同情，博得好评，而蛮不讲理者往往会受到众人责难。另一方面，有权威才有效力。稍有档次的茶馆，其座位都有雅俗之别，雅座中茶客的身份尊贵，其对是非善恶的评判具有较高的权威性，从而也具有较高的效力。

以上三个方面是"吃讲茶"的正面因素给我们完善纠纷解决机制所指示的正确方向，其具体内容倒不一定要照搬硬套。今天中国的解纷机

---

〔1〕 李劼人：《暴风雨前》，人民文学出版社1982年版，第54~55页。

制中有一种与和谐社会建设相悖的倾向——"国家（诉讼）单边主义"，也就是纠纷解决机制过分依赖以诉讼为主的国家解决方式，置非国家方式（如"人民调解"、民间解纷）于"妾身未明"、"民不自主"的境地[1]，从而影响整个社会纠纷的即时、有效解决。法院的工作效率是有限的，而且许多纠纷法院是不予受理的。诉讼单边主义的直接后果就是把许多纠纷从小拖到大、从弱拖到强，恶性循环，没完没了，直接破坏社会和谐。上述"吃讲茶"的三个方向性因素对于我们克服"诉讼单边主义"具有重大启示和积极意义。

综上所述，"吃讲茶"的特别之处不仅在于它是专门解决纠纷的习俗，而且还在于其解纷机制是一种以临时集会形式、混合解纷方式进行的民间社会解纷模式；具体内容是以茶馆为"审判庭"（纠纷解决场所），以"中人"或茶客为"法官"（纠纷解决主体），有调解程序夹杂其间的民间法庭裁决或街头法庭审判形式。其常态在当时不失为一种有效的民间解纷模式。虽然它因"物竞天择，适者生存"规律的作用而衰亡，但它走多元化解纷道路、充分利用民间和谐文化元素（茶文化）和民间重要的公共舆论场所（茶馆）等因素，在今天仍有价值和魅力，对于矫正中国今天纠纷解决机制问题上的"国家（诉讼）单边主义"倾向具有重要的启发和借鉴意义。"吃讲茶"是不必复兴但值得追忆的习俗，它再次证明，中华民族不仅有追求社会和谐的特殊传统，而且有实现这种和谐的智慧或手段。

本章小结：明清时期的乡间结社组织和乡间集会组织是解决民间纠纷的两大重要主体，"文会"和"吃讲茶"分别是其代表。徽州地区的文会在当地民间纠纷解决中具有无以替代的重要作用，其对纠纷的调处呈现出"是非曲直有乡评，不投保长投文会"的盛况。徽州乡村长期以来民风古朴，安居乐业，社会秩序稳定，聚啸山林的匪祸极少，其原因除了徽州的宗法

---

[1]《人民调解委员会组织条例》和《民事诉讼法》都规定：人民调解委员会"在基层人民政府和基层人民法院指导下进行工作"，"依据法律、法规、规章和政策进行调解"。这使得人民调解更多地是代表国家而不是社会自治权力的行使。

制度、宗族势力所起的作用外，文会填补官府与乡村之间的政治空白，就地及时化解民间纠纷的作用功不可没。"吃讲茶"是明清时期的一种民间习俗，也是乡间集会中专门调处纠纷的会议形式，其调处纠纷的基本程序是：当事人和中人（公道人）、亲友来到茶馆后，先由当事人双方分别向茶客公开陈述纠纷的前因后果，并表明各自的态度，然后请茶客们喝茶、评议，最后中人（公道人）作出裁决。"吃讲茶"的解纷方式非常像民间街头法庭的裁决，其裁决具有一定的强制力。在正常情况下，"吃讲茶"调处民事纠纷的形式活、成本低，既化解矛盾，又不伤情面，在民风淳厚的古代社会，不失为一种有效的解纷方式。

第七章

地缘社会解纷机制的内容

前面四章（第三至六章）考察了明清时期五种地缘社会组织参与社会解纷的基本情况，从本章开始，我们用三章（第七、八、九章）的篇幅来对这些解纷共有的机制进行一个总的归纳总结，然后再作一个总的法社会学解读。

我们已在导论中论述了纠纷解决机制的内容主要包括解纷主体、解纷方式、解纷理念、解纷原则、适用规则、效力保障、对外联接等七个方面，本章即依此七个方面对明清地缘社会解纷机制的内容次第进行归纳总结。需要特别说明的是，明清地缘社会的情况复杂，不同社会类型之间、同一类型在不同时期不同地域的具体情况往往有较大差异，每种地缘组织在这七个方面的具体内容都可能不同。这里的归纳总结将暂时忽略差异、存异求同，从最大的共同点着眼来梳理明清地缘社会解纷机制的内容。

第一节 解纷主体：地缘社会组织的领袖

人类活动的主体都是人，地缘社会作为有组织的社会，其人事之组织表现为"组织—领袖（或代表）—成员"三个层次。地缘社会组织解决纠纷的实际主体是这些组织的领袖或代表人物，他们是乡里组织中的里甲长、里老人、保甲长，乡约组织中的约长、约正、约副，同乡会组织（同乡会馆）中的首事或董事，乡间结社组织中的会首或社长，乡间集会组织中的"首事"、"中人"和"公道人"等。地缘社会组织调处纠纷实际上是这些人处理纠纷，没有他们就没有地缘社会组织对纠纷的解决。本节先分析这些人的社会身份与基本作用，再考察他们在社会纠纷解决中的表现。

一、以乡绅为主体的社会精英

明清时期地缘社会组织的代表或领袖在总体上属于民间社会的精英，他们中的大多数都有一个共同的身份：乡绅。这里我们不能说地缘社会组织的代表或领袖都是社会精英，因为这一群体在事实上是鱼龙混杂、良莠不齐的；也不能说他们都是乡绅，例如乡里组织中的里甲长是轮值的，保甲长则要求"俱选庶民，青衿勿使充任"[1]，但是他们中的大部分人或总体上是精英和乡绅，应该是没有问题的。学者赵秀玲说："作为乡里社会的精英阶层，绅士的主要活动范围是乡里社会，其影响最大至深者也是乡里社会，因之，中国绅士本质上主要属于'乡里社会'角色，而不是'官场社会'角色。"[2] 这里的"乡里社会"应作"民间社会"或"非官场社会"理解。美国学者费正清指出："（明清两代的）士绅（乡绅）越来越多地主宰了中国人的生活，以致一些社会学家称中国为士绅之国。"[3]

（一）乡绅的构成与特点

"乡绅"即乡间的绅士，其名称在宋代已经出现[4]，明清文献中多用"缙绅"[5]，今人所谓"士绅"实际上大都指乡绅[6]。乡绅是在野并享有一定政治和经济特权的知识群体。

1. 乡绅的构成。明清时期民间社会的人事结构大概可以分为平民和士绅两大群体。当代美国的"头号中国通"费正清讲："自古以来，就存在着两个中国。一方面是乡村里成千上万的农民社会，……另一方

---

[1] 黄强：《中国保甲实验新编》，正中书局1936年版，第137页。"青衿"即青色交领的长衫，是古代学子和明清秀才的常服。这里借指在科举考试获得功名（生员、秀才、举人、贡士等）的乡绅。虽有乡绅可以不出任保甲长，但事实上乡绅担任保甲长的情况比较普遍。参见本书第一章第一节。

[2] 赵秀玲：《中国乡里制度》，社会科学文献出版社2002年版，第239页。

[3] [美] 费正清：《美国与中国》，世界知识出版社2002年版，第32~38页。

[4] [日] 重用德："乡绅支配的成立与结构"，载刘俊文等主编，高明士等译：《日本学者研究中国史论著选译》第二卷，中华书局1993年版，第214页。

[5] [日] 寺田隆信："关于'乡绅'"，载明清史国际学术讨论会秘书处论文组编：《明清史国际学术讨论会论文集》，天津人民出版社1982年版，第113页。

[6] 参见赵秀玲：《中国乡里制度》，社会科学文献出版社2002年版，第239页。

面是由地主、儒生、商人、官吏们所构成的上层结构。"[1] 士绅阶层是这里的"上层结构",它又可以分为官吏和乡绅(即地方绅士)两个小群体。[2]

明清乡绅主要包括两类人[3]:第一类是做过官的人,所谓"居乡之士,在野之官"[4],主要是致仕、卸任甚至坐废回乡的官员(其实已不再是官)。如明代广东沙堤乡约的总主持人湛若水原任南京礼、吏两部尚书;正统初年致仕还乡倡行《吕氏乡约》的王源原是潮州知府(永乐四年进士)[5];晚清向官方献计,将乡约与团练结合的无锡绅士顾凤祁、江阴绅士郑经也都曾担任地方官。第二类是可能要做官的人,即具备入仕条件的准官员,包括府州县学的生员、国子监的监生,以及在乡试、会试中及第的举人和进士等。如乾隆四十八年(1783年)在安徽省徽州府乡间主持调处田土纠纷的禀生胡见龙、监生胡可行、生员(秀才)汪景儒、胡群诏等一干人[6];光绪三年(1877年)作《救荒论》、自费"约乡人兴水利"的直隶省保定府清苑县的举人王锡三[7],乾隆年间带领全村人与腐败无能的官府对抗的郎姓秀才[8],等等。

明清地缘社会组织在解决纠纷中提到最多是具有"生员"、"禀生"、"监生"等科考身份的乡绅。这里对这些"功名"(科举称号)加以简单介绍。明清科举考试大致分为院试、乡试、会试、殿试四级,上

---

〔1〕 [美]费正清:《美国和中国》,商务印书馆1987年版,第28页。

〔2〕 周容德:《中国社会的阶层与流动——一个社区中士绅身份的研究》,学林出版社2000年版,第55~59页。

〔3〕 有关乡绅类型的详述,参见赵秀玲:《中国乡里制度》,社会科学文献出版社2002年版,第239~250页。不过,该书的分类似乎是坚持多重标准,而且我们不同意把官场失意、暂居乡里的官僚也看作是乡绅,因为作为绅的前提是此人不是官。

〔4〕 岑大利:《乡绅》,北京图书馆出版社1998年版,第1页。

〔5〕 汤相:《龙岩县志》卷下《乡约》,第1页,嘉靖间刻本。

〔6〕 参见王钰欣、周绍泉主编:《徽州千年契约文书·清民国编》(卷一一),花山文艺出版社1991年版,第404~405页。

〔7〕 《清苑县志》卷四,第67页。转引自张仲礼:《中国绅士》,上海译文出版社1991年版,第56页。

〔8〕 吴晗等:《皇权与绅权》,上海观察社1948年版,第126页。

述乡绅之"功名"主要与院试有关。院试是由各省"学政"[1]在各州府主持的考试，因"学政"又称"提督学院"而得名，又因考生为童生而又名"童试"。院试分岁试（正场）和科试（复试）两部分。岁试合格者称"生员"，也称秀才或相公，岁试成绩分六等，一、二等方可参加科试；科试成绩也分为六等，也是一、二等才可以参加乡试。岁试、科试都考过的高等秀才，由国家供给廪膳，称为"廪生"。可见"生员"是科举考试中通过最低一级考试（府州院试）初试、国家不给任何专门待遇的普通秀才，"廪生"是通过院试复试、国家发给提供生活费的高等秀才。"监生"是指在国子监（隋代始设的最高学府，清代改为总管全国官学的官府，清末则成为卖官机构）的肄业生，相当于秀才，但地位更高。明清监生在乾隆以前和以后的情况很不相同。乾隆以前的监生由"学政"主持考试和录取，或者由皇帝特许并进行象征性的加试（类似于现在的保送生或推荐生），这种监生需在国子监读书三年，考试合格后授官。乾隆以后的监生可以由捐纳取得，称为"例监生"，类似于现在花钱买文凭取得学历学位资格，这类监生仅为身份象征，不授官，自然也没有什么实权，因而不被重视。但他们仍依法享有一些特权，如免役和免受笞杖刑及刑讯，可礼见长官，见着县太爷什么的，可以不施跪拜礼，只是作作揖而已。有些监生同时又是一方土豪，一般的县太爷不敢惹他。清代广东省朝阳县的仙村有一个叫马世政的监生，横行乡里，恶贯满盈，县令蓝丁园将其诱捕后，不敢轻易用刑，只好钻法律的空子，不打屁股、脊背、大腿和后腰，而改打脚板心。

2. 乡绅的特点。明清乡绅有如下特点：

（1）通连官民关系。"士绅"本身是在与官吏相对的语境下说的。明清时期官有九品，民有四业（士农工商），乡绅属于哪一种角色？乡绅是介于官民之间的特殊阶层。一方面，乡绅和平民一样编甲纳粮（而且要以身作则），他们是民，不是官；另一方面，乡绅与"官"有密切联系，曾经为官或将要为官。乡绅上与州县连通、下与百姓熟识，加上了解本地乡情，因而成为联系官民的重要中介和桥梁。

---

[1] "提督学政"的简称，是由朝廷委派到各省主持院试，并督察各地学官的官员。学政一般由翰林院或进士出身的京官担任。

（2）有钱有势，疏财仗义。乡绅有官方撑腰，所以"一个县官并不怕得罪绅士，怕得罪的是支持在绅士后面的强有力的政府官吏"[1]。

（3）有智有识、见多识广，经验丰富，工作能力强。有些乡绅还有一技之长，例如有的曾是太医，有的曾是水利专家。明嘉靖年间祁门县历溪村的名医王典著有《医学碎金》、《意庵医案》，当时皇子病笃，群医束手无策，王典受荐往治，治之立愈，授太医院官，直圣济殿事，加授登仕郎。告老返乡后，受赐营造王氏宗祠"合一堂"，造福一方。

（4）享有特权。顾炎武曾说："一得为此（指生员）则免于编氓之役，不受侵于里胥，齿于衣冠，得以礼见官长，而无笞捶之辱。"[2]这些特权包括：①经济特权。乡绅不能免除赋税，但可免除丁税和徭役。明洪武十二年（1379年）下诏："自今内外官致仕还乡者，复其家终身无所与"[3]；乾隆元年（1736年）上谕："无论士民，均应输纳。至于一切杂色差徭，则绅衿例应优免"[4]，清朝对乡绅的编入保甲规定："绅衿之家与齐民一体编次，听保正甲长稽查，违者，照脱户律治罪。至充保长甲长并轮值支更看栅等役，绅衿免派。"[5]②政治特权。退休乡绅基本上享受与现任地方官同等的政治待遇。明洪武十二年诏令："致仕官……若筵宴则设别席，不得居无官者之下；……其与异姓无官者相见，不必答礼；庶民则以官礼谒见，敢有凌侮者论如律。"[6]清代地方官黄六鸿说："当事之绅衿，固宜优礼，然因公事而惠临，则宾馆相迎，可拜昌言之赐。"[7]③法律特权。乡绅若遭人打骂，对骂人者加重处罚，清律规定："吏卒骂举人比照骂六品以下长官律杖七十"[8]；乡绅犯法不与民同罚，可以从轻处罚或法外用刑，而且地方官只能上报，不得自行处治。清代规定："生员（秀才）犯杖笞轻罪褫革者，只

---

[1] 吴晗等：《皇权与绅权》，上海观察社1948年版，第126页。
[2] （清）顾炎武：《亭林文集》卷一，第17~18页。
[3] 《明太祖实录》卷一二六。
[4] 《钦定学政全书》卷三二，第2页。
[5] （清）徐栋辑：《保甲书》卷一《定例·刑部条例》。
[6] （明）邓士龙辑：《国朝典故》卷三一《野记一》。
[7] （清）黄六鸿：《福惠全书》卷三《莅任部》。
[8] 《大清律例汇辑便览》卷二九，第2页。

详（上报）学院（指省府里的'学政'）与本府本州。徒罪以上，方用通祥。"[1]

（二）乡绅的作用与官方态度

1. 乡绅的一般作用。古代中国的权力系统大概就是两种：一种是统治者兵威所及、高不可测的皇权，另一种是某种程度上反映民间意愿或百姓要求的绅权，前者以后者为基础。毛泽东指出："在封建国家中，皇帝有至高无上的权力，在各地方分设官职以掌兵、刑、钱、谷等事，并依靠地主绅士作为全部封建统治的基础"；[2] 即使到了晚清，"帝国行政机构在分崩瓦解，但旧秩序的重要基础——地方绅士的权威并未动摇"[3]。乡绅游离于"民间社会"和"国家政权"之间，其基本作用，特别是在中国民间社会中的作用，早已有很多学者作过专门考察和研究[4]，这里仅就与地缘社会解纷相关的内容作简单梳理。乡绅在中国民间社会中的作用主要在两个方面：

（1）主导民间社会自治。这就是学者们所说的："鉴于国家资源的约束（稀缺），维持州县之下的乡里社会的相对自治，主要依靠乡绅群体与半官半民的乡官来落实，并与帝国衙门进行必要的交涉"[5]；"在中国，三代之始虽无地方自治之名，然确实有地方自治之实[6]，自隋朝中叶以降，直到清代，国家实行郡县制，政权只延于州县，乡绅阶层

---

[1] （清）王荫庭："办案要略"，载（清）张廷骧编：《入幕须知五种》，第46页。

[2] 毛泽东："中国革命和中国共产党"，载《毛泽东选集》，人民出版社1967年版，第587页。

[3] 孔飞力："晚清之叛乱及其敌人"，转引自杜赞奇：《文化、权力与国家——1900~1942年的华北农村》，江苏人民出版社1996年版，第13页。

[4] 关于研究乡绅的代表性著论有吴晗等：《皇权与绅权》，上海观察社1948年版；岑大利：《乡绅》，北京图书馆出版社1998年版；张仲礼：《中国绅士》，上海社会科学院出版社1991年版；干春松："皇权、绅权和地方权力的建构"；吴金成："关于日本对明清时代绅士阶层的研究"，载《明代史研究》1979年第7期；田成有："士绅：乡土社会的法律人"，载 http://www.xhfm.com/Article/minjian/200601/Article_887.asp，等等。

[5] 徐忠明："传统中国乡民的法律意识与诉讼心态"，载《中国法学》2006年第6期。

[6] 如果从今天地方自治的标准来看，这种观点是一种大大的误解，中国古代从来没有真正的地方自治。参见本书第九章第一节。

成为乡村社会的主导性力理。"[1] 乡绅主导民间社会自治的方式很多，如出任民间组织的首领，在契约中担任保人，在民间纠纷中担任调处人，倡助乡民成立自治机构，带领乡民对抗蛮横的官府，组织百姓济困救灾，等等。明朝万历年间原户部尚书李侍问致仕"以郎中归里"，回到家乡广东省广州府南海县佛山镇，"倡议设立（忠义）营，以捍乡土。兵食出自乡之门，摊炉煽银一百七十两"[2]，"里中崇正社学倾圮，公（乡绅李升问，李侍问的哥哥）独任饰新，一时改观"[3]，当地的公共营造无不与李侍问的名字联系在一起。乾隆年间郎姓秀才带领全村人与腐败无能、漠视民间灾情的官府对抗。"安村的领头绅士姓郭，是一个秀才，也是本村最大的地主，有一年村中发生水灾，房屋被淹倒塌得很多，郎向县官报灾，县官亲自坐着八人大轿下乡来勘查。勘查的结果认为灾情不严重，这就触怒了郎绅士。他说县官如此糊涂，着人把县官的轿子打坏。"[4] 光绪年间陕西"戊戌淫雨，沣水涨溢"，西安府一生员"度地形，募捐款，引水入渭，民田涸。复又佐地方官，治泥河、露宿河。干筑培修，浚沿河数十村。始得安业"[5]。光绪年间直隶省保定府清苑县的举人王锡三，"光绪三年，畿辅旱，大饥。（王）锡三作《救荒论》，约乡人兴水利，壅滗，溉田数千顷。工费皆己出。"[6] 乡绅主导民间社会自治是传统社会自治的主要形式，它成功地将民间所固有的自治因素融入到社会的权力体系中，实现了国家与民间管理资源的有效整合。

（2）充当官府在民间的代理人。乡绅在某种意义上是国家在民间的代理人，民间的土地管理、粮税征收等事务，官府如果不与他们互动，

---

[1] 吴理财："民主化与中国乡村社会转型"，载《天津社会科学》1999年第4期。
[2] 乾隆《佛山忠义乡志》卷三《乡事志》。
[3] 《李氏族谱·谍五》。转引自罗一星："明末佛山的社会矛盾与新兴士绅集团的全面整顿"，载《广东社会科学》1992年第5期。
[4] 吴晗等：《皇权与绅权》，上海观察社1948年版，第126页。
[5] 《陕西省通志稿》卷八四，第10页。转引自张仲礼：《中国绅士》，上海译文出版社1991年版，第54页。
[6] 《清苑县志》卷四，第67页。转引自张仲礼：《中国绅士》，上海译文出版社1991年版，第56页。

很难实施有效的行动。这一点地方官员体会最深。咸丰年间湖北巡抚胡林翼说:"自寇乱(指太平天国起义)以来,地方公事,官不能离绅士而有为"[1];清代知县汪辉祖认为:"官与民疏,士与民近,民之信官,不若信士。朝廷之法纪不能尽谕于民,而士易解析,谕之于士,使转谕于民,则道易明,而教易行。境有良士,所以辅官宣化也。且各乡树艺异宜,旱潦异势,淳漓异习。某乡有无地匪,某乡有无盗贼,吏役之言,不足为据,博采周谘,惟士是赖。"[2] 美国著名的中国问题专家费正清总结说:"旧中国官吏以士绅家族为收捐征税的媒介。同样,士绅也给农民作中间人,他们在执行官吏压迫农民的任务时,也能减轻些官方的压迫。地方官吏在应付火灾、饥荒或早期叛乱以及众多的次要刑事案件和公共建筑工程时,都要靠士绅的帮助。他们是平民大众与官方之间的缓冲阶层。……帝制政府仍然是个上层结构,并不直接进入村庄,因它是以士绅为基础的。当地士绅的许多公务形成了帝制官僚统治下的一个政坛,使官员能够以极大的流动性和表面上不依赖于地方根基的方式经常调动。实际上,皇帝任命的任何县官只有获得当地士绅的合作才能进行治理。"[3] 总之乡绅的存在填补了官僚政府与民间社会之间的真空。有关研究表明,汉朝至清代中叶的两千年间,中国的人口增长了五倍,但州县地方政务机构的数量基本上没有增加,整个国家治理机构仍能有效运转,其主要原因就是民间存在着"代官治民"的乡绅。

乡绅有良绅与劣绅(恶霸)之别。良绅关注民间社会命运,热心公益事业,既为国分忧,又为民请命;劣绅则在民间横行霸道,无所不为,如行贿受贿、鱼肉乡里、匿田逃税、包揽词讼、把持官府,等等[4]。但就整体来说,乡绅在民间起正面的积极作用是主要的。明末清初颜茂猷说:"乡绅,国之望也,家居而为善,可以感郡县,可以风

---

[1] (清)胡林翼:"麻城县禀陈各局绅筹办捐输情形批",载(清)胡林翼:《胡文忠公全集》第四册,大达图书供应社1936年版,第1757页。

[2] (清)汪辉祖:《学治臆说》卷上《礼士》。

[3] [美]费正清:《美国与中国》,世界知识出版社2002年版,第32~38页。

[4] 具体表现可参见赵秀玲:《中国乡里制度》,社会科学文献出版社2002年版,第265~271页。

州里,可以培后进,其为功化比士人百倍。故能亲贤扬善,主持风俗,其上也;即不然,而正身率物,恬静自守,其次也。"[1]

2. 官府对乡绅的敬重。鉴于乡绅的非凡作用,明清官府非常尊重乡绅,"大率皆以待之优礼,使贤能之士,乐于自进,以勤厥职。"[2] 清代名臣黄六鸿在《福惠全书》中总结州县官的为官之道,告诫州县官不要怠慢乡绅:"本地乡绅,有任京外者,有告假在籍者,有闲废家居者,其交际之间,宜待之以礼用刺相觌。悉照旧规,其有切已事或兄弟子侄横罹意外,亦必周全体面。"[3] 明朝万历年间户部尚书李侍问致仕回佛山,"自公释重归里,省会监司干旄在门,必求促以请,语次无非为桑梓计久远。"[4] 一些新上任的州县官对待乡绅非常慎重,须先了然于心而后行方可。如某新县令至任伊始,首先对乡绅摸底,"恬退隐逸、向时礼数褒异者几人,乡宦见任几人,致仕几人,举人贡监生员若干,其接见常规如何。"[5]

(三) 地缘社会组织领袖与乡绅的关系

前面讲过,乡绅是明清时期大多数地缘社会组织代表或领袖的共同身份,"里正、乡约之类多来自地方乡绅,并非国家派任的官员"[6]。由于乡绅自身的特点和优点,他们充当民间组织的领袖比一般百姓更有感召力和创造力,因而往往成为民间社会权力的实际操纵者。根岸佶指出:"乡绅是经营宗族、行会等传统性自治生活民众的统率者即代表,在作为下意上达的导管的同时,又以官方代理的资格努力使下意上达,甚至进而协助其行政,担任'治安维持,民食确保,排难解纷,官民连络,善举劝业,移风易俗'等职务。"[7] 下面我们主要考察地缘社会组

---

[1] (清)颜茂猷:"官鉴",载(清)陈宏谋:《从政遗规》卷上。
[2] 闻钧天:《中国保甲制度》,商务印书馆1935年版,第265页。
[3] (清)黄六鸿:"待绅士",载《福惠全书》卷四《莅任部三》。
[4] 乾隆《佛山忠义乡志》卷十《艺文志·文昌书院》。
[5] (清)潘杓灿:"筮仕",载徐栋辑:《牧令书》卷二,第2页。
[6] 范愉:《纠纷解决的理论与实践》,清华大学出版社2007年版,第600页。
[7] [日]根岸佶:《中国社会に於ける指导层——耆老绅士の研究》,平和书房1947年版。转引自[日]重田德:"乡绅支配の成立と结核",载刘俊文等主编,高明士等译:《日本学者研究中国史论著选译》第二卷,中华书局1993年版。

织中乡里组织、乡约组织和同乡社会组织领袖与乡绅的关系。

1. 乡里组织领袖与乡绅。里甲长、里老人、保甲长等乡里组织领袖中有相当一部分是常居民间的乡绅。根据《教民榜文》、《大清律例》的规定，里长、甲长是"轮年应役"[1]，乡绅轮值其中；里老人（耆老）由于必须是"本乡年高有德、众所推服"如"古乡三老"者，我推测他们中的大多数应该是乡绅。保甲长的情况比较复杂。保甲法原本规定乡绅可以不充任保甲长，如清代《户部（保甲）则例》第四条规定："凡绅衿之家与齐民一体编列，听保甲长稽查，违者照脱户律治。地方官徇庇，照本例议处。凡佥充保甲长并轮值支更看栅等役，衿绅免充。"[2]《刑部条例》第四条重申这一规定。[3] 这也就是说绅衿、衙役都要一体编入保甲，不得循庇隐漏，但保甲长俱选庶民担任，"青衿"（秀才等在科举考试取得功名或学位的人）和"衙役"可以不充任。这里将乡绅视为平民，但同时受到照顾、享有特权，可以不充当保甲长。但实际上，保甲制度并不完全按照官方既定的设计来运行。一方面，"虽然地方精英不大愿意亲自出任保甲首领，但对这种组织却并非漠不关心，他们总是试图利用自己的权威地位掌握保甲组织的实际控制权"[4]；另一方面，地方官员也大多采取措施促使绅士集团管理保甲事务，他们不仅给予乡绅某些特权，如规定"有乡绅两榜贡监生员，不便与庶民同例编查"[5]，"官幕乡绅，邻人有犯，不与相干"[6] 等，以减轻乡绅对保甲制的敌意，而且放宽对保甲任职资格的限制，动员乡绅充任保甲长，所谓"保卫闾里，贤者之所应为。古者里宰、党正皆士大夫

---

[1]《大清律例》第八十三条"禁革主保里长"。
[2] 一凡藏书馆文献编委会著：《古代乡约及乡治法律文献十种》（第二册），黑龙江人民出版社2005年版，第21~22页。
[3] 一凡藏书馆文献编委会编著：《古代乡约及乡治法律文献十种》（第二册），黑龙江人民出版社2005年版，第38页。
[4] 万明：《晚明社会变迁：问题与研究》，商务印书馆2005年版，第275页。
[5] 于成龙："弭盗条约"，载（清）贺长龄：《皇朝经世文编》，文海出版社1972年版，第2654页。
[6] 朱镇："苏省保甲说"，载（清）何良栋：《皇朝经世文四编》，文海出版社1972年版，第693页。

之选,并非里胥贱役可比。宜踊跃从公,以襄善事"[1]。万历年间巡抚许孚远指示选拔乡保首领时应"谋诸乡荐绅先生","首推士夫,及于耆老,及于举、监、生员,随地方人才多寡为率,短中求长";[2]巡抚黄承玄认为当时"约正、保长多不得人",指令"本乡若有缙绅先生、孝廉、文学",听他们"核实公举"[3]。清代保甲逐渐取代里甲成为综合乡治组织以后,更多乡绅进入保甲长之列。嘉庆时地方官王凤生《保甲事宜》规定:"欲依法力行经久无弊端,赖于地方公正,绅耆同心协理,方能相与有成。本县虚衷察访,延请乡耆各一人,并令乡耆于每甲中遴一人为甲耆,城镇皆绅士为之。"[4] 地方官沈彤在《保甲论》中说:"举行保甲,必先择其长保甲之人而后可。……牌头则庶民之朴直者为之。保甲甲长则必择士之贤者能者为之。"[5] 晚清有人甚至主张"乡设一局,以绅衿一人总理,士夫数人辅之"[6]。以地方绅士为控制主体的团练的出现提升了乡绅的地位和权力,作为团练组织系统而得以存在并发生作用的保甲,也通过吸纳地缘、血缘因素拔高乡绅地位,变更道德激励内容等办法,使自身迅速乡土化。

2. 乡约组织领袖与乡绅。明清时期的乡约不管以什么方式推行,其领导者绝大部分都是乡绅。人们常说的官办乡约,实际上是官倡民办或官委民办的,并非真正的官办乡约,其主持者仍是乡绅。杨开道在《中国乡约制度》中说:"乡约制度是由士人阶级的提倡,乡村人民的合作,在道德方面、教化方面去裁制社会的行为,谋求大众的利益。……乡约

---

[1] "保甲条规",载(清)邵之棠:《皇朝经世文统编》,文海出版社1980年版,第1651页。

[2] 许孚远:《敬和堂集》卷八《公移·约保事宜》,齐鲁书社《四库全书存目丛书》本。

[3] 黄承玄:《盟鸥堂集》卷二九《公移·约保事宜》,转引自郑振满:"明后期福建地方行政的变化",载《中国史研究》1998年第1期。

[4] 一凡藏书馆文献编委会编著:《古代乡约及乡治法律文献十种》(第二册),黑龙江人民出版社2005年版,第109页。

[5] 一凡藏书馆文献编委会编著:《古代乡约及乡治法律文献十种》(第二册),黑龙江人民出版社2005年版,第277~278页。

[6] 张惠言:"论保甲事例书",载(清)邵之棠:《皇朝经世文统编》,文海出版社1980年版,第1653页。

制度的起源，实在是一个破天荒的举动，人民居然能得士人阶级的指导，士人居然能做政治舞台的生活。"[1]

（1）纯民间乡约都是乡绅举办。王源是明清时期较早创办乡约的乡绅之一。王源原是潮州知府，正统初年致仕后回到福建漳州府龙岩县家乡倡行吕氏乡约[2]。嘉靖时担任过南刑部主事的郑佐在家乡徽州歙县倡导组建了岩镇乡约；当过太医的徽州歙县乡绅方达，利用岩镇备倭乡约来组织健儿练兵守御[3]。湛若水、伍克刚等乡绅于嘉靖二十三年（1544年）年创办了著名的沙堤乡约。主约湛若水（1466~1560年）系弘治十八年（1505年）进士、著名理学家，王阳明的好友，由翰林编修历官南京国子监祭酒，南京礼、吏两部尚书，嘉靖十九年（1540年）七十五岁时以南京兵部尚书参赞机务官职致仕回到家乡广东增城县绥宁乡甘泉都沙贝村（即沙堤村）。副主约伍克刚是正德五年（1510年）举人，岳州府通判致仕，与湛若水是师生关系[4]。约正伍万春在首次集会日作《甘泉圣训约序》，其中这样言及乡绅的使命和主约湛若水创办乡约的功绩："士大夫处于乡，则尽乡人之情；处于国，则尽国人之情；处于天下，则尽天下之情"；"（湛若水）居乡置义田以给宗教，置义阡以葬乡人，置赡田以待四方来学之士，念吾父之老，少与之游，壮而与之宦别，今以俸金置馔，延乡耆戚旧宴约，仿乡饮仪节，而真率与焉，似香山之会，而礼意过之"；"（湛若水）师天下、育青衿，……达行之志不究于时，而幸于吾乡兆焉，其弗容已之衷乎？……孔子反鲁，万世之彝教以明；先生之居乡，孰为不遇也。"[5]

（2）官倡官督乡约的创办者或主持者大都是乡绅。先后在潮州揭阳县和江西吉安府推行乡约的王守仁门人季本（1485~1563年）认为，

---

〔1〕 杨开道：《中国乡约制度》，民国山东乡村服务人员训练处1937年刊本，第35页。

〔2〕 汤相：《龙岩县志》卷下，《乡约》，第1页，嘉靖间刻本。

〔3〕 参见陈柯云："略论明清徽州的乡约"，载《中国史研究》1990年第4期。

〔4〕 朱鸿林：《中国近世儒学实质的思辨与习学》，北京大学出版社2005年版，第259~260页。

〔5〕《圣训约》，明嘉靖二十三年刻本，台湾"国立中央图书馆"藏经部礼类杂礼俗之属，第5页。

就算乡约是官府立的，也应该由本地乡绅促进和延续之。[1] 李光地（1642～1718年）是康熙朝重臣，先后任兵部左侍郎、右副都御史兼直隶巡抚、吏部尚书、文渊阁大学士，康熙五十四年（1715年）以母丧未葬为由请假两年，回乡期间以亦官亦民（乡绅）身分在家乡福建省泉州府安溪县推行乡约，制定《同里公约》、《丁酉还朝临行公约》等约规。[2] 有时地方官还直接举荐乡绅担任约正，万历年间章潢（1527～1608年）所著《图书编》的乡约规条说："该州县即移文该学，共推请乡士大夫数位为约正，以倡率士民"[3]；同一时期安徽省徽州府歙县知县张涛访知潭渡乡绅黄时耀"言行足为一乡师表"，遂特举他为一邑乡约的约正[4]；清代知县王凤生在任时，"每一乡之中用印启，请公正绅士一人为乡耆，总司其事"[5]；清代至讲乡约运动兴起，更是"选举诚实堪信，素无过犯之绅士，充为约正，值月分讲"[6]。

晚清江南"振兴乡约"运动中，乡绅发挥了主角作用。咸丰初期太平军占据金陵，江南岌岌可危，清廷担心团练不够精锐，叫县令陈懋蕳广集乡绅商议应对办法。无锡绅士顾凤汭、江阴绅士郑经等提出"团其身必团其心"、"若仅讲团练，不以文教治之，练丁即有勇，何能知方？遇顽且思逞，岂甘守法？若与宣讲乡约，练丁则忠义明而果敢气作矣，愚顽则孝弟敦而守望志坚矣"[7]，意思是说团练是有形的保卫，乡约是无形的长城。此主张受到朝廷赞许，从此团练与乡约捆绑建设，在全省各府州县一体推行。晚清江南各省设立乡约局都由乡绅担纲，"选举公

---

[1] 朱鸿林：《中国近世儒学实质的思辨与习学》，北京大学出版社2005年版，第290页。

[2] （清）李光地：《榕村别集》卷五。

[3] （明）章潢：《图书编》，上海古籍出版社1992年版。转引自胡庆钧："从蓝田乡约到呈贡乡约"，载《云南社会科学》2001年第3期。

[4] "歙潭渡黄氏先德录"。转引自赵秀玲：《中国乡里制度》，社会科学文献出版社2002年版，第245页。

[5] （清）王凤生："保甲事宜"，见徐栋辑：《保甲书》卷一《成规上》。

[6] （清）田文镜、李卫奉敕撰："钦颁州县事宜"，载（清）许乃普编：《宦海指南五种》，咸丰九年许氏刻本，第6页。

[7] 参见牛铭实：《中国历史乡约》，中国社会出版社2005年版，第72页。

正绅董,捐集经费,专办化导事宜,以作四乡表率"。[1]

3. 同乡社会组织领袖与乡绅的关系。同乡会馆的会首或董事一般都是乡绅或儒商,因为"被推为会首的似乎必须具备了某种资格或地位才算有分。被推为会首的资格,除须为人'年高公正'而外,有的是对于会馆财务有相当的贡献或劳绩,有的是在同乡区域里面有代表某一个地方的资格,有的或是在当时有着荣显的头衔"[2]。明代崇祯年间进士、湖北麻城人刘侗在考究会馆来历时说:"尝考会馆之设于都中,古未有也,始嘉、隆间,盖都中流寓十(倍)土著,游閒屣士绅,……用建会馆,士绅是主,凡入出都门者,籍有稽,游有业,困有归也。"[3]这说明同乡会馆一开始即由士绅主持。

二、乡绅及地缘社会组织首领在民间解纷中的表现

这里我们首先考察乡绅作为社会个体角色而不是民间组织的代表参与民间解纷的情况,然后讨论地缘社会组织的领袖或代表(大部分是乡绅)参与解纷的情况。后者主要看乡里组织和乡约组织的首领或代表在民间纠纷中的表现。

(一)乡绅在民间解纷中的表现

明清乡绅是民间解纷最积极最有效的参与者之一。"士绅在每个乡里履行许多重要的社会职责。……他们日复一日非正式地仲裁纠纷,使当地不致像美国任何一个市镇那样经常发生法律诉讼。"[4]英国女社会学家斯普林克尔在《清代法制导论》中说:"在村子里,排解纠纷构成了乡村领袖特别是本地'士绅'的大部分职能。"[5]方志文献记载了大量乡绅善于调处纠纷而使当地少有诉讼的事例。仅以光绪年间《保定府志》为例,《列传十七·孝义》记载:"韩梦熊,束鹿人,监生。……排难解纷,和睦乡曲,尤为远近所推云";"齐如奎,蠡县人,监生。性

---

[1] 牛铭实:《中国历代乡约》,中国社会出版社2005年版,第73页。
[2] 窦季良:《同乡组织之研究》,正中书局1943年版,第25页。
[3] (明)刘侗:《帝京景物略·稽山会馆唐大士像》。
[4] [美]费正清:《美国与中国》,世界知识出版社2002年版,第36~37页。
[5] [英]斯普林克尔著,张守东译:《清代法制导论》,中国政法大学出版社2000年版,第125页。

端谨,以孝友称。乾隆五十八年嫡母兄桂林以积欠国课千余金,系狱。如奎鬻产,措五百金代为完纳。不以析居自吝。县令汪大枚感其义,助五百金,遂结其案。兄弟安居如故";"王泽世,字润生,唐县人,郡增生,性聪敏,为人排难解纷不辞况卒,城东村庄争讼遂鲜";"卜中节,祁州人,禀生,乐善好义,称贷者概不责偿。亲友有争端必力为和解,乡里皆倚赖之。"[1]

我们可以通过一些案例来看乡绅调处民间纠纷的具体情况。乾隆四十八年(1783年),一份山地卖契因年代久远,部分字迹模糊残缺难以辨认,从而引发纠纷。禀生胡见龙、监生胡可行、生员(秀才)汪景儒、胡群诏等主持调解,终于使买方承认了这份旧契并写下《认契书》,内容大致是:"认契人李氏宗族的李大终、李士澄、李大伦等先祖李子龙,将坐落于三十四都八保土名叶家源的十亩山地(山六亩、地四亩),于明记(明代某个时候)卖与胡天林之先祖。后来又于宣德正统年间转卖于凌记名下为业。今查明属实,李氏宗族复立认契,得洒水银六两整,自后不得生端异论。今立此认契,永远存照。"[2] 又乾隆年间甘肃省镇番县韩汉杰父子横行乡里,经常将沟渠上流堵截,以致下游众农无水浇地,绝收无数,人皆畏惧,弗敢与争。乡绅韩乘冀挺身而出,将此情呈明王县令,请求查办。官府授权韩乘冀召集乡民公议,强令韩汉杰扒去堵坝,疏通渠水,一起群体性纠纷事件就此和息。[3] 再例如,现今福建惠安县口头语"做公亲、贴菜宅"讲的是清代乡绅庄牧亭为乡邻调处纠纷的事迹。庄牧亭系泉州府惠安县东岭乡涂厝村人,道光十五年进士,官授兵部侍郎。告老还乡后,乡人称其庄部爷。乡间邻里每有口角争端,必请他从中斡旋。有一次有人建房,因自家宅基地不够,就占

---

〔1〕李培祜等:《保定府志》,光绪八年至十二年刻本。卷六三《列传十七·孝义》,分别见第104~105、132、139页。监生即国子监肄业生,也可以捐纳而得,监生享受与生员(秀才)同等或更高一点的待遇;增生、禀生都是科举考试中院试合格后所获得的"学位"名称。参见本书第七章第一节中的"明清时期的乡绅"部分。

〔2〕王钰欣、周绍泉主编:《徽州千年契约文书·清民国编》卷一一,花山文艺出版社1991年版,第404~405页。

〔3〕中国第一历史档案馆等:《清代土地占有关系与佃农抗租斗争》(上册),中华书局1988年版,第120页。

了邻家一厢菜园，为此对方非要他拆房退地不可。庄部爷前来调解，说："占者不对，但谅他家境贫困，拆房退地只能加重负担。我看这样，把我家的菜地划一块作为赔偿，马上立契约，从此不得再有争执。"这就是"做公亲，贴菜宅"的来历。[1]

乡绅还调处民间与官府的纠纷。明代万历年九年（1581年）广东省广州府南海县知县周文卿在当地执行"清丈法"[2]，因原额不足，每亩加派银二分，名为"定亏虚税"，民不堪命，拒不缴纳。致仕回乡的原户部尚书李侍问出面调停，说服官府将香山等地方的新升沙田用来抵充"定亏虚税"，"南海、佛山之民有田者，纷纷额手称庆"[3]。又光绪年间直隶省永平府昌黎县泥井镇屠户拒绝交税，与收税人之间"展开持久的争斗"，屠户罢市，集上无肉可买。当地乡绅出面调处，说服双方达成协议："屠户交纳捐税，但不由官屠征收，而是由该集'地方'代为收取"，从而使屠户免除了与为人憎恨的官屠打交道。[4]

（二）乡里组织领袖或代表在民间解纷的表现

乡里组织的代表包括里甲长、里老人、保甲长，"平桑梓之争讼"是这些人的重要职责。咸丰三年（1853年）广东的《悟洞三股乡约碑记》中就载有"保正公务，上以应官府之追呼，下以平桑梓之争讼，任虽卑而责甚重"的内容。[5] 福建汀州府武平县湘店乡湘湖村《湘村刘氏盛基公家谱》载："公坟右砂原有正龙公坟一穴，因伊不肖嗣裔金益于嘉庆十四年（1809年）冬忽售与朱姓，光公嗣裔恐异姓开筑，有碍祖坟，不得已经投乡目理论，承乡目劝释，光公尝内办还朱姓原价，其坟归光公嗣管业，光公嗣裔愿即举出平作祖坟下砂，日后他人不得侵占

---

[1] 载http://www.qzcb.com/bbs/viewthread.php?tid=4428，最后访问日期：2008年7月11日。

[2] 清丈法即重新清量全国田地，再确定应交的赋税，并查处许多隐匿的土地。

[3] 罗一星："明末佛山的社会矛盾与新兴士绅集团的全面整顿"，载《广东社会科学》1992年第5期。

[4] ［美］杜赞奇著，王福明译：《文化、权力与国家》，江苏人民出版社1994年版，第47页。

[5] 王庆成、庄建平主编：《太平天国文献史料集》，中国社会科学出版社1982年版，第348～349页。

开垦。"[1] 这里记载的是，清代嘉庆年间湘湖村光公（可能是尊称）家族的祖坟右边有一块风水宝地，嘉庆十四年（1809年）光公后人金益将这块地卖给朱姓人家，光公家族的其他后人担心日后朱姓人家开筑此地而影响自家祖坟安全，加以反对，纠纷由此发生。双方投告"乡目理论"后，经"乡目"劝释后，得到妥善解决。金益退还朱姓人家买地钱，坟地仍由光公家族所有。这里的"乡目"应该是指里甲长、约正之类。

　　保甲长解决纠纷一般都能公正调处，不徇私情，有时还表现出很高的解纷技巧。例如乾隆五十五年（1790年）安徽省宁国府泾县的监生王家昌开垦了自家田边的肆亩八分荒地，兴种杂粮，邻人王双喜争说这块地是他家祖遗之地，要监生认他租课，监生不肯。王双喜投鸣甲长王□（原件看不清）"理论"，甲长进行了如此调处："地形冲变，界址难清，劝监生出肆拾千钱，将双喜们塌地一总承买，省得争执。"[2] 意思是说，时间久远，地形多变，现在双方都没有充分证据支持自己的主张，最好的解决办法是监生象征性地出点钱给王双喜，这样既保障了监生的权益，又平息了王双喜的不满。明清时期还出现了在解纷中"因公殉职"的保正。乾隆年间浙江江山县徐进鉴将十二亩田卖给余之益，契内载明可以回赎，但田仍由徐进鉴耕种偿租。后来余家将其中的五亩七分田转卖给祝登龙。徐进鉴屡向余之益取赎，余之益不肯。乾隆十一年徐进鉴自行收回。祝登龙唤保正祝长生前去与徐进鉴理论。祝长生在徐家调处时，徐进鉴用菜刀戳向祝长生，祝长生伤重倒地，逾时殒命。[3]

　　但也有"执法犯法"的保长。乾隆年间福建长汀县村民赖发子佃耕陈仰达田地，欠租日久，陈仰达姪子陈永宾等前去赖家讨租，将赖发子打死。赖母投明地保沈五保，要他报官。陈永宾向沈五保行贿，沈五保

---

〔1〕《湘村刘氏盛基公族谱》（手抄本），现存武平县大禾乡湘村刘益明处。参见刘大可："论传统客家村落的纷争处理程序"，载《民族研究》2003年第6期。

〔2〕中国第一历史档案馆：《清代土地占有关系与佃农抗租斗争》（上册），中华书局1988年版，第130页。

〔3〕中国第一历史档案馆：《清代土地占有关系与佃农抗租斗争》（上册），中华书局1988年版，第353～354页。

没有告官，后"因外面传说，蒙案下访拿"，官究此案。《大清律例》第三百条"尊长为人杀私和"规定："常人（为他人）私和人命者，杖六十（受财准枉法论）。"[1] 官府最后判决"地保沈五保除私和得钱一千文，计赃轻罪不议外，其说合过付，应照说事过钱与受财人同科例，亦应杖一百，革去地保。"[2] 又湖南益阳县村民郭应昌佃种刘焕若四石水田，乾隆三十三年刘焕若令其退田，郭应昌不允。刘焕若同家仆杨东山往田强耕，郭应昌往阻被殴身死。郭家人报请保甲长刘荫南等验究，保甲长郭景元、杨书秀、刘荫南"与刘焕若交好，代为劝和"。后来郭应昌之弟郭平先报官，官府判决"郭景元、杨书秀、刘荫南等系牌、保、甲长，均应革役"[3]。

（三）乡约组织首领或代表在民间解纷中的表现

约正、约副因是地方乡绅或民主推举，一般能忠于职守、公正解决纠纷。约正约副们都是擅长调处纠纷的能人，例如乾隆时期四川巴县陶家场乡约约长熊孔文，"为人老成，家道颇殷，言谈如似苏秦之舌，逢事排解，心存拆丝改网之念"[4]。也有极少数约长为害一方、恶化纠纷。四川省万县约正刘康富就是这种人。四川梁山县人唐富在乾隆十六年搬到万县居住，置有田产，约正刘康富经常无事生非，为难唐家。乾隆二十四年唐富想搬回梁山，请乡邻余魁做中人，择日立契，准备把田地卖给谭林文。刘康富得知此事，从中作梗，唐富只好改请刘康富做中人。议价二百四十两银子，谭林文拿二十两银子押契，刘康富硬拿其中十两。事后又叫谭林文不交价过割。旧仇加新恨唐富将刘康富杀死，然

---

[1] 又《大清律例》第三百八十一条"私和公事"："凡私和公事，各随所犯事情轻重，减犯人罪二等，罪止笞五十。若私和人命、奸情，各依本律。不在此笞五十例。"

[2] 中国第一历史档案馆：《清代土地占有关系与佃农抗租斗争》（下册），中华书局1988年版，第622~624页。

[3] 中国第一历史档案馆：《清代土地占有关系与佃农抗租斗争》（下册），中华书局1988年版，第681~683页。

[4] 四川省档案馆：《清代巴县档案汇编》（乾隆卷），档案出版社1991年版，第199页。

后到官府自首。[1]

综上所述，乡绅是明清时期地缘社会的主要领导者，是地缘社会解决纠纷的主要角色，这也反映地缘社会组织以"自治"达到"佐治"的意义。

第二节 解纷方式：教化与维权相结合的多元调处

对明清时期各类地缘社会组织解决纠纷的方式，最宏观的概括或最大的共性是教化与维权相结合，也就是寓教化于解纷，以解纷促教化，教化与解纷有机统一、相得益彰。这里的"教化"酷似今天的"思想政治教育工作"，表现于解纷就是注重教育化导，而不强调强制裁断；强调通过改变人的思想或灵魂，实现人际心灵上的和谐，使当事人心服口服，"各个叩头谢恩而退"，而不只是通过裁断和惩罚改变人的表面行为，让当事人勉强服从。总之是要达到孔子所说的"有耻且格"而非"免而无耻"的效果。这里的"维权"是指通过化解权利冲突而使当事人的权益得到必要的实现与保障。中国传统社会并不存在今天法治状态下的整体维权的观念与制度，但具体个案中维权的思想与行为却是存在的[2]。实现教化与维权统一的具体途径主要是坚持多元方式调处纠纷，因为"同样的纠纷因处理方法的不同，既可能导致当事者之间的社会关系不可挽回地彻底破裂，也可能消除敌对情绪和感情上的疙瘩，使当事者恢复友好的社会关系，和好如初"[3]。明清地缘社会调处纠纷不仅注重单一方式的选择，而且注重多元方式的综合运用。这些方式主要有调解、裁判、神判以及多方式的混合运用。

---

[1] 中国第一历史档案馆：《清代土地占有关系与佃农抗租斗争》（下册），中华书局1988年版，第442~443页。

[2] 具体论述见下一节。

[3] [日] 棚濑孝雄著，王亚新译：《纠纷的解决与审判制度》，中国政法大学出版社2004年版，第29页。

一、调解

（一）调解的特征

调解是"由第三者站在中间促使当事人达成和解"的解纷方式[1]，其特点是第三人协助当事人解决纠纷。民间调解的调解人无权做出对双方当事人具有法律拘束力的决定。戈尔丁在《法律哲学》中指出：调解"是通过对当事人权利、要求或利益之间进行调整或妥协来实现纠纷的解决。裁决纠纷和作出判决——实际上这是强加一种解决——并不是第三者的任务，相反，第三者对当事人所做的处理是双方都情愿接受的，尽管也许有点勉强"[2]。棚濑孝雄认为调解是一种"强制性的合意"过程，也就是以当事人的合意为主，但也有第三方的强制（决定）性因素在里面。其中"合意性"体现为：调解人"不站在当事者任何一方的第三者居中说合，帮助双方交换意见，或者在明确纠纷真正对立点的基础上提示一定的解决方案，往往能够促进当事者双方形成合意。像这种第三者（调解者）始终不过是当事者之间自由形成合意的促进者"[3]；此外，调解中含有决定（裁判）性因素："在调解者对具体纠纷的解决持有自己的利益时，往往可以看到他为了使当事者达成合意而施加种种压力的情况。这种'强制性的合意'之所以成为可能，是因为调解者对当事者常常持有事实上的影响力。在调解者相对于当事者来说处于社会的上层，或者当事者在经济上对调解者有所依靠的情况下，调解者提出的解决方案对于当事者具有不可忽视的分量。"[4] 调解的"强制性的合意"特质，正好为地缘社会组织通过民间权威的感召进行"教谕式调解"提供了最大可能。

---

[1] [日]高见泽磨著，何勤华等译：《现代中国的纠纷与法》，法律出版社2003年版，第11页。

[2] [美]马丁·P.戈尔丁著，齐海滨译：《法律哲学》，三联书店1987年版，第221～222页。

[3] [日]棚濑孝雄著，王亚新译：《纠纷的解决与审判制度》，中国政法大学出版社2004年版，第13页。

[4] [日]棚濑孝雄著，王亚新译：《纠纷的解决与审判制度》，中国政法大学出版社2004年版，第13～14页。

(二) 地缘社会组织对调解的运用

明清时期的民间调解又称"私休",其调解方式有主动调解和官批民调两大类。

(1) 主动调解。相当于今天所谓诉讼外调解,也就是一般意义上的民间调解。主要是纠纷发生后,当事人先找地缘社会组织解决,不达官府;或者有一方已告官,乡里等地缘社会组织抢先调处成功,请求销案,泯纠纷于地缘社会之中;还有一种情形就是当事人已经告官,"约邻"(包括约正、约副)实在看不下去,向官府提出"和息呈",自己出面"理剖"。有些地方的调解很有特色。比方说福建省等地方的"发包"调解和"投人与回席"调解[1]。"发包"是细小纠纷发生后,当事人一方包上一个红包(又称"茶礼",实即劳务费)送给当地"公亲",并报告事情缘由,请求调解。如公亲认为其有理,即从中进行调解处理,消除意见分歧。如事情解决不了,"公亲"就将红包退还。"投人与回席"是指案情比较重大,当事人一方备办酒席一二桌,发出红贴"投人",即邀请"公亲"赴其家宴,申述案情。"公亲"听完当事人申述后,即到当事人另一方听取对方意见。如对方认为自己有理,他也进行"回席",发出红贴邀请"公亲"到自家陈述案情。"公亲"通过双方摆事实、讲道理之后,从中分析研究、提出初步意见,对双方进行说服教育,三回四转,苦口婆心,以求事情圆满解决。这里的"公亲"是什么人?从《辞海》、《汉语大字典》、《汉语大词典》中均无从查得,我们猜测应该是包括甚至可能主要是地缘社会组织中的里长、里老人、保甲长、约长等带有"公家"人性质的头面人物。有些地方调解与械斗等复仇形式结合起来。如云南某些地区的习惯法《械斗和偿命金》[2]规定纠纷发生后,先由双方械斗,然后再由第三者出面调解。

(2) 官批民调。近似诉讼内调解但实际上并不是。通常是州县官接到诉状后,认为民间细故情节轻微不值得传讯,或事关亲族邻里关系不

---

[1] 参见刘大可:"论传统客家村落的纷争处理程序",载《民族研究》2003年第6期。

[2] 《中国珍稀法律典籍续编》第十册等文献收集、考证、整理了有关复仇的地方习惯法。

便公开传讯,便在状纸上批下(授权)"着乡保(或着族长、亲友、约长)调处,毋使滋讼",把案件发回诉讼双方所在的地缘社会组织首领调解处理。一般来讲,户婚、钱债类纠纷官府不受理的居多,通常都是批给民间调解。[1]

明清时期的调解具有教化性或训导性,正如费孝通所说,"(古代)乡村里所谓调解,其实是一种教育过程"[2]。"州县的审判与民间的纠纷解决之间存在着共同性。即在所谓教谕式的调解这一点上,无论是通过官府的审判,还是民间的纠纷解决,都是一样的。"[3] 万历二十二年(1594年)徽州府休宁黄氏家族重新调整房屋田产,族内各家之间发生纠纷,保长和乡约约正黄嘉瓒、黄夔、黄潭、黄禅等出面调解,促成各方达成协议,载明"各房子孙须念父祖一脉,毋得生情异说,务要安分守法,解纷息争,当如此义,均产奉祀以全和气,务敦大义。"[4]

二、裁判

(一) 裁判的特征

民间裁判实际上就是民间仲裁[5]。戈尔丁在《法律哲学》中指出:"仲裁是唯一由第三者来'决定'他所面对的纠纷的——也就是说,由他作出一个谁是谁非的决定。……具有一种有拘束力的判决的特征。"[6] 适用仲裁必须具备两个条件:其一,必须有"共同诉讼",即纠纷双方同时向仲裁人提出自己的证据和适用规则,以便仲裁人能权衡谁的主张能够成立;其二,冲突必须是能通过作出判决而加以解决的纠

---

[1] 田涛等:《黄岩诉讼档案及调查报告》(上卷),法律出版社2004年版,第22页。

[2] 费孝通:《乡土中国 生育制度》,北京大学出版社1998年版,第56页。

[3] [日]高见泽磨著,何勤华等译:《现代中国的纠纷与法》,法律出版社2003年版,第3~4页。

[4] "万历二十二年(1594年)休宁黄以恩等分单合同",载王钰欣、周绍泉主编:《徽州千年契约文书·宋元明编》卷三,花山文艺出版社1991年版,第272~273页。

[5] 就今天来看,仲裁有很多种。据适用法律的不同可分为:民事仲裁、劳动仲裁、涉外经济贸易仲裁和海事仲裁;据效力的不同可分为:民间仲裁和国家仲裁。

[6] [美]马丁·P. 戈尔丁著,齐海滨译:《法律哲学》,三联书店1987年版,第218页。

纷，像爱情纠纷就很难适用仲裁，因为不能直截了当地命令一个人去爱另一个人。〔1〕"仲裁手段最适于解决这样一类冲突：主体对权益处置或补偿的争议产生于对相关事实及其法律根据认识不清，而并非故意侵害他方的权益，或者蓄意对抗社会秩序。在现实中，商事活动中所发生的冲突以及劳资关系中的冲突，最易于运用仲裁手段加以解决。"〔2〕

仲裁与诉讼在形式上不存在明显区别，西方学者因此称仲裁为"准诉讼"形式，但仲裁与诉讼在本质上是不同的，这就是仲裁完全尊重纠纷主体的意志，而诉讼裁决并不必然以当事人的意愿为据。仲裁对当事人意志的尊重既包括对仲裁手段适用选择权的承认，也包括在仲裁程序中对纠纷主体共同意志的认可。"仲裁过程实际上是展示冲突事实的缘由与经历，并寻找和确定有关冲突权益的法律根据的过程。冲突主体各自的陈述以及彼此间的辩驳贯穿于整个仲裁过程之中，这些陈述和辩驳为仲裁者提供了判断是非的材料。"〔3〕

仲裁和调解在国外被视为"类法律形式"的解纷手段，或者是介于纠纷主体自决（和解）与诉讼之间的中间形式，其共同特征是解决纠纷中第三者的出现；二者的差别在于仲裁必须明确裁定，而调解一般不需要对冲突是非作出严格而明确的判定，它所追求的主要是冲突权益的处置及补偿结果。

（二）地缘社会组织对裁决（仲裁）的运用

明清时期民间组织的裁决对于当事人来说，虽然缺乏诉讼那样的安全感，但大都能以快意恩仇实现"立刻获得正义的快感"，因而能被普遍使用。黄宗智说："（中国古代的民间）调解并不总是双方的妥协。如果是非对错显而易见，调解可能像是判决，使对的一方得到明确的'胜诉'。但是，与法庭的判决不同，在这样的情况下，败诉的一方可以保留一点面子，因为在表达上这……不是正式的裁决。正义得到了伸

---

〔1〕 [美] 马丁·P. 戈尔丁著，齐海滨译：《法律哲学》，三联书店1987年版，第219页。

〔2〕 顾培东：《社会冲突与诉讼机制》，法律出版社2004年版，第37页。

〔3〕 顾培东：《社会冲突与诉讼机制》，法律出版社2004年版，第37页。

张,但又给犯错的一方留下了余地使他的面子多少得到保全。"[1] 这里指出了明清地缘社会组织裁判纠纷的两大特征:一是与调解很难明确区分,二是裁判具有训导性。裁判与调解难以区分,并不是说不能区分,二者的区别主要在两点:其一,裁判一般是一次性处断,且裁决对各方均有一定的强制约束力,尽管这种强制性并不是绝对的。如果当事人不服从裁决,裁判者可以直接"送官究治";调解则可以反复进行,调解结果(除了明初里老人的调解结果之外)一般不具有强制力。其二,在可以裁判的纠纷中,当事人一方的过错一般都非常明显,如盗砍山木被当场捉住等情形,无需多费口舌就可以定出是非。而调解的纠纷中,当事人的是非对错界限一般并不明显,调解过程往往是促使双方让步、妥协的过程。

我们在乡里组织、乡约组织那里都看到了很多裁判的案例,前面多有考析,兹不复述。同乡会馆的重要职能之一就是仲裁纠纷。"吃讲茶"其实也是一种民间裁判[2]。《中国珍稀法律典籍续编》等文献收集、考证、整理了有关仲裁的习惯法,如怒族习惯法《裁判》[3]。

三、神判

有些纠纷在现实人间实在没有办法解决,也可以祈求神灵的帮助,这在当时可谓一种智慧。棚濑孝雄把"神判"称为"非合理(非理性)的决定过程",他说:神判即"把决定委诸于偶然的情况或者非人力所能控制的自然现象的场面。以抽签来决胜负,或者把手放进开水看有无烫伤来决定是非曲直等方法,都是这种类型。在那里,虽然决定者个人的随意性很少,也不存在追究决定者个人责任的余地,但规范性还未成为问题。……在决定不受人们理性支配的意义上,这种决定方法可称为'非合理的决定过程'"[4]。罗伯茨认为"神判只是在存在微弱权威的

---

〔1〕黄宗智:《清代的法律、社会与文化:民法的表达与实践》,上海书店出版社2007年版,第54页。

〔2〕参见本书第六章第三节。

〔3〕杨一凡、田涛:《中国珍稀法律典籍续编》(第十册),黑龙江人民出版社2002年版,第422页。

〔4〕[日]棚濑孝雄著,王亚新译:《纠纷的解决与审判制度》,中国政法大学出版社2004年版,第15页。

社会才可能看到，当权力强大到能够强制一切决定时，神判也就消失了"。[1]

明清时期神判纠纷的方法在各类地缘社会组织中均有所见，以乡约组织和少数民族地区的乡里组织为主。神判的组织者除了地缘社会组织的首领外，一般还有巫师等神职人员。《中国珍稀法律典籍续编》[2]等文献收集、考证、整理了大量有关神判的习惯法和神判书。

四、混合方式

戈尔德堡在《纠纷解决》中把纠纷解决的方式分为谈判、调解、裁判（包括仲裁和审判）、混合四种，这里"混合的解纷方法"中的"混合"，大致有两种样态：

（一）形式上同时运用协商、调解、裁判等多种具体方法

戈尔德堡说："谈判、调解和裁判的一些因素常以多种形式组合而成为各种各样的'混合的'纠纷解决方法。例如，在'小型审理'中，法庭式的证据显示或论辩与谈判相结合；在一种被称为'租请法官'或'私人审判'的程序中，仲裁与法庭裁判被结合在一起；在'调裁'程序中，调解与仲裁被结合在一起。"[3]明清时期地缘社会组织利用混合方法解纷最典型的有两种：一是乡里组织在申明亭中理判纠纷，二是乡间集会组织中的"吃讲茶"解纷，这里的解纷方式都是有调解成分夹杂其间的民间裁决，因而被有些学者称为"乡村裁判"。

（二）所用的每一种解纷形式都不是纯粹的，都有与其它形式交叉重叠的情形

棚濑孝雄指出：虽然我们可以将纠纷解决方式分为"根据合意的解决"（谈判和调解）和"根据决定的解决"（仲裁和审判），分为没有规范可依的"状况性（随意性）的决定"和有规范可依的"规范性的决

---

[1] John M. Roberts, "Oaths, Autonomic Ordeals, and Power," *American Anthropologist* 67, 6 (1965), p. 208.

[2] 杨一凡、田涛：《中国珍稀法律典籍续编》（第十册），黑龙江人民出版社2002年版。

[3] [美]斯蒂芬·B. 戈尔德堡等著，蔡彦敏等译：《纠纷解决》，中国政法大学出版社2004年版，第3页。

定"等各种类型,但"将现实生活中的纠纷解决过程以合意还是决定、状况性还是规范性的类型来加以截然区分是不可能的。这些因素总是混合在一起,而且混合的程度随纠纷当事者、利益关系者以及社会一般成员的利益所在、他们相互间的力量对比关系、与其他纠纷解决过程的关联等状况的不同而多种多样"[1];例如,"尽管双方当事者都事先同意服从仲裁决定、现实中有时却是在仲裁决定作出之后又进而进行交涉,另外达成合意。"[2] 这种状态的"混合"方法,明清解纷机制中最明显的体现就是无论运用哪种单一方法调处纠纷,都具有教谕性特征,这既包括民间解纷的情形,也包括官府解纷的情形。高见泽磨指出:"将(明清时期)州县官衙的审判和民间调解,完全视同为今天法院的审判和民间的调解,因而作为不同的东西分开思考,也是有问题的。……这种审判本身又是一种教谕式调解。在审判的同时,最后当事人必须按着审判的宗旨写下遵依结状,案件才算结束。因此,由官员进行的审判,和在村落等民间进行的纠纷解决,都是在当事人之间安插第三者来进行说服工作,最后当事人(至少在形式上)接受中间人的说服,自愿地了结案件。就这一点而言,(官府的审判)也是调解性质的。在此限度内,官府的审判和民间的调解性的纠纷解决是一回事。这一点,恰恰是在考虑近现代中国法时最为需要注意的固有法时期中国法的纠纷解决的特征。"[3]

第三节 解纷理念:息事宁人

明清地缘社会组织解纷为什么体现出明显的教化式、训导式特征?其解纷适用的规则为什么以"社会生成法"为主?回答这些问题,必须弄清这些现象背后的理念问题。

---

[1] [日]棚濑孝雄著,王亚新译:《纠纷的解决与审判制度》,中国政法大学出版社2004年版,第14页。

[2] [日]棚濑孝雄著,王亚新译:《纠纷的解决与审判制度》,中国政法大学出版社2004年版,第27页。

[3] [日]高见泽磨著,何勤华等译:《现代中国的纠纷与法》,法律出版社2003年版,第16~17页。

一、关于解纷理念

理念是社会集体观念系统中最深层次的、关于某种行为价值标准或终极目的的信念,是原则的原则。它经过持久的传承、积淀或凝练,最后成为一种社会的集体意识或观念,近似于康德所谓"只可信仰不可认识"的东西。宋代吕大钧在《吕氏乡约》中说:"人心不同,故好恶未尝一而俱,未可以为然。惟以道观之,则真是真非乃见",又说,"盖人性之善则同,而为善之迹不一,或出或处,或行或止,苟不失于仁,皆不相害,又何必须以出仕为善乎?"[1] 这里衡量"真是真非"的"道",以及"出处行止"不应失之的"仁",大概就是某种理念。从意识反作用于物质的思维方式来看,理念是决定和支配人们行为方式的根本动因,正如马克斯·韦伯所讲:"'理念'所创造的'世界观'常常以扳道工的身份规定着轨道,在这些轨道上,利益的动力驱动着行动。"[2]

解纷理念就是社会中大多数人对解纷标准、解纷目的等问题的根本看法或信念,它支配或决定着解纷行为或解纷机制的样式,在纠纷解决中的适用往往优先于实在规范(法律或规约等)的适用。杰罗德·奥厄巴奇说:"每一个社会都有其广泛的选择,以应付由个人纠纷引发的冲突。……纠纷解决的各种方式,以及任何文化中的社会制裁的选择,传达出人们所钟爱的理想,表达了他们对自己的看法,也反映了他们与他人关系的质量。它们显示出,人们是希望回避还是鼓励冲突,是压制还是温和地解决这一冲突。最终,社会最基本的价值观在纠纷解决过程中被揭示出来。"[3] 这里"最基本的价值观"就是理念。这些理念在纠纷解决中具有某种"自然法"的功能,对纠纷解决产生多方面的决定作用:其一,决定对纠纷的价值判断标准。如纠纷本身是不是对社会和谐

---

[1] "吕氏乡约",载陈俊民辑校:《蓝田吕氏遗著辑校》,中华书局1993年版,第568~569页。

[2] [德] 马克斯·韦伯著,王容芬译:《儒教与道教》,商务印书馆1995年版,第19~20页。

[3] [美] 博西格诺等著,邓子滨译:《法律之门》,华夏出版社2002年版,第627页。

起破坏作用的"恶",以及是否因此应该尽量预防纠纷的发生;其二,决定解纷方式的选择。比如,是首选诉讼还是尽量通过民间解决;其三,决定解纷方法和过程。比如说,是优先强调相互妥协以求得"生意不成仁义在",还是只求认财不认人、撕破脸皮争权夺利。

关于解纷理念的重心——纠纷解决的目的,我们赞同顾培东先生的观点:解纷(包括诉讼和非诉讼形式)目的有四个由低到高的层次,一是化解冲突,恢复社会运行常态;二是保障合法权益和法定义务,使当事人的损失得到补偿;三是使法律或统治秩序的尊严与权威得以回复,对漠视现实法律统治秩序的行为作出必要、恰当的制裁;四是当事人放弃和改变对抗统治秩序和法律制度的心态,增强与社会的共容性,亦即息事宁人,实现社会和谐。[1]

二、息事宁人

明清地缘社会组织解纷的理念是什么?我们认为是上述顾卫东所说的第四层次目的:息事宁人。息事,就是化解纠纷;宁人,就是增进人际和睦。"息事宁人"就是要求解纷工作做到不仅要化解纠纷,而且还要使当事人原来的和睦关系不被破坏,甚至"不打不相识","因祸得福",通过解纷增进当事人之间的和谐。"息事宁人"语出《后汉书·章帝纪》,其文云:"其令有司,罪非殊死,且勿案验;及吏人条书相告,不得听受。冀以息事宁人。"意思是说:命令解纷机关,凡不是死罪的纠纷案件,暂时不要审理;凡是官民起诉的纠纷案件,一律不得受理。这样做的目的是为了息事宁人。

"息事宁人"的实质是"和为贵,权为次","天时不如地利,地利不如人和"[2],也就是首先追求的是人际和谐,而不是权利实现。体现在地缘社会解纷之中,就是所谓"寻求适当的乡村治理结构,构建稳定和谐的乡村秩序,是包括乡村士绅在内的朝野上下共同的目标"[3]。这种理念不仅要化解纠纷,而且要宣示和教化社会和谐意识。用顾培东的

---

[1] 顾培东:《社会冲突与诉讼机制》,法律出版社2004年版,第26~30页。

[2] 《孟子·公孙丑下》。

[3] 一凡藏书馆文献编委会编著:《古代乡约及乡治法律文献十种》(第一册),黑龙江人民出版社2005年版,"序言"。

话说，就是解纷不仅要做到使当事人心悦诚服，化干戈为玉帛，化对抗为融洽，而且还要对外起到警示与教化作用，使"冲突主体放弃和改变藐视以至对抗社会统治秩序和法律制度的心理与态度，增强与社会的共容性，避免或减少冲突（至少是同类冲突）的重复出现。……这种效应还可以扩及到对其它社会成员（主体），因为解决冲突的过程同样对其它社会成员（主体）产生警示作用。这种效果不仅能够在一定程度上弥补冲突对社会所带来的消极影响，而且能够使社会秩序的原则和要求在社会中得到有效的贯彻。"[1] 明清地缘社会组织解纷的目的有时表面上看来就是简单地恢复被破坏的社会秩序，或者说"在原则上以修复社会关系为目的"[2]，但实际上有着更深更高的追求，这就是"无讼"或"和谐"。

有人可能会问，纠纷无不因权利冲突而起，"纠纷"（dispute）总是与权利的"冲突"（conflict）相伴而来，"任何社会中冲突的发生都会使一定的合法权益受到侵害，或者使一定的法定义务不能履行"[3]，或者说，"纠纷是由于当事人因为某种原因对现在的状态怀有不满并要求进行变更而产生的"[4]。而这里你说解决纠纷是为了实现"和谐"，而不是维护权利，那解决纠纷岂不是没有什么意义么？事情不是这么简单。首先，社会集体的表达与民间个体实践之间是有差异的[5]。解纷理念是社会集体意识，中国传统主流文化、明清帝国官方以及民间社会组织都把和睦视为"善"，把争讼视为"恶"，把纠纷本身抽象地看作是破坏和谐的一种罪过，但这并不意味着纠纷当事人不能没有自己的维权要求，事实上，在具体的解纷中，当事人的维权诉求总是存在的。其次，这里的"和谐"与"维权"并非绝对的冲突或互斥，二者的关系似乎是"和谐第一、维权第二"的关系，也就是"公平优先、兼顾效

---

[1] 顾培东：《社会冲突与诉讼机制》，法律出版社2004年版，第29页。
[2] ［日］高见泽磨著，何勤华等译：《现代中国的纠纷与法》，法律出版社2003年版，第10页。
[3] 顾培东：《社会冲突与诉讼机制》，法律出版社2004年版，第28页。
[4] ［日］小岛武司、伊藤真著，丁婕译：《诉讼外纠纷解决法》，中国政法大学出版社2005年版，第16～17页。
[5] 参见本书第八章第三节。

益"的理念。正如有学者指出的："不论是官方审判还是民间（组织）调处，其追求的目标均是一种平静、详和的状态，追求社会的稳定与平静。至于对被侵犯权利的维护与保障并不是解决纷争的首选目标"[1]；"在传统的民间社会生活中，国家法律和民间习俗共同控制和约束着乡民的行为。……传统司法的制度设计的主要目标是'解决问题'，而不是'分配权利'；其制度的终极价值取向是'实现和谐'，而不是'分清是非'。就官府来讲，除非一些命盗重案，否则官府对待任何民间纠纷的基本态度都是'不告不理'；就民间来说，官方的消极态度事实上'鼓励'了民间通过私力的方式来解决彼此之间的纠纷。"[2] 法学家梅汝璈对中西进行比较之后指出：西方法学家们认为是一切法律秩序基础的"权利之争"，在古代中国的思想里根本不存在，"在中国人看来，对于原则的固执或对于权利的争执，和肉体的殴斗是同样的下流、可耻。……妥协、调和是莫上的德性。"[3] 美国学者布迪（Derk Bodde）把这种"息事宁人"的理念称为"中国思维模式"，他说："（这种）中国思维模式企图将看起来冲突的元素们加以混合，而进入一个统一的和谐之中。在中国哲学中充满着二元论的看法，但这两个二元的成分，往往被看成是相互补充，且相互需要，而不是相互对立、相互排斥的。"[4]

中国传统文化是一种义务本位文化，中国传统社会并不存在今天所说的法治状态下的整体维权观念或制度。正是在这个意义上大木雅夫才说"（古代）中国不知道'权利'一词，而且实际上也不知道义务一词"[5]。事实上中国古代法律一直没有清晰的、通过与近代民法中的权

---

〔1〕 左卫民："中国传统社会纠纷解决机制研究论纲"，载《西南民族大学学报》2003年第6期、2004年第1期。

〔2〕 何兵：《和谐社会与纠纷解决机制》，北京大学出版社2007年版，第135页。

〔3〕 梅汝璈："中国旧制下的法治"，载梅小璈、范忠信选编：《梅汝璈法学文集》，中国政法大学出版社2007年版。

〔4〕 Derk Bodde, "Harmony and Conflict in Chinese Philosophy", in Arthur F. Wright ed., *Studies in Chinese Thought*, Chicago: University of Chicago Press, 1953, p. 54.

〔5〕 [日] 大木雅夫著，华夏、战宪斌译：《东西方的法观念比较》，北京大学出版社2004年版，第96页。

利概念相对应的内容。虽然唐宋以后国家法典直接规定民事权利的内容逐渐增多,但更多的权利不是被法律所正面确认,而是通过在立法上设定义务,特别是设定刑法上的禁止性义务来默认某种权利的存在。例如老百姓对田地的所有权、对房屋的产权[1]、对遗失物和埋藏物的所有权[2]等都是这样被确认的。中国古代更没有像古罗马那样通过授予某项诉权（或抗辩权）、通过向法院起诉请求保护（或对抗他人的起诉）来确认民事权利[3]。"权利被默认,而不是通过授予诉权、使之能明确得到司法强制力保护。这一特点鲜明地显示出司法强制力尽量用于维护统治及社会安定、而少涉及民间'细事'的立法宗旨。"[4] 但中国传统法律文化所有这些与西方和现代比较出来的缺憾,并不意味着中国传统民间社会完全没有权利的意识,更不意味着在具体的个案中当事人没有维权的思想和行动,事实上"中国民间从来就不缺乏财产权利的概念,也存在主张权利的强烈愿望,只是在长久以来的观念上,这种权利主要被认为要依靠自身（国家以外的个人与社会）的力量和手段去行使和维护,这种主张的提出方式主要并非诉诸法律。朝廷的法律希望民间民事权利的维护和行使能由权利人自行解决,不要过多地烦扰官府,民间的实际情况也正是这样,一般主要靠自己或亲族、乡党的力量来达到维护或行使权利的目的。"[5] 滋贺秀三讲：在明清时期,"很难用我们在法

---

[1]《大明律》第九十九条、《大清律例》第九十三条"盗卖田宅"规定："凡盗卖、换易及冒认,若虚钱实契典卖及侵占他人田宅者,田一亩、屋一间以下,笞五十,每田五亩屋三间,加一等,罪止杖八十,徒二年。"

[2]《大明律》第一百七十条、《大清律例》第一百五十一条"得遗失物"规定："凡得遗失之物,限五日内送官。官物还官,私物召人识认。于内一半给予得物人充赏,一半还失物人。如三十日内无人识认者,全给。限外不送官者,官物坐赃论,私物减二等。其物一半入官,一半给主。（埋藏物）若于官私地内掘得埋藏之物者,并听收用。若有古器、钟鼎、符印异常之物,限三十日内送官。违者,杖八十,其物入官。"

[3] 参见[意]彭梵得著,黄风译：《罗马法教科书》,中国政法大学出版社1992年版,第85~86页。

[4] 郭健："中国古代民事法律文化的基本特征概述",载复旦大学法学院编：《多维时空下的理论法学研究》,学林出版社2005年版。

[5] 郭健："中国古代民事法律文化的基本特征概述",载复旦大学法学院编：《多维时空下的理论法学研究》,学林出版社2005年版。

与秩序方面一直持有的理解框架来加以把握。……把现有的说明组合起来,就只会成为'民间社会由权利性秩序所构成但却不存在保障权利的公共性制度'或'没有法而有权利'这样一幅相当奇怪的图景。"[1]总之,这种要通过义务来实现的、掩隐于法律之外的权利,在解纷的价值谱系中,居于"和谐"之下的次要地位。

三、"和为贵":中国人的表达与实践

(一)中国人的表达

"息事宁人"这一解纷理念的要害是"和谐",中国人表达为"和为贵",所谓"礼之用,和为贵"[2]。国学大师季羡林讲:"中国文化的精髓就是'和谐'。'和谐'这一概念,这是我们中华民族送给世界的一个伟大礼物。"[3] 当年毛泽东与江青的前夫唐纳在重庆酒会上相见,毛泽东握着唐纳的手说的就是"和为贵"这句将国家、家事一语双关的话。虽说纠纷无不因权利冲突而起,但中国古代强调的却是"和气生财"、"政通人和"、"家和万事兴"。明清地缘社会解纷首先强调的不是维权,而是人际和谐的重要性,认为和谐具有独立的价值。在纠纷发生之前就把纠纷本身看作是某种恶与罪的表现,纠纷发生了之后,又主张"息事宁人"、"和为贵"。

"和"即和谐,是中华民族普遍追求的一种社会秩序或崇高理想,作为一种思想观念主要表现为"天人合一"的天道和谐观、"政通人和"的政治和谐观、"家和万事兴"的社会和谐观。社会和谐观主要包括"长幼有差"的家庭和谐观和"亲仁善邻"的乡土和谐观。家庭和谐是乡土社会和谐的基础,乡土社会和谐是实现更大范围社会和谐乃至国家安定的重要前提,所以古人认为"亲仁善邻,国之宝也"[4]。"亲仁善邻"的乡土和谐观要求人们"心要平恕,毋得轻意忿争,事要含

---

[1] [日]滋贺秀三等著,王亚新等译:《明清时期的民事审判与民间契约》,法律出版社1998年版,第195页。

[2]《论语·学而》。

[3] 卞毓方:"季羡林建议奥运开幕式将孔子'抬出来'",载《人民日报》(海外版)2007年7月28日,第2版。

[4]《左传·隐公六年》。

忍，毋得辄兴词讼，见善互相劝勉，有恶互相惩戒，务兴礼让之风，以成敦厚之俗"[1]，也就是追求一种"大道之行也，天下为公，选贤与能，讲信修睦。故人不独亲其亲，不独子其子，使老有所终，壮有所用，幼有所长，鳏、寡、孤、独、废、疾者，皆有所养"[2]的"大同"境界。

对中国传统的"息事宁人"、"和为贵"解纷理念，就连西方人也有清醒的认识。英国人李约瑟说："古代中国人在整个自然界中寻求秩序与和谐，并将此视为一切人类关系的理想"[3]；英国女学者斯普林克尔（Sybille van der Sprenkel）指出："在中国，和谐具有极高的价值，对原则的坚持往往被视为搅乱和谐的行为而遭人厌弃。所以，对方已作出了让步的姿态仍固执地主张自己权利的当事者在这个社会里就冒着与舆论为敌的危险。这种危险作为无言的压力，迫使当事者放弃一部分权利向对手做出让步，其结果是促进了合意的形成。"[4] 德国比较法学家K. 茨威格特和H. 克茨说得更到位：中国人在解决纠纷时，"即使某人感到他人对自己不按'礼'的规范行动，儒教伦理也会告诉他与其主张自己的权利或诉诸法官，从而使自己业已发生的不和谐进一步激化，莫不如努力通过和平的对话得到最大程度的和解更为妥当。当自己卷入纠纷时，做出某种程度的让步，甘心忍受所蒙受的不公正，在社会和神的眼里看来，你立下了崇高的功绩，这才被视为贤明和崇高。与此相反，诉诸国家的审判机关，搅乱社会的和平，露骨地努力使市民、同伴、朋友成为恶人的人，则被视为无事生非，欠缺守护中庸或平和和解的基本德性，粗鲁和缺乏教养。"[5] 不仅如此，西方人还知道"和为贵"的哲学基础是"天人合一"的世界观。法国比较法学家达维德就说，古代中

---

[1] （明）王守仁：《王阳明全集》（第一集），红旗出版社1996年版，第154页。
[2] 《礼记·礼运·大同篇》。
[3] [英]李约瑟著，潘吉星主编：《李约瑟文集：李约瑟博士有关中国科学技术史的论文和演讲集》，辽宁科学技术出版社1986年版，第338页。
[4] Sybille van der Sprenkel, *Legal Institutions in Manchu China: A Sociologcal Analysis*, London : University of London, Athlone Press, 1962, p. 114.
[5] Zweiger, Kotz, *Einfuhrung in die Rechtsvergleichung*, Band. 1, S. 423f. 大木雅夫译：《比较法概论（原论上）》，1974年，第649页。

国人之所以追求和谐,"是因为(他们相信)人与人之间的和谐与宇宙的和谐联系在一起"[1];K. 茨威格特和H. 克茨指出:"孔子的教诲是人与神、天与地、森罗万象分别构成和谐的宇宙的有机部分,模范人物应该根据其在身份制社会中的地位,按照礼的规范正确行为,并以中庸和谦让的态度抑制自我利益,从而最终维持世界之和谐。"[2]

(二)中国人的实践

明清地缘社会组织解决纠纷中对"息事宁人"、"和为贵"理念的实践,是在两个层次上进行的:第一层次是把"和为贵"解纷理念贯彻体现为一系列解纷原则,这个问题将在下一节专门讨论;第二层次是在"和为贵"指导下解决纠纷,这方面的内容在前面已有比较充分的考察与论述,这里仅作两方面的归纳和强调:

1. 倚重预防纠纷和非诉解决纠纷。以明朝南赣乡约为例:乡约组织的首要职责之一就是劝民不争,"凡有危疑难处之事,皆须约长会同约之人与之裁处区画,必当于理济于事而后已",也就是若有同约人遇到危难,约长集全约之力予以救助,以免诱发纠纷或激化矛盾。如果万一发生纠纷,"鸣之约长等公论是非;或约长闻之,即与晓谕解释",也就是先由约长出面处理。只有"敢有仍前妄为者,率诸同约呈官诛殄"[3],也就是那些屡教不改、恶化成刑的纠纷,才由约长率同全约人禀报官府法办。优先选择非讼方式解决纠纷,并不是说完全阻止诉讼,更不意味着没有诉讼。雍正年间(1730年)进士袁守定对州县受理民事诉讼的案件作了一个估计,他说:"来讼者固有不得已之情,而亦有不能忍。苟能容忍,则十省七八矣。哀民者果谆谆切切劝民,忍忿兴

---

[1] David, "Introduction to the 'Different Conceptions of the Law'", in *International Encyclopidea of Comparation Law*, 1975, p. 5. 转引自[日]大木雅夫著,华夏、战宪斌译:《东西方的法观念比较》,北京大学出版社2004年版,第8页。

[2] Zweiger, Kotz, *Einfuhrung in die Rechtsvergleichung*, Band. 1, S. 423f. 大木雅夫译:《比较法概论(原论上)》,1974年,第649页。

[3] (明)王守仁:《王阳明全集》(第一集),红旗出版社1996年版,第228~232页。

让，必有气平而无讼者。"[1] 袁氏这里间接说明县衙门仍得受理百分之二三十的告状。

2. 强调和谐关系的恢复，轻视当事人权利的维护。明清地缘社会在调处纠纷时，把调解或裁判当工具，把解纷目的定格在维护或恢复和谐的人际秩序，而不是追求权利的保护和救济，所以调处时往往不顾法律和事实，完全以情理调解，有时甚至故意牺牲当事人的某些权利。譬如，发生在长辈与晚辈之间的轻度伤害案件，调处的主题往往不是追究具体加害人的责任，而是直接责成晚辈赔礼或赔偿、补偿；兄弟与孀妇之间发生房屋等财产权利的纠纷，调处人往往劝导兄弟将财产转让给孀妇，以体现"衿恤孤寡"，等等。斯普林克尔的《清代法制导论》中载述了清代山东省台头村处理纠纷的做法："首先，受邀请的或自封的乡村领袖要调查纠纷的背景情况，并确认真正的争点。然后，他们根据以往处理类似纠纷的经验，提出解决方案。下一个任务是让双方达成妥协意见，弄清各方会作多大的让步，到什么地步就可以达成协议。随后再以筵席表示冲突已化解，而花费由一方承担，倘若他承认过错只在他；或分摊，倘若双方都承认自己负有一定责任。于是，纠纷解决了，也公开宣布了。除了穷困潦倒的人家，否则，受害一方接受赔偿，是会让人耻笑的，因为他能赢，只在大伙儿都认为他占理儿。理论上，宴席是为了报答调解人，而实际上是承认失败，也表示道歉。不接受调解方案的一方，可以向县衙上告，但在该村，很少有纠纷是由打官司解决的，也许根本没有。"[2] 这里我还可以用州县官的调处办法来加以印证。康熙年间有兄弟争财案，江苏省太仓州嘉定县知县陆稼书（1630~1692年）的调处方法是令其通过互相呼喊的方式反省自身，激发其被泯灭的亲情，使财产纠纷迎刃而解[3]；福建省潮州府普宁县知县蓝鼎元对另一

---

〔1〕（清）袁守定：”听讼"，载（清）徐栋：《牧令书》卷一七《刑名上》，江苏广陵古籍出版社1990年版。

〔2〕［英］斯普林克尔著，张守东译：《清代法制导论》，中国政法大学出版社2000年版，第126~127页。

〔3〕参见春杨："论我国传统纠纷调解机制对构建和谐农村的意义"，载陈鹏生主编：《儒家法文化与和谐社会》，吉林人民出版社2008年版。

桩兄弟争财案的调处方法则是将二人用铁链锁在一起同吃同住，最终使兄弟"自动天良，至于涕泣相让"。[1]

四、与西方解纷理念的比较

（一）西方人也有"和谐"观

我们说中国在纠纷解决中强调"和为贵"、权利意识淡漠，只是在程度上与西方相对而言的，并非说中国人完全没有权利意识，也不是说西方人完全没有和谐观念。其实西方人也有和谐观念。古希腊人首先把"和谐"作为一个哲学范畴来探讨。毕达哥拉斯认为作为世界本原的"数"之间的关系和比例产生"和谐"，"整个的天体是一个和谐，一个数目"[2]；此外，友谊和美德也是一种和谐。赫拉克利克认为差异与对立是造成和谐的原因，"互相排斥的东西结合在一起，不同的音调造成最美的和谐"[3]。柏拉图开始明确地在社会伦理意义上使用"和谐"范畴，认为人和城邦都具有三种德性：智慧、勇敢和节制，如果智慧起统帅作用，并且三者和谐一致，便出现第四种德性，这就是"正义"。在这里，和谐是正义的实质内容。近代空想社会主义者开始视"和谐社会"为人类的理想社会。1803年法国的傅立叶在《全世界和谐》中指出资本主义制度必将为"和谐制度"所代替；1824年英国的欧文把他在美国印第安纳州进行的共产主义试验组织命名为"新和谐公社"；1842年德国的魏特林在《和谐与自由的保证》中把社会主义社会称为"和谐与自由"的社会，并指出新社会的"和谐"是"全体和谐"。在纠纷解决领域，西方人也有对和谐的追求，"两千年来教化西方人的

---

[1] 康熙年间福建省潮州府普宁县知县蓝鼎元（1680～1733年）审理某兄弟二人争财案，不是按照常规方法对兄弟俩人各打五十大板，然后均分田产了事，而是对两兄弟"委婉化导"，"命隶役以铁索一条，两执之，封其钥口，不许私开，使阿明、阿定同席而坐，联袂而食，并头而卧，行则同起，居则同止，便溺粪秽同蹲、同吏，顷刻不能相离"，最终使兄弟"自动天良，至于涕泣相让"。参见佚名、蓝鼎元：《刘公案 蓝公案》，燕山出版社1996年版，第566～567页。

[2] 北京大学哲学系：《西方哲学原著选读》（上卷），商务印书馆1987年版，第17页。

[3] 北京大学哲学系：《西方哲学原著选读》（上卷），商务印书馆1987年版，第23页。

《圣经》一直在告诫人们应该谋求在神职人员面前的和,而不是把纠纷诉诸于法律家和审判"[1]。美国前总统林肯曾对律师们说:"劝阻诉讼吧。尽可能地说服你的邻居达成和解。向他们指出,那些名义上的胜诉者实际上往往是真正的输家——损失了诉讼费、浪费了时间。律师作为和平的缔造者,将拥有更多的机会做个好人。"[2] 这段名言至今仍时时为人引用,并成为当代美国律师协会 ADR 教科书的座右铭。

(二) 中西纠纷解决理念的基本差异

中西方的和谐观是有差异的,主要体现在两方面:其一,在民族心理或文化传统的整体方面,中国是主张全方位的和谐,而西方主要强调自然和艺术方面的和谐,西方社会在人际关系方面的主流观点强调的是竞争而非和谐。"古代的西方和东方都崇尚和谐,然而彼此有别。西方所崇尚的主要是艺术上的和谐,对政治上、社会上乃至世界上的和谐殊少关注;东方的中国所崇尚的和谐则如气之充盈于天地之间,几乎无所不在。"[3] 其二,中国的和谐观强调息事宁人,亦即"和谐第一,维权第二",而西方则相反,强调"维权第一,和谐第二"。体现在纠纷解决方面,就是古代西方人首重是维权和诉讼,古代中国首重和谐和调解。中西解纷理念的这种基本差异又具体体现在三个方面:①中国追求"中庸"之道、"义务本位"的价值观,而西方追求个体权利(权利本位),主张"为权利而斗争",强调以诉讼和对抗性裁判程序处理纠纷。"中国(传统)社会缺乏西方那样的与他人分立对抗的、绝对的个体人(individual person)概念。"[4] ②中国更重视共同体、人际关系以及道德等社会规范的作用,强调纠纷解决的目的是"无讼",而西方更强调法律至上和司法权威,纠纷解决追求"公平"和"正义"。早些时候的法国比较法学家艾斯卡拉(Jean Escarra,1885~1955年)指出:古代

---

[1] [日] 大木雅夫著,范愉译:《比较法》,法律出版社1999年版,第129页。

[2] 转引自范愉:《纠纷解决的理论与实践》,清华大学出版社2007年版,第108页。

[3] 张正明:"和谐境界浅说",载湖北省炎黄文化研究会编:《传统文化与和谐社会》,天马出版有限公司2005年版,第10页。

[4] 夏勇:《人权的概念起源》,中国政法大学出版社1992年版,第184页。

中国以刑法形式表现出来的基本法典，使民事法律规范"应与法形成表里关系的权利观念被抹去，……（所以）在中国没有依法成立的权利。因此（纠纷解决中）君子的最高理想不是主张权利，而是通过和解和互让，即'礼仪的中庸'确立整体的均衡和谐"[1]。后来的比较法学家如法国的达维德（1906～1990年）也认为："主观性权利以及法律规范这些对于近代西洋的法律思想来说最基本的概念，在远东却受到排斥。（古代中国人）认为纠纷和犯罪是破坏社会机体正常功能的疾病。这些疾病就作为故障来处置，一是发生纠纷并不是必须以审判解决，而是应通过调停来'消解'，所有事情中最重要的是恢复和谐。这是因为人与人之间的和谐与宇宙的和谐联系在一起，如果世上的人们希望按照自然秩序平静地生活就必须维系它，诉讼之后不得存在胜者和败者。如果人们被强迫接受某种判决结果，这实际上不能说一件好事。"[2] 德国的K. 茨威格特（1911～）和H. 克茨（1935～）认为："（在西方）当该权利受到他人威胁或发生争议时，任何人都不仅被赋予实现权利的权能，而且还被课以理应如此实现权利的义务。与此相反，在远东……由于其目的在于'诸社会现象经常保持和谐'，所以重要的不是通过为权利而斗争在战场上留下胜者和败者，而是注重通过和平的调停与和解来维持双方面子。"[3] ③中国缺少强大和具有公信力的法律职业家集团，仅有的法律从业者难以形成纠纷解决的垄断和权威，而西方的法律职业对纠纷解决具有主导作用。[4]

上述差异形成的原因，经济方面主要在于传统中国是农耕社会，而西方社会是工商社会；思想方面主要在于传统中国强调整体主义，而西方重视个人主义。个人主义和谐观的代表是法国社会学大师迪尔凯姆

---

〔1〕 [日] 大木雅夫著，华夏、战宪斌译：《东西方的法观念比较》，北京大学出版社2004年版，第10页。

〔2〕 David, "Introduction to the 'Different Conceptions of the Law'", in *International Encyclopidea of Comparation Law*, 1975, pp. 4～5. 转引自 [日] 大木雅夫著，华夏、战宪斌译：《东西方的法观念比较》，北京大学出版社2004年版，第7～8页。

〔3〕 Zweiger, Kotz, *Einfuhrung in die Rechtsvergleichung*, Band. 1, S. 77f. 大木雅夫译：《比较法概论（原论上）》，1974年版，第121页。

〔4〕 参见范愉：《纠纷解决的理论与实践》，清华大学出版社2007年版，第106页。

(Emile Durkheim，又译为涂尔干，1858～1917年）提出的和谐社会理论。迪尔凯姆毕生关心与探索社会的整合问题，亦即如何实现社会和谐的问题，其核心概念是社会团结——人与人、群体与群体之间的协调、一致、结合的关系，也就是众多个人构成的一个有秩序而和谐的社会。他认为分工越细，每个人对社会的依赖就越深；每个人的行动越是专业化，其个性也就越鲜明；社会部分的个体化越鲜明，社会整体的统一性也就越大。[1] 他进而提出"社会分工条件下的有机团结"，这使个人在变得更为独立的同时，又更加依赖社会这两种看起来矛盾却并行不悖的社会现象得到了较为合理的解释。

五、与现代解纷理念的比较

中国纠纷解决机制的传统理念与当今法治状态下的理念是有差异的，这种差异简而言之就是"和为贵"与重"权利"、"契约"观念的差异。费孝通说："现代（二十世纪四十年代）都市社会中讲个人权利，权利是不能侵犯的。国家保护这些权利，所以定下了许多法律。一个法官并不考虑道德问题、伦理观念，他并不在教化人。刑罚的用意已经不复"以儆效尤"，而是在保护个人的权利和社会的安全。尤其在民法范围里，他并不是在分辨是非，而是在厘定权利。"[2] 季卫东指出："当代法治社会中的调解，可以说是包含着利己动机和共同动机两方面的'契约性调解'。从契约性合意的角度来把握调解，意味着一种相对立的意识的存在。按照汇纂式法解释学的概念，契约是相互对立的意思的合同。而传统的东亚式的合意的基础是'和为贵'的哲学，是一种起源于信赖关系的共存状态。因此，法制化条件下的调解与对立性主张的充分议论以及为此设立的程序、法律家的专业性活动是可以并立而存的。正是通过契约关系这一中介环节，调解与法制结合起来了。"[3]

---

[1] 宋林飞：《西方社会学理论》，南京大学出版社1997年版，第32页。
[2] 费孝通：《乡土中国》，上海人民出版社2006年版，第47页。
[3] 季卫东："当事人在法院内外的地位和作用"，载［日］棚濑孝雄著，王亚新译：《纠纷的解决与审判制度》，中国政法大学出版社2004年版，"序"。

第四节　解纷原则：妥协与自治

纠纷解决的原则是解纷理念的一种具体体现。从我们考察的情况来看，明清地缘社会组织解决民间纠纷的原则主要有妥协和自治两大原则。

一、妥协原则

妥协原则也就是"妥协至上"原则，是指纠纷调处的最高要求是通过促使当事人相互让步来平息争端，目的是追求和睦，不要搞僵关系、伤害感情。明清地缘社会组织调处纠纷，最关切的主要不是按照法律来判定是非、确定权利归属，而是当事人如何达成妥协、化解纠纷。正如黄宗智所说："民间调解制度所最关心的是在一个朝夕相处、紧密组织起来的社区维护族人和邻里之间和睦的关系。它的主要方法是妥协互让，一般也考虑到法律和社区的是非观念。当遇到不涉及法律或道德标准的纠纷时，如家庭和邻里为细故而争吵，调解人的主要目标就是通过妥协来平息争执"[1]；"村民们最为关切的是通过妥协来维护相互间的友善关系，因为大家不得不生活在一个朝夕相处的封闭的社群之中。"[2]

这里有一个妥协原则运用的实例。嘉庆十三年（1808年）徽州府临河、溪南、芝黄三村共有一个土名叫"雷堰"的大堰塘，由于各村所有地盘的界限不清，各村常为堤堰的管护和用水发生纠纷，"村邻诘怨非是"，"若不商杜远计，恐久复前生妄又误"。这时保长程列三、方高、程效先、吴公调，会同族长程宇和、程熙明、胡以南，邀同三村管堰值司（堰堤管护人员）、历司等相关人员，首先宣布一个总原则："息事为贵"，然后"出为清理，公查看明库册堰记水程。……（使）图形各均相符，两无侵越"，最后"公议立合，各村分执，轮司朗知"，规定"嗣后相宜各守各业。……不复再生事端。再有故违不悛，执此鸣

---

[1] 黄宗智：《清代的法律、社会与文化：民法的表达与实践》，上海书店出版社2007年版，第51页。

[2] 黄宗智：《清代的法律、社会与文化：民法的表达与实践》，上海书店出版社2007年版，第55页。

公罚修。悖依议合,呈理无辞。"[1]

二、自治原则

这里的"自治"不是建立在国家分权意义上的自治,而是指民间社会组织对自身事务的独立治理,在解纷中具体指民间社会组织可以依据自己的意志独立解决纠纷,不受国家过多干预。这种自治原则是"(古代)中国虽没有政治民主,却有社会民主"[2]的现实反映,主要体现为两个方面:纠纷人的"合意"与解纷人的"自决"。

（一）当事人的"合意"

明清地缘社会组织解纷,对程序和结果强调的不是"合法"而是当事人的"合意"。"在中国,和谐具有极高的价值,对原则的坚持往往被视为搅乱和谐的行为而遭人厌弃。所以,对方已作出了让步的姿态仍固执地主张自己权利的当事者在这个社会里就冒着与舆论为敌的危险。这种危险作为无言的压力,迫使当事者放弃一部分权利向对手做出让步,其结果是促进了合意的形成。"[3]这里的"意"包括当事人意志、民间习惯和人情世故。这种"合意"是非讼诉解纷方式的必然要求,解纷方式之所以选择非诉讼方式,就是因为这里冲突和对抗的消弭,有时候就是需要以损害法律原则为代价。清代汪辉祖说:"可归和睦者,则莫如亲友之调处。盖听断以法,而调处以情,法则泾渭不可不分,情则是非不妨稍措。理直者既通亲友之情,义曲者可免公庭之法。"[4]这一解纷原则在今天的我国台湾地区得以传承,台湾地区"乡镇市调解条例"规定:"调解委员会应本和平、恳切之态度,对当事人两造为适当之劝当,并征询列席协同调解人之意见,就调解事件,酌拟公正合理办

---

[1] 王钰欣、周绍泉主编:《徽州千年契约文书·清民国编》卷二,花山文艺出版社1991年版,第168页。

[2] 费孝通:《乡土中国 生育制度》,北京大学出版社1998年版,第65页。

[3] Sybille van der Sprenkel, *Legal Institutions in Manchu China: A Sociologcal Analysis*, London: University of London, Athlone Press, 1962, p.114.

[4] (清)汪辉祖:"学治说赘",载(清)汪龙庄、万枫江:《中国官场学》,今日中国出版社1995年版。

法，力谋双方之协和。"[1] 这里就只规定了体现"私法自治"或"契约自由"的"合意原则"。与此有所不同的是，我国大陆《人民调解委员会组织条例》在"自愿"原则之外还规定了"查明事实"、"分清是非"及"合法"的原则。

（二）解纷人的"自决"

与当事人"合意"相对应的是解纷人的"自决"，也就是地缘社会组织对所管辖的案件有独立理断权，地方官吏不得随意干扰，其相对于国家解决而言，具有独立性或半独立性；其解纷的效力主要不是直接来自国家法律而是来自民间法或习惯。明代《教民榜文》第六条规定："老人、里甲剖决词讼，本以便益官府，其不才官吏，敢有生事罗织者，罪之。"[2] 也就是说，州县官不得干预乡里组织解决纠纷，否则以罪论处。这里就直接赋予了乡里组织自决纠纷的权力。今天我国大陆的《人民调解委员会组织条例》规定人民调解委员会"在基层人民政府和基层人民法院指导下进行工作"，《人民调解工作若干规定》规定"司法行政机关依照本办法对人民调解工作进行指导和管理"，这些规定在某种程度上使人民调解组织失去了解纷自决权，使之在事实上更多地是代表国家而不是社会自治权力行使解纷权，而这并不一定有利于民间纠纷的有效解决。

第五节 适用规则：以社会生成法为主

从法社会学的角度来看，即使在当代发达国家或法治国家，国家法也不是唯一的法律，在正式的法律（国家法）之外还存在大量的非正式法律（非国家法），二者往往会并行不悖地成为纠纷解决的依据或规则。[3] 明清帝国不是法治国家，这种情形就更加普遍或严重，其具体

---

〔1〕 本文所引"乡镇市调解条例"均见（台）郑正忠、詹裕贵：《最新精编六法》，水牛出版社2001年版，第439~441页。

〔2〕 刘海年、杨一凡：《中国珍稀法律典籍集成》（乙编第一册），科学出版社1994年版，第635页。

〔3〕 Lawrence M. Friedman, *American Law*, ch. 2, New York: W. W. Norton & Company, 1984.

表现是当时的总体社会规范呈现为"天理—国法—人情"这种三元结构,而不是单一的"国法"。"天理—国法—人情"是国家与社会解纷的通用规则,但国家与社会各有侧重。如果国家解纷(诉讼)侧重"国法",那么民间解纷则倚重"天理"与"人情",也就是非正式法律。这种国家与民间各有所重的现象,通俗或精练的说法就是所谓"国有律例,民有私约"、"官从政法,民从私约"、"朝廷有法律,乡党有条禁;法律维持天下,禁条严束一方"[1] 等等。

一、社会生成法

(一)社会生成法属于非正式法("天理"和"人情")

如前所述,中国传统社会的总体社会规范是所谓"天理—国法—人情"三元结构的规则模式。今天保存完好的山西平遥县县衙和河南内乡县县衙的大堂屏门上面都还保留着"天理—国法—人情"的大牌匾。从现代实证法理论来看,这里的"天理"和"人情"就是非正式法律。"社会生成法"是社会"自然生长"出来的法,是不同于国家立法机关制定的正式法,它显然属于非正式法的一部分。为了进一步弄清社会生成法的实质,下面我们对"天理"、"国法"、"人情"三个概念的意义作一简要梳理。

1. "天理"主要是指纲常伦理。何为"天理"?朱熹说:"天理者,张之为三纲,纪之为五常"[2],"天理"也就是"三纲五常"这样一套以自然法思维形式表述的、国家意识形态层面的特殊社会规范。"三纲"即君为臣纲、父为子纲、夫为妻纲,"纲"的本意是"提网的总绳"或"法度",在这里既有"领导"、"统治"的意思,也有"表率"、"以身作则"的意思;"五常"是仁、义、礼、智、信或忠、孝、节、悌、信。

2. "国法"指国家制定法。明清时期包括基本法典(《大明律》、《大清律例》)、令(如《大明令》)、大诰(如《明大诰》)、条例(如《问刑条例》)、会典(如《明会典》、《大清会典》)、榜文(如《教民

---

[1] [日]寺田浩明:"明清时期法秩序中'约'的性质",载[日]滋贺秀三等著,王亚新等译:《明清时期的民事审判与民间契约》,法律出版社1998年版,第141~157页。

[2] 《朱子全书》卷六〇,《诸子二》。

榜文》）等。

3."人情"指人之常情、风俗民情。"人情"的意义甚广，据《辞源》、《辞海》、《汉语大词典》的归纳结集性解释，其流行的意义有七种：①人的感情，即人之本能情感。《礼记·礼运》："何谓人情？喜、怒、哀、惧、爱、恶、欲，七者弗学而能。"[1]这里的"人情"是指人的七种本能情感。②人之常情，即世间约定俗成的事理标准。明朝冯梦龙纂辑《古今小说·汪信之一死救全家》："大抵妇人家勤俭惜财，固是美事，也要通乎人情。"③人心，即众人共有的情绪、愿望或曰民意。如"大快人心"中的"人心"。④馈赠、礼物。《元典章新集·刑部·禁骚扰》："内外诸衙门与上司官员庆贺，一切人情或私相追往，公然于所辖官吏俸钞科取。"⑤情面、情谊、交情。所谓"人情留一线，日后好相见"[2]。⑥应酬、交际往来。清代沈复《浮生六记·坎坷记愁》："处家人情，非钱不行。"[3]⑦民情、民间风俗。清代李渔《巧团圆·试艰》："平时做惯贸易，走过江湖，把山川、形势、人情、土俗都看在眼里。"在规范或制度层面，或者说在司法和解纷层面，"人情"主要是指人之常情、风俗民情，其外延主要包括伦理之情（亲情和友情）和乡情，其核心是根据血缘伦理原则而形成的权利义务关系。

作为社会的非正式法，"天理"和"人情"都是"国法"没有直接规定的规范，是可以用来"法外施恩"、"屈法申恩"、"可私而公"（朱熹语，意思是既可以在法外自由裁量，又不违反罪刑法定原则）[4]，以实现实质正义为目的的衡平规则[5]，社会生成法是这一规则体系的重

---

[1] 《礼记·礼运》。

[2] （清）李渔：《奈何天·计左》。

[3] 《辞源》（第一册），商务印书馆1979年版，第159页；《辞海》，上海辞书出版社1999年版，第866页；《汉语大词典》，上海辞书出版社2008年版，"人情"条。

[4] 《朱子全书》卷六四《治道二》。

[5] 衡平（equity）就是要公平地处理纠纷，其基本原则是"公平"和"善良"。衡平最早在英国是作为弥补普通法的缺陷而采用的一种方法，由国王良知守护人大法官根据公平正义的观念来审判案件。衡平的要义在于法官享有自由裁量权，在法律没有规定，或按法律规定不能恰当处理案件时，法官根据公平、正义原则和自己的良心自由地裁判案件。

要组织部分。

（二）社会生成法是民间习惯法

"社会生成法"是民间共同体制定或认可的民间法或习惯法[1]。"社会生成法"在法社会学中又被称为"活的法"（living law）、"行动中的法"（law in action）或"民间社会规范"，国内学界统称为"民间法"。每一种名称都体现着话语者对其某一特性的强调。我们这里称为"社会生成法"，是想强调其渊源的特质性：它形成并植根于民间社会生活，不同于国家法依托于国家权力。"这些在民间社会中自然形成并长期得到遵从的原则和规则，经常被作为一种控制机制，应用于纠纷解决和确定事实上的权利义务。"[2] 社会生成法首先是一种"既存规范"事实，一种不同于国家制定法但为公众普遍认同和遵从的行为准则和价值标准。

"社会生成法"在明清时期的基本形式大致有自治性规范、风俗习惯、公序良俗（公共道德）[3]、乡俗惯例、情理与信义等。①自治性规范是民间社会组织制定的公约，如乡规民约、会馆章程等，适用对象是特定共同体，在共同体内部具有实际的规范作用。②风俗习惯是特定共同体或特定地区中自然、长期逐渐形成的行为方式或社会规范，如以彩礼为婚约形式的习惯、子女取名从父姓的习惯，以赌咒发誓为保证的习惯、"买业不明，可问中人"的交易习惯[4]，等等。风俗习惯多数没有见诸文字，但通常能为民众遵行，有些带有普遍性或共通性，有些带有地方性或差异性。风俗习惯在社会生成法中适用范围最广、公信力最强。③公序良俗（公共道德）是社会主体在民事活动中所认同和遵从

---

[1] "习惯法"的界定在学界没有共识，大致有两种意义或两个层面的概念：一是法理学意义或国家层面的习惯法概念，强调与国家的联系，指法律渊源中与制定法相并列的习惯法；二是法社会学意义或民间层面上的"习惯法"，指民事习惯、风俗、乡例等。我们这里的讨论可能会涉及到国家法层面的习惯法，但主要是指非国家法层面的习惯法。

[2] 范愉：《纠纷解决的理论与实践》，清华大学出版社2007年版，第578页。

[3] 中国传统法律本身就是伦理型的，人伦道德与法律规范大都是统一的，但这里所说的"人伦道德"是指形式上不表现为法律条规、与法律规范并列的自律性道德规范。

[4] 参见徐忠明："传统中国乡民的法律意识与诉讼心态"，载《中国法学》2006年第6期。

的、符合社会公共利益和基本道德准则的社会规范，如尊老爱幼、"租不拦当，当不拦卖"，等等。④乡俗惯例是民间约定俗成、得到民间共同体认可的习俗或惯例，主要是行业惯例、规则和标准，适用对象主要是特定共同体或特定社会区域。乡俗惯例比风俗习惯的适用范围较小、形成的人为性较强。⑤情理与信义中情理即人之常情、事之常理，属于狭义的"天理"与"人情"，如礼尚往来、"杀人偿命，欠债还钱"，等等；信义即诚实正当，属于情理的延伸。

需要指出的是，中国古代州县官在处理民事纠纷时一般不直接依据社会生成法审断，所以以滋贺秀三、寺田浩明等为代表的日本学者否认中国古代的习惯法是一种法律渊源。滋贺秀三说他在历史文献中"最终未能查到从地方习惯中发现规范，并在此基础上作出裁判的明确事例。虽然体察民情的地方官赴任后，努力了解当地风俗确实是事实，但作为普遍原理，这是为了加深了解作为通情达理前提的事实认识，即通晓人情，而并非是为了精通习惯法这种实定性的规范"[1]。寺田浩明也认为："在西方各国前近代法制史中所见的习惯法，作为审判规范，无论如何是与审判不可分割的；而且这一点正是它们作为'法'与其它所有社会规范完全区别开来的重要契机。……在作为审判规范这一点上，它们最初就是与近代西方民法具有同样意义的法，而以后的成文法或国家法反而是其发展的结果。然而，说到清代的民事习惯法，……社会中并不存在（将其）作为审判规范的固有的审判机构。因此，即使在这里使用'习惯法'一词，也不宜将这些既存的规范直接与包括前近代在内的西方法制史所见的'法'相提并论。"[2] 这些意见是关于社会生成法与国家法的关系问题的主张，是否成立，我们暂不讨论，我们这里关注的是社会生成法与民间解纷的关系问题，是社会生成法是否成为、何以能成为地缘社会解纷所适用的主要规则的问题。

---

[1] [日]滋贺秀三："清代诉讼制度之民事法源的概括性考察——情、理、法"，载[日]滋贺秀三等著，王亚新等译：《明清时期的民事审判与民间契约》，法律出版社1998年版，第41页。

[2] [日]寺田浩明："关于清代的民事法"，载江晖等主编：《学人》（第15辑），江苏文艺出版社2000年版。

(三) 社会生成法是明清地缘社会解纷适用的主要规则

社会生成法不是正式法律，但只要不与国法中的强制性规定严重冲突，国家是默认或允许它们在纠纷解决中被适用的。明清地缘社会组织调处纠纷，"社会生成法"成为最主要的适用规则。《惠安政书·乡约篇》反映乡约调处纠纷所适用的规则主要有三：一是国家法律（六谕、律诰）。二是乡约的规约，包括"四礼"（冠婚丧祭）、"明伦五条"、"禁邪七条"、"务本三条"、"节用二条"[1] 三是"乡俗"，如《丧八条》说："乡俗：旬七会饮，及葬于山会饮，皆深为害义，犯者有罪。"[2] "这些规则的制定是通过小地方的习惯与大的社会环境中的原则、政策和国家法律之间长期的互动来实现的。这样的互动表现在具体的纠纷解决中，就应当是一个运用多项原则来作出决定的过程。如此一来，其中就隐含着一个法律多元的过程。可以说，在一起民间纠纷解决的过程中，看到国家法律以及其他权力关系对纠纷解决的多方位、多层次的影响。"[3] 在制度上国家制定法与社会生成法之间存在着既相融合又相冲突的关系，而在纠纷解决实践中，人们对民间法的推崇似乎超过了对国家法的重视，对社会生成法的认同高过对法律的认同。如果用现代法治理论来考究六个世纪前的里老人理讼制度，其最大缺陷便是裁决依道理、依经验、依"老人的贤智"而不依法律，但在当时来说，"德高贤明的里老人，靠其道德修养和个人智慧，运用融情理、习惯、乡约、族规和朝廷法律为一体的'礼义'来进行裁决，足可以为当时的乡民提供公正和利益的保证。"[4]

对于中国传统民间社会以社会生成法为主要控制规则，已为众多学者所证成，例如社会学家费孝通指出："（中国传统）乡土社会秩序的维持，有很多方面和现代社会秩序的维持是不相同的，……我们可以说

---

[1] （明）叶春及：《惠安政书·乡约篇》，福建人民出版社1987年版，第330页。
[2] （明）叶春及：《惠安政书·乡约篇》，福建人民出版社1987年版，第333页。
[3] 赵旭东：《权力与公正——乡土社会的纠纷解决与权威多元》，天津古籍出版社2003年版，第7页。
[4] 韩秀桃："《教民榜文》所见明初基层里老人理讼制度"，载《法学研究》2000年第3期。

这是个'无法'的社会,假如我们把法律限于以国家权力所维护的规则;但是'无法'并不影响社会的秩序,因为乡土社会是'礼治'的社会。"[1] 什么是礼？"礼是社会公认合式的行为规范。维持礼这种规范的是传统"[2];"'礼'并不是人们制定的,它是社会活生生的、自发形成的秩序,是一种人虽有能力破坏却无力创造的秩序。"[3] 民间契约研究专家周绍泉认为:"明代退契的背后隐藏着民间的争执与纠纷。他们在处理乡村争执和纠葛时,在思想体系上,不可避免地用'天理、国法、人情',他们会首先以'天理'——长幼、尊卑来权衡纷争的轻重和倾向,然后以'国法'警示纷争的双方,如果不能在乡村解决,便不得不诉诸县、州、府公堂,受国法惩处。在最后处理时,总是'揆诸人情',给纷争双方留下余地,在情理上说得过去,又不让哪一家在村民面前丢掉面子。"[4] 法学家徐国栋说:"对传统中国的乡野百姓来说,他们的日常生活与经济交往,基本上是通过伦理道德、家规族法、乡规民约和契约文书之类的社会规范与民间习惯来维系的,谚语'官从政法,民从私约'和'官凭印信,私凭文约'多多少少反映了社会秩序相对自治的情形;而'民有私约,如律令'以及帝国法律'任依私契,官不为理'的规定,则在一定程度上认可了民间社会秩序形成的独特机制。在这种场合,帝国法律和帝国衙门是'缺席'的,也是不愿介入的。"[5] 法国比较法学家达维德认为:在传统中国,"法律并不是解决人与人之间争端的正常方法。法律可以向人们提供行为的准则,或者对违反社会利益的行为人构成威胁,从而起有益的作用,但并不存在必须按照字面严格遵守法律的问题;在法律的实施和运用上,必须十分慎

---

[1] 费孝通:《乡土中国 生育制度》,北京大学出版社1998年版,第49页。
[2] 费孝通:《乡土中国 生育制度》,北京大学出版社1998年版,第50页。
[3] [美]昂格尔著,吴玉章、周汉华译:《现代社会中的法律》,中国政法大学出版社1994年版,第85页。
[4] 参见周绍泉:"退契与元明的乡村裁判",载《中国史研究》2002年第2期。
[5] 徐忠明:"传统中国乡民的法律意识与诉讼心态",载《中国法学》2006年第6期。

重。最理想的是根本不需要援用法律"[1]。

必须指出的是，明清地缘社会组织调处纠纷主要适用社会生成法，这是与西方 ADR 共有的规律，但中西方的差异仍然是存在的，这就是德国比较法学家 K. 茨威格特和 H. 克茨所指出的："在西洋的诸法秩序中，社会生活上的重要问题首先要受到法律的规范，只要法律规范所规定要件，不论任何人都被赋予一定的权利。而且当该权利受到他人威胁或发生争议时，任何人都不仅被赋予实现权利的权能，而且还被课以理应如此实现权利的义务。与此相反，在远东，法只不过是确保社会秩序的次要且从属性的手段，真正的行为规范不是法，'而是由传统所协调形成的不成文的行为规范的总体'。"[2]

下面我们主要考察和分析明清地缘社会组织解纷所适用的四类社会生成法规则（规约章程、乡俗习惯、情理、信义）以及适用国家法律的情形。

二、规约或章程

近代刑部官员、学者陈宗蕃[3]说："吾国治乡之法，一业有一业之规约，一族有一族之规约，一乡有一乡之规约，在外之会馆，亦其一也。规约明则事无不举，规约不明则事无由行。"[4] 日本学者寺田浩明也讲："乡里的民众汇集在一起，就乡村的日常生活相互约定立下一些具体的规则或罚则，同时通过这种行动达到共有某种规范的状态，有时还形成较为紧密巩固的组织。"[5] 这里的规约或章程是指在特定地缘地

---

[1] [法] 勒内·达维德著，漆竹生译：《当代主要法律体系》，上海译文出版社1984年版，第486页。

[2] Zweiger, Kotz, *Einfuhrung in die Rechtsvergleichung*, Band. 1, S. 77f. 大木雅夫译：《比较法概论（原论上）》，1974年版，第121页。

[3] 陈宗蕃（1879~1954年），原名同善，后改宗蕃，字舜仲，后改莼衷。福建闽侯人。光绪年间进士，任刑部额外主事，后官费留学日本，宣统二年（1910年）回国在邮传部任职。1917年任国务院参事。1935~1937年任北平市参议员。1938年后从事讲学著述。中华人民共和国成立后，曾受聘为中央文史馆馆员。

[4] 李景铭：《闽中会馆志》卷首《陈宗蕃序》。

[5] [日] 寺田浩明："明清时期法秩序中'约'的性质"，载 [日] 滋贺秀三等著，王亚新等译：《明清时期的民事审判与民间契约》，法律出版社1998年版。

域范围内的组织或人群共同商议制定的自我管理、自我服务、自我约束的民间规则,有成文的,也有不成文的。乡里组织的"乡规民约"、乡约组织的"规约"、同乡会馆的"章程"、乡间结社组织的"盟约"、乡村集会组织的"会规"等,都是其具体形式,它们是明清地缘社会组织调处纠纷直接适用的主要规则。

(一)规约或章程的制定

明清地缘社会组织制定规约或章程并无固定的程序,但大致都是在民众"合意"基础上由乡绅或权威人物主导进行的。乾隆十九年(1754年)闰四月徽州某县十八都四图吴德嗣、朱允公、戴才志、蔡思志、范吉振、叶在田等十六人共同订立《轮充均役合同》,这是一份关于轮派甲长差役事务的乡规民约,从"合同"的内容可以看出其制定的上述程序。该合同规定:"十八都八图立议约合同人吴德嗣、戴才志、范吉振及众姓等、本图保甲长,今值事务繁重,难以承充。众等齐集各姓公同酌议:置有产业,及图内居住,公同轮充均役,料理、照管、监察、争竞、斗殴,及毋亟藉匪类,不许容留居住。稽查安辑,宁静地方。此系公务,对神阄定月日,轮者充当。凡遇一切在公及图内事,本人承值,毋得推委。"[1]明清地缘社会中的乡民聚在一起议决禁约,约众基于相规相助的宗旨立下乡约之规约,佃户们歃血结盟订立"抗租盟约",这些简单、朴素的"立约程序",充分体现了民众相互合意缔结合约的民主因素。

但这些规约或章程并不完全是事前具有共识的人们对等讨论达成的结果,其制定往往是特定主体首唱、众人唱和的过程。如成立于崇祯年间持续至二十世纪四十年代的徽州休宁县十三都三图《祝圣会会规》就是由乡里组织首领发起制订并不断修改完善的,所谓"住居十三都三图里长吴文庆、保长汪宗公及士农工商各户人等旧议祝会事"而成。[2]寺田浩明指出:"在清代,村庄里的规约由村里的头面人物会集地主议

---

[1]《乾隆十九年闰四月徽州某县十八都八图吴德嗣等轮充均役合同》,原件藏于南京大学历史系资料室,编号:000056。

[2]《[休宁]崇祯十年~康熙四十九年祝圣会簿》,原件藏于南京大学历史系资料室,编号:000055。

决。……虽号称'公议',但从不与佃户们商议。即使形式上征询他们的意见,也不过是为了获得合作而采取的一种便宜手段而已。这种场合就算称他们为'伙伴',也不意味那里存在着平等的关系";"乡约也并不是自然发生的现象,而是以某个或某些具有伦理感召力的人物为中心而有意识地开展的'运动'。约的内容不同于当事者根据特定经济或社会性目的而分别具体地加以议定的合同或契约,其主要的骨架由上述中心人物'首唱'提出(也许是他个人的主意,也可能参考了某种范本)。对于乡约的参加者来说,这些内容基本上只是事先给定了的,具有先验的正确性,他们只有赞成的份。"〔1〕这里的"特定主体"主要是乡绅或各类地缘社会组织的首领。

(二) 规约或章程的规范属性

传统中国民间社会带有强制性的规范体系被寺田浩明概括为君主专制性质的"法"(国法)与人民"民主"性质的"约"(私约)这样一种二元结构,其中"约"又包括规约("由享有较高地位者宣示的作为规范的大的'约'")和契约("根据对等者相互合意而产生的'约'")两部分。他说:"所谓'法'只是为了便于皇帝统治人民而存在的工具,而非人民能够以此作为根据向权力方面提出任何要求的基础。……'根据对等者相互合意而产生的约'和'由享有较高地位者单方面作为规范宣示的约'在体制理念的层次上就分离开来。……一方面是以'一君'为中心而形成的'国法'体制;另一方面则是'万民'处理日常生活关系的'私约'世界。"〔2〕寺田浩明的精明分析是比较符合历史实际的。这里的规约和契约是有区别的,区别主要在于规约具有较大的普适性,契约则主要是针对个案的,规约可以成为契约订立的"法律依据"。规约位于法律与契约之两极的中间。"(规约)实际上都是人们为了形成某种共有规范或为了使彼此间的行动达到服从某种共有规范的状态而作出的努力,或者说也就是通过这种种努力而形成或达到了共通行

---

〔1〕 参见〔日〕寺田浩明:"明清时期法秩序中'约'的性质",载〔日〕滋贺秀三等著,王亚新等译:《明清时期的民事审判与民间契约》,法律出版社1998年版。

〔2〕 〔日〕寺田浩明:"明清时期法秩序中'约'的性质",载〔日〕滋贺秀三等著,王亚新等译:《明清时期的民事审判与民间契约》,法律出版社1998年版。

为规范的社会存在形态总体。就明清时期而言，不仅乡村大的'约'如此，即使是位于法秩序两极的'法律'和'契约'，也不过是这种传统的动态在一定历史过程中的具体表现或归结而已。"[1]

明清时期地缘社会组织的规约或章程具有民间法的性质，这里有三种情形需要特别说明：其一，规约或章程有法的规范性。明朝《一雁横秋》中的"地方禁约"写道："朝庭有法律，乡党有条禁。法律维持天下，禁条严束一方。"[2] 规约或章程"尽管从形式上看很多都是以'合同约'即相互合意的方式来定立的，但其内容却往往有包括处罚条款的禁止性规定，因此又近似于'法律'。……在这个意义上，合同约表面看来是通过相互合意订立的契约，实质上却往往带有有势力者针对该地域其他居民单方发布命令的性质。"[3] 其二，规约或章程的制定经常得到官府支持。清代徽州府婺源县汪口村的《养源书屋膏火田禁令》，就是由汪口徽商俞光銮捐助膏火田并恳请婺源知县颁布的乡规民约式的告示，其内容主要是禁止子孙盗卖公产、保护学校教育经费不受侵蚀。这里的"膏火"指供学习用的津贴或奖学金[4]。"膏火田"指官府划拨或乡绅捐赠的学校田产，其收入用来资助学子学费和参加科举盘缠。上述告示规定："或不肖之子孙，敢于霸吞私卖，抑或附近居民知情，私相质买情事，准随时禀由地方官，分别追还治罪挂示外，合行给示遵守。"[5] 其三，规约或章程可能是国法的体现或具体化，也可能与国家法产生细微牴牾[6] 规约或章程大多数情况下是在国家法的框架下制订的，更多体现的是如何在国家法的意志下，适应不同地域、不同组织

---

〔1〕 [日]寺田浩明："明清时期法秩序中'约'的性质"，载[日]滋贺秀三等著，王亚新等译：《明清时期的民事审判与民间契约》，法律出版社1998年版。

〔2〕 "一雁横秋·地方禁约"，转引自[日]滋贺秀三等著，王亚新等译：《明清时期的民事审判与民间契约》，法律出版社1998年版，第158页。

〔3〕 [日]寺田浩明："明清时期法秩序中'约'的性质"，载[日]滋贺秀三等著，王亚新等译：《明清时期的民事审判与民间契约》，法律出版社1998年版。

〔4〕 《红楼梦》第九回："凡族中为官者，皆有帮助银两，以为学中膏火之费。"

〔5〕 《清光绪十年三月二十三日婺源县永禁霸收霸吞和私相典卖养源书屋膏火田碑》，原碑现嵌于江西省婺源县汪口村养源书屋入门墙壁。

〔6〕 关于规约章程与国法的关系，参见本章第六节中的"社会生成法保障"部分。

和不同人群所采取的诸多的举措。国法是宏观的，规约或章程是国法在某一地域范围内的具体表现，是国法的具体化。但是，规约或章程与国家法相抵牾的情形也时常发生。这时，在进入司法领域之前或之外，适用者可能会对与国法相矛盾的内容因人、因事、因地的进行调整，采取某些模糊的变通方式来寻求与国家法的吻合与一致。当然，对于一些户婚、田土和斗殴等民间细故，国家法一般亦会采取尊重并向规约章程让步或妥协的方式来达到稳定民间社会的目的。总之规约或章程是国法的必要补充和延伸。

（三）主要规约或章程

明清时期地缘社会组织一般都有自己的规约或章程，如乡里组织的"乡规民约"、乡约组织的"规约"、同乡会馆的"章程"、乡间结社组织的"盟约"、乡村集会组织的"会规"，等等[1]，这里我们主要考察具有代表性的乡规民约、乡约规约和同乡会馆章程。

1. 乡规民约。这类规约对应于乡里组织，大致可以分为三类：

（1）"会众议约"型乡规民约，即乡民们在权利平等的情况下，根据合意制定的乡规民约。明代后期日用百科全书《新刻天下四民便览三台万用正宗》"民用门"下有一则乡规民约套语，没有题目，笔者猜拟为《禁畜禽践啄庄稼约》。全文如下："夫国以民为本，本固则邦宁；民以食为天，食足则信孚。此农事至重，实王政之首务也。切照本乡居民稠密，别无经营，惟资耕种，以充岁计，是以既殚东作，庶有以望西

---

[1] 寺田浩明把明清时期（乡土地缘层次或意义上的）的民间规约分为"乡禁约"（一般意义上的村规民约）、"乡约"、"结社盟约"三大类，参见［日］寺田浩明："明清时期法秩序中'约'的性质"，载［日］滋贺秀三等著，王亚新等译：《明清时期的民事审判与民间契约》，法律出版社1998年版。国内学者卞利根据不同的角度，对明清时期徽州的规约类型作了系统划分：从制定者角度不同可分为行政和自然村乡规民约、宗族乡规民约、会社乡规民约和某一特定群体或组织乡规民约；就乡规民约的内容不同可分为宗族的族规家法、森林保护规约、宗族族产和坟墓禁约、议事合同、会社规约、禁赌公约、兴办学校和教育公约，以及和息文约，等等；从形式上的不同可分为告知性乡规民约、禁止性乡规民约、奖励类乡规民约、惩戒类乡规民约和议事类乡规民约等类型；就乡规民约的载体不同可分为纸质乡规民约、石质类乡规民约（如各种乡规民约的碑刻）和木质类乡规民约（如宗族祠堂中的粉牌等）。参见卞利："明清徽州乡（村）规民约论纲"，载《中国农史》2004年第4期。

成,兹当禾苗盛长之时,不许纵放牛马践伤,鹅鸭啄食,各家务宜牢固关闸。爰自某月某日会众议约,以后倘有无籍者,不依条约,照例惩罚,如有抗拒不遵,定行呈首官府,众共攻之,以一科十,纵律无正条,其情可恶,必敬必戒,故谕。"[1]

(2)"告示"型乡规民约,即部分乡民单方面作成并向其他与会者们宣示的乡规民约。明代后期另一日用百科全书《类聚三台万用正宗》卷五《体式门类》中有《禁赌博约》、《坟山禁约》、《禁盗鸡犬约》、《禁盗笋竹约》、《禁六畜作贱禾苗约》、《禁田园山泽约》、《禁盗田园果菜蔬约》套语。[2] 其中《禁盗田园果菜蔬约》全文如下:"某都为禁约事,切照本都民居四散,业在田园,故于东作方兴之时,雨露瀺濡之际,其于蔬果等物四时靡不种栽于中,预备急济日食方全,蔬菜成熟,不亦禁戒。因离家遥远,巡顾不周,却被附近居民多有鼠窃狗偷之辈,辄起贪心,擅入田园偷盗蔬菜,以为己有,甚于强徒扰掠乡村,人人无不被害。然此惟图一时之小利,以顺口腹之所欲,损物害理不仁孰甚。理合给约通禁,各宜洗心涤虑,中间再有仍前偷盗者,即许被告之人缉过擒拿赴亭,从公审治,仍罚某物若干,入于本境某处充公,以禁其余,的不虚示。"[3]

(3)"给示禁约"型乡规民约,是"乡里头面人物向乡村内全体居民发布或宣示的地域性规范"。[4] 明朝日用百科全书《云锦书笺》卷六有题为"地方契约"(明代有些地方对乡规民约的别称)的套语:"立禁约地方某等,为严申大禁,以一风俗事。窃见乡设禁条,原非私举,事有明征,法无轻贷,岂强者依势横行,弱者缄口畏缩,或徇情以容

---

〔1〕 (明)余象斗:《新刻天下四民便览三台万用正宗》卷一七《民用门·文契类》,明万历双峰堂刊本。转引自陈学文:"明代契约文书考释选辑",载《明史论丛》1997年第10期。

〔2〕 《类聚三台万用正宗》卷五《体式门类》,万历三十七年刊本。转引自陈学文:"明代契约文书考释选辑",载《明史论丛》1997年第10期。

〔3〕 《类聚三台万用正宗》卷五《体式门类》,万历三十七年刊本。转引自陈学文:"明代契约文书考释选辑",载《明史论丛》1997年第10期。

〔4〕 参见[日]寺田浩明:"明清时期法秩序中'约'的性质",载[日]滋贺秀三等著,王亚新等译:《明清时期的民事审判与民间契约》,法律出版社1998年版。

隐，或贪和以偏获，卒至禁令败坏，风俗益颓，人畜交相为害，不暇悉数。某等目击斯祸，痛惩厥奸，为此置酒会立条，以做后患。如有犯者，与众共罚，若有拒抗不服，会同呈官理论，但不许避嫌徇私，受钱卖放，又不得欺善畏恶，挟仇排陷，有一于此，天日鉴之，神雷击之。凡我同盟，至公罔私，庶乡邻不至受害，而风俗自此淳厚矣。谨以各项禁条开具于后，决不虚立。"[1]

2. 乡约之规约。民间自办乡约之规约的代表是广东沙堤乡约的《圣训约》，官倡乡约之规约的代表是《南赣乡约》。其中《南赣乡约》并非某一具体乡约组织的规约，它只是一个"范本"，其内容集实体规范与程序规范于一体，堪称一部微型"民间法典"。如规定了立约目的："协和尔民，……息讼罢争，讲信修睦，务为良善之民，共成仁厚之俗"；规定了执"法"主体：有约长、约副、约正、约史、知约、约赞；规定了解纷规则："一应斗殴不平之事，鸣之约长等公论是非；或约长闻之，即与晓谕解释"；"凡有危疑难处之事，皆须约长会同约之人与之裁处区画，必当于理济于事而后已；不得坐视推托，陷人于恶，罪坐约长约正诸人。"规定了解纷程序：凡遇纠纷与过恶，"约长副等，须先期阴与之言，……使其可改；若不能改，然后纠而书之；又不能改，然后白之官；又不能改，同约之人执送之官，明正其罪；势不能执，戮力协谋官府兵灭之。"[2]

3. 同乡社会组织的规章。主要是同乡会馆的会规或章程，我国台湾地区鹿港《泉郊会馆规约》[3] 是其代表之一，这个规约共十二条，内容具体而详密，前五条规定了会馆内部的运行机制，后七条规定会员的权利和义务。前五条是："一、清历三月二十三日庆祝圣母寿诞，诸同人务须到馆，定签首，以主一月事务，期满一易，苦乐相承，自上而

---

[1]《云锦书笺》卷六。转引自陈学文："明代契约文书考释选辑"，载《明史论丛》1997年第10期。
[2]（明）王守仁：《王阳明全集》（第一集），红旗出版社1996年版，第228～230页。
[3]（台）周宗贤：《血浓于水的会馆》，台湾"行政院"文化建设委员会1988年版，第51页。

下，上流下接，不得籍口乏暇，致废公事，违者罚银六元，以充公费不贷。二、签首分别正副、兼办，以签首既订何号，则前一号为签副，以正签管传船帮，副签管看银钱，至月满，副签即将银钱缴交正签核符，正签月订薪水四元，副签月订薪水二元，苟费不敷，应公同议填，毋致签首独亏。如有不遵，罚银一倍充公不贷。三、延师协办公务，主断街衢口角是非，应择品行端方，闻众公举，年满一易，签首不得徇私自便请留，我同人亦不得硬荐，臻废公事，合应声明。四、炉主统合郊事务，然就全年抽分核按起来，除缴生息公费外，所入不供所出，并无别款可筹，集众公议，惟将每爿船，如四百石加抽分一百石，公议不易，此系专为公费不敷而设，关顾大局，倘有不遵，闻众公诛。五、签首如有公事问众，诸同人均宜向前共商，公事公办，不得袖手，致废公事，违者罚银六元充公。"这里的"签首"即会馆首事，《规约》规定了"签首"的产生办法、任期、职责及议事规则。此外，规定"延师协办公务，主断街衢口角是非"，似乎是规定由专职人员来调处纠纷。

（四）规约或章程的内容

明清地缘社会组织规约或章程的内容非常广泛，主要在两个方面：一是地缘社会组织的机构组成、活动内容与规则；二是社会成员的权利、义务和违约责任。它们一般都通过两类条款规定：一是应当遵守的行为模式条款；二是违规处罚条款。

1. 行为模式方面的规定。经济方面涉及到山场农田的保护、水利设施的兴修与维护、民间经济事务的规则、赋役征收金派的约定，以及违反规约的处罚措施等等；社会方面几乎囊括地缘社会中所有社会事务，包括日常生活的安排、道德伦理规范的维系与约束、成员之间权利与义务，以及违反规约的处置方法等等；文化和教育方面涉及到地缘社会文化传统的规定、乡村或宗族教育的维持与发展等等，如迎神赛会的《会规》、兴办乡村教育事业的《公约》。

2. 行为后果方面的违规处罚规定[1]。明清地缘社会的规约或章程大都有奖励和惩戒规定。如道光六年（1826年）徽州府祁门县文堂村

---

〔1〕 参见本章第六节中的"制裁机制"内容。

《合约演戏严禁碑》规定："一禁茶叶迭年立夏前后,公议日期,鸣锣开七,毋许乱摘,各管个业;一禁苞芦、桐子,如过十一月初一日,听凭收拾;一禁通前山春冬二笋,毋许人山盗挖;一禁毋许纵放野火;一禁毋许松柴出境;一禁毋许起挖山椿。以上数条,各宜遵守,合族者赏钱三百文。如有见者不报,徇情肥己,照依同罚备酒二席、夜戏全部。"[1] 清代台湾地区的乡治组织乡庄《庄规》规定："各庄总董庄正副责任大端,无非约束庄众、和睦乡邻之事。果能约束有方,所管庄内并无争斗、窃劫、抢掳,及占地、抗租、毁焚等事,一年以上给予功牌,三年以上给予匾额,以示奖励。"[2]

（五）规约或章程的执行

明清地缘社会组织规约或章程的执行,一般都是在乡绅或首领主导下进行的。乡约之规约的执行者主要来自于乡约的约正、约副等乡绅阶层组成的核心成员。[3] 现存最为完整的明代隆庆六年祁门文堂乡约约规,即赋予了约正、副负责执行的权力,"择年稍长有行检者为约正,又次年壮贤能者为约副,而与权宜议事。在约正、副既为众所推举,则虽无一命之尊,而有帅人之贵。……约正、副,凡遇约中有某事,不拘常期,相率赴祠堂议处,务在公心直道"[4] 会社等组织制订的会社规约,其执行者是会首、社首以及规约规定的人员。清道光三十年（1850年）九月徽州府休宁县十三都三图《祝圣会会规》规定："会内各佃户设或抗租不交司年者,即行通知上下会首,同往催讨。如有刁佃梗顽,颗粒不交,即应邀同在会诸公商议公允,再行公举。"[5]

综上所述,明清各类地缘社会组织的规约或章程,在配合和协助国家法,实行民间组织的自我管理、自我服务和自我约束,实现地缘社会

---

[1] 《清道光六年三月初八日祁门文堂村合约演戏严禁碑》,原碑现嵌于安徽省祁门县闪里镇文堂村大仓原祠堂前照壁中。

[2] 张磊:"清末台湾北部乡治组织的法律考察"附录一"庄规四则",中南财经政法大学2007年硕士学位论文。

[3] 卞利:"明清时期徽州的乡约简论",载《安徽大学学报》2002年第6期。

[4] 《隆庆［祁门］文堂乡约家法》,明隆庆刻本,原件藏于安徽省图书馆。

[5] 《道光廿四年一三十年［休宁］祝圣会会簿》,原件藏于南京大学历史系资料室,编号:000116。

的稳定与和谐方面发挥了重大作用。

三、乡俗与习惯

明清地缘社会组织调处纠纷的一个重要原则是"合依常例",也就是遵从乡俗习惯。换一个角度说,在中国传统民间社会生活中,主要是民间俗例约束着地缘社会民众的行为。"中国(民间)社会秩序的维持是靠社会礼俗而不靠宗教教会与国家法律。中国社会里宗教教会与国家法律都无多大势力,而最有力量的是社会礼俗"[1];"在国家制定法的影响力无法波及的地区或者虽有波及但人们仍是依照祖祖辈辈形成的习惯乡俗生活的地区,人们对法的理解与渴望恐怕不只是抽象的国家颁布的写在纸上的条文,而更看重的是在此情此景中应该怎么做或不应该怎么做的成功经验和惯例"[2];"乡里社会的特定性决定了乡民的习惯意识、宗族意识和村落意识远胜于国家意识;乡民对于国家法的遵从亦远不如对风俗习惯的依赖和对宗族伦理法、村落习惯法的可靠。"[3]

乡俗习惯除了一般的婚丧嫁娶习俗之外,还包括行商、店肆、经纪、储运、钱庄、典货等多方面的习惯。前南京国民政府司法行政部组编的《民事习惯调查报告录》载录了大量源古流今的、适用于纠纷解决的民事习惯。例如在河北清苑县,如果发生债务人无力偿还债务的借贷纠纷,一般是以债权人"让利不让本"的习惯达成和解,即达成"债权人表示抛弃利息的一部或全部,着债务人将原本归清"的和解协议。[4]

(一) 乡俗习惯的特征

1. 乡俗习惯分布的分散性。中国国土广袤、历史悠久、民族众多,政治、经济、文化发展极不平衡,地缘社会的情况自然比较复杂,各地乡俗习惯千差万别,正如常言所谓"千里不同风,百里不同俗,十里不

---

[1] 梁漱溟:"中国文化的特征在哪里",载《中国名人论文化》,安徽人民出版社1995年版,第89页。

[2] 俞荣根:《羌族习惯法》,重庆出版社1999年版,第16页。

[3] 韩秀桃:"《教民榜文》所见明初基层里老人理讼制度",载《法学研究》2000年第3期。

[4] 南京国民政府司法行政部:《民事习惯调查报告录》(下册),中国政法大学出版社2000年版,第433页。

同语"。

2. 乡俗习惯与国法和传统礼制并不完全一致，也就是可能包含有非法或非礼的内容。"在习俗上法律被当作是一种与自己无关的异己力量，个人和法律的关系并不是简单的要遵守或违反的问题，而是可以当作一个能够利用的力量或资源。习俗中往往包容着'利用'法律，应付法律，规避法律，甚至排斥法律的内容。"[1]例如历代法律都禁止复利，但民间到期另立新契或变更债务数额的乡俗习惯就轻易规避了法律的禁令。又例如礼制规定"不得匿丧成婚"[2]，而在闽南却有"居丧百日内可以成婚"的民间俗例；礼制要求长幼有序、晚辈服从长辈，但民间有"在厝论叔侄，在外论官职"的俗例；当作为晚辈的约正在调处长辈们的纠纷时，乡间有长辈服从约正的俗例。李光地《丁酉还朝临行公约》规定："约正于族行虽卑幼，然既秉乡政，则须主持公道。自后乡邻曲直有未告官而投诉本乡者，除尊长发与约正调停者，则为从众讯实，复命尊长而劝戒之。其余年少未经事者，虽分为叔行，不得役约正。如奴隶约正，（约正）亦不得承其意指，颠倒是非以坏风俗。"[3]

3. 乡俗习惯具有非制度化的事实性特征。寺田浩明指出："旧中国的所谓'惯行'（即一般民众日常生活中行为规范的共有状态）具有一种非制度化的、事实性状态的性质"，"某种惯行存在并不意味着人们的每一个具体行动或具体要求只要合乎该惯行就可以得到不言而喻的承认。……关于什么是对什么是错，往往只能在日常生活中通过实际的行为来不断地加以尝试和相互确认"[4]；"与其以某种客观性规范的存在为前提，把那里发生的实际情况视为该规范的'遵守'和'违反'这样的两极现象，还不如看成一极是接近于大家都从事的行为类型的中心，另一极则是行为者自己认为有理，却背离了这个'中心'从而显得

---

[1] 郭健："中国古代民事法律文化的基本特征概述"，载复旦大学法学院编：《多维时空下的理论法学研究》，学林出版社2005年版。
[2] （明）叶春及：《惠安政书》，福建人民出版社1987年版，第333页。
[3] （清）李光地：《榕村别集》卷五，第14页。
[4] [日]寺田浩明："明清时期法秩序中'约'的性质"，载[日]滋贺秀三等著，王亚新等译：《明清时期的民事审判与民间契约》，法律出版社1998年版。

'突出'的个别行动。实际上的情况可以理解为分布在这两极之间无限多样的状态。即使从事的只是接近中心的行为，有时也难免引起争执；反过来即使采取了'突出'的行动，有时也可能就此获得通过。就这样在无数的行为和纠纷中，人们不断地以自己的行动或实践来相互确认在什么范围内行为就可以不至引起争执、超过什么限度就会遭致别人反击。而正因为如此，这种'中心'与'突出'之间的关系也在随时间变化而不断推移。"[1]

4. 官方对乡俗习惯采用实用主义态度。乡俗习惯也可以成为官府审理民事案件的规则之一，但由于乡俗习惯的内容庞杂，特别是有些习俗落后、不符合科学与文明的要求，有些习俗违背法律条文的规定，因此地方官在适用习惯时，多采取区别对待的态度，甚至在更多时候并不把乡俗习惯看作是"法"的一部分。寺田浩明指出："地方官基本上并不把各地的'惯行'作为习惯法或规范的问题来考虑，而作为当地的'风'、'俗'或'习'的问题。如果他认为是'恶风'、'恶俗'或'恶习'的话，地方官就可能为了改变这些惯行而发告示、立碑文，积极地试图'移风易俗'。但是，地方官并不一定享有绝对的权威，也不一定掌握充分的人力物力资源来彻底贯彻自己发布的规范内容。因此，他'移风易俗'的努力有时成功，有时却毫无成效。情况既可能是尽管发布了新的规范，从前的惯行却依然如故，告示成为一纸空文；也可能是尽管地方官的努力一时奏效，但随着他的转任旧的惯行又重新出现，而所立之碑也只有倒坏或覆满青苔的份。在这个意义上，'官'所提示的规范决不等于当地的惯行，他只具有一种'介入'性的位置。换言之，地方官始终在惯行之外，并试图从外部对此施加影响而已。"[2]

(二) 乡俗习惯在地缘社会组织解纷中的适用

我们主要看几个案例。乾隆十九年（1754年）湖南省长沙府湘乡县彭宗位将八亩田地卖给彭行健，三年后彭行健又转卖给彭邑陵，二十

---

[1] [日] 寺田浩明："明清时期法秩序中'约'的性质"，载 [日] 滋贺秀三等著，王亚新等译：《明清时期的民事审判与民间契约》，法律出版社1998年版。

[2] [日] 寺田浩明："明清时期法秩序中'约'的性质"，载 [日] 滋贺秀三等著，王亚新等译：《明清时期的民事审判与民间契约》，法律出版社1998年版。

九年后彭邑陵又转卖与彭体谦。依当地俗例，业主买田应给"老业主"（先前的卖主）"画字钱"。这里的"画字钱"是买主在交清田地正价之外，另外给予这份田产上首业主的费用[1]。这年彭宗位（已故）的儿子彭验外代表"老业主"向彭邑陵索要"画字钱"。彭邑陵说此田转卖多人，事隔多年，不肯补给，于是彭验外强牵彭邑陵家的黄牛，纠纷由此而生。彭邑陵请来保正彭逢济"理论"，保正自己拿了一千文钱给予彭验外，要求彭验外把牛退还彭邑陵。[2] 这里的保正宁肯自已舍财止争，也不可让俗例遭到破坏，显示了俗例的某种权威性或至上性。又如光绪十四年（1888年）徽州府的周加林是长生口祖茔山场的看护人，山主每年给其看守钱一两整。有一次周加林盗砍山上树木数根，被山主发现，山主要追究其法律责任。周加林自觉情亏，恳求保长汪长林、江祥等作中调处，保长们决定从轻发落，"按乡规议罚出做祭封山、请酒陪礼等项，并愿书立包养树木"。保长等人登山点清山中共有大小树三百九十八株，全归周加林看守并包养。周加林保证不得重蹈前辙，如有此情，听从山主送官究治。[3]

（三）乾隆年间解纷档案中所见土地交易俗例

我们在乾隆时期诉讼与纠纷调处档案中发现了大量有关土地交易的乡间俗例，主要存在于交易过程的三个环节：一是交易之前寻找买主环节中的"土地买卖先尽亲房、原业"等；二是交易之中书立卖地文契、交纳田价环节中的价格议定和围绕"凭中"发生的"画字银"、"喜礼银"、"脱业钱"等；三是交易之后直到土地真正易主环节中的"回赎"与"找价"等。这里我们选出一部分加以整理，论列如下。每条"俗例"的内容由三部分组成：标题及释意，适用地区，材料来源。其中材

---

[1] "画字钱"在不同地方的名称不尽相同，在湖北襄阳、江陵及湖南安化县称之为"脱业钱"，在安徽寿州及霍邱县称为"喜礼银"，在湖南平江称为"酒礼银"，在江西弋阳、湖南湘潭、江苏泰州叫"画押银"，在安徽六安州、河南固始县叫"贺银"、"赏贺银"，等等。

[2] 中国第一历史档案馆等：《清代土地占有关系与佃农抗租斗争》（下册），中华书局1988年版，第560页。

[3] 王钰欣、周绍泉主编：《徽州千年契约文书·清民国编》卷三，花山文艺出版社1991年版，第171页。

料主要出自《清代地租剥削形态》（上下册）〔1〕和《清代土地占有关系与佃农抗租斗争》（上下册）〔2〕，在注明具体出处时分别用"A上"、"A下"和"B上"、"B下"表示，页码在后面用数字标出。

1. 卖房地先问亲邻。①江西新城县俗例。村民饶奏平的堂姪饶映虔把父遗房屋三间卖与饶奏平无服族弟饶纯一，未通知饶奏平的亲房。依乡间俗例：出卖房屋，先尽亲房，后再卖与外房。饶奏平据此向饶纯一说及要备价赎回，饶纯一不依，饶奏平也就算了。（B上506）②直隶吴桥县乡例：卖地先尽族人。乡民姜子宽族人姜子兴有地十亩卖与刘崇文。未卖之先，姜子兴曾经尽让族人，姜子宽因佣工外出，未经让及。次年姜子宽回家，闻知子兴卖地之事，辄以刘崇文私自偷买，前赴刘崇文门首吵嚷。刘崇文出与理论，致相争闹。（B下441~442）

2. 卖房地先尽原业主。①陕西咸宁县乡例："卖地先尽原业主及本房宗人"。村民张稍有稻地卖与李必忠，李必忠又卖与张国佐。张稍的亲戚张仲健，"执卖地先尽原业俗规，欲行取赎"张国佐应允。（B下449）②湖南省新宁县乡规："卖田先尽原业主"。乡民何士武有一块祖地于雍正年间卖与何廷秀家，乾隆二十四年（1759年）何廷秀将这园土转卖与周绍美。何廷秀未依乡规先尽问原业主承买，何士武的大哥何士文与何廷秀理论，双方发生纠纷。（B下450~451）

3. 房地减价估变。即田地买卖中的现时价格，应该随行情的变化而变化，不能总是依原来卖契上的价格。直隶定州曲阳县俗例："入官房地减价估变"。原湖南巡抚王之枢在直隶定州、曲阳县两处的入官房地产现在出售，"从前估报之时，因悉照王湘抚买地原契内价值估报，今价重地瘠，不但从无售主，即召佃租种，亦苦于完租之外，出息无多，年复一年，势必渐次荒弃。伏思一切入官房地，原有减价估变之例。"（B上6~7）

4. 借钱以田地或田契作抵押。①湖南省沅州府芷江县乡俗："借银

---

〔1〕 中国第一历史档案馆等：《清代地租剥削形态》（上下册），中华书局1982年版。

〔2〕 中国第一历史档案馆等：《清代土地占有关系与佃农抗租斗争》（上下册），中华书局1988年版。

必写田作抵"。乾隆初年侯应祖向田观音借了七两银子，当地乡俗是凡借银子都要写田作抵，双方因此议定把侯应山高墓山上的一丘田写约作抵，银子三分起息。乾隆五年（1740年）四月间田观音要侯应祖还银子，侯应祖设凑本利银八两八钱送去，田观音嫌少不收，要求以田抵充，以致发生纠纷。（B上138）②广东香山县俗例："借银必写田契作抵"。乾隆年间黄朝树将银二十六两借与郭建明生息。香邑俗例：借银立约之外，必另写田契作抵。建明一时需用，即将已经典与徐东汉田十亩三分，写立虚价卖契，交黄朝树收执。……以致彼此争论。（B上142）

5. 佃种田地只换田主不换佃户。即不管田主（骨主）是谁，佃户不变。①福建莆田县乡例："典耕田地取赎后仍由原佃批耕"，即原先典卖的田地现在取赎后，田地的佃耕人不变，仍由现在的佃户耕种。村民王其光的父亲王魁文生前用价十四两典得王宪清田一亩。这年王宪清备原价向王其光取赎，王其光要王宪清照乡例先立佃批仍给自己耕种，然后还契。王宪清则要王其光先还典契，后写佃批，双方发生争执。（B上227）②广西武宣县僮人（壮族人）乡例。韦扶穷佃种罗扶元田地，却将此田地当与覃扶福得银四两，罗扶元欲收佃，韦扶穷不愿意，阻拦罗扶元犁田自种，理由是："小的（指韦扶穷）们庄人耕了这田，历来只换田主，不换佃户，就算世业一般。也不过是暂当认租，田仍是小的们种。若田主自己种了，（我们）就没有饭吃，故此去拦阻的"。（A下491）

6. 卖田地时田地内种的庄稼随田转卖。湖北京山县乡例："当卖田地内种的谷麦听买主将自收割"。丁元农将三斗地当卖给崔子位，买主承诺四个月内交清地款。当地乡间俗例，当卖田地内种的谷麦，原随田转听买主收割。崔子位四个月后仍未交清地价，丁元农的母亲和姐姐便"去割当的地内麦子"，崔子位据俗例阻止，打死丁母。（B上260~261）

7. 田地钱粮由典主转交原主完纳。即田地典卖之后，田地应向国家交纳的钱粮，由典主交给原来的田主，再由原来的田主交纳给国家。①湖南耒阳县俗例："田地钱粮由典主转交原主完纳"。村民资仁和的祖父资必受有秧四十担典给伍必相为业，田仍由资必受耕种，每年纳租拾石，契内载明听赎，故此没有过割。耒阳县例规：凡典了田庄，每年钱粮应该由典主转给原主完纳。伍必相自典田之后，钱粮都叫资必受代完，说将来以完粮扣除典价。（B 上 266）②浙江遂安县乡例："活卖田地仍由卖主包佃交租，买主出粮交与卖主完纳"。生员章作栋与兄弟章扬绪原共有田地山十八亩三分，先后当卖与族侄章文郯、章文邰，得价银五十五两五钱三分。当地乡例：不曾卖绝田地，是不出户的，仍是卖主包佃交租，买主出粮交与卖主完纳。生员卖与章文郯等人的田地，"向来租粮是照乡例交收明白的"。（B 上 350~351）

8. 年限未满的典当田房向典主说明即可转卖。即取赎年限未满的典当田房，只要告知典主并征得同意后就可以转卖他人。山东省商河县乡例。安有盛将七亩一分田当给王廷璧，次年要绝卖，安有盛先告诉王廷璧，王廷璧不买，于托人另寻买主。（B 上 284）

9. 凡买产业都要给原业主赏贺银两。即买田产的人除了付给现在的主人田产价钱之外，还要另外给原来（先前）的主人一笔感谢费，这笔费用在不同的地方其名目也不一样，计有"赏贺银两"、"脱业钱"、"贺银"、"喜礼钱"、"喜礼银"、"画字钱"、"画字银"、"画押钱"、"遗念钱"、"挂红钱"等等。①河南固始县乡俗，凡买田产给原业主赏贺银两。乾隆八年（1743 年）四月乡民张鸣九置买许廷彩产业，原业主许长太向张鸣九索赏贺银两，张鸣九以许长太不邀人明立收据为由屡讨屡拒，发生纠纷。（B 上 345）②湖北江陵县乡例。雍正五年（1727 年），村民朱阿博的公公将祖遗五十五亩田卖与邱云友，乾隆十三年（1748 年）邱家又卖与郑金南，朱阿博的丈夫同大伯向郑金南要脱业钱，郑不肯给，发生纠纷。（B 上 363）③湖南安化县乡例：凡是卖田，上首业主原有脱业钱文。乾隆四十三年（1778 年）乡民李茂柏购买李彩槐夏家冲田若干亩。次年李彩槐说这田原是李祥一卖给他的，如今李祥一托他来讨脱业钱文。李茂柏以成交太久为由，没有应允。（B 下 551）④湖南湘潭县俗例：出卖田产，原业主向有画字银两。村民张开源原买邱再阳的父亲邱蒂基田亩若干，乾隆五十六年（1791 年）转卖与陈芳桂。邱再阳依俗例向张开源索讨，张开源许给三两，邱再阳嫌少，把张的牛牵走，张开源请来甲邻苏五典、马尊三调处。（B 下 576）⑤湖南沅江县俗规："买主于正价外另给卖主挂红钱"。乾隆五十年

（1785年）村民刘泽宏把汪家塝田屋山场卖与丁科的父亲丁庭贵，丁庭贵依乡间俗规议给刘泽宏挂红钱三千二百文，约定次日送交。（B下566~567）⑥安徽霍邱县俗例：凡田地转卖，原业主该有喜礼钱得的。乡民汪登有三斗庄田买与汪让，后来汪让又转卖与汪凡机。汪登依乡间俗例向汪凡机要喜礼钱，汪凡机不肯，双方发生打斗。（B上413~414）⑦江西铅山县俗例：转卖田地原业主有画字钱。村民詹椿茂的祖公早年将茅坞山地四亩买与葛发崑的祖公作为坟地，没有立契。乾隆二十七年（1762年）詹椿茂将此山地正式立契卖与葛发崑的父亲葛永茂。八年后葛发崑又将山地二亩卖与江元侦。"原业主詹椿茂在场，（按俗例）得去画字钱三千文。"（B下491~492）⑧江苏泰州乡例：转卖田地应付给原业主画押钱。柏唐氏的丈夫与柏鸣山有祖遗公共田十五亩，乾隆四十七年（1782年）卖与汤万锦，11年后汤万锦又卖与汤广有。原业主应分画押钱三千文，但柏唐氏的丈夫独自收用，引起纠纷。（B下581）

10. 佃户租田要给田主"寄庄钱"或"写田礼钱"。"寄庄钱"或"写田礼钱"是佃户向田主交纳的租赁手续费。①安徽霍邱县乡规。乾隆二十七年（1762年）春间，谈习五请张鹤鸣说合，佃种族弟张乐彩家十石田，讲明每年交租谷三十石。按照乡规，谈习五应另给田主寄庄钱三十千，给张鹤鸣说合钱八百文。两年后张乐彩把田收回另佃，谈习五要张乐彩退还寄庄钱，双方发生纠纷。（A上420）②河南固始县乡俗：佃田时送田主"写田礼钱"。乾隆十五年（1750年）张二、张三佃种郭建中田亩若干，议送写田礼钱二千文。（A下383~384）顺便指出，这里"寄庄钱"或"写田礼钱"在明代某些地方称为"批田礼银"、"批田银"、"批礼银"[1]。时人解释"批礼银"时说："田山批赁。田主按赁收租，佃户照批掌耕，彼此借以为凭，原不可废。但批赁时，田主必索佃户批礼银，并创十年一批之说。"[2] 可见"批赁"一开

[1] 有关案例参见本书第三章第三节中的"保甲组织解纷的方式与实践"之"裁判"部分。

[2] 乾隆：《江西宁都仁义横塘塍茶亭内碑记》，转引自中国人民大学清史研究所、档案系中国政治制度史教研合编：《康雍乾时期城乡人民反抗斗争资料》，中华书局1979年版，第83页。

始只是田主准许佃户耕种的手续，后来田主才加上手续费"批礼银"。

11. 佃耕田地未满一年退还，所得谷物由主佃两家均分。河南固始县村民张三佃种郭建中田亩，半年多都未交清"写田礼钱"，情愿退田。田内种有秋秋，张三与郭建中两家依"乡间俗例"均分这块秋秋，东西共量有四十二棍长，西首宽些，张三得西首十五棍；东首窄些，郭建中得东首二十七棍。（A下383~384）

12. 卖房地产得钱不能独占，要给族内本亲分享费。这笔费用在不同的地方有不同的名目，计有"遗念钱"、"画押钱"、"画字银"、"喜资银"、"喜礼银"等。①湖北随州俗例：绝户卖田要给族戚们脱业遗念钱。村民张氏死时"没钱安埋"，义子向正明与同族叔祖向奉早商量，凭族戚将自家水田十亩卖与彭玉忠，议价一百一十千文，另依乡间俗例，外议脱业钱二十千文，共钱一百三十千文。（B上503~504）②湖南武陵县俗例：凡遇卖产，亲房弟姪都有画押钱文。乡民邱胜陇的胞叔邱承贵将田四斗八升卖与邱胜藩的父亲，此时邱胜陇外出，没有画押，也没得画押钱，回来后要邱胜藩的父亲依俗例补给画押钱，双方发生吵闹。（B上514~515）③湖南绥宁县俗例：凡是卖产，业主本支户族有画字银两。村民唐文灿已故堂兄唐玉文把牯牛冲、硬头冲两处田亩卖与唐兴才，契明价足。唐文灿同姪子唐思恒依俗例向唐兴才索讨银两，唐兴才只给五两银子，对方嫌少，发生纠纷。（B上517~518）④安徽寿州俗例：本家卖地，兄弟该有喜礼银子得的。乾隆二十年（1755年）陈烈的弟弟陈宣有一块坟地卖给徐国珍，陈烈依乡间俗例向陈宣要喜礼银，陈宣许给六钱银子，但要等徐国珍付清价银后再给。陈烈不信，双方争吵起来。（B上418）

13. 因灾歉收，佃户可不交全租（交五至八成）。①四川泸州俗例：地亩收成歉薄，主佃均分。村民胡洪林佃种施金玺的田，议定每年租谷六石。这年因春季缺水，没有栽种齐全，只收得四石九斗谷子。胡洪林要照俗例主佃均分。施金玺不依，竟分去谷子二石九斗，并且屡次要求胡洪林退佃搬移。（A上117~118）②江苏武进县乡例：因灾歉收，每亩只交租七八成。乡民汤东来佃种蒋姓田地一亩一分，因雨水过多，秋收歉薄，依"各乡大例"每亩只交租七八成不等，但蒋姓管家薛玉林、蔡敦仁索要全租，与汤家发生冲突，汤东来胞弟汤东其前往解劝，被打

伤肋骨晕倒在田里。(B下690)

14. 租山种树，卖树所得"主二佃八抽分"。即山主得二分，佃人得八分。江西崇义县村民刘佐廷家的苦竹坑山场蓄有杉木，由何乾州佃管。乾隆十年（1745年）何乾州将山内杉木二十根卖与黄达上，得钱一千四百文。何乾州照"二八抽分"乡例交刘佐廷山租钱二百八十文，刘佐廷责备何乾州贱卖杉木，嫌二百八十文太少不肯收，双方发生纠纷。(A上48)

15. 田地绝卖后原业主不得要求找价[1]。福建武平县钟乘龙将棉花田五秤绝卖与舒科伯，舒科伯又立契绝卖与苏得一。乾隆二十七年（1762年）钟乘龙来要苏得一找这伍秤的田价。苏得一认为这田不是向他买来的，又是卖断的产业，不肯找给，双方发生争闹。(B下457~458)

16. 田地绝卖后原业主可以要求找价一次。①湖北京山县俗例：凡出卖产业许原业加找一次。乾隆四年（1739年）村民黄添服祖人黄述文把画眉冲的一块山田卖给张文盛祖人。乾隆五十六年黄添服家道贫难，于是依俗例请百甲姚全中向张文盛讨要"找价"。(B下574) ②安徽怀宁县乡例：杜卖可加找一次。乾隆四十七年（1782年）乡民江益珍的父亲把三石田卖与黄廷弼。四年之后江益珍因贫难度，照乡间俗例央请黄以千作中，议定加"添足钱"七千五百文。(B下561~562)

四、情理与信义

（一）情理

这里所谓"情理"即人情与道理，属于狭义的"天理"和"人情"[2]。并重情法、共同为治，或者说"情法并立，互为轻重；既不以法伤情，又不以情淹法"是明清地缘社会组织解纷的重要原则之一。从这一原则出发，明清地缘社会组织在纠纷调处过程中，"或者法就于情，

---

[1] 参见本章第六节。
[2] 关于"天理"和"人情"的详细解释，参见本书第七章第五节之"社会生成法"部分。

或者情就于法，或者情法互避"[1]。情理在这里成为解纷规则的原因主要在两个方面：其一，中国传统民间是人情社会与关系社会[2]，对于人际关系，民众看重的是人情的远近，所谓"买卖不成人情在"、"红契不如人气"[3]、"官大不压乡邻"[4]。其二，"和为贵"的解纷价值取向和解纷成本的功利考量，使得民众对争端往往不愿诉诸官府，转而求助于民间解决。

1. 情理的特征。

（1）情理在形式上是一种不成文的规则，有时还表现为一种公正与公平逻辑。"在中国传统'粗放式'政治统治模式下，国家正式的权力体系没有下伸到基层乡里社会中，民间社会秩序的维护和权利的实现，所遵从的是一种民间性的公正与公平逻辑。"[5] 明清地缘社会组织在解纷过程中对这种逻辑的运用有时表现出高操的艺术性。比方说，在解决经济纠纷中对契约与人情的灵活运用，既注意利用契约技术手段来消解人情，同时又经权人情与契约的关系，至于什么时候强调"经"（契约必须履行），什么时候突出"权"（人情也要考量），全赖交易的具体情境以及双方的特殊关系而定，不可一概而论。在这个意义上，人情具有平衡和协调契约的功能。[6] 又例如对"中人"之权威的利用，"在传统中国，人们在缔结契约关系时必须邀请中人和保人参与其间的制度安排，虽然不无提供交易信息和增强交易信用的作用，但是，……更为重要的恐怕还是一种既利用人情关系又阻断人情关系的特殊技术。这是因

---

[1] 朱勇："冲突与统一：中国古代亲情义务与法律义务"，载《中国社会科学》1996年第1期。

[2] 关于人情、关系与中国社会特征的社会学讨论，参见翟学伟：《人情、面子与权力的再生产》，北京大学出版社2005年版；黄光国等：《中国人的权力游戏》，中国人民大学出版社2004年版；黄光国：《儒家关系主义》，北京大学出版社2006年版。

[3] 丁世良、赵放主编：《中国地方志民俗资料汇编·华北卷》，北京图书馆出版社1989年版，第216页。

[4] 温瑞政等编著：《中国谚语大全》，上海辞书出版社2004年版，第1595页。

[5] 何兵：《和谐社会与纠纷解决机制》，北京大学出版社2007年版，第134页。

[6] 徐忠明："传统中国乡民的法律意识与诉讼心态"，载《中国法学》2006年第6期。

为，在乡民的日常交易中，中人和保人的出场本身就是对人情关系的利用；而通过他们来实现交易之目的，乃至在发生纠纷时出面调处，解决纠纷，则是用来阻断交易双方的人情纽带。"[1]

（2）情理是与法律相对应的衡平规则[2]。比方说，加害人依法应该赔偿二十万，而他的实际赔款能力只有十万，那么地缘社会组织在调处中就只让他赔十万算了，后者就是一种"情理"。这就是达维德所说的："在任何情况下，（中国传统民间社会）解决争端的办法不受法律框框的局限，而要符合公正和人情的原则。因此，应承担的损害的数目不应该超过应对损害行为负责的人的负担能力，不能使他本人及其家属因之陷于绝境。"[3] 对此寺田浩明指出："当事人经常高唱的'情理'这一用语之所以重要，是因为其代表了对调和当事者人际关系的重视和一种衡平的感觉，而非强调遵循某种预先客观存在的规则。其实，在针对围绕民事利益而发生的争执进行裁决时，能够作为一整套具有具体内容、且在程序上得到了实定化的规则而被予以适用的实体规范本身，无论在国家还是在民间都是不存在的。"[4]

2. 乡情：地缘社会组织最看重的情理之一。"天理—国法—人情"之中的"人情"一般包括伦理之情和乡土之情[5]，在某种意义上乡情是传统社会的第二大"人情"。就地缘社会来说，乡情因素是保障其社

---

〔1〕 徐忠明："传统中国乡民的法律意识与诉讼心态"，载《中国法学》2006年第6期。

〔2〕 关于法律与情理关系的研究，可参见［日］滋贺秀三："清代诉讼制度之民事法源的概括性考察——情、理、法"，载［日］滋贺秀三等著，王亚新等译：《明清时期的民事审判与民间契约》，法律出版社1998年版，第19～53页；林端：《韦伯论中国传统法律》，台北三民书局2003年版，第58～93页。关于法律与道德的讨论，参见瞿同祖：《中国法律与中国社会》，中华书局1981年版，第270～346页；梁治平：《寻求自然秩序中的和谐》，中国政法大学出版社1997年版，第251～325页；张中秋：《中西法律文化比较研究》，南京大学出版社1999年版，第119～155页。

〔3〕 ［法］勒内·达维德著，漆竹生译：《当代主要法律体系》，上海译文出版社1984年版，第486页。

〔4〕 ［日］寺田浩明："权利与冤抑——清代听讼和民众的民事法秩序"，载［日］滋贺秀三等著，王亚新等译：《明清时期的民事审判与民间契约》，法律出版社1998年版。

〔5〕 关于"人情"的详细解释，参见本书第七章第五节之"社会生成法"部分。

会和谐的最重要精神力量之一,这种乡情因素也是情理性规则。

(1) 中华民族具有比其他民族更加深厚的乡情意识。"乡情"即乡土情结、乡土观念,是一种具有强烈的情绪色彩、超越于其他情感的乡土信念或爱乡理念,是对"一方水土"及"同风共俗"的高度认同,是扎根于地缘社会中每个人心底的集体意识存在。所谓"维桑与梓,必恭敬止"[1],所谓"亲不亲,家乡人",所谓"老乡见老乡,两眼泪汪汪"等等,所表达的就是看重乡情的意思。

看重乡情,眷恋乡土情结,是中国人追求人际和睦、实现社会和谐的具体反映和要求,并由此形成了慎终追远及爱乡土爱乡亲的传统美德。中国人的这种乡土情结远较世界上其它古老民族为甚,而且世代沿袭,历久弥深,成为中华民族丰富的民俗民情之一。看重乡情有自然原因也有社会原因。窦季良说:"乡土观念是在其乡土的自然环境,乡土的社会关系,乡土的文化,和乡土政治地域区划的历史传统之下,培养以成,而触起于异乡的事物。简言之,它是一种综合的乡土环境的反应。"[2] 此外,"造成这种现象的因素还有跟明清时代的地方制度有关。因为,明清地方官制止于县,以下委由地方自治,这就更助长地域的观念。"[3]

(2) 乡情是明清地缘社会的重要精神纽带。明清时期各种地缘社会组织无不有乡情的纽带联结。这在形式上似乎体现为它们都有一个"乡"字,都以"乡"为母体,都有乡土性。前面我们曾把五种地缘社会组织分为"本地"和"外地"两大类,乡里组织、乡约组织、乡间结社组织、乡间集会组织是"本地"类地缘社会组织,同乡会馆是"外地"类地缘社会组织。"本地"社会中的人们从小就生活在地缘关系中,学习和接受了祖辈、父辈的传统,这种传统就是对家族、村庄或

---

〔1〕《诗经·小雅·小弁》:"维桑与梓,必恭敬止。靡瞻匪父,靡依匪母。不属于毛,不离于里。"意思是说,桑树梓树父母栽,毕恭毕敬人心爱。谁不把严父来敬仰,谁不靠慈母来抚养。如同不附着裘皮的毛,又不在裘里贴得牢。

〔2〕 窦季良:《同乡组织之研究》,正中书局1943年版,第9页。

〔3〕 (台) 周宗贤:《血浓于水的会馆》,台湾"行政院"文化建设委员会1988年版,第8~9页。

乡里这些血缘或地缘性共同体的认同，要远远高于对本区域以外的国家体系的认同。"乡民们不必依靠强力性的外在王法来维系彼此之间的关系，他们完全可以凭借相互间的千丝万缕的联系和对相对长久的利害关系的考虑。通过这涵盖社会生活方方面面的礼俗来调整在公共生活中发生的冲突，维护家族或乡村共同体内部的秩序。"[1] 地缘性相对比较淡的保甲组织，即使在团练形态之下，保甲的权力"血管"中也流淌着看重乡情的道德激励内容。虽然官方鼓励官绅举办团练的出发点在于弭乱固本，维持帝国统治，然而"当地士绅在保卫家乡和社区上的兴趣，要比帮助政府消除匪患来得直接得多"[2]。在庞大的团练组织体系中，到处洋溢着保家卫乡的强烈的桑梓观念，团练成员之间荣辱相系、安危共担，形成高度一致的认同感。[3]

承载乡土情结最多最重最深的是"外地"的同乡社会或同乡会馆。同乡会馆一开始就是同乡团体意识的产物，或者本身就是乡情的象征。在这里乡情是地缘的精神形式，"是支持同乡组织的一种精神力量，……在他乡异地遭到异乡社会的客待和异乡的事物的接触得以表见。"[4] 明代万历时雷孟说："诸君知会馆之所以建乎？……夫越人去国数日，见所知而喜；去国旬月，见所尝见于国中喜。逃虚空者，闻人足音跫然而喜，而况枌榆故旧之謦欬于数千里之外者乎？"[5] 同乡会馆本身力图使移民们能够在异乡寻回可能失落的乡土情感。康熙五十一年翰林院检讨浙江人诸起新在为北京浙江会馆题写的《正乙祠碑记》中写到："吾乡人之所以为此，非徒为客居之□美，亦见居于是者之不可忘所自来也。诗曰：'维桑与梓，必恭敬止。'余于斯祠见之矣。"[6]《宣

---

[1] 周晓虹：《传统与变迁——江浙农民的社会心理及其近代以来的嬗变》，三联书店 1998 年版，第 58 页。

[2] 萧公权：《十九世纪之中国乡村》，华盛顿大学出版社 1960 年版，第 297 页。

[3] 参见王先明、常书红："晚清保甲制的历史演变与乡村权力结构"，载《史学月刊》2000 年第 5 期。

[4] 窦季良：《同乡组织之研究》，正中书局 1943 年版，第 1～4 页。

[5] 李景铭：《闽中会馆志》卷三《汀州会馆》。

[6] 李华：《明清以来北京工商会馆碑刻资料选编》，文物出版社 1980 年版，第 11 页。

汉县志》说会馆"其始皆由同乡共里之人，或游宦于其地，或商贩于其区，醵金以为公廨，因得与岁时会议有故，商筹以联桑梓之情，而使寄寓异地者均不致有孤零之叹"。[1] 这些都是在揭示一点："维桑与梓，必恭敬止"的乡土情结是同乡会馆出现的内在动因，一群同乡人因此结成一种联合体。

（3）乡情是明清地缘社会解纷所适用的重要规则。乡情作为一种精神感召，能促进各方达成共识，避免或化解纠纷，在这个意义上，它也是一种重要的解纷规则。在解纷包括纠纷预防和纠纷调处两方面的语境下，乡情作用在解纷中最为突出、最为直接的表现是在同乡社会内部纠纷的预防方面。《圣谕广训》中说："若是远出他乡，偶然遇了一个同处的人，听见了他的声音便有许多欢喜，坐在一处相亲相爱，就如骨肉一般。"[2] "在中国人心目中，'乡里'有着非常的意义，它已不仅仅是一个地理和空间概念，更重要的是一个心理和文化概念。尤其对远离故土流浪在外者更是如此。'乡里'如同'母亲'，如同'家'，具有'血脉'关联和'根'的意义。"[3] 乡土情结使人们觉得"籍同里井者，其情较洽，籍同里井，而于他乡遇之则尤洽"[4]；乡土情结"唤起人们信任、共存、共护的良知初识，形成难以割舍的人际关系纽带；并由此派生出政治亲和力、社会凝聚力、个人群体信任力等诸多影响社会经济、政治、文化、生活发展的潜在因素"[5]。特别是对于受逐利之风习染的同乡商人们，乡土情结犹具泯灭纠纷的独到功能。它使人们较早地认识到"惟思泉贝之流通，每与人情之萃涣相表里，人情聚则亦财聚，此不易之理也。矧桑梓之情，在家尚不觉其可贵，出外则愈见其相

---

〔1〕 民国《宣汉县志》卷三《祠祀志》。
〔2〕 周振鹤撰集，顾美华点校：《圣谕广训集解与研究》，上海书店出版社2006年版，第25~26页。
〔3〕 赵秀玲：《中国乡里制度》，社会科学文献出版社2002年版，第264页。
〔4〕 "修建临襄会馆碑记"，载李华编：《明清以来北京工商会馆碑刻资料选编》，文物出版社1980年版，第23页。
〔5〕 王熹、杨帆：《会馆》，北京出版社2006年版，第56页。

亲。……无论旧识新知，莫不休戚与共，痛痒相关"[1]。桑梓之情成为旅外同乡商人最易接受的纽带，也正是依靠这种联系纽带，各区域商帮才得以内部团结，共同御外，不断拓展自己的活动空间。

（二）信义

信义是地缘社会组织解决纠纷所适用的另一种无形规则。地缘社会崇尚信义、讲信修睦，从而避免或减少纠纷发生，发生了纠纷也以诚相等，妥善解决。

信义之"信"的基本意思是诚实[2]，也就是表里如一，言行一致；"义"的基本意思是适宜，与今天"正义"大致相当。信义的重心在于"信"，信为义本，义随信生，这在儒家那里的逻辑链就是所谓"格物—致知—诚意—正心—修身—齐家—治国—平天下"[3]。"信"原指祭祀时对上天和先祖所说的诚实无欺之语，春秋时期经儒家的提倡，开始淡去宗教色彩成为纯粹的道德规范。孔子和孟子不仅将"信"作为朋友相交的重要原则，强调"朋友信之"，"朋友有信"，而且将"信"作为国家政治活动和调整社会秩序的重要工具。汉代董仲舒将"信"与仁、义、礼、智并列为"五常"，视之为最基本的社会规范，诚信原则已渗透到社会关系的方方面面。信义的另一重要意义是"谋求和睦"，孔子在《礼记·礼运·大同篇》里说："大道之行也，天下为公，选贤与能，讲信修睦"，这里强调人与人之间、国与国之间要讲究信用，谋求和睦，所谓"天下大同"、"谐和万邦"！

诚信规则在稳定地缘社会秩序、促进纠纷解决等方面发挥着重要的调节功能。人人讲信义，人们就能在各得其所之中和谐相处，这就是孔

---

〔1〕"嘉应会馆碑记"（嘉庆十八年），载苏州历史博物馆编：《明清苏州工商业碑刻集》，江苏人民出版社1981年版，第350页。

〔2〕东汉许慎《说文解字》注："诚，信也"，"信，诚也"，二者可互训。

〔3〕《大学》："大学之道，在明明德、在亲民、在至于至善。……故之欲明明德于天下者，先治其国；欲治其国者，先齐其家；欲齐其家者，先修其身；欲修其身者，先正其心；欲正其心者，先诚其意；欲诚其意者，先致其知；致知在格物。物格而后知至，知至而后意诚，意诚而后心正，心正而后身修，身修而后家齐，家齐而后国治，国治而后天下平。"

子所讲的"君子和而不同"[1]。"和而不同"就是和谐而不同一，用当时周太史史伯和齐国国相晏子的话说，"和"如"五味调和、八音和谐"。五味调和是指要有酸、苦、甘、辛、咸五种不同的食品材料才能调和出美味；八音和谐是说要有高下、长短、疾徐、强弱八种不同的声调才能使乐曲和谐。[2] 在社会层面，"和而不同"意味着只有在保障每个人正当权利（而不是灭绝"人欲"）的前提下所实现的和谐才有意义，才有生命力。一旦社会出现背信弃义、互相欺害，社会和谐就会出现全面危机，这正如《吕氏春秋·贵信》所言："君臣不信，则百姓诽谤，社会不宁。处官不信，则少不畏长，贵贱相轻。赏罚不信，则民易犯法，不可使令。交友不信，则离散忧怨，不能相亲。百工不信，则器械苦伪，丹漆不贞。夫可与为始，可与为终，可与尊通，可与卑穷者，其唯信乎！"

明清地缘社会作为以乡绅为主要领袖的社会，士绅文化中的信义精神受到遵从并被发展到新的阶段。我们在考察中发现，地缘社会解纷机制不仅遵从信义规则，而且这种信义不是"君子罕言利"的旧规，而是一种超越传统、充满理性的"利同则义洽"原则，也就是诚实守信、互利互惠、义利相得、义利兼顾的新信义精神。康熙五十四年都察院左金都御史张德桂，应邀为北京的广州仙城会馆题写碑记《创建黄皮胡同仙城会馆记》，他写到："余问二子（指会馆首事李兆图和马时伯），厥馆所由。李子曰：'由利，乡人同为利，而利不相闻，利不相谋，利不相一，则何利？故会之，会之则一其利，以谋利也，以是谓由利也。'马子曰：'由义，乡人同为利，而至利不相闻，利不相谋，利不相一，则何义？故会之，会之则一其利，以讲义也。'夫以父母之赀，远逐万里，而能一其利以操利，是善谋利也。以为利，子知之，吾取焉。抑以乡里之俦，相逐万里，而能一其利以同利，是善笃义也。以为义，子知之，

---

[1]《论语·子路》。

[2]《国语·郑语》载："史伯曰：夫和实生物，同则不继。先王以土与金、木、水、火杂，以成百物。是以和五味以调口，刚四支以卫体，和六律以聪耳。""（晏子）对曰：和如羹焉。先王之济五味和五声也，……清浊、小大、疾徐、哀乐、刚柔、迟速、高下、出入、周疏，以相济也。"

吾重取焉。然而利与义尝相反，而义与利尝相倚者也。人知利之为利，而不知义之为利；人知利其利，而不知利自有义，而义未尝不利。非斯馆也，为利者方人自争后先，物自征贵贱，而彼幸以为赢，此无所救其绌，而市人因得以行其高下刁难之巧，而牙侩因得以肆其侵凌吞蚀之私，则人人之所谓利，非即人人之不利者耶？亦终于忘桑梓之义而已矣。惟有斯馆，则先一其利则利同，利同则义洽，义洽然后市人之抑塞吾利者去，牙侩之侵剥吾利者除，是以为利而利得也，以是为义而义得也，夫是之谓以义为利而更无不利。二子其即以此书之于石，以诏来者，俾永保之。而义于是乎无涯，而利于是乎无涯。"[1] 这里两位会馆首事提出的"义与利尝相倚"、"利同则义洽"等主张，体现出一种新的义利观，新的信义精神，这种精神是对纠纷解决最有裨益的理性支撑。因为纠纷无不因利而起，只有在利与义（这里的"义"更多的体现为一种"和"）之间找到一种平衡，或者以义制利，纠纷才可能从根本上化解。也许正是在这个意义上，王日根才说："明清会馆在推进明清市场经济走向规范化的过程中，又特别注重了市场经济建立中的道德建设与道德完善。……使明清市场经济在发展过程中，克服了许多消极的因素，从而树立了中国近代商人'义利兼顾'的良好形象。"[2]

五、国家法律

明代嘉靖年间的礼部尚书姜宝说："家法之行，永赖国法"[3]，用今人的话解释，就是"不管怎样，诉讼外纠纷解决方式虽然根据各自内容会存在强弱的不同，但多少都会受到实体法规则的影响"[4]。梁治平指出："习惯法的权威与效力，并非由国家授权而取得，但习惯法本身

---

[1] "重修仙城会馆碑记"，载李华编：《明清以来北京工商会馆碑刻选编》，文物出版社1980年版，第16页。

[2] 王日根：《乡土之链：明清会馆与社会变迁》，天津人民出版社1996年版，第324页。

[3] 方静："徽州的祠规祖训"，载 http：//www.findart.com.cn/1474181e5092d6fbab-a577a89869b9a4fbcd5b864724db490dfb43444078812e-8-showorder.html?key=%E5%BE%BD%E5%B7%9E.

[4] [日]小岛武司、伊藤真著，丁婕译：《诉讼外纠纷解决法》，中国政法大学出版社2005年版，第156页。

就是乡民社会中利益冲突的产物,其确定性的获得,也部分地因为与国家制度之间的长期互动。"[1] 明清地缘社会组织解纷虽然以社会生成法为主要规则,但并不排斥法律,否则乡里组织(里老人)、乡约组织不会宣讲圣谕(最高效力的法律)和律令,也不会在调处纠纷的最后以"呈官究治"来威胁不听调处者。这正如黄宗智所说的:"虽然在清代官方的表达(指《大清律例》)中,国家法律在民间调解中不起什么作用,它事实上发挥着重要的影响。"[2]

国家法律在地缘社会组织解纷中的重要影响主要在五个方面:其一,地缘社会组织的解纷权来源于法律规定[3]。其二,法律精神具有社会感召力。虽然当时的民众没有现代意义上的法律意识,但几乎人人都明白"杀人偿命,欠债还钱"的道理,而且至少在土地买卖和大宗借贷问题上,乡民们都具有较强的契约意识。还有,民间解纷机制虽然弥漫着"私了"精神,但至少表面的"正义"会得到维持,受损害的一方一般都会得到在社会舆论的同情和支持,从而得到常理许可范围内的补偿或者"说法"。其三,社会生成法与国家法并不完全冲突[4]。有时社会生成法本身就是国家的"实施细则",《惠安政书》讲"六谕(属国家法)所以道民,四礼(乡规民约)则其事"[5] 说的就是这种情况。其四,地缘社会组织调处纠纷有时也适用法律,社会生成法与国家法之间事实上存在着互动。"认为民间调解(只)受天理和人情的指导是过分简单的看法。……在村庄调解的实际动作中,人情的主要实践含义是维持人们之间的和谐,而理所关心的则是世俗和常识意义上的是非对错"[6],这里是非对错的标准包括了法律。在是非对错非常明显的时

---

[1] 梁治平:《清代习惯法:社会与国家》,中国政法大学出版社1996年版,第27~28页。
[2] 黄宗智:《清代的法律、社会与文化:民法的表达与实践》,上海书店出版社2007年版,第55页。
[3] 详见本书第八章第一节。
[4] 参见本章第六节中的"社会生成法的权威"。
[5] (明)叶春及:《惠安政书》,福建人民出版社1987年版,第330页。
[6] 黄宗智:《清代的法律、社会与文化:民法的表达与实践》,上海书店出版社2007年版,第55页。

候，往往要比照法律规定进行裁判。其五，诉讼是非诉讼调解纠纷的保障。一方面，当人们选择用"人情"调处纠纷的时候，往往是用"国法"作后盾的。如调处中动辄以"呈官究治"来强制当事人接受调解结果。另一方面，调处过程本身如果出现徇私枉法情形，要依法纠正和惩治。乾隆五十七年湖北郧西县赵于成与张作成两家为地租发生纠纷，赵于成的儿子赵尚琮被张作成打伤数日后死亡。赵家报告给了保正黎嗣慷，保正受张作成请托没有报官，促成两家"私了"。这里情与法发生冲突，最后"法不容情"，张作成被判处"合依斗殴杀人者，不问手足、他物、金刃，并绞监候律，拟绞监候，秋后处决"；保正黎嗣慷也因犯"贿和"罪，"除听许钱文并私和各轻罪不议外，合依地界内有死人不报官司，而辄埋藏者杖八十律[1]，折责三十板，革役"。[2]

由以上考察可知，社会生成法是对明清地缘社会具有广泛约束力的规则。事实上，民事法律在中华法系中始终处于附属法的地位。有学者统计，《大清律例》四百三十六条律文中，百分之九十是对犯罪及其处罚的规定，涉及婚姻、继嗣、尊卑关系等有关民事方面的内容仅四十条，约占总律文的百分之十。[3] 民事内容在封建国法中所占的比例如此之小，不是由于中国古代民事纠纷少，而是因为大量的民事纠纷不必动用国法，一则民间纠纷被官方视为"细故"，"诸论诉婚姻、家财、田宅、债务，若不系违法事重，并听社长以理喻解，免使妨废农务，烦紊官司"。[4] 二则民间纠纷解决所适用的大都是社会生成法。"在中国古代社会治理中，国家法与'民间法'形成了一种分工与协调，……国家对民间社会组织（包括宗族等）自治采取授权和放任的态度，以保持乡土社会的自然秩序。由各种社会组织运用民间规范建立基层社会秩序，与国家的法律调整系统相配合，构成了民事关系调整和民事纠纷解

---

〔1〕 第二百七十六条"发冢"第七款："若地界内有死人，里长、地邻不申报官司检验，而辄移他处及埋藏者，杖八十；以致失尸者（首）杖一百。"

〔2〕 第一历史档案馆等：《清代地租剥削形态》（上册），中华书局1982年版，第231~232页。

〔3〕 参见夏锦文："论中国传统法律文化的公法性"，载《法学家》2000年第2期。

〔4〕 "至元新格"，转引自龚汝富撰："中国古代健讼之风与息讼机制评析"，载《光明日报》2002年9月2日。

决的双重机制。""就总体而言，国家对民间自治的放任甚至依赖，正是中国古代（民间）社会治理的重要特征，甚至也可以说是中国古代'法'的特征，即在国家法统辖之下的多元'法'体系。在这种调整活动中，国家对于民间社会组织及其规范始终采取了一种自觉的借重和依赖的态度，无意于以正式的法取而代之。同时，国家在其统治过程中又以集权保证了审判权的集中和国家法的权威，并不得不始终把调节好与'民间法'的关系作为其政策的核心。"[1]

第六节 效力保障：多元权威互辅

解决纠纷如果没有必要的保障机制，一切努力都可能归于零。司法解纷的效力主要来自于国家的强制力（国家权威和制裁）保障，地缘社会解纷的效力靠什么保障？在这里，完整或专门的制度性保障是不存在的，因为明清时期的"民间社会由权利性秩序所构成，但却不存在保障权利的公共性制度"[2]，这里的效力保障只有制度性因素，主要在五个方面：一是官府支持；二是乡贤保证；三是神灵威慑；四是规约保障；五是解纷本身的制裁机制。

一、官府支持

明清地缘社会解决纠纷是广义上的国家制度安排的一部分，得到官方支持自在情理之中。事实上官方或明或暗的干预或支持是一直存在的，诉讼中的"官批民调"、民间解纷中的"送官究办"、"呈官处治"，契约中"白契"加盖官印成为"红契"[3]，等等，都是其表现形式。这里我们主要考察官府支持乡约组织和同乡会馆解纷的情况。

（一）官府对乡约组织解纷的支持

官方支持乡约组织解纷的方式主要有以下几种：

---

[1] 范愉:《纠纷解决的理论与实践》，清华大学出版社2007年版，第599页。

[2] [日]寺田浩明:"权利与冤抑——清代听讼和民众的民事法秩序"，载[日]滋贺秀三等著，王亚新等译:《明清时期的民事审判与民间契约》，法律出版社1998年版。

[3] "红契"是盖有官印的地契。地契是反映土地权属变更的合同，买卖双方未经官府验证而订立的契据叫草契或白契。立契后经官府验证并纳税，官府为其办理过户过税的手续之后在白契上粘贴由官方排版统一印刷的契尾，铃盖县州府衙的官方大印，红色赫然，便成了官契，或者叫红契。

1. 为乡约组织的规约签章,以示国家授权。明清时期徽州府某些乡约之规约往往经过当地官府钤印批准,并以官府的名义发布,从而具有一定的法律约束力。祁门县文堂陈氏乡约将规约《文堂陈氏乡约》送到知县廖希元那里请示认可,廖对《乡约》赞赏备至,批文说:"果能行之,恺惟齐一家,而通县亦可为法矣。"[1] 又如嘉庆年间祁门县的一些护林乡约"约法"呈报到县,要求告示、印钤。知县张庆会批示说:"开山锄种,既损龙脉又害田亩,实为闾阎之大累。该生等目击心伤,公同立约,议将下若溪山场,无论公私概插苗木,不得开种,诚为善举。既据具呈准给示禁。所有合约十二纸候盖印给领。"并严厉警告毁林者:"倘有恃强不遵,许即指名赴县,具禀以凭拿究,决不宽贷。"[2] 此时的乡约规约更像是官府的地方性行政法规。[3]

2. 直接提名或推举约正、约副人选。万历年间徽州府歙县知县张涛访知潭渡乡绅黄时耀"言行足为一乡师表",遂特举他为一邑乡约正。[4] 到清初,只有官员指定的生员才有资格讲乡约。生员是科举考试中通过最低一级考试(府州院试)的秀才或相公。

3. 地方官员直接参与乡约事务。乾隆年间经学家歙县人程瑶田,曾向武邑知县何思温进言,官府应该参与到讲乡约的第一线。他说:"'圣谕十六条'句句从孝弟忠信礼义廉耻上激发其心,此心乃百姓所固有,然从未有人与之言。……一旦以官临之,当其未讲之先,便人人有降心入耳窃愿与闻之意。及一开讲,果适符其心。之所云驱而之善从之也。"后来程瑶田担任江苏省苏州府嘉定县教谕(相当于现在的教育局局长)时,又对知县于君说:"君若讲乡约,愿分任一乡",于是他被分到某乡去督讲或亲自主讲乡约。据说开讲时"环而听者"仅"若干人",慢慢

---

[1] 陈柯云:"略论明清徽州的乡约",载《中国史研究》1990年第4期。
[2] "环溪王履和堂养山会簿",转引自陈柯云:"略论明清徽州的乡约",载《中国史研究》1990年第4期。
[3] 但剥去其形式上的合法外衣,无论就其内容还是适用范围,这类官府的告示,都应当不折不扣地划归社会生成法范畴。参见卞利:"明清徽州乡(村)规民约论纲",载《中国农史》2004年第4期。
[4] "歙潭渡黄氏先德录"。转引自陈柯云:"略论明清徽州的乡约",载《中国史研究》1990年第4期。

地"听者益众",到后来讲者不倦,"听者亦不厌薄暮而归","其乡人乐乐"[1]。

4. 表彰乡约组织。明代山西潞州雄山乡约有效运行达六十多年,创办时入约者有二百六十多家,最多时超过三百家,最少时也有一百七十六家。受其影响而成立的乡约,本乡有四个,府内邻县和邻近州县各一个。在雄山乡约创行三十年时,潞州知府置酒表彰,向主约者仇朴"请益","诸约至者千余人"。万历二年(1574年)仇氏因六世同居获朝廷表彰,旌其门曰"高义"[2]。

(二)官府对同乡会馆解纷的支持

官府对同乡会馆解纷的直接支持,我们在第五章已有系统考察和论述,这里仅以一例予以强调。嘉庆十四年(1809年)六月初六日重庆八省客长(会馆首事)暨总理、首事刊立《永定章程》碑记,记载重庆湖广会馆调解商业纠纷,得到当时巴县知县支持的事迹。当时叶知县在得到禀报请示后,"示谕各行户买卖棉花,遵照旧规铸定铁制,较准砰码计秤,务以对针为度,不得于秤内推暗叫,以及错针不对,至起争端。其银仍照旧规成色,平照原码交兑。更不得以低色潮银轻平勒交","倘行户胆敢故违,混乱不遵,许尔各商民等据实指名具禀","以凭究办,决不姑宽"[3]。

官方对同乡会馆解纷的间接支持,可以从官方对乡土神的加封中看出一斑。明清政府都曾大修祀典,封祀乡土神。大禹在明洪武时敕以按庙例塑免衮坐像。关圣在明万历中封为"协天护国忠义大帝",顺治元年(1644年)定制以五月十三日特祭,九年加封号为"忠义神武关圣大帝",雍正三年(1725年)封三代以公爵,春秋仲月荐飨与孔庙同。对林默娘的封赠更是登峰造极,宋代十四次,元代五次,明代四次,清代至同治时,竟加封成"护国庇民妙灵昭应宏仁普济福佑群生诚感咸孚显神赞顺垂慈笃祐安澜利运泽覃海宇恬波宣惠导流衍庆端祥锡祉恩用德

---

[1] (清)程瑶田:《读书求解》,江苏广陵古籍刻印社1991年版。

[2] 朱鸿林:《中国近世儒学实质的思辨与习学》,北京大学出版社2005年版,第289页。

[3] 窦季良:《同乡组织之研究》,正中书局1943年版,第70页。

溥卫漕保泰振武绥疆天后之帝"共六十四字的封号。[1] 神灵设置的合法性被确认，实际上标志着国家对同乡会馆及其解纷权的承认。

二、乡贤保证

乡贤保证是地缘社会解纷效力的又一重要保障。传统民间社会是重人治重权威的社会，在民事关系中表现出重主体（人）、轻程序的特点，如书面契约的格式约定俗成，在书面契约上画押即完成了民事行为，即开始生效。[2] 乡贤保证实际上就是贤人权威保证，是民间社会"人治"的体现。

（一）地缘社会中的乡贤

乡贤即乡土社会的贤达或领袖，是乡土社会中德高望重、精明能干、有钱有势，对地方公益有贡献的名人，所谓"节行足以师表后进，轨范薄俗者"[3]。乡贤一般都特别热心地方公益事业，如资助义学、救助孤寡、架桥铺路等，他们受到当时和后世人们的崇仰、爱戴。过去有些地方连郡守、知县上任都得先拜访乡贤。为了褒扬和纪念他们，有些乡镇志中有专门的"乡贤志"，乡村公共建筑中修有"乡贤祠"[4]。同乡会馆奉祀的乡土神中其实有一些就是已故乡贤。乡贤中的大多数都是乡绅，这里不直接用"乡绅"，是因为乡绅与乡贤是有区别的，其一，乡绅有优劣之分，而乡贤一般都是口碑很好的贤人，是乡绅中的优秀分子；其二，乡绅是与官有关的人（已做过官或已取得做官资格、准备做官的人），而乡贤则不一定非得与官有关联。广义的乡贤既包括本地乡贤（生活居住于本乡本土的乡贤），又包括在外乡贤（本乡人在外地为官、政绩显著的乡贤），这类乡贤在今天还有"旅港乡贤"、"旅美乡贤"、"在京某地乡贤"等名目。狭义的乡贤仅指本地乡贤或在外乡贤

---

［1］ 王日根：《乡土之链：明清会馆与社会变迁》，天津人民出版社1996年版，第295页。

［2］ 参见郭健："中国古代民事法律文化的基本特征概述"，载复旦大学法学院编：《多维时空下的理论法学研究》，学林出版社2005年版。

［3］ （宋）熊禾：《熊勿轩先生文集》卷四《祀典议》，商务印书馆1936年版。

［4］ 宋末元初熊禾说："若以一国一乡论之，各有先贤乡行生，其节行足以师表后进，轨范薄俗者，固在乡国之所当祀。"参见（宋）熊禾：《熊勿轩先生文集》卷四《祀典议》，商务印书馆1936年版。

两者之一种。本文所谓乡贤指本地乡贤。同乡会馆是同乡人在外地拟建的乡土社会，其会馆首事等人其实也算是本地乡贤。

明清地缘社会组织的代表或首领中有相当一部分是乡贤，如乡约组织"推年高有德，为众所敬服者一人为约长"。乡间结社组织"首唱者"的产生有点特别，如清代某抗租结社组织，"借蝗灾为由，讹言倡众，纠合沿湖三十余村"而结成，先是数名首谋者倡导"今年遭蝗害，租应全免"，随之佃农们群起响应，抗租队伍逐渐扩大，到了一定阶段则"刑牲誓神"，举行了结社仪式。换言之，参与者的统一意志并不一定是依靠相互间商议来确认的，而是某个首唱者单方面提出主张，其他人为其打动而群起相和的结果。[1] 乡里组织的里老人、保甲长，乡约组织的约长约正，同乡会馆的首事、乡间结社组织的社长或董事，乡村集会组织中的中人（公道人）等，他们中的很多人都是年高持重、家境殷实、众望所归的民间权威人士。他们虽然并非都是名人，甚至可能有鱼肉乡里的恶人，但这一群体在总体上属于乡贤一类应该是没有问题的。明代嘉靖年间创建和主持沙堤乡约的湛若水和伍克刚等人是明清地缘社会中乡贤的代表。湛若水和伍克刚既是师生又是同乡——同是广东增城县绥宁乡甘泉都沙贝村（即沙堤村）人。湛若水是著名的理学家，王阳明的好友，官至南京礼、吏、兵三部尚书，伍克刚官至岳州府通判，两人致仕回乡不仅创办乡约，而且修建了很多书院和义仓。

（二）乡贤保证的方式

明清地缘社会中乡贤对解纷效力的保障，主要通过两种方式实现：

1. 面子机制。乡贤本人是乡土社会中民间权威和公正公平的象征，他们的出场会产生一种面子机制[2]或威信机制效应，从而保障纠纷调处的效力。这里面子机制或威信机制是指乡贤作为调处人的权威情面或崇高威信足以使当事人接受调处结果的效力保障机制。为什么明代要让

---

[1] [日]寺田浩明："明清时期法秩序中'约'的性质"，载[日]滋贺秀三等著，王亚新等译：《明清时期的民事审判与民间契约》，法律出版社1998年版。

[2] 关于这种"面子"的专门讨论，可参见范忠信等：《情理法与中国人》，中国人民大学出版社1992年版，第175~176页；梁治平：《清代习惯法：社会与国家》，中国政法大学出版社1996年版，第153~162页。

里老人负责解决乡里的纠纷？明代著名知县叶春及说："盖耆老、里甲于乡里人，室庐相连，田土相邻，周知其平日是非善恶。长吏自远方来至，一旦坐政事堂，求情于尺牍之间，智为千虑，极意揣摩，似评往史，安能悉中？重以隶卒阿於其旁，箠楚罗于其前，视其长吏，犹鬼神之不可睨，十语九忘，口未出而汗交颐。何如反复于乡里之间，若子弟于父兄然，得以尽其词说？又况不消之吏，恣为暴虐，自以解官，挺身去耳，无有顾虑。耆老里甲，其乡里长久人也，即有不平，何敢相远？且一被逮，往复岁时，它无论，道途饮食，费已不赀，万一氏触忤，扑击交下，孰与保家里，全肤体，争于陌头，释于闾尾者哉？是以知县钦遵圣制，一切小事，付诸耆老。"[1] 从这里可以看出，官方之所以敢将"一切小事，付诸耆老"，就是因为耆老（即里老人）有两大优长之处：一是熟悉情况，因是"乡里长久人"而"周知其平日是非善恶"；二是有威望，纠纷当事人与耆老"若子弟于父兄然"。

香港学者朱鸿林在谈到乡约（约正）的权威问题时说："权威可划分为而又同时包含了权力和威信这两个相因的成分。权力来自官方的授权或者官方对习惯行为的认可……威信来自人的品德、能力、信用、声望等。"[2] 在以"有治人无治法"、"君子如德风，小人如德草"等人治传统为文化底蕴的明清地缘社会中，乡贤不仅具有通常意义的表率和标杆作用，而且还具有其他楷模所无法传递的、带有乡土色彩的亲切感、认同感和感召力。乡贤大都饱读诗书、隆情重礼，平时即率先垂范、春风度人，一旦介入纠纷调处，其人格魅力与权威感召，比较容易使当事人双方认同调处结果，一如我们常说的"看在您老人家的面子上，这次我就听您的"这类情形。当事人如不执行他们的处断，十分容易陷于社会孤立，并且容易导致日后若有其它纠纷发生，不再有人帮助处理的恶果。因此一般人也不会将乡贤的处断等闲视之。增渊龙夫指出："众人以人格或感情上的信任为基础推举长上，再由他单方地'约束'集团成员的方式。这种通过'合约'性的强制来形成秩序的方法

---

〔1〕（明）叶春及：《惠安政书》，福建人民出版社1987年版，第329～330页。
〔2〕 朱鸿林：《中国近世儒学实质的思辨与习学》，北京大学出版社2005年版，第297页。

终于逐渐地压倒和取代了原有的社会结合方式。"[1] 雍正进士、宗人府臣任启运在《与胡邑侯书》中说:"天下有治人无治法。赌博、盗贼、溺女诸禁可责之保甲,而保甲之严不在保甲也。演戏、出会、刁讼、游女可申之乡约,而乡约之明不在乡约也。古之言曰:'表正者影直,源洁者流清。'"[2] 这里实际上是在说地缘社会组织头领或乡贤的面子或威信作用。

2. 公证和担保机制。乡贤在主持纠纷调处的过程中,往往同时又作为公证人、担保人或见证人,正如我们在明清时期众多"合约"、"契约"中所看到的,这些调解协议书或裁决书中大都有"见人"、"中人"、"保人"以及"乡约"、"里长"等人的签字画押,这无疑强化了民间解纷的权威性。乡贤的介入使得纠纷解决具有公开性,而这意味着将当事人置于一种"公众的场合"。岸本美绪在《明清契约文书》中提出一个很重要的问题:在传统中国民间,大量的纠纷通过调处达成协议得以解决,而中国传统社会的契约秩序既"内在地缺乏支撑个人之间契约关系的公共意识",又外在地欠缺发达的民法和商法,究竟是什么样的机制支撑或维系着这种私法秩序并使其在一定程度上顺利运转的呢?岸本美绪等日本学者认为,这里的谜底之一就是"中人"或"保人"机制,也就是"民间的公证功能尤其是中人在契约中所发挥的作用",矶田进指出:"在不存在国家或封建领主通过审判、强制执行等提供的权利保护或这种保护软弱无力的社会里,'中人'、'保人'不就是以某种方式发挥维系社会秩序作用的主体吗?"[3] 滋贺秀三认为:类似西洋社会里公证人那样的专门职业尽管在中国并不存在,但"取而代之的是另外的机制。不动产交易、家产分割、缔结婚约等等重要的法律行为一定会有中人、媒人等通常为复数的第三者在场。在他们的介绍、参与

---

〔1〕[日] 增渊龙夫:《中国古代的社会和国家》,弘文堂1960年。转引自[日] 滋贺秀三等著,王亚新等译:《明清时期的民事审判与民间契约》,法律出版社1998年版,第144页。

〔2〕一凡藏书馆文献编委会编著:《古代乡约及乡治法律文献十种》(第二册),黑龙江人民出版社2005年版,第325~326页。

〔3〕[日] 岸本美绪:"明清契约文书",载[日] 滋贺秀三等著,王亚新等译:《明清时期的民事审判与民间契约》,法律出版社1998年版。

下，当事者们商定契约的内容、确认各自的意思，并写下契据、文约等文书……，最后往往还举行兼有公告性质的宴会。……在那里，社会所需要的某种公证的功能并不集中在特定的专家或制度化了的机关手里，而是以极为分散的方式由具体场合下受到邀请委托来作为中介的一般人们所承担。所以，这是一种任何人都可能受邀或邀请别人来承担公证功能的机制。"这种机制"对于当时生活在其中的人们来说，使任何必要的营生都有可能进行的交易或财产权安排，以及支持着这些活动的——用我们今天的法学专业术语来讲就是——法的稳定性，却大致能够在社会里得到维持。……从上到下所有的人们都是法的外行，或者换言之，法只是由外行的人们所创造和支持——这一点难道不正是中国社会的底力之所在吗？"[1]

（三）地缘社会中乡贤保障解纷效力的体现

这里我们仅以乡里组织和乡约组织中的乡贤为例。

1. 乡里组织解纷的乡贤保证。康熙五十五年（1716年）广东龙川县邹癸生的先祖将三亩田绝卖给曾玉登得钱三十千，乾隆十三年（1748年）曾玉登迁居阳春县，将田转卖曾玉堂得钱五十二千。邹癸生闻知曾玉登"转买多钱"，即现在曾玉登转卖的价钱比他当时出卖的价钱高很多，于是要求他"找价"[2]。但此时曾玉登已迁往阳春，邹癸生遂向曾玉堂"索补"，曾玉堂不愿意补给，并摆出充分理由：第一，按当地乡例，"绝卖田地，不得找贴"；第二，即使要找价，也不是找我，而是找曾玉登。邹癸生家境贫困，坚持找价，双方发生争执。后来当事人请来乡中耆老（相当于里老人或乡贤）谢德捷出面"理论"，谢德捷很快裁定：你们的意见都有道理，但道理事小，伤了和气事大，我的意见是：这里的差价有二十二千，全部"找给"肯定不行，但完全不找也不合理，你们自己商量一个找贴数额。最后双方听从耆老建议，各自让步并达成协议，曾玉堂出钱一千二百文补给邹癸生。本来这里的田亩已经绝卖，按例不应找贴。但曾玉堂所出钱一千二百文，系听从谢德捷劝处，

---

[1]・[日]岸本美绪："明清契约文书"，载[日]滋贺秀三等著，王亚新等译：《明清时期的民事审判与民间契约》，法律出版社1998年版。

[2] 有关"找价"的内容，参见本节下面的"社会生成法保障"部分。

情愿给领，[1] 可见在这里乡老个人的保证力超过了乡例的保障力。

云南怒族地区的民事纠纷一直有"裁判"的习惯，其习惯法《裁判》规定[2]："内部的偷盗、婚姻及债务等纠纷，都请氏族头人解决。大家围坐在头人家的火塘边，当事双方可以申述自己的意见，互相争辩，参加调解的群众也可以发表自己的意见，最后由头人仲裁。但头人没有（强制执行）的权力，也没有强制执行的手段。他的仲裁的权威性，是基于传统的习惯和他个人的威信。"这里的"氏族头人"就是乡贤。

2. 乡约组织解纷的乡贤保证。纯民办乡约中的雄山乡约和沙堤乡约都没有事先直接获得所在州县官府的授权或认可，其调处纠纷的效力主要靠的是主持乡约的乡贤的面子或威信。比方说，沙堤乡约的号召力或阻吓力主要来自湛若水等个人。湛若水的年德和曾经有过的官位，使他不论对地方官、对乡绅、对宗族老辈，乃至对受惠于湛氏福利基金的乡人，都能发生影响力。[3]

三、神灵威慑

地缘社会组织解纷的效力保障还有彼岸世界的神灵威慑因素。清末冯桂芬说："大抵圣人之施教有常，而神与佛施教不测，故愚民敬畏圣人之心，每不如其敬畏神与佛。佛之教广大慈悲，神之教威灵显赫，故愚民敬畏诸佛之心，每不如敬畏诸神。"[4] 这种神灵威慑主要体现在乡约组织和同乡会馆的解纷机制之中。

先说乡约组织。乡约组织的约所多以寺庙为之，其用意除了"因陋就简"、降低治理成本之外，还有借助神明的威慑力来强化乡约权威性的考虑。明代知县叶春及在《惠安政书·里社篇》中的"有过则罚"篇，对此有生动记录："凡乡约内，有违六谕，悖四礼，纠而不悛，及

---

[1] 第一历史档案馆等：《清代土地占有关系与佃农抗租斗争》（上册），中华书局1988年版，第368~369页。

[2] 杨一凡、田涛：《中国珍稀法律典籍续编》（第十册），黑龙江人民出版社2002年版，第422页。

[3] 参见朱鸿林：《中国近世儒学实质的思辨与习学》，北京大学出版社2005年版，第282~283页。

[4] （清）冯桂芬：《显志堂稿》卷一《关帝觉世真经阐化编序》。

社学、保甲、诸人有犯者，约正等会众，以其人拱立于社，伐鼓十声，社祝唱：跪。犯者跪。抗声攻之曰：'某甲有过，不悛，告罚于神，尚冀自今改于其德，神降之休。'犯者对曰：'某不肖，少失教，以辱先人，以为族党羞，神将降殃，昭受大戮。今闻过，愿修身改之。'再拜而退，既罚，复不悛，约众告于神，逐之出社，除名于籍。若不肯罚与事情重者，约正等闻于有司，不闻，发觉连坐。"[1] 此外，从集会的仪式来看，多数约所不仅座位排列有序，依礼鞠躬叩拜，处处体现出宗法社会的森严等级，而且敲锣集合，击鼓肃静，童生歌诗，钟磬琴鼓齐鸣，制造出一种超自然的富有宗教意味的神圣庄严气氛，使与会者容易产生对圣谕的崇拜和敬畏，更使得举善纠恶获得某种神圣权威，起到"劝戒善诱正人心"的作用。

再看同乡会馆。"大凡血缘关系的表征是祠堂家庙，而会馆或乡土神的信仰就是地缘关系中最具特色的了。"[2] 所谓"乡土神"即同乡在家乡所共同祠祀、离乡寄居后，也还共同祠祀着的神灵。乡土神是凝聚乡土情结的重要载体，是同乡组织的集体象征，也是同乡社会权威的主要源泉。至于乡土神本身的权威来源，窦季良说："同乡组织的集体象征是乡土的具体事物的自然选择与抽象化，用以团结同乡，代表同乡的一种徽志，而为同乡人所共同承认"；"乡土一切事物摆在眼前，为事实上的不可能，而乡土的风习又易与寄居地的风习相融化，在这里只有自然选择下的特定的乡土事物才可作为同乡组织的集体象征了。而所谓特定的乡土事物，最初也是和一切乡土风习一起带到异乡的。不过，那些易与寄居地的风习相融合的事物，都多少地被融化了，只有最不易融化的特定的乡土事物由于自然的遗留，自然的选择下来，那便是每个同乡组织过去所祠祀着的'乡土神'。"[3]

四、社会生成法的权威

从现代法理上讲，社会生成法本身也是需要国家法予以保障的民间

---

[1]（明）叶春及：《惠安政书》，福建人民出版社1987年版，第349页。

[2]（台）周宗贤：《血浓于水的会馆》，台湾"行政院"文化建设委员会1988年版，第8页。

[3] 窦季良：《同乡组织之研究》，正中书局1943年版，第43~45页。

法，但当它成为解纷规则的时候，就有了法律般的保障功能。地缘社会组织依据乡规民约、乡俗惯例等社会生成法调处纠纷，当事人如果不执行处断，等于是违法，势必遭受来自各方面舆论乃至信仰的谴责。在相对封闭的传统民间社会里，这是一种极为可怕的惩罚，一般人是不敢冒险一试的。

（一）社会生成法是"铭刻在公民们内心里"的真正的法

卢梭讲，社会生成法中的风俗习惯也是法律的一种，"而且是一切中最重要的一种；这种法律既不是铭刻在大理石上，也不是铭刻在铜表上，而是铭刻在公民们的内心里；它形成了国家的真正宪法；它每天都在获得新的力量；当其他的法律衰老或者消亡的时候，它可以不知不觉地以习惯的力量代替权威的力量。"[1] 社会生成法中的道德是"人们自己为自己所规定的法律，……唯有道德的自由才使人类真正成为自己的主人；因为……唯有服从人们自己为自己所规定的法律，才是自由。"[2] 总之社会生成法是民众心中的"真正的法"。

往细处说，社会生成法具有地方或民间的普适性与权威性，因为它们是民众自定的，是"民主"的产物，是卢梭所谓"公意"的体现。如乡约之规约，它由约民共同讨论议定或主约提出约民认可，然后人人画押，因而从感情上、心理上容易为乡民所接受，也就较容易自觉遵守，因为服从乡约就是服从自己。此外，这样订立的规约，比起官府文告，内容细密而且结合本地实际，也容易得到认同。

社会生成法何以能而产生"法"的效力？林毓生认为："这是一个极为繁复的问题，牵涉到政治、经济、社会、文化与思想各方面的原因。单从思想史的观点出发，其根本原因涉及到中国没有政教分离的传统，以及'天人合一'、'尽心、知性、知天'所蕴含的'内在超越'的观念。"[3] 我们以为，根本原因恐怕还是因为传统民间社会是农耕经济型乡土社会，正如费孝通所说的，"从基层上看去，中国社会是乡土

---

[1] [法]卢梭著，何兆武译：《社会契约论》，商务印书馆2001年版，第73页。
[2] [法]卢梭著，何兆武译：《社会契约论》，商务印书馆2001年版，第30页。
[3] 林毓生：《中国传统的创造性转化》，三联书店1996年版，第100页。

性的",而"乡土社会是'礼治'的社会。"[1]

(二) 社会生成法的直接权威源于国家制定法

从与国家制定法的关系来讲,社会生成法在两种意义上成为"法",从而具有法的权威:

1. 部分社会生成法与国家法一致。"传统社会中,自汉代以来民间社会所奉行的'民有私约如律令'说法,正是说明了国家法律和普通民间社会规则所追求的一致性,而'官有政法,民从私约'反映出这种一致性。"[2]"买业不明,可问中人"的交易习惯,"娶妻不明,可问媒人"的婚姻习俗[3],"杀人偿命,欠债还钱"的公序良俗,等等,既是社会生成法的内容,又是国家法律的要求。

2. 部分社会生成法与国家法有冲突,但国家并不禁止或者说予以默认。一个典型的例子是"找贴"或"找价"习俗与国家法中"找贴"规定的不一致。下面对此稍加展开分析。

先说法律规定。关于房地产交易,明清法律规定在交易完成后允许卖方再次向买方索要一次价款(凭中公估找贴一次),这就是所谓"找贴"或"找价"制度。这里的"找"是"补不足"的意思。也就是说,即便双方已经过户,只要后来的市场价高于原来的交易价,卖方就还可以再让买方掏一次钱。这与今天是很不一样的[4]。《大明律》"田宅"条、《大清律例》第九十五条"典卖田宅"附"条例"都规定:"卖产立有绝卖文契,并未注有'找贴'字样者,概不准贴赎。如约未载'绝卖'字样,或注定年限回赎者,并听回赎。若卖主无力回赎,许凭中公估,找贴一次,另立绝卖契纸。若买主不愿找贴,听其别卖,归还

---

[1] 费孝通:《乡土中国 生育制度》,北京大学出版社1998年版,第6、49页。

[2] 何兵:《和谐社会与纠纷解决机制》,北京大学出版社2007年版,第135页。

[3] 参见徐忠明:"传统中国乡民的法律意识与诉讼心态",载《中国法学》2006年第6期。

[4] 今天买房只要如数把合同上约定的房款付给卖方,顺利过户,交易就完成。回头买方住进去觉得买亏了也好,占便宜了也罢,他都不会去找卖方索还一部分房款(除非那房存在质量问题),当然更加不可能再给卖方加钱——哪怕他们嚷嚷着"原价轻浅",抑或以"契价不足"的理由起诉买方。事实上,即便他们起诉,法院也不会受理。现代法律只要求卖方找零,而不支持任何人在交易完成后再加收价款。

原价。倘已经卖绝，契载确凿，复行告找、告赎，及执产动归原先尽亲邻之说，借端掯勒，希图短价，并典限未满而业主强赎者，俱照不应重律治罪。"依此规定，典卖田宅可以不约定回赎期限，一直到出典人宣布无力回赎而愿意绝卖之时，还允许出典人按田宅实价找贴一次。如果约定典期，典期届满出典人无力备价回赎，则可以委托中人将典物卖与典权人，改典契为卖契，并可将典物的实际价值与典价的差价找回，即"找贴"。如果"复行告找"，也就是多次要求"找贴"的，依法治罪。这一法律规定被较好地执行。例如康熙六十年（1721年）江苏省武进县村民刘文龙以七两纹银的价格卖了一亩八分地，八年后刘某说"原价轻浅"，又委托中介向买主"找"了一两纹银[1]。又咸丰元年（1851年）六月浙江省山阴县居民高宗华以十八块大洋的价格卖了六分地。三个月后高某说"契内价银不足"，又委托中介向买主"找"了七块大洋[2]。还有道光年间浙江省萧山县居民王某卖掉自住堂屋一间和阁楼一座，后来王某去世，其妻莫某和儿子王本智认为当时卖得太便宜，"契价不足"，又委托中介向买主"找"了三十五两纹银[3]。

再看民间俗例。明清时期很多地方都有"找贴"或"找价"的乡俗，而与上述法律规定不完全一致。比方说，尽管不动产买卖交易行为已经结束好几年，而且出卖人在契约上早已信誓旦旦地保证"永无找赎"，可是以后还会三番五次以各种理由向买受人要求"找价"，甚至连"找"几十年。但官方并不以违法论禁。这样一来，有时一件财产纠纷会缠讼好几任州县官、甚至接连打几代人的官司[4]。例如，乾隆七年（1742年）江西省雩都县乡民钟卓仁的祖上于康熙年间买受同村温景篆家田地一十六石六斗。至乾隆六年（1741年）温家向钟家"找价"

---

[1] 参见张传玺：《中国历代契约会编考释》，北京大学出版社1996年版，第1196、1213页。

[2] 参见张传玺：《中国历代契约会编考释》，北京大学出版社1996年版，第1380页。

[3] 参见张传玺：《中国历代契约会编考释》，北京大学出版社1996年版，第1377、1378页。

[4] 参见郭健："中国古代民事法律文化的基本特征概述"，载复旦大学法学院编：《多维时空下的理论法学研究》，学林出版社2005年版。

四次，第二年温家又雇请村民朱春贵的儿子前往"索找"，双方发生打斗。[1] 此案中卖主在卖地后要求买主"找价"五次。

五、制裁机制

明清地缘社会组织的规约都有奖惩规定[2]，其解决纠纷一般也伴有制裁措施。如果当事人不服从调处，就可能受到相应的制裁。这种制裁机制实施的情况大致有三种：其一，情节轻微者，公开批评和从轻处罚，即"当众责罚"、"鸣众责罚"、"当众公罚"等；其二，情节较重者，"族众鸣鼓而攻之其罪"、"族众共攻治之"；其三，情节特别严重者，特许对方报复、开除约籍、"送官究治"等，这就是高见泽磨所说的"由地缘、血缘和同业等组织来解决（纠纷），同时也可采取刑罚性的制裁"[3]。

明清地缘社会组织解纷所用的重罚措施主要有：①特许对方报复。理亏的一方如不执行地缘社会组织领袖的处断，有理的一方就可以采用以牙还牙的报复手段，而不受社会舆论的谴责。②开除约籍或会籍。明代隆庆年间徽州府祁门县文堂陈氏乡约的强迫性极强，"经年不赴约及会簿无名者"，消极对待乡约的纠纷调处者，即宣布为"梗化顽民"，"众共弃之，即有变患之加，亦置弗理"[4] ③送官究治。《文堂乡约家法》规定："约所立纪善、纪恶簿二扇，会日共同商榷。有善者即时登记，有过者初贵姑容，以后仍不悛者，书之。若有恃顽抗法、当会逞凶、不遵约束者，即是侮慢圣谕。沮善济恶，莫此为甚，登时书簿，以纪其恶。如更不服，遵廖侯批谕，家长送究。"[5] 上述这些制裁措施"是不经任何法律手续而又被官府默认的"[6]，当事人为了息事宁人，一般都能执行地缘社会组织的处断。

---

[1] "江西雩都县钟卓仁买地后卖主五次找价酿出人命"，载中国第一历史档案馆：《清代的土地占有关系与佃农抗租斗争》（上册），中华书局1988年版，第326～327页。

[2] 参见本章第五节中的"规约或章程"部分。

[3] [日] 高见泽磨著，何勤华等译：《现代中国的纠纷与法》，法律出版社2003年版，第14～15页。

[4] 《隆庆［祁门］文堂乡约家法》，隆庆六年刊本，原件藏于安徽省图书馆。

[5] 《隆庆［祁门］文堂乡约家法》，明隆庆刻本，原件藏于安徽省图书馆。

[6] 陈柯云："略论明清徽州的乡约"，载《中国史研究》1990年第4期。

第七节 对外联接：与其它解纷机制的接轨

明清地缘社会解纷并非完全"独断专行"、封闭进行，其开放性的主要表现之一就是与其它主体的解纷接轨，这种接轨主要在两个方面：一是与血缘社会解纷的联接；二是与国家司法解纷的联接。前者使地缘社会解纷拥有深厚根基，后者为地缘社会解纷提供最后保障。

一、与血缘社会解纷的接轨

以宗法社会、农耕社会为基本土壤的明清地缘社会，其真实样态既具有地缘性也具有血缘性（血缘因素主要是宗族组织），或者说，地缘性组织中往往渗透了血缘因素，血缘组织的辐射范围也往往与地缘区位相重合，形形色色的地缘社会权力组织大都是地缘与血缘因素混生的产物。这种社会特征决定了明清地缘社会组织解纷不能忽视甚至离不开血缘社会组织的作用——必须借助宗法权威或家族平台才能有更好的效果。

（一）地缘社会是血缘社会的投影或拟制

地缘社会与血缘社会在理论上是相互独立的社会组织形式，但是在实体上，构成地缘社会的村落或社区往往是聚族而居的单姓村落或主姓村落，地缘社会的最高权威同时也是血缘社会家族长，这种合二为一的情形被学者们表达为地缘社会是血缘社会的"投影"或"拟制"。费孝通说："在稳定的社会中，地缘不过是血缘的投影，不分离的。……世代间人口的繁殖，像一个根上长出的树苗，在地域上靠近在一伙。"[1] 王日根认为：明清时期"家族观念不断泛化，以致血缘、地缘与利益关系都可以成为宗族发展的联系纽带，于是出现了许多宗族的拟制形式，成为基层社会的集团组织。"[2] 梁漱溟也认为："离开家族的人们没有公共观念、纪律习惯、组织能力和法治精神，他们仍然需要家族的拟制形态。"[3] 这种"投影"或"拟制"情形表明地缘社会与血缘社会的

---

[1] 费孝通：《乡土中国 生育制度》，北京大学出版社1998年版，第70页。

[2] 王日根：《乡土之链：明清会馆与社会变迁》，天津人民出版社1996年版，第314页。

[3] 梁漱溟：《中国文化要义》，学林出版社1987年版，第80页。

地域范围和人事主体都是部分重合的，而且地缘社会如果离开血缘社会，它将是无本之木、无源之水。

此外，从历史发展来看，地缘社会是从血缘社会发展而来的。正如台湾学者周宗贤所说："通常一个社会整合凝聚最基本也是最直接的单位和准则是血缘，从很多的初期社会都建立在亲族团体之上就可以得到证明。不过当一个社会的成员日多，范围日广的情况时，由于经济上发生分工，社会功能亦发分化，如此，单靠血缘的关系已无法维系这个复杂的社会了。为了弥补这个缺陷，依据同籍关系的地缘性组织就会产生并被加强运用。"[1]

同乡会馆是一种以家族为摹本但又超越家族的社会组织。乡约组织的持续不仅要有乡绅的支持，而且也要依靠宗族社会。明代山西潞州的雄山乡约，其有效执行时期之所以能长达六十多年，主要原因之一恐怕还在于主约者仇氏家族一直处于领导地位。地缘社会组织中与血缘社会联系最紧的是宗族式乡约。徽州文堂陈氏乡约就建立在血缘和地缘相结合的基础之上。[2] 但乡约就是乡约，宗族式乡约之所以是乡约而不是宗族组织，是因为乡约约正是推举出来的，而宗族长是世袭产生的。

（二）地缘社会解纷与血缘社会解纷的结合

地缘社会解纷与血缘社会解纷的密切关系主要在五个方面体现出来：

1. 地缘社会解纷与血缘社会解纷直接结合。乾隆时期巡抚陈宏谋在《谕议每族各设约正》中就主张乡约解纷与房族长解纷结合，他说："江西地方聚族而居，族各有祠，合爱同敬，尊祖睦族，诚为美举。而日久弊生，户多人杂，凡不公不法之事往往有之。……今各祠既有族长，而族长之下又有房长。地近而情亲，分尊而责专。……莫若官给牌照，假以事权，专司化导约束之事，将应管条件一一列入。如族中某房有不孝不弟、习匪打降等事，房长当即化导。化导不遵，告知族长，于

---

[1] （台）周宗贤：《血浓于水的会馆》，台湾"行政院"文化建设委员会1988年版，第8页。

[2] 参见陈柯云："略论明清徽州的乡约"，载《中国史研究》1990年第4期；陈柯云："明清徽州宗族对乡村统治的加强"，载《中国史研究》1995年第3期。

祠中当众劝戒，如有逞强不率，许其报官惩处，不许擅自处死。至于口角争斗，买卖田坟，族房长秉公处断，即为劝释。如与外姓争斗者，两造族长房长秉公会议，应劝释者劝释。如经官司两族长房长当堂公言偏袒者，分别罚戒。"[1]

2. 地缘社会组织解纷所依据的规则与血缘社会的宗法族规有重合。典型的例子是明代隆庆年间徽州府祁门县的文堂（陈氏）乡约这类家族式乡约组织。《文堂乡约家法》不仅是文堂村所有成员都要遵守的乡规民约，而且也是文堂村陈氏宗族每一位成员必须遵行的家法族规。再如道光四年（1824年）所立的《婺源县洪村光裕堂公议茶规碑》，既是光裕堂所在宗族的家法族规，也是洪村全村的乡规民约。该规约开首即指明系全村公议，所谓"公议茶规：合村公议演戏勒石，钉公秤两把，硬钉贰拾两。凡买松萝茶客入村，任客投主人祠校秤，一字平称。货价高低，公品公买，务要前后如一。凡主家买卖，客毋得私情背卖。如有背卖者，查出罚通宵戏一台、银伍两人祠，决不徇情轻贷。倘有强横不遵者，仍要倍罚无异。"[2]

3. 地缘社会组织解纷往往以血缘组织调处为前置程序。所谓"有不平先鸣户长，再投乡保，得论情实，从公劝释"[3]，也就说民间社会解纷大致有先家族解决后其它主体解决的程序，除非重大案件，一般纠纷事实上都是先在"族规"和"民约"的框架内解决的。光绪四年（1878年）福建省汀州府武平县迳村高氏的族规第一条就规定："宗族以和睦为主，拟择各房公正练达者数人以为族中长老，倘有两家争竞之端，只许报知长老向前平心公断，不得依势恃强故违公论，不许具席设入，亦不许生端具控，违者长老秉公出首与究。"[4] 在这里，矛盾冲突

---

[1] 一凡藏书馆文献编委会编著：《古代乡约及乡治法律文献十种》（第二册），黑龙江人民出版社2005年版，第330~332页。

[2] 《清道光四年五月初一日婺源县洪村光裕堂公议茶规碑》，碑现嵌于婺源县清华镇洪村光裕堂外围墙上。

[3] 安徽潜阳《李氏族谱》卷一。转引自顾培东：《社会冲突与诉讼机制》，法律出版社2004年版，第38~39页。

[4] 光绪四年戊寅重修《福江高氏族谱》。转引自刘大可："论传统客家村落的纷争处理程序"，载《民族研究》2003年第6期。

主要是依靠族中长老来处理，处理的依据则主要为族规、祖训家规。并且通常情况下，宗族内部的纠纷不能随便超越宗族，投告公亲或送交官府处理。再例如我们前面考察的"文会"解决纠纷，也是族内纠纷先在族内解决，如果族中不能解决，再求助于文会调处。文会不能解决，最后诉之于官府。

4. 地缘社会解纷有时离不开血缘社会组织的参与或配合。里甲长、里老人、保甲长、约正约副们在促订契约、调处纠纷时往往需要族长、亲邻同时出场才行，有时血缘宗族组织还起主要作用。例如沙堤乡约虽以全村各宗族为组织对象，但从主持人、"乡约宾"和"乡约执事"这三类人物的姓氏来看，主要负责人实际上是人口最多的湛氏宗族代表。朱鸿林讲："它（指沙堤乡约）的真正重点其实是宗族自治：乡约宾聚会时所登记或公布的善恶行为事件，是各自宗族内发生的，也因此在处理上是比较含蓄的；其他保甲中人的善恶行为事件则由乡正向聚会中人报告，并由乡约主持人在下乡巡省时加以奖励警诫。这个做法的决定性因素是宗族的组织和聚居。凡是血缘和地缘结合的人户居住单位，乡约便把它交由宗族父老自己去负责。"[1]

5. 纠纷调处中地缘性因素与血缘性因素发生矛盾时，有后者服从前者的情形存在。比方说，纠纷当事人一方特别是过错方是族中长辈，而负责处理纠纷的地缘社会组织代表是晚辈，这时若依宗法礼仪，调处人应服从过错人；若依据解纷规则，过错人应该服从调处人。这时到底应该怎么办？有关材料反映的情况是过错人应该服从调处人，也就是长辈服从晚辈。李光地《丁酉还朝临行公约》规定："约正于族行虽卑幼，然既秉乡政，则须主持公道。自后乡邻曲直有未告官而投诉本乡（约）者，除尊长发与约正调停者，则为从众讯实，复命尊长而劝戒之。其余年少未经事者，虽分为叔行，不得役约正。如奴隶约正，（约正）亦不得承其意指，颠倒是非以坏风俗。"[2]

顺便说明，血缘社会解纷往往也离不开地缘社会。这一点在许多家

---

〔1〕 朱鸿林：《中国近世儒学实质的思辨与习学》，北京大学出版社2005年版，第288页。

〔2〕 （清）李光地：《榕村别集》卷五，第14页。

法族规中得到反映。例如编成于明代成化十七年（1481年）的《太原霍氏崇本堂族谱》是广东南海石湾霍氏家族的族规[1]。该族规共十九条，其中两条是关于纠纷解决的专门规定：一是"处乡里之法"："凡执里役，宜循忠厚。财谁不欲，取当下人无怨。取屈反生仇讼。或投词，或帖勘，须要究其孰是孰非，不得以曲为直。无理，用言劝戒请和，自有酬谢，阴骘不小。或杂差窑夫，寄居耕甲，当与者所不免，好言甜取。答应官府，岁月得过则了。勾摄人犯，拘到即送，不可久留。县堂画卯，不可过失。物料税粮，依期早输。如此，人有撑持之誉，身无鞭扑之辱矣。"二是"争斗之戒"："人之因财田产者，不免相争，田地被人侵欺界至者，或是非言语，务与人说出公论。倘或不从，即以官府定夺。小则告投里老，大则具告县府，不可恃财势，或倚人众强梁，便相争打。拳打脚踢，岂无有误。虽说打不要伤，临时不狠不赢，狠至打死，悔将何及。俗云：忍得一时之气，免得百日之忧。实可记也。后之有事争斗者，即用纸笔为止，若有悔解，便可息从，不必怀执前愆矣。"

二、与国家司法的接轨

明清时期社会解纷总系统中，国家司法与民间解纷是有分工的[2]，"国家无意用系统的成文法调整民事关系，也没有建立起通过判例或习惯法收集等确认民间社会规范的法律机制。"[3] 一般来说，国家"把民间调处作为基本和必经的程序，允许地方权威根据民间规范进行调处，……同时保持了审判权的独占和至上地位，民众在不服民间调处时，或者在纠纷涉及宗族之间、乡土社区之外的时候，可以径直向官府告状，直至层层上告，抵达京城"；[4] "乡里凡发现有人非正常死亡或有'不靖之讼'，都要向里正报告。……乡里报告的案子，里正不能作

---

[1]《太原霍氏仲房世祖晚节公家箴》，原件现藏于广东省佛山市图书馆。文本见广东省社会科学院等：《明清佛山碑刻文献经济资料》，广东人民出版社1987年版，第467~474页。

[2] 关于地缘社会解纷与国家司法解纷的关系，参见本书第九章第二节。

[3] 范愉：《纠纷解决的理论与实践》，清华大学出版社2007年版，第600页。

[4] 范愉：《纠纷解决的理论与实践》，清华大学出版社2007年版，第600~601页。

主的，就上报县府。……里正有时还要亲自押送罪犯到县里去。有些直接告到县府的案子，县府认为非至关重大之事，往往又下转里正处理。"[1] 但民间解纷与国家司法是互联相通的，用顾炎武的话说就是："惟其大小之相维，详要之各执，然后上不烦而下不扰。"[2] 这种互联相通主要体现在两个方面：一是制度方面，地缘社会调处"民间细故"，得到国家司法机关的授权或默认；二是在程序方面，地缘社会调处纠纷与国家司法之间存在着一个有机的内在联接或双向互动机制，其实际接轨或联接形式主要有"送官究办"、"官批民调"、上报或协办恶化成刑案的纠纷三种。这三种方式其实也是地方州县处理词讼案件的基本程序。

（一）"送官究办"

明清时期的国家司法始终是以潜在的可选方式影响着地缘社会对纠纷的调处过程，其主要形式之一就是"送官究办"。这里的"送官究办"是指民间纠纷先在地缘社会内部解决，如果调处不成功，将纠纷呈报官府处理，所谓"（民间调处）有不决者，乃送于州县"[3]，这也是基层起诉形式之一。有时也成为调处人向当事人施压的手段。"送官究办"的法理意义在于，民间解纷不能责备求全，不能私用刑罚，不能自操法律权柄，而只能凡事宽以待之，低调劝释，尽量处理道德上的"过"的事情，而把涉及法律的"罪"的事情，透过民间首领报官，由官方处理。下面我们主要看乡里组织和乡约组织中"送官究办"的情况。

1. 乡里组织"送官究办"的情况。徽州府某县十五都村民汪必祯的汪贵弯山、胡荣的方契山和康尚教的方朝山三山边界毗连，各蓄木庇坟。万历四年（1576年）康尚教未审来历，误砍胡、汪二家树木，告

---

[1] 雷家宏：《中国古代的乡里生活》，商务印书馆国际有限公司1997年版，第12~13页。

[2] （清）顾炎武著，黄汝成集释：《日知录集释》，上海古籍出版社2006年版，第474页。

[3] 一凡藏书馆文献编委会编著：《古代乡约及乡治法律文献十种》（第三册），黑龙江人民出版社2005年版，第270~271页。

至县衙。知县"姚爷台"批转里老、甲长解决。老人方元、汪宗润、王应魁、胡纹、胡汝明，会同甲长汪孔孚和汪孔奇勘明劝谕调处，三家议凭里老写立合同（调解协议书），规定各家各照承租金业名目，栽养树木，毋许侵犯变卖。如违，送官究办。[1]

乡里的乡规民约大都有"送官究办"的规定。清乾隆十六年（1751年）徽州某县项凤仪等所立的《排年合同》规定，"合同十排集议，嗣议之后，各甲排年催管各甲完纳，不得遗累现年。立此合同存据，永不拖累。倘有抗欠、不依合同反悔者，甘罚白米叁石。如有不遵，十排呈官理论"。[2] 又清康熙五十年（1711年）徽州府祁门县乡民盛思贤为保护汪家坦等处山场免遭盗伐，曾专门恳请县令颁给告示，这纸钤有祁门县印的告示说："嗣后，本业主蓄养树木，一应人等不得妄行强伐盗砍。如敢有违，即鸣邻保赴县呈禀，究治不恕。"[3] 乾隆四十六年（1781年）徽州府黟县知县亦曾应监生姜世铨、村民姜尚仪等请求专门颁发告示，对位于长瑶庵受侵害的姜氏合族祖坟予以保护，"示仰该处地保山邻人等知悉，所有姜世铨等长瑶庵山地，照界执业，附近人等毋许再行侵挖。如敢故违不遵，许原禀人指名赴县具禀，以凭拿究。该地保山邻人及原禀人等不得藉端滋事干咎，各宜凛遵毋违"。[4]

乡里的乡规民约基本上乡里组织首领（里长、甲长、保长等）负责执行，如果乡民违反规约，又不服从执行者的处罚，那么执行者可直接呈官理治。清末江苏省金山县县令编订的《保甲章程》规定："牌甲中凡有户婚、田土、口角微嫌，可邀牌董、甲董及乡耆邻佑平心理论，再

---

[1] "万历四年（1576年）汪必祯等合同文约"，载王钰欣、周绍泉主编：《徽州千年契约文书·宋元明编》卷三，花山文艺出版社1991年版，第25页。

[2] 《清乾隆十六年四月徽州某县项凤仪等立排年合同》，原件藏于南京大学历史系资料室，编号：000059。

[3] 《清康熙五十三年四月初六日祁门县严禁盗砍汪家坦等处山场树木告示》，原件藏于安徽省祁门县博物馆。

[4] 《清乾隆四十六年三月初五日黟县正堂告示》，原件藏于南京大学历史系资料室，编号：000184。

没有过不去的事。实在难以理料，再入官告状。"[1]

2. 乡约组织"送官究办"的情况。明清时期乡约组织的规约一般都有"送官究办"的规定。明代《南赣乡约》规定："约长副等（遇纠纷与过恶），须先期阴与之言，……使其可改；若不能改，然后纠而书之；又不能改，然后白之官；又不能改，同约之人执送之官，明正其罪；势不能执，戮力协谋官府兵灭之。"[2] 明代沙堤乡约规约的"行保甲"条规定："甲内互相保察，互相亲睦，相勉为善，不许为非。甲内一人为非，九家［或］二十四家举呈乡正，（透过他）闻官究治。"[3] 明代隆庆年间徽州府祁门县文堂村陈氏乡约的规约《文堂乡约》第三条"和睦乡里"规定："各户或有争竞事者，先须投明本户约正副理论。如不听，然后具投众约正副秉公和释。不得辄讼公庭，伤和□家。若有恃其才力，强梗不遵理处者，本户长转呈究治。"第六条"毋作非为"规定："境内或有盗贼发生，该里捕捉即获，须是邀同排年斟酌善恶。如果素行不端，送官究治，或令即时自尽，免玷宗声。"[4]

其它地缘社会组织如会社的规约也大都规定了对调处结果不服而闻官治理的条款，如王履和堂养山会的会规即规定，对"恃强不遵者，呈官处治"[5]。

此外，"送官究办"在调处过程中还作为一种惩罚方式用来迫使双方妥协。有时是为了使一方屈从自己的条件，用呈状投诉的方式吓唬对方；有时是策划利用告状的办法，把官府的观点带到调处过程中。例如在沙井村的通行权纠纷调处中，我们看到赵文有在向县衙告状之后，有效地改变了自己在村内的调解条件：县衙有可能采取的立场成了达成调

---

[1] 一凡藏书馆文献编委会编著：《古代乡约及乡治法律文献十种》（第三册），黑龙江人民出版社2005年版，第539~570页。

[2] （明）王守仁：《王阳明全集》（第一集），红旗出版社1996年版，第229页。

[3] 《圣训约》，明嘉靖二十三年刻本，台湾"国立中央图书馆"藏经部礼类杂礼俗之属。

[4] 《隆庆［祁门］文堂乡约家法》，明隆庆刻本，原件藏于安徽省图书馆。

[5] 《嘉庆［祁门］环溪王履和堂养山会簿》，原件藏于安徽省图书馆。

解方案的部分底线。此案中赵氏通过起诉而在村内调解过程中占了上风。[1]

(二)"官批民调"

明清时期的州县衙门既是司法机关又是行政机关,州县官公务之繁忙超乎今人想象。不过他们也有应对之策,其中之一策就是审判事务的"官批民调"。"官批民调"是指州县官接到诉状后,认为情节轻微不值得传讯,或事关亲族邻里关系不便公开传讯,或发现原告所控不实或情节支离,往往将案件批回,"蒙批里老查处",最后仍以民间调处的方式解决之类的情形。清代地方官徐栋说:"余尝思息讼之法而不能得,……悟得一法似属可行。如到一县,遍谘所治士耆之方正者,以折记之,注明某人居某里,以其折囊系于绅,每行乡村有所得即补记。遇民来诉,批所知相近之士耆处释,即令来诉者持批词给之,立言剀切,足以感人,必有极力排解,以副官指者。此或息讼之一端也。"[2]高见泽磨说:"在清(末法制改革)以前的中国,除了由州县等地方官衙进行审判外,官员受理诉讼之后,对当事人作出批示[3],让地缘、血缘、同业等组织来解决,在当事人和解之场合,允许撤诉。"[4]

明清时期的民事诉讼分为三个阶段:第一阶段是当事人告状,县官作出初步反应;第二阶段是衙门与诉讼当事人以及可能的调处人之间的接触;第三阶段是正式的堂审,县官作出裁决。"三阶段各有其特征,先是官方的初步反应,接着是官方与民间的互动,最后是官方判决。中间阶段可长或短,短的只有数天,长的可达数月,乃至数年"[5]。"官批民调"主要是发生于第一阶段,其关键环节是所谓"批示"或"批词"(又叫"批发呈词")。"批词"即州县官在收到原告之呈状后,在

---

[1] 参见黄宗智:《清代的法律、社会与文化:民法的表达与实践》,上海书店出版社2007年版,第155~156页。

[2] (清)徐栋:"息讼之法",载《牧令书》卷一七。

[3] 上级在下级报上来的公文上面写上意见、做出指示。——作者原注

[4] [日]高见泽磨著,何勤华等译:《现代中国的纠纷与法》,法律出版社2003年版,第14~15页。

[5] 黄宗智:《清代的法律、社会与文化:民法的表达与实践》,上海书店出版社2007年版,第92页。

呈状上面作的是否受理的意见或批示。受理的叫"准"（或曰"候差提查讯"之类），不受理的叫"不准"或"碍难准理"，说明不受理的理由叫"批驳"。"批词"的用意往往是在促成庭外调处，避免堂审。汪辉祖在《批驳勿率易》中说："一切口角争斗类皆户婚细故，两造非亲则故，非族则邻，情深累世，衅起一时，本无不解之第摘，其词中要害，酌理准情，剀切谕导，使弱者心平，强者气沮，自有亲邻调处。与其息于难理之后，费入差房，何如晓于具状之初，谊全姻睦。"[1] 批词极为重要，批词得当，片言只语可以息讼；批词不当，每引起上控。所谓"批语稍未中肯，非增原告之冤，即壮被告之胆，图省事而转酿事矣"[2]。乾隆年间曾做过三十年刑名幕友的万维翰在其所著《幕学举要》中说："批发词讼，虽属自理，其实是第一件得民心事。不能洞见肺腑，无以折服其心。或持论偏枯，立脚不稳，每致上控，小事化为大事，自理皆成宪件矣。"[3] 州县官必须从一开始即明了法律条文，而又同时从道德原则和人情，以及常理和事实这两种角度思考问题，这样的批词才会写到点子上。乾隆中叶的刑名专家王又槐在《办案要略》中对撰写批词的技巧作了说明："批发呈词，要能揣度人情物理，觉察奸刁诈伪。明大义，谙律例。笔简而赅，文明而顺，方能语语中肯，事事适当。"[4]

州县官在收到状词后，拒绝受理的原因很多，如原告未备妥有关文契（这种情况在债务和土地纠纷中尤为普遍），发现原告所控不实或情节支离，认为该纠纷最好让族人、邻里、中人或乡保处理更好，等等。光绪十年（1884年）台湾省台南府恒春县有这样一则批词："两造纠葛不清，著交同善公所黄增福、张光清、夏云各绅董，会同调处清楚，禀

---

[1]（清）汪辉祖："佐治药言"，载（清）汪龙庄、万枫江：《中国官场学》，今日中国出版社1995年版。

[2]（清）汪辉祖："佐治药言"，载（清）汪龙庄、万枫江：《中国官场学》，今日中国出版社1995年版。

[3]（清）万维翰："幕学举要"，载（清）汪龙庄、万枫江：《中国官场学》，今日中国出版社1995年版。

[4]（清）王又槐：《办案要略》，群众出版社1987年版。

复候夺。"[1] 还有些案子，知县可能觉得值得考虑，但又觉得案情太轻，不必亲自过问，因此发还给乡保处理，或让衙役跟乡保一道处理。这种情况下，知县会饬令他们"查情"并"秉公办理"，甚至会示意一下此事应如何处理，如说："查明控情，如果属实，即……"[2]

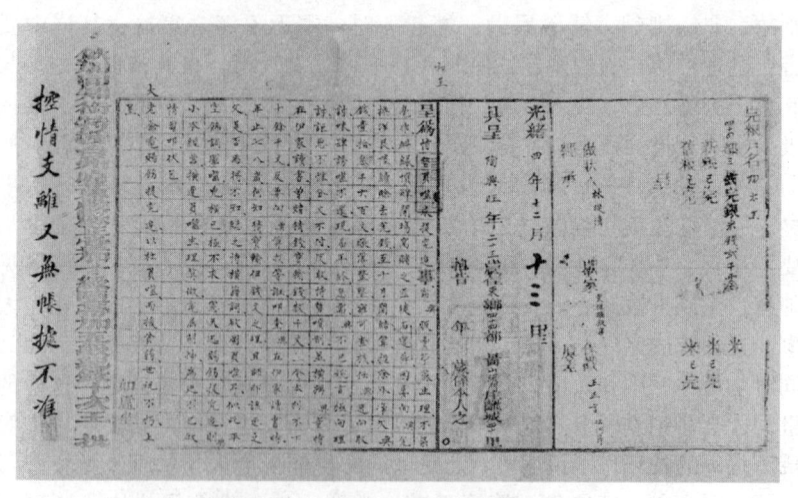

图 7-1　黄岩诉讼档案诉状实例

资料来源：《黄岩诉讼档案及调查报告》上卷第 111 页。

明清时期的官僚和学者对"官批民调"大致有主张从宽与主张从严的分歧。①主张从宽的代表人之一是汪辉祖，他在《断案不如息案》中说："勤于听讼，善已。然有不必过分皂白，可归和睦者，则莫如亲友之调处。盖听断以法，而调处以情，法则泾渭不可不分，情则是非不妨稍借。理直者既通亲友之情，义曲者可免公庭之法。调人之所以设于周

---

〔1〕《台湾私法附录参考书》（第三卷·上册），第 268 页。转引自戴炎辉：《清代台湾之乡治》，台北联经出版公司 1979 年版，第 154 页。

〔2〕黄宗智：《清代的法律、社会与文化：民法的表达与实践》，上海书店出版社 2007 年版，第 94 页。

官也。或自矜明察，不准息销，似非安人之道。"[1] 在他看来，解决纠纷的上策是民间调处而不是县官堂审，因为"细故既分曲直，便判输赢；一予责惩，转留衅隙"[2]，而民间调处既能化解纠纷又不伤情面与和气，有些州县官自以为能明断是非，而不准销案，这并不是"安人之道"，所以受理讼案应"不轻准"，应该尽可能多的"官批民调"。当然，他并非要州县官们亲自担负起调处的任务，而仅是主张让在官府之外解决。[3] 汪辉祖称他在细事放告之日所收下的二百来件词状中，正式受理的新案不超过十件。②主张从严的代表人之一是陈庆门，陈庆门是雍正元年（1723年）进士，历任安徽庐江知县、亳州知府，四川达州知府，他主张"官批民调"需要严格把关，"户婚田土，当视其情词虚实，不宜滥准。不准者，必指批其不准之故，毋使再来翻渎。不可粗心浮气，署观大意，不得混渎一语，批出了事。"[4] 史载陈庆门"勤于听断，日决数十事"[5]。

根据当今学者对讼案材料的考察，清代州县官们大体上听从了汪辉祖的意见。《黄岩诉讼档案》所载七十八件案件有七十七件是驳回。黄宗智的研究结论是："（州县官的共识是）如果讼案不能透过民间调解得到解决的话，就必须作出明确的裁断。（但）他们当中没有一个主张县官扮演调停而非裁判的角色。……尽管在州县道德文化中，细事官司根本不应该存在，州县实用文化却承认这类讼案的存在现实，并要求依照法律作出是明确判决。"[6] 总之，这里的潜在制度安排是正式庭审与民间调处两者并存且通过"官批民调"联接起来的解纷机制。

---

[1] （清）汪辉祖："学治说赘"，载（清）汪龙庄、万枫江：《中国官场学》，今日中国出版社1995年版。

[2] （清）汪辉祖："学治说赘"，载（清）汪龙庄、万枫江：《中国官场学》，今日中国出版社1995年版。

[3] 黄宗智：《清代的法律、社会和文化：民法的表达与实践》，上海书店出版社2007年版，第166页。

[4] 陈庆门："仕学一贯录"，载（清）徐栋辑：《牧令书》卷一八《刑名中》。

[5] 《清史稿·循吏二·陈庆门传》。

[6] 黄宗智：《清代的法律、社会和文化：民法的表达与实践》，上海书店出版社2007年版，第167页。

"官批民调"的做法实际上违背了大清律例的规定,《大清律例》第三百三十四条"告状不受理"在1765年增补的一条例文规定:"民间词讼细事,如田亩之界址沟洫,亲属之远近亲疏,许令乡保查明,呈报该州县官,务即亲加剖断,不得批令乡地处理完结。如有不经亲审批发结案者,该管上司即行查参照例议处。"此条的意图可能是防止乡保滥用职权,其实施似乎初有成效,但后来随着讼案日渐增多,触犯此条例文的情况越来越严重,最后似乎完全失效。黄宗智对清代诉讼档案研究的结果表明:在十八世纪中叶至十九世纪中叶的三百零八件案例中,知县发还乡保调处的一例也没有;十九世纪后半期的一百一十八件宝坻案件中,有六例县官未亲自过问,而让乡保处行调查处理;十九世纪后期词讼累牍的淡水－新竹二百零二件案例中,这样的案子多达三十一件。[1]

明清时期的民事诉讼案件,官方受理的比例到底有多大?雍正年间(1730年)进士袁守定作了一个估计,他说:"来讼者固有不得已之情,而亦有不能忍。苟能容忍,则十省七八矣。哀民者,果谆谆切切劝民,忍忿兴让,必有气平而已讼者。"[2]袁氏虽然没有明确言定,但我们很容易推知州县衙门要受理十之二三的告状。黄宗智对清代六百二十八件民事诉讼档案的研究表明,在庭外由民间调处成功的有二百五十八件,正式审判解决的只有二百一十件,其它的档案纪录不完整。[3]黄宗智又根据清代巴县、宝坻、淡新的民事诉讼档案,对三县诉讼案件的进展情况进行统计的结论是:绝大多数诉讼都在正式开庭之前即中止,原因要么是当事人声称他们已自行解决(占百分之二十),要么是不了了之(占百分之四十二),当事人坚持到最后法庭判决的案子只占百分之三十五。[4]这里官方受理的民事案件只在三分之一左右,大部分都是不理

---

[1] 黄宗智:《清代的法律、社会与文化:民法的表达与实践》,上海书店出版社2007年版,第94页。

[2] 袁守定:"听讼",载(清)徐栋辑:《牧令书》卷一七《刑名上》。

[3] 黄宗智:《清代的法律、社会与文化:民法的表达与实践》,上海书店出版社2007年版,第92页。

[4] 参见黄宗智:《清代的法律、社会与文化:民法的表达与实践》,上海书店出版社2007年版,第155页。

或"官批民调"的,这种情形被日本学者称为"在这个纠纷无处不在的社会里,司法的阳光不能充分照射到每个角落"[1]。下表是1760~1900年巴县、宝坻、淡新三县经民间解决、法庭审决及记录不完整的案件的比例情况[2]。

表7-1 1760~1900年巴县、宝坻、淡新的民事纠纷案件统计

类别	巴县		宝坻		淡新		总计	
	数量	比例	数量	比例	数量	比例	数量	比例
民间解决	53	17.2%	45	38.1%	28	13.9%	126	20.1%
法庭审决	98	31.8%	45	38.1%	78	38.6%	221	35.2%
不了了之	152	49.4%	26	22.1%	86	42.6%	264	42.0%
总计	303	98.4%	116	98.3%	190	95.1%	611	97.3%

(三)上报或协办恶化成刑案的纠纷

明清地缘社会组织不仅是民间纠纷的调处机关,而且还是上报或协办刑事案件的警察机关。陈顾远说:"乡老里正之属,主一乡一里婚姻田土之讼,其不决者则由有司理之,故其性质,实一调解机关;其关于刑事者固亦可施薄惩,而其性质又一警务机关。"[3]

1. 上报恶化成刑案的纠纷。地缘社会组织有义务向官府上报"不靖之讼"或命盗案件,特别是在今天看来是由民事纠纷恶化而成的刑事案件,有时还要亲自押送疑犯到县衙。《大明律》第二百九十九条"发冢"、《大清律例》第二百七十六条"发冢"都规定:"若地界内有死人,里长、地邻不申报官司检验,而辄移他处及埋藏者,杖八十。"《大清律例》第三百三十四条"犯奸"条例规定:"凡调奸图奸未成者,经本妇告知亲族乡保,实时禀明该地方官审讯。……如本家已经投明乡保,该乡保不即禀官,及禀官不即审理,致本妇怀忿自尽者,将乡保照

---

[1] [日]小岛武司、伊藤真著,丁婕译:《诉讼外纠纷解决法》,中国政法大学出版社2005年版,第152页。
[2] 黄宗智:《清代的法律、社会与文化:民法的表达与实践》,上海书店出版社2007年版,第155页。
[3] 陈顾远:《中国法制史》,商务印书馆1959年版,第184页。

甲长不行转报窃盗例，杖八十。地方官照例议处。"这里的"乡保"是约正和保长总称。

我们在乾隆年间的诉讼档案中发现州县官所理词讼，常常涉及保甲长、乡约约正，所载大部分案件都是他们上报的。下面表7-2所反映的是乾隆时期地缘社会组织向官府报告民事纠纷恶化而成刑事案件的情况。

表7-2　乾隆时期地缘社会组织向官府报告纠纷恶化而成刑案的案例

案件的名称和资料来源	报告人	报告内容
《广西灵川县杨四柱借田作抵向秦芳林借银纳利》B上154	保长秦正万	乾隆二十年四月二十四日广西省桂林府灵川县某乡一都三图禀告知县王引楷，四月二十三日杨理辉投报伊弟杨四柱于四月二十二日下午，在锡头田被母舅秦芳林打伤身死。
《山西徐沟县武生刘学圣等伙开当铺典进债户田地》B上156	约正张天荣	乾隆二十年八月三十日山西省太原府徐沟县大常镇乡正张天荣到县衙报告：本镇刘学圣与庞敦庸两家伙开当铺，因账目之事发生纠纷，刘学圣于本月二十九日将庞敦庸殴伤至晚身死。
《江苏金山县陶百受以田作抵借银两纳利卖地还债》B上176	保正徐延辉	乾隆三十六年十一月二十五日江苏省松江府金山县保正徐延辉到县衙报告：金胜先向陶百受索讨私卖之田，被陶百受推跌受伤，后来不治身死。
《云南宣威州姬成奉放银取利逼迫借户以田作抵》B上199	约正邓士明	乾隆四十八年正月十四日云南省曲靖府宣威州乡约邓士明向知州董继光报告：上年十二月三十日村人罗阿二与姬成奉口角互殴，罗阿二将姬成奉殴伤，延至本年正月十二日身死。
《福建浦城县吴观云佃种典出田地后又绝卖与人》B上243~244	乡保陈起荣	乾隆二十四年五月初六日福建省建宁府浦城县乡保陈起荣到县衙具禀：五月初五日布尾村民吴道利与吴道争耕角口，被吴圣理、吴道海殴伤顶心等处，于是晚身死。

（续表）

案件的名称和资料来源	报告人	报告内容
《贵州镇远县苏应遳因欠租而卖绝先典后佃之田产》B上245~246	甲长唐宗瑶乡约杨正贵	乾隆二十四年八月初二日贵州省镇远府镇远县某保的甲长唐宗瑶到县衙报称：八月初一日苏应遳父子与雷时通等互殴，两造俱受重伤，恐有不测。同日乡约杨正贵报称：八月初一日夜三更时分，有人看见雷时通背一死人至寨边而去。
《陕西长武县方恭无力取赎典地索讨找价被典主殴死》B上250	约正高思李	乾隆二十七年六月二十九日陕西省邠州长武县东乡七里堡乡约高思李到县衙报称：本日有村民方固厚说他胞兄方恭于二十七日早饭时与崔建功发生角口，今日午刻身死。
《陕西肤施县李作楫愤杀豪横典主生员李得珠之子》B上296	约正蒋幅玉	乾隆五十九年九月初五日，陕西省延安府肤施县北川乡约蒋幅玉到县衙报告：九月初四日生员李得珠的儿子李三儿下乡收租，借住王大忠家内，因砍伐李作楫地内树木被扎伤身死。
《山西忻州刘拐虎子因母丧绝卖田地后求改活契致被殴死》B上404	约正刘库禀	乾隆二十年十二月初一日山西省忻州杨庄村乡约约正刘库到县衙禀称：本年十一月三十日村人刘拐虎因卖地起衅，与刘鸾之父刘光棋争角，被刘鸾用刀扎伤身死。
《直隶滦州武举孙大勋藉口系原业主倚势多次讹诈买主》B下421	约正李国士	乾隆二十一年三月十四日直隶省永平府滦州后营庄乡约约正李国士到县衙禀称：本年二月二十二日本村武举孙大勋在滦州哈儿屯地方，与彼处民人王际如因地粮起衅，互相斗殴，当经滦州验明各伤保辜在案。
《山西岳阳县贺生正殴砍逼索旧欠租银之地主贺生让》B下617	乡保王法戴	乾隆二十七年正月二十九日山西省平阳府岳阳县贤要村乡保王法戴到县衙报称：本村东岭上有不知姓名男人带伤身死。

(续表)

案件的名称和资料来源	报告人	报告内容
《福建宁化县李彩玉因地主控追欠租声言将扎死到庄收租地主》B下647	约正李廷玉	乾隆二十七年七月十四日福建省汀州府宁化县乡约约正李廷玉到县衙禀称：七月十四日李彩玉被伊益峰控告，今日黎明李彩玉往田摘菜，被伊益峰、伊恒辂父子殴伤右胁，扭跌落河，救起搬移中身死。
山西左云县武法租种许尔安地亩做工抵租 A上9	约正杨朝栋	乾隆四十六年十一月十二日山西省朔平府左云县乡约杨朝栋到县衙报称：十一月十一日早上闻知二道沟路旁有一人被砍身死，回堡查看，又闻得系堡民许尔安因向武法索欠不还，用锹将武法砍死，许尔安已赴巡检衙门投案自首。
《云南富州博竟折银交纳所欠租榖》A上97	头人罗万元	乾隆二十年八月二十六日云南省广南府富州那耶寨头人罗万元到州府禀称：本月二十三日有威韦寨彝人矣瓦，与那耶寨彝人博竟争割田榖，将博竟戳伤身死。
《直隶张家口厅弓怀德租给雇工任有荣地亩每年租榖四斗》A上101	保长孙忠孝	乾隆十九年八月十三日直隶省张家口厅洗马林下纳令沟保长孙忠孝到县衙报称：本年七月二十八日弓怀德与任有会、任有荣争收糜子起衅打架，弓怀德用铁锹将任有荣劈伤，延至八月十一日夜因伤身死。
《福建南靖县吕维宗租佃山场栽种杉苗成林后主佃均分》A上103	乡保林祖南	乾隆十九年七月十五日福建省漳州府南靖县乡保林祖南到县衙报称：陈尚璧与吕维宗争砍杉木互殴，刘来前往劝解，惨被陈尚璧踢伤脐肚，逾时身死。
《山西榆次县韩奇福佃种韩德芳地亩主七佃三分粮》A上131	约正郭玉顶约副韩进仕	乾隆三十年山西省太原府榆次县乡约郭玉顶、韩进仕到县衙报称：本月二十五日午后，韩德芳将韩奇福扎伤身死。

（续表）

案件的名称和资料来源	报告人	报告内容
《浙江永嘉县徐云若活买田地仍由原佃主佃耕收取租谷》A上148	庄长陈升臣	乾隆三十一年十月二十六日浙江省温州府永嘉县庄长陈升臣（所在都没有保正）到县衙禀称：本月二十五日徐云若同儿子徐亚德与陈阿卓、陈奶狗在田里为欠租起衅，徐亚德被陈阿卓用锄柄殴伤致死，徐云若被陈奶狗殴伤等情。
《云南阿迷州哈四十租种孔姓公地交纳租谷》A上	乡约董彩章罗育保正李萃	乾隆三十八年十一月初九日，云南省临安府阿迷州布沼乡的乡约约正董彩章、约副罗育，保正李萃到州府禀称：昨日孔仁里在灯笼山收租，与孔胜选等争角，被孔胜选殴伤身死。
《安徽霍邱县刘传租种雍建圻地亩主出种籽每年收谷平分》A上200	约保朱景星	乾隆四十六年十一月初六日安徽省颍州府霍邱县约保朱景星到县衙禀称：刘传耕种雍如成田地，先交租谷四十五石，尚欠五石。该日雍如成往讨，被刘传打伤殒命。
《山西河曲县张兴海将地出租秋收扣算种籽工本余粮主佃四六分收》A上208	牌头周玉智	乾隆五十年五月十七日山西省宁武府河曲县牌头周玉智到县衙报称：本月十六日早张洪才因不给张兴海锄田，口角起衅，被张兴海扎伤身死。
《安徽庐江县王云有等伙租地亩借债交押》A下353	总甲程荣	乾隆三年五月初六日安徽省庐州府庐江县大西门总甲程荣报称：本月初三日晚王云有与高六为弃桃果争打，至夜云有毙命。
《安徽霍邱县乡规佃户租田要给田主"寄庄钱"》A下419	约保杨绍安	乾隆二十九年十一月十一日安徽省颍州府霍邱县约保杨绍安到县衙报称：十月二十二日黄子纹在山割草，看见谈金山执持扁担殴打张鹤鸣，往救被谈金山殴伤，至十一月初十日夜身死。
《福建南靖县徐包因贫将佃田二次转顶与人》A下655	约正王天诚	乾隆三十四年十一月初九日福建省漳州府南靖县乡约王天诚到县衙禀称：十一月初二日许奇国与徐贵争耕田亩起衅，被徐贵刀伤肩胛，医治不痊，延至初九日身死。

材料来源：《清代地租剥削形态》上下册（分别用 A 上、A 下表示）、《清代土地占有关系与佃农抗租斗争》上下册（分别用 B 上、B 下表示），材料名称后面的数字是页码。

2. 参与或协办恶化成刑案的纠纷。地缘社会组织有时还要参与或协助官府办案。州县官一旦决定过问某案，他可能会要求掌握更多的文契和案情，然后才饬令堂讯。这时他通常会要乡保或衙役，或者二者一道对有关证据案情进行调查核实，如对勘察地界、查验伤情、审核诉词，等等。

下面表 7-3 所反映的是清代乾隆朝地缘社会组织参与或协助官府办案的部分案例。

表 7-3　乾隆时期地缘社会组织参与或协助官府办案案例

案件的名称和资料来源	参与或协助人	简要情况
《甘肃灵州撒三租种撒著明沙地每年交租四升》A 上 123	保长梁天贵	乾隆二十六年（1761 年）九月二十八日甘肃省宁夏府灵州金积堡人撒三殴死哥哥撒著明，保长梁天贵在堡子里巡查闻知验明后，将撒三"拘获看守"，然后到州府禀报并协助官府查明：撒三佃种哥哥撒著明一亩沙田，每年租粮四升，本年未交，撒著明屡次讨要未果。撒三不交租的理由是：自己为兄当"水手"（船工）未得"工食粮食"，宜以此抵租。这天两兄弟在城郊相遇，哥哥"不由分说"动手殴弟，弟弟"用手格架"在哥哥"鼻梁上打了一拳，左手上咬了一口"，哥哥随即倒地，不久气绝身亡。最后刑部、都察院、大理寺"三司会审"根据"卑幼殴本宗缌麻兄死者，斩"律，判处撒三"斩监候，秋后处决，照例刺字。"

（续表）

案件的名称和资料来源	参与或协助人	简要情况
《湖南华容县农何必爵自出种籽收穫主三佃七分租》A上157	总甲王辅世	乾隆三十五年（1770年）四月二十四日湖南省岳州府华容县村民何必爵被严开富殴伤致死，总甲（相当于保长）王辅世查验属实向知县吴开元报告，随后参与官府查明案情：何必爵自备种籽借种严开富一丘麦田，约定收割时严三何七分成。二十四日何必爵前往割麦，严开富也到麦地要求分麦。何必爵说麦子歉收，只肯"每百束给十八束"（百分之十八），严开富不依，口角致殴，何必爵被殴伤左胁身死。最后刑部根据"斗殴杀人者，不问手足、他物、金刃，并绞"规定，判处严开富"绞监候，秋后处决。"
《直隶张家口厅王达租种刘忠孝地亩各出耕牛秋粮均分》A上164	乡约屈大贵	乾隆三十八年（1773年）四月初九日直隶省张家口厅西沟乡小道沟村民王达被刘忠孝用刀扎伤身死，乡约约正屈大贵验究属实，次日到官府禀告，并"将刘忠教拴住，起获凶器小刀，一并带来"。在案件查办中，约正积极参与协助，查明案情：王达佃种刘忠孝六十亩地，议定每年秋后分粮，每人出一头牛，合伙使用，五天一替。王家的牛"疲瘦"，刘家的牛"壮硕"，二人常因用牛发生口角。初九两人因争用刘家牛起衅，王达被扎倒在地"混骂"，刘忠孝"愈加气愤，……又用刀乱扎了几下，就歇手走开"，王达当场死亡。最后刑部、都察院、大理寺"三司会审"根据"故杀人者，斩监候"律，判处刘忠孝"斩监候，秋后处决。"

(续表)

案件的名称和资料来源	参与或协助人	简要情况
《安徽望江县地主收租乡例每种田一石收谷十石》A 上 189－190	乡保金以三	安徽省安庆府望江县监生刘光丰有三石五斗田早年佃给陈以太耕种，每年租谷二十八石。乾隆四十五年（1780 年）刘光丰要求田租增至三十五石，陈以太不依。经人调解，租谷减至三十二石，准备在三月清明节后重立租约。2 月 12 日早上有人在刘家池塘发现一具受伤死尸，查系陈以太胞兄陈青高。乡保金以三随往查验，将死尸以及"塘埂一带沿路俱有血迹"等情上报知县厉荃，知县在乡保金以三等人协助下，查明事实真相：陈青高双目失明，无儿无女，自恃是家长，对增租气愤不过，"自己算计停当，趁这夜里到刘家吵闹图赖。刘家见我是瞎子，又是夜里，必定吓慌，不敢增租了，……要是将近刘家，预先（用刀在自己头上）划出些血来，然后再去，更吓得住"。清明节这天晚上，陈青高酒后强要弟弟陈以太按自己的计划行事。将近刘家时，陈以太在哥子强逼之下，"在（哥子）头上乱划了四下，哥子哼了两声"，走了十几步，"晕睡倒死"在塘埂上。这时刘家狗声大作，陈以太"一时心慌"，把哥子"尸身"推下堰塘。最后刑部依"弟殴兄死者，斩"律，判处陈以太"斩立决，照例先行刺字"。

材料来源：《清代地租剥削形态》上下册（分别用 A 上、A 下表示）、《清代土地占有关系与佃农抗租斗争》上下册（分别用 B 上、B 下表示），材料名称后面的数字是页码。

本章小结：明清时期地缘社会解纷机制的主要内容是：解纷主体是以乡绅为主角的地缘社会组织代表或首领；解纷方式具有教化与维权相结合的基本特征；贯穿所有解纷环节的解纷

理念是息事宁人；解纷原则是妥协与自治；解纷所适用的规则主要是社会生成法（规约章程、乡俗习惯、情理信义等）；效力保障包括官府支持、乡贤保证、神灵威慑、社会生成法保障、制裁机制等多元权威；地缘社会的解纷机制不是封闭而是开放的，主要表现为它与血缘社会解纷和国家司法的联接。

第八章

地缘社会组织解纷角色的历史成因

从前面的考察来看,明清地缘社会组织是广泛参与民间解纷的重要角色。这里的"广泛"既包括解纷主体的广泛,也包括解纷对象(纠纷)的广泛。这种"广泛"性正如范忠信教授所说:"只要考察历史,我们就会发现,……个人自力解决的纠纷,占全部纠纷的最大部分;社会以团体力解决的纠纷,占全部纠纷的较大部分;国家参与或主持解决的纠纷,只占全部社会纠纷的最少部分。"[1] 地缘社会组织解纷角色的历史成因是多方面的,学者们指出:"中国古代除宋代外,……各代均限制户婚田土之类的民事诉讼,鼓励通过民间调解解决纠纷。其中既有重视民间道德教化、主张'和为贵'等理念方面的原因,也有基于'讼累'对生产和生活秩序的干扰、尽快'息讼'等功利方面的考虑,同时也体现了国家对民间的血缘或基层地域组织及乡绅、族长等地方势力的重视"[2];"作为其理由(民间社会广泛参与解纷的理由),可以举出人们对与官府发生关系之普遍的恐惧,时间上和金钱上的费用,对官府的不信任,衙役的暴虐、拷问等。作为知县,也缺少专业的法律知识,……对当地的情况并不熟悉,许多场合不得不依赖部下,其部属往往收受原告和被告的钱物,把民众害得很苦,得不到民众的信任。因此,族长、乡绅、亲戚、友人、邻人、同业者团体以调解方式解决纠纷,……可以说是因为它是一种在摆脱金钱性、精神性和肉体方面高昂支出的知县的审判的同时,还减轻知县的负担,并具有教育性功能的纠

---

[1] 范忠信:"纠纷解决是和谐社会的第一要义",载《湖北大学学报》2008年第6期。

[2] 范愉:"试论民间社会规范与国家法的统一适用",载谢晖、陈金钊主编:《民间法》(第一卷),山东人民出版社2002年版,第83页。

纷解决手段。"[1] 根据学界已有的研究和我们的考察,明清地缘社会组织广泛参与纠纷解决的原因大致有五个方面:国家的鼓励或授权、基层司法体制和刑事政策的影响、官方"息讼"与民间"惧讼"的结果、民间纠纷更适合民间解决、国家能对民间解纷进行干预。

第一节 国家的鼓励或授权

中国传统社会并非现代意义上的法治社会,但在大是大非方面总体上都是有法可据的。国家对民间组织解决纠纷除了一般地提倡、鼓励和支持之外,还表现为特别将民间解决纠纷机制纳入国家制度安排的范围。虽然这里国家赋予民间解纷权的法律并不严密,也没有形成现代西方那样的一套话语体系,而且可能时时遭遇皇权的侵犯和剥夺,但民间组织解决纠纷具有一定的合法性是没有问题的。

国家的制度安排实际上是一个法源问题,即民间社会解决纠纷有没有法律依据、民间社会的纠纷解决权如何获得的问题。从法理上来说,民间社会纠纷解决权的法源是通过两种方式表现出来的:一是"法不禁止即允许"的方式,或者说是官方鼓励、放任、默许,睁只眼闭只眼、民不告官不管的态度。这实际上是允许民间社会根据非正式法,即风俗习惯来解决纠纷。二是专门制颁正式法或国家法的方式,即专门颁布诏诰、榜文告示、法典条文、地方法规、行政命令等规范性文件,对民间社会解决纠纷进行直接规定或授权。下面对明清两代中国传统民间社会组织纠纷解决权的正式法法源进行简要考察。

这些法源形式主要有三种:皇帝的谕示(圣谕和榜文)、国家基本法典的规定、地方官府的规定或告示。

一、皇帝谕示的要求

圣谕与榜文都是皇帝谕令,或者是借皇帝名义发布的、具有最高效力的法律形式。明清时期涉及纠纷解决的圣谕和榜文,其内容大都是一个模式:首先强调社会和谐的重要性,然后要求民间社会组织积极参与纠纷的解决。

---

[1] [日]高见泽磨著,何勤华等译:《现代中国的纠纷与法》,法律出版社2003年版,第15页。

(一) 圣谕

圣谕是皇帝直接发布的通令或告示。明清时期有关赋予民间社会纠纷解决权的圣谕很多，这里择其要者例举如下：

1. 明代的太祖《六谕》、代宗《诏谕》、世宗《宣谕》。

(1) 太祖《教民六谕》。也称《圣谕六言》，洪武三十年（1397年）九月，明太祖亲自制订和颁布，内容是："孝顺父母，恭敬长上，和睦乡里，教训子孙，各安生理，毋作非为。"[1] 这些话虽然不是直接讲纠纷解决的，但实际上是要求民间为实现这一目标把纠纷处理好，也就是把（部分）纠纷解决权赋予民间社会。这正如有学者所指出的："《六谕》更可算是祖宗的心法，引用《六谕》实际上即等于给乡约找到最有力的法律依据。所以，明代中期的乡约之必讲《六谕》，在一定意义上只是把乡约的法源明显化和确定化而已。"[2]

(2) 代宗《诏谕》。景泰四年（1453年）明代宗诏书曰："民有怠惰不务生理者，许里老依教民榜例惩治。"[3] 这里便是直接授予乡里组织负责人"里老"以纠纷解决权。"里老"（"耆老"）是明初在里中推举的、负责本地乡治事务的年高有德有威望的"村干部"。《明会典》规定："命有司择民间年高老人，公正可任事者"或是"必选年高有德，众所信服者，使劝民为善。"[4] 下面将要介绍的《教民榜文》对里老的纠纷解决权有具体的规定。

(3) 世宗《宣谕》。嘉靖七年（1528年）明世宗在承天府发布《宣谕》："各要为子的尽孝道，为父的教训子孙，长者抚那幼的，幼的敬那长的、勤生理，做好人，依我此言，钦此。"[5] 这个《宣谕》只是明太祖《圣谕》更浅白的口说版本，也是属于不直接讲纠纷解决，但实际上是把（部分）纠纷解决权赋予民间社会组织的情况。

---

[1] 《明实录》卷二五五《太祖实录》。

[2] 朱鸿林：《中国近世儒学实质的思辨与习学》，北京大学出版社2005年版，第259～311页。

[3] （清）顾炎武著，黄汝成集释：《日知录集释》，上海古籍出版社2006年版，第474页。

[4] 《明会典》卷五一《民政二》。

[5] 《明世宗宝训》卷三。

2. 清代《六谕民》、《圣谕十六条》和《圣谕广训》。

（1）顺治《六谕民》。顺治九年（1652年），顺治帝仿明代《圣训六谕》，颁布《六谕卧碑文》[1]，即《六谕民》。内容与太祖《教民六谕》完全相同，实际上是顺治重申朱元璋的《六谕》，把（部分）纠纷解决权赋予民间社会。

（2）康熙《圣谕十六条》。清圣祖玄烨即位后，提出了"尚德缓刑，化民成俗"[2]的社会教化方针。他在《六谕卧碑文》的基础上亲自拟订了有关齐家治国的《圣谕十六条》，颁行全国，宣谕万民。《圣谕十六条》是："敦孝悌以重人伦，笃宗族以昭雍睦，和乡党以息争讼，重农桑以足衣食，尚节俭以息财用，隆学校以端士习，黜异端以崇正学、讲法律以警愚顽，明礼让以厚风俗，务本业以定民志，训子弟以禁非为，息诬告以全良善，戒匿逃以免株连，完钱粮以省催科、联保甲以防盗贼、解仇忿以重身命。"[3] 这里有一半是关于民间纠纷解决的，即："敦孝悌以重人伦"、"笃宗族以昭雍睦"、"和乡党以息争讼"、"讲法律以警愚顽"、"明礼让以厚风俗"、"训子弟以禁非为"、"息诬告以全良善"、"解仇忿以重身命"。这些实际上都是在把（部分）纠纷解决权赋予民间社会。

（3）雍正《圣谕广训》。清世宗胤禛即位之初，对《圣谕十六条》逐条进行训释解说，名曰《圣谕广训》，于雍正二年（1724年）二月颁行全国。《圣谕广训》篇幅较长，这里仅摘录"和乡党以息争讼"条的内容如下："乡党中生齿日繁，比闾相接，睚眦小忿，狎昵微嫌，一或不诚，凌竞以起，遂至屈辱公庭、委身法吏，负者自觉无颜，胜者人皆侧目，以里巷之近而举动相猜、报复相寻，何以为安生业、长子孙之计哉？圣祖仁皇帝悯人心之好竞，思化理之贵淳，特布训于乡党曰'和'，所以息争讼于未萌也。……人有亲疏，概接之以温厚；事无大小，皆处之以谦和。毋恃富以侮贫，毋挟贵以凌贱，毋饰智以欺愚，毋倚强以凌弱。谈言可以解纷，施德不必望报。人有不及，当以情恕；非意相干，

---

[1]《清史稿·世祖本纪》卷五。
[2]《钦定大清会典事例》卷三九七，光绪二十五年清会典馆石印本。
[3]《康熙圣谕十六条》，《圣祖实录》康熙九年十月癸巳。

可当以理遣。此既有包容之度,彼必生愧悔之心。一朝能忍,乡里称为善良;小忿不争,间党推其长厚。乡党之和,其益大矣。……农商相资、工贾相让,则民与民和;训练相习、汛守相助,则兵与兵和。兵出力以卫民、民务养其力,民出财以赡兵、兵务恤其财,则兵与民交相和。由是而箪食豆羹争端不起,鼠牙雀角速讼无因,岂至结怨耗财、废时失业,甚且破产流离、以身殉法而不悟哉?若夫巨室耆老,乡党之望;胶庠髦士,乡党之英,宜以和辑之风为一方表率。……夫天下者乡党之积也,尔等诚遵圣祖之懿训,尚亲睦之淳风,孝弟因此而益敦,宗族因此而益笃,里仁为美,比户可封,讼息人安,延及世世,协和遍于万邦,太和悉于宇宙。"[1] 雍正的训释使"十六条"更加周详、显明、易懂,而且要求在全国大力宣讲,"使群黎百姓家喻而户晓"。这里也是在赋予民间社会纠纷解决权、鼓励民间社会主动解决纠纷。

(二)榜文

古代"揭榜示以昭大法"[2] 的榜文是皇帝发布的教民谕旨或经皇帝批准的告示、法令、案例,是以专题告示方式发布、以警告百姓的单行法规,是兼有法律和教化双重功能的官方文书,是中国古代重要的法律形式之一。榜文一般以大字抄写在板榜上,悬挂于各地衙门门口和城乡申明亭中。开头一般题为"为某某事"或"申明教化事",末尾一般有"右榜谕众周知"等字样。榜文内容极其复杂,涉及社会生活各个方面,大体可分为劝谕教化类和公布政令法规类两种。前者的主要内容就是有关民间纠纷解决权的规定,后者也有很多内容涉及纠纷解决,如吏治、安民、钱粮、学政、约束兵丁、救荒、庶务、狱政、词讼、乡约、保甲、风俗等内容。明清时期的榜文主要发布于两朝初期,其它时间较少采用。

---

[1] 周振鹤撰集,顾美华点校:《圣谕广训集解与研究》,上海书店出版社2006年版,第208~209页。

[2] 杨一凡、田涛:《中国珍稀法律典籍续编》(第三册),黑龙江人民出版社2002年版,第6页,"点校说明"。

1. 明代《教民榜文》[1]。明代《教民榜文》是洪武三十一年（1397年）四月明太祖为处理社会纠纷，减少民间词讼，特命户部制定和颁行的一部有关民间诉讼及事务管理的专门法律，具有民事特别法的性质。《教民榜文》对乡里组织中老人、里甲长理断民讼和其他乡村事务的方方面面作出了详尽的规定，主要有里老制度的组织设置、职责、人员选任和理讼的范围、原则、程序、刑罚及对违犯榜文行为的惩处等。《教民榜文》是明初乡里组织调处民间纠纷的直接法律依据。有些乡约组织的纠纷解决权也以此为法源，如明中叶福建惠安乡约解决民间纠纷所依据的法律就包括《教民榜文》[2]。

《榜文》分为前言（总则）和正文两大部分。前言说明了颁行《教民榜文》的动因及榜文的基本原则和效力，其中对里老人、里甲长的纠纷解决权作了的原则性规定："今出令昭示天下：民间户婚、田土、斗殴相争一切小事，须要经由本里老人、里甲断决。若系奸、盗、诈伪、人命重事，方许赴官陈告。是令出后，官吏敢有紊乱者，处以极刑。民人敢有紊乱者，家迁化外。"[3] 正文共四十一条，主要是关于乡里纠纷预防和纠纷调处的内容，其中第一、二、四、二十、四十、四十一条等对里老人、里甲长的纠纷解决权作了具体而系统的规定，如第一条规定："民间户婚、田土、斗打、相争一切小事，不许辄便告官，务要经由本管里甲、老人理断。若不经由者，不问虚实，先将告人杖断六十，仍发回里甲、老人理断。"第四十一条规定："凡理讼老人有事闻奏，凭此赴京，不须文引。所在关隘去处，毋得阻挡。余人不许。如有假作老人名目，赍此赴京言事者，治以重罪。"

《教民榜文》虽然只有四十一个条目，但它在明朝法律体系乃至整个中华法系中都占有一个特殊的地位。《大明律》、《大明令》、《大诰》

---

[1] 刘海年、杨一凡：《中国珍稀法律典籍集成》（乙编第一册），科学出版社1994年版，第635~645页。《中国珍稀法律典籍续编》（第三册）收录明代《洪武永乐榜文》（底本为明人曹栋撰《南京刑部志》嘉靖刊本）共六十九榜，但不见《教民榜文》。

[2] （明）叶春及：《惠安政书》，福建人民出版社1987年版，第329页。

[3] 刘海年、杨一凡：《中国珍稀法律典籍集成》（乙编第一册），科学出版社1994年版，第635页。

和《问刑条例》等法律主要规定刑法制度、司法制度、行政制度和经济制度方面的重要内容。《教民榜文》则集中规定民事关系方面内容，使律、令、条例中有关户婚、田土方面的内容和乡村社会诉讼制度方面的内容达到了非常具体化的程度，是我国历史上一部极有特色的民事和民事诉讼法规，集中体现了朱元璋精心设计的一套乡村治理制度。

2.《顺治元年榜文》。清代开国皇帝清世祖福临颁行《榜文》，以大清国"摄政王令旨"的形式痛斥社会上的好讼行径："以越诉为等闲，以诬告为常事，教唆健讼，败俗伤财，予甚痛之。"[1] 这些话虽然也不是直接讲民间纠纷解决权问题的，但这里以"越诉"、"健讼"、"败俗伤财"为"甚痛"的言外之意，就是在鼓励和授权民间社会积极主动地解决纠纷。

二、国家基本法典的规定

《大明律》和《大清律》分别是明清两朝的基本法典，二者大部分内容相同，所谓"大清律即大明律改名也"[2]。这两部法典中有关民间社会纠纷解决规定的主要条款和内容有：

（一）严禁"细事"不经乡里解决而直告官府

《大明律》第三百五十五条、《大清律例》第三百三十二条"越诉"都规定："凡军民词讼，皆须自下而上陈告。若越本管官司，辄赴上司称诉者，笞五十。"这里的"越诉"包括不经乡里解决而直告官府的行为。顾炎武《日知录》："今（清初）人谓不经县官而上诉司府，谓之'越诉'。是不然。太祖实录，……若户婚田宅斗殴者，……若不由里老处分，而径诉州县者，即谓之越诉也。"[3] 清代法律学家薛允升说："（明代）非如今（清末）先不闻州县而遽诣府司者，然后谓之越诉也。犹得汉时乡老啬夫之意。"[4] 国家基本法典严禁"细事"不经乡里解决

---

[1] 杨一凡、田涛：《中国珍稀法律典籍续编》（第五册），黑龙江人民出版社2002年版，第3页。

[2] （清）谈迁：《北游录·记闻》，中华书局1960年版。

[3] （清）顾炎武著，黄汝成集释：《日知录集释》（上），上海古籍出版社1985年版，第622~623页。

[4] 薛允升：《唐明律合编》，法律出版社1999年版，第738页。

而直告官府，实际上是把乡里组织的解纷权作为国家解纷权的一个组织部分。

（二）严格保护象征乡里组织纠纷解决权的申明亭

申明亭是明代设于乡里，用来公布法律、记录犯人罪行、劝善惩恶、处理民事纠纷的专门教化兼司法场所，是乡里组织纠纷解决权的象征。[1] 洪武十五年（1382年）礼部规定私毁亭舍或除所悬法令、及涂抹姓名者按律论罪，监察御史、按察司官员应即时纠治。《大明律集解附例》第四百条、《大清律例》第三百七十六条"拆毁申明亭"规定："凡拆毁申明亭房屋及毁板榜者，杖一百，流三千里。"[2] 保护申明亭，实际上也就是在保护乡里组织的解纷权。

（三）严禁教唆词讼

明清两朝均将"教唆词讼"行为以犯罪论。《大明律集解附例》第三百六十三条、《大清律例》第三百四十条"教唆词讼"规定："凡教唆词讼，及为人作词状，增减情罪诬告人者，与犯人同罪。若受雇诬告人者，与自诬告同；受财者，计赃，以枉法从重论。"这些规定实际上是鼓励社会纠纷走民间解决的路线，间接默许民间组织的纠纷解决权。

（四）放告日规定

明清两朝在诉讼程序方面，通过对起诉时间的限制规定间接性的迫使或鼓励民间纠纷就地解决。这种限制就是"放告日"规定，即规定当事人只能在法定的"放告日"期间才可以起诉，其它时间起诉不予受理。《大明律》虽然没有"放告日"规定，但明中叶以后地方官自创"放告日"（听讼日）制度，规定一般民事纠纷只在每月逢三、六、九之日才可以起诉，这样每月只有九天、每年不过七十二天"放告日"。《大清律例》则对"放告日"有明确规定。第三百三十四条"告状不受理"《条例》规定："每年自四月初一日至七月三十日，时正农忙，一切民词，除谋反、叛逆、盗贼、人命及贪赃坏法等重情，并奸牙铺户骗劫客货，查有确据者，俱照常受理外，其一应户婚、田土等细事，一概不准受理；自八月初一日以后方许听断。若农忙期内，受理细事者，该

---

[1] 参见本书第三章第一节。
[2] 《大明律集解附例·刑律·杂犯》"拆毁申明亭"注。

督抚指名题参。"这里规定农历四月初一至七月三十日近四个月内不能对"细事"提起诉讼,而且其余八个月也不是每天都可以起诉的,清代前期是每月逢三、六、九,清中期后是逢三、八,这样每月只有九天或六天可以起诉,每年可诉时间不过七十二天或四十八天。为有效实施"放告日"制度,官府在衙门外立"农忙"和"止讼"两块牌子告谕百姓。清初著名地方官黄六鸿在《农忙停讼》中说:"每岁值乡农(忙)之时,有司悬牌,大书'农忙止讼'四字,晓谕署前所以重农桑、裕邦本也。非命盗逃人重情,一概不准,此系从来定例。"[1] "放告日"规定也就是对民间组织纠纷解决权的肯定与扩充。黄六鸿说:"正如民之有讼,出于不得已而后控。官之听讼,亦出于不得已而后准。非皆乐于有事者也。闾阎雀角,起于一时之忿争,因而趋告,若得亲友解劝延至告期,其人怒气已平,杯酒壶茗,便可两为排释。岂非为民父母者所深愿乎?"[2]

三、地方官府告示的规定

明清时期地方官府的规定或告示是具有法律效力的官方文书。黄六鸿在《福惠全书·发各告示》中说:"新官行事为阖境所观仰,而其大旨亦多见之文告,此远乡百姓不得见新父母(官)而得见新父母(官)之言以为欣幸。宁独执事在公者知所遵守哉?故一切因革事宜,贵定之于始。始法既定,而按程课效,则游刃有余矣。凡诸晓谕,宜明白简切,勿以词华是炫。所谓妇人童竖皆可知之者也。"[3] 很多地方官府文告都有赋予民间组织解纷权的规定。

(一)劝民息讼,鼓励和授权民间调处纠纷的文告

1. 明代知县、巡抚王阳明的告谕。王阳明是明代极具影响力的"心学"大师和封疆大吏,长期在地方与中央担任要职。他因信奉"破

---

〔1〕(清)黄六鸿:"农忙停讼",载(清)黄六鸿:《福惠全书》卷一一《刑名部一》,北京出版社2000年版。

〔2〕(清)黄六鸿:"词讼",载(清)黄六鸿:《福惠全书》卷一一《刑名部一》,北京出版社2000年版。

〔3〕(清)黄六鸿:"发各告示",载(清)黄六鸿:《福惠全书》卷二《莅任部一》,北京出版社2000年版。

山中贼易，破心中贼难"而十分注意通过"心上功夫"（认真做好老百姓的思想政治工作）来治理地方，所谓"为政不事威刑，惟以开导人心为本"[1]。史载他在正德五年（1510年）三十九岁任江西吉安府庐陵县知县时，"慎选里正三老，坐申明亭，使之委曲劝谕。民胥悔胜气嚣讼，至有涕泣而归者。由是囹圄日清。在县七阅月，遗告示十有六，大抵谆谆慰父老，使教子弟，毋令荡僻。"[2] 正德十六年（1521年）四十五岁的王阳明升任都察院左佥都御史、巡抚南（安）、赣（州）、汀（州）、漳（州）等处，不仅启动明清官方支持和推广保甲和乡约的历史进程，而且发布大量告谕，倡导纠纷泯于民间。这类告谕，《王阳明全集》中载有十五个，其中十三个[3]与民间社会纠纷解决权有直接关系，其内容或精神主要在两方面：一是要求乡里组织平时加强教化，免争息讼；二是授权民间社会自行解决户婚田土等细故，不要报官，否则依法治罪。例如：《十家牌法告谕各府父老子弟》："自今各家务要父慈子孝，兄爱弟敬，夫和妇随，长惠幼顺。……谦和以处乡里，心要平恕，毋得轻意忿争，事要含忍；毋得辄兴词讼，见善互相劝勉，有恶互相惩戒，务兴礼让之风，以成敦厚之俗。"[4]《仰南安赣州印行告谕牌》："城郭乡村推选素行端方、人所信服者几人，不时巡行晓谕，各要以礼优待，作兴良善。"[5]《告谕庐陵父老子弟》："今与吾民约，自今非有迫于躯命，大不得已事，不得辄兴词。……县中父老谨厚知礼法者，其以吾言归告子弟，务在息争兴让。"[6]

2. 康熙年间知县章获鹿鼓励和授权民间组织主动调处纠纷的告示。康熙年间知县章获鹿向全县发布"饬禁刁讼并访拿讼棍示"，鼓励和授

---

[1]（明）王守仁：《王阳明全集》（第四集），红旗出版社1996年版，第1570页。
[2]（明）王守仁：《王阳明全集》（第四集），红旗出版社1996年版，第1570页。
[3] 这十三个告谕是：《十家牌法告谕各府父老子弟》、《告谕各府父老子弟》、《告谕新民》（二则）、《告谕》、《仰南安赣州印行告谕牌》、《告谕父老子弟》、《告谕军民》、《告谕安义等县渔户》、《告谕顽民》、《禁省词讼告谕》、《再禁词讼告谕》、《告谕庐陵父老子弟》。
[4]（明）王守仁：《王阳明全集》（第一集），红旗出版社1996年版，第154页。
[5]（明）王守仁：《王阳明全集》（第一集），红旗出版社1996年版，第191页。
[6]（明）王守仁：《王阳明全集》（第三集），红旗出版社1996年版，第1088页。

权民间社会主动调处纠纷的告示，其中说："本县日以苏恤民瘼为心，且以剪恶除奸为任，合行饬禁，为此仰军民人等知悉，除真命逃盗大案宜赴官司首告外，凡系户婚田土债负等事止应自相理谕，不必轻于举词。若一时口角细微忿怨，断该情恕理遣，各安生业保守身家，何得任性使刁自蹈法网，至于所在地方，或有前项棍徒包揽词讼，把持起灭，诱害良善者，地方乡保不时据实首报，以凭尽法痛处。申宪决配，断不容贷！"[1]

3. 康熙末年徽州府某县关于纠纷调处的告示。康熙年间徽州府知府吴宏自编《纸上经纶》一书，记载其在康熙四十年（1701年）到康熙六十年（1721年）二十年间管理徽州府的种种事务，其中载录大量鼓励和授权民间社会调处纠纷的告示，例如"词讼条约"告示规定："凡民间口角细事，亲邻可以调处，些微债负，原中可以算清者，不得架词诳告。"[2] "禁健讼"告示规定："照得争讼之兴，既废时而失事，更怨毒而伤残，极为恶俗。……尔如有健讼之徒，敢于示后巧捏虚词，仍行渎控者，一经审出，定将原告重惩以儆刁风；其有讼棍主使教唆，究出一并严拿治罪。本县思挽颓俗，法在必行，各毋以身试法，自取罪戾。"[3]

4. 《保甲章程》。清代后期江苏省金山县（今属上海）县令编订的《金山县保甲章程》内容完善，形式规范，可谓明清时期地方保甲法规的集大成或典型代表。章程共二十六条，内容分为治安管理（"保卫闾阎"）和劝禁解纷（"劝禁条款"）两大部分，"劝禁条款"是章程的主体，它直接赋予保甲组织有解决纠纷的义务。[4] 例如"禁斗殴"条规定："保中年老之人，须当时时提醒劝戒，使少年子弟弗逞血气之强，免遭一生之祸。""禁争讼"条规定："牌甲中凡有户婚、田土、口角微

---

[1]（清）黄六鸿：《福惠全书》卷一一《刑名部一》，北京出版社2000年版。

[2] 田涛、郭成伟：《明清公牍秘本五种》之《纸上经纶》卷五，中国政法大学出版社1999年版，第220~221页。

[3] 田涛、郭成伟：《明清公牍秘本五种》之《纸上经纶》卷五，中国政法大学出版社1999年版，第220~221页。

[4] 一凡藏书馆文献编委会编著：《古代乡约及乡治法律文献十种》（第三册），黑龙江人民出版社2005年版，第539~570页。

嫌，可邀牌董、甲董及乡耆邻佑平心理论，再没有过不去的事。实在难以理料，再入官告状，你的理也占十分了。""禁图产争继"条规定："牌甲中凡有立继的事，总要照穆相当，听凭族长亲长公议，按着家谱议继，不怕人家不依。"章程最后强调："保中士民耆老，伏望随时讲解（所定各条），俾鸮音悉格，雀角无争，敦本保身，勉为良善，弦歌雅化，仁让休风，复见今日。"

（二）关于民间组织调处纠纷的范围与"告状不准事项"的文告

下面两则规定见之于地方官的施政实录著述，但实际上就是当时相关文告的内容。

1. 明代惠安县令叶春及关于乡约组织解纷范围的文告。明代惠安知县叶春及的施政笔记《惠安政书》不仅处处表明官府鼓励、授权民间组织解纷的态度，而且还具体规定民间组织受理纠纷的范围，如"乡约篇"载述乡约组织受理纠纷的范围："（乡约）以十有九章听民讼：一曰户婚；二曰田土；三曰斗殴；四曰争占；五曰失火；六曰窃盗；七曰骂詈；八曰钱债；九曰赌博；十曰擅食园林瓜果；十有一曰私宰耕牛；十有二曰弃毁器物稼穑；十有三曰畜产咬杀人；十有四曰卑幼私擅用财；十有五曰亵渎神明；十有六曰子孙违犯教令；十有七曰师巫邪术；十有八曰六畜践食禾稼；十有九曰均分水利。"[1] 这里列举的受案范围与明初《教民榜文》规定的范围基本相同。

2. 清代关于"告状不准事项"的文告。清代地方官黄六鸿《福惠全书》中的"状式"附有一则"告状不准事项"，规定州县官不准受理的案件有十五种，如果用排除法思维，这实际上也是间接规定民间解纷的范围。这十五种是："事在赦前及年远者不准；告人命不粘连伤痕凶器谋助单者不准；告婚姻无媒妁者不准；非现获奸犯词内牵连妇女者不准；告强盗无地邻见证窃盗无出入形迹空粘失单者不准；告婪赃无过付见证者不准；告田土无地邻债负无中保及不抄粘契券者不准；生监及妇女老幼废疾无抱告者不准；告生员作证并牵连幼女稚童者不准；被告非盗命过三人者不准；状内所告无真正年月日者不准；状尾无考定代书姓

---

[1]（明）叶春及：《惠安政书》，福建人民出版社1987年版，第328~329页。

名者不准；状不合式并无副状者不准一告人命粘单内不填尸伤凶器下手凶犯及不花押者不准；凡告状不用印格眼者不准。"[1] 这一则"告状不准事项"大体反映了中国古代告状的四大"受理要件"：一是时间限制，类似于时效制度。如果所告的事项发生在赦免以前，或者行为发生的时间太长，也就是过了追诉时效，官府不受理。二是证据限制。状告人命案件必须附上凶器、主谋和帮凶；告贪赃必须有收付款凭证；指控妇女犯奸必须现场捉奸。三是当事人资格限制。监生[2]、妇女以及老幼废疾者亲自上堂告状而没有"代理人"的，官府不受理；一个状子"被告"太多，官府不受理；四是诉状格式限制。书写超过印格、年月日不明确、没有代书人签章等，官府不受理。上述规定固然反映我国古代诉讼制度的相对发达，但也在客观上（也是主观意图）有限制兴诉，鼓励和授权民间社会组织解决纠纷的作用。

（三）号召民间组建"乡约"解决纠纷的文告

作为能够进行有限自治的民间社会组织，乡约组织在解决民间纠纷中具有不可替代的重要作用，因而得到官方的授权。

1. 明代王阳明制颁《南赣乡约》，授权和指导乡约组织解决民间纠纷。正德十五年（1520年）王阳明担任南（安）、赣（州）巡抚时，倡建乡约组织，亲撰《南赣乡约》[3] 颁行各地，为民间组建乡约组织提供指导性标准，企图以乡约的形式和"蓬生麻中，不扶而直；白沙在泥，不染而黑"[4] 的机制把人民组织起来，建立"息讼罢争，讲信修睦"的和谐社会。

2. 清代嘉庆时嘉兴府推行"乡约"告示。嘉庆时浙江嘉兴府平湖（今浙江平湖）知府王凤生为推行乡约，颁布《公举约正条规》和《约正劝惩条约》告示。

（1）《公举约正条规》共四条："一、乡耆（即约正），必须明白

---

[1]（清）黄六鸿：《福惠全书》卷一一《刑名部一》，北京出版社2000年版。

[2] 参见本书第七章第一节中的"明清时期的乡绅"部分。

[3] 参见本书第一章第一节中的"乡约组织"；或（明）王守仁：《王阳明全集》（第一集），红旗出版社1996年版，第228～232页。

[4]（明）王守仁：《王阳明全集》（第四集），红旗出版社1996年版，第228页。

公正、为众所推者方准保举，不许用无身家及平日好事揽讼之徒混迹其间。至甲耆（即保甲之甲中的'老人'），……须稍晓事体而诚实者为之，不得以市井无赖、乡曲无用之人充役。……保甲长不得与甲耆并论，亦不准其干预乡约事件。二、甲耆（'老人'）须在百家之内遴选，乡集耆（约正）须在一乡一集之内选举，以期近便，易于照料亲切，不致徇私。三、乡集甲耆如有不才及受贿徇情，该乡集大众即随时禀官更换。倘敢武断乡曲、欺压平民，确有事实，地方官审明，除革退外，照例治罪。四、乡集耆如遇地方些小口角忿争事情，代为调和劝解，须立一簿，将某人为某事经众如何调处缘由，按月逐一登簿，每于季终赴县换册时，携簿呈官查核。即以该地方之安静与否，及有无窃贼窝留，以办乡集耆优劣。所有乡甲已和事件，非经复控，有司不得再行提讯滋扰。"[1] 此"条规"不仅规定了乡约组织负责人"乡集耆"（约正）和"甲耆"（"老人"）的担任资格和推举程序，而且明确规定他们有调处民间纠纷的职责，这种调处是有法律效力的，"乡甲已和事件，非经复控，有司不得再行提讯滋扰"。

（2）《约正劝惩条约》共五条："一、乡集甲耆（约正、老人）地方官不得视同地保甲长，令其点卯接官及催粮派夫。二、举充乡集耆者，免其徭役。三、乡集耆如能劝化地方，息争安分，并无倚势偏徇、被控情事，并实力稽查奸匪著有成效者，一年由地方官给予花红，三年送给匾额，五年详请大宪优加奖励。四、乡集甲耆承值之后，倘因熟识衙门，借此包揽钱粮词讼及插身帮讼情事，除立即斥退外，仍照例究办。五、凡乡集甲耆，该地方有命案，不得干连传讯；盗贼案不得责成缉捕，以杜扰累。各该耆亦不得干预。"[2] 从《约正劝惩条约》可以看出，身份与职责都不同于保甲长的乡约首领"约正"（"乡集耆"），其主要职责似乎就是"劝化地方，息争安分"，即维护地方治安、调处民间纠纷，只是不得"包揽钱粮词讼及插身帮讼情事"，不得干连传讯、

---

[1] 一凡藏书馆文献编委会编著：《古代乡约及乡治法律文献十种》（第二册），黑龙江人民出版社2005年版，第159~161页。

[2] 一凡藏书馆文献编委会编著：《古代乡约及乡治法律文献十种》（第二册），黑龙江人民出版社2005年版，第161~162页。

缉捕命盗案犯。他们如果工作出色，除享受免除徭役的基本待遇外，另外给予重奖，否则予以责罚。

以上是明清时期国家通过规范性文件对民间组织解纷权的专门规定。高度专制集权的明清帝国为什么会有如此制度安排？其原因可能还与下面讨论的几方面因素有关。

第二节　国家的基层司法体制和刑事政策的影响

明清地缘社会广泛参与民间解纷与明清帝国的基层司法体制和刑事政策有直接关系。

一、基层司法体制导致解纷事务向民间分流

明清帝国的基层地方政务机构一方面实行"政法合一"的"大行政"体制，兵刑钱谷、立法设制等事务全部集中于州县衙门，州县衙门既是行政机关，又是基层司法机关；另一方面实行"小政府大社会"体制，知州知县的辅佐官很少，辅佐官的正式编制只有县丞（副长官）、主簿（秘书）和典史（相当于公安局长）三个。[1] 而州县官在司法方面的法定职责却是"稽保甲、严缉捕、听狱讼，皆躬亲厥职而勤慎焉"[2]，也就是说在司法方面，勘验要亲临现场，断案要亲自审问，裁判要自己起草、宣判，其讼狱事务之繁忙超乎今人想象，通常每年处理的案件在千件以上。山东邱县（今属河北）知县张琦一年审结案件两千多件，被《清史稿》称为"能干"；湖南宁远县知县汪辉祖办公十天，其中七天判案，两天催征钱粮，一天处理公文。清代根据冲、繁、疲、难这四项标准来划分政务的难易程度，其中"难"指"民刁俗悍、命盗案多者"，而当时全国州县符合这一标准的接近百分之五十，可见案件多在古代是中国基层政府面临的一个较为普遍的问题。如此繁重的工作量使州县官们"苦不堪言"！大木雅夫认为明清时期纠纷之所以大部分在民间解决，"最重要的就是同中国的广阔领域和众多人口相比，法

---

〔1〕　参见本书第九章第一节中的有关中国传统社会自治的内容。
〔2〕　《明史·职官四》。

院为数过少"。[1]

好在大量的民间社会组织可以有效解决社会纠纷，为百姓"解难"，替官府"分忧"。乾隆年间刑名专家王又槐在《办案要略》中说："讼之起也，未必尽皆不法之事。乡愚器量褊浅，一草一木动辄争竞，彼此角胜负气构怨，始而投知族邻地保，尚冀排解。若辈果能善于调处，委曲劝导，则心平气和可无讼矣。"[2] 所以州县官想方设法"息讼"，"息讼"的主要方法之一就是让一部分甚至是大部分社会纠纷的解决向民间分流或回流。清代地方官沈彤说："里有长，乡有约，族有正，择其贤而才者授之，然后县令之耳目股肱备也。……讼狱盈庭，簿书砣砣。县令日□而不暇食焉，极于囹圄充塞、赭衣半道，而不知谁之为之也。其亦疏失其本哉！"[3] 地方官徐栋："悟得一法似属可行。如到一县，遍谘所治士耆之方正者，以折记之，注明某人居某里，以其折囊系于绅，每行乡村有所得即补记。遇民来诉，批所知相近之士耆处释，即令来诉者持批词给之，立言剀切，足以感人，必有极力排解，以副官指者。此或息讼之一端也。"[4]

明清州县官向民间分流解纷的手段很多，主要有：①官批民调。明清法律规定地方官并非有讼必理，州县官决定是否受理诉讼的标准既有法律依据，也可视所告之事是否合情合理，这样官员的自由裁量权就大了。实际上"究之实迹真情，十无一二"，也就说受理的诉状只有十之一二，绝大部分批驳完事。[5] ②拖延或拒绝。当时人们告状，许多时候是为了在纠纷中争取主动，因此地方官受理案件后并不急于审理，告状人等得不耐烦了，只好向官府呈递"息词"，官方马上将案件"注销"。③加大诉讼成本。虽然当时打官司不收诉讼费，但当事人给书吏、衙役等的"陋规""常例"必不可少，有的地方的惯例是，只要有官

---

[1] [日]大木雅夫著，华夏、战宪斌译：《东西方的法观念比较》，北京大学出版社2004年版，第94页。
[2] （清）王又槐：《办案要略》，群众出版社1987年版。
[3] 一凡藏书馆文献编委会编著：《古代乡约及乡治法律文献十种》（第二册），黑龙江人民出版社2005年版，第280~282页。
[4] （清）徐栋："息讼之法"，载《牧令书》卷一七。
[5] "官批民调"详见本书第七章第七节。

司,无论胜败,这笔钱一律由原、被告双方平摊。如此一来,当事人心痛钱财,"一时之忿,缓则渐消。或经居间劝处,遂不成讼"[1]。④打击好讼者,迫使当事人撤诉。《大明律》(第三百六十三条)和《大清律例》(第三百四十条)都设有"教唆辞讼"罪。康熙皇帝公开宣称"对好讼者宜严,务期庶民视法为畏途,见官则不寒而栗"[2]。康熙年间知县章获鹿发布《饬禁刁讼并访拿讼棍示》,其内容有:"讼师恶棍,严绝其窦,使奸无所施,而弱肉之食,不敢萌矣。"[3]

二、国家宽容"轻罪"、轻视"细故"的结果

(一)国家宽容"轻罪"的结果

明清帝国统治者为了集中法律力量重点打击重大刑事犯罪,作出了放松对单纯民事领域的干预、扩大民间自理纠纷范围的制度调整,其表现之一就是贯彻所谓"轻其轻罪,重其重罪"的刑事政策[4],这一政策的主要内容之一是国家宽容"轻罪",规定国家司法机关不审理一般的刑事案件和民事案件,从而导致地缘社会等民间社会组织能广泛参与社会纠纷的解决。

"轻其轻罪,重其重罪"是说对被认为是轻罪的行为,要给予比过去更轻的处罚;对被认为是重罪的行为,要给予比过去更重的处罚。这里被视为"轻罪"的行为主要是某些触犯礼教伦理、典礼仪式以及户婚田土方面的犯罪,被视为"重罪"的主要是谋反、谋大逆、盗窃、贪赃等行为。在"轻其轻罪"思想的指导下,大量民间纠纷被安排用社会调处方式解决,而无需国家权力先行介入。

---

[1] 转引自微言:"堪称'劳模'的古代青天",载《人民法院报》2007 年 9 月 23 日。

[2] 参见[法]勒内·达维德著,漆竹生译:《当代主要法律体系》,上海译文出版社 1984 年版,第 487 页。

[3] (清)黄六鸿:《福惠全书》卷一一《刑名部一》,北京出版社 2000 年版。

[4] 晚清著名法律学家薛允升(1820~1901 年)指出:"大抵事关典礼及风俗教化等事,《唐律》均较《明律》为重;贼盗及有关帑项钱粮等事,《明律》则又较《唐律》为重,亦可以观世变矣。古人先礼教而后刑法,后世则重刑法而轻礼教,《唐律》犹近古,《明律》则颇尚严刻矣。"见薛允升:《唐明律合编》卷九,法律出版社 1999 年版,第 170 页。

（二）国家轻视"细故"的结果

明清时期官府放任或鼓励民间自己了结"细故"。"细故"是与"重案"（即"人命盗逃"案件）相对而言的[1]。在明清时期，理论上并不存在民事与刑事的明确划分，但在实践上却是经常分开的[2]，黄六鸿在《福惠全书》中说："（官员）报升（升迁）之后，其人命盗逃重案，自应照常准理。其余雀角细事，以及户婚田土，或可片言剖决者，即与剖决；或有牵连，即批令乡地亲友从公处释。"[3] 为什么官方将"细故"交予民间解决？主要原因是"细故"不会危及政权安全。美籍华人学者黄宗智指出："按照清律成文法的解释，'细事'主要是社会本身而非国家所关心的事。与那些必须立刻处理、及时详细上报以便审核的重情大案不同，民事纠纷如果闯进了官方体系，它们只能在指定的日、月收受，并规定是由州县自己来处理。对清代这样一个主要关心行政和刑事事务的制度来说，民事诉讼被认定和解释为琐细的干扰，最理想的状态是这类诉讼根本不存在。……只要有可能，他们（官府）确实乐于按照官方统治思想的要求采用庭外的社区和宗族调解。"[4]

第三节 官方"息讼"与民间"惧讼"的结果

民间"争讼不挠官府"，或者说明清地缘社会组织能够广泛参与解纷，这与国家解纷机制的总体导向和纠纷当事人的诉讼态度是直接相关的。当时的这种总体导向和诉讼态度是什么？这里的官方表达与民间实践是存在着差异的，但基于一般情况下民间解纷成本远低于诉讼成本的

---

[1] 参见本书第二章第三节中"'细故'与'利益'：官民的不同价值判断"。

[2] 如《大清律例》第三百三十二条"越诉"条例有"户婚田土钱债斗殴赌博等细事即于事犯地方告理"，第三百四十一条"军民约会词讼"条例有"一切田土、户婚、债负细事赴本州县呈控审理"，第四百一十一条"有司决囚等第"条例有"五城及步军统领衙门审理案件，如户婚、田土、钱债细事，并拿获窃盗、斗殴、赌博，以及一切寻常讼案审明罪止枷杖笞责者，照例自行完结"。

[3] （清）黄六鸿：《福惠全书》卷三二《升迁部》"简词讼"，北京出版社 2000 年版。

[4] 黄宗智：《清代的法律、社会与文化：民法的表达与实践》，上海书店出版社 2007 年版，第 9 页。

功利考量，双方殊途同归地认为社会纠纷应该首选民间途径解决。

一、官方对"息讼"的灌输和对"讼害"的夸大宣传

（一）官方对"无讼"、"息讼"理念的灌输

中国的主流法文化传统或者说官方法文化传统是追求"无讼"或"非讼"、信奉"以讼为耻"，从而主张"息讼"的。"无讼"就是否认诉讼的正当性和合理性，主张最好是没有诉讼，有了纠纷"不挠官府"不打官司，优先选择非讼方式解决的解纷理念。"无讼"的逻辑前提是基于诉讼会产生诸如双方撕破脸皮、反目成仇等重大恶果而视争讼为恶行，因而在道德上贬抑诉讼，所谓"恶人先告状"说的就是这个意思。这里对"先告状"的原告来讲，无论他们出于什么动机，基于何种理由，只要率先告状，就被置于道德上的不利地位。清代《圣谕广训》露骨地肯定说"打官司总算不是好人"[1]，主张"世上百事可做，第一不好的是做状子"[2]，"善良百姓总是远离法庭"。《易经》中讼卦的卦辞是"有孚窒惕中吉，终凶"；孔子当鲁国司寇时的工作原则是"听讼，吾犹人也，必也使无讼"[3]；明清时期《（朱子）治家格言》强调"居家戒争讼"；《增广贤文》劝人"气死莫告状，饿死莫做贼。衙门八字开，有理无钱莫进来"。"无讼"成为明清帝国官方解纷话语体系的主旨，在宣传和实践中加以强化和放大，把"讼庭无鼠牙口角之争，草野有让畔让路之美，和气致祥"[4]作为治世目标，把"讼端尽息，官清民闲，熙熙嗥嗥"视为"太平之世"的理想境界。[5]

---

〔1〕 周振鹤撰集，顾美华点校：《圣谕广训集解与研究》，上海书店出版社2006年版，第410~411页。

〔2〕 周振鹤撰集，顾美华点校：《圣谕广训集解与研究》，上海书店出版社2006年版，第121页。

〔3〕《论语·颜渊》。

〔4〕（清）田文镜：《钦颁州县事宜》，载郭成伟主编：《官箴书点评与官箴书研究》，中国法制出版社2005年版。

〔5〕 周振鹤撰集，顾美华点校：《圣谕广训集解与研究》，上海书店出版社2006年版，第27、20页。

然而，"没有纠纷的社会是不存在的"[1]，"无讼"只是一种社会秩序的道德理想而已，明清时期已经有人出来反对"无讼"老调，知县崔述指出："自有生民以来，莫不有讼。讼也者，事势之所必趋，人情之所断不能免者也。"[2] 就连雍正皇帝在《圣谕广训》也认为"夫人必有切肤之冤，非可以理遣情恕者，于是鸣于官以求申理，此告之所由来"[3]。"无讼"不现实，那就只有退而求其次，实施"息讼"举措来弭消纠纷了。"息讼"即纠纷发生之后尽量不"诉讼"不打官司，泯纠纷解决于法庭之外的民间。康熙帝《圣谕十六条》中的"和乡党以息争讼"可谓当时官方对"无讼"要求的最高级别的表达。地方官及其幕府们把"息讼"作为首务之一。康熙时河北省灵寿县知县陆陇其每次接到民事诉状都要劝当事人撤诉："尔原被告非亲即故，非故即邻，平日皆情之至密者，今不过为户婚、田土、钱债细事，一时拂煮，不能忍耐，致启讼端。……一经官断，须有输赢，从此乡党变为讼仇，薄产化为乌有，切齿数世，悔之晚矣。"[4] 知府裕谦专门编制《戒讼说》印发所属州县劝民息讼："本府为尔民好讼者计，与其伺候公庭，受隶卒之呵斥，何若优游井里，乐妇子之团圆。平得一分心，便积得满家福；忍得一分气，便省得几分财。"知县黄六鸿也撰有《劝民息讼》官文："地方官纵能听讼，不能使民无讼，莫若劝民息讼。夫息讼之要，贵在平情，其次在忍。以情而论，彼未必全非，在我未必全是。况无深仇积怨，胡为喜胜争强。我之所欲胜，岂彼之所肯负乎？以此平情，其忿消矣，而何有于讼？以忍而言，彼为横逆，从傍自有公论，何损于吾？或别有挑唆，无如息气让人，便宜自在。彼即受辱，吾宁不费钱乎，以此为忍，其念止矣，而何至于讼？虽然平情乃君子之行，容人亦非浇俗

---

[1] 范忠信："健全的纠纷解决机制决定和谐社会"，载《北方法学》2007年第2期。

[2] （清）崔述：《无闻集》卷二《讼论》，载顾颉刚编订：《崔东壁遗书》，上海古籍出版社1983年版，第701页。

[3] 周振鹤撰集，顾美华点校：《圣谕广训集解与研究》，上海书店出版社2006年版，第395页。

[4] 吴炽昌：《续客窗前活》卷三。转引自张晋藩等："论清代民事诉讼制度的几个问题"，载《政法论坛》1992年第5期。

所能，惟恃上之有以劝之耳。……政尚清简，雀角之微，亲为谕释，使和好如初。而恬让之怀，油然动矣。于是强暴革心而向道，良善感化而兴仁。将见德风所被比闾可封，又何讼狱之不为止息哉？"[1] 名幕汪辉祖在《佐治药言·息讼》中讲："其里邻口角，骨肉参商，细故不过一时竞气，冒昧启讼，否则有不肖之人，从中播弄，果能审理，平情明切，譬晓其人，类能悔悟，皆可随时消释，间有难理，后亲邻调处，吁请息销者，两造既归辑睦，官府当予矜全，可息便息。"

（二）官方对"讼害"的夸大宣传

宣传"讼害"虽然并不一定能真正使民众完全不打官司，但官方仍然想通过危言耸听、夸大宣传"诉讼之害"来阻灭老百姓的诉讼勇气。这首先表现为官方在普法宣传中强调法律的"威慑"作用。康熙在《圣谕十六条》中说诉讼要"务期庶民视法为畏途，见官则不寒自栗"[2]，其子雍正在《圣谕广训》中重审为"见法知惧，观律怀刑"[3]。解释圣谕的帝国官员也说："这些律例，总是皇上为你百姓们或有犯法，刑讯之下惟恐枉滥，参酌较定，颁行天下，教内外大小衙门遵守奉行。……那律上共载有四百五十九条，或有开载不尽，援引他律比附，应加、应减定拟罪名，推情置法，原无遗漏。你百姓们就是极愚极顽，听了这些法律，难道胸中绝无一毫惧怕么？"[4]

其次是直接渲染诉讼之害，让"民间充斥着衙门胥役敲诈勒索、官司费用高得吓人的种种恐怖故事"[5]。帝国官员在宣讲《圣谕广训》时恐吓百姓："我今更把争讼的利害讲与你们听：一纸入了公门，定要分个胜负，你们惟恐输却，只得要去钻营，承行的礼物、皂快的东道，预

---

[1]（清）黄六鸿：《福惠全书》卷一一《刑名部一》，北京出版社2000年版。

[2] 参见 [法] 勒内·达维德著，漆竹生译：《当代主要法律体系》，上海译文出版社1981年版，第487页。

[3] 周振鹤撰集，顾美华点校：《圣谕广训集解与研究》，上海书店出版社2006年版，第315页。

[4] 周振鹤撰集，顾美华点校：《圣谕广训集解与研究》，上海书店出版社2006年版，第74页。

[5] 参见黄宗智：《清代的法律、社会与文化：民法的表达与实践》，上海书店出版社2007年版，第154页。

先费下许多。倘然遇着官府不肖，还要借端诈害，或往来过客、地方乡绅讨情揽管，或歇家包头、衙蠹差役索钱过付。原被有意扯过两平，蚤已大家不能歇手，若一家赢了，一家输下，还要另行告起，下司衙门输了，更要到上司衙门去告，承问衙门招详过了，上司或要再驳，重新费起。每有一词经历几个衙门，一事挨守几个年头，不结不了，干证被害，牵连无数，陷在囹圄，受尽刑罚，一案结时，累穷的也不知几家，拖死的也不知几人，你们百姓就是有个铜山金穴也要费尽，就是铁铸的身躯也要磨光了，你道这样争讼利害不利害？"[1] 至于战斗在诉讼一线的地方官员们，更是极言诉讼之弊以使欲讼者知难而退。康熙时河北省灵寿县知县陆陇其对告状者说："殊不知一讼之兴，未见曲直，而吏有纸张之费，役有饭食之需，证佐之友必须耐劳，往往所费多于所争，且守候公门，费时失业。"[2] 同期知县章获鹿说："讼告一事，最能废业耗财。……无论呈状入公门，每为贪墨居奇。即清官廉吏听断无私，而提解待审，道路之跋涉，居停之守候，断不能免。在未审之前，胜负难料，忧惧谋画，不但自己焦劳，凡系亲属皆累挂念。乃临审之际，处处仰面事人，凡胥书役隶，无不输情尽礼，嘱托帮衬照管。到既审之后，幸而偶胜，则前此焦心劳身，费财失业，将来家道，定就艰窘。若理亏坐罪，则破家荡产身受刑系，玷辱家声，羞对妻子，虽悔无及。"[3] 江苏省金山县县令说："告状最是废时失业的事。……一涉争讼，匍匐公堂，破了情面，伤了和气，……损人不利己，何苦如此作为？"汪辉祖说："一词准理，差役到家，则有馈赠之资；探信入城，则有舟车之费。及示审有期，而讼师词证以及关切之亲朋，相率而前，无不取给于具呈之人。或审期更换，则费将重出，其他差房，陋规名目不一……其累人造孽多在词讼。"[4] 知府裕谦总结说"世界上最不好的事体是打官司，

---

[1] 周振鹤撰集，顾美华点校：《圣谕广训集解与研究》，上海书店出版社2006年版，第24页。

[2] 吴炽昌：《续客窗前话》卷三。转引自张晋藩等："论清代民事诉讼制度的几个问题"，载《政法论坛》1992年第5期。

[3] （清）黄六鸿：《福惠全书》卷一一《刑名部一》，北京出版社2000年版。

[4] （清）汪辉祖："佐治药言"，载田涛、刘俊文：《官箴书集成》（第五册），黄山书社1997年版。

一打了官司便有十样害":"坏人心"、"耗货财"、"误正事"、"伤天伦"、"致疾病"、"结怨毒"、"生事变"、"损品望"、"召侮辱"、"失家教"。[1]

二、民间的"惧讼"心态

与官方"无讼"、"息讼"愿景不同的是,明清时期的民间社会事实上存在着"健讼"。[2] 陈景良教授指出:把中国传统法律的价值取向全部概括为"无讼",这"大大偏离了中国的历史实际,且不说明清两代江南地区如徽州一带存在着大量好讼、兴讼的事实,即便是宋元两代,单用'无讼'二字也很难穷尽司法活动中主审法官的功利主义价值蕴涵。"[3] 中村茂夫指出:"旧中国(践行'无讼')的各种情况容易挫伤民众希望通过诉讼来差别黑白的愿望。尽管如此,中国的为政者们还是采取了抑制百姓所谓滥诉行为的立法措施,往往又通过地方官的告示来鼓励宗族和村落内部处理纠纷,藉以刹住健讼之风,这一事实只能说明为政者满眼都是视为滥诉健诉的数量庞大的诉讼。这不就是民众连轻微的案件也要诉诸于官府的强烈的权利意识的表现吗?"[4] 根据黄宗智的考证,"在清代后半期,县衙门每年处理五十至五百个民事案子,好些县可能每年在一百至二百件。平均而言,每县每年大概有一百五十件左右。"[5] 假设每个州县平均人口为三十万,每年约有一百五十个案件闹到州县衙门,那么一年当中每两千人就有一个新案子,一年当中每二百户就有一户涉讼。[6] 这些统计数字显示,清代在一定程度上已是一个"健讼"社会。为什么会这样?一个重要的原因是随着商品经济的

---

[1] (清)裕谦:"戒讼说",载《牧令书》卷一七《刑名上》。

[2] 参见本书第二章第二节。

[3] 陈景良:"反思法律史研究中的'类型学'方法",载《法商研究》2004年第5期。

[4] 参见[日]中村茂夫:"传统中国法——对其雏型说的试论",载《法政理论》(新泻大学)12卷1号,1979年版,第142、151、158页。

[5] 黄宗智:《清代的法律、社会与文化:民法的表达与实践》,上海书店出版社2007年版,第144页。

[6] 黄宗智:《民事审判与民间调解:清代的表达与实践》,中国社会科学出版社1998年版,第173页。

发展，部分民众的生活空间增大，与官府接近的机会增多，诉讼维权的意识增强。这正如岸本美绪所说的，"到了十六世纪末，情况变化了，农民的世界扩大了。他们或纳赋当役、或行商做工，时常进城，往来于县衙周边，与县衙书役时有接触。县衙和庶民的距离，在心理上接近了，打官司成为庶民要解决纷争时容易想到的一个途径。"[1]

"健讼"现实与"息事宁人"理念，何以可能共存？又以怎样的样态共存于同一个纠纷主体？它们之间究竟存在着怎样的逻辑关联？我们以为，在当时的民间社会，同时有三种影响纠纷解决方式选择的力量在进行博弈：第一是维权的力量。基于维权的现实需要，民众遇到纠纷会想到打官司。在有些民众看来，虽然非诉讼的民间调处也能维权，但它远没有诉讼来的畅快。第二是追求"无讼"的力量。传统民间社会基于人民非亲即故，有着非常浓厚的人情联系，所以伦理道德上有着强烈的雍睦和谐需求，渐次认同或养成了"无讼"、"息讼"心理。胡祖德《沪谚外编》"息讼歌"："词讼不可兴，家业从此废。虽赢一万兵，自损三千骑。讼师摇软椿，干证索厚币。那有善公差，亦无白书吏。官断不可知，曲直每任意。刁唆与诬告，心术尤不义。忍气与借财，劝君须切记。"[2] 安徽桐城祝氏族规规定："族众有争竞者，必先鸣户长、房长理处。不得遽兴讼端，倘有倚分逼挟、恃符欺弱，及遇事挑唆者，除户长禀首外，家规惩治。"[3] 对于地缘社会，"中国历代的乡规民约（乡约之规约）中都有关于息讼的条款，旨在通过乡村自治的办法化解民众之间的矛盾纠纷，以减少诉讼的发生。"[4] 第三是"惧讼"的力量。惧讼是乡民基于诉讼带来的不测、不利甚至是灾难性后果而渐次形成的恐惧心态。民间"一字入公门，九牛拔不出"，"告人一状，三十

---

〔1〕［日］岸本美绪："清初上海的审判与调解"，载"中央"研究院近代史研究所编：《近世家族与政治比较历史论文集》（上），台北"中央"研究院近代史研究所1992年版，第256页。

〔2〕（清）胡祖德：《沪谚外编》，上海古籍出版社1989年版，第190页。

〔3〕 安徽桐城《祝氏宗谱》卷一。转引自顾培东：《社会冲突与诉讼机制》，法律出版社2004年版，第38页。

〔4〕 牛铭实：《中国历代乡约》，中国社会出版社2005年版，第121页。

六冤"，"一场官司一场火，任你好汉没处躲"[1] 等谚语所刻画的诉讼恶果，就是奉劝乡民不要轻易诉讼。民间宗谱告诫族人："因小愤而涉讼，渐至破家，或因争产而涉讼，反至失业。'讼则终凶'。"[2] 清代山东省临清直隶州夏津县民间有"好讼之害"歌谣："世风不古，诉讼日繁，问其原因，小事一端。有的受人挑唆，有的受人欺骗。讼师兴风作浪，花你自己的钱。无论至亲好友，一打官司就完。赢了无济于事，只结几世仇冤；输了丢人现眼，将来后悔也难。讼则终凶，古训昭然，存心忍耐，莫找麻烦。"[3] 乾隆十八年（1753 年）山东莱阳县宋国干家的田地与监生[4]刘彬的地界相连，刘彬的仆人张福受主人指使把宋家的地翻耕了五犁。宋国干几兄弟非常气恼，但又怕惹不起刘彬，宋国干说："刘彬强占俺家的地，如何气得他过？他是个监生，家里很有钱，若打官司，怕打不过他，怎么处呢？""（哥哥）宋文高听了不平，说：刘彬始搬到俺庄上就要占人的地，再住些时，咱们的地都好被他占了。如今你们先去合他讲理，他若退便罢，若不还，咱们大家打他一顿，看他怎样？"[5] 这一纠纷最后酿成命案，监生刘彬被殴身死。从案中两兄弟的对话来看，宋国干没有告官的主要原因是对方很有钱，"若打官司，怕打不过他"，所以选择自力解决。这里似乎反映了一个事实：在宋国干这类老百姓的心目中，司法解决纠纷的成本是很高的，高得普通百姓不敢打官司。

上述三种力量在博弈中，过度追求维权会导致"健讼"，"无讼"和"惧讼"会导致"贱讼"，综合作用的结果会导致民众遇到纠纷会认

---

[1] 赵世瑜："谣谚与新史学"，载《历史研究》2002 年第 5 期；丁世良、赵放主编：《中国地方志民俗资料汇编·华北卷》，北京图书馆出版社 1989 年版，第 122 页。

[2] 江苏晋陵《奚氏宗谱》卷一。转引自顾培东：《社会冲突与诉讼机制》，法律出版社 2004 年版，第 39 页。"讼则终凶"出自《周易》"讼卦"卦辞。

[3] 许宗海：《夏津县志续编》（十卷），民国二十三年铅印本。转引自丁世良、赵放主编：《中国地方志民俗资料汇编·华东卷》（上），书目文献出版社 1995 年版，第 144 页。

[4] 参见本书第七章第一节中的"明清时期的乡绅"部分。

[5] 中国第一历史档案馆等：《清代土地占有关系与佃农抗租斗争》（上册），中华书局 1988 年版，第 73～74 页。

真考量解纷方式的选择，一般民众往往首选民间解决，只有在民间调处确实不能解决问题，或者说"切肤之冤，非可以理（法）遣情恕"时才"鸣于官"。在这里现实的"惧讼"因素成为地缘社会组织广泛参与解纷的又一直接原因。这一点我们在下面将继续进一步考察分析。

三、诉讼成本高于民间解纷成本

"息讼"或"惧讼"实际上都是一种基于解纷成本考量而后产生的诉讼心理。诉讼成本高于民间解纷成本，使得官民之间形成了一种共同的"惧讼"话语，这是明清地缘社会广泛参与纠纷解决的根因之一。

（一）明清时期诉讼成本的基本考察

官方对"讼害"的夸大宣传并非全是虚言。对于明清时期当事人的民事诉讼成本[1]，康熙年间知县章获鹿曾说："讼告一事，最能废业耗财。……无论呈状入公门，每为贪墨居奇，即使清官廉吏听断无私，而提解待审，道路之跋涉，居停之守候，断不能免；在未审之前，胜负难料，忧惧谋昼，不但自己焦劳，凡系亲属皆累挂念；乃临审之际，处处仰面事人，凡胥书役隶，无不输情尽礼，嘱托帮衬照管；到既审之后，幸而偶胜，则前此焦心劳身，费财失业，将来家道，定就艰窘。若理亏坐罪，则破家荡产身受刑系，玷辱家声，羞对妻子，虽悔无及，良可悯恨。"[2] 美国人柯恩（Jerome A. Cohen, 1935~）总结出四点："第一，一审法院都被设在各县城和各郡，远离大多数民众居住的村落，出庭的旅费和住宿的费用很高……。第二，民众对法官有不信任感。凭良心、有能力的法官凤毛麟角，法官大多数堕落、残酷无情、怠慢、武断，并容易为个人感情所左右……。第三，上述不称职的法官在办案过程中都离不开书记员、听差、秘书的辅佐，但是这些人贪恋酒色，腐败堕落、无能而且傲慢，而臭名昭著。他们总是巧借名目来收取各种手续费，直至被称之为'虎狼'、'祭坛下的老鼠'，但是不管胜诉或败诉百姓都要耗费巨额资金这一点却没有任何改变。第四，民众在法院往往遭到侮辱性的白眼。私事被暴露，受小官吏的欺侮。为了使这些小官吏欢心，就

---

[1] 司法审判成本至少包括两个部分：一是原被两造的诉讼成本；二是司法机构的审判成本。这里主要考察前者。

[2]（清）黄六鸿：《福惠全书》卷一一《刑名部一》，北京出版社2000年版。

必须不断给他们送钱,这样百姓的金钱就被官吏们贪婪地卷走;加上长期受拘留、被拷问,为逃脱这忍无可忍的非人待遇,就只好行贿;而且当事人和证人在法庭上都必须跪在手持棍棒的卫士眼下接受审判,根本没有辩护律师。即使胜诉也得不到充分的救济,不用说胜诉者和败诉者之间,甚至连他们的后代之间,也会长时间关系冷漠。"[1] 这里的总结已经比较全面。我们还可以从以下四个方面作更清晰的考察。

1. 经济成本。中国古代打官司不收诉讼费[2],司法实践中衙门仅仅收取一些文书方面的成本费——"纸笔费"和差役之类的费用——"陋规"[3],所以说这里的诉讼经济成本在今天看来实际上属于司法潜规则成本或司法腐败成本。虽然官方文献和文学作品经常提到原被两造的诉讼费用问题,但今天弄清具体情况仍然是困难的。下面我们仅对清代的情况作简要考察。

(1) 十八世纪的民事诉讼费用。汪辉祖(1731~1807年)描述了大体情况:"乡民有田十亩,夫耕妇织可给数口。一讼之累,费钱三千文,便须假子钱以济,不二年必至鬻田。鬻一亩,则少一亩之入。辗转借售,不七八年,必无以为生。其贫在七八年之后。而致贫之故,实在准词之初。"[4] 据黄宗智考证,汪氏这里所说的官司多半是较重大并且经过堂审的官司,而不仅仅是指投告或普通官司。汪氏的数字与晚清和民国时期的资料比较接近,即相当于一个农业雇工一年的工资(两千至

---

[1] Jerome Alan Cohen, "Chinese Mediation on the Eve of Modernization", 54 *California Law Review* (1966), p. 1214, et seq.

[2] 古代法律并无诉讼费的规定。虽然当事人打官司在周代就要交类似近代诉讼费的"束矢"(一百支箭)或"钧金"(三十斤铜),但中国古代打官司总的来说不收诉讼费。根据文献记载,中国从西周起,刑诉与民诉便开始了初步的分野。民事诉讼中两造(原告与被告)均需缴纳类似近代诉讼费的"束矢"(一百支箭),否则是"自服不直";刑事诉讼双方须交纳"钧金"(三十斤铜),如不交纳,除了被认定"自服不直"外,还有可能不予受理或判以败诉。

[3] 清代王有光记有:"大凡词讼俗名官私。官者,情理之曲直;私者,经差之使费也。"引自(清)王有光:《吴下谚联》卷四《图准不图审》。将"经差使用"称为"私",与"官"相对,显然不是官方正式收取费用。

[4] (清)汪辉祖:"佐治药言",载田涛、刘俊文编:《官箴书集成》(第五册),黄山书社1997年版。

五千铜钱[1]。日本学者岸本美绪的考察结论是"当时打官司需要的费用是数十两，有时候多至数百两"[2]。如果按照当时一两白银至少可以换一千文铜钱（一贯钱）的兑换率换算，这笔费用就是数万钱到数十万钱，这与黄宗智考证的数字相差十倍到百倍之间。尽管两种数据相差悬殊，但可以肯定的是，一起民事诉讼大概要花费民众一年的收入，这对普通民众来说是一笔很大的费用。

（2）晚清的民事诉讼费用。戴炎辉对晚清台湾诉讼费用情况的考证结果如下：状纸费 0.4~0.5 吊（每吊相当于 1 银元），送审费与此大致相当，缮写费 0.4~0.7 吊，这样整个起诉的费用是 1.2~1.7 银元；正式开堂审讯，原告要花费的"堂礼"，普通案件 3~10 银元，大案 100 银元乃至更高[3]，这样官司打到堂审阶段的诉费是 4.2~100 多银元。同期（1906 年）大陆巴县知县报称的讼费主要有：开单送审 0.7 银元；发一张传票 3 银元左右；每开一次庭另花 1 银元；派一名胥吏或衙役前去勘验取证，40 里之内收费 0.8 银元，40 里外每增加 10 里多收 0.2 银元；如果要另派衙役还需交 5 银元；重新开庭再付 0.16 银元。上述费用是原被两造都得交的[4]（这与现今是不同的）。这样算下来，如果仅是原告呈状投诉一次，花费不足 1 银元，如果把官司打到堂讯阶段，他得花费至少 4 银元，重大案件的费用当然不止于此。戴炎辉考证的讼费与巴县知县所报称的讼费大体相当。此时的粮价为每石 6 银元，换言之，原告告状一次要花 1/6 石稻米，要打完一场普通官司要花 3/4 石稻米，这相当于当时一个成年男子 3 个月的口粮[5]，这比起十八世纪民

---

[1] 黄宗智：《清代的法律、社会与文化：民法的表达与实践》，上海书店出版社 2007 年版，第 149 页。

[2] [日] 岸本美绪："清初上海的审判与调解"，载"中央"研究院近代史研究所编：《近世家族与政治比较历史论文集》（上），台湾"中央"研究院近代史研究所 1992 年版，第 254 页。

[3] 戴炎辉：《清代台湾之乡治》，台北联经出版公司 1979 年版，第 706~708 页。

[4] 参见黄宗智：《清代的法律、社会与文化：民法的表达与实践》，上海书店出版社 2007 年版，第 148~149 页。

[5] 参见黄宗智：《清代的法律、社会与文化：民法的表达与实践》，上海书店出版社 2007 年版，第 148~149 页。

众一年收入的讼费相比,似有下降,但仍然是很高的。

（3）明清"陋规"、"常例"。这些费用是原被告给书吏（胥吏）和衙役的劳务费。明清时期书吏（胥吏）和衙役这些办事人员没有俸禄而只有低薪[1]。根据瞿同祖的考证,清代衙役的平均年薪是六两银子,靠这点银子根本无法糊口[2],而胥吏的实际年收入在一千两左右[3],这中间的差额就是向百姓索要的"陋规"或"常例"。明清谚云"堂上一点朱,民间千点血"[4],意思是说在传唤过程中州县官不用在"传票"上签名,只需拿一支朱笔在被传人名字上随便点一下就可以了,而得此一"点"的衙役们如获至宝,因为他们可以在传唤时横行乡间,向被传人索要种种"陋规",名目有所谓"鞋钱"、"跑腿钱"、"到案费"、"上锁钱"、"开锁钱"等等,所以汪辉祖说"（县官）下笔时多费一刻之心,涉讼者已受无穷之惠"[5]。

2. 道德成本。对于视讼为恶的传统社会,无论告状者或助讼人出于什么动机,基于何种理由,只要成讼,就被认为是不仁不义,就被置于道德上的不利地位,被视为"倔强之徒"、"贪恶之人"、"讼棍"等。康熙年间知县章获鹿说:"致讼之由有三:一种倔强之徒。见理不明,好刚斗胜,略有小事,以出头告状为才能,以熟识衙门为体面。此由情性之乖戾也。一种贪恶之人。意想诈人,遇事生风,讦私扬短,未告则放风熏吓,已告则使党圈和。不遂其欲,迭告无已。此地方之喇唬也。更有一种教唆讼棍。心实虎狼,迹同鬼域。原无恒业,专哄平人告状讼

---

[1] 明代充当衙役是人们必须供服的一种徭役,称为"均徭",意即"同等的力役",但允许人们交一笔钱代替实际服役,官府再用这笔钱去雇人代役。这种制度沿至清代,这导致衙役的低薪制度。

[2] 瞿同祖著,范忠信等译:《清代地方政府》,法律出版社2003年版,第108～109页。

[3] 参见黄宗智:《清代的法律、社会与文化:民法的表达与实践》,上海书店出版社2007年版,第152页。

[4] 周振鹤撰集,顾美华点校:《圣谕广训集解与研究》,上海书店出版社2006年版,第411页;又见（清）汪辉祖:"佐治药言",载田涛、刘俊文编:《官箴书集成》（第五册）,黄山书社1997年版。

[5] （清）汪辉祖:"佐治药言",载田涛、刘俊文编:《官箴书集成》（第五册）,黄山书社1997年版。

端既兴。"[1] 清代著名满族官员裕谦（1793～1841年）说："人既好讼，则居心刻薄，非仁也。事理失宜非义也，挟怨忿争非礼也，倾赀破产非智也，欺诈百出非信也。"[2] 清代衙门规定，功名士子不得兴讼。十八世纪的巴县和十九世纪的宝坻所使用的状纸均规定，士绅告状不予受理，得由他人出面代理呈具。[3]

3. 身心痛苦。包括情感成本和肉体痛苦。情感成本包括堂审带来的精神压力、双方撕破脸皮反目成仇的人情后果、以后可能因乡邻对自己信誉的贬损而导致的潜在利益损失。仅堂审来说，过去对民事案件的审理不同于今天，"衙门之所以令人望而生畏，首先是因为它对当事人以刑相待的态势。这一点可从许多方面体现出来。大清律例无疑是以刑罚为主的，一开头就规定了刑罚的种类、分等，以及刑具。法律本身就被视同刑罚，正如从县衙门到中央政府的司法机构都被称做刑房或刑部一样。县官们在形式上只要求办理刑事案件，或以刑事案为主。每次升堂都备好了刑具和守候一旁的皂隶。即使民事案中很少用刑，但让人自始至终感受到一种威胁。"[4] 对黎民来说，升堂时的咚咚衙鼓，庭审时的声声堂威，公案上的啪啪怒棋，再加牙牌和刑具之类，都有制造公堂威仪的效果。[5] 倘若踏进公堂，黎民就少不得胆战心惊，所谓"穷人上堂腿肚子转"[6]。除了心理上的惊吓，更有肉体的痛苦。在黎乡眼里，审判与拷讯密不可分。所谓"三木之下，何求不得"；"人是苦虫，不打不招"以及"人心似铁非似铁，官法若炉是真炉"[7] 等谚语，即是

---

[1]（清）黄六鸿：《福惠全书》卷一一《刑名部一》，北京出版社2000年版。
[2]（清）裕谦："戒讼说"，载《牧令书》卷一七《刑名上》。
[3] 黄宗智：《清代的法律、社会与文化：民法的表达与实践》，上海书店出版社2007年版，第163页。
[4] 参见黄宗智：《清代的法律、社会与文化：民法的表达与实践》，上海书店出版社2007年版，第154页。
[5] 参见徐忠明：《包公故事：一个考察中国法律文化的视角》，中国政法大学出版社2002年版，第420～439页。
[6] 温瑞政等编著：《中国谚语大全》，上海辞书出版社2004年版，第1875页。
[7] 温瑞政等编著：《中国谚语大全》，上海辞书出版社2004年版，第1969、1925页；丁世良、赵放主编：《中国地方志民俗资料汇编·华北卷》，北京图书馆出版社1989年版，第162页。

对此审判情景的生动描绘。

4. 旷时废业。为了不影响农务，中国至少在汉代以后，国家规定地方衙门在农忙时期不受理民事案件，只在放告期间才审理案件。尽管如此，诉讼的旷时废业之害仍然存在。由于乡村往往远离衙门，原被两造和干连证人又得出庭诉讼，每每因为守候听审，从而产生滞留县城旷时废业的弊端。王阳明在任江西吉安府庐陵县知县时说："吾所以不放告者，非独为吾病不任事。以今农月，尔民方宜力田，苟春时一失，则终岁无望。放告尔民将牵连而出，荒尔田亩，弃尔室家；老幼失养，贫病莫全；称贷营求，奔驰供送。"[1] 明清谚语"一日官司，十日不完"和"县三月，府半年，道里的官司不种田"[2] 即是此意。此外还有审判官故意拖延审理导致旷时废业更严重。乾隆时期陈宏谋指出："（州县官）惟于民间告词，则以为自理之事，可以推延；上司无案可查，常至经年累月，延搁不结，而两造多人之守候拖累。"[3] "常见一纸入官，经旬不批，批准不审，审不即结，及至审结，仍是海市蜃楼，未彰公道，徒使小民耗费倾家，失业费时。"[4]

综上所述，明清时期的一般民事诉讼成本在经济上似乎并不足以让当事人倾家荡产的，但也高到了"赢了官司输了钱"或"赢得猫儿卖了牛"[5] 的程度，更不用说还有道德成本、身心成本、旷时废业成本。诉讼代价大且不说，关键是诉讼并不一定能解决问题。如果官府公正判决，争讼双方可能会心悦诚服地接受，和息争端；如果官府受贿徇私、上下其手袒护一方，那么就可能埋下更大的祸根，使争讼无休无止，所

---

〔1〕（明）王守仁：《王阳明全集》（第三集），红旗出版社1996年版，第1088页。

〔2〕引自《民国续修莱芜县志》卷一四《礼乐·乡风》，第328页；丁世良、赵放主编：《中国地方志民俗资料汇编·华北卷》，北京图书馆出版社1989年版，第94页。

〔3〕（清）陈宏谋："请饬巡道清查讼案疏"，载（清）贺长龄、（清）魏源辑：《清经世文编》卷九三，中华书局1992年版，第2297页。

〔4〕（清）刚毅："牧令须知"，载田涛、刘俊文编：《官箴书集成》（第九册），黄山书社1997年版。

〔5〕丁世良、赵放主编：《中国地方志民俗资料汇编·西南卷》（上），书目文献出版社1991年版，第340页；温瑞政等编著：《中国谚语大全》，上海辞书出版社2004年版，第2184页。

谓"两造争衡，贿多者直，贿少者曲。且胥吏证佐非财不联，舟车食用非财不给，前讼未已，后讼复兴。"[1] 所有这些因素所构成的诉讼"性价比"，足以使当事人"惧讼"，使官方有理由"息讼"。

(二) 民间组织解纷成本的基本估价

相比之下，民间社会解决纠纷就可谓"物美价廉"了。首先是不易损伤情面，其次是经济成本低，至少不存在"差役到家"的"馈赠之资"、"探信入城"的"舟车之费"，同时也避免了司法腐败导致的额外诉讼成本。明清时期地缘社会调处纠纷，经济成本最低的可能是乡里组织和乡约组织定期集会中的调处，当事人不仅不必支付任何费用，而且还有酒饭招待；经济成本居中的可能是平时请里老人、里甲长、保甲长、约正副、会馆首事等人出面的调处，这里的成本一般也不过就是一顿饭钱；经济成本最高的可能是"吃讲茶"之类，理亏的当事人除了要支付全体参加人员的茶钱之外，还要支付可能发生的"摔杯砸碗"损失费。不过，所有这些成本，相对于上面所说的诉讼成本来说，简直都可以忽略不计了。

还有调处时间与方式的灵活性，也是民间解纷的优长之处。明清时期州县官只在"放告日"受理民事诉讼。相比之下，地缘社会等民间社会调处纠纷可以随时随地反复进行。正如棚濑孝雄所说的，"尽管双方当事者都事先同意服从仲裁决定、现实中有时却是在仲裁决定作出之后又进而进行交涉，另外达成合意。……还有，考虑到强制执行的费用等代价问题，为了让对方当事者能够自发地履行，也可能促使当事者通过再次交涉，对已经被仲裁决定所承认的权利加以适当的修正，做出一定的让步。"[2]

总之，相对于诉讼而言，民间纠纷民间解决无疑是一种成本低廉、快速简捷的解纷方式，这为地缘社会组织广泛参与民间解纷提供了可能与必要。

---

[1] (清) 陈梦雷等:《古今图书集成·职方典》卷七一五《常州府部》，巴蜀书社1985年版。

[2] [日] 棚濑孝雄著，王亚新译:《纠纷的解决与审判制度》，中国政法大学出版社2004年版，第27页。

第四节 民间纠纷更适合民间解决

就民间纠纷的特征来讲，它更适合在民间解决，这主要体现在以下两方面：

一、耕织社会的纠纷解决更需要民间权威的教化优势

明清地缘社会属于耕织社会或小农社会形态，纠纷解决特别重视"息事宁人"，特别强调社会和谐。如何实现社会和谐？正统或主流意识认为"道（导）之以政，齐之以刑，民免而无耻。道之以德，齐之以礼，有耻且格"[1]，"（国家进行的）审判，就意味着不德、不中庸以及互让的失败，是丢面子的事情"[2]，也就是说，社会的和谐主要是通过教化而不是靠刑威来实现的。如何进行教化？除了直接的道德宣教之外，主要是寓教化于解纷，在解纷中实施教化。按照儒家的宗法伦理原则与礼制规则，耕织社会里的教化权威不在国家而在民间，国家的权威主要体现在"政刑"而不是"教化"方面；教化的权威在族长、在乡党、在尊亲属那里。民间权威的教化优势成为民间社会有效解纷的最重要资源。

二、熟人社会的纠纷更适合非讼方式解决

解纷途径的选择与当事人之间的关系是息息相关的。美国法学家唐纳德·J. 布莱克在其"法律的运作行为"理论中得出一个结论："法律与关系距离之间的关系是曲线型的。"[3] 这里的"法律"特指执行、适用国家强制性规范的行为，如逮捕、诉讼、行政处罚、判决、刑罚等；这里的"关系距离"是指特定交际圈中人际关系的亲密程度，随着某人对他人生活参与程度的变化而变化，人们相互完全参与时关系距离最小，人们没有任何相互参与时关系距离最大。这一"结论"的意思是："在关系密切的人们中间，法律（如诉讼）是不活跃的；法律随人们之

---

[1]《论语·为政》。

[2]［日］高见泽磨著，何勤华等译：《现代中国的纠纷与法》，法律出版社2003年版，第15页。

[3]［美］布莱克著，唐越、苏力译：《法律的运作行为》，中国政法大学出版社2004年版，第47页。

间的距离的增大而增多,而当增大到人们的生活世界完全相互隔绝的状态时,法律开始减少。"[1] 这就是说,熟人社会中诉讼活动很少,生人社会中诉讼活动最多。这一理论的真伪以及真到多大程度,本著无意质疑,我们只是认为,从我们的考察来看,这一理论所揭示的人际熟悉程度与解纷方式选择之间的关系是比较符合实际的。

明清地缘社会组织解纷时面对的社会主要是熟人社会[2],撇开布莱克的理论不说,就当事人所希望的既能化解冲突又能维持友情的解纷目的来讲,其选择的解纷途径在当时只能是非诉方式的民间解决。熟人社会的纠纷更适合非诉解决或民间解决的原因很多,其中有两点值得特别强调:其一,民间解纷可降低情感成本。熟人之间有着说不清道不明的情感联系和利益纠葛,许多"家长里短"案件依法判决结果并不理想;当事人往往带着一口恶气告状,即使胜诉也难以弥补心中不快。高见泽磨说:"礼(人情之理)要求人们采取与各种人际关系相适用的行为,……解决人际关系第一位的是道德。人们并不正面主张自己的权利,而是通过面子来解决。审判,就意味着不德、不中庸以及互让的失败,是丢面子的事情。因此,和解和说服性质的仲裁技术受到尊重。"[3] 其二,民间解纷后果相对更加公允或明了。康熙皇帝曾公开宣称:"若庶民不畏官府衙门且信公道易伸,则讼事必剧增。若讼者得利争端必倍加。届时,即以民之半数为官为吏,也无以断余半之讼案。"[4] 为了"息讼"而故意断案不公,这一主意尽管有点变态,但也不能否认在当时的民间,非诉讼解纷大致要比诉讼解纷更易接近"正义"。对于家族之外的熟人之间的纠纷,民间解决比国家解决更易公允,正如地方官徐栋所言:"乡党耳目之下必得其情,州县案牍之间未必尽

---

〔1〕 [美]布莱克著,唐越、苏力译:《法律的运作行为》,中国政法大学出版社2004年版,第48页。

〔2〕 参见本书第二章第一节"纠纷发生的社会场域"。

〔3〕 [日]高见泽磨著,何勤华等译:《现代中国的纠纷与法》,法律出版社2003年版,第15页。

〔4〕 参见[法]勒内·达维德著,漆竹生译:《当代主要法律体系》,上海译文出版社1984年版,第487页。

得其情，使用在民所处，较在官判断为更允矣。"[1] 对于家族内的纠纷，"清官难断家务事"，法庭审理往往难以分剖家庭成员之间的是非曲直，加上一般情况下没有证人协助审判[2]，以及当时少有干预家庭内部日常生活的法律规定，这样清官在事实认定和法律依据上都会感到无所适从，从而难以给出明确的判断。而民间解决就不同了，调处人在宽松亲和的氛围中运用个人智慧和情理法进行灵活调处，一般来说足可以为当事人提供公正和利益的保证。

第五节 国家对民间解纷能进行干预

从专制集权治国的本性来说，任何官方不能控制或者官方感觉不能控制的社会现象，官方都是要打击或禁绝的。明清时期的地缘社会组织解纷，官方是可以干预或控制的。因而不在打击或禁绝之列。有学者指出："国家只在县一级设立衙门，常驻国家正式官员，并不意味着国家对于县以下的社会政治就不闻不问，实际上政权的触角还是会伸到下面，县太爷也会下乡走走，而胥吏下乡则是一种正常的业务，由于这些胥吏人数众多，而且频繁地在乡间露面，从某种意义上说，对于农民而言，他们体现着官府在乡村的存在。"[3] 国家能干预地缘社会解纷也是明清地缘社会广泛参与解纷的原因之一。

一、国家对视为违法的民间解纷的禁止性干预

在明代前期官方没有公开正式倡办乡约时，一些地方官员因"擅自"倡办而被官方视为违法遭到查办。如正统三年（1438年）广东潮州知府王源在任内创行的乡约是明代最早有文献记载的官倡乡约（比后来官方充分肯定的王阳明倡办南赣乡约早八十二年）。王源"刻《蓝田吕氏乡约》碑，立民人为约正、约副、约士等名，尝率属官至亭讲论诸

---

〔1〕（清）徐栋："乡民和事是古义"，载《牧令书》卷一七。
〔2〕在主观上，出庭作证有助讼好讼之嫌；在客观上，外人难以知晓家庭内部是非，不便介入而作左右袒。
〔3〕张鸣："'虚拟'的乡村政权"，载 http://www.gongfa.com/xunixiangcunzhengquanzhangming.htm.

书"。他后来因杖死部民被起诉，创办乡约也在被控的罪名之内。[1] 又如明代成化年间著名官员罗伦在家乡江西吉安府永丰县举办乡约，因其所办乡约在解纷过程中"致人于死"[2]而遭指控，其好友、前翰林院同事章懋给他写信告诫说："盖赏罚，天子之柄，而有司者奉而行之，居上治下，其势易行；今不在其位而操其柄，已非所宜，况欲以是施之父兄宗族之间哉！"[3] 意思是说私行乡约涉嫌越权干政。

二、国家对民间解纷的积极性控制

官方对地缘社会解纷的积极性控制方式更多，比方说：①干预地缘社会组织首领的选任。各类地缘社会组织的首领或代表，无论是轮值的还是推选的，官方都是可以干预的。我们在清代巴县档案中看到一则乾隆三十三年（1768 年）乡约组织请求县令批准其公举之约正的"恳准"书："（巴邑）陶家场铺户约二百余家，只有场头客长（对外地移民的基层管理人员，相当于同乡会馆首事）[4]，缺少乡约，每逢场期赶场民集，又兼大路要道，东通南川、綦江、西达江津、璧山，往来客商络绎不绝，屡次凶闹，无有乡约理难化奸。今伊等场众公举熊孔文为人老成，家道颇殷，言谈如似苏秦之舌，逢事排解，心存拆丝改网之念，堪充乡约。恳□给照，给与孔熊文，以便约束斯地顽民。"最后是县正堂批："着孔熊文具到投充，当堂验看夺。"[5] 由此可见，至少在清代的巴县这里，乡约（约正）的举任是须县令批准才有效的。②不动产纠纷调处结果的效力需要官府保障。我们在现存的明清契约中看到，对土地房产等不动产纠纷调解所达到的协议或签订的合同上面，一般都盖有县衙大印，这类契约只有在州县官钤印之后才有法律效力。③地方官可以

---

［1］ "中央"研究院历史语言研究所编：《明英宗实录》卷四九，台北"中央"研究院历史语言研究所 1964 年版，第 7 页（正统三年十二月癸酉日条）。

［2］ "中央"研究院历史语言研究所编：《明宪宗实录》卷七一，台北"中央"研究院历史语言研究所 1964 年版，第 1 页（成化五年九月壬午日条）。

［3］ （明）章懋：《枫山集》卷二《复罗一峰》，台湾商务印书馆 1983 年版，第 3 页。

［4］ 梁勇："清代四川客长制研究"，载《史学月刊》2007 年第 3 期。

［5］ 四川省档案馆：《清代巴县档案汇编》（乾隆卷），档案出版社 1991 年版，第 199 页。

对民间解纷程序进行调控。例如当事人若对民间调处结果不服而起诉，"通常官府会要求当事人'持批邀理'，即在官府的建议下重新启动调解程序。如果官府认为调解结果应当支持，那么就会告诫当事人，拒绝调解结果可能导致'提究'（即进入司法程序）。如果认为调解的结果不适宜，那么官府可以径直忽略调解结果，重新裁判。"[1] 我们来看一个实案例：光绪元年（1875年）浙江台州府黄岩县久旱不雨，西乡的乡约组织设坛祈雨成功，约正副一干人集体研究决定集资演戏"以报神庥"，村民葛普怀拒不出资，约正金妙三便将其姓名公布在戏台上，此举触怒葛普怀，双方大打出手。村民郑丙松在劝架中被打伤，将葛普怀告到县衙。县官批示"着投局绅（乡约组织）理息"。乡约组织的调处一直没有达成协议，于是"迭理迭翻"，县官多次批示乡约进行调处，同时批复各方当事人的呈词。例如对郑丙松呈文批："竟不知有国服耶，可恶已极。着投局理明，毋庸滋讼"；对葛普怀呈文批："尔与郑丙松如果无纠葛，何以屡被诈借，悉肯曲从，殊不可解。着仍自投局绅理处，不必诉渎"；对郑丙松再次呈文批："仍邀原理之林兰友等，妥为调停息事，不必诡词砌笔，希图诈累。"[2] 可见在这里州县官对于自认为应当由民间解决的案件，有权力阻止其进行诉讼程序。上述批文同时也有"各打五十大板"、促进调解的用意。

本章小结：明清地缘社会解纷角色的历史成因主要有：其一，国家的制度安排。国家通过一系列诏谕、法典、榜文告示、地方法规、行政命令等规范性文件授予地缘社会组织等民间社会组织解纷权。其二，国家司法体制与司法政策的影响。"小政府大社会"、"行政司法合一"的基层司法体制使纠纷解决向民间分流成为必要；国家宽容"轻罪"、轻视"细故"的刑事政策使民间社会广泛参与解纷成为可能。其三，官方"息

---

〔1〕 田涛等：《黄岩诉讼档案及调查报告》（上卷），法律出版社2004年版，第242~243页。

〔2〕 程洁："从黄岩诉讼档案看清代基层调处的适用"，载田涛等主编：《黄岩诉讼档案及调查报告》（下卷），法律出版社2004年版，第203~215页。

讼"与民间"惧讼"的结果。"息讼"和"惧讼"的现实主因在于高昂的诉讼成本。第四,民间纠纷更适合民间解决,这是民间解纷的教化优势与熟人社会特征所决定的。第五,国家能对民间解纷进行干预,这反映了明清帝国专制集权治国的本性。这些原因包括国家因素和社会因素两方面,反映出明清地缘社会广泛参与民间解纷具有一定的合法性与合理性,从而表现出某种历史必然性。

第九章

地缘社会解纷机制的法文化阐释

最后一章我们从法文化的视角对明清地缘社会的解纷机制作一基本阐释,主要分析这一机制在国家或整个社会中到底起一种什么样的作用,这种作用的性质是什么。我们将从地缘社会解纷与社会自治的关系、与国家司法的关系、与现代解纷机制的关系三个方面进行考察和分析。

第一节 地缘社会解纷是社会自治的重要形式

这里我们首先厘清中国传统社会自治的特征,然后梳理明清地缘社会解纷所体现的社会自治活动内容,最后对这种自治与西方同期的社会自治和今天的地方自治进行简单比较。

一、中国传统社会自治的存在及其特征

(一)自治和一般社会自治的界定

"自治"的本意是自己管治自己、自己自主地处理自己的事务并独立对其行为负责的状态,区别于外来权力的强从。[1] 制度意义上的自治在广义上有三个层次:最高层次是世界语境下国家在主权上的独立自主;第二层次是国家语境下的地方自治,即由地方区域政权自主处理本地政务,又被称为政治性自治[2]或"人民自治"[3];第三层次是政权语境下的社会自治,即由社会组织自行处理内部社会事务,又被称为管

---

[1] 参见杨开道:《农村自治》,上海世界书局1930年版,第6页;王禹:《我国村民自治研究》,北京大学出版社2004年版,第50页。

[2] 李元书:"论社会自治",载《学习与探索》1994年第5期。

[3] 陈顾远:"地方自治之政理与法理",载范忠信等编校:《陈顾远法律史论集》,中国政法大学出版社2006年版。

理性自治[1]或"法律意义上的自治"、"团体自治"[2]。这里我们主要讨论后两个层次的自治——地方自治和社会自治。

社会自治与地方自治是有区别的，除了层次上的不同，还有自治方式与范围的不同。

地方自治是政治性自治，是有政权（地方政权）参与的自治，亦即宪政或分权意义上的自治。自治范围与相应的行政区划一致（如郡或省自治、县自治）。其主要特征是与国家政权相联系，地方政府在一定范围或某些方面享有对国家权力的自主管理权。地方自治是民主制度的体现，因此又被称为"人民自治"[3]。"地方自治是宪政制度的最重要的成分，没有地方自治，宪政制度只是徒具其表的形式。"[4] 地方自治滥觞于英美，近代传至欧陆诸国，日本移植欧陆政制后又传至中国，中国在清末民初曾出现两波全国性的"地方自治"运动[5]。

社会自治是管理性自治，是社会组织或团体对自身的独立治理，是代表民意实施的民间事务管理意义上的自治。社会自治不需要运用政治权力，只需要法律上的认同即可，因而又被称为"法律意义上自治"或

---

〔1〕 李元书："论社会自治"，载《学习与探索》1994 年第 5 期。

〔2〕 陈顾远："地方自治之政理与法理"，载范忠信等编校：《陈顾远法律史论集》，中国政法大学出版社 2006 年版。

〔3〕 陈顾远："地方自治之政理与法理"，载范忠信等编校：《陈顾远法律史论集》，中国政法大学出版社 2006 年版。

〔4〕 Min Tu-ki, *National Polity and Local Power: The Transformation of Late Imperial China*, Cambridge, Mass, 1989, p.159.

〔5〕 第一波是清末的地方自治运动。光绪三十四年（1908 年）至宣统二年（1910 年）正在"仿行宪政"的清廷发布上谕在全国推行地方自治，同时颁布《城镇乡地方自治章程》、《府厅州县地方自治章程》等，准备自上而下建成两级地方自治：府厅州县自治限七年内完成；城镇乡自治限五年内初具规模。辛亥革命使这一运动中断。第二波是民国地方自治运动。1920 年中国又掀起声势浩大的地方自治运动，主要包括省自治和联省自治两部分。"省自治"即由各省依照自定的省宪法自行组织省政府治理本省；"联省自治"即在省自治基础上，各省选派代表组成联省会议，制定联省宪法，实现联省自治。"联省自治"实际上是企望中国实行联邦制，免除军阀地方割据之弊，这一运动至 1923 年潮退事息。

"团体自治"[1]。陈顾远指出:"地方团体之设立及存在,均系国家所赋予,故其团体在法律上为法人之公共团体,具有独立人格。其意乃指国法上认为其为人格而言,非谓在实质上享有自主权,离乎国家而独立也。"[2] 社会自治的范围并不与行政区划发生必然联系。社会自治滥觞于欧洲中世纪的城市市民社会自治。广义或完整的社会自治包括内向度自治和外向度自治两个方面。内向度自治指社会组织依法对社会内部事务的自我管理、自我监督、自我教育和自我服务等活动,自治内容仅限于发生在"社会"或法定范围内而不涉及全国性事务,否则由中央政府或国家政府处理。内向度自治不涉及自治组织分享国家政治权力的问题。这种自治是贯通古今的,即使在"普天之下,莫非王土;率土之滨,莫非王臣"的中国古代也可能存在(如中国的传统乡村自治)。外向度自治中有国家政权因素,除了内向度自治内容之外,社会组织及其成员依法享有对国家权力的自主管理权,如享有全国范围内的选举权或被选举权,从而间接享有立法权。外向度自治也体现人民自治或民主制度,因而只有近现代宪政制度下才可能发生。英国政治学家戴维·赫尔德说:"(近现代)'自治'意味着人类自觉思考、自我反省和自我决定的能力,它包括在私人和公共生活中思考和判断、选择和根据不同可能的行动路线行动的能力。"[3] 近现代的社会自治意味着"社会"享有完全的自觉、自尊、自爱、自由和自决权,"自治"人享有独立的政治权和民主权。今天中国大陆的新农村建设既强调农民对村务的"知情权、参与权、管理权、监督权",又强调农民政治性的"民主权利",[4] 就具有外向度社会自治的属性。

---

〔1〕 陈顾远:"地方自治之政理与法理",载范忠信等编校:《陈顾远法律史论集》,中国政法大学出版社2006年版。

〔2〕 陈顾远:"地方自治之政理与法理",载范忠信等编校:《陈顾远法律史论集》,中国政法大学出版社2006年版。

〔3〕 [英]戴维·赫尔德著,燕继荣等译:《民主的模式》,中央编译出版社1998年版,第380页。

〔4〕 2005年12月31日中共中央、国务院《关于推进社会主义新农村建设的若干意见》第七部分"加强农村民主政治建设,完善建设社会主义新农村的乡村治理机制"。

(二) 中国传统社会也有"社会自治"

长期以来，在传统中国是否有社会自治的问题上，学术界一直有肯定与否定两种观点。[1] 肯定者将传统中国中的国家与民间社会视为两极，认为民间社会具有相当程度的自主性。代表人物在国内有费孝通、范忠信、梁治平、徐国栋、范愉、郭健等，在国外有德国的马克斯·韦伯、日本的内藤湖南、橘朴、仁田井升等。否定者认为传统中国中的中央专制集权有能力并且在事实上将权力渗透到底层社会的末梢，使中国基层社会无法发展任何真正意义上的自主或自治制度。代表人物有钱端升、瞿同祖、萧公权、赵秀玲等。如瞿同祖认为：以乡绅唱主角的乡里组织"不同于西方经选举产生的自治组织，……绅士们的确频繁卷入（乡村）公事，但他们并没有任何法定程序可藉以挑战或拒绝官员们作出的决定。"[2] 萧公权强调，如果说乡村有什么"自主"的话，那只不过是中央集权不完全的结果，"官府从来都是毫不犹豫的干预村庄生活，如果它认为必要或愿意的话"[3]。赵秀玲认为乡里组织的作用"除了具有安民联民的作用外，其主要性质是愚民、束民、害民和异化人民的"，其目的"不在使百姓得到安全、充实、丰富、自由和快乐，而是千方百计把百姓束缚在土地上相安无扰，只要封建统治稳固就行"，"不是令民开化，而是令民愚化，不是提高民的素质而是让民俯首帖耳，甘作奴隶"[4]。

我们无意从总体上质疑上述否定者的看法，我们只是认为这里的思维方法和表达方式可能有一些问题。其一，中西不能简单类比。不能简单地用"专制集权"的概念，把帝制晚期的中国跟早期近代欧洲国家混为一谈。同是专制统治，但明清帝国对民间自治的态度与西方的情况有

---

〔1〕 学界讨论的对象主要是州县以下以里甲、保甲等组织形式表现出来的乡里社会组织。乡里组织是明清时期最重要、最基础的社会组织，因此对其是否有自治的讨论，在中国民间是否有自治的讨论中最具代表性或典型性。

〔2〕 Ch'ut'ung‑tsu, *Local Government in China Under the Ch'ing*, Cambridge, Mass：Harvard University Press, 1962, p. 198.

〔3〕 Kung‑chuan Hsiao, *Rural China：Imperial Control in the Nineteenth Century*, Seattle：University of Washington Press, 1960, p. 263.

〔4〕 赵秀玲：《中国乡里制度》，社会科学文献出版社2002年版，第22页。

很大殊异,正如有学者指出的,"西方的专制主义意味着国家对社会的竭泽而渔。而中国的国家与乡村关系则显示出一幅不同的画面。……国家与民间在税收上的冲突远远没有达到早期近代欧洲国家那样的激烈程度。在此意义上我们不妨把欧洲专制主义定义为'掠夺型专制主义'。而中国的国家制度姑谓之'放任型专制主义',以示两者之间的实质性差别。中国传统的国家形态,换言之,是上层的正式的专制主义官僚机器,与底层的非正式的'听民自便'的自由放任治理实践的结合。"[1] 其二,不能简单地把民间社会的自主性完全等同于地方乡绅在民间的治理活动,更不能把民间社会的自主性简约为乡绅之独断民事、鱼肉乡民。其三,不能简单地把中国民间组织的自我治理理解为是民间社会抵制国家渗透的结果。[2]

我们认为中国传统社会是存在某种程度的社会自治的!早在周代,都城四郊的"六乡"中就是"五家为比,使之相保;五比为闾,使之相受;四闾为族,使之相葬;五族相党,使之相救;五党为州,使之相周;五州为乡,使之相宾"[3],这里的"相保"、"相受"、"相葬"、"相救"、"相赒"和"相宾"等就是自治内容。在汉代,"文帝诏置三老、孝弟、力田、常员,令各率其意以导民焉。……民但闻啬夫,不知郡县。"[4] 乡里社会由三老、啬夫(有秩)、游徼三人分掌政教(教化)、司法(听讼)和治安(防盗),与当今村民自治组织的内部分工有相似之处。元代以"社长"管理乡里的"村社",是古代民间自治发展的又一高峰。明清帝国专制集权强化,对地方控制更严,但民间社会的自治性质并未根本改变。

二十世纪早期中国问题的研究者大多毫不迟疑地认为传统中国的民间社会或乡村社会的治理具有自治特征。例如,二十世纪三十年代的杨

---

[1] 李怀印:"中国乡村治理之传统形式",载《中国乡村研究》(第一辑),商务印书馆2003年版。

[2] 李怀印:"中国乡村治理之传统形式",载《中国乡村研究》(第一辑),商务印书馆2003年版。

[3] (清)孙诒让:《周礼正义》卷一九《地官·大司徒》,中华书局2000年版。

[4] (清)顾炎武著,黄汝成集释:《日知录集释》,上海古籍出版社1985年版,第622~623页。

开道认为"（古代中国）农村的自治（主体），便是一个以农业为主要职业的村子的人民。大家联络起来，处理他们大家共同的事务。自治的意志，绝对是村民自己的意志，他们自己要处理他们自己的事务，愿意处理自己的事务，才有自治的可能"。[1] 二十世纪四十年代费孝通给中国民间下了"虽没有政治民主，却有社会民主"[2] 的断语。1944年日本人内藤湖南说："（中国）从隋唐以来就存在人民的自治。官吏不介入自治的范围，仅仅在文书上执行统治人民的职务。……对于人民来说民政上需要的一切事务，如救贫事业、育婴、教育等都由地方上的自治团体承担。……就连警察或治安维持的事务，也通过各自治团体自己保护武装来执行。"[3] 这里"文书上执行统治"当指官府在契约上盖印，使白契成为红契之类；"警察或治安维持"当指保甲、团练以及纠纷解决等事务。这些研究者中对中国乡村自治讲得最具深度的当属马克斯·韦伯，他在《中国的宗教》中辟有专节论述中国的乡村自治，认定中国的乡村是"一个没有朝廷官员的自治的居民点！"[4] 他认为中国乡村社会的自治性主要体现在两个方面：一是以宗族势力为核心的血缘社会组织对村社生活的支配。二是乡里组织、乡约组织、同乡社会组织等为核心的地缘社会组织以村庙（如社庙、申明亭、旌善亭、乡约所等）为集会中心对"村庄有组织的自治"，自治内容囊括修路、疏浚、防卫、治安、办学、诊治、丧葬诸端。

在当代国内学术界，认为中国传统民间社会具有自治特征的主张早已成为一种思潮，如梁治平认为："这种（古代中国民间自治）局面的形成，很大程度上是因为国家没有、不能也无意提供一套民间日常生活所需的规则、机构和组织。在保证赋役的征收和地方安靖之外，绝少干预民间的生活秩序。结果是各种民间的组织和团体在政府之外独立地发

---

[1] 杨开道：《农村自治》，世界书局1930年版，第6页。
[2] 费孝通：《乡土中国 生育制度》，北京大学出版社1998年版，第65页。
[3] [日]内藤虎次郎：《内藤湖南全集》卷五，筑摩山房1972年版。转引自[日]滋贺秀三等著，王亚新等译：《明清时期的民事审判与民间契约》，法律出版社1998年版，第357~358页。
[4] [德]马克斯·韦伯著，（台）康乐、简惠美译：《中国的宗教 宗教与世界》，广西师范大学出版社2004年版，第171页。

展起来，它们形成自己的组织，追求自己的目标，制订自己的规章，以自己的方式约束和管理自己。"[1] 徐国栋说："对传统中国的乡野百姓来说，他们的日常生活与经济交往，基本上是通过伦理道德、家规族法、乡规民约和契约文书之类的社会规范与民间习惯来维系的，谚语'官从政法，民从私约'和'官凭印信，私凭文约'多多少少反映了社会秩序相对自治的情形。"[2] 王先明等认为："从中国封建时代乡村社会的现实状况来看，作为草根社会，它拥有一个高度独立，同时又表现出一定灵活性的自治系统。乡土面积的辽阔，封建王朝行政力量的单薄和管理效率的低下，交通及信息手段的落后，使乡村社会拥有了相当大的自主空间。"[3] 郭健从民间力量在民事关系的建立与维护中的作用这一角度，肯定民间社会组织的自治性。他说：中国民间"在长久以来的观念上，这种（民间财产）权利主要被认为要依靠自身的力量和手段去行使和维护，这种（权利）主张的提出方式主要并非诉诸法律。朝廷的法律希望民间民事权利的维护和行使能由权利人自行解决，不要过多地烦扰官府，民间的实际情况也正是这样，一般主要靠自己或亲族、乡党的力量来达到维护或行使权利的目的。"[4]

（三）中国的传统社会自治是内向度的社会自治

中国的传统社会自治是指中国传统民间社会（地缘社会、血缘社会、业缘社会、信缘社会、江湖社会等）组织根据国家法律规定或默许放任而实行的自我治理，其中地缘社会中乡里组织的自治最为重要，下面我们即以此为讨论重心，考察中国传统社会自治大致属于内向度管理性自治的基本状貌。

1. 中国的传统社会自治是管理性的社会自治，不是政治性的地方

---

[1] 梁治平：《清代习惯法：社会与国家》，中国政法大学出版社1996年版，第28页。括号中"古代中国民间社会自治"为引者所加。

[2] 徐忠明："传统中国乡民的法律意识与诉讼心态"，载《中国法学》2006年第6期。

[3] 王先明、常书红："晚清保甲制的历史演变与乡村权力结构"，载《史学月刊》2000年第5期。

[4] 郭健："中国古代民事法律文化的基本特征概述"，载复旦大学法学院编：《多维时空下的理论法学研究》，学林出版社2005年版。

自治。中国传统社会自治的内容主要有修路、疏浚、防卫、治安、办学、诊治、丧葬以及完成国家职役、催粮纳税、解决纠纷等民间事务。这种自治在某种意义上反映了当时政治上"自治"先天不足、管理性"自治"相对发达的情形，这种自治是相对于"官治"而言的"民治"，不是也不可能是与国家分权意义上的政治性自治（地方自治）。"言其名，则自治者，与官治相对待而言也。无官治，则无所谓自治。犹无二物，则无所谓彼此。自治之事渊源于国权，国权所许，而自治之基乃立。由是而自治规约，不得抵牾国家之法律，由是而自治事宜，不得抗违官府之监督，故自治者，乃与官治并行不悖之事。"这种"自治"是中国传统社会语境下的特有制度，与西方的"城市自治"和近现代宪政中的"地方自治"有质的区别。[1]

中国传统社会特别是明清时期存在管理性社会自治的原因主要在两个方面：其一，在客观上，基层政务机关州县衙门都是"一人政府"，无力包办全部社会事务，这给了民间社会自治的空间。明清州县衙门人手少得令人不可思议，除知州或知县外，一般只有县丞（副县令）、主簿（秘书）和典史（管治安，相当于公安局长）三位专职公务员，而州县要治理的地方域广、人众、事多[2]，州县官的职责是"掌一县之政，凡养老、祀神、贡士、读法、表善良、恤穷乏、稽保甲、严缉捕、听狱讼，皆躬亲厥职而勤慎焉"[3]，事实上完全做到这些是不可能的。现实的情况是，除了税收、治安与司法之外，其余社会性事务（包括纠纷的解决）首先或完全由各类民间社会组织或团体自理，国家只作间接或宏观的监督指导，"表现出典型的'粗放式'特征"[4]。"清廷的正式行政管理只到县衙门为止，对于县级以下的公共行动，国家的典型做

---

[1] 故宫博物院明清档案部编：《清末筹备立宪档案史料》（下册），中华书局1979年版，第725页。

[2] 例如明朝南直隶徽州府、清代安徽省徽州府的六县（歙县、休宁、婺源、祁门、黟县、绩溪）中的辖地面积最多的婺源县有三千一百七十三平方公里，辖地面积最少的黟县也有八百四十七平方公里；各州县的民众少则数万，多则数十万。

[3] 《明史·职官四》。

[4] 韩秀桃："《教民榜文》所见明初基层里老人理讼制度"，载《法学研究》2000年第3期。

法是依靠不领俸禄的准官吏（semiofficials）"[1]，"这样一来，所有地方政府按部就班的职责都已经在乡村中兑现，于是官僚即可以在城内执行他们的任务"[2]。民国学者闻钧天说："吾国之自治夙所称者，不外两种形式：一为依社会性质而结合之团体，如会馆公所等是；一为按地域情势而形成之组织，如乡村里间等是。"[3] 这里说到的自治团体就是地缘社会中的同乡社会组织和乡里组织。其二，在主观上，历代统治者奉行的儒家说教不鼓励国家权力过多地干预民间生活，相反强调民间社会的教化、互助、解纷等自我管理，官员不随便下乡扰民便是善政。朱元璋因而颁布限制县官擅自下乡的禁令，目的就是要切断官员与家乡、宗族的直接联系。另一方面，当时的主流意识认为乡民终身不到衙门者是良民，所谓"百姓交了粮，好比自在王"，"一辈子不见官，仿佛活神仙"[4]。

2. 中国的传统社会自治是内向度的自治，不是外向度的自治。萧公权在评价明清乡约的蓝本"吕氏乡约"时说："乡约乃私人之自由组织而非地方之自治政府。且所约四事[5]，偏重道德、经济、教育诸要务，均在（民主）合作范围之外。衡以近代之标准，实非完备之自治。"[6] 中国传统民间社会自治中的社会组织及其成员没有享有也不可能享有对国家权力的法定的自主管理权，这里不存在国家政治意义上的选举权或被选举权，更不存在民主立法权，不存在马克斯·韦伯所说的那种社会与国家之间的紧张与对抗关系[7]。与西方中世纪的市民自治相比，中

---

〔1〕 黄宗智：《中国研究的范式问题讨论》，社会科学文献出版社2002年版，第272页。

〔2〕 闻钧天：《中国保甲制度》，上海书店1992年版，第189页。

〔3〕 闻钧天：《中国保甲制度》，上海书店1992年版，第46页。

〔4〕 丁世良、赵放主编：《中国地方志民俗资料汇编·华北卷》，北京图书馆出版社1989年版，第162~163页。

〔5〕 指"德业相劝，过失相规，礼俗相交，患难相恤"。

〔6〕 萧公权：《中国政治思想史》（下册），台湾联经出版公司1982年版，第570~571页。

〔7〕 [德]马克斯·韦伯著，（台）康乐、简惠美译：《中国的宗教　宗教与世界》，广西师范大学出版社2004年版，第171页。

国传统民间组织的自治不仅不是政治斗争的结果，而且反而是官方默许甚至主动安排的结果。例如用法律形式（如明初《教民榜文》）赋予民间组织自理事务。正如有学者指出的："在这种非正式治理形态中产生的地方社会的某种程度的自主性，也不能简单地解释为地方与国家之间的对抗。相反，在维持地方制度的正常运行时，官府和民间都采取了相互依靠和合作的态度。村民之间，每当产生争执而无法自行调处，影响到乡规的正常运转时，皆求助于县衙门，而县衙门在处理这些纠纷时，均一无例外地对村社旧规加以尊重、认可、和支持。"[1] 之所以如此，原因大致有三：其一，这种合作关系是双赢的。对于国家来说，民间社会自治有补于"官治"。例如"保甲之设，所以使天下之州县复分其治也。州县之地广，广则吏之耳目有不及；其民众，则行之善恶有未详。保长、甲长之所统近而人寡，其耳目无不照，善恶无所匿。从而闻于州县，平其是非，则里党所得其治，而州县亦无不得其治。"[2] 对于民间社会来说，"自治团体是由当地人民具体需要发生的，而且享受着地方人民所授予的权力，不受中央干涉。于是人民对于'天高皇帝远'的中央权力极少接触，履行了有限的义务后，可以鼓腹而歌，帝力于我何有哉！"[3] 其二，它跟意识形态上宋明以来新儒学"公私一体"的理念相吻合[4]。其三，当时中国的统治者不像中世纪欧洲君主那样面临列国竞争、弱肉强食的生存压力，没有必要扩充军队、拼命榨取民间资源，为此把官僚机器竭力向底层延伸。[5]

二、中国传统地缘社会解纷与民间社会自治

社会自治活动无非是发展经济、丰富文化、淳化民俗、解决纠纷，

---

[1] 李怀印："中国乡村治理之传统形式"，载黄宗智：《中国乡村研究》（第一辑），商务印书馆2003年版。

[2] （清）顾炎武著，黄汝成集释：《日知录集释》，上海古籍出版社2006年版，第478页。

[3] 费孝通：《乡土中国》，上海人民出版社2006年版，第150页。

[4] 李怀印："中国乡村治理之传统形式"，载黄宗智：《中国乡村研究》（第一辑），商务印书馆2003年版。

[5] 李怀印："中国乡村治理之传统形式"，载黄宗智：《中国乡村研究》（第一辑），商务印书馆2003年版。

从而保障社会的富裕与和谐，明清时期地缘社会的解纷活动是当时整个民间社会自治的重要方式和重要组织部分。"国家无意用系统的成文法调整民事关系，也没有建立起通过判例或习惯法收集等确认民间社会规范的法律机制。……所谓里正、乡约之类多来自地方乡绅，并非国家派任的官员，（他们对纠纷的调处）原则上仍属于国家授权或认可的范围内的自治。"[1] 这种解纷体现的自治，其方式和内容表现为"一乡之中户婚田土、雀鼠争讼，为之剖断曲直，以免小民公庭守候之累。有不决者乃送于州县"[2]；"州县司法更重视危害统治权威的刑案而视户婚田土等为'细故'；州县行政对乡里社会的管理职责多交由乡里社会自行处断"[3]；"由于国家权力对社会基层的渗透力不够，以及人民对国家审判的不信任，因此他们（往往首先）不向官府起诉，而是通过村落自治、商人团体自治等以调解形式来解决纠纷。"[4]

在各类地缘社会组织的解纷中，乡间结社组织和乡间集会组织的解纷是较为彻底的民间自治性活动内容，我们掌握的原始资料太少，所以这里我们主要考察和分析乡里组织、乡约组织、同乡社会组织解纷所体现的社会自治情况。

（一）乡里组织解纷与乡里社会自治

明清乡里组织是一种组织相对严密的地缘社会组织，主要有里甲和保甲两种具体形式，里面没有品官"集权"的治理机构，只有"以民管民"的社会组织，所谓"使推殷实有行义之家，以民管民，最为良法"[5]。乡里组织的自治活动内容主要有催征钱粮、解决纠纷、开掘水渠、兴办学校、建修围墙、看护大门、开设和管理集市、约请戏班、组

---

[1] 范愉：《纠纷解决的理论与实践》，清华大学出版社2007年版，第600页。

[2] 一凡藏书馆文献编委会编著：《古代乡约及乡治法律文献十种》（第二册），黑龙江人民出版社2005年版，第270~271页。

[3] 韩秀桃："《教民榜文》所见明初基层里老人理讼制度"，载《法学研究》2000年第3期。

[4] [日]高见泽磨著，何勤华等译：《现代中国的纠纷与法》，法律出版社2003年版，第15页。

[5] （明）王鏊："吴中赋税书与巡抚李司空"，载（明）王鏊、（明）王禹声：《王文恪公集》卷三六。

织看管农作物、惩处违反公约者等民间事务。

先说里甲解纷体现的社会自治。里甲长主要负责差役，里老人主要负责乡治，其所在的每村设"申明亭"和"旌善亭"各一座，前者主要用来理断纠纷，后者主要用来表扬好人好事。对于申明亭的功能，马克斯·韦伯说："'庙宇'拥有小官司诉讼的裁判权，并且往往独揽了各式各样的诉讼。只有牵涉到国家利益时，政府才会加以干涉。人民信赖的是庙宇的裁判，而不是国家官方的法庭。……由于有庙宇，村落无论在法律上或事实上都具有地方自治团体的行动能力。"[1] 明代不许官员擅自下乡，明成祖永乐十九年（1421年）四月重申："自今官吏敢有不遵旧制，指以催办为由，辄自下乡科敛害民者，许里老具实赴京面奏，处以重罪。"[2] 明清州县官要求对民间做到"五不扰"，其中第五"不扰"就是"乡甲中有事，系盗贼人命，方许呈报，如殴斗小事等项，听民自便"。[3]

再说保甲解纷所体现的社会自治。保甲组织是专制王朝"出入守望"、"官控乡治"策略的产物，国家不设品官，也不拨经费。在清代取代里甲成为综合性的乡里组织之后，保甲组织淡化了刑名色彩，演变为"绅治"的模式。乾隆时彰德府同知李光型讲："保甲者，分之极其细而不紊，合之尽其大而不遗。故必知地方之险易，村居之疏密，而后联比分甲，可行出入守望之政。知墩台驿递之远近，桥梁舟楫之所属，而后期会修建，可行奉公利济之政。知水土刚柔之性，山泽原隙之宜，而后区种别树，可行因地利民之政。知人民生聚之多寡，地利物产之盈绌，而后劳民劝相，可行农末相资之政。知闾里疆域之息耗，居民世业之贫富，而后诱劝蓄积，可行敛散赒恤之政。知姻娅族姓之相联，比闾同里之相属，而后读法讲谕，可行孝友睦姻之政。知田园家室之有，赖四民艺术之有托，而后分别勤惰，可行课督鼓舞之政。知刚柔知愚之异质，奢俭贞淫之殊习，而后旌淑别慝，可行劝赏刑威之政。是故一行保

---

[1] [德] 马克斯·韦伯著，（台）康乐、简惠美译：《中国的宗教 宗教与世界》，广西师范大学出版社2004年版，第148页。

[2] 《明太宗实录》卷二三六。

[3] 闻钧天：《中国保甲制度》，上海书店1992年版，第189页。

甲而政具举矣！"[1] 相对于里甲组织，保甲组织的解纷权来得比较曲折，解纷情形也比较复杂，但其自治功能不可小视，所谓"保甲行而弥盗贼，缉逃人，查赌博，诘奸宄，均力役，息武断，睦乡里，课耕桑，寓旌别，无一善不备焉"[2]；实行保甲制后，"凡婚田土词讼事件，不待证佐串供，已可悉其大半"[3]。

（二）乡约组织解纷与乡村社会自治

乡约组织的创建是中国民间自治的重要创新与实践，所谓"于君政官治之外别立乡人自治之团体，尤为空前之创制"[4]；"乡约是自治的一种体现，由乡民自动、自发地制订规约，处理众人生活中面临的治安、经济、社会、教育、礼俗等问题。"[5] 明代名儒薛侃云："约为条规，乡立约长以总其教，约副以助其决，约正司训诲，约史主劝惩，知约掌约事，约赞修约仪。月朔会民读约讲义，开其良心，又彰其善，纠其恶以振劝之。"[6] 其体现自治的活动内容主要是"死丧相助，患难相恤，善相劝勉，恶相告戒，息讼罢争，讲信修睦"[7] 等。

民间自办乡约是完全的自治组织。人们常说的官办乡约实际上是官倡民办或官委民办，并非真正的官办。官倡或官委的落脚点都在民办上面，其主持者仍主要是乡绅。万历年间章潢（1527～1608 年）所定乡约规条说："该州县即移文该学，共推请乡士大夫数位为约正，以倡率

---

[1] 一凡藏书馆文献编委会编著：《古代乡约及乡治法律文献十种》（第二册），黑龙江人民出版社 2005 年版，第 304～305 页。

[2] 一凡藏书馆文献编委会编著：《古代乡约及乡治法律文献十种》（第二册），黑龙江人民出版社 2005 年版，第 286 页。

[3] 一凡藏书馆文献编委会编著：《古代乡约及乡治法律文献十种》（第二册），黑龙江人民出版社 2005 年版，第 46 页。

[4] 萧公权：《中国政治思想史》（下册），台湾联经出版公司 1982 年版，第 570～571 页。

[5] 雷家宏：《中国古代的乡里生活》，商务印书馆国际有限公司 1997 年版，第 3 页。

[6] 薛侃："乡约序"，载饶宗颐纂：《潮州志汇编》"古今文章"（下帙），香港龙门书局 1965 年版。

[7] （明）王守仁：《王阳明全集》（第四集），红旗出版社 1996 年版，第 228 页。

士民。"[1] 这类乡约总的来说仍然是一种乡里自治组织，其自治性主要表现在：①乡约组织由民间自愿组建而非官方强制建立。虽然这类乡约经官府多年渗透，已经失去《吕氏乡约》纯粹自发的性质，但基本仍能保持自愿组合的形式，所谓"乐善之家，父子兄弟，情愿俱入乡约者，听从其便"[2]。明末徽州府休宁县人金声在谈到徽州乡约时说："蒙唐太守吴司李定为乡约守御事宜，各县各乡一日抄传，相与力行"[3]，可见当时组织乡约并没有政府的严令，仅仅是太守定了一个乡约方案，乡人等纷纷传抄、响应，最后自发组织起来的。这种自治与自愿色彩也从明清乡约形式的"百花齐放"和数量发展的不平衡上表现出来。例如清初的徽州府休宁县，其乡约在有的都多达二十个，有的都只有一个，造成乡约数量如此悬殊的原因，恐怕是有的地方乡绅积极响应，有的地方乡绅态度消极，而与地方官府的行政命令没有多少直接关系。[4] ②乡约组织的核心人物是乡绅而非官员。乡约事实上并不是行政设置，"乡约约正、副都是义务的，他们没有官府配置的办公场所，更不要说会有什么政府财政拨款了。"[5] 从实际情况来看，乡约的推行者和领导者一般都是乡绅，即"致仕闲住州县、佐贰首领及省祭散官、衣巾生员，但有德望，众推为约正副者"[6]。③约正副不是"官吏铨选"而由"乡人公举"。知县吕坤（1536~1618年）推行乡约，"以一里为率，各立约正一人，约副一人，选公道正直者充之，以统一约之人"，而且约正约副的举任"须百家个个情愿"[7]。总之官方在乡约中的作用只是倡、

---

[1] （明）章潢：《图书编》，上海古籍出版社1992年版。转引自胡庆钧："从蓝田乡约到呈贡乡约"，载《云南社会科学》2001年第3期。

[2] 闻钧天：《中国保甲制度》，上海书店1992年版，第183~184页。

[3] （明）金声：《金太史集》卷五《与程韦庵道尊》，海南出版社2001年版。

[4] 参见陈柯云："略论明清徽州的乡约"，载《中国史研究》1990年第4期。

[5] 王日根："论明清乡约属性与职能的变迁"，载《厦门大学学报》2003年第2期。

[6] 一凡藏书馆文献编委会编著：《古代乡约及乡治法律文献十种》（第一册），黑龙江人民出版社2005年版。

[7] 一凡藏书馆文献编委会编著：《古代乡约及乡治法律文献十种》（第一册），黑龙江人民出版社2005年版。

助、导、督等干预形式，"官方干预下的乡约组织是一种按政府要求，民间自办的社区基层组织形式，其目的在于整饬社区生活秩序，加强以自我约制为主的社区管理。"[1]

乡约组织解纷在社会自治方面扮演着重要角色，乡约因其卓有成效的纠纷预防与解决措施而有"牧师"之美誉，很多地方"举行乡约，一时有无讼之化"[2]。乡约组织的社区自治功能在国家的治理体系中具有特殊的地位，朱鸿林说："乡约是以士大夫领导为主的民间自治意识表现，在一定程度上更是社区意识的表现。乡约的本原，如蓝田《吕氏乡约》所见的，是一个小地方内的缙绅家户（同政治、社会阶级居民）的互助和道德提升组织；透过约条的规定，约众在精神生活上得以互相勉励慰藉，在物质生活上和法律事务上得以互相帮助。从更高的层次看，它既是人民对政府能力不信任的反映，也是和政权有利益关系者对政权给予帮助的表现。相对于政府的无能或苛刻的行政管治而言，它是一种基于自治原则的自救式替换方法。……这种原型乡约的可能政治意涵，在明代中期的乡约里也得到反映。沙堤乡约便是地方宗族自保和居乡缙绅佐治意识活动下进行的有限度自治表现；它的成立经过与政府的行政措施无关，它的声称目的之一则是约内家户团结以防拒更役的诬害和入乡骚扰。"[3]

（三）同乡会馆解纷与同乡社会自治

同乡会馆作为同乡人在客地建立的一种自卫自律性地缘社会组织，以典型的民间自建自治组织出现于历史舞台。明清同乡会馆的自治主要体现为"联络乡情，敦睦桑梓"[4]，"祀神、合乐、义举、公约"，解决外来同乡与土著居民发生的矛盾和摩擦，参与地方管理和建设的各项事务等等。由于同乡社会组织遭遇纠纷在总体上比其它任何地缘社会组织

[1] 王日根："论明清乡约属性与职能的变迁"，载《厦门大学学报》2003年第2期。

[2] 康熙《徽州府志》卷五《秩官志下·名宦》。

[3] 朱鸿林：《中国近世儒学实质的思辨与习学》，北京大学出版社2005年版，第297页。

[4] 这是北京的惠州会馆自定的功能，叶恭绰的题词即为"联络乡情，敦睦桑梓"，见《北京岭南文物志》，北京广东省会馆财产管理委员会1954年编印。

所遇到的纠纷都多[1]，所以同乡会馆的解纷在同乡社会自治中具有特别突出的地位。

同乡社会自治标志着中国传统民间社会管理体制的进一步完善。王日根说："会馆是明清时期社会变迁中颇具特色又不可或缺的社会中间组织，它标志着社会变迁的程度，映照了社会的演进，包容了封建官绅、商人及其他各阶层人们对社会变迁的适应，意味着在封建行政体系之外的自立自治精神与有序社会秩序的建立，从而在推进中国社会由传统走向现代的过程中发挥着积极作用。"[2] 就在国内会馆日渐销声匿迹之后，海外华人会馆却勃然兴盛而且至今不衰，它们不断适应着时势的变迁，继续在宗教与社会、福利与教育、协调与仲裁乃至祖国的尊严与统一等领域发挥着积极有益的作用。

三、中国传统社会自治与西方中世纪社会自治的比较

"社会自治"的概念是个舶来品，离开西方和现代语境是无法说清楚的，所以这里有对中西、古今社会自治进行比较的必要。我们首先进行中西同期的比较，将从三个层面进行比较：一是中国传统社会自治与中世纪欧陆社会自治的一般比较；二是明清乡里自治与英国郡（地方）自治的比较；三是明清乡里自治与英国"百户—十户（村）"自治的比较。

(一) 中国传统社会自治与中世纪欧陆社会自治的比较

十三世纪西欧城市自治运动发生的时候，中国还处在宋元时代，没有进入明清时期，但这时的中西国家都处在封建制度统治之下，所以是有可比性的。同期（中世纪或封建社会阶段）中西社会自治主要有两大不同：

1. 社会自治的重心，在中国是乡村自治，在西方是城市自治。正如马克斯·韦伯所说："（传统中国）正式的皇家行政，事实上只限于市区和市辖区的行政。……城市是没有自治的品官所在地，乡村则是没有品官的自治区！……（乡村）从法律上和实际上具有了地方自治体的行

---

[1] 参见本书第二章第二节。
[2] 王日根：《乡土之链：明清会馆与社会变迁》，天津人民出版社1996年版，第324页。

动能力，这种职能正是城市没有的。乡村，而非城市，是村民利益范围内的一个有实际防御能力的联合体。"[1] 西方的情况则有所不同，那里既有乡村自治也有城市自治，而且城市自治最为典型，中世纪后期还出现了城市自治运动。"西方特有的制度在中世纪的城市中发展出了生机盎然的市民阶级。但是这种制度（在中国）不是根本没有就是面目皆非。在意大利城市的商法中，早就有了经济的理性物化了的资本主义'经营'的法律形式与社会基础，但是在中国这些都不存在。"[2]

2. 中国传统社会自治是与专制治国有某种互补关系的有限自治，西方中世纪的城市自治是近代宪政的萌芽。这种不同早在民国时期就有学者洞明："国人夙具之自治观念，方诸近世欧美之自治意义，殆不可同日而语。所谓中国历史上之地方政制，与人民心目中认为有自治性质之含义，揆其初衷，全不过迫于环境的要求，或人与人的支配作用以产生。若云民治，则似是而实殊焉。……人民既不解自治之为何物，则其一切之所以演具之方式亦只有社会之下层组织，而无下层民主势力之培植。"[3] 这就是说，中国传统的民间社会自治并非民主制度的体现。

明清时期的民间社会自治是在中国皇权统治的背景下存续的，皇权与"民权"不仅没有紧张对抗关系，而且还有某种互补关系。同治时潮州《汀龙会馆志·馆志序》说："或曰会馆非古制也，而王律不之禁者何耶？予曰：圣人治天下，使民兴于善而已。会馆之设有四善焉：以联乡谊明有亲也，以崇神祀明有敬也，往来有主以明礼也，期会有时以明信也。使天下人相亲相敬而持之礼信，天下可大治，如之何其禁耶？"[4] 正是因为同乡社会组织自治能补"官治"之失，统治者才不禁止。执政者允许地缘社会组织解决纠纷，很大程度上来自"以民管民"、"以贱治贱"的考虑，明代苏州府人王鏊评论里甲组织说："我太祖患

---

〔1〕[德] 马克斯·韦伯著，王容芬译：《儒教与道教》，商务印书馆1995年版，第145~147页。

〔2〕[德] 马克斯·韦伯著，王容芬译：《儒教与道教》，商务印书馆1995年版，第139页。

〔3〕闻钧天：《中国保甲制度》，上海书店1992年版，第47页。

〔4〕同治《汀龙会馆志·馆志序》。

有司之刻民也，使推殷实有行义之家，以民管民，最为良法"[1]；康熙《休宁县志》说："乡有约，里有保，亦用贱以治贱耳。"[2]

西方中世纪的城市自治孕育了人类历史上的宪政。近代宪法的最初胚胎形式就是当时的城市"特许状"（charter）——中世纪欧洲国王赋予贵族在其领地内享有不受国王代理人管辖的权利，也就是特许城市自治的特别命令状。现存最早的一份特许状是967年的法兰西城市特许状。特许状使得城市在名义上接受国王统治，而实际上在各自管辖的范围内行使着近乎完全独立的司法权和行政权，伯尔曼说："城市法律在大多数场合是根据成文的特许状建立起来的，这些既是政府组织的特许状，又是市民权利和特权的特许状，在实效上，它们是最早的近代成文宪法。"[3]

（二）明清乡里自治与英国郡（地方）自治的比较

最早将中国民间自治与英国郡自治相提并论的是马克斯·韦伯，他说："（古代中国）在县治之下的地区，约当英国一郡（county）的地境[4]，只有那种当地的自治官府。"[5]中国乡里自治与英国郡自治的自治性质是不同的，前者是社会自治，乡里组织不是国家基层政权机关；后者是地方自治[6]，郡是地方基层政权机关。

英国素有"地方自治之家"的美誉。中世纪（10～16世纪）英国

---

[1]（明）王鏊："吴中赋税书与巡抚李司空"，载（明）王鏊、（明）王禹声：《王文恪公集》卷三六。

[2] 转引自陈柯云："略论明清徽州的乡约"，载《中国史研究》1990年第4期。

[3][美]伯尔曼著，贺卫方等译：《法律与革命：西方法律传统的形成》，中国大百科全书出版社1993年版，第479页。

[4] 英国的郡在辖地面积上相当于中国的乡，但在级别上相当于中国明清时期的省，郡上面就是国王和中央政权。

[5][德]马克斯·韦伯著，（台）康乐、简惠美译：《中国的宗教 宗教与世界》，广西师范大学出版社2004年版，第150页。

[6] 有关英国地方自治的内容主要参见马克垚：《英国封建社会研究》，北京大学出版社2005年版；陈日华："英国法律传统与中世纪地方自治"，载《天津师范大学学报》2003年第1期。

国土面积狭小[1]，地方政务机关只有郡一级，当时所谓地方自治实际上就是郡自治。"郡（shire）"的原意是整体之一部分，从辖区户数或人口量来看，当时英国郡的规模仅与中国保甲组织中的"保"相当，大约都是一千户左右。地方治理机构在中世纪的英国主要是"郡—百户区—十户（村）"三级，在中国的明清时期，明朝主要是"省—州（直隶州）府—州（属州）县—里—甲"五级，清朝主要是"省—州（直隶州）府—州（属州）县—保—甲—牌"六级。英国的郡相当于中国的省及其下的府州县，英国的"百户区—十户（村）"相当于中国的乡里组织。下表是中世纪中英地方治理的组织与性质对比。

表9-1 中英地方治理的组织与性质对比

组织	中国		英国	
地方政务组织	省—州府—州县，三级	附属于中央集权，官员由国王或皇帝钦定	郡（仅一级）	地方自治
民间社会组织	乡里组织：里—甲或保—甲—牌	社会自治	百户—十户（村）	社会自治

中世纪英国的地方自治根据首领的不同，可以分为三个时期：第一个时期是以郡长为中心的"郡长时期"（7～9世纪），第二个时期是以郡守（sheriff）为中心"郡守时期"（10～14世纪），第三个时期是以治安法官（justice of peace）为中心的"治安法官时期"（15～16世纪）。后两个时期是郡自治比较成熟的时期，这期间郡守和治安法官都由国王任命，他们是国王在地方的代表，负责本郡的行政、财政、治安、司法、军事等事务。但是他们对郡的治理具有地方自治的属性，这主要体现在：①国王对郡中官员没有任命权，这些官员一般通过地方选举产

---

[1] 英国今天也只有二十四万平方公里，六千万人口，仅与中国湖南省的面积和人口差不多。

生,由本地乡绅(esquire)或骑士担任。例如治安法官时期的督察官和"没收吏"由郡法庭选举郡中乡绅担任。"(乡绅)精通法律,有雄厚的经济实力。逐渐地,乡绅掌握了地方社会的政权,使得地方政权没有成为中央政权完完全全的统治工具。"②郡享有自理事务的权利,国王只是通过受理地方诉讼来实现对地方事务的间接管理。中世纪英国王权在地方上既无完善的官僚体系,也不具备强大的军事力量[1],主要通过三种办法干预地方事务:一是自己巡视全国;二是派出巡回法庭;三是颁发令状。巡回法庭是王室派出法庭,一年两次在各郡开庭,审理应该由王廷审理的民刑案件。令状的内容主要是两部分:一部分涉及诉讼,另一部分涉及王室财产收入。郡自理的事务包括执行国王的法律或令状、郡内行政、财政、司法、军事等事务,其中行使司法职权主要是主持郡法庭和百户法庭,审理本地较重大的民刑案件和民事纠纷,证明土地转移等。郡法庭(county court)是郡自己的法庭,"从职能上说,这种法庭称之为衙门(按照我国习惯)也许更为合适。它并不是单纯的法庭,而是郡守处理一应有关军事、行政、诉讼、财务的场所。他于此宣布国王的法律及令状,召集陪审员进行调查,处理各种行政事务,当然也进行审判。"[2]郡法庭早期一年开庭两次,后来增至每月一次。郡法庭的主持人是郡守,参加者原则上包括郡内所有的自由人。因为根据传统,参加郡法庭活动是自由人的权利同时也是义务。后来随着封建制度的建立,这种权利与义务又与封建土地所有制相联系,只有自由土地持有人才有权利出席郡法庭活动。郡法庭职能主要是处理郡中的司法、行政、公共生活及其他社区事务,如审理郡中发生的各种民事刑事案件,对涉及到公共利益的事务进行协调与处理,征收地方事务所需要的资金;负责选举议会议员与地方官员,如督察官、高级警役等。③郡没有中央财政拨款。郡守津贴由地方财政负担,治安法官则没有任何官方报

---

[1] 中世纪的英国并无常备军,国王组织军队主要有两种方式:一是分封土地给贵族,换取贵族向他提供骑士的义务。二是国王作为国家利益的代表,在遇到战事时征集兵员。参见陈日华:"英国法律传统与中世纪地方自治",载《天津师范大学学报》2003年第1期。

[2] 马克垚:《英国封建社会研究》,北京大学出版社2005年版,第88页。

酬。这样一来,"由于中央政府不能从财政上控制地方政府,因而地方官员在处理地方事务中,所受到的来自中央的束缚与限制是很少的。"[1] 从以上三个方面的情况来看,郡内的人权、事权、财权基本上都是自己做主。国外学者怀特[2]、莱昂等人都认为,中世纪英国的郡实际上是"国王命令下的自治政府",莱昂说:"尽管国王命令下的自治政府在词语上有些矛盾,然而很明显,在郡、百户区、(村)镇层次上,地方政府很大程度由居民自身管理。"[3] 当我们再联系到英国法律传统时,我们发现地方自治其实体现的是一种权利:一方面是地方社会自己管理自己的权利,根据这种权利,社区的居民可以依照当地的习俗与习惯来处理社区共同体内发生的各种事务;另一方面是限制国王与国家权力的权利,也就是有权要求国王不能依据自己的意志随意处理地方上的问题。

(三)明清乡里自治与中世纪英国"百户—十户(村)"自治的比较

明清乡里自治与中世纪英国"百户—十户(村)"两种社会组织的形式酷似。中国乡里组织在明朝主要是里(一百一十户)—甲(十户)两级,在清朝主要是保(十甲一千户)—甲(十牌一百户)—牌(十户)三级。"百户—十户(村)"是英国郡下的行政性民间自治组织,也是两级。百户区规模与中国的里大致相当。十户(tithing)或村的自治模式类似中国的保甲制度,"十户"由家长组成,所有居民必须参加,首领是十户长,各户互相督察和担保家庭成员品行端正、遵纪守法,一人犯罪,十家连坐。村是百户下以自然村为基础的组织或团体[4]。

明清乡里自治与中世纪英国"百户—十户(村)"自治的性质相同,都是民间社会自治。这主要体现在:

---

〔1〕参见陈日华:"英国法律传统与中世纪地方自治",载《天津师范大学学报》2003年第1期。

〔2〕参见White A. B, *Self Government at the King's Command*, Minueapolis, 1933.

〔3〕Bryce Lyon, *A Constitutional and Legal History of Medieval England*, W. W. Norton & Company, 1980, p. 406.

〔4〕参见马克垚:《英国封建社会研究》,北京大学出版社2005年版,第9、89、90页。

(1) 首领及其他乡官均不由国王或皇帝任命。英国的百户长由负责地方自治的郡守派遣，由殷实可靠的乡绅或小地主担任。十户长或村长轮值或选举产生。

(2) 自理民间事务。英国的百户长统领百户区事务，自治内容主要有：①维持治安，率领居民追捕盗贼等罪犯；②召集和主持百户法庭的审判大会[1]，审理较小的民事案件（细故）。百户区法庭的审理活动带有部落群众集会裁决纠纷的性质，极似中国乡里组织在申明亭中或定期集会时理断纠纷；③组织和督促村民担任郡守巡视法庭陪审团的陪审员（相当于中国的里老人[2]），调处民事纠纷和处理轻微过失行为。十户长或村长的主要职责有：①出席郡守巡视法庭开庭；②向百户法庭和郡法庭上报案件；③分担郡内的罚金或财政负担；④维持治安。村中警役（constable）是负责村中治安、处理细小纠纷的专职人员，所有村民都有义务协助警役工作。

(3) 都没有国家财政拨款，乡官没有俸禄，活动经费自行筹集。英国的百户长、十户长、警役等人员都是社会义工，必要的公务活动经费一般是百户长在百户区法庭或教区会议上提出议案，通过后由居民分摊。

不过，英国的"百户区—十户（村）"自治与中国的乡里自治还是有区别的：中国的乡里自治主要是纯粹的内向度社会自治，而英国"百户区—十户（村）"自治有外向度自治的因素（还不是真正意义上的外向度自治），"百户区—十户（村）"作为郡（地方自治机关）下面的地缘社会组织，与郡一起依法享有对国家权力的自主管理权，其自治与郡自治具有政治性自治的共性，正如布朗说："人们在郡法庭和郡公共事务上的实践活动，使得郡形成了自己的一种结合体，百户区与教区也是

---

[1] 百户法庭由百户长召集，郡守主持。每四周之星期日集会一次，出席者有百户区内的地主、神父、各村的四名代表，不到者处以罚金。参见马克垚：《英国封建社会研究》，北京大学出版社2005年版，第9、90页。

[2] 与中国里老人理断纠纷的不同，这时的裁决不是由主持人作出，而是由双方辩论，然后由所有出席人员按当地习惯表决作出，一如后来的对抗制或辩论式诉讼。

如此。"[1]

从上面的同期比较来看，包括明清地缘社会自治在内的中国传统民间社会自治，既不同于同期西方的市民（城市）自治，也不同于英国的郡自治，而与英国的"百户区—十户（村）"自治非常接近。

四、中国传统社会自治与近现代社会自治的比较

今天的社会自治实际上也主要是西方语境中的社会自治，这里的古今比较与中西比较有很多内容是重合的，但是，当今一般社会自治制度以及当今中国可能的社会自治制度，与西方的社会自治制度并不完全是一回事，所以仍有单独进行今昔比较的必要。

费孝通曾指出，在认识社会自治的方法上不能简单地用"民主和不民主的尺度来衡量"中国传统社会自治的性质，他说："在它（乡土社会）的权力结构中，虽则有着不民主的横暴的权力，也有着民主的同意的权力，但是在这两者之外还有教化的权力，后者既非民主又异于不民主的专制，是另有一工的。所以用民主和不民主的尺度来衡量中国社会，都是也都不是，都有些像，但都不确当。"[2] 这种提醒对我们是有很大启发性的，但同时我们也认为，如果离开了民主标准，似乎很难对古今社会自治进行有效的比较，事实上费孝通本人也对传统乡村自治下过"虽没有政治民主，却有社会民主"[3] 的断语，所以我们这里只能仍以"民主和不民主的尺度"对古今社会自治进行粗放式比较。

中国的传统社会自治与近现代社会自治的根本区别在于：后者是民主宪政制度意义上的自治，中国传统社会自治虽有民主的因素，但并不体现民主的制度。对于明清地缘社会自治的模式或性质，有人认为是"地方精英控制"[4]，有人认为是"长老统治"，其实都是一个意思，这就是当时民间社会当家作主的主角并非"人民"而是乡绅或长老

---

[1] A. L. Brown, *The Governance of Late Medieval England* 1272~1461, Stanford University Press, 1989, p. 149.

[2] 费孝通：《乡土中国 生育制度》，北京大学出版社 1998 年版，第 68 页。

[3] 费孝通：《乡土中国 生育制度》，北京大学出版社 1998 年版，第 65 页。

[4] 万明主编：《晚明社会变迁：问题与研究》，商务印书馆 2005 年版。其中第四章"晚明的地方精英与乡村控制"（高寿仙撰）系统考察和论述了明代地方精英对里甲、保甲的控制及对乡村事务的主持。

(也可统称为"地方精英"),民间社会虽然没有品官但有乡官或民间首领。这些人或轮值或推举,但没有保证他们代表"人民"意志的制度保障。费孝通对传统乡土社会自治的权力结构有精致的考察和分析,他认为那里存在着三种权力:同意权力、横暴权力和教化解纷权力。"同意权力"即乡民参与乡村自治事务、推举乡村领袖、缔结乡规民约的民主权力;"横暴权力"即国家在民间案比户口、派役收税、审理案件等强制权力;"教化解纷权力"即民间领袖(乡绅、长老等)宣传律令、奖善惩恶、治理乡务、解决纠纷等乡治权力。这三种权力在民间社会自治中的作用是不一样的:横暴权力、同意权力都很弱,唯有教化解纷权力很强。他说:"在乡土社会中,……在传统的无为政治中(政府)统治本是并不很强的,基层上所表现出来的也并不是完全是许多权利上相等的公民共同参与的政治。……这里还有一种权力,既不是横暴性质,也不是同意性质;既不是发生于社会冲突,也不是发生于社会合作;它是发生于社会继替的过程,是教化性的权力。"[1] 这里体现"民主形式"的"同意权力"(主要是缔结社会契约的权力)并不能完全通过教化解纷权力来实现,因为"所谓社会契约必先假定个人的意志。个人对于这种契约虽则并没有自由解脱的权力,但是这种契约性的规律在形成的过程中,必须尊重各个人的自由意志,民主政治的形式就是综合个人意志和社会强制的结果。在教化过程中并不发生这样的问题,被教化者并没有选择的机会。他所要学习的那一套,我们称作文化的,是先于他而存在的。"[2] 这也就是说,传统社会自治的主体并非完全是乡民,由此与今天以民主为旨归的社会自治便有重大区别。中国传统社会自治的近现代化进程异常艰难,晚清政府制定的《城镇乡地方自治章程》(仅在浙江、江苏实施过)其实只是对专制君主制下民间社会权力重新整合的制

---

[1] 费孝通:《乡土中国 生育制度》,北京大学出版社1998年版,第64页。
[2] 费孝通:《乡土中国 生育制度》,北京大学出版社1998年版,第65页。

度化，与"民主"的关系不大，倒是对传统民间自治因素的一次全面总结。[1]

综上所述，明清时期民间社会是有自治的，这种自治是内向度的管理性自治，地缘社会解纷是这种自治的重要形式和内容。这种自治既不同于同期西方的市民（城市）自治，也不同于近现代民主宪政体制下的地方自治和社会自治。

第二节 地缘社会解纷与国家司法

国家司法解纷和社会解纷（包括地缘社会解纷在内）是社会纠纷解决的两种重要方式[2]，本节梳理和总结二者的基本关系[3]，并以此观照明清地缘社会解纷在当时整个社会纠纷解决系统中的作用和意义。

明清时期国家司法解纷与社会解纷的基本关系是分工与合作的关系。就分工来说，国家司法主要解决"重案"，社会组织主要解决"细故"，同时二者之间存在着管辖与被管辖的关系，地缘社会解纷处于司法解决的授权、基础与补充地位。"就官府来讲，除非一些命盗重案，否则官府对待民间纠纷的基本态度都是'不告不理'（甚至告了也不理）；就民间来说，官方的消极态度事实上'鼓励'了民间通过私力的方式来解决彼此之间的纠纷。"[4]"民事诉讼被（官府）认定和解释为琐细的干扰，最理想的状态是这类诉讼根本不存在……，只要有可能，他们（官府）确实乐于按照官方统治思想的要求采用庭外的社区和宗族

---

[1] 如《城镇乡地方自治章程》第一百零二条规定："城镇乡自治职，各以该管地方官监督之。该管地方官应按照本章程，查其有无违背之处而纠正之，并令其报告办事成绩，征收预算、决算表册，随时亲往检查，将办理情形，按期申报督抚，由督抚汇咨民政部。"第一百零三条规定："地方官有申请督抚，解散城镇乡议事会、城镇董事会及撤销自治职员之权。"这里的后面两条实际彻底否定了"地方自治"。

[2] 个人解决、社会解决、国家解决是纠纷解决的三种方式。参见本书"导论"中的"基本概念·解纷机制·解决纠纷的主体"。

[3] 关于地缘社会解纷与国家司法解纷的关系，参见本书第七章第七节之"与国家司法的接轨"。

[4] 何兵：《和谐社会与纠纷解决机制》，北京大学出版社2007年版，第135页。

调解。"[1] 民间对"细故"的调处，官府不仅不主动干预，而且通常会对这类纠纷的起诉作出"不准"的决定，阻止当事人进入司法程序。这时县官对纠纷解决的意见大都是"勿伤亲亲之谊"、"勿滋诉讼"，一般并不直接向地缘社会组织下达具体如何解决、解决结论应该是怎样的之类命令。就合作来说，司法解纷以社会解纷为"前置程序"并对社会解纷提供保障，以及地缘社会组织"送官究办"、上报或协办恶化成刑案的纠纷和州县衙门的"官批民调"[2]等形成的两种解纷方式之间程序互动、效力互补的联接机制，都是二者合作的具体形式与内容。

下面我们先考察二者区别的表现，然后重点讨论地缘社会解纷与国家司法解纷之间的合作关系。

一、纠纷之地缘社会解决与司法解决区别的表现

纠纷的地缘社会解决与司法解决的区别除了它们分别是代表民间和国家解决纠纷之外，还表现在以下几个方面：

（一）地缘社会解纷的调处人独立于官府，而司法解纷中的裁判官是钦命品官

明清地缘社会组织的纠纷调处人主要是这类组织的首领或代表人物，如里老人、保甲长、约长、同乡会馆首事等，他们可能在举任、"官批民调"等环节与官府发生关系，但他们本身是乡绅或民间领袖，他们的调处独立于官府。而司法解决中的裁判官是钦命品官，如知县（知州）是正七品官员。明清州县官在"官批民调"的同时，有时候也亲自调解纠纷，但这种调解是"诉讼内调解"，其身份（审判员和调解员的双种身份）是官方的。《英宗实录》："松江知府赵豫和易近民，凡有词讼，属老人之公正者剖断，有忿争不已者则己为之和解，故民以'老人'目之。当时称为良吏。"[3] 这里的知府赵豫就因为善于调解民间纠纷而被老百姓视同"老人"，被官方称为"良吏"。那思陆《清代

---

[1] 黄宗智：《清代的法律、社会与文化：民法的表达与实践》，上海书店出版社2007年版，第9~10页。

[2] 参见本书第七章第七节。

[3] （清）顾炎武著，黄汝成集释：《日知录集释》，上海古籍出版社2006年版，第474页。

州县衙门审判制度》辑录有三则州县官调解纠纷的典型案例：《袁枚调处某人以先孕后嫁讼其妇翁一案》、《郑板桥调处富室赖婚一案》、《邹岱东调处弟兄争磨一案》[1]。三案中的袁枚是乾隆年间江苏省江宁县上元县县令，郑板桥是乾隆年间山东省莱州府潍县县令，邹岱东是直隶州天津府天津县知县。现将《袁枚调处某人以先孕后嫁讼其妇翁一案》迻录如下："时（乾隆年间）民间某娶妇甫五月诞一子，乡党姗笑之。某不能堪，以先孕后嫁讼其妇翁（岳父）。翌日集讯于庭，观者环若堵墙。公（袁枚）盛服而出，向某举手贺。某色愧，俯伏座下。公（袁枚）曰：'汝乡愚，可谓得福而不知者也。'继问其妇翁（岳父）：'汝曾识字否？'对曰："未也。"公（袁枚）笑曰：'今日之讼，正坐两家不读书耳。自古曰白鹿投胎，鬼方穿胁，神仙荒诞，固不必言。而梁嬴之孕逾期，孝穆之胎早降，有速有迟，载于史册。总之，逾期者，感气之厚，生而主寿；早降者，感气之清，生而主贵。主寿者，若尧年舜祚，尔等谅亦习闻；主贵者，不必远征，即如仆，亦五月而产。虽甚不才，犹得入掌词垣，出司民牧。谓予不信，令汝妇入问太夫人可也。'某唯唯，即命妇抱儿入署。少顷，儿系铃悬锁，依红绣葆出。妇伏拜地下曰：'蒙太夫人优赏，许螟蛉作孙儿矣。'公正色谓某曰：'若儿即我儿，幸善视之。他日功名，勿使出我下可耳。'继又顾众笑曰：'尔众中有明理之士，幸谅予心，勿以前言为河汉也。'众齐声附和，于是两造之疑俱释，案乃断，片言折狱，此之谓矣。"[2]

（二）地缘社会解纷主要适用社会生成法，司法解纷灵活协调适用律法与情理

今天保存完好的山西平遥县县衙和河南内乡县县衙的大堂屏门上面都还保留着"天理—国法—人情"的大牌匾，这六个大字昭示着当年的

---

〔1〕 那思陆：《清代州县衙门审判制度》，中国政法大学出版社2006年版，第216～218页。

〔2〕 （清）沈起凤：《谐铎》卷一一，乾隆五十七年（1792年）刊本。转引自伍承乔编：《清代吏治丛谈》，台北文海出版社1966年版，第265页。

地方官员是依据什么规则解决纠纷的。[1] 明清时期地缘社会解纷所适用的规则主要是社会生成法,而州县官在审理纠纷时一般不直接依据社会生成法,他们往往把社会生成法当作一种证据而不是视为规范,"体察民情的地方官赴任后,努力了解当地风俗确实是事实,但作为普遍原理,这是为了加深了解作为通情达理前提的事实认识,即通晓人情,而并非是为了精通习惯法这种实定性的规范。"[2] 社会生成法在司法审理中的作用是极其有限的,通常会让位于属国家法范畴的律法或礼教,正如有学者指出的:"地方(审判)官在实际的办案中通常更注重情、理与'法'的协调适用,而很少援引地方性(民间)社会规范。一般而言,理具有一定的普遍性,而民间的社会规范则具有较大的特殊性和地方性。前者可以作为纠纷解决的规范或基准,而后者只能作为事实或证据采信;当二者发生冲突时,地方官通常是维护具有普遍性的情理(礼教),而斥地方规范为'弊俗'不予适用。由此可见,官府调解与民间调解在规范的适用上存在着较大的差距。官府调解,一方面与判决同样以维护国家权力为宗旨,另一方面在缺少法律规范的情况下,……以'理'作为基本法源或法律原则,根据其自由裁量('情')对具体案件作出具体处理。"[3]

注重情理是诉讼与民间解纷的共同点,但相对而言,后者更加注重情理。明清地缘社会组织调处纠纷,情理、面子等往往成为主要的考虑因素,"表现出法律贯彻到地方或者民间的时候,与民间的习惯形成一种临界交叉"[4],甚至完全抛开国家法律也是可能的。有时候即使一次调处不成,还可以反复调处。州县官审理纠纷的情形比较复杂,他们在"天理—国法—人情"的总体规则之下,有着极大的自由裁量权,可以

---

〔1〕 关于"天理"、"国法"、"人情"的详细解释,参见本书第七章第五节之"社会生成法"部分。

〔2〕 [日] 滋贺秀三:"清代诉讼制度之民事法源的概括性考察——情、理、法",载 [日] 滋贺秀三等著,王亚新等译:《明清时期的民事审判与民间契约》,法律出版社1998年版,第41页。

〔3〕 范愉:《纠纷解决的理论与实践》,清华大学出版社2007年版,第601页。

〔4〕 田涛等:《黄岩诉讼档案及调查报告》(下卷),法律出版社2004年版,第215页。

在"依天理"、"伸人情"的名义之下不依"国法"判决[1]。但是,毕竟"国法"要求州县官在正式的庭审时严格依照律例来审断,否则以出入人罪论处[2],这样一来,州县官在审案时便不能不顾及国法的强制性规定,或者说不能离"国法"太远。

(三)地缘社会解纷结果只有民间强制力,司法解纷结果有国家强制力

作为民间社会的组成部分,地缘社会也有法定解纷权,其解纷结果官方一般也是尊重或认可的,但这里的解纷效力一般只有民间强制力,而没有国家强制力。明初《教民榜文》把乡里组织理断纠纷规定为当事人向官府提起诉讼的前置程序,甚至允许里老人在调处中"用竹篦荆条量情决打",但并没有赋予这里的调处结果具有法律强制执行力[3]。从黄岩诉讼档案中县官对案件的批示来看,在清代如果当事人对民间调处结果拒不执行,可能导致"提究"的后果。但是这种"提究"也只是正式进入官方司法程序,而非导致官府对基层调处结果的强制执行[4]。司法解纷的情况就不同了,无论是诉讼内调解还是直接判决,其结果都是有国家强制执行力的。在这类意义上讲,"基层调处既不是司法程序中的一个部分,也不能形成与司法程序相抗衡的之外的纠纷解决机制"[5]。

---

[1] 站在"法治"的立场上,这种应然与实然背离的情形,学者们概括为法律"表达与实践"的差异。参见"导论·相关问题的研究现状·国外研究情况·对中国传统地缘社会解机制的相关研究"。

[2]《大明律》第四百三十九条、《大清律》第四百一十五条"断罪引律令"规定:"凡断罪皆须具引律令。违者笞三十。……若辄引比,致罪有出入者,以故失论。"又《大明律》第四百三十三条、《大清律》第四百零九条"官司出入人罪"规定:"凡官司故出入人罪,全出全入者,以全罪论。若增轻作重,减重作轻,以所增减论。至死者,坐以死罪。"这里虽然说的是"断罪",但在"民刑不分"的古代,要求依律令审判案件,否则承担法律责任的原则在所有案件的审判中都是相通的。

[3] 参见本书第三章第二节。

[4] 田涛等:《档案及调查报告》(上卷),法律出版社2004年版,第210页。

[5] 田涛等:《黄岩诉讼档案及调查报告》(上卷),法律出版社2004年版,第210页。

二、社会解纷是司法解纷的"前置程序"

从程序思维来看，明清时期纠纷的社会解决实际上是司法解决的"前置程序"，虽然这种前置程序并不像中国大陆现行劳动法规定劳动仲裁是当事人对劳动争议提起民事诉讼的前置程序那样绝对，但大体上是如此的。民间社会中的诉讼并不少，但原则上大都要走"先民间解决后见官"的程序，也就是民事纠纷的解决，社会调处往往是首选途径或提起诉讼的必经程序。尤韶华在《明代司法初考》中说："县以下的乡、保等基层组织有时也因得到授权而受理民事案件，乡诉讼甚至是明代户婚、田土、斗殴等项诉讼的必经程序。"[1]

明清官方把纠纷的社会解决置于司法解决之"前置程序"的方式很多，主要有：①国家法律的强制性规定。如明初《教民榜文》规定："民间户婚、田土、斗打、相争一切小事，不许辄赴告官，务要经由本官里甲老人理断。"[2] ②社会生成法的规定或约定俗成的惯例。纠纷当事人在打官司之前，大家会约定俗成地经过里老、约正、保长或"公道人"的调处，实在调处不成，才去见官。"如果不经过这个程序，就是对乡里权威的藐视，也是对乡规民俗的不尊重，甚至等于对乡里道义的无视，所以一般在传统社会的常态不会发生这种事情。"[3] 有学者在考察清代欠租纠纷解决之后得出结论："我们可以肯定，包括欠租纠纷在内的大部分的民间纠纷都在民间通过各种方式的民间调解获得了解决。在清代社会，遇到纠纷后的第一步大部分都是调解，只有调解不成后，才会有一方当事人告上法庭去'打官司'。最后进入诉讼请求官断的只是现实中发生纠纷的一小部分。"[4] ③国家间接性的鼓励，如通过放告日制度限制民事诉讼。④国家司法程序上的安排，如"官批民调"。⑤更多的是"民不举官不纠"的放任或默许。

---

〔1〕 尤韶华:《明代司法初考》，厦门大学出版社1998年版，第62页。
〔2〕 刘海年、杨一凡:《中国珍稀法律典籍集成》（乙编第一册），科学出版社1994年版，第635～645页。
〔3〕 张鸣:"'虚拟'的乡村政权"，载 http://www.gongfa.com/xunixiangcunzhengquan-zhangming.htm。
〔4〕 张本照:"清代欠租纠纷中的中人"，载 http://www.law-culture.com/shownews.asp?id=13603。

作为"前置程序"的地缘社会解纷，如果调处不成而进入诉讼程序，其解纷结果大都能得到官府的尊重，官府即使不直接认可，也往往把先前调处结果的"公论"视为解决争讼的重要依据或基础。例如对欠租纠纷的调处，"官府对控追[1]后的调解还是认同的。官方对民间的户婚田土细事之类的纠纷的态度是民间调解优先，这种民间调解优先对控追案也是适用的。田主即使已经控追了，官府也还是承认民间调解的效力的。"[2]

社会解纷成为司法解纷"前置程序"的重要成效之一就是减轻了司法解纷的压力。这就是黄宗智指出的，"社会调解的运作减轻了法庭裁判的负担，也降低了民事纠纷演变为诉讼案件的比例。"[3]

三、司法解纷是社会解纷的后盾和保障

地缘社会解纷与司法解纷的关系的另一面，是司法解纷系社会解纷的后盾和保障——社会不能解决的，司法予以解决；社会解决不当的，司法予以纠正。总之纠纷的社会解决机制失灵的时候，司法解决予以补救或保障。这种现象解纷发生的原因很多，在地缘社会一端主要有两个方面：其一，地缘社会组织解纷本身有恶化纠纷的可能。地缘社会的组织复杂，类型繁多，在纠纷解决中的正面作用与负面作用可能兼而有之。本著所考察的主要是明清地缘社会解纷的积极面，其实地缘社会在解纷中也可能存在消极面——不仅不解决纠纷，反而挑起纠纷、扩大纠纷。里老人、保甲长等人在调处纠纷中"执法犯法"的情形屡见不鲜。康熙年间重庆湖广会馆中就有个别会馆"率楚中群凶横行无忌，此告彼诬，挟制官府"[4]。乡间集会中的"吃讲茶"弄不好也会大打出手。虽说总体上相对积极面而言，消极面是非常次要的，但它还是决定了此时需要司法解决作为后盾和保障的必要。其二，地缘社会解纷适用的规则

---

〔1〕 "控追"指在佃户欠租后，田主向官府控告佃户欠租，寻求官府帮助追租的行为。

〔2〕 张本照："清代欠租纠纷中的中人"，载 http://www.law-culture.com/shownews.asp?id=13603.

〔3〕 黄宗智：《清代的法律、社会与文化：民法的表达与实践》，上海书店出版社2007年版，第15页。

〔4〕 雍正《四川通志》卷四七《艺文·疏》。

弹性太大，导致其解纷结果的权威和效力不如国家司法。明清地缘社会解纷适用的社会生成法主要是民间法或俗例习惯，其权威性和可操作性都不如法律。乾隆年间安徽寿州的张士阁早年将几亩田卖给了张汉明，后来张汉明又转卖给詹家，按当地"俗例"，"转卖田产，原业主要讨喜礼银（相当于手续费），（但）那转业喜礼银子，也有肯给的，也有不肯给的，多寡也没一定。"[1] 原业主张士阁向转卖田产的张汉明索讨"喜礼银"遭到拒绝，保长陈见美调处无果。后来双方发生打斗，张士阁被殴致死。此案中的纠纷之所以发生，纠纷发生后又得不到有效解决，一个重要原因就是这里"俗例"没有法律那样强的确定性。

四、联接国家司法与社会解纷的"第三领域"

我们在讨论民间社会解纷时，一直是把国家与社会作为并列的二元组织对待的。有些学者却不同意这种做法，例如黄宗智认为："国家与社会的二元对立是从那种并不适合于中国的近现代西方经验里抽象出来的一种理想构造。我们需要转向采用一种三分的观念，即在国家与社会之间存在着一个第三空间，而国家与社会又都参与其中。"[2] 这里的"第三空间"就是黄氏所谓解纷"第三领域"——纠纷解决中国家诉讼与民间解纷这两者之间重合交搭的空间，亦即官民互动或官民共同参与纠纷解决的特别机制。比方说讼案在堂审之前，县官在"官批民调"的同时写上建设性处理意见，使纠纷通过庭外调解而解决。在这一解纷环节中，出现了法庭意见与民间调解相互作用的情形，这种情形就是"第三领域"。[3] 解纷"第三领域"是反映国家司法与社会解纷之关系的又一深刻方面，不过我们认为，"第三领域"实际上仍是以国家与社会二元并立的预设为前提的，"第三领域"只是国家因素与民间因素的有机结合，并非完全独立于国家与社会之外的另一领域。

---

〔1〕 中国第一历史档案馆等：《清代土地占有关系与佃农抗租斗争》（下册），中华书局1988年版，第431页。

〔2〕 黄宗智：《中国研究的范式问题讨论》，社会科学文献出版社2002年版，第260页。

〔3〕 黄宗智：《民事审判与民间调解：清代的表达与实践》，中国社会科学出版社1998年版，第132页；黄宗智：《清代的法律、社会与文化：民法的表达与实践》，上海书店出版社2007年版，第8页。

这样一来，明清时期的解纷途径又可以分为这样的三大类："带有成文法典和官方法庭的正式司法体制，由通过宗族/社区调解解决争端的根深蒂固的习惯性做法构成的非正式司法体制，以及在两者之间的第三领域。"[1] 这三类的简明表述是：国家审判、民间解决、官民互动解纷形成的"第三领域"。地缘社会解纷显然既有民间解决的情形又有"第三领域"的情形。

"第三领域"的根本特征是官民互动或官民共同参与纠纷解决，最典型的情形就是纠纷解决经过"官批"程序后由衙役、乡保所进行的半官半民的调处。黄宗智指出："实现此种解决的机制是在地方官吏意见与社区/宗族调解之间的一种半制度化的交流。诉讼一旦提出，一般都会促使社区/宗族加紧调解的工作。同时，地方官吏依常规会对当事人提出的每一诉讼、反诉与请求做出某种评断'批词'。这些评断意见被公布、宣读、或者告知当事人，从而在寻求和解的协商中很有影响。反过来，地方官吏也并不愿意事态弄到开庭判案，故而对已达成的和解办法一般都予以接受"；"经此途径形成的和解办法既不应当被等同于正式法庭的裁决，也不应当被等同于非正式的社会/宗族调解，因为他们将正式与非正式的两种司法体制都包括到一种谈判协商的关系之中。地方官吏的审案意见一般是遵从成文法典中制定法的指导，而民间调解者则主要关心如何讲和与相互让步。这两方的相互作用甚至在清代就已实现了部分制度化，构成了司法体系中第三领域的重要部分"[2]；"清代司法第三领域的运作之处，便是诸如乡镇的乡保与村庄牌长等县级以下行政职位的立足之处，也是国家官吏与士绅领袖合作进行公益活动的地方。"[3]

经黄宗智考证，至少在清代，大部分民间纠纷是在"第三领域"解

---

[1] 黄宗智：《中国研究的范式问题讨论》，社会科学文献出版社2002年版，第270～271页。

[2] 黄宗智：《中国研究的范式问题讨论》，社会科学文献出版社2002年版，第271页。

[3] 黄宗智：《中国研究的范式问题讨论》，社会科学文献出版社2002年版，第273页。

决的。比方说在直隶的宝坻县、四川的巴县与台湾的淡水—新竹三个县，1760年至清末的六百二十八件民事诉讼案件中只有二百二十一宗一直闹到正式开庭，剩下的几乎全都在提出诉讼后未及正式开庭就在诉讼中途了结了，其中大多数都是官府与民间交互作用解决的。[1] 此外，我们对明清地缘社会组织参与解纷的考察，也印证了"第三领域"的存在，这就是大量存在"官批民调"和"官民共调"的情形。前者是地缘社会组织"在县官初步批示意见的影响下而进行的"调处，后者主要是衙役和乡保共同调处的情形。清代福建省武平县的《贤坑钟氏族谱》附有一则《贤乡四至山岗契式》（调解协议书），详细地记述了刘伦、钟满二家为坟山纠纷而告上官府，后来由官府出面与民间共同调解的事迹。现将该"契式"摘录如下："武平县大湘亭里一图善坑住人刘伦，……（有）原祖荒山岗被本里民钟满安葬祖公钟华……，刘伦不甘，备词于嘉靖二十年十月内赴官告理，……蒙官（批示）断与钟满葬管。钟满思得构讼用费多金，不甘二家告讼争讼不已；刘伦思得山岗旷地不愿相争，情愿山岗尽送与满收买。哀托亲邻说合，自愿另求价银人手，以免争讼之非。当日钟满办价银五两正，当官领讫，刘伦将出山岗（卖予钟满）……（签订协议规定）自卖以后，刘伦子孙不敢阻挡，纵横异说任凭钟满子孙永久管业左右，……如不遵者执契赴官告理甘受其罪，契面银归官。"[2] 这里的"说合中人"是乡保王正隆，"同见证人"是乡保蔡仲益，"押契公差"是陈德。显然，这起历经数年的争讼，是在代表官府的州县衙门差役与地缘社会组织的首领共同调解和息的。

综上所述，纠纷的地缘社会解决与司法解决的合作关系主要表现在三个方面：社会解决是司法解决的"前置程序"、司法解决是社会解决的后盾和保障、社会解决与司法解决之间存在着联接二者"第三领域"。这些方面集中体现了两种解纷方式之间相得益彰的积极一面。这种积极面的主要表现之一就是社会解纷减轻了司法解纷的负担，同时降低了民

---

[1] 黄宗智：《中国研究的范式问题讨论》，社会科学文献出版社2002年版，第271页。

[2] （清）嘉庆壬申年《贤乡钟氏族谱》。参见刘大可："论传统客家村落的纷争处理程序"，载《民族研究》2003年第6期。

事纠纷演变为诉讼案件的比例。

第三节 明清地缘社会解纷机制与现代解纷机制

明清地缘社会解纷机制与现代解纷机制有着不同的背景和理念，但也有源古流今、优长互见等联系。这里我们选取三种代表性的现代解纷机制理论来对照解读明清地缘社会解纷机制，这种古今观照有利于进一步弄清明清地缘社会解纷机制的法律文化特征与现代意义。这三种代表性的现代解纷机制是：①ADR，ADR源于美国、流行全世界，是从解纷主体（法庭与非法庭）的视角提出的一种解纷机制；②类法律式解纷机制，这是美国学者戈尔丁从适用原则的视角提出的解纷机制；③"解纷类型轴与准审判机制"，这是日本学者棚濑孝雄从解纷方式的视角提出的解纷机制。

一、明清地缘社会解纷机制与ADR机制

（一）ADR的界定与特征

现在国外关于纠纷解决的流行理论把纠纷解决类型分为诉讼与非诉讼（ADR）两大类。ADR是Alternative Dispute Resolution的缩写，中文意思是"替代纠纷解决程序"，其正式名称是"非诉讼纠纷解决机制"。所谓"替代"并不是不要诉讼方式，而是指原本应该由诉讼解决的民事纠纷，实际上可以通过非诉讼方式解决。ADR的外延范围极不统一。狭义的ADR只包括非诉讼解纷中第三方解纷的解纷方式，主要是调解和仲裁；广义的ADR包括所有的非诉讼解决方式，除了调解和仲裁之外，还包括协商或和解。现在各国的主流观点是狭义的，但有接受广义ADR概念的趋势。

ADR的特征有：①程序上的非正式性（简易性和灵活性），主要是针对诉讼的程序复杂性、高成本、结果延迟性等问题而言的。②纠纷解决基准的非法律化，即无需严格适用实体法规定，在法律规定的基本原则框架内有较大的灵活运用与交易空间。③解纷主体非职业化，非法律职业人士甚至当事人本人都可以成为ADR的解纷主体。④运作方式民间化或多样化，其中民间解决占绝大多数。⑤纠纷解决者与当事人之间是水平式或平等的关系。ADR程序中中立第三人并不是行使司法职权的裁判者（法官），当事人的处分权和合意较之诉讼具有更重要的决定意

义。⑥解纷过程和结果的互利性和平和性（非对抗性）。⑦以实质正义为解纷理念[1]，亦即"在真正的正义（实质正义）观念这一背景下确定程序公正"，平等保障当事人的实际权利。[2]

（二）明清地缘社会解纷机制是 ADR 的中国古代版本

从 ADR 的特征来看，明清时期地缘社会解纷机制是 ADR 的中国古代版本。一方面，在解纷的主体和方式上，二者都属于非审判机关进行的非诉讼形式，具体方式都以调解和仲裁为主；另一方面，二者在解纷原则和理念等方面有重大差异，ADR 强调当事人的权利保障，而地缘社会解纷机制强调"息事宁人"、"和为贵"。

二、明清地缘社会解纷机制与类法律式解纷机制

美国法学家马丁·P. 戈尔丁在《法律哲学》把"解决纠纷"分为"法律式的解决纠纷（机制）"和"类法律式的解决纠纷（机制）"两大类，前者是法院依据法律解决纠纷的法院解纷机制或诉讼机制，后者是非法院的组织或个人作为第三方、采用类似于诉讼方式解决纠纷的解纷机制，是排除了"通过双方协商或谈判来解决纠纷"的 ADR。[3]

类法律式解纷机制主要有调解、仲裁、治疗性整合三种解纷形式。这里的"治疗性整合"是西方解纷理论所主张的一种基本解纷类型（迄今中国的相关理论中似乎并无此一说），戈氏所谓"治疗性整合"是指对引发纠纷之心理疾患者的治疗或对家庭纠纷的解决。[4] 另外唐纳德·J. 布莱克在《法律的运作行为》中把社会控制的类型分为刑罚性控制、赔偿性控制、治疗性控制、和解性控制四种。其中"治疗性控制"是对不轨行为（如精神病患者、吸毒人员）人提供的心理治疗与

---

[1] 对 ADR 解纷理念的专门讨论可参见［美］戈尔丁著，齐海滨译：《法律哲学》，三联书店 1987 年版，该著最后一章"解决纠纷与正义"提出 ADR 的解纷理念是基于"实质正义"的"程序正义"；［日］小岛武司、伊藤真著，丁婕译：《诉讼外纠纷解决法》，中国政法大学出版社 2005 年版，该著在第一章提出 ADR 的两个理念："一个是正义，一个是自律。"

[2] ［美］戈尔丁著，齐海滨译：《法律哲学》，三联书店 1987 年版，第 234 页。

[3] ［美］戈尔丁著，齐海滨译：《法律哲学》，三联书店 1987 年版，第 212 页。

[4] ［美］戈尔丁著，齐海滨译：《法律哲学》，三联书店 1987 年版，第 224～226 页。

家庭控制[1]，与戈尔丁"治疗性整合"的意义基本一致。

明清时期地缘社会解纷机制在性质上显然属于这里的类法律式解纷机制，但在外延上主要是调解和仲裁。

三、明清地缘社会解纷机制与解纷类型轴和准审判机制

日本法学家棚濑孝雄[2]在《纠纷的解决与审判制度》中对纠纷解决机制类型进行了独到的探讨，提出了解纷"类型轴"理论和"准审判"机制理论。

（一）明清地缘社会解纷机制与解纷"类型轴"

棚濑孝雄认为，纠纷解决的类型"由两条相互独立的基轴（即标准）构成"：第一条基轴（纵轴）表示纠纷是按纠纷当事人之间的"合意"解决的（如谈判和调解），还是依第三者有拘束力的"决定"解决的（如审判和仲裁），它的两端是"合意性的解决"和"决定性的解决"，"合意性—决定性"这一基轴表示"两极之间连续的数量关系"[3]。第二条基轴（横轴）按纠纷解决的内容是否事先为规范所规制而形成，它的两端是"规范性的解决"和"状况性解决"，前者是说纠纷的解决有明确的规范可依，如审判；后者是说纠纷的解决具有随意性或仅靠当事人双方力量的博弈，基本上不受既定规范的约束，典型是"专制的君主、神化的领袖"对纠纷的解决，以及国际争端的解决。上述两轴所代表的两种解纷类型的区别是相对的、流动的。

把上述两条基轴组合起来，就可构成显示纠纷解决类型的下列坐标图，任何纠纷解决机制都可以在这个坐标中找到自己的位置。

---

[1] [美]唐纳德·J.布莱克著，唐越、苏力译：《法律的运作行为》，中国政法大学出版社2004年版，第140页

[2] 棚濑孝雄（1943~）是日本当代法学家，以解决纠纷和审判程序方面的开拓性学说而闻名于世。他在《纠纷的解决与审判制度》中以日本人特有的精明、细致与执着对纠纷解决类型进行了非常专业的讨论。

[3] [日]棚濑孝雄著，王亚新译：《纠纷的解决与审判制度》，中国政法大学出版社2004年版，第7~8页。

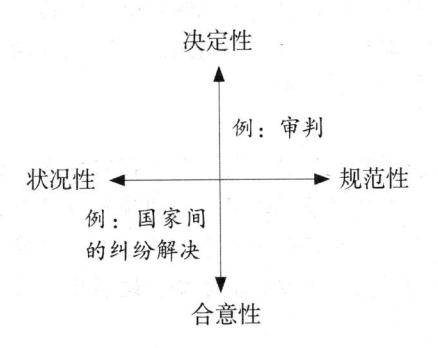

```
                    决定性
                      ↑
                      │  例：审判
        状况性 ←──────┼──────→ 规范性
         例：国家间    │
         的纠纷解决    │
                      ↓
                    合意性
```

图 9-1　纠纷解决的类型轴

明清地缘社会解纷机制在这个坐标中的哪一位置呢？显然，它分布在很多点或很多区域上。如调解在"合意性—决定性"基轴的"合意"一方；裁判在"规范性—状况性"基轴的规范性一侧；还有些恐怕很难具体定位，如乡里组织在申明亭中的理判和乡间集会中的"吃讲茶"，就是"合意的解决"与"决定的解决"，"状况性的决定"与"规范性的决定"等多种解纷元素的集合体。

(二) 明清地缘社会解纷机制与准审判机制

棚濑孝雄把纠纷解决机制分为审判、准审判、谈判三大类。"准审判"是指"在审判外的纠纷解决过程中，第三者以纠纷的解决为直接目的而介入的场面"[1]。这里排除了"合意的解决"中的"谈判"。准审判机制主要包括两种情况：①制度化的准审判机制："第三者的资格要件、纠纷解决程序、解决的效力等等，在法律上都有明确的规定。"[2]包括国家解决和部分社会解决，如中国的仲裁机制、现行"人民调解"机制等；②非制度化的准审判机制："由什么样的第三者在什么时候介入等并不存在明确的规范，……在此过程中达到的合意没有公共的强制力作为保障，只能依赖第三者和当事者之间的力量对比关系来保证得到

---

[1] [日] 棚濑孝雄著，王亚新译：《纠纷的解决与审判制度》，中国政法大学出版社 2004 年版，第 19 页。

[2] [日] 棚濑孝雄著，王亚新译：《纠纷的解决与审判制度》，中国政法大学出版社 2004 年版，第 19 页。

执行。"[1]这是一种纯民间解决（如民间调解）机制。

明清地缘社会解纷机制显然属于这里的"准审判机制"，更具体地说，属于非制度化的准审判机制。

本章小结：明清地缘社会解纷是民间社会自治的重要内容和方式，是司法解决的基础与补充。明清地缘社会解纷机制与现代解纷机制在很多方面并无根本冲突，其中贯通古今的部分是当代可资利用的、无以替代的重要传统制度资源。

---

[1]〔日〕棚濑孝雄著，王亚新译：《纠纷的解决与审判制度》，中国政法大学出版社2004年版，第22页。

结　论

通过对明清地缘社会解纷机制的考察和解读，我们看到了中国传统民间社会多姿多彩的解纷图景。在结束全书之前，我们首先对前面的研究进行一个基本总结，然后分析明清地缘社会解纷机制带给我们的重大启示。

一、明清地缘社会解纷机制研究的基本总结

（一）明清地缘社会的组织形式与解纷机制内容

明清地缘社会的组织形式主要有乡里组织、乡约组织、同乡会馆、乡间结社组织、乡间集会组织五种，它们共同的解纷机制是：解纷主体主要是代表这些组织的里老人、里长、保长、约正、会馆首事、会首或"社长"、"中人"、"公道人"等，其中以乡绅为主角；解纷方式主要有调解、裁判、神判、混合调处等，解纷方式具有教化与维权相结合的特点；解纷理念主要是息事宁人，亦即和谐第一、维权第二；解纷适用规则主要是社会生成法（规约章程、民间乡俗习惯、情理信义等）；效力保障包括官府支持、乡贤保证、神灵威慑、社会生成法保障、制裁机制等多元保障；地缘社会的解纷机制不是封闭而是开放的，主要表现为它有两种联接机制：与血缘社会解纷的联接机制、与国家司法解纷的联接机制。地缘社会组织对社会纠纷的解决，是民间解纷的重要组成部分，在总体上是社会成员优先选择的解纷途径之一。高见泽磨指出："中国（古代）拥有精致的律令制度，拥有以皇帝为顶点的官僚制度，但人民有了纠纷，大部分不向官府起诉，而是通过地缘、血缘和同行业等关系中的头面人物的调解而获得解决。"[1]

（二）明清地缘社会广泛参与民间解纷的原因

明清地缘社会解决纠纷得到国家的提倡、鼓励和支持，并在整个国

---

[1] [日] 高见泽磨著，何勤华等译：《现代中国的纠纷与法》，法律出版社2003年版，第3～4页。

家的制度安排中有所体现，从而具有某种合法性与合理性。合法性主要体现在各种地缘社会组织因为国家颁布一系列诏诰、法典、榜文告示、地方法规、行政命令等规范性文件授权而获得了解纷权；合理性主要体现在地缘社会解决纠纷适应了国家基层司法体制和刑事政策的需要，反映了国家对"轻罪"的宽容、人民对社会解纷这种相对低成本的解纷方式的认同；明清地缘社会解纷以"周知邻里"的民间领袖或乡绅为主要调处人，运用调处人的道德修养和个人智慧，适用融情理、习惯、规约和国法于一体的"社会生成法"，在宽松亲和的氛围中灵活调处解纷。这种机制一般来说足可以为当时的人民提供公正和利益的保证。明清地缘社会解纷机制作用的基本方面是积极的，它维护了民间社会的秩序与和谐，促进了整个社会的稳定与发展。

（三）明清地缘社会解纷与国家司法的关系

明清地缘社会解纷与国家司法的密切关系主要表现在三个方面。其一，二者是可以接轨的。正如高见泽磨所说的："在清（清末法制改革）以前的中国，除了由州县等地方官衙进行审判外，官员受理诉讼之后，对当事人作出批示（上级在下级报上来的公文上面写上意见做出指示），让地缘、血缘、同业等组织来解决，在当事人和解之场合，允许撤诉。同时，在民间出现纷争时，也总是先寻找是否有诉讼外的方法，只有在没有办法时，或者在有人怂恿的情况下，才向官员起诉。"[1] 其二，地缘社会解纷是司法解纷的重要基础和必要补充。在总体上，纠纷的社会解决堪为司法解决的"前置程序"，反过来，司法解决又是社会解决的后盾和保障。二者之间有特定的联接接轨机制，主要体现在社会解决中的"送官究办"、司法解决中的"官批民调"，以及地缘社会组织将演化成刑事案件的纠纷上报官府、参与或协助官府办案，等等。其三，地缘社会解纷减轻了司法解纷的压力。这就是黄宗智指出的，"社区调解的运作减轻了法庭裁判的负担，也降低了民事纠纷演变为诉讼案

---

[1]〔日〕高见泽磨著，何勤华等译：《现代中国的纠纷与法》，法律出版社2003年版，第14~15页。

件的比例"[1]。这样，纠纷的社会解决与国家解决相互融通、彼此调节，形成一个"官民相得"的有机解纷体系。

（四）明清地缘社会解纷是民间社会自治的反映

明清地缘社会积极有效地参与民间纠纷的解决，是当时"社会自治"的典型反映。这种社会自治是地缘社会组织根据国家法律实行的自我治理，属于内向度的管理性社会自治。它不同于同期西方的"城市自治"和近代宪政中的"地方自治"，它反映的是中国传统民间社会"没有民主政治，但有社会民主"的现实[2]。中国传统民间社会的自治是一种有限自治，国家权力在地缘社会组织解纷过程中，对不同地缘社会组织的渗透程度是不同的。高见泽磨指出："（国家）将地方基层组织起来，形成物的、人的动员体制，维持治安以及为了达此目的而作出的解决纠纷之努力，在元朝的社制、明代的里老人那里可以看到。在清代，也有保甲制和乡约等。社制、里老人、保甲制等，是在统治者一方形成的。与此不同的是，地缘、血缘和同业者内，进行着自律性的审判与刑罚。"[3] 也就说，对于乡里组织、乡约组织，国家干预较多，这里的权力运作方式属于马克斯·韦伯所说的"社会基层动员型"控制模式，国家权力一直贯彻到社会底层的末梢，使法律的统一与实施落实到每一个基层组织当中去。而对于同乡社会组织、乡间结社组织、乡间集会组织，国家干预较少，体制外的色彩更加明显。

二、明清地缘社会解纷机制的重大启示

"一切真历史都是当代史"，真历史是解释现实的"凭证"[4]。范忠信教授指出："纠纷解决是社会和谐的第一要义，中国法律传统始终贯穿着注重和谐这一主线。中国传统法律文化在构建和谐社会方面的许多构思与实践，特别是中国传统社会的纠纷解决机制与社会治理模式，

---

〔1〕 黄宗智：《清代的法律、社会与文化：民法的表达与实践》，上海书店出版社2007年版，第15页。

〔2〕 费孝通：《乡土中国 生育制度》，北京大学出版社1998年版，第65页。

〔3〕 [日] 高见泽磨著，何勤华等译：《现代中国的纠纷与法》，法律出版社2003年版，第14~15页。

〔4〕 [意] 贝奈戴托·克罗齐著，[英] 道格拉斯·安斯利英译，傅任敢汉译：《历史学的理论与实际》，商务印书馆2005年版，第2页。

在今天仍有重要的借鉴意义。"[1] 这些借鉴意义有哪些？我们研究明清地缘社会解纷机制中得到如下重大启示：

（一）国家（诉讼）单边主义是历史倒退，和谐社会需要多元纠纷解决机制

明清地缘社会解纷机制在当时的社会运行大系统中到底有多大作用，实难有一个具体的数据结论，但可以肯定的是：它与其它民间主体一道解决了民间纠纷中的绝大多数纠纷，它与国家司法解纷机制接轨，是整个纠纷解决机制链条上的重要一环。历史上的任何一种制度都有两面性，但明清地缘社会解纷机制的总体作用是积极的，是无法替代的，其存在与活动表明，帝制时期的中国是集权的国家审判机制与"自治"的社会解纷机制同时并存、相辅相成的国家。笔者曾推想，中国封建社会极端专制却能超长时间存续，或许与此有重大关系。

明清地缘社会解纷机制在化解"细故"、稳定社会方面的作用值得我们今天充分关注。这种关注首先使我们认识到国家（诉讼）单边主义是历史倒退！一个国家健全高效的纠纷解决机制，无论是在形式上还是在实质上都应该是多主体、多途径的机制，而且社会解纷应该是优先途径，国家解纷是不得已而为之的最后途径。

中国在纠纷解决机制问题上近年来出现了严重的"国家（诉讼）单边主义"倾向，导致大量社会纠纷不能有效解决，以致有些纠纷恶化成灾。这里的"国家（诉讼）单边主义"是指纠纷解决过分依赖司法解决的倾向，主要表现为：国家制度安排中传统的社会解纷机制荡然无存，民间秩序权威几乎全被视为"封建宗法势力"、"家长制残余"、"土豪劣绅"、"黑恶势力"、"讼师讼棍"横加扫荡，等等。民间力量即使参与纠纷解决，大多以"妾身未明"的可怜姿态出现，随时可以被官方以"指导和管理"名义的一句话加以否定。现在的人民调解委员会实际上早已不是民间组织，而且很少积极主动地主持民间纠纷的解决，即使被动主持解决，也更多地是在代表国家，而不是社会的自治权力。《人民调解委员会组织条例》规定：人民调解委员会"在基层人民政府

---

[1] 范忠信："健全的纠纷解决机制决定和谐社会"，载《北方法学》2007年第2期。

和基层人民法院指导下……依据法律、法规、规章和政策进行调解"。《人民调解工作若干规定》规定:"司法行政机关依照本办法对人民调解工作进行指导和管理。指导和管理人民调解委员会的日常工作,由乡镇、街道司法所(科)负责。"我国劳动法中的劳动仲裁本来是劳动诉讼的前置程序,但现在很多人建议干脆取消它,理由是劳动纠纷最后还是要走诉讼程序,还不如干脆一开始就用诉讼途径来解决,另一理由是,就算是劳动仲裁保证了当事人的合法权益,它最终又能在多大程度上实现呢?这些现实问题和想法都是非诉讼解纷方式衰弱、诉讼途径强势的反映。尽管现在非诉讼解纷在我国乡村的某些地方渐成主要方式[1],但中国(大陆)在总体上——无论是国家制度安排还是民间看法——存在着迷信诉讼的倾向。

产生这种诉讼单边主义的原因是什么?是公民的法律意识增强了,还是社会的法治水平提高了?我们也不能说完全没有这些因素,但我们认为主要原因并不在这里,而是在以下几个方面:其一,受一些法学家和法律职业人批判、否定非诉机制的影响,部分国人对法律信仰存在着盲目与误解。在这里法律的作用被无限夸大,"依法治国"被庸俗化,一些人从"法律虚无主义"转向"法律万能主义"。范愉指出:"西方法制史表明,法律职业是一个国家法律体系的塑型者或主观因素——正是法律职业集团的利益及其行业的垄断性力量,维护了法律的自治及其权威,形成并延续了法律程序的复杂性与技术性。(由此)导致了纠纷解决和实现正义的功能向法院集中。……法律职业对司法制度、程序公正和诉讼的偏好,也对社会产生了深刻的影响,使对法律和诉讼的推崇一度成为社会主流意识,以至很长时期内,法律—权利—诉讼—正义的逻辑成为时代思潮。二十世纪八十年代以后,在中国的法制化进程中,同样可以看到这种追求法律和司法一统天下的单一化思维和理想。这种价值观发展到极致,就是追求所谓'法律信仰'——这种信仰与民众对

---

[1] 白志武对黄村考察后认为:改革开放后各种非正式解纷方式已成为这里的主要解纷方式。参见白志武著,陈运飘指导:"非正式制度与乡村社会秩序——以黄村纠纷解决过程为对象分析",中山大学人类学系2003年硕士学位论文。载 http://202.116.64.96:8001/xwlw/user.htm.

自然正义和真善美等'天理'或所谓自然法的崇信截然不同，而是一种对法律制度、规则及其作用的迷信。在这种思维支配下，在中国法制建设的前期，法学家和法律职业对调解和非正式制度的批判与否定一度成为主流。"[1] 其二，官方对民间解纷的支持变态走样。任何有效的机制或制度都是内生性和外生性的统一，内生性是制度的自然生成性，外生性是制度人为设计性。[2] 就民间解纷机制来说，其外生性在很多时候表现为官方的干预（委托、授权、默认等），或者说国家政策和法律的保障性，这也是民间权威的重要来源。但现在的问题是，当代中国（大陆）的制度安排不仅将传统乡里社会的层级由"乡镇"缩降为"村委"、"社区"，而且在客观上封杀"乡约"、"结社"等传统民间解纷权威，禁绝"农会"等新生民间解纷权威，特别是在现有民间解纷机制中过多地楔进、强化行政因素和司法因素，导致人民调解委员会之类的"群众性组织"已不是单纯的民间自治组织。[3]

国家（诉讼）单边主义倾向应该尽快改变。如何改变？明清地缘社会解纷机制启示我们：

1. 重塑先"民间"后"国家"的解纷理念。六十多年前费孝通在《乡土中国》中说："现行的司法制度在乡间发生了很特殊的副作用，它破坏了原有的礼治秩序，但并不能有效地建立起法治秩序。法治秩序的建立不能单靠制定若干法律条文和设立若干法庭，重要的还得看人民怎样去应用这些设备。更进一步，在社会结构和思想观念上还得先有一番改革。如果在这些方面不加以改革，单把法律和法庭推行下乡，结果法治秩序的好处未得，而破坏礼治秩序的弊病却已先发生了。"[4] 费老

---

[1] 范愉：《纠纷解决的理论与实践》，清华大学出版社2007年版，第109~110页。
[2] 英国新制度经济学家萨格登论证了习惯法由"内生性"向"外生性"的演进次序："参与人的行为习惯可以自我形成，不需要第三方实施或人为设计。当惯例演进时，参与人在进化选择的压力下，倾向于发展某些适应性更强的特征（如环境认知、偏好、技能等），惯例和参与人的特征共同演化。惯例也许最终会以法律条文的形式固定下来，从而节约了因变异和错误带来的失衡成本。"参见黄玉捷：《内生性制度的演进逻辑》，上海社会科学院出版社2004年版，第53页。
[3] 参见本书第七章第四节中的"自治原则"。
[4] 费孝通：《乡土中国　生育制度》，北京大学出版社1998年版，第58~59页。

的意思似乎是在说，法律不是万能的，特别是在法治水平不高的地方，如果过分倚重司法解纷，其结果很可能是"成事不足、败事有余"！在当代中国法治的总体水平还处在法律规范现代化没有完成、法律制度现代化只是刚刚望见门楣、法律观念现代化还遥遥无期的现实背景下[1]，费老对中国民间社会中司法解纷的价值判断在某种程度上仍适合于今天。无论是从解纷水平还是功能特征（伤情面、高成本等），国家解纷都不应该成为首选途径。范忠信教授指出："国家纠纷解决途径是不得已而为之的最后途径。纠纷解决首先应该是社会之事；只有在社会途径解决不了之时，才可以诉诸国家。除了严重刑事犯罪以外，所有违法和违反习惯引起的纠纷，都可以看成是民间有权参与解决之事，不可看成首先是国家之事。纠纷的国家解决机制，其要害或本质是：它是纠纷解决的最后选择，是无可奈何的选择，是伤感情的选择，是会造成不可改变的结局的选择，因而有着对社会和谐之篱笆进行'最后修补'的属性。"[2] 这也是棚濑孝雄在《纠纷的解决与审判制度》中所强调的："在对通过当事者之间的协议来解决纠纷有着一般的期待且现实生活中也是这样的解决方式占主导地位的社会里，很多情况下是感情上的对立已经达到无法化解的程度，作为最后的手段才把纠纷提交到法院解决。"[3] 近年来，有人赌气争胜，动辄为了一元钱甚至几毛钱打官司——最高人民法院副院长刘家琛称之为"滥用诉讼权利"[4]，各地法院因此受理的小额侵权赔偿纠纷越来越多，造成国家司法资源的浪费。长沙铁路运输法院立案庭在总结多年的司法实践经验后指出："解决社会矛盾的方式和途径多种多样，通过诉讼程序解决冲突是所有解决社会

---

[1] 范忠信："中国法律现代化的三条道路"，载《法学》2002年第10期。

[2] 范忠信："纠纷解决是和谐社会的第一要义"，载《湖北大学学报》2008年第6期。

[3] [日]棚濑孝雄著，王亚新译：《纠纷的解决与审判制度》，中国政法大学出版社2004年版，第3页。

[4] 王进、吴湘韩："法院对'五毛钱官司'说不"，载《中国青年报》2002年10月9日。

矛盾投入成本最多的一种方法，只是解决社会矛盾的最终救济措施。"[1]

　　解决纠纷先"民间"后"国家"的话题再往远一点说，我们就要提到并应该认真领悟庞德和昂格尔两句"警世恒言"。庞德说："如果法律在今天是社会控制的主要手段，那么它就需要宗教、道德和教育的支持；而如果它不能再得到有组织的宗教和家庭的支持的话，那么它就更加需要这些方面的支持了。"[2] 昂格尔讲："法律是对秩序衰落的一种反应。"[3] 这话颇有深意，其真意是：一个充满纠纷的社会如果只能靠强制性的法律来维持其秩序，那它就既不是法治社会，也不是和谐社会。因为，法律代替或包办一切的行为本身就是违法，此社会非法治社会；诉诸法庭的解纷方式难让所有当事人"有耻且格"，从而势必导致一些纠纷变成冤冤相报、没完没了，此社会不是和谐社会。有些中国学者说得很好："法治并不意味着否定社会自治，也并不意味着国家可以通过法律控制社会生活的每一个角落，并通过司法权和法律职业垄断或包揽全部纠纷解决活动。当代法治国家'接近正义'的理念，已经从现代初期的单一依赖司法实现法律正义，走向了以各种替代方式追求多元化的时代。"[4] "中国（现在）比任何时期都需要开拓非讼解决争议的途径，需要鼓励（而不是限制）当事人通过协议创造多种形式的民间调解，需要更为多样化、更加灵活、更加经济和更少官方色彩的仲裁途径。"[5] "纠纷解决一定不要光指望政府，要调动社会上的一切因素、一切主体、一切形式来参予纠纷解决。纠纷有时不一定是用正义伸张的

---

　　[1] 王进、吴湘韩："法院对'五毛钱官司'说不"，载《中国青年报》2002年10月9日。
　　[2] [美] 庞德著，沈宗灵译：《通过法律的社会控制》，商务印书馆1984年版，第33页。
　　[3] [美] 昂格尔著，吴玉章、周汉华译：《现代社会中的法律》，中国政法大学出版社1994年版，第121页。
　　[4] 范愉：《纠纷解决的理论与实践》，清华大学出版社2007年版，第580页。
　　[5] 方流芳："民事诉讼收费考"，载《中国社会科学》1999年第3期。

方式解决,'没有办法的办法'有时也是很好的解决办法。"[1]

2. 移植和完善ADR。移植和完善中国版本的ADR,既能矫正国家(诉讼)单边主义,又能将传统与现代接轨。ADR是多元解纷方式在一个社会中相互协调地共存互补、满足社会主体多样性需求的程序系统,其直接目的是避免把纠纷的解决单纯寄予某一种方式(如诉讼)并将其绝对化。现在世界各国都重视ADR的构建,重视ADR与诉讼的互动与互补。日本为了缓解移植法与传统社会之间的冲突,在民事诉讼中建立了极具特色的调停制度。即使以好讼著称的美国,为了减轻解司法的压力,也建立了多样化的ADR体系,使大量纠纷通过ADR解决。当下中国应该移植和完善ADR的基本理由有二:其一,在二十一世纪价值标准多元化的今天,各种体制、利益的调整及各种思想的碰撞导致纠纷激增、司法压力过重。[2] 其二,诉讼机制本身的特征决定了其解纷过程存在着难以克服的内在矛盾,如法律规则(审判规则)与社会性规范(传统道德、习惯、情理等)之间的矛盾;程序公正与实体公正的矛盾;法律的统一平等适用与个案的具体差别的矛盾;公平与效益的矛盾;纠纷要求迅速解决与诉讼时间一般较长的矛盾,等等。[3] 非诉讼解纷机制则具有简便、灵活、快捷、投入少、风险小等优点。在现在的民间特别是转型期的农村社会,存在着大量法律规范失控的区间,这里发生的民事纠纷,诉讼会显得无能为力,而非诉讼机制则可以大显威力。所以有效解决现实社会纠纷的基本思路应该是借鉴西方ADR运动的成功经验,充分发掘利用明清地缘社会解纷机制这类传统本土制度资源中的优良因素,结合现有的人民调解制度,建立多元化的纠纷解决机制。

---

[1] 范忠信:"健全的纠纷解决机制决定和谐社会",载《北方法学》2007年第2期。

[2] 根据《最高人民法院人大工作报告》1999~2006年相关数据统计,近年来仅诉到法院的案件就以每年10%到20%的速度递增。另据中国法院网报道,北京市法院十年来一线法官的年均审判案件由1995年的31件上升到2005年的167件,全国收案最多的基层法院北京市朝阳区法院2005年创下收案4.6万件的记录。参见程婕:"北京朝阳法院遭诉讼爆炸 专家呼吁多元解决纠纷",载《北京青年报》2005年4月24日。

[3] 陈运生、田赞:"农村民事纠纷的非诉讼解决机制",载《湖南公安高等专科学校学报》2001年第3期。

移植和完善中国版本的 ADR 的关键是加强和完善国家解纷（司法解决）机制之外的民间解纷机制，既要改进现有民间调处机制（如人民调解委员会调解），强化其"合意"和"自治"的因素，又要支持传统民间解纷权威的重建，培植新的民间解纷组织。在传承明清地缘社会解纷的优良习俗方面，北京怀柔乡村的"敛巧饭"是一个很好的例子[1]，这种精神与做法值得大力弘扬和推广。令人欣慰的是，厦门市人大常委会 2005 年通过实施了《关于完善多元化纠纷解决机制的决定》，这是我国第一个以地方立法形式对纠纷解决机制进行规范的法律文件。该《决定》规定了多元化解决纠纷的基本原则以及政府在构建多元化解纷机中的责任，明确了协商、调解、仲裁、行政处理等不同的纠纷处理机制的地位、作用及其与诉讼之间的关系，提倡和鼓励当事人自愿选择纠纷解决方式，具有重要的理论和实践意义。

（二）国家与民间解纷的联接模式有助于改善民间社会与国家政权的对话机制，促进民间解纷资源与国家解纷资源的优势互补，保障社会和谐

中华民族实现社会和谐的智慧或手段之一，就是建立或生成比较发

---

〔1〕 正月十六吃"敛巧饭"是北京市怀柔县琉璃庙镇杨树下村从清嘉庆年间开始举办的全村聚餐活动。嘉庆年间第一批逃难到此的村民在刚刚建村时举行聚餐，由村里的闺女和小媳妇拿着瓢、盆挨家挨户去给老人拜年，同时敛一些过节剩余的食品，由村里中年妇女将这些食品做成百家饭和百家菜，并在饭菜里放入针线、顶针儿等，全村女性围坐在一起品尝，期盼来年风调雨顺，自己也能心灵手巧。随后把剩余的"巧饭"摆放在河滩、田埂上喂鸟，借"雀儿往旺处飞"的老话，预示来年五谷丰登，六畜兴旺。这一民俗一直流传下来。新中国成立后这项最初只有村里女性参加的活动变成全村男女老少都参与的"合家饭"。这天全村村民拿出自家过年存余下来的鸡鸭鱼肉、五谷杂粮，在村口架锅摆桌，张罗一上午，中午美美地吃上一顿丰盛的"敛巧饭"。"敛巧饭"成为乡亲们最愿意吃的"和谐宴"，百年民俗化作文明乡风，促进邻里和睦。2007 年的"敛巧饭"上，60 岁的霍洪德老人说："去年，因为宅基地的事，和邻居闹了点儿别扭，一年没说话，等吃'敛巧饭'时，村里的长辈一说和，我们那点儿磕磕碰碰也就化解了。老哥俩喝杯酒，问个好，气就全消了。""敛巧饭"既是特别的乡间集会，也有"乡饮酒礼"的遗风，目前作为民俗正在申报国家级非物质文化遗产。参见陈凯一："600 村民同吃'敛巧饭'二百年习俗要申遗"，载《北京青年报》2007 年 3 月 6 日；刘可："琉璃庙千人同吃'敛巧饭'"，载《北京日报》2007 年 3 月 6 日。

达和完善的纠纷解决"第三领域"——国家司法与民间解纷共同参与或互动解纷的机制。社会纠纷的解决模式历来包括民间解决和国家解决两大基本部分，二者不仅各有其功能，而且二者之间还存在着一个有机的联接机制，其联接形式包括"官批民调"、"诉调衔接"、官民共同解纷等形式，这种联接机制使得官民两种解纷途径既分工协作、各展其长，又彼此融通、相得益彰成为可能，从而真正形成有机体系。

高见泽磨在《现代中国的纠纷与法》中说："纠纷以流血事件、自杀和人质这样的形式激化，在中华人民共和国被屡屡报道。……（我们）收集的报道所反映的情况遍及各地，并且随时可见"[1]；2008年发生的两起起因简单的纠纷恶化事件——万人打砸抢烧政府机关的贵州"6·28瓮安事件"和杨佳刺死六名警察的"7·1上海袭警事件"，再次暴露出中国现行社会纠纷解决机制的官民对话渠道不畅等严重问题。建立和完善国家与民间解纷的联接模式，有助于改善民间社会与国家政权的对话机制，促进民间与国家解纷资源的优势互补，保障社会和谐。当今中国大陆有了一些民间与国家解纷的制度性联接因素，如：①诉讼程序中的民间调处之后起诉的受理与驳回制度，包括如劳动纠纷解决的"先裁后审"制度。②人民陪审员制度。人民陪审员以"人民"的民间身份依法参加国家的审判活动。③人民调解制度。大陆现行的人民调解制度处于民间与国家解纷之间，形式上近似于"第三领域"的解纷制度。2002年《最高人民法院关于审理涉及人民调解协议的民事案件的若干规定》对人民调解的法律效力的确立，强化了"人民调解"对国家诉讼与民间调解的联接作用。④在法庭内进行非诉调解的"诉调衔接模式"。例如近年来武汉市江岸区创立并向全国推广的"江岸模式"——诉调一体化解纷模式，其具体做法是：乡镇基层（派出）法庭与司法服务所联合成立"民调指导中心"，调解室设在法庭内，首席调解员由司法所的调解员担任，以"能调则调、当判则判、调判结合"的原则，给当事人以多次调解机会（诉前调解、庭前调解、庭中调解、

---

[1] [日] 高见泽磨著，何勤华等译：《现代中国的纠纷与法》，法律出版社2003年版，第218~219页。

庭后调解）。[1] ⑤行政（政府）调解、司法（法院）调解、人民调解"三合一"的"大调解"模式。⑥其它制度性联接因素。如民事判决书结尾部分充满人情味的"判后语"；法官们在当事人诉状请求之外帮企业讨债、帮农民找牛、帮五保户送煤气、帮下岗工人解决家庭纠纷、劝说囚犯的妻子不要离婚等"管过界"的"送温暖"行为，等等。但这些机制要么非常不完善要么有重大缺陷，并未形成正式制度。其中的最大问题在于国家制度安排中，有用"联接机制"（如人民调解制度）取代民间解纷机制，导致联接机制的民间一端缺位，从而形成事实上的"诉讼单边主义"。因而现在的首要任务是培植不隶属于任何国家机关（如司法行政部门）的解纷组织，同时建立健全"联接机制"中的程序机制。

（三）社会自治为一切文明国家所有，明清地缘社会组织解纷所代表的社会自治，是改进和完善今天中国乡村自治的重要法制资源

长期以来，很多人都认为传统中国有国家无"社会"，有专制无"自治"[2]，这其实是一个重大误解，"社会自治"是一切文明国家所应有，至少在历史上是这样。明清时期制度化的地缘社会解纷机制表明，即使是在国家专制主义中央集权走向极致的封建社会晚期，中国的政治生态环境也没有禁绝民间社会组织或集团的存在，这时的中国既有"社会"又有"自治"。尽管相对于浓重的封建专制来说，"自治"的因素比较淡弱（主要是内向度的自治），但它毕竟存在，"专制"与"自治"共存共舞的"内在的合理性仍不容忽视。集权形成了'天网恢恢，疏而不漏'的有效控制，使国家法在理论上可以荫及每一个庶民，以防止地方权力的恶性膨胀；而自治又有效地避免了官僚统治尾大不掉的高成本低效率，维持了乡土社会的自然秩序。毫无疑问，承认这种内在的合理性并不是为了粉饰封建统治、将其理想化，而是为了从中探索对我

---

[1] 具体报道参见刘凯等：《八类纠纷调解先行免打官司——'江岸诉调衔接模式'全省首创，即将全市推广》，载《武汉晨报》2007年12月27日；张真真等："武汉推广'江岸模式'定分止争法与情结合"，载《湖北日报》2008年1月17日。

[2] 参见本书第九章第一节的讨论。

们今天可能有益的启迪。"[1] 传统中国不仅有社会自治，而且社会自治的基层区域级别比中国大陆今天还高，古代达到乡镇一级，而今天只到村落和社区。

在某种意义上，真正缺乏"社会自治"的是中国（大陆）的今天。2008年2月湖北省武汉市政府居然颁发文件对"社区"的办公用房进行专门规定，规定每五百户居民配置七十平方米使用面积的办公用房[2]。有学者指出："通过回顾当代中国乡村治理过程中政府主导嵌入乡村社会的历史可以发现，政府利益的诉求最终导致了政府主导乡村社会的总趋势。出于政治利益与经济利益的考虑，政府更倾向于加强对乡村社会的控制与主导，而这种倾向无疑将以牺牲乡村社会自主性为代价。"[3] 明清地缘社会的解纷机制所代表的传统民间社会自治与今天的村民自治，尽管所处的时代背景不同，但二者同根同源，"自治"的基本要求并无根本不同，组织机构的设定和职能划分也有相通相似之处。今天中国村民或居民自治的主要问题是只有"治"而没有"自"[4]，传统民间社会自治的某些自治方法特别是其中所蕴含的自治精神，如乡土社会组织的建设、内部自我管理约束、解纷教化和互助合作功能的建设，等等，都是改变这一状况、完善中国村民自治的重要文化资源。

（四）历史与现实语境的深刻差异，决定了传统与现代解纷机制内在运作机理的异质性，加大了我国人治与法治接轨的难度，预示着中国

---

[1] 范愉：《纠纷解决的理论与实践》，清华大学出版社2007年版，第602页。
[2] 张剑等："社区办公用房应该保障"，载《武汉晨报》2008年2月19日。
[3] 陈洪生："当代中国乡村治理中政府主导力量嵌入乡村社会的政治逻辑"，载《求实》2006年第7期。
[4] 现行《村民委员会组织法》明确规定乡镇政府和村务的关系是指导与被指导的关系。村民自治制度的推行使乡镇再也不能简单而直接地进行干部任命、资源平调等工作。但实际上如果当选的村委会干部不符合乡镇的意愿，乡镇往往通过对党支部的控制，间接地控制村庄。因为《村民委员会组织法》第三条规定："中国共产党在农村的基层组织，按照中国共产党章程进行工作，发挥领导核心作用。"在经常发生的村党组织与村民自治组织的冲突中，党组织成员总是理直气壮地引用这条规定来论证自治组织应该服从党组织的决定。因为只有"治"没有"自"，村委会往往成为有名无实的摆设，村民自治也失去了意义。参见牛铭实："从封建、郡县到自治：中国地方制度的演变"，载《开放时代》2005年第2期。

改造传统社会的反复性和复杂性

　　明清时期地缘社会解纷机制所赖以存续的社会土壤或者说语境与现实无疑是有差异的，例如，过去的社会是以小农自然经济为经济基础的乡土情理社会，而现代社会主要是以工商经济为经济基础的法治社会；过去的社会主要是熟人社会，而现代社会主要是生人社会。

　　1. 乡土情理社会与法治社会的差异。明清地缘社会解纷机制是与传统小农经济相适用的，以包括"情理"在内的社会生成法为主要解纷规则，以"众所信服、公正为事"的民间社会精英为主要调处人，以息事宁人为解纷理念。民间社会的乡土性决定了民众的习惯意识、地缘意识远胜于国家意识；民众对于国家法的遵从亦远不如对社会生成法的依靠。"如果用现代法治理论来考究六个世纪前的里老人理讼制度，其最大缺陷便是裁决依道理、依经验、依'老人的贤智'而不依法；……裁决仅是平息争端而不评判公正与否；提倡忍让息讼，不到万不得已，不要参予诉讼等等。"[1]

　　现代社会是法治社会（中国大陆是建设中的法治社会），法律是现代社会秩序控制的主要手段，诉讼是纠纷解决的最后保障。这时预防纠纷固然离不开教化，但完善法律法规同样是重要的，因为权利边界不明是纠纷增多或难解的原因之一（另一原因是解纷机制不健全），在权利界限不明的情况下，人们势必将自己的利益放大，纠纷由此而生。所以完善法律体系，界定清楚公民的权利与义务，使得民众在生活中知道自己的权限，在权利冲突时有理可讲，是现代社会减少和解决纠纷的根本方法之一。

　　2. 熟人社会与生人社会的差异。明清地缘社会解纷机制所面对的社会主要是熟人社会，"邻居一场，赢了官司输人情"的朴素效益理论特别有利于这里的解纷，熟人社会的纠纷在总体上更适合以非诉讼方式解决。[2] 现代社会主要是市场取向的生人社会，那么现代社会的纠纷解决是不是主要靠诉讼方式呢？根据美国法学家唐纳德·J. 布莱克的研

---

〔1〕 韩秀桃："《教民榜文》所见明初基层里老人理讼制度"，载《法学研究》2000年第3期。

〔2〕 参见本书第二章第一节和第八章第四节。

究,生人社会离不开诉讼机制[1],但这与诉讼单边主义并不是一回事情。我们反对是诉讼单边主义,而不是否认诉讼本身的必要性或重要性。我们今天在解读和利用传统解纷资源时,一方面要对熟人社会与生人社会的语境进行认真的鉴别;另一方面不能简单地的将诉讼方式或非诉讼方式并列对待,而应该具有整体思维,注意其有机结合、互补互动的外生性关系。

上述语境的差异决定了传统与现代解纷机制内在运作机理的异质性,加大了我国人治与法治"接轨"的难度,预示着改造中国传统社会的反复性和复杂性。

德国哲学家伽达默尔曾说,对于传统的认识是一项具有特殊困难的任务,因为我们不处在它的对面,而是时时刻刻处于其中。[2] 在本课题的研究暂告段落之时,我们真切希望这里的研究有助于缓解这类困难。此外,《诗经》曰:"周虽旧邦,其命维新",旧邦新命,这是中华文明的总体特征之一,我们希望这里的研究也有助于当代中国之新命——新"法治"与新"和谐"——的快速成长!

---

[1] 参见本书第八章第四节。
[2] 参见方世中:"中国实现现代化需要德赛马三先生",载《社会科学报》1994年3月17日。

后 记

本书是在我博士论文的基础上修改完善而成的，也是我主持的司法部"国家法治与法学理论"研究课题《民间与国家解决纠纷的联接机制研究》的阶段性成果之一。中国法学界流行一句让很多人汗颜的问话："什么是你的贡献"？初窥法学堂奥的我，实在是不敢言及自己有什么"贡献"，但十多年来，我一直朝着争取做点贡献的方向努力！这就是真心诚意地在传统法律文化研究领域笃学深思，探索耕耘。

百年前梁启超曾言中国"今日非发明法律之学，不足以自存！"我们忝入法律人之列，又置身中国（大陆）空前关注法治的时代，更感"发明法律之学"是自己义不容辞的责任！作为法律史学者，如何"发明"法律之学？我以为，首先要有这样一种学术理念或使命感，这就是为推进中国乃至整个人类的法治进程或法制进步作贡献！这一点与部门法学者是相通的。至于如何作贡献，作什么贡献，我认为中国法律史学者的中心任务是探清中国到底有哪些法律传统，特别是那些古今贯通、与西方近似甚至比西方还好的法律传统，这一点有别于部门法研究，但它是更加重要的贡献！本书的出版，应该说是践行这种理念的尝试，追求这种贡献的"脚印"！法律传统既是精神的，也是制度的，更是文化的。法律传统形于流动，生生不息，不是死亡的过去，而是鲜活的现实，它嵌入人们的思维深处，凝于人们的言谈举止，更或明或暗地附着于现行制度！法律传统既是民族的，也是世界的，更是人类的。因为随着世界市场的开拓和经济的全球化，"各民族的精神产品成了公共的财产。民族的片面性和局限性日益成为不可能"（马克思语）；因为"有地方色彩的，倒容易成为世界的，即为别国所注意"（鲁迅语）。

传统中国地缘社会解决纠纷的机制，是中国传统制度文明或法律传统的重要组成部分，是历史赐给我们的一个学术富矿。黄宗羲说"圣学之难，不特造之者难，知之者亦难，其微言大义，苟非功夫积久，不能见本体"，传统民间社会的解纷机制不是"圣学"，但"造之者难，知之者亦难"却是相同的！时间的久远，地域的广袤，情形的细碎复杂，资料的散乱佚毁，加上相关理论问题的分歧或空白，都给本课题的研究带来一定的困难。我的博士论文题为《明清地缘社会的纠纷解决机制研究》，其中"纠纷解决"的外延取广义，包括纠纷发生前的预防和纠纷发生后的调处两个方面，为出版进行修改之后，文章篇幅倍增至六十万字，为了适应出版要求，不得不删去书稿中关于"纠纷的预防"的全部内容，所以本书中的"纠纷解决"宜当作狭义解，即仅指纠纷发生后的调处，同时本书也因此成为原博士论文的"节本"。

我的博士论文无论是当初的写作还是此后的修改出版，无不凝结着导师范忠信教授的心血！从论文选题到拟定提纲，从确定思想主旨到最后成文成书，范忠信教授都付出了极大辛劳！从第一次走进范老师的课堂至今已有十年，这些年来，范忠信教授以他融贯中西、会通古今的学识素养教育着我，以他一丝不苟、务实求真的治学精神感染着我，以他关注社会、指点江山的现实批判主义研究风格影响着我，以他长于学术活动组织、积极投身法治实践的大家风范指引着我！作为范忠信教授招收的第一位博士研究生，毕业后又留在他身边工作的助手，我有幸有更多的机会接受导师耳提面命，殷殷指教，有幸因此不断提升自己的精神境界和学业修养，并不时油然生起凤凰涅槃、蝶化新生之感！恩师的言传身教就像柏拉图笔下的那根"金色的、圣洁的绳子"把我一步一步引向法学研究的殿堂，使我有信心尝试着通过观照现实、反思传统的学术路径来"切入主流，干预社会"，从历史法学与社会法学两条路径阐扬中外法律传统精华，影响中国当代法治事业。

导师组的另两位博士生导师陈景良教授和程汉大教授对我博士论文的写作给予了切实指导，他们的每次指点都如同醍醐灌顶，使我大彻大悟。他们平时对我学业的劝勉，犹如晨钟暮鼓，使我保持着清醒的头脑，给我前进的动力，努力的方向。陈景良教授与范忠信教授的治学风格迥异，但各有其长，相映生辉。如果说陈师的研究注重事实之真切，那么范师的研究则强调价值之善美；如果说陈师的研究有中国古文经学、西方潘德克顿法学之风骨，那么范师的研究则有中国今文经学、西方历史法学之品格！作为学生的我们，浸沐其中，得其所长，堪称大幸！武汉大学的博士生导师陈晓枫教授，舌灿莲花，侠义肝肠，令我敬畏！从论文评阅、答辩诘难，到书稿的改成，陈师都予以点石成金般的指导。湖北警官学院副院长萧伯符教授、西南政法大学曾代伟教授、华东政法大学徐永康教授、华中师范大学吴琦教授对我博士论文的评阅意见，成为我后来修改书稿的重要方向和依据。中南财经政法大学法学院理论法学系的张继成教授、郑祝君教授、武乾副教授、李艳华副教授、春杨副教授、孙丽娟副教授、李培锋副教授等对我博士论文的写作提出了诸多富有建设性的意见，极大地促进了我对问题的思考，堪有催笋成竹、润花著果之功。在此，我对上述各位老师表示最崇高的敬意！

  我博士论文的写作得到诸多专家和友人的帮助。重庆市市政府副秘书长、中国历史文化名城学术委员会委员、著名会馆与民俗研究专家何智亚教授在收到笔者的"请教信"后，立即回信予以鼓励和指导，并提供大量研究与文献信息，同时承诺"只要需要"就可以寄赠自己收藏的珍贵资料，使我至为感动。本专业硕士生陈超玲同学全程协助了我的写作，从开始的资料收集、契约拍照，到最后的文字通校，她都付出了辛勤劳动。师弟刘华政博士帮我识读和录入了相当一部分原始文献；师弟翟文喆（天津外国语大学法学院）将自己收集的明清小说资料全部电邮给我。笔者过去的学生罗晨女士（北京中盛粮油工业公司法律事务部主管）多次前往国家图书馆帮我把所需的特藏文献拍照并制作光盘邮寄给我，还有王玉（西南政法大学法学院）、朱峰（工作于重庆）、郑文博（湖北大学法学院）等同学都为本文的写作做了很多具体工作。在博士论文的成书过程中，我的研究生耿芳同学承担了全部文字审校工作，湖北大学外语学院的李俊梅硕士核校了所有外文内容。以上诸君我都铭刻心际，永远感激！

  我的学业一直得到师弟咸鸿昌、毕巍明、杨松涛、张文勇、黄东海、张国安、易江波、刘华政、罗鑫、李可、汪雄涛、张正印等博士的关心和帮助。如今他们星散各地，各自忙乎，我非常感念他们！

  本书参考和引用了许多中外专家学者的权威成果，对他们的开拓研究和"巨人肩膀"之功，在此致以我最诚的谢意和敬意！

  中国的"诗圣"杜甫说："文章千古事，得失寸心知！"本书虽经苦思酝酿和数易其稿，但"始生之物，其类必丑"，浏览全篇，摩挲书稿，我那诚惶诚恐、如履薄冰的心境没有丝毫变化。而且对于书中的缺憾，我并非全部知晓，所以特别企盼学界同仁和读者诸君对其中的疏漏和谬误之处随时批评、赐教，我在此谨向您预致由衷的感激！

本书的出版得到了司法部"国家法治与法学理论"研究项目基金、湖北大学人才专项基金和湖北大学政法与公共管理学院学术出版基金的资助，谨致谢忱！感谢中国政法大学出版社社长李传敢老师、副总编张越老师的指导和支持，感谢编辑彭江主任的高尚劳动，正是他们的热情、敬业和执著才使得拙作得以如期面世。

陈会林

谨识　2009年7月

于火伞高张之武昌晓南湖畔

图书在版编目（CIP）数据

地缘社会解纷机制研究 / 陈会林著. —北京：中国政法大学出版社，2009.9
ISBN 978-7-5620-3559-6

Ⅰ.地... Ⅱ.陈... Ⅲ.民事纠纷-调解（诉讼法）-研究-中国-明清时代 Ⅳ.D925.114.4

中国版本图书馆CIP数据核字(2009)第155042号

书　名	地缘社会解纷机制研究 ——以中国明清两代为中心
出版人	李传敢
出版发行	中国政法大学出版社（北京市海淀区西土城路25号） 北京 100088 信箱 8034 分箱　邮政编码 100088 zf5620@263.net http://www.cuplpress.com（网络实名：中国政法大学出版社） (010)58908325(发行部) 58908285(总编室) 58908334(邮购部)
承　印	固安华明印刷厂
规　格	880×1230　32开本　16.25印张　495千字
版　本	2009年12月第1版　2009年12月第1次印刷
书　号	ISBN 978-7-5620-3559-6/D·3519
定　价	40.00元
声　明	1. 版权所有，侵权必究。 2. 如有缺页、倒装问题，由本社发行部负责退换。
本社法律顾问	北京地平线律师事务所